NO HAY

SILENCIO

QUE NO

TERMINE

INGRID BETANCOURT

NO HAY SILENCIO QUE NO TERMINE

Traducción del francés con la colaboración de la autora
por María Mercedes Correa y Mateo Cardona.

AGUILAR

Título original: *Même le silence a une fin*

© Ingrid Betancourt, 2010
© Traducción del francés con la colaboración de la autora
   por María Mercedes Correa y Mateo Cardona.

© De esta edición:
   2010, Santillana USA Publishing Company, Inc.
   2023 N.W. 84th Ave.
   Doral, FL, 33122
   Teléfono (1) 305 591 9522
   Fax: (1) 305 591 7473

No hay silencio que no termine
ISBN: 978-1-61605-243-0
Impreso en Estados Unidos
Primera edición: Septiembre de 2010

© Diseño de cubierta: Carol Devine Carson
© Fotografía de cubierta: Christine Rodin
© Fotografía de la autora: Melanie Delloye

© Fragmento de la canción «Noches de Bocagrande» de Faustino Arias reproducido
   con la previa autorización de Vander Music Colombiana.

A todos mis hermanos que siguen secuestrados
A mis compañeros de cautiverio
A todos aquellos que lucharon por nuestra libertad

A Melanie y Lorenzo

A mi Mamá

CONTENIDO

1   La fuga de la jaula   15

2   Adiós   48

3   La captura   60

4   El «Mocho» César   77

5   El campamento de Sonia   90

6   La muerte de mi padre   111

7   El abismo   117

8   Los avispones   128

9   Las tensiones   147

10 Pruebas de supervivencia   158

11 La casita de madera   164

12 Ferney   175

13 Aprendiz de tejedora   182

14 Los diecisiete años de Melanie   187

15 A flor de piel   192

16 El ataque   200

17 La jaula   212

18 Amigos que vienen y amigos que se van   218

19 Voces del exterior   226

20 Una visita de Joaquín Gómez   232

21 Segunda prueba de supervivencia   242

22 La adivina   249

23 Un encuentro inesperado   254

24 El campamento de Giovanni   259

25 En manos de la sombra   268

26 La serenata de Sombra   276

27 Los alambres de púas   281

28 La antena de satélite   289

29 En la cárcel   294

30 La llegada de los estadounidenses   300

31 La gran pelea   308

32 La numeración   316

33 La miseria humana   321

34 La enfermedad de Lucho   326

35 Una Navidad triste   337

36 Las discusiones   348

37 El gallinero   356

38 El regreso a la cárcel   364

39 El allanamiento de los radios   371

40 Los hijos de Gloria   384

41 Las pequeñeces del infierno   387

42 El diccionario   395

43 Mi amigo Lucho   399

44 El niño   404

45 La huelga   411

46 Los cumpleaños   417

47 La gran partida   423

48 La crisis hepática   427

49 El raqueteo de Guillermo   434

50 Un apoyo inesperado   438

51 La hamaca   444

52 Venta de esperanza   450

53 El grupo de los diez   460

54 La marcha interminable   470

55 Las cadenas   480

56 La luna de miel   484
57 A las puertas del infierno   493
58 El descenso a los infiernos   500
59 El diablo   506
60 Ahora o nunca   513
61 La fuga   520
62 La libertad   535
63 El dilema   550
64 El final del sueño   556
65 Castigar   563
66 La retirada   570
67 Los huevos   577
68 Monster   581
69 El corazón de Lucho   589
70 La fuga de Pinchao   599
71 La muerte de Pinchao   609
72 Mi amigo Marc   616
73 El ultimátum   625
74 Las cartas   632
75 La separación   641
76 Acariciar la muerte   646
77 Tercera prueba de supervivencia   657
78 La liberación de Lucho   665
79 Discordia   677
80 El Sagrado Corazón   686
81 La estratagema   691
82 El fin del silencio   702

1
LA FUGA DE LA JAULA

Había tomado la decisión de escaparme. Era mi cuarto intento de fuga, pero después del último las condiciones de nuestro cautiverio se habían vuelto aún más terribles. Nos habían metido en una jaula construida con tablas y un techo de zinc. Faltaba poco para el verano. Llevábamos más de un mes sin aguaceros en la noche. Y un aguacero nos era absolutamente indispensable. Noté que una de las tablas en una esquina de nuestro cuartucho empezaba a podrirse. Empujando la tabla con el pie logré rajarla lo suficiente para crear una abertura. Así lo hice una tarde, después del almuerzo, mientras el guerrillero de guardia cabeceaba, medio dormido, de pie, apoyado al fusil. El ruido lo asustó. Se acercó, nervioso, y le dio la vuelta entera a la jaula, despacio, como una fiera. Yo lo seguía, espiándolo por entre las rendijas de las tablas, conteniendo el aliento. Él no podía verme. Dos veces se detuvo, incluso pegó el ojo a un hueco y nuestras miradas se cruzaron por un segundo. El hombre saltó hacia atrás, espantado. Luego, como para recobrar su compostura, se plantó frente a la entrada de la jaula. Esa era su revancha: no quitarme los ojos más de encima.

Evitando su mirada empecé a hacer cálculos. ¿Podríamos pasar por esa quebradura? En principio, si cabía la cabeza, cabría el cuerpo también. Recordaba mis juegos de infancia: me veía escurriéndome por entre las rejas del parque Monceau. Siempre era la cabeza la que lo bloqueaba todo. Ahora ya no estaba tan segura.

El asunto funcionaba para un cuerpo de niño, pero, ¿serían iguales las proporciones de un adulto? Aunque Clara y yo estábamos bastante flacas, me inquietaba un fenómeno que había comenzado a notar algunas semanas atrás. A causa de nuestra inmovilidad forzada, nuestros cuerpos habían comenzado a retener líquidos. Era muy visible en el caso de mi compañera. En cuanto a mí misma, me costaba más trabajo juzgar, pues no teníamos espejo.

Se lo había mencionado a ella, y esto la había fastidiado profundamente. Ya habíamos intentado escaparnos otras veces y el tema se había convertido en motivo de fricción entre nosotras. Nos hablábamos poco. Ella estaba irritable y yo andaba presa de mi obsesión. No podía pensar en nada que no fuera la libertad, en nada diferente de cómo huir de las garras de las FARC.

Me pasaba el día entero haciendo cálculos. Preparaba en detalle el material necesario para la fuga. Le daba mucha importancia a cosas superfluas. Pensaba, por ejemplo, que no podía irme sin mi chaqueta. Olvidaba que la chaqueta no era impermeable y que, al mojarse, podría pesar toneladas. Me decía, también, que debíamos llevarnos el mosquitero. «…*Hay que ponerle mucho cuidado a lo de las botas. Por la noche, siempre las dejamos en el mismo lugar, a la entrada de la jaula. Hay que empezar a ponerlas adentro, para que se acostumbren a no verlas cuando dormimos… Tenemos que conseguir un machete, para defendernos de las fieras y para abrirnos camino. Va a ser bien difícil. Todos están prevenidos. No han olvidado que logramos quedarnos con uno, cuando estaban construyendo el anterior campamento… Llevar tijeras, a veces nos las prestan. También hay que pensar en las provisiones. Hay que ir haciendo reservas sin que se den cuenta. Todo debe quedar envuelto en talegos de plástico para cuando nos toque meternos en el río. Es muy importante estar lo más livianas posible. Y me voy a llevar mis tesoros: por nada del mundo dejo las fotos de mis hijos ni las llaves de mi apartamento*».

Me la pasaba el día entero tramando, volteando todo esto una y otra vez en mi cabeza. Mil veces hacía mentalmente el recorrido que debíamos seguir al salir de la jaula. Calculaba todo tipo de parámetros: dónde debía de estar el río, cuántos días necesitaríamos para encontrar ayuda. Imaginaba horrorizada el ataque de una anaconda en el agua, o el de un caimán gigante, como ese que había visto: los ojos rojos y brillantes, bajo el foco de la linterna de un guardia cuando bajábamos por el río. Me veía frenteando un tigre, pues los guardias me habían hecho de ellos una descripción feroz. Trataba de pensar en todo lo que podía producirme miedo, con el fin de prepararme psicológicamente. Estaba decidida a no permitir que nada me detuviera.

No tenía cabeza para nada distinto. Ya no dormía, pues había comprendido que en el silencio de la noche mi cerebro funcionaba mejor. Observaba y tomaba nota de todo: la hora del cambio de guardia, la manera como se ubicaban, quién vigilaba, quién se dormía siempre, quién le daba un informe al siguiente guardia sobre el número de veces que nos levantábamos a orinar...

Además, trataba de mantener el contacto con mi compañera para prepararla al esfuerzo que significaría la huida, las precauciones que debíamos tomar, los ruidos a evitar. Ella me oía exasperada, en silencio, y solo me respondía para refutar algo o expresar su desacuerdo. Ciertos detalles eran importantes. Debíamos preparar un bulto y ponerlo en el lugar donde dormíamos, para que diera la impresión de un cuerpo enroscado en lugar del nuestro. No tenía permiso para alejarme de la jaula, pero podía ir a los chontos[1] a hacer mis necesidades. Esa era la ocasión para mirar a la pasada en el hoyo de los desperdicios, con la esperanza de encontrar allí algún elemento valioso.

---

[1]. Chontos: palabra utilizada por las FARC para designar un hueco cavado en el suelo, usado como letrina. (N. de la A.).

Una noche, volví con una tula que encontré entre los restos de comida en descomposición y con unos pedazos de cartón. Era lo ideal para hacer el bulto. Mi proceder impacientó al guardia. Sin saber si debía prohibirme recuperar aquello que había sido desechado, me ordenó que me apurara y acompañó su orden con un movimiento del fusil. En cuanto a Clara, mi preciado botín le produjo asco, no comprendía para qué podía servir.

Medí entonces cuánto nos habíamos distanciado. Obligadas a vivir la una junto a la otra, reducidas a un régimen de hermanas siamesas, sin tener nada en común, vivíamos en mundos opuestos: ella buscaba adaptarse; yo no pensaba sino en huir.

Después de un día particularmente caliente, empezó a soplar el viento. La selva quedó en completo silencio durante algunos instantes. Ni un solo trinar de aves ni un solo aleteo. Todos miramos hacia el viento, olfateando la lluvia: el aguacero se acercaba a gran velocidad.

El campamento entraba, entonces, en una actividad febril. Cada uno se apresuraba con su tarea: algunos revisaban los nudos de las carpas, otros se iban corriendo a recoger la ropa que se estaba secando en un claro, otros, más previsivos, se iban a los chontos en caso de que la tormenta se prolongara más allá de sus urgencias.

Yo miraba este alboroto con el estómago hecho un nudo, rogándole a Dios que me diera la fuerza para ir hasta el final. «Esta noche seré libre». Me repetía esta frase sin parar, para no pensar en el miedo que me crispaba los músculos y me dejaba vacía y sin fuerzas, al tiempo que ejecutaba con dificultad cada uno de los pasos que había previsto miles de veces en mis horas de insomnio: esperar a que estuviera oscuro para preparar el bulto que iba a dejar en el lugar donde dormía, doblar el plástico negro grande y acuñarlo dentro de la bota, desdoblar el pequeño talego gris que me serviría de poncho contra la lluvia, verificar que mi compañera estuviera lista. Esperar a que se desatara la tormenta.

En mis anteriores intentos había aprendido que el mejor momento para escabullirse era la hora del ocaso, aquella cuando los lobos parecen perros. En la selva llegaba exactamente a las seis y quince de la tarde, y durante algunos minutos, mientras los ojos se adaptaban a la oscuridad y antes de que la noche cayera totalmente, todos quedábamos ciegos.

Yo había rezado para que el aguacero se desgajara a esa hora precisa. Si salíamos del campamento justo antes de que la noche tomara posesión de la selva, los guardias harían sus turnos sin notar nada extraño y solo darían la voz de alerta a la mañana siguiente. Eso nos daría el tiempo necesario para alejarnos y escondernos durante el día. Las cuadrillas de guerrilleros que mandarían para buscarnos podrían desplazarse más rápido que nosotras, pues estaban mejor entrenados y tendrían a su favor la luz del día. Sin embargo, si lográbamos salir sin dejar rastro, mientras más lejos pudiésemos andar, más amplio sería el radio de la búsqueda. En ese caso, necesitarían un número de hombres mucho mayor para cubrir el área de rastreo, que el que vigilaba el campamento. Me decía que podíamos avanzar en la noche, pues no irían a buscarnos en medio de la oscuridad: si lo hacían, la luz de sus linternas los delataría y nos esconderíamos antes de que pudieran dar con nosotras. Al cabo de tres días, caminando toda la noche, estaríamos a unos veinte kilómetros del campamento, y ya no podrían encontrarnos. Ahí empezaríamos a caminar de día, bordeando el río —pero sin acercarnos demasiado, pues lo más probable era que allí concentraran la búsqueda— con la idea de llegar finalmente a algún lugar donde podríamos pedir ayuda. El plan era factible, sí, estaba segura de ello. Pero debíamos salir temprano para tener la mayor cantidad de tiempo posible para caminar esa primera noche y aumentar al máximo nuestra distancia del campamento.

No obstante, aquella noche, la hora propicia había pasado de largo y la tormenta no llegaba. Mientras el viento soplaba sin parar, ya los truenos retumbaban a lo lejos y cierta calma había vuelto al campamento. El guardia se había envuelto en un gran plástico negro que le daba un aire de guerrero antiguo, desafiando los elementos, la capa al viento. Todos esperaban la llegada de la tormenta con la serenidad de los viejos marinos cuando ya han estibado bien su carga.

Los minutos transcurrían con una lentitud infinita. Un radio en la distancia nos hacía llegar los ecos de una música alegre. El viento seguía soplando, pero los truenos se habían silenciado. De vez en cuando, un relámpago atravesaba la espesura de la selva, y me quedaba impresa en la retina la imagen en negativo del campamento. Hacía fresco, casi frío. Sentía la electricidad que saturaba el espacio y me erizaba la piel. Poco a poco, los ojos se me hinchaban por el esfuerzo de escudriñar en la oscuridad, y sentía pesados los párpados. «Esta noche no va a llover». Sentía la cabeza anquilosada. Clara se había acurrunchado[2] en su rincón, vencida por el sopor, y yo me sentía caer, aspirada por un sueño profundo.

Una llovizna que se colaba por entre las tablas me despertó. Su contacto me hizo erizar la piel. El traqueteo de las primeras gotas de lluvia sobre el techo de zinc terminó de sacarme del letargo. Toqué el brazo de Clara: era hora de irnos. La lluvia arreciaba a cada instante, haciéndose más densa. Sin embargo, la noche permanecía demasiado clara. La luna no nos estaba ayudando. Miré hacia fuera por entre las tablas: se veía como si fuera de día.

Tendríamos que correr para alejarnos de la jaula y rogar que a ninguno de los que estaban en las carpas vecinas se le ocurriera mirar en ese preciso instante hacia nuestra jaula. Yo seguía pensando. No tenía reloj y solo contaba con el de mi compañera. A ella no le gustaba que le preguntara la hora. Dudé un instante y luego me lancé. «Son las nueve», me respondió, comprendiendo que este no

---

2. Acurrunchar: colombianismo, puede ser también «enroscarse».

era momento para crear tensiones innecesarias. El campamento ya dormía, lo cual era algo bueno. Sin embargo, para nosotras la noche se hacía cada vez más corta.

El guardia luchaba para protegerse del aguacero que caía a cántaros sobre él, el bullicio de la lluvia sobre las tejas de zinc cubría el ruido de mis patadas sobre las tablas podridas. Al tercer golpe, la tabla saltó en pedazos. Pero la hendidura que se abrió no era muy grande.

Saqué el morralito por ahí y lo deposité afuera. Las manos me quedaron empapadas. Sabía que deberíamos pasar días enteros mojadas hasta la médula, y eso se me había convertido en un pensamiento repulsivo. Me dio rabia conmigo misma al pensar que cualquier noción de comodidad podía interponerse en mi lucha por la libertad. Me parecía ridículo perder tanto tiempo convenciéndome de que no me iba a enfermar, que la piel no se me iba a caer a pedazos después de tres días a la intemperie. Me decía que mi vida había sido demasiado fácil, y que estaba condicionada por una educación en donde las prescripciones de prudencia eran una manera de disfrazar el miedo. Yo observaba a estos muchachos, hombres y mujeres, que me tenían prisionera y no podía evitar admirarlos. No sentían frío; no sentían calor; nada les picaba; demostraban una habilidad asombrosa para todas las actividades que requerían fuerza y flexibilidad, y avanzaban por la selva tres veces más rápido que yo. Los temores que debía superar se alimentaban con toda clase de prejuicios. Mi primer intento de fuga había fracasado porque me daba miedo morirme de sed, rehusando beber el agua sucia de los charcos. Desde hacía ya meses me había dado a la tarea de tomar el agua fangosa del río, para demostrarme a mí misma que no me iba a morir por culpa de los parásitos que a estas alturas ya debían haber colonizado mis intestinos.

Entre otras, sospechaba, que el comandante del frente que me había capturado, el «Mocho» César, había dado la consigna de «her-

vir el agua para las prisioneras» delante de mí, con el fin de mantenerme mentalmente dependiente de esta medida de asepsia, y
que me diera miedo alejarme del campamento y adentrarme en la
selva.

Con el propósito de alimentar nuestro miedo a la jungla, dieron la orden de llevarnos a la orilla del río, para que viéramos cómo
mataban una serpiente gigantesca que habían atrapado cuando iba
a atacar a una guerrillera que se bañaba en el caño. El animal era
un auténtico monstruo. Lo medí caminándolo: tenía ocho metros
de largo y cincuenta y cinco centímetros de ancho, es decir, medía
lo que yo de cintura. Se necesitaron tres hombres para sacarlo del
agua. Los guerrilleros lo llamaban *güío*, en tanto que para mí era
una anaconda. Querían que lo viera con mis propios ojos. No pude
hacer nada para espantar el animal de mis pesadillas, durante meses me persiguió.

Veía a estos jóvenes moverse por la selva como pez en el agua
y me sentía torpe, inválida y desgastada. Comenzaba a percibir que
lo que estaba en crisis era la idea que tenía de mí misma. En un
mundo donde yo no inspiraba respeto ni admiración, sin la ternura
y el afecto de los míos, me sentía envejecer sin apelación o, peor
aún, me sentía condenada a detestar a la persona en que me había
convertido, tan dependiente, tan tonta y tan inútil para resolver los
pequeños problemas del diario vivir.

Observé durante algunos instantes más la estrecha abertura y,
al otro lado, el telón de lluvia que nos esperaba. Clara estaba acurrucada a mi lado. Me volteé hacia la puerta de la jaula. El guardia
había desaparecido bajo las cortinas de agua. Todo estaba estático,
salvo la lluvia que caía del cielo a borbotones, sin compasión. Mi
compañera se volteó hacia mí. Nuestras miradas se cruzaron. Nos
cogimos de las manos, agarradas la una a la otra, hasta el dolor.

Teníamos que irnos. Me solté de ella, me alisé la ropa y me
puse bocabajo junto al hueco. Pasé la cabeza por entre las tablas

con una facilidad que me dio ánimos, luego los hombros. Me retorcí para hacer avanzar el cuerpo. Me sentí atascada y me moví nerviosamente para sacar un brazo. Cuando lo tuve afuera, empujé con la fuerza de mi mano libre, hundiendo las uñas en el suelo, y logré liberar todo el torso. Me arrastré hacia adelante con una contorsión dolorosa de las caderas para que el resto del cuerpo cupiera de lado por la hendidura. Sentí entonces que el fin de mis esfuerzos estaba próximo y empecé a patalear, buscando desesperadamente liberarme. Por fin salí. Me puse de pie de un salto. Me corrí dos pasos de lado para dejarle espacio a mi compañera para salir.

Pero no había ningún movimiento al otro lado del hueco. ¿Qué hacía Clara? ¿Por qué no estaba afuera? Me agaché para mirar hacia adentro, pero no se veía nada. Nada salvo la oscuridad uterina de la brecha que me producía aprensión. Me arriesgué a susurrar su nombre. No hubo respuesta. Metí una mano dentro y tanteé el suelo. Nada. Las náuseas me apretaron la garganta. Me volteé, todavía agachada, escrutando alrededor mío cada milímetro de mi campo de visión, esperando ver a los guardias abalanzarse sobre mí. Quise adivinar cuánto tiempo había transcurrido desde que salí. ¿Cinco minutos? ¿Diez minutos? No tenía la menor idea. Pensaba a toda velocidad, indecisa, pendiente del menor ruido, de cualquier luz. Por última vez, acurrucada frente al hueco, llamé a Clara, esta vez lo suficientemente fuerte como para que pudiera oírme desde el otro extremo de la jaula, pero presintiendo ya, de alguna manera, que no habría respuesta.

Me puse de pie. Frente a mí la selva tupida, y esta lluvia torrencial, en respuesta a todas mis oraciones de los días anteriores. Ya estaba afuera y no había marcha atrás. Estaría sola. Debía irme rápido. Me aseguré de que el caucho con el que me había recogido el pelo estaba en su sitio, pues no quería que la guerrilla encontrara el menor rastro del camino que iba a tomar. Conté despacio: uno… dos… a la cuenta de tres salí volando derecho, hacia la selva.

Corría y corría, presa de un pánico incontrolable, esquivando los árboles por reflejo, incapaz de oír o de pensar, avanzando hasta el agotamiento.

Por fin me detuve a mirar hacia atrás. Todavía alcanzaba a ver el linde de la selva, como una claridad fosforescente más allá de los árboles. Cuando mi cerebro comenzó a funcionar de nuevo, me di cuenta de que estaba volviendo mecánicamente sobre mis pasos, incapaz de resignarme a irme sin ella. Reconstruí en mi cabeza cada una de nuestras conversaciones, repasando las consignas que habíamos acordado. Recordaba una en particular y me aferraba a ella con esperanza: si nos perdíamos a la salida, nos reencontraríamos en los chontos. Lo habíamos mencionado una vez, rápidamente, sin darle demasiada importancia.

Por suerte, mi sentido de orientación en la selva parecía funcionar. Podía perderme en una gran ciudad de calles en cuadrícula, pero en la selva era capaz de ubicar el norte. Salí preciso al nivel de los chontos. Como era de esperarse, allí no había nadie. El lugar estaba desierto. Miré con asco el frenesí de bichos encima de los huecos llenos de excrementos, y mis manos sucias y mis uñas negras de barro y esa lluvia que no paraba. No sabía qué hacer, al borde de caer en la desesperación.

Escuché voces y me devolví a refugiarme en el espesor de la selva. Traté de ver qué pasaba en el campamento y le di la vuelta para acercarme a la jaula, sin que nadie me viera, hasta quedar frente al lugar de donde había salido. La tormenta había amainado y ahora caía una llovizna pertinaz, que dejaba viajar los sonidos. Alcancé a oír la voz del comandante. Era imposible saber lo que decía, pero estaba claro que el tono era amenazante. Una linterna iluminó el interior de la jaula. Luego, el haz de luz se proyectó violentamente por la quebradura de las tablas y se paseó por el claro de izquierda a derecha, pasando a algunos centímetros de mi escondite. Di un paso hacia atrás. Estaba sudando a chorros, tenía el corazón al galope y sentía unas fuertes ganas de vomitar. Fue entonces cuando escuché la voz de Clara. En lugar del calor que me asfixiaba, sentí un frío mortal. Empecé a temblar de pies a cabeza. No entendía qué había podido pasar. ¿Por qué la habían agarrado? Aparecieron otras luces, se escucharon otras órdenes y un grupo de hombres provistos de linternas se dispersó: algunos inspeccionaban el contorno de la jaula, las esquinas, el techo. Miraron detenidamente el hueco y luego dirigieron las luces a la selva. Hablaban entre ellos en voz alta.

La lluvia se detuvo por completo y la selva quedó oscura como boca de lobo. Adivinaba la silueta de mi compañera en el interior de la jaula, a unos treinta metros de donde yo estaba escondida. Acababa de encender una vela, lo que era un privilegio inusual: siendo prisioneras, nos estaba prohibido tener luz. Estaba con alguien, pero no era el comandante. Hablaban en voz pausada, como contenida.

Sola, empapada y temblando de frío, contemplaba ese mundo que ya no me era accesible. Era tan fácil, tan cómodo, tan tentador declararme vencida para volver a ese lugar caliente y seco. Contemplé ese espacio de luz, diciéndome que no debía afligirme por mi suerte, y me repetía: «¡Tengo que irme, tengo que irme, tengo que irme!».

Dolorosamente me desprendí de la luz. Me adentré en la espesa oscuridad. Había empezado a llover de nuevo. Ponía las manos delante de mí para evitar los obstáculos. No había logrado hacerme a un machete, pero sí había podido conseguir una linterna. El riesgo de prenderla era tan grande como el susto de usarla. Avanzaba lentamente en medio de ese espacio amenazante, diciéndome que solo la prendería cuando de verdad ya no pudiera dar un paso más. Mis manos encontraban superficies húmedas, rugosas y viscosas, y a cada instante esperaba recibir la descarga de una quemadura de veneno letal.

El aguacero arreció de nuevo. Se oía el estruendo de la lluvia golpeando contra las capas de vegetación que me protegerían todavía durante algunos minutos. Esperaba segundo a segundo que mi frágil techo de hojas terminara cediendo bajo el peso del agua. La perspectiva del diluvio, que no tardaría en caerme encima, me agobiaba. Ya no sabía si lo que rodaba por mis mejillas eran gotas de agua o mis propias lágrimas, y me exasperaba tener que arrastrar conmigo ese vestigio de criatura sollozante.

Ya me había alejado bastante. Un rayo desgarró el manto oscuro de la selva y cayó a pocos metros de mí. En un abrir y cerrar de ojos divisé con horror el espacio circundante. Rodeada de árboles gigantescos, estaba a dos pasos de caer por un barranco. Me detuve en seco, completamente enceguecida. Me acurruqué para recuperar el aliento entre las raíces del árbol que tenía delante de mí. Estaba a punto de sacar por fin la linterna cuando divisé a lo lejos unos rayos de luz que surgían con intermitencia y que se dirigían hacia mí. Ahora alcanzaba a oír las voces de los hombres que me buscaban. Debían venir muy cerca, oí a uno decir que me había visto. Me agazapé entre las raíces de mi viejo árbol, rogándole a Dios que me volviera invisible.

Seguía la dirección de sus pasos gracias al vaivén de los chorros de luz. Uno de ellos se acercó bastante. Apuntó con su linterna hacia mí y me encandelilló. Cerré los ojos, petrificada, esperando escuchar sus aullidos de victoria, antes de que me saltaran encima. Mas los rayos de luz me abandonaron, se pasearon más lejos, volvieron un instante y se alejaron definitivamente dejándome en el silencio y la oscuridad.

Me levanté dudosa, frágil, temblando todavía, y me apoyé contra el árbol centenario para volver a recuperar el aliento. Me quedé así un tiempo largo. Un nuevo rayo rasgó el cielo e iluminó la selva en un segundo. De memoria, me abrí un camino por donde había creído avistar un paso entre dos árboles, esperando que otro rayo me sacara nuevamente de la ceguera. Los guardias no estaban más ahí.

Ahí mismo mi relación con ese mundo de la noche empezaba a cambiar. Avanzaba más fácilmente, mis manos reaccionaban con mayor agilidad y mi cuerpo aprendía a anticipar más rápido los accidentes del terreno. La sensación de horror comenzaba a disiparse. El medio que me rodeaba ya no me era totalmente hostil. Percibía esos árboles, esas palmas, esos helechos, esa maleza trepadora como un posible refugio. De un momento a otro, la angustia que me producía mi situación, el hecho de estar empapada, de tener las manos y los dedos ensangrentados, de estar cubierta de barro, de no saber adónde ir, todo eso parecía menos importante. Podía sobrevivir. Debía seguir caminando, seguir en movimiento, alejarme. Al amanecer volverían a iniciar la persecución. Mas en el calor de la acción, me repetía «soy libre», y mi voz me hacía compañía.

Imperceptiblemente, la selva se hizo más familiar, pasando del mundo oscuro y plano de los ciegos, a un terreno de relieves monocromos. Las formas se hicieron más definidas y finalmente los colores volvieron a tomar posesión del universo: era el alba. Tenía que encontrar un buen escondite.

Apreté el paso, imaginando los reflejos de los guerrilleros y tratando de adivinar sus pensamientos. Quería encontrar un desnivel en el terreno que me permitiera envolverme en mi gran plástico negro y taparme con hojas. En pocos minutos, la selva pasó del azul grisáceo al verde. Debían de ser las cinco de la mañana. Sabía que los tendría en mis talones en cualquier momento. Sin embargo, la selva parecía tan cerrada. Ni un solo ruido, ni un solo movimiento. El tiempo había quedado suspendido.

Me resultaba difícil mantenerme en estado de alerta, engañada por la sensación tranquilizadora que daba la luz del día. Aún así, seguí avanzando con precaución. De repente, sin previo aviso, una gran claridad reventó el espacio. Intrigada, me di media vuelta. A

mis espaldas, la selva tenía la misma opacidad. Comprendí, entonces, lo que anunciaba este fenómeno: a pocos pasos, los árboles se
abrían para darles paso al cielo y al agua.

Ahí estaba el río. Yo lo veía correr, encabritado, arrastrando
con furia árboles enteros que parecían pedir ayuda. El agua bajando a borbotones me acobardó. Había, no obstante, que lanzarse al
agua y dejarse llevar. Ese era el precio de la salvación.

Permanecí inmóvil. La ausencia de un peligro inminente re-
primió mis instintos de supervivencia y atendí la voz de la prudencia para no tirarme al agua. La cobardía tomaba forma. Aquellos
troncos que giraban en el agua y desaparecían para salir a flote más
adelante, con sus ramas extendidas hacia el cielo, eran yo misma.
Me veía sumergida en ese mar de barro. Mi cobardía inventaba
pretextos para aplazar mi partida. Con mi compañera, probablemente no habría dudado; habría visto en esos troncos que arrastraba la corriente unos flotadores salvavidas. Pero tenía miedo.
Era un miedo hecho de una serie de patéticos pequeños miedos
lamentables. Miedo de volver a estar empapada, ahora que había
logrado calentarme con la caminata. Miedo de perder el morral
con las escasas provisiones que contenía. Miedo de que la corriente
me arrastrara. Miedo de estar sola. Miedo de tener miedo. Miedo
de morir estúpidamente.

En medio de esta reflexión que me dejaba vergonzosamente
desnuda ante mis propios ojos, comprendí que no era más que un
ser mediocre y cualquiera. No había sufrido aún lo suficiente para
albergar en las entrañas la rabia necesaria para luchar a muerte por
mi libertad. Seguía siendo un perro que, a pesar de los golpes, esperaba su hueso. Miré a mi alrededor, nerviosamente, para encontrar un hueco donde esconderme. Los guardias también llegarían
al río y buscarían aquí más que en cualquier otra parte. ¿Regresar a
la espesura de la selva? Ya debían de estar siguiéndome el rastro y
corría el riesgo de encontrármelos cara a cara.

En la orilla del río había manglares y viejos troncos medio podridos, vestigios de tormentas anteriores. Había uno en particular,
de difícil acceso, pero que tenía una hendidura profunda en un
costado. Las raíces de los mangles formaban un cerco a su alrededor y lo ocultaban a la vista. Logré llegar al hoyo poniéndome a
gatas, y luego arrastrándome y retorciéndome. Lentamente, des-
doblé el gran plástico que llevaba en la bota desde un comienzo.
Mis medias estaban empapadas, y el plástico también. Lo sacudí
mecánicamente y quedé aterrada con el ruido que acababa de hacer. Me detuve en seco y contuve el aliento, para tratar de percibir
el menor movimiento en las cercanías. La selva se estaba desper-
tando y el zumbido de los insectos se hacía más fuerte. Más tranquila, retomé la tarea de esconderme bien en la cavidad del tronco,
envuelta en mi plástico.

Entonces la vi. Yiseth.

Estaba de espaldas. Había llegado trotando. No llevaba fusil,
pero empuñaba un revólver. Tenía puesta una camiseta sin mangas, en tela de camuflado, cuya feminidad le daba un aspecto inofensivo. Se dio media vuelta lentamente y sus ojos se encontraron
al instante con los míos. Los cerró un segundo, como para dar
gracias al cielo, y se acercó con cautela.

Con una sonrisa triste, me tendió la mano para ayudarme a
salir de mi guarida. Yo no tenía otra alternativa. Obedecí. Fue ella
quien me dobló cuidadosamente el plástico y me lo aplanó para que
lo volviera a meter dentro de la bota. Asintió con la cabeza. Luego,
satisfecha, se dirigió a mí como hablándole a un niño. Sus palabras eran extrañas. No tenía el discurso propio de los guardias,
siempre cuidadosos de no dejarse coger en flagrancia por algún camarada. En un momento, mirando hacia el río como si hablara
consigo misma en voz alta, sus palabras se volvieron tristes y terminó confesándome que ella también había pensado varias veces
en escaparse. Le hablé entonces de mis hijos, de mi necesidad de

estar con ellos, de mi urgencia de volver a mi hogar. Ella me contó
que había dejado a su bebé en casa de su madre, a los pocos meses
de nacido. Se mordía los labios y sus ojos negros se llenaban de
lágrimas. «Vámonos juntas,» le propuse. Me agarró las manos y
su mirada volvió a ser fría. «Ellos nos encuentran y nos matan».
Le supliqué, apretándole las manos con más fuerza y obligándola
a mirarme. Se rehusó tajantemente, volvió a coger su arma y me
miró sesgado: «Si me ven hablando con usted me matan. Están
aquí cerca. Camine delante de mí y oiga bien lo que le voy a decir».
Yo obedecí, recogí mis cosas y me tercié el morral. Ella se pegó a
mí y me susurró al oído: «La orden del comandante es maltratarla.
Cuando lleguen, la van a gritar, la van a insultar, la van a empujar.
No vaya a responderles. No diga nada. Quieren castigarla. Se la
van a llevar... solo hombres. Las mujeres tenemos orden de volver
al campamento. ¿Me copia?».

Sus palabras resonaban en mis sienes como en conchas vacías. Tenía la impresión de oír un idioma extraño. Hacía un gran
esfuerzo de concentración, tratando de ir más allá de los sonidos,
pero la angustia me había paralizado el cerebro. Caminaba sin saber que caminaba, miraba el mundo desde dentro, como un pez en
un acuario. La voz de esta muchacha me llegaba deformada, con
intermitencias, se apagaba y volvía. Sentía la cabeza muy pesada,
como atrapada en una prensa. Tenía la lengua cubierta por una
pasta seca que la mantenía pegada al paladar, y mi respiración se
había hecho profunda y pesada. Yo caminaba y el mundo subía y
bajaba al ritmo de mis pasos. Los latidos amplificados de mi corazón llenaban mi espacio interior, poniendo mi cráneo a vibrar.

No los vi llegar. Aparecieron sorpresivamente. Uno de ellos
empezó a dar vueltas a mi alrededor, la cara roja, como la de un
marranito, y de pelo rubio y erizado. Sostenía en alto su fusil con
el brazo estirado; saltaba y gesticulaba, entregado a una danza
guerrera ridícula y violenta.

Un golpe en las costillas me hizo comprender que había otro más, un hombre de baja estatura, de pelo oscuro, con los hombros anchos y las piernas corvas. Acababa de clavarme el cañón de su fusil un poco más arriba de la cintura y hacía el ademán de contenerse como para no repetir el golpe. Gritaba y escupía, insultándome con palabras soeces y absurdas.

Al tercero no podía verlo: iba empujándome por la espalda. Su risa perversa parecía excitar a los otros dos. Me arrancó el morral y lo desocupó en el suelo, escarbando con la punta de la bota entre los objetos que él sabía eran valiosos para mí. Se reía y los hundía entre el barro con el pie, para obligarme a recogerlos y volverlos a meter en el morral. Estaba arrodillada cuando percibí entre sus manos el brillo de un objeto metálico. Distinguí entonces el repiqueteo de la cadena y me puse de pie de un salto para mirar al hombre a la cara. La joven seguía junto a mí, agarrándome con fuerza del brazo y obligándome a caminar. El pelado que se reía le hizo una seña para que se fuera. Ella se encogió de hombros, evitó mi mirada y me abandonó.

Yo estaba tensa y ausente. Sentía en las sienes los latidos de mi corazón. Habíamos avanzado algunos metros; la tormenta había hecho subir el nivel del agua y había transformado el lugar. Se había convertido en un embalse lleno de árboles obstinados en quedarse allí. Al otro lado, más allá de las aguas estancadas, se adivinaba la violencia de la corriente por el temblor constante de los arbustos.

Los hombres daban vueltas a mi alrededor aullando. El repique de la cadena se hacía cada vez más insistente. El pelado jugaba con ella para darle vida, como a una serpiente. Me prohibí cualquier contacto visual, intentando mantenerme por encima de esta agitación, pero mi visión periférica alcanzaba a captar gestos y movimientos que me helaban la sangre.

Yo era más alta que ellos. Caminaba con la cabeza erguida y el cuerpo tenso de indignación. Sabía que no podía hacer nada contra estos hombres, pero que ellos todavía lo ponían en duda. Tenían más miedo que yo, podía sentirlo. Más ellos tenían a su favor el odio y la presión del grupo. Bastaba un gesto para que se rompiera este equilibrio en el cual la ventaja todavía seguía siendo mía.

Oí al tipo de la cadena dirigirse a mí. Repetía mi nombre con una familiaridad insultante. Yo decidí que no podrían hacerme daño. Pasara lo que pasara, no tendrían acceso a la esencia de mí misma. Debía agarrarme a esta verdad fundamental. Si podía mantenerme inaccesible, podría evitar lo peor.

La voz de mi padre me llegó de muy lejos, y una sola palabra me vino a la cabeza, en letras mayúsculas. Descubrí con horror que la palabra había quedado vaciada de su significado. No se refería a ninguna noción concreta, salvo a la imagen de mi padre, de pie, con los labios apretados, con la mirada íntegra. La repetía una y otra vez en mi cabeza como una oración, como un conjuro mágico que podría, tal vez, deshacer el maleficio. *DIGNIDAD*. No significaba nada, pero repetir esta palabra me era suficiente para adoptar la actitud de mi padre, como un infante que copia las expresiones de un adulto, y sonríe o llora no porque sienta alegría o dolor sino porque las expresiones que reproduce, despiertan en él las emociones que sus gestos están supuestos manifestar.

Mediante este juego de espejos comprendí, sin que mi reflexión participara en ello, que había ido más allá del miedo y murmuré: «Hay cosas más importantes que la vida».

Mi rabia me abandonó, abriéndole campo a una frialdad total. La alquimia que se obraba en mí, imperceptible desde el exterior, había sustituido la rigidez de mis músculos con una fuerza del cuerpo que se preparaba para hacer frente a los golpes de la adversidad. No era resignación, ¡para nada! Tampoco era una fuga incontrolada para terminar metida en la boca del lobo. Ahora tenía la atención fija en mi actitud, observándome desde dentro, midiendo mi fuerza y mi resistencia, ya no por mi capacidad para dar

golpes, sino para recibirlos, como una embarcación martirizada
por el embate de las olas, pero que no naufraga.

El muchacho se acercó y con un gesto veloz trató de ponerme
la cadena al cuello. Yo lo esquivé instintivamente y terminé un paso
de lado donde no podía alcanzarme. Los otros dos, sin atreverse a
avanzar, lanzaban invectivas para animarlo a que volviera a intentarlo. Herido en su orgullo, se retenía como una fiera, calculando el
momento preciso para atacar de nuevo. Nuestras miradas se cruzaron. Él debió de leer en la mía la determinación que tenía de evitar
la violencia, y debió interpretarla como insolencia. Se me abalanzó
y me dio un golpe seco en el cráneo con la cadena. Caí de rodillas.
El mundo me daba vueltas. Me agarré la cabeza con las manos
y vi todo negro; luego aparecieron estrellas bailando de manera
intermitente ante mis ojos, antes de recuperar una visión normal.
Sentía un dolor intenso, duplicado por una tristeza enorme que me
invadía por pequeñas oleadas a medida que iba tomando conciencia
de lo que acababa de ocurrir. ¿Cómo había podido hacer eso? No
era en absoluto indignación lo que sentía. Era algo peor: la pérdida
de la inocencia. Mi mirada se cruzó de nuevo con la suya. Tenía
los ojos inyectados de sangre y un rictus que le deformaba las co-
misuras de los labios. Mi mirada le resultaba insoportable: quedaba
puesto al desnudo ante mí. Lo sorprendí mirándome con el horror
que le producían sus propios actos, y la idea de que yo pudiera ser
un reflejo de su propia conciencia lo volvía loco.

Retomó compostura y, como para borrar toda huella de culpabilidad, volvió a iniciar la tarea de ponerme la cadena al cuello.
Yo repelía sus movimientos con firmeza, evitando hasta donde fuera posible el contacto físico. Cogió impulso y de nuevo me asestó
la cadena encima, con un gruñido ronco que duplicaba la fuerza
del golpe. Caí inerte en la oscuridad y perdí la noción del tiempo.
Sabía que mi cuerpo estaba siendo objeto de la violencia de estos

hombres. Escuchaba sus voces a mi alrededor cargadas con el eco de los túneles.

Me sentía víctima de un asalto, entre convulsiones, como si estuviera metida en un tren a gran velocidad. Me parece que no perdí el conocimiento, pero aunque creo haber mantenido los ojos bien abiertos, los golpes que me dieron me impidieron ver. Mi cuerpo y mi corazón permanecieron congelados durante el breve espacio de una eternidad.

Cuando finalmente logré sentarme, tenía la cadena alrededor del cuello y el tipo me halaba dando tirones para obligarme a seguirlo. Babeaba cuando me gritaba. El regreso al campamento me pareció interminable, bajo el peso de mi humillación y de sus sarcasmos. Un guerrillero, delante de mí, los otros dos, detrás, iban hablando fuerte e intercambiando gritos de victoria. No tenía ganas de llorar. No era una cuestión de orgullo. Era simplemente un desprecio necesario para verificar que la crueldad de estos hombres y el placer que obtenían de ella, no habían arruinado mi alma.

Durante el tiempo suspendido de este recorrido sin fin, sentí que me fortalecía a cada paso, pues era más consciente de mi extremada fragilidad. Sometida a todas las humillaciones, llevada de cabestro como un animal, atravesando todo el campamento en medio de los gritos de victoria del resto de la tropa, incitando los más bajos instintos de abuso y dominación, acababa de ser testigo y víctima de lo peor.

Por ello, sobrevivía en una lucidez recién adquirida. Sabía que, de cierta forma, había ganado más de lo que había perdido. No habían logrado hacer de mí un monstruo sediento de venganza. Del resto no estaba muy segura. Suponía que el dolor físico llegaría con el descanso y me preparaba para la aparición de los tormentos del espíritu. Pero ya sabía que tenía la capacidad de liberarme del odio, y veía en ello mi conquista más preciada.

Llegué a la jaula, vencida, pero sin duda más libre que antes, habiendo tomado la decisión de encerrarme en mí misma, de esconder mis emociones. Clara estaba sentada de espaldas, mirando a la pared, delante de un tablón que hacía las veces de mesa. Se dio media vuelta. Su expresión me desconcertó, adiviné un brote de satisfacción que me hirió. La rocé al pasar, sintiendo de nuevo, la enorme distancia que nos separaba. Busqué mi rincón para refugiarme bajo el mosquitero sobre mi estera, evitando pensar mucho, pues no estaba en condiciones de hacer evaluaciones certeras. Por el momento, me aliviaba ver que no habían considerado necesario asegurar el otro extremo de la cadena a la jaula con un candado. Sabía que lo harían más tarde. Mi compañera no me hizo ninguna pregunta y yo se lo agradecí. Al cabo de un largo momento de silencio me dijo simplemente: «A mí no me van a poner ninguna cadena al cuello».

Me desplomé en un sueño profundo, enroscada sobre mí misma como un animal. Las pesadillas habían vuelto, pero habían cambiado de esencia. Ya no era Papá con quien me reencontraba cuando me dormía; era yo, completamente sola, ahogándome en un agua estancada y profunda. Veía los árboles que me miraban, con las ramas arqueándose hacia la superficie trémula. Sentía el agua palpitar como si estuviera viva, y luego perdía de vista los árboles y sus ramas, hundiéndome en el líquido salobre que me aspiraba, cada vez más profundamente, mi cuerpo dolorosamente extendido hacia la luz, hacia ese cielo inaccesible, a pesar de mis esfuerzos para liberarme los pies y ascender a la superficie a tomar aire.

Me desperté agotada y bañada en sudor. Abrí los ojos y vi a mi compañera. Me miraba atentamente. Viendo que había salido del sueño, continuó con su trabajo.

—¿Por qué no me seguiste?

—La guardia prendió una linterna cuando yo iba a salir. Seguramente oyó ruido... y yo había hecho mal el bulto. Ella se dio cuenta enseguida que yo no estaba en la cama.

—¿Quién era?

—Era Betty.

No quería saber más. De alguna manera le tenía resentimiento por no haber tratado de averiguar qué me había pasado. Pero por otro lado me aliviaba no tener que hablar de cosas que me dolían demasiado. Sentada en el suelo, con esa cadena en el cuello, repasé todo lo que había ocurrido en las últimas veinticuatro horas. ¿Por qué había fracasado? ¿Por qué estaba de nuevo en esa jaula, cuando había estado libre, totalmente libre, a lo largo de esa noche fantástica?

Me obligué a pensar en los instantes agobiantes que acababa de vivir en los pantanos. Hice un esfuerzo sobrehumano para obligarme a abrir los ojos sobre el ensañamiento bestial de esos hombres. Quise darme el permiso de poner palabras sobre lo vivido, para cauterizar mis heridas y limpiarme.

Mi cuerpo se rebelaba. Recogí rápidamente los varios metros de cadena tirados a mis pies, salí de un brinco de la jaula, y presa de pánico le pedí al guardia permiso de ir a los chontos. Él no se tomó la molestia de responderme, sabiendo que yo seguiría de largo, cubriendo a grandes pasos la distancia que me separaba del lugar que nos servía de letrinas. Mi cuerpo guardaba en memoria este trayecto y sabía que no alcanzaría a llegar. Lo inevitable ocurrió un metro antes de tiempo. Me agaché al pie de un árbol joven y vomité hasta las tripas. Quedé con el estómago vacío, sacudida por contracciones secas y dolorosas, que no dejaban subir ya nada. Me sequé la boca con el revés de la mano y miré hacia el cielo ausente. No había más que verde. El follaje cubría el espacio en forma de domo. Ante la inmensidad de esta naturaleza, me sentía encoger aún más, con los ojos humedecidos por el esfuerzo y la desesperanza.

«Tengo que lavarme».

Faltaba mucho para la hora del baño, demasiado para alguien que no tenía nada mejor que hacer que rumiar su repugnancia.

Tenía puesta la ropa empapada de la víspera y olía espantosamente
mal. Quería hablar con el comandante, pero sabía que se negaría
a recibirme. Sin embargo, la idea de molestar a un guardia me dio
la energía para sacudirme la apatía y formular mi petición. Por lo
menos, se sentiría molesto de tener que darme una respuesta.

El guardia me observaba con desconfianza, esperando a que
yo le hablara. Había enderezado su Galil por precaución, apoyán-
doselo contra el estómago, una mano sobre el cañón y la otra sobre
la culata, en posición de alerta.

—Acabo de vomitar.

—...

Necesito una pala para tapar.

—...

—Dígale al comandante que necesito hablarle.

—Vuelva a la jaula. No tiene permiso pa' salir.

Obedecí. Lo veía que reflexionaba a toda velocidad, desconfiado, asegurándose de que yo me hubiera alejado lo suficiente del
puesto de vigilancia. Luego, con aire autoritario y un gesto tosco,
hizo el ademán de llamar al guerrillero más a la mano. El otro se
acercó sin prisa. Los vi cuchichear al tiempo que me miraban de
soslayo. El segundo hombre se fue. Volvió con un objeto que escondía en la mano.

Al llegar al pie de la jaula, saltó ágilmente al interior. Tomó
con rapidez el extremo libre de mi cadena, le dio vuelta a una viga
y lo aseguró con un gran candado.

Estaba claro que esta cadena que llevaba al cuello, más allá
del peso y la molestia constante que representaba, era también tes-
tificación de debilidad: tenían miedo de que yo lograra escaparme
de veras. Me parecían deplorables, con sus fusiles, sus cadenas, su
gran número de guardias, todo eso para hacerles frente a dos mujeres indefensas. Eran cobardes en su violencia, medrosos en una
crueldad que se ejercía bajo el manto de la impunidad y sin testi-

gos. Las palabras de la joven guerrillera me volvieron a la mente. No las había olvidado. Había querido advertirme que era una orden. Me lo había dicho.

¿Cómo era posible que se diera una orden así? ¿Qué podía pasar por la cabeza de un hombre que les exigía eso a sus subalternos? Sentía que me había vuelto tonta en esta selva como si en ese entorno hostil hubiese perdido buena parte de mis facultades. Era esencial para mí abrir una puerta que me ayudara a reencontrar mi lugar en el mundo, o mejor, a reencontrar el lugar del mundo en mí.

Yo era una mujer adulta, con la cabeza en su puesto. ¿Lograr comprender me sería de algún alivio? Tal vez no. Hay órdenes que se deben desobedecer, pase lo que pase. Obviamente, la presión del grupo pesaba mucho. No solamente la de los tres hombres entre ellos, que habían recibido la orden de traerme y castigarme, y que los había llevado a encarnizarse en su barbarie, sino también la presión del resto de la tropa, que los aclamaría si habían cumplido bien su tarea de maltratarme. No eran ellos, era la imagen que querían tener de sí mismos, lo que había resultado fatal para mí.

Alguien pronunció mi nombre y me sobresalté. El guardia estaba de pie frente a mí. No lo había oído venir. Abrió el candado. Yo seguía sin entender qué pasaba. Lo vi arrodillarse y ponerme la cadena formando un ocho entre mis pies; luego la cerró con el mismo candado enorme. Desilusionada, hice el ademán de volver a sentarme, lo que lo fastidió. Entonces se dignó informarme que el comandante me quería ver. Lo miré con los ojos desorbitados y le pregunté cómo pretendía que caminara con esos hierros entre las piernas. Me agarró del brazo para ponerme de pie y me sacó a empujones de la jaula. Todo el campamento estaba en primera fila para asistir al espectáculo.

Miraba mis pies, pendiente de coordinar mis pasos y de evitar cruzar alguna mirada. El guardia me ordenó apurarme, dándoselas delante de sus camaradas. No respondí, y como era evidente que

no tenía intención de obedecerle, se puso realmente molesto, preocupado de no quedar como un idiota delante de sus compañeros.

Llegué al otro extremo del campamento donde estaba la carpa del comandante Andrés. Trataba de adivinar cuál sería el tono
que escogería para esta audiencia tan particular.

Andrés era un hombre que acababa de llegar a la madurez,
tenía los rasgos finos y la piel tostada. Nunca me había resultado
completamente antipático, a pesar del hecho de que desde el primer
día en que había asumido el comando se había empeñado en hacerse
inaccesible. Adivinaba en él un fuerte complejo de inferioridad. No
lograba salir de su desconfianza enfermiza sino cuando la conversación se desviaba hacia las cosas de la vida. Estaba locamente enamorado de una jovencita bonita y sedienta de poder, que lo manejaba
con el dedo chiquito. Era evidente que ella se aburría con él, pero el
hecho de ser la mujer del comandante le permitía gozar de los lujos
de la selva; la muchacha reinaba sobre sus compañeros, y, como si
fuera una consecuencia directa de ello, iba engordando a la vista.
¿Pensaba el comandante que yo podía serle útil para descifrar los
secretos de ese corazón femenino que él buscaba poseer más que
cualquier otra cosa? El hecho es que dos veces había venido a hablar
conmigo, dando rodeos sin atreverse a poner sobre la mesa sus preocupaciones. Yo lo ayudaba a sentirse cómodo, a hablar de su vida,
a hacer confidencias. De cierta forma, eso me daba la sensación de
ser útil.

Andrés era, ante todo, un campesino. Su gran orgullo residía
en haber logrado adaptarse a las exigencias de la guerrilla. Menudo pero fornido, sabía hacer mejor que cualquiera lo que le exigía
a su tropa. Se ganaba el respeto de sus subalternos rectificando él
mismo lo que ellos hacían mal. Su superioridad se fundaba en la
admiración que generaba entre la muchachada. Pero tenía dos debilidades: el alcohol y las mujeres.

Lo encontré desgualetado en su caleta, entregado a hacerse cosquillas con Jessica, su compañera, cuyas carcajadas resonaban más allá del río. Sabía que yo estaba ahí, pero no tenía la menor intención de suspender la diversión por mí. Esperé pues, hasta que se le diera la gana. Andrés terminó por voltearse, echándome una mirada con estudiado desprecio, para preguntarme qué era lo que yo quería.

«Desearía hablarle, pero me parece que sería mejor que estuviéramos solos». Andrés se sentó, se pasó las manos por el pelo y finalmente le pidió a su compañera que nos dejara solos. Ella obedeció con desgano, haciendo una mueca con la boca y tomándose su tiempo. Después de unos minutos, le ordenó al guardia que me había llevado irse también. Finalmente, me dirigió la mirada.

La animosidad y la dureza que Andrés exhibía querían significar que no era en absoluto sensible al espectáculo de la criatura arrasada y encadenada que tenía frente a sí. Nos evaluábamos mutuamente. Era incómodo asistir a una escena en la que yo era el eje central y que ponía al desnudo todos los engranajes de los mecanismos humanos. Sabía que muchas cosas entraban en juego, como las ruedas dentadas de un reloj que dependen las unas de las otras para ejecutar el movimiento. En primer lugar, yo era mujer. El comandante habría podido mostrarse indulgente ante un hombre, y ese gesto de nobleza habría contribuido a aumentar su prestigio. Pero ahora, rodeado por docenas de ojos que lo escrutaban con crecida avidez, ya que no podían escucharlo, debía aún más mantener una compostura impecable. Me trataría con aspereza, para no correr el riesgo de parecer débil. En segundo lugar, lo que habían hecho era infame. Los códigos escritos según los cuales se regían las FARC no les dejaban margen para la duda. Debían, entonces, refugiarse en las zonas grises de lo que ellos llamaban los avatares de la guerra: yo era el enemigo y había intentado escaparme.

El castigo al cual me habían sometido no podía ser considerado como un error que fuera necesario justificar, ni siquiera como una metedura de pata que hubiera que esconder. Ellos querían considerar lo que había pasado como el precio que yo debía pagar por la afrenta semejante de haber burlado la guardia. No había, pues, sanciones para sus hombres, ni mucho menos consideración para conmigo.

Yo era una mujer instruida y, por lo tanto, muy peligrosa. Yo podría buscar manipularlo, enredarlo y perderlo. Él estaba más prevenido que nunca, inamovible en todos sus prejuicios y todas sus culpabilidades.

Yo estaba de pie frente a él, revestida de esa serenidad que produce el desapego. No tenía nada que demostrar, estaba vencida, mortificada hasta lo indecible. No había lugar en mí para el amor propio. Yo podía vivir con mi conciencia, pero quería entender cómo podía él vivir con la suya.

El silencio que hubo entre nosotros fue producto de mi determinación. Él quería ponerle fin, yo quería observarlo a mis anchas. Él me miraba con desprecio, yo lo examinaba con curiosidad. Los minutos transcurrían lentos como un suplicio. «Bueno, ¿y qué es lo que me quiere decir?». Me desafiaba, indispuesto por mi presencia, por mi silencio obstinado. Entonces me escuché retomar en voz alta una conversación que sostenía en mi interior desde que había vuelto a la jaula.

Imperceptiblemente lo fui llevando a la intimidad de mi dolor y, a medida que le revelaba la profundidad de mis heridas, como quien expone ante un médico su llaga supurante, lo veía palidecer, incapaz de interrumpirme, fascinado y asqueado a la vez. Ya no tenía necesidad de hablar de ello para liberarme. De allí que podía describirle con precisión lo que había vivido.

El comandante me dejó terminar. Sin embargo, cuando alcé los ojos, dejando ver así mis secretas ganas de escucharlo, él recuperó su compostura y me asestó el golpe que había preparado meticulosamente mucho antes de que yo llegara: «Usted dice eso. Mis hombres dicen otra cosa...». Estaba acostado de medio lado, apoyado en un codo, jugando distraídamente con una ramita que tenía en la boca. Alzó la mirada hacia el frente, hacia las otras caletas que estaban dispuestas en semicírculo alrededor de la suya, donde la tropa se había instalado para tratar de seguir nuestra conversación. Hizo una pausa y concluyó: «... y yo creo lo que mis hombres me dicen».

Me puse a llorar sin recato, incapaz de calmar el torrente de lágrimas. Mi reacción era tanto más inesperada cuanto que yo no lograba identificar el sentimiento que la había desencadenado. Traté de hacer frente a esta inundación, secándome con mis mangas que hedían a vómito, retirándome el pelo que se pegaba a mis mejillas bañadas en lágrimas, como para aumentar mi confusión. Me reprochaba a mí misma por esta falta de control. Mi rabia me daba un aspecto lamentable y la conciencia de ser observada no hacía más que aumentar mi torpeza. La idea de irme, de hacer el recorrido de vuelta, encadenada como estaba, me obligó a concentrarme en la simple mecánica del desplazamiento y me ayudó a ocultar mis emociones.

Andrés, ahora sin sentirse sometido a evaluación, se relajó y dio rienda suelta a su crueldad. «Yo tengo un corazón sensible... No me gusta ver llorar a una mujer, y menos si es una prisionera. Nuestro reglamento dice que debemos tratar a los prisioneros con consideración...». Sonreía de oreja a oreja, sabiendo que su público gozaba con la función. Con un dedo, le indicó al guerrillero que se había ensañado contra mí que se acercara. «Quítele las cadenas. Vamos a demostrarle que las FARC saben tener compasión».

Me violentaba hasta el extremo tener que soportar las manos de este hombre rozándome la piel al introducir la llave en el candado que me colgaba del cuello.

El guerrillero tuvo la inteligencia de no demorarse demasiado; luego se arrodilló sin mirarme para retirar la cadena que me retenía los pies.

Aliviada de ese peso, me preguntaba qué hacer. ¿Debía irme sin pedir nada más o debía agradecerle al comandante su gesto de clemencia? Su indulgencia era el resultado de un juego pernicioso. Su objetivo era humillarme aún más, con una maniobra ingeniosa que me dejaba en deuda con mi verdugo. Andrés lo había planificado todo, usando a sus subordinados para que hicieran el trabajo sucio. De autor intelectual de su vileza, quería pasar a convertirse en juez.

Opté por una salida que en otra época me habría costado mucho. Le agradecí con todas las formas de la cortesía. Sentía la necesidad de ataviarme de ritos, recobrar aquello que hacía de mí un ser humano civilizado, moldeado por una educación que se inscribía en una cultura, en una tradición, en una historia. Como nunca en mi vida, sentía la necesidad de alejarme de la barbarie. El comandante me miró sorprendido, sin saber si me estaba burlando de él o si al fin había terminado por agachar la cabeza.

Hice el camino de regreso, sintiendo las miradas burlonas donde se leía el resentimiento ante la idea de que, a pesar de todo, yo había salido bien librada. Sin duda, todos concluyeron que el viejo truco de las lágrimas había terminado por vencer la rigidez de su comandante. Yo era una mujer peligrosa. Los papeles se habían invertido subrepticiamente: de víctima pasaba a ser una mujer temida: era una «política».

Esta afirmación contenía todo el desprecio de clase con que les lavaban el cerebro cotidianamente. El adoctrinamiento era una de las responsabilidades del comandante. Cada campamento estaba construido según el mismo modelo, que comprendía la edificación de un aula donde el comandante daba informes y explicaba las órdenes; allí era donde los guerrilleros debían denunciar cualquier actitud antirrevolucionaria que hubieran podido presenciar. Si no lo hacían, los consideraban cómplices, los llevaban a juicio en corte marcial y los fusilaban.

Allí les habían explicado que yo me había presentado a las elecciones presidenciales de Colombia. Yo formaba parte, entonces, del grupo de los rehenes políticos, cuyo crimen era, según las FARC, hacer aprobar leyes a favor de la guerra. La reputación de nuestro grupo era odiosa. Les explicaban que éramos unas especies de sanguijuelas, les decían que nosotros prolongábamos la guerra para obtener réditos económicos. La mayoría de esos jóvenes no comprendía el sentido de la palabra «política». Les enseñaban que la política era la actividad de aquellos que lograban engañar al pueblo con discursos y que se enriquecían robándose los impuestos.

El problema de esta explicación es que yo la compartía en buena parte. Además, razones parecidas me habían llevado a participar en la política, con la esperanza, tal vez no de cambiar el sistema en sí, pero por lo menos sí de tener la posibilidad de denunciar la injusticia.

Para ellos, todo aquel que no pertenecía a las FARC era necesariamente una crápula. De nada valían los esfuerzos por explicarles mi lucha y mis ideas: eso no les interesaba. Cuando les decía que yo hacía política contra todo lo que detestaba, contra la corrupción, contra la injusticia social y contra la guerra, su respuesta inapelable era: «todos ustedes dicen lo mismo».

Regresé a la jaula, libre de las cadenas, pero cargando el peso de esta animosidad que crecía contra mí. Entonces oí por primera vez esta canción farquiana, cantada en tono infantil:

Esos oligarcas hijueputas que se roban la plata de los pobres.

Esos burgueses malnacidos los vamos a acabar, los vamos a acabar.

Al comienzo era solo un murmullo, un ronroneo proveniente de una de las caletas. Luego, el canturreo se desplazó para acompañarme a mi paso. Estaba tan perdida en mis divagaciones que no le paré bolas. Solo cuando los hombres comenzaron a entonar la estrofa, haciendo de apostas para articular bien y con voz fuerte, fue cuando alcé la cabeza. No es que hubiera comprendido desde un comienzo el sentido de la letra, porque el acento que les hacía comerse ciertas palabras a veces me obligaba a pedir que me repitieran las frases; sino que el circo que se había montado había provocado una risa generalizada. Fue ese cambio de atmósfera lo que me hizo volver a la realidad.

El que cantaba era el mismo que me había quitado las cadenas. Cantaba con una sonrisa malosa de medio lado, con fuerza, como para acompasar sus actos, mientras fingía meter sus cosas dentro de un morral. El otro, el que había hecho el recorrido desde su caleta, desde el fondo, hasta ahí, era un pobre diablo, endeble y medio calvo, que tenía la costumbre de apretar los ojos cada dos segundos, como para esquivar un golpe. Una de las guerrilleras estaba sentada en la estera de los muchachos, mirándome de reojo, cantando feliz la canción que todos se sabían de memoria. Dudé un instante, agotada de tanta lucha, diciéndome que, al fin de cuentas, no tenía por qué sentirme aludida por esta canción. Veía en la actitud de los guerrilleros la cruel alevosía de los patios de recreo. Sabía que lo mejor era hacer oídos sordos. Pero hice lo contrario y me detuve. El guardia que me seguía de muy cerca apenas tuvo tiempo de frenar, y casi se estrella tontamente contra mí, y eso lo irritó. Me ordenó avanzar, en tono grosero, aprovechando que tenía, de hecho, el público a su favor.

Me di vuelta hacia la joven y me oí decirle: «No cante esa canción delante de mí. Ustedes tienen los fusiles, y el día que quieran matarme no tienen más que hacerlo».

Ella siguió cantando con sus compañeros, pero sin el entusiasmo de antes. No podían, delante de sus víctimas, hacer de la muerte un refrán. Tenían que haber entendido que la muerte no era un pasatiempo.

La orden de ir a baño llegó pronto. La tarde casi se terminaba y me anunciaron que el tiempo asignado sería muy corto. Ellos sabían que la hora del baño era para mí el mejor momento del día. Acortarla era una muestra del régimen al que sería sometida de ahora en adelante.

No dije nada. Custodiada por dos guardias, fui al río y me sumergí en sus aguas grisáceas. La corriente era todavía muy fuerte, y el nivel del agua no había parado de subir. Me agarré a una raíz que sobresalía en la orilla y mantuve la cabeza sumergida en el agua, con los ojos bien abiertos, esperando así poder lavar todo lo que había visto. El agua estaba helada y a su contacto se despertaron todos mis dolores. Me dolía hasta la raíz del pelo.

La colada llegó cuando regresé a la jaula. Harina, agua y azúcar. Esa noche, me acurruqué en mi rincón, con ropa seca y limpia, a tomarme esa bebida no porque supiera bueno sino porque estaba caliente. Ya no volvería a tener las fuerzas para afrontar otro día como este. Debía protegerme, incluso de mí misma, pues era obvio que no estaba hecha para aguantar mucho tiempo el régimen al que me tenían sometida. Cerré los ojos antes de que cayera la noche, respirando apenas, esperando que disminuyeran mi sufrimiento, mi angustia, mi soledad y mi desesperanza. Durante las horas de aquella noche sin sueño, y en los días que siguieron, todo mi ser empezó a recorrer el curioso camino de la hibernación del alma y del cuerpo, esperando el momento de la libertad como la primavera.

El día siguiente llegó, como cualquier mañana de cualquier año de mi vida. Solo que estaba muerta. Trataba de poblar las horas sin fin, ocupando mi mente con cualquier otra cosa que no fuera yo misma, pero el mundo ya no tenía ningún interés para mí.

Los vi llegar de lejos, del otro extremo del campamento, en silencio, ella detrás de él o, mejor, ella empujándolo a él. Cuando llegaron frente al guardia, Yiseth le habló al oído. Haciendo una señal con el mentón, el guardia los autorizó a seguir. Ella le susurraba a su compañero unas palabras que parecían incomodarlo.

—Queremos hablarle —me dijo ella, mientras yo hacía lo necesario para poner cara de que no era asunto mío.

Vestía la misma camiseta sin mangas, con colores de camuflado, del día anterior. Tenía la misma expresión dura y secreta que la hacía ver más vieja.

Levanté hacia ella unos ojos llenos de amargura. Su compañero, con el que había venido a verme, hacía parte del grupo de tres guerrilleros que se habían encarnizado conmigo en el embalse. Su sola presencia me hacía estremecer de repulsión. Ella se dio cuenta y espoleó a su compañero con un codazo.

—A ver, dígale.

—Nosotros... Yo vine a decirle que... Lo siento. Quiero excusarme por lo que le dije ayer. Yo no pienso que usted sea una vieja hijueputa. Quiero pedirle perdón. Yo sé que usted es una persona buena.

La escena me parecía surrealista. Este hombre venía a disculparse, como un niño regañado por una mamá severa. Sí, me habían lanzado a la cara toda clase de insultos. ¡Pero eso no era nada en comparación con el horror que me habían hecho vivir! ¡Todo era tan absurdo! Salvo el hecho de haber venido a verme. Yo escuchaba. Creía que era indiferente. Me tomó un tiempo comprender que aquellas palabras, y la manera como habían sido dichas, me habían producido un real alivio.

2
ADIÓS

Febrero 23 de 2009. Hace exactamente siete años, día por día, fui secuestrada. En cada aniversario, cuando me despierto, me estremezco al tomar conciencia de la fecha, aunque sé desde hace semanas que ya se acerca el día. He iniciado una cuenta regresiva consciente, queriendo marcar ese día y no olvidarlo nunca, nunca, para desmenuzar, repasar, rumiar cada hora, cada segundo de la cadena de instantes que condujeron al horror prolongado de mi interminable cautiverio.

Me desperté esta mañana, como todas las mañanas, dándole gracias a Dios. Como todas las mañanas después de mi liberación, dedico algunos instantes, fracciones de segundo, a reconocer el lugar donde he dormido. Sin mosquitero, en un colchón, con un techo blanco en lugar del cielo camuflado de verde. Me despierto naturalmente. La felicidad ya no es un sueño.

Sin embargo, hoy, 23 de febrero, un instante después de despertarme me sentí mal por no haberlo recordado. Me sentí culpable de haber perdido este aniversario entre mis recuerdos. Me pareció que el alivio de haberlo recordado después, era mucho menor que el remordimiento de no haber pensado en ello antes. Bajo el efecto de este mecanismo de culpabilidad y angustia, mi memoria se desquició y empezó a vomitar sobre mí tal cantidad de recuerdos que tuve que saltar de la cama y huir de las sábanas, como si el contacto con ellas pudiera, a través de un maleficio irreversible, atraparme y arrastrarme de nuevo hasta las profundidades de la selva.

Una vez lejos del peligro, con el corazón latiendo aún con fuerza pero con los pies en la realidad, me di cuenta de que el sosiego de haber recuperado mi libertad no era en absoluto comparable con la intensidad del martirio que había padecido.

Me acordé entonces de ese pasaje de la Biblia que me había impactado durante mi cautiverio. Era un cántico de alabanza a Dios en el libro de los Salmos que describe la dureza de la travesía por el desierto. La conclusión me había parecido sorprendente: la recompensa por el esfuerzo, la valentía, la tenacidad, la resistencia no eran ni la felicidad, ni la gloria. Lo que Dios ofrecía en recompensa, era el descanso.

Hay que envejecer para apreciar la paz. Siempre había vivido en un remolino de acontecimientos. Me sentía viva, yo era un ciclón. Me había casado joven, mis dos hijos, Melanie y Lorenzo, colmaban todos mis sueños y me había propuesto transformar a mi país con la fuerza y la terquedad de un toro. Creía en mi buena estrella, trabajaba duro y podía hacer mil cosas a la vez, porque estaba segura de mi éxito.

Enero de 2002. Estaba de viaje en los Estados Unidos, acumulando desvelos y asumiendo compromisos con el fin de obtener el apoyo de la comunidad colombiana para mi partido, Oxígeno Verde, de cara a la campaña presidencial. Mi madre me acompañaba y estábamos juntas cuando recibí una llamada de mi hermana, Astrid. Papá había tenido un quebranto de salud, nada grave. Mis padres se habían divorciado varios años atrás, pero mantenían una relación cercana. Mi hermana nos explicaba a las dos que Papá estaba fatigado y había perdido el apetito. Recordamos enseguida la muerte de mis tíos, que se habían ido sin avisar, después de un simple resfriado. Astrid nos llamó dos días después: Papá había sufrido un paro cardiaco. Debíamos regresar de inmediato.

El viaje de vuelta fue una pesadilla. Yo adoraba a mi papá. Los momentos que había pasado junto a él jamás habían sido banales. Concebir la existencia sin él era como vivir en un desierto de aburrimiento.

Al llegar al hospital encontré a mi padre enchufado a un aparato espantoso. Se despertó, me reconoció y su cara se transformó. «¡Estás aquí!». Luego cayó en un profundo sueño de barbitúricos y volvió a mí diez minutos después. Abrió los ojos y dijo de nuevo con entusiasmo: «¡Estás aquí!». Y así sucesivamente durante la siguiente hora.

Los médicos nos dijeron que debíamos prepararnos. El sacerdote de su parroquia vino a darle la extremaunción. Durante un paréntesis de lucidez, Papá llamó a todos alrededor de su cama. Había escogido sus palabras de despedida, prodigando bendiciones a cada uno con la precisión de un sabio que escruta los corazones. Nos dejaron a mi hermana y a mí solas con él. Hice conciencia de que el momento de su partida había llegado y yo no estaba preparada. Estallé en llanto, delante de él, aferrándome desesperadamente a su mano. Esa mano siempre había estado ahí para mí, había alejado de mí los peligros, me había agarrado de ella para cruzar la calle, me había guiado en los momentos difíciles de mi vida y me había mostrado el mundo. Era la mano que yo tomaba siempre que estaba cerca de él, como si me perteneciera.

Mi hermana me miró y me dijo en un tono severo: «No llore. Estamos en una lógica de vida. Papá no se va a morir». Tomó la otra mano de Papá y me aseguró que todo saldría bien. La apretó con fuerza. Todavía sollozando, sentí que algo extraordinario nos ocurría. De mi brazo brotaba una corriente eléctrica que pasaba a través de mis dedos hacia las arterias de Papá. El hormigueo no dejaba lugar a dudas. Miré a mi hermana: «¿Lo siente?». Sin la menor sorpresa, ella me respondió: «¡Claro que lo siento!». Debí pasar la noche entera en esta posición. Estábamos sumidas en el silencio, sintiendo ese circuito de energía que se formó entre nosotras, fascinadas por una experiencia que no tenía otra explicación distinta de la del amor.

Mis hijos también vinieron a ver a Papá. Habían llegado de Santo Domingo donde vivían con Fabrice, su padre. Fabrice seguía siendo muy cercano a Papá, aunque ya no estábamos casados. Papá siempre lo había querido como si fuera su hijo. Cuando Melanie se quedó sola conmigo en el lecho de enfermo de Papá, había experimentado, al sostenerle la mano, la misma sensación extraña de corriente eléctrica que Astrid y yo habíamos sentido. Papá volvió a abrir los ojos cuando Lorenzo lo besó. Los hijos de Astrid, Anastasia y Stanislas, todavía muy pequeños, daban vueltas alrededor de su abuelo, deseosos de que él los consintiera. Papá estaba tan feliz de tener a toda su familia alrededor suyo, que comenzó a recuperarse.

Mamá y yo nos quedamos con Papá durante las dos semanas de su convalecencia, viviendo en el hospital con él. Yo sabía que no tendría fuerzas para continuar si un día llegara a faltarme. Estaba en plena campaña presidencial. Vivía un momento muy importante para nuestro partido. Oxígeno Verde era una organización política joven, creada cuatro años atrás, que reunía a un grupo de ciudadanos apasionados e independientes que luchaban contra los años incontables de corrupción política que habían paralizado a Colombia. Defendíamos una plataforma estructurada sobre una alternativa ecologista y un compromiso por la paz. Éramos Verdes, éramos prosocial, éramos «limpios», en un país donde la política se hacía, con demasiada frecuencia en opinión nuestra, de la mano con los barones de la droga y los paramilitares.

A raíz de la enfermedad de Papá se detuvieron por completo todas mis actividades políticas. Yo había desaparecido de la escena mediática y en las encuestas iba en caída libre. Asaltados por el pánico, algunos de mis colaboradores abandonaron el barco para

engrosar las filas del candidato que iba creciendo en las encuestas.
Al salir del hospital, me encontré con un equipo mermado para
preparar el envión final. Las elecciones presidenciales tendrían lugar en mayo. Nos quedaban tres meses.

En la primera reunión con el equipo de campaña completo
se puso sobre el tapete la agenda de las semanas que nos quedaban
por delante. La discusión fue acalorada. La mayoría insistía en que
debíamos continuar con el programa que se había establecido al
principio de la campaña y que tenía prevista una visita a San Vicente del Caguán. Los miembros de la dirección de la campaña insistían en que debíamos darle una mano al alcalde de San Vicente,
el único alcalde elegido en el país bajo los colores de nuestro nuevo
partido. Nuestro equipo quería que yo hiciera un esfuerzo adicional, para compensar las semanas que había pasado junto a Papá y
que me metiera a fondo en la campaña.

Me sentía en la obligación de estar a la altura de la dedicación
de mi equipo y acepté a regañadientes hacer ese viaje a San Vicente. Lo habíamos anunciado en una rueda de prensa donde explica-
mos nuestro plan de paz para Colombia. Desde la década de 1940,
Colombia había vivido inmersa en una guerra civil entre el Partido
Liberal y el Partido Conservador. Fue de tal magnitud la crueldad
de la guerra que esta época se conoce en nuestra historia como «La
Violencia». La lucha por el poder se propagaba a partir de Bogotá y ensangrentaba el campo. Los campesinos identificados como
liberales eran masacrados por los partidarios del conservatismo, y
viceversa. Las FARC[3] surgieron como una reacción espontánea de
los campesinos que buscaban protegerse de esta violencia y evitar la
confiscación de sus tierras a manos de los terratenientes liberales o
conservadores. Los dos partidos tradicionales llegaron a un acuer-

---

[3]. Las iniciales oficiales son FARC-EP: Fuerzas Armadas Revolucionarias de Co-
lombia-Ejército del Pueblo. (N. de la A.)

do para alternarse en el poder y poner fin a la guerra civil, pero las FARC quedaron excluidas de este acuerdo. Durante la Guerra Fría, este movimiento dejó de ser una organización rural y defensiva y pasó a ser una guerrilla comunista estalinista, cuyo objetivo era tomarse el poder. Las FARC establecieron una jerarquía militar y crearon frentes en diferentes partes del país para atacar al ejército y la policía. En la década de 1980, el gobierno colombiano intentó poner fin a las hostilidades . Se le propuso una tregua a las FARC y se votaron en el Congreso las reformas políticas que sustentaban el retorno a la paz. Sin embargo, con el auge del narcotráfico, las FARC encontraron un medio para financiar su guerra y el acuerdo de paz naufragó. Las FARC sembraron el terror en los campos, asesinando a los campesinos y a los trabajadores rurales que no se plegaban a su dominio. La rivalidad por el control de la droga entre los narcotraficantes y las FARC dio paso a una nueva guerra. Los paramilitares surgieron al amparo de una alianza entre la extrema derecha política (conformada, en particular, por los terratenientes) y los narcotraficantes, para hacer frente a la guerrilla y expulsarla de sus regiones. En 1998, Pastrana ganó las elecciones presidenciales con un programa que preveía el inicio de un nuevo proceso de paz con las FARC.

El objetivo de Oxígeno Verde consistía en establecer un diálogo simultáneo entre todos los actores del conflicto, al mismo tiempo que se mantenía la presión del ejército nacional. Para recalcar nuestro mensaje en la rueda de prensa, me senté en el centro de una mesa larga, en medio de unas fotos en cartón de tamaño natural de Marulanda, el jefe de las FARC (la guerrilla comunista más antigua del continente), y Castaño, su mayor adversario, el jefe de los paramilitares, así como de los generales del ejército colombiano que combatían a ambos grupos.

Algunos días antes, el 14 de febrero, había tenido lugar un encuentro televisado de todos los candidatos a la Presidencia, pre-

cisamente en San Vicente del Caguán, con los miembros del secretariado de las FARC. Este encuentro había sido organizado por
el gobierno saliente de Pastrana, que había puesto el avión presidencial a nuestra disposición para los desplazamientos de ida y
regreso. El gobierno quería obtener apoyo para su proceso de paz
con las FARC. Este proceso era blanco de críticas cada vez más viru-
lentas, pues las FARC habían obtenido, como garantía para sentarse
a la mesa de negociación, el control de una zona de cuarenta y dos
mil kilómetros cuadrados, tan grande como Suiza. San Vicente del
Caguán estaba en el centro de esta zona de despeje.

Los miembros de las FARC estaban sentados de un lado de la
mesa y los candidatos, así como los representantes del gobierno,
estábamos sentados del otro. El encuentro se convirtió en una serie de recriminaciones contra la guerrilla, acusada de entorpecer el
avance de las negociaciones.

Por mi parte, cuando me dieron la palabra, les reclamé a las
FARC que tuvieran un comportamiento coherente con sus discursos de paz. El país acababa de presenciar con horror la muerte de
Andrés Felipe Pérez, un niño de doce años que suplicaba que le
permitieran hablar con su padre antes de morir. El niño padecía
un cáncer en fase terminal y su padre era un soldado del ejército
colombiano, secuestrado por las FARC desde hacía años. Las FARC
no cedieron. Expuse la amargura que sentíamos todos y el horror
que nos producía la falta de humanidad de un grupo que se proclamaba defensor de los derechos humanos. Concluí diciendo que la
paz en Colombia debería comenzar con la liberación de todos los
secuestrados —más de mil— en poder de las FARC.

La semana siguiente, las FARC se tomaron un avión comercial
en el sur del país y secuestraron al senador más importante de la
región, Jorge Eduardo Géchem. El Presidente Pastrana puso fin
al proceso de paz. En una alocución televisada, anunció que en las

próximas cuarenta y ocho horas el ejército colombiano retomaría el control de la zona de despeje y expulsaría a las FARC del territorio.

En las horas posteriores, el gobierno anunció que las FARC habían abandonado el territorio de San Vicente del Caguán y que la situación había vuelto a la normalidad. Para probarlo, la prensa informaba que el presidente Pastrana se desplazaría a la zona dos días después, exactamente en la fecha en que nosotros habíamos planeado ir desde semanas atrás.

Los teléfonos de nuestra sede no dejaban de sonar. ¡Si el presidente iba a San Vicente, nosotros podíamos ir también! La campaña tomó contacto con la oficina del Presidente para preguntar si podíamos viajar con la comitiva presidencial, pero nuestra petición fue rechazada. Al cabo de largas horas de conversaciones con el mundo entero, parecía posible llegar en avión a Florencia —ubicada a 370 kilómetros al sur de Bogotá— y hacer el resto del recorrido en carro. El aeropuerto de San Vicente estaba bajo control militar y cerrado para los vuelos civiles, por lo cual se nos había negado nuestra petición de llegar en avioneta particular. Los servicios de seguridad nos confirmaron una escolta sólida en tierra. Dos vehículos blindados nos esperarían al bajar del avión. Uno de ellos era para el grupo que me acompañaba y yo, y el otro para mi equipo de seguridad, que se desplazaría conmigo, además de una moto al frente y otra detrás de la caravana.

Hablé por teléfono con el alcalde de San Vicente. Me insistía mucho para que fuera. Los helicópteros militares habían sobrevolado el pueblo toda la noche y la población estaba asustada. La gente temía represalias, tanto de los paramilitares como de la guerrilla, pues el pueblo de San Vicente había apoyado el proceso de paz.

El alcalde contaba con el cubrimiento mediático que yo podría aportar, en mi calidad de candidata presidencial, para hacerle saber a la opinión pública cuáles eran los riesgos que corría la población.

Pensaba que yo podía servir de escudo contra las acciones violentas de las que pudieran ser víctimas. Para acabar de convencerme, me dijo que el obispo de San Vicente había salido esa misma mañana y que había llegado sin dificultad al pueblo. No había peligro en el camino.

Acepté ir a San Vicente, con la condición de que me confirmaran el dispositivo de seguridad en tierra antes de mi partida, programada para las cinco de la mañana del día siguiente.

Salí agotada de la sede de la campaña. Pero la noche apenas acababa de comenzar. Tenía una cita con unos amigos de la izquierda colombiana, muy comprometidos con la idea de una paz negociada. Nuestro objetivo era elaborar conjuntamente una estrategia de cara a la nueva coyuntura del reinicio de las hostilidades. Después de la reunión me fui a una comida que ofrecía una colaboradora de la campaña, que había congregado en su casa al «núcleo duro» del equipo. Necesitábamos encontrarnos para comentar los acontecimientos recientes.

En medio de la cena, recibí la llamada de una nueva adherente a la campaña: Clara Rojas. Se había vinculado a nuestro partido y reemplazado al Secretario General de la campaña, que había pasado al grupo de otro candidato presidencial. Ella quería estar en el grupo de los que iban a San Vicente. Le respondí que no era necesario. Había mucho por hacer durante los días siguientes y le repetí varias veces que podía dedicar el fin de semana a preparar lo que seguía. Ella insistió. Había llegado hacía poco a la campaña, quería empaparse de todo y conocer nuestro equipo de San Vicente. Así pues, convinimos que yo pasaría a buscarla en el carro, a la madrugada.

Salí de la comida a las diez de la noche. No veía la hora de abrazar de nuevo a Papá. Seguramente no habría comido por esperarme y yo quería acostarlo antes de irme a mi casa. Desde su salida de la clínica me impuse la rutina de concluir todos los días de trabajo con una visita para abrazarlo. Siempre era un placer hablar con él sobre todas las pequeñas crisis del momento. Él veía el mundo desde arriba. Donde yo veía olas gigantescas, él veía un mar ondulante.

Yo siempre llegaba con las mejillas frías y las manos congeladas, feliz de poder abrazarlo. Él se quitaba la máscara de oxígeno y fingía una cara de desagrado: «¡Estás como un sapo!», decía haciéndose el indignado, por acercármele y hacerle sentir el frío que traía de la calle. Era un juego con el que se iniciaba una cascada de besos que lo hacía reír.

Sin embargo, esa noche, le vi un aire de gravedad bajo su máscara de oxígeno. Me pidió que me sentara en el brazo de su sillón y yo, intrigada, hice lo que me decía. Entonces me dijo:

—Tu mamá está muy preocupada con tu viaje de mañana.

—Mamá siempre se preocupa por todo —le respondí tranquila, pero luego reflexionando, añadí—: ¿Y tú estás preocupado?

—No, no tanto.

—Papito, si no quieres que vaya, cancelo todo.

—…

—Papá, no pasa nada si no voy. Además, tampoco es que tenga muchas ganas. Me gustaría quedarme contigo.

Mi padre era la prioridad absoluta en mi vida en ese momento. El día que le dieron de alta en el hospital, el médico nos llevó aparte a mi hermana y a mí a una salita llena de computadores y nos mostró en una pantalla un corazón latiendo. Señaló en la imagen un recorrido caprichoso: «Esta es la arteria que mantiene con vida a su papá. En cualquier momento, va a fallar. ¿Cuándo? Solo Dios lo sabe. Puede ser mañana, pasado mañana, dentro de dos meses o dentro de dos años. Tienen que estar preparadas».

—Papá, si tú me dices que me quede, yo me quedo.

—No, mi amor. Haz lo que tengas que hacer. Diste tu palabra y la gente de San Vicente te está esperando. Tienes que ir.

Puse mi mano sobre la suya, como siempre. Nos miramos a los ojos en silencio. Papá siempre tomaba sus decisiones basándose en principios. Muchas veces me rebelé contra ello: en mi juventud, esta actitud me parecía rígida y tonta. Luego, cuando debí empezar a tomar mis propias decisiones, comprendí que, ante la duda, el mejor camino era siempre el suyo. Su ejemplo se convirtió para mí en una máxima que siempre me funcionaba. Aquella noche también yo veía en el viaje a San Vicente una cuestión de principios.

De repente, en una especie de arranque irracional, me oí a mí misma diciéndole:

—Papá, tú me vas a esperar, ¿no? Si me pasa cualquier cosa, me esperas. No te vas a morir.

Con ojos de sorpresa, me respondió:

—Claro que te voy a esperar. No me voy a morir. —Luego, con la mirada más serena, respiró profundamente y añadió—: Sí, yo te espero, mi amor. Si Dios quiere.

Se volteó hacia la imagen de Jesús que ocupaba un lugar preponderante en su cuarto. Su mirada era tan intensa que me obligó mirarla a mi vez. Nunca había observado realmente esta imagen, que estaba allí desde siempre. De hecho, ahora, viéndola con ojos de adulta, me parecía un poco *kitsch*. Sin embargo, era un Jesús de resurrección, lleno de luz, con los brazos abiertos y el corazón a la vista. Papá me hizo poner delante de él, debajo de la imagen santa, y dijo:

—Mi buen Jesús, cuídame a esta niña.

Me dio golpecitos en la mano, como para que quedara claro que se refería a mí y la petición no se prestara a confusiones.

Me sorprendí como él unos minutos atrás. Sus palabras me parecieron curiosas. ¿Por qué decía «esta niña» y no «mi hija»? Papá solía usar expresiones anticuadas: había nacido antes del tranvía, en el tiempo de los coches y las velas. Yo permanecí inmóvil, escrutando la expresión de su rostro.

—Cuídame a esta niña —repitió dos o tres veces. Esta frase me impregnó íntimamente, como agua que hubiera derramado sobre mi cabeza.

Me arrodillé frente a él, apretando sus piernas contra mí y apoyando en ellas mi mejilla.

—No te preocupes. Todo va a salir bien.

Era más para tranquilizarme a mí misma que había pronunciado estas palabras. Enseguida, le ayudé a acostarse y me aseguré de que el cilindro de oxígeno quedara bien instalado junto a la cabecera de la cama.

Papá prendió la televisión para ver el último recuento de noticias del día. Me acosté a su lado y recosté la cabeza sobre su pecho, escuchando los latidos de su corazón. Me adormecí en sus brazos, sintiéndome segura.

Hacia la medianoche, me levanté, apagué las luces, besé a mi padre y lo tapé bien con las cobijas. Él sacó una mano para darme la bendición y se volvió a quedar dormido antes de que yo cruzara el umbral de la puerta. Me volteé para verlo por última vez antes de salir, esa noche, como todas las noches anteriores.

Lejos estaba de imaginarme que esa sería la última vez que lo vería.

3
LA CAPTURA

Febrero 23 de 2002. La escolta llegó según lo programado, poco antes de las cuatro de la mañana. Todavía estaba oscuro. Me vestí con mi uniforme de campaña: una camiseta amarilla con nuestro eslogan «Colombia Nueva», jeans y botines de excursión. Me puse una chaqueta abrigada antes de salir y, sin saber muy bien por qué, me quité el reloj.

Pom, mi perra, era la única que estaba despierta en la casa. Le di un beso entre las dos orejas y me fui con un bolso pequeño, donde llevaba apenas lo necesario para pasar una noche fuera.

Al llegar al aeropuerto, me aseguré de que el esquema de seguridad hubiera sido confirmado. El capitán encargado de la coordinación del equipo de seguridad sacó un fax de su bolsillo y me lo mostró: «Todo está en orden, la Gobernación puso a su disposición los carros blindados». El capitán me sonrió, satisfecho de haber cumplido su misión.

El resto del equipo ya había llegado. El avión despegó a la madrugada. Hicimos escala en Neiva, a 250 kilómetros de Bogotá, antes de cruzar la cordillera Oriental y aterrizar al otro lado, en Florencia, capital del departamento de Caquetá, tierra exuberante entre la cordillera Andina y la selva Amazónica. Después llegaríamos por tierra hasta San Vicente.

La escala que debería durar media hora se prolongó por un poco más de dos horas. Apenas si me di cuenta, porque mi teléfono celular no dejaba de sonar. Un artículo ponzoñoso de la prensa local hacía referencia a la crisis que se había producido en el interior de nuestro equipo de campaña. El periodista solamente había recogido las declaraciones destempladas de quienes habían abandonado la campaña. Todos los miembros del equipo estaban indignados y querían que reaccionáramos lo más rápido posible. Me pasé la mayor parte del tiempo hablando por teléfono, haciendo el puente entre la gente de mi campaña y el editor del periódico, para lograr que publicaran nuestra rectificación.

Hicimos la segunda etapa del vuelo en medio de un calor asfixiante. Llegamos a Florencia con un retraso en nuestra programación. Sin embargo, nos quedaba tiempo suficiente para llegar a San Vicente antes del mediodía. Podíamos recorrer en menos de dos horas los cien kilómetros que nos separaban de nuestro destino.

El aeropuerto de Florencia estaba militarizado por completo. Alineados en la pista, unos doce Black Hawk, con las hélices en movimiento, esperaban la orden de despegar. Un coronel que estaba a cargo de las operaciones en el aeropuerto me recibió cuando me bajé del avión y me llevó a una oficina con el aire acondicionado a fondo, mientras que mi equipo de seguridad se ponía en contacto con los encargados de nuestro desplazamiento terrestre y preparaba los últimos detalles antes de salir.

El coronel me abordó respetuosamente y, con gran cortesía, se ofreció a llevarnos en helicóptero a San Vicente:

—Cada media hora sale uno. Usted puede irse en el siguiente.

—Le agradezco mucho, coronel. Pero somos quince.

—Permítame consultar.

El oficial se retiró y volvió al cabo de diez minutos, para anunciarnos con cara de contrariedad:

—Solo podemos llevar cinco personas a bordo.

El capitán encargado de mi seguridad fue el primero en reaccionar:

—Una parte del equipo de seguridad se puede quedar aquí.

Pregunté si en el helicóptero podrían ir siete personas. El coronel asintió.

—No hay problema.

Luego nos pidió que esperáramos en su oficina la salida del próximo helicóptero.

Anticipábamos media hora de espera. Mi equipo de seguridad estaba en conciliábulo, probablemente para decidir quién me iba a acompañar. Uno de los guardaespaldas se había puesto en la tarea de limpiar su arma y estaba volviendo a meter las balas en la pistola, pues había tenido que sacarlas para el viaje en avión. En la maniobra, descorrió el seguro y el arma se disparó, por fortuna sin consecuencias que lamentar. La bala me rozó y, de lo nerviosa que estaba, casi salto hasta el techo.

Yo detestaba estos pequeños incidentes, no por sí mismos, sino por las ideas que se me venían a la cabeza de inmediato. Tenía a menudo pensamientos divergentes, que me daban la sensación de tener varias personas hablando en mi cerebro al mismo tiempo. «Mal presagio», la voz retumbaba en tono monocorde, como en el guión de una mala película. «Qué idea más tonta. Al contrario. ¡Qué suerte!». Mi equipo estaba alerta, pendiente de mi reacción, y el pobre hombre de la pistola estaba rojo hasta las orejas, pidiendo toda clase de excusas.

—No se preocupe. Pero hay que tener cuidado. Todos estamos cansados —dije para poner punto final al incidente.

Pensé en llamar a Papá pero recordé que en esta zona las comunicaciones eran deficientes. La espera se prolongó. El resto del grupo se dispersó: unos se fueron al baño, los otros a tomar algo. Vi que más de tres helicópteros se habían ido ya, pero a nosotros no nos llegaba el turno. No quería dar la impresión de estar impaciente, sobre todo porque la oferta me había parecido muy generosa. Finalmente me levanté para ver qué había de nuevo.

El coronel estaba afuera, hablando con mis agentes de seguridad. Al verme llegar, interrumpió la discusión y se volteó hacia mí, confundido.

—Disculpe, doctora, pero acabo de recibir la orden de no llevarla en helicóptero. Es una orden de arriba y no puedo hacer nada.

—Bueno, pues en ese caso volvemos al plan A. Señores, ¿podemos arrancar inmediatamente?

El silencio de mis escoltas era pesado. El coronel me sugirió, entonces, dirigirme a su general, que estaba en la pista.

—Él es el único que puede dar la autorización.

Un hombre corpulento y tosco estaba dando órdenes en la pista de aterrizaje. Este era, en efecto, el general.

Me recibió con una agresividad que me desconcertó.

—No puedo hacer nada por usted. Hágame el favor de despejar la pista.

Por un instante pensé que no me había reconocido y traté de explicarle el motivo de mi presencia. Pero él sabía perfectamente quién era y qué quería. Irritado, se dirigía a sus subalternos y daba órdenes a diestra y siniestra, ignorando groseramente mi presencia. Me quedé hablando sola. Sin duda tendría prejuicios contra mí, en particular a causa de los debates en el Congreso, en los cuales había denunciado actos de corrupción de altos funcionarios. Sin darme cuenta, subí el tono de la voz. De la nada aparecieron cámaras de televisión y en un segundo fuimos rodeados por un enjambre de periodistas.

El general me pasó un brazo por los hombros y me llevó hacia las instalaciones, para salir de la pista y alejarnos de las cámaras. Me explicó que simplemente estaba cumpliendo órdenes, que el Presidente llegaría dentro de poco, que una centena de periodistas venían con él y que necesitaban los helicópteros para transportarlos a San Vicente. Luego agregó:

—Si quiere esperarlo aquí, él va a pasar por enfrente. Si la ve, a lo mejor se detiene a saludarla y da la orden de llevarla. Es lo máximo que puedo hacer por usted.

Me quedé ahí parada, preguntándome si en realidad era necesario prestarme a ese circo. Sin tener tiempo de reflexionar seriamente sobre el asunto, una jauría de periodistas se agolpó a mi lado para filmar el aterrizaje del avión presidencial. Ya no era momento para retirarme. El gesto habría sido interpretado como una falta de cortesía.

La situación era terriblemente embarazosa, pues el Presidente de la República estaba enterado de nuestra solicitud del día anterior para viajar con los periodistas que se desplazarían a San Vicente: él mismo la había rechazado. Desde hacía veinticuatro horas, los noticieros no dejaban de machacar que la región había quedado liberada y que las FARC se habían retirado por completo de la zona. El desplazamiento del Presidente a la zona buscaba confirmarlo: era necesario mostrarle al mundo entero que el proceso de paz del gobierno no había sido un error garrafal, que habría podido implicar la pérdida de una parte significativa del territorio nacional a manos de la guerrilla. Por lo que uno alcanzaba a ver, la zona estaba bajo control militar: desde nuestra llegada, los helicópteros del ejército no habían dejado de despegar para dirigirse a San Vicente. Lo que debíamos hacer era ponernos en camino, tal como habíamos planeado desde un inicio, sin perder más tiempo.

El avión del Presidente aterrizó, desenrollaron una alfombra roja en la pista, ubicaron la escalera frente a la puerta delantera del avión, pero la puerta no se abrió. Por las ventanillas se asomaban algunas caras, pero rápidamente se volvían a retirar. Yo estaba de pie, atrapada entre la fila de soldados en calle de honor y la cortina de periodistas detrás de mí, con una sola idea en mente: irme de allí.

Mis relaciones con el presidente Pastrana no siempre habían sido fáciles. Lo apoyé durante su campaña, con la condición de que implementara profundas reformas contra la corrupción política, específicamente modificando el sistema electoral. Él no había cumplido su palabra y yo estaba ahora en la oposición. Pastrana se había encarnizado contra mi equipo y había logrado voltearme a dos de mis senadores.

No obstante, yo siempre lo había acompañado en su proceso de paz. Unas semanas antes coincidimos en un coctel en la embajada de Francia y él me dio las gracias por mi apoyo inquebrantable a las negociaciones con las FARC.

La puerta del avión se abrió por fin. El primero en bajarse no fue el Presidente sino su secretario. De repente recordé un incidente que hasta ese momento había salido de mi mente. Durante el encuentro televisado con los comandantes de las FARC, nueve días antes, yo había sostenido la tesis de la necesidad de que hubiera coherencia entre la acción y el discurso de cada una de las partes a fin de crear un espacio de confianza entre el gobierno y las FARC. Mis críticas contra las FARC habían sido, ciertamente, muy severas, pero también lo habían sido aquellas contra el gobierno. Expliqué, en particular, que un gobierno que parecía complaciente con la corrupción no tenía credibilidad en un proceso de paz. Y mencioné un escándalo en el que el secretario del Presidente había sido acusado de negociar a beneficio propio la compra de uniformes para la fuerza pública, razón por la cual habíamos exigido en el Congreso que fuera retirado de sus funciones. Sin embargo, Pastrana y su secretario eran íntimos amigos. Haciendo bajar de primero a su secretario, el Presidente me enviaba un mensaje claro: estaba resentido conmigo por mis declaraciones. El Presidente dejaba salir adelante a su secretario para hacerme ver que este tenía todo su apoyo.

Lo demás no hizo sino confirmar mis deducciones. El Presidente me rozó al pasar frente a mí, sin siquiera detenerse a darme la mano. Recibí el bofetón en silencio. Di media vuelta mordiéndome los labios. «Esto me pasa por boba. ¡He debido irme sin esperar!».

Me acerqué a mi equipo, que estaba sumido en una consternación total.

—Bueno, vámonos, ya estamos tardísimo.

Mi capitán, rojo como un camarón, sudaba la gota gorda metido en su uniforme. Estaba lista para darle ánimos con una frase amable, cuando me dijo:

—Doctora, lo siento mucho. Acabo de recibir una orden rotunda de Bogotá. Acaban de cancelar mi misión. No puedo acompañarla a San Vicente.

Lo miré incrédula.

—Un momento. ¿Cómo así? ¿Qué orden? ¿De quién? ¿De qué me está hablando?

El capitán dio un paso adelante, rígido, y me mostró el papel con el que jugaba nerviosamente entre las manos. En efecto, estaba firmado por su superior. Me explicó que acababa de pasar veinte minutos hablando por teléfono con Bogotá; lo había intentado todo pero la orden venía «de arriba». Le pregunté qué quería decir con eso. Él suspiró pesadamente y soltó:

—De la Presidencia, doctora.

La noticia me cayó como un baldado de agua fría. Ahora empezaba a calibrar la magnitud del desastre. Si me iba a San Vicente tendría que hacerlo de nuevo sin protección. Eso ya me había ocurrido, cuando el gobierno se negó a incrementar mi escolta para adentrarnos en el Magdalena Medio, la tierra proscrita de los paramilitares. Miré a mi alrededor: no quedaba prácticamente nadie en la pista. Los últimos periodistas del comité presidencial se estaban subiendo en un helicóptero medio vacío y otros tres helicópteros sin pasajeros seguían en tierra con las hélices en movimiento.

El general se acercó a mí y, en tono paternalista, me dijo:

—Se lo advertí.

—Bueno, ¿y ahora qué hago? —pregunté molesta.

Al fin y al cabo, si no hubiera tomado en serio la propuesta de su coronel me habría ido hacía mucho tiempo y ya habría llegado a San Vicente.

—Haga lo que tenía planeado. Váyase por tierra —respondió malhumorado, y lo vi desaparecer con todas sus condecoraciones dentro de las instalaciones.

El asunto no era tan sencillo. Faltaba ver si nos habían dejado los vehículos blindados.

Me acerqué de nuevo a mi personal de seguridad para saber qué quedaba del esquema de seguridad, encargado de nuestro transporte. Todos balbuceaban, sin saber qué contestar. Uno de ellos había ido a averiguar qué pasaba y volvió apenado.

—La gente del esquema de seguridad también se fue. Le dieron la orden de abortar la misión.

Todo había sido orquestado para impedir mi llegada a San Vicente. Sin duda, el Presidente debía de temer que mi presencia en San Vicente le resultara contraproducente. Me senté un momento a pensar. El calor, el alboroto y las emociones me enredaban las ideas. Quería actuar de la mejor manera.

¿Qué iba a ser de nuestra democracia si los candidatos presidenciales admitíamos que al retirarnos nuestros equipos de seguridad, el gobierno podía impedir que hiciéramos campaña? No ir a San Vicente equivalía a aceptar una censura suicida. Era perder la libertad de expresión sobre la guerra y la paz; era perder la capacidad de actuar en nombre de poblaciones marginadas que no tenían derecho a hablar. En estas condiciones, a quien detentaba el poder, solo le faltaba nombrar su sucesor.

Uno de los miembros de nuestra seguridad logró establecer un buen contacto con sus colegas del aeropuerto. Estos funcionarios podían poner a nuestra disposición, para hacer el trayecto a San Vicente, uno de los vehículos oficiales que tenían estacionados. El hombre fue a informarse mejor y volvió con la autorización.

Era una camioneta Luv cuatro por cuatro, con una doble cabina adelante y un platón destapado. Solo había lugar para cinco
personas: nada que ver con el carro blindado del que disponíamos
en un comienzo. Le pregunté al grupo qué opinaba. Unos se reían
y los otros se encogían de hombros. Mi jefe de logística, Adair, se
acercó para ofrecerse como conductor. Sin dudarlo, Clara dijo que
estaba lista para ir a San Vicente. Nuestro jefe de prensa se abstuvo
de ir. Quería que hubiera un lugar para nuestro camarógrafo y uno
de los periodistas extranjeros que nos seguían. Los dos periodistas
franceses estaban enfrascados en una gran discusión. Finalmente,
la joven reportera se acercó y dijo que no iba. No se sentía segura y
prefería que su compañero de más edad fuera con nosotros: él tomaría buenas fotos. Uno de los integrantes de mi equipo de seguridad me tomó del brazo y me dijo que quería hablar conmigo a solas
un minuto. Era el más antiguo de todos, trabajaba en mi esquema
de seguridad desde hacía tres años. Fue el único que estuvo en el
Magdalena Medio conmigo.

—Yo quisiera acompañarla. —Parecía tímido y nervioso a la
vez—. No me gusta lo que le están haciendo.

—¿Ya habló con su superior?

—Sí.

—Si va conmigo, ¿corre el riesgo de que lo despidan?

—Seguramente.

—No, mire: este no es momento para echarse más dificultades encima —le dije. Luego buscando su consejo le pregunté—:
¿Qué opina de esta carretera? ¿Usted cree que hay peligro?

Él sonrió con tristeza y me respondió con un dejo de resignación:

—No más que en otras partes. —Luego, como revelándome
sus pensamientos más profundos, agregó—: Hay ejército por todos lados. Seguramente habrá menos peligro que cuando fuimos al

Magdalena. Llámeme cuando llegue a San Vicente. Yo me encargo de hacer que el regreso se dé en las mejores condiciones posibles.

Mi equipo de campaña había cubierto la camioneta con pancartas improvisadas que tenían mi nombre y la palabra «Paz». Ya nos disponíamos a arrancar cuando el hombre del departamento de seguridad, que había puesto a nuestra disposición la camioneta, llegó corriendo visiblemente agitado. Llevaba unas hojas en la mano y explicó con la respiración entrecortada:

—No pueden irse sin firmar primero un descargo de responsabilidad para el carro. Como este es un vehículo del Estado, si llegan a tener un accidente deben cubrir los gastos.

Cerré los ojos. Era como estar metida en una película de Cantinflas. Definitivamente estaban haciendo todo para retardar nuestra partida. Sonreí, armándome de paciencia, y pregunté:

—¿Dónde le firmo?

Clara cogió la hoja y me dijo amablemente:

—Yo me encargo de eso. ¡Espero que mis estudios de derecho me sirvan para algo!

La dejé firmar, despreocupada. Ya era mediodía, el calor era sofocante y no había tiempo que perder.

Emprendimos el camino con el aire acondicionado puesto al máximo. El solo hecho de pensar que pasaríamos dos horas encerrados en este horno metálico, respirando un aire artificial, me producía una profunda desazón.

—Hay un retén militar a la salida de Florencia. Una simple cuestión de rutina para revisar los documentos de identidad—, dije.

Ya había hecho muchas veces el mismo trayecto. Los militares siempre estaban un poco tensos. En poco tiempo llegamos al lugar. Los carros esperaban con paciencia en fila. Todo el mundo debía ser requisado. Detuvimos la camioneta y nos bajamos todos.

El celular me sonó. Escarbé entre la cartera y me tomó un tiempo pescarlo y contestar. Era Mamá. Me sorprendió que su llamada hubiera entrado. En general, a las afueras de Florencia ya no se podía captar la señal. Le conté en detalle las últimas peripecias:

—Mis escoltas recibieron la orden de no venir conmigo. Parece que la orden fue dada por la Presidencia. Yo voy a ir de todas maneras: les di mi palabra. Me gustaría estar con Papá. Dile que le mando montones de besos.

—No te preocupes, mi amor. Yo le digo. Estoy contigo cada segundo; en cada paso que des estoy contigo. Cuídate.

Mientras hablaba con Mamá, los militares tomaban posesión del vehículo. Examinaban minuciosamente los tapetes, la guantera y las maletas. Colgué y me contuve de llamar a Papá. Me dirigí hacia el oficial que estaba apartado y que parecía ser el encargado del desarrollo de las operaciones. Quería averiguar por el estado de la carretera.

—No hay novedad. No hemos tenido incidentes.

—¿Usted qué opina?

—No tengo nada que opinar.

—Bien. Gracias de todos modos.

Empezamos a avanzar detrás de un bus. A nuestro lado iba una moto pequeña, conducida por una muchacha que llevaba una blusa sin mangas y el pelo al viento. Tenía la mirada clavada en el asfalto. Aunque aceleraba la moto a fondo, escasamente alcanzaba la misma velocidad que nosotros: parecía apostando carreras. El cuadro era simpático y nos pareció divertido. Sin embargo, el ruido de su motor era infernal. Aceleramos para adelantarla y llegar más rápido a la bomba de gasolina de Montañitas, etapa ineludible del recorrido. Siempre que había tomado esta ruta me había detenido ahí para tanquear, tomar agua helada y hablar con la dueña.

Ella estaba, como siempre, en su lugar de trabajo. La saludé con alegría de encontrar una cara amable. La mujer echó una mirada a su alrededor y me dijo, como quien hace una confidencia:

—¡Es un alivio que se hayan ido! Esos guerrilleros se paseaban por esta zona como si fueran los dueños. Yo tuve bastantes problemas con ellos. Pero ya el ejército los sacó. Menos mal.

—¿Ya no tienen los puestos de control que había antes en las carreteras?

—No. La vía está totalmente despejada. Si hubiese cualquier cosa yo sería la primera en saberlo. Cuando un carro se devuelve por culpa de un retén, aquí es donde para. Y aquí es donde se da la alerta.

Me subí a la camioneta, satisfecha, y les conté a mis compañeros de viaje lo que me había dicho la mujer. Luego confesé con amargura:

—Estoy convencida de que ellos no querían que fuéramos a San Vicente. No importa. Vamos a llegar tarde pero vamos a llegar de todos modos.

Un cuarto de hora después de haber arrancado, vimos a lo lejos dos personas sentadas en plena carretera. Al acercarnos un poco más, nos pareció que había reparaciones. En el viaje anterior, habíamos tenido exactamente el mismo problema al regresar de San Vicente. Era época de lluvias, el río estaba crecido y la fuerza de la corriente había debilitado la estructura del puente. Tuvimos que salirnos de la carretera, como ahora, y cruzar el río en carro. Esta vez, el río era apenas un hilo de agua, y tocaba hacer una pequeña desviación en el camino. Las dos personas se levantaron para señalarnos la ruta con el brazo extendido. Había que tomar a la izquierda y bajar la pendiente hasta el río.

Delante de nosotros un jeep blanco de la Cruz Roja, bajando por el mismo camino que nosotros íbamos a tomar, desapareció de nuestra vista cuando volvió a subir la cuesta y retomó la carretera, al otro lado del puente. Nosotros lo seguíamos con cuidado.

Cuando nuestra camioneta terminó de subir la cuesta, los vi. Estaban vestidos de pies a cabeza con uniformes del ejército, con los fusiles terciados, rodeando el vehículo de la Cruz Roja. Por reflejo, les miré los pies. Tenían puestas unas botas de caucho, como las que usan los campesinos para andar por terrenos pantanosos. Había aprendido a identificar así a los guerrilleros: si las botas eran en cuero, se trataban de militares; si las botas eran de caucho, ¡eran las FARC!

Uno de los guerrilleros nos vio llegar y se fue corriendo hasta nuestro vehículo, con el fusil en la mano.

—Den la vuelta, no hay paso, la carretera está cerrada —ordenó.

Nuestro improvisado conductor, Adair, me miró sin saber qué hacer. Yo dudé un segundo, un segundo de más. Ya antes había tenido que pasar por los retenes de las FARC. Uno hablaba con el comandante del grupo, él pedía autorización por radioteléfono y nos dejaban seguir. Pero eso era en la época de la zona de distensión, cuando se estaban llevando a cabo las negociaciones en San Vicente. Todo había cambiado en las últimas veinticuatro horas.

—Demos media vuelta, ¡rápido! —le dije a Adair. La maniobra no era fácil: estábamos atrapados entre el jeep de la Cruz Roja y la pendiente. Adair empezó a maniobrar en medio de una tensión enorme—. ¡Rápido, rápido! —gritaba yo. La cuadrilla tenía puestos sus ojos sobre nosotros. El jefe les dio una orden a sus hombres y nos llamó desde lejos. Uno de ellos vino corriendo hacia nosotros, malencarado. Nos faltaba poco para terminar la maniobra cuando el guerrillero llegó hasta nuestra camioneta. Puso la mano en una puerta y le indicó con un gesto a Adair que bajara la ventana.

—¡Paren ahí! El comandante quiere hablar con ustedes. Dele despacio.

Respiré profundo y recé. Yo no había reaccionado con la suficiente rapidez. Habíamos debido dar media vuelta y devolvernos sin dudarlo. Me dio rabia conmigo misma por haberme demorado ese segundo. Me volteé. Mis compañeros estaban lívidos.

—No se preocupen —les dije sin convicción—. Todo va a salir bien.

El comandante metió la cabeza por la ventanilla y nos miró atentamente, uno por uno. Luego se quedó viéndome a mí y dijo:

—¿Usted es Ingrid Betancourt?

—Sí, soy yo.

Era difícil negarlo, con todas las pancartas que rodeaban el vehículo y llevaban mi nombre de manera inocultable.

—Bueno, síganme. Cuadren la camioneta a un lado de la carretera. Tiene que pasar por en medio de los dos buses.

El hombre no soltaba la puerta y nos obligaba a avanzar lentamente. En ese momento sentí un fuerte olor a gasolina. Un hombre con un bidón amarillo en la mano rociaba con gasolina la carrocería de los dos buses. Oí el ruido de un motor y me di media vuelta. La muchacha de la moto había caído como todos nosotros en la emboscada. Uno de los guerrilleros la hizo bajar, cogió la moto y le ordenó retirarse. Ella se quedó ahí parada, los brazos caídos, indecisa. También la moto la rociaron de gasolina. La muchacha comprendió lo que iba a pasar y se fue corriendo hasta el puente.

Al otro lado de la carretera, un hombre fuerte, de piel tostada y gran bigote negro, sudaba profusamente, se abanicaba con un trapo rojo y daba pasitos nerviosos. Se retorcía las manos hasta ponerse blancos los nudillos de los dedos. Estaba desencajado por la angustia. Debía de ser el chofer del bus que iba adelante de nosotros.

En un instante, mientras pasábamos entre los dos buses, perdimos de vista a los pasajeros del jeep de la Cruz Roja, que esperaban a un lado de la carretera; un hombre armado les apuntaba con el fusil. Todos estaban pendientes del desarrollo de los acontecimientos y nos miraban a nosotros fijamente.

El comandante hizo detener nuestra camioneta unos metros más adelante. El hombre que había bañado en gasolina los vehículos, abandonó la moto de la muchacha junto a la carrocería de un bus, y empezó a correr hacia nosotros cuando lo llamó su jefe. A unos diez metros, cuando venía por el borde de la carretera, una explosión nos llenó a todos de pavor. Vi que el hombre se elevaba por los aires y volvía a caer como un bulto. Cayó al suelo, en medio de un charco enorme de sangre. Su mirada sorprendida se cruzó con la mía. El guerrillero me miraba desconcertado, sin comprender qué le había pasado.

El comandante vociferaba, maldiciendo e insultando al mundo entero. Al mismo tiempo, el guerrillero herido empezó a gritar despavorido, mientras recogía la bota que había quedado detrás de él, llena de un pedazo de pierna empapada en sangre, con un hueso que sobresalía y que ya no le pertenecía. «¡Me voy a morir! ¡Me voy a morir!», berreaba.

El comandante ordenó a sus hombres subir al herido en el platón de nuestra camioneta. El hombre estaba bañado en la sangre que le salía a chorros. Su pierna había volado en pedazos sanguinolentos que se habían quedado adheridos a la carrocería y al parabrisas de nuestro vehículo. También se habían pegado en la ropa de algunos y en la cara y el pelo de otros. El olor a carne quemada, mezclado con el de sangre y gasolina, era atosigante. Me oí decir:

—¡Podemos llevarlo al hospital! ¡Podemos ayudarlos!

Le hablaba al jefe de la banda como si fuera una víctima más de un accidente de tránsito.

—Usted va donde yo diga.

Luego dándose media vuelta le gritó al herido que se callara. Este obedeció de inmediato, y empezó a gemir suavemente como un perro, preso entre el dolor y el miedo. El comandante pareció satisfecho.

Arranque —le ladró a nuestro chofer—. Con mañita y rápido.

Adair no se hizo rogar. Arrancó cuando terminó de saltar al platón el último de los miembros de la cuadrilla. Un guerrillero se subió en el asiento de atrás de la cabina, agarrando el fusil por el cañón y empujando a mis compañeros para abrirse campo. El muchacho se excusó por incomodarlos, se puso el fusil en posición vertical entre las piernas y sonrió sin dejar de mirar al frente. Todos apretaban los codos contra el cuerpo, tratando de evitar el contacto con el nuevo pasajero.

Hablando en francés, le dije al periodista que nos había acompañado: «No se preocupe. Es a mí a la que quieren llevarse. A usted no le va a pasar nada». Él asintió, sin parecer convencido. Tenía la frente perlada de sudor. Por el vidrio trasero, yo veía cómo se desarrollaba una escena aterradora. El herido lloraba y se agarraba con las manos el muñón. Sus compañeros le habían hecho una especie de nudo con una camisa, pero la sangre seguía saliendo a borbotones a través de la tela empapada. La camioneta brincaba todo el tiempo, con lo cual se hacía casi imposible ponerle al herido un mejor torniquete. El comandante le dio un golpe al techo de la cabina vociferando, y el vehículo disminuyó su velocidad. El herido balanceaba la cabeza. Tenía las ojeras violetas y estaba medio inconsciente.

Llevábamos veinte minutos andando por una carretera destapada y polvorienta, en un calor infernal, cuando el jefe dio la orden de parar, justo antes de una curva que flanqueaba una ladera.

De todas partes salieron jóvenes en uniforme. Unas muchachas, con el pelo recogido en una moña trenzada, sonreían de oreja a oreja, ajenas al drama. Todos eran adolescentes. Entre varios bajaron al herido del platón hacia un lugar medio oculto entre la vegetación, donde se adivinaba el techo de una casa.

—Es nuestro hospital —afirmó orgulloso el muchacho que se había sentado con nosotros en la cabina—. El compañero se va a recuperar. Ya estamos acostumbrados.

No llevábamos allí más de medio minuto cuando el comandante dio de nuevo la orden de arrancar. Otros hombres se subieron en el platón y se quedaron de pie, a pesar de los sacudones y de la velocidad. Todos estaban armados, amenazantes.

Al cabo de diez minutos, la camioneta se detuvo. Uno de los hombres recién subidos saltó del platón y abrió las puertas.

—Salgan todos, rápido —nos dijo, apuntándonos con el fusil, y agarrándome a mí de un brazo con violencia—. Deme su celular. Muestre qué tiene ahí dentro, —el guerrillero escarbó en mi cartera y me empujó clavándome el fusil en la espalda.

Desde el comienzo, yo guardaba la esperanza de que nos llevarían a un lugar donde pudieran atender al herido y que luego nos dejarían ir.

Solo en ese momento tuve la seguridad de lo que me estaba sucediendo. Esto era un secuestro.

4
EL «MOCHO» CÉSAR

Yo le había dado la mano a Marulanda, al Mono Jojoy, a Raúl Reyes y a Joaquín Gómez —la última vez, solo dos semanas antes— y eso me hizo creer que había un clima de diálogo entre nosotros y que yo estaba de alguna manera cubierta contra sus acciones terroristas. Habíamos hablado de política durante muchas horas, habíamos compartido la comida en torno a una mesa. No lograba concebir que, de la noche a la mañana, esas personas afables hubieran tomado la determinación de secuestrarnos.

Sin embargo, los hombres que estaban bajo su mando eran quienes ahora me amenazaban de muerte y me obligaban a seguirlos. Traté de sacar de la camioneta mi bolso de viaje, pero el individuo que me empujaba con su arma me lo impidió a gritos. Casi histérico ladró la orden de que me separaran de los demás. Vi a mis compañeros de infortunio alinearse lastimeramente al otro lado de la carretera, cada uno de ellos custodiado por un hombre armado. Rezaba con toda mi alma para que no les pasara nada, entregada ya a la evidencia de mi suerte. Mi mente flotaba en una neblina espesa y registraba los sonidos y los movimientos con algunos segundos de desfase, como si tuviera un tapón en las orejas. Yo ya había visto esta carretera. Esta escena, yo ya la había vivido. O quizá la había imaginado. Recordaba una foto en el periódico que me había llenado de espanto. En esta misma carretera, o tal vez en una parecida, había un automóvil estacionado en un costado, como lo estaba el nuestro. Había cadáveres regados alrededor del vehículo, todavía con las puertas abiertas. La mujer que había sido asesinada, junto con sus escoltas, era la madre de un parlamentario. Al mirar la foto, imaginé la escena completa: el terror de la mujer ante la inminencia de la muerte, su resignación ante lo inevitable. Luego, la vida que se detiene, el disparo, la nada. Ahora comprendía por qué me había obsesionado tanto con eso. Era un espejo de lo que me esperaba, un reflejo de mi futuro. Pensé en mis seres queridos y me pareció una tontería morir de esa manera. Me sentía metida en una burbuja, enconchada en mi propio ser. No oí el motor que se acercaba. Cuando el hombre detuvo su gran camioneta Toyota último modelo junto a mí, bajó la ventana automática y me habló, yo no logré hacer contacto con su mirada ni comprender sus palabras.

—Doctora Ingrid.

—...

—Doctora Ingrid. ¡Ingrid!

Salí de mi sopor.

—Súbase —ordenó. Aterricé en el puesto delantero, junto a este hombre que me sonreía y me agarraba la mano como a una niña—. No se preocupe. Conmigo usted no corre peligro.

—Sí, comandante —le dije sin reflexionar.

Era César, el «Mocho» César, jefe del frente quince de las FARC. No me había equivocado: en efecto, era el comandante. Parecía feliz de que yo lo hubiera adivinado.

Mirando a todo nuestro alrededor, preguntó:

—¿Quiénes son ellos?

—Ella es mi asistente.

—Y esos, ¿son guardaespaldas?

—Para nada. Trabajan en mi campaña. Uno se encarga de la logística: es el que organiza los desplazamientos. El otro es un camarógrafo que contratamos para que haga el registro gráfico de los eventos. El mayor de todos es un periodista extranjero, un fotógrafo francés.

—Con usted no hay problema. Pero con ellos tengo que verificar la identidad de cada uno.

Palidecí, pues comprendía demasiado bien lo que significaban esas palabras.

—Créame, le suplico. No hay ningún agente de seguridad…

El hombre me miró con una gran frialdad, durante el instante de un parpadeo, y luego su actitud volvió a ser amable.

—¿Tiene todo lo que necesita?

—No. No me dejaron llevarme el bolso.

El comandante sacó la cabeza por la ventana y dio algunas órdenes. Yo comprendía su significado más por los gestos que por las palabras mismas. Temblaba de pies a cabeza. Vi que separaban a Clara del grupo y la obligaban a subirse en el platón de la camioneta. Un hombre corrió a buscar mi bolso y me lo tiró rápidamente sobre las piernas antes de saltar al platón de la camioneta, justo cuando el comandante César empezaba a dar reversa. Me volteé. Clara estaba sentada en uno de los dos bancos que habían instalado en el platón trasero, apretada entre una docena de hombres y mujeres armados hasta los dientes que no había visto hasta el momento. Nuestras miradas se cruzaron. Clara me sonrió imperceptiblemente.

Volví a mirar al frente y alcancé a ver que empujaban a mis otros compañeros dentro de la camioneta que habíamos usado para venir desde Florencia. Un guerrillero iba al volante.

—¿No le molesta el aire? —me preguntó el comandante, en tono cortés.

—No. Así está bien, gracias.

Lo miré atentamente. Era más bien bajito, de piel morena, calcinada por el sol. Debía de andar por los cincuenta años. A pesar de su gran barriga, se podía adivinar que alguna vez había tenido un cuerpo atlético. Noté que le faltaba un dedo. No parecía molestarle la inspección a la cual lo estaba sometiendo.

—Obviamente me dicen «el Mocho» —dijo. Me mostró su muñón, y concluyó—: es un regalo de los militares.

—…

—¿Le produzco miedo?

—No. ¿Por qué iba a producirme miedo? Usted es más bien cortés.

Se rio a carcajadas, encantado con mi respuesta.

—Los comandantes me mandan decirle que le envían sus saludos. Ya verá que las FARC la van a tratar bien.

—…

—¿Le gusta la música? ¿Qué le gusta? ¿El vallenato, el bolero, la salsa…? Abra la guantera. Ahí hay de todo. Hágale. Escoja.

Esta conversación me parecía completamente surrealista. Viendo los esfuerzos que el comandante hacía para relajarme, decidí jugar el juego. Varios CD polvorientos yacían tirados en desorden. No conocía a ninguno de los intérpretes y me costaba trabajo leer lo que quedaba de las etiquetas donde estaban escritos sus nombres. Era, a todas luces, una bella colección de discos pirateados. Fui descartándolos uno por uno y noté la impaciencia de César ante mi falta de entusiasmo—. Saque el azul, ese… sí. Voy a ponerla a escuchar nuestra música. Un puro producto de las FARC. ¡El autor y los intérpretes son guerrilleros! —explicó, levantando el índice para subrayar sus palabras—. Lo grabamos en nuestros propios estudios. ¡Escuche!

Era una música destemplada que le rompía a uno los tímpanos. El equipo de sonido parecía ultramoderno, con luces fosforescentes que brillaban por todas partes, como el tablero de comandos de una nave espacial. No pude evitar pensar: «Digno de un narco».

Me sentí culpable por haberlo pensado, al ver la expresión de orgullo infantil de aquel hombre. Tocaba todos los botones del aparato con la destreza de un piloto de avión al mismo tiempo que lograba maniobrar el timón en esta carretera infernal.

Llegamos a un pueblo. Mi asombro era total: ¿cómo era posible que este individuo pudiera pasearse conmigo, su secuestrada, tan despreocupado, delante de todo el mundo?

De nuevo, César me leyó el pensamiento:

—¡Aquí, el rey soy yo! Este pueblo me pertenece. Es la Unión-Penilla. Todo el mundo aquí me quiere.

Para demostrar la veracidad de sus afirmaciones, abrió la ventana y sacó una mano para saludar a la gente que iba pasando por ahí. En la calle principal del pueblo, que era evidentemente una calle comercial, todos le respondían y lo saludaban amablemente, como si fuera el alcalde.

—Ser el rey de un pueblo no me parece propio de un revolucionario —le dije.

El comandante me miró sorprendido. Luego soltó una carcajada.

—Tenía ganas de conocerla. Yo la había visto a usted en televisión. En televisión sale más bonita.

Ahora me tocaba a mí el turno de reírme.

—Muy amable. Gracias por levantarme la moral.

—Con nosotros va a comenzar una nueva vida. Tiene que prepararse. Yo voy a hacer todo lo posible para facilitarle las cosas, pero va a ser muy duro para usted.

Ya no se reía. Hacía cálculos, planificaba, tomaba decisiones. En esa cabeza se estaban definiendo cosas esenciales para mí, cosas que yo no podía ni prever ni sopesar.

—Necesito pedirle un favor. Mi papá está enfermo. No quiero que se entere de mi secuestro por la prensa. Quiero llamarlo.

El comandante me miró fijamente un largo rato. Luego, midiendo cada palabra, me respondió:

—No puedo permitirle llamar. Podrían localizarnos y eso la pondría a usted en peligro. Pero voy a permitirle que le escriba. Yo mando eso por fax. Él puede recibir su carta hoy mismo.

Transcurrieron más de tres horas después de nuestro paso por la Unión-Penilla. Yo tenía una fuerte urgencia de ir al baño. César me aseguró que nos faltaban unos minutos para llegar, pero esos minutos resultaron siendo una hora más y lo único que se veía a nuestro alrededor eran campos vacíos.

De repente, después de una curva, vi seis pequeñas cabañas de madera alineadas tres de un lado y tres del otro del camino. Todas eran parecidas, como cajas de zapatos, sin ventanas, con el techo de metal oxidado y cubiertas de un barniz de polvo que uniformaba de gris la pintura de color que alguna vez debió de adornar las paredes.

César frenó en seco frente a una de ellas. La puerta estaba abierta de par en par y se veía hasta el fondo del jardín trasero. Era una casita modesta pero limpia, sombreada y fresca.

César me empujó hacia el interior de la casa pero yo no quise seguir avanzando, pues quería verificar que Clara nos seguía. Ella se bajó y me tomó la mano, como para estar segura de que no fueran a separarnos.

—No se preocupe. No las vamos a separar.

César nos hizo entrar y me señaló los baños, al fondo del jardín.

—Vaya. Una muchacha le va a mostrar el camino.

El jardín estaba lleno de flores de todos los colores. Yo pensaba, en ese momento, que si nuestro lugar de reclusión iba a ser esa casita podría soportar mi cautiverio con paciencia.

Un cuchitril con una puerta de madera parecía ser el baño. Solo vi a la muchacha algunos segundos más tarde. No debía de tener más de quince años, y su belleza me impactó. Con uniforme camuflado y sosteniendo el fusil contra el pecho, la muchacha se

mantenía de pie, con las piernas separadas, con un movimiento co-
queto de las caderas. Tenía el pelo rubio recogido en un moño arriba de la cabeza, como un nido puesto allí encima; llevaba puestos
unos aretes cuya feminidad contrastaba con el rigor de su uniforme. La muchacha me saludó, casi tímida, con una linda sonrisa.

Entré en el cuchitril, el olor era pavoroso. No había papel higiénico. Un grupo de grandes moscas verdes que zumbaban sobre
el agujero nauseabundo hacía la tarea todavía más difícil. Salí de
ahí, a punto de desmayarme.

César esperaba de pie, dentro de la casa, con una bebida fresca que nos tendió orgullosamente junto con dos hojas de papel que
puso en la mesita que había en el centro. Nos explicó que podíamos escribir un mensaje a nuestras familias.

Pensé largamente en las palabras que quería emplear para escribirle a Papá. Le explicaba que acababa de ser secuestrada pero
que me trataban con consideración; que no estaba sola, pues Clara estaba conmigo. Le describí las condiciones en que nos habían
atrapado, la aflicción que me producía haber visto que uno de los
guerrilleros perdía una pierna tras pisar una mina antipersonal
que ellos mismos habían instalado y, para terminar, le decía que
detestaba la guerra.

Quería que sintiera, a través de mis palabras, que no tenía
miedo. Quería prolongar nuestra última conversación, pedirle que
me esperara.

César volvió. Nos dijo que podíamos tomarnos nuestro tiempo
pero que no podíamos dar ninguna indicación de tiempo ni de lugar,
ni mencionar nombres, pues en ese caso no podría enviar nada.

Iba a leer mi carta, por supuesto. ¡Podía incluso censurarla!
Se fue de nuevo, pero yo sentía que me respiraba en la nuca, como
si estuviera leyendo por encima de mi hombro. No importaba. Escribí lo que había pensado, teniendo cuidado de impedir que las
lágrimas se me salieran y cayeran sobre el papel. Sin embargo, el

panorama que se avecinaba era tenebroso. Mi buena estrella acababa de apagarse.

César volvió al poco tiempo. Lo acompañaba un tipo bajito
y gordo como un tonel, con un gran bigote en forma de cepillo y
con el pelo reluciente de grasa. Miraba para todos lados con pánico,
como si hubiera visto el diablo. Entrelazaba nerviosamente los dedos
de las manos y esperaba a todas luces las instrucciones de su jefe.

—Le presento a la doctora Ingrid, —el recién llegado me
tendió una mano enorme cubierta de hollín, que trató de limpiar
rápidamente sobre sus bluyines y su camiseta llena de huecos. César continuó en un tono pausado, articulando bien cada palabra,
como si quisiera hacerse entender bien, para no tener que repetir—: Vaya a comprar ropa, pantalones, bluyines, algo elegante,
y camisetas bien bonitas para las muchachas, ¿me entiende? —el
hombre asintió con la cabeza, rápidamente, con los ojos clavados
en el suelo, en señal de extrema concentración—. Traiga también
ropa interior. Bien femenina, de la mejor calidad, —la cabeza del
hombre subía y bajaba, como accionada por un resorte, y contenía
la respiración—. Y botas de caucho. Compre de las buenas, de las
Venus. No las nacionales. Y me trae también un buen colchón, de
doble grosor, con un mosquitero. Pero de los buenos. No me vaya
a traer esos coladores que me trajo la vez pasada. Y me manda eso
donde Sonia inmediatamente. Cuento con usted. Quiero calidad,
¿me entendió? —el tipo salió caminando hacia atrás antes de dar
media vuelta en el escalón de entrada y desaparecer—. Si están
listas, nos vamos ya mismo.

El día se acercaba a su fin. El calor era más soportable y la carretera no era más que una pista polvorienta, reventada de cráteres
enormes con barro estancado. Grandes árboles centenarios bloqueaban el horizonte y el cielo que serpenteaba por encima de la
carretera parecía un corredor de sangre. Ahora Clara y yo íbamos

juntas en la cabina delantera. El equipo de sonido por fin se había apagado, y nuestro silencio había sido invadido por el gorjeo de millones de pájaros invisibles que se escapaban hacia el cielo por puñados negros a nuestro paso, para volver enseguida sobre sí mismos a recuperar su lugar en medio de la oscuridad del follaje. Trataba de sacar la cabeza por la ventana para observar, en la copa de los árboles, la silueta de esos pájaros fantásticos y libres. Si hubiera estado con Papá, él habría querido contemplarlos como yo. Por primera vez, sentí que este espectáculo maravilloso me hacía daño, que la felicidad de estos pájaros me dolía, lo mismo que su libertad.

—Va a tener que acostumbrarse a comer de todo —señaló César—. ¡Aquí solo hay carne de mico!

—Yo soy vegetariana... —no era cierto, pero necesitaba responderle con alguna salida decorosa—. Tendrá que encontrarme frutas y verduras. Me imagino que en medio de todo este verdor no será difícil.

César se quedaba callado. Sin embargo, parecía divertido con mi conversación. Para llevar la cosa un poco más lejos, añadí—: ¡Y si realmente quieren hacerme feliz, me pueden traer queso!

Diez minutos después, detuvo su camioneta en medio de la nada. Los guerrilleros que iban atrás bajaron a estirar las piernas y a orinar delante de todo el mundo sin pena. César se bajó también y dio algunas órdenes. Luego se fue con dos hombres a una casa pequeña, escondida entre los árboles, que yo no había visto. Volvió sonriente con una bolsa de plástico en cada mano, los otros dos lo seguían con una caja de cerveza.

César me ofreció una de las bolsas de plástico.

—Aquí tiene, esto es para usted. Cada vez que pueda, le traigo. Pero no es fácil por aquí.

No pude evitar sonreír. En la bolsa había un gran pedazo de queso fresco y una docena de limones verdes pequeños. Me di cuenta que los muchachos me observaban de soslayo y guardé la bolsa a la sombra, debajo del asiento.

El camino era más angosto y la vegetación de árboles era más tupida. No se veía más el cielo salvo apenas a través de la bóveda que formaba el follaje.

De repente, después de cruzar una cuneta, la camioneta giró bruscamente a la izquierda y se fue de frente contra los matorrales. Yo puse las manos delante de mí, para evitar el impacto, pero el vehículo se abrió paso y llegó a un claro de tierra pisada. El espacio había sido desnudado de toda vegetación. La noche empezaba a caer.

El chirrido de los frenos anunció nuestra llegada y un pastor alemán grandote se vino trotando, ladrando con juicio, seguro de estar cumpliendo a cabalidad su deber. César se bajó de la camioneta. Yo hice lo mismo por el otro lado.

—Cuidado, es un perro bravo.

En efecto, el perro se me lanzó, ladrando con todas sus fuerzas. Lo dejé que se acercara, se puso a olerme, y entonces intenté darle una caricia entre las orejas. César me observaba por el rabillo del ojo.

—Me gustan mucho los perros —me animé a explicarle. No quería que César pensara que me podía intimidar.

En torno al claro había algunas chozas. Más lejos, tiendas de campaña y a un lado un gran cobertizo, como un galpón en el cual cada medio metro se alineaban mesas a baja altura, hechas con tablas de madera apoyadas sobre caballetes. Solo una de las chozas estaba completamente cerrada con una pared de tierra. Otra, totalmente abierta, tenía bancas alineadas como en una iglesia, frente a un televisor colgado en la rama de un gran árbol que se había colado por un costado. Entraba por primera vez en un campamento de las FARC.

—Le presento a Sonia.

Una mujer alta, con el pelo parado con corte militar tipo «mesa» y teñido de rubio Marilyn, me tendió la mano. Yo no la había visto venir y le extendí la mano con unos segundos de retraso. La mujer me estrujó los huesos y yo grité de dolor. Me soltó la mano y la sacudí fuertemente para que me volviera la circulación a los dedos. César estaba disfrutando el espectáculo.

Sonia, doblada sobre el estómago, lloraba de la risa. Luego, tras recuperar el aliento, me dijo:

—Qué pena. No era mi intención lastimarla.

—Bueno, le quedó claro, ¿no? Me la trata con cuidado —dijo César burlándose, y se fue.

Antes que pudiera despedirme de César, Sonia me tomó de los hombros, como una vieja amiga de curso, y nos llevó a hacer el tour del campamento con Clara.

Sonia estaba al mando de este campamento. Vivía con su compañero, un hombre más joven y de menor rango, a quien le daba órdenes de manera ostensible para demostrarnos que el jefe era ella. Nos mostró su alojamiento, la única cabaña que tenía pared y que, por tanto, permitía tener algo de intimidad. En medio de un colchón puesto en el suelo y una silla de plástico *Rimax*, Sonia nos señaló una pequeña nevera eléctrica. La abrió, sacando pecho. Adentro no había más que dos gaseosas y tres botellas de agua. Como para explicar por qué disponía de semejante lujo, dijo:

—Es para los medicamentos.

Yo la miré sin entender.

—Sí. Este campamento es un hospital de las FARC. Aquí recibimos a todos los heridos de la región, los que esperan mientras los operan en la ciudad y los que se están recuperando.

Enseguida nos llevó al gran cobertizo. En torno a una de las mesas bajas del fondo, unas muchachas miraban con curiosidad el contenido de unas grandes bolsas negras de plástico. Había, también, un colchón enrollado con pitas y un rollo en forma de embutido de tela de gasa.

—¡Isabel y Ana! Ustedes se van a turnar para hacer la guardia. Vayan a arreglarles la cama.

En realidad esas mesas bajas sobre caballetes eran las camas. En el otro extremo del cobertizo, unos guerrilleros comenzaban a instalar mosquiteros y se preparaban para acostarse sobre unos plásticos que habían puesto cubriendo las tablas. En las cuatro esquinas del galpón había un guerrillero haciendo guardia. Era difícil salir de ahí sin ser visto.

Las muchachas acabaron de preparar una cama. Miré a mi alrededor y vi que no había movimiento para arreglar una segunda. Al preguntarles, una de ellas me respondió que la orden era ponernos a Clara y a mí a dormir juntas.

Una luna inmensa y redonda iluminaba el campamento. Le pregunté a Clara si quería caminar un poco conmigo. Pronto estábamos afuera respirando el aire ligero de una bella noche tropical. Todavía me sentía libre y me resistía a entrar en el rol de rehén. Las muchachas que nos seguían nos habían dado una linterna a cada una.

—Solo la pueden usar en caso de estricta necesidad. Nunca se les ocurra alumbrar hacia arriba. La apagan apenas oigan venir un avión o un helicóptero, o cuando les demos la orden. Tenemos que volver ya. Si necesitan cualquier cosa, nos llaman. Una de nosotras se queda al lado de ustedes.

La guerrillera que había hablado se había ubicado a cierta distancia, de pie frente a nosotras. Había puesto la culata del fusil en el suelo y apoyaba un codo en el cañón. Supuse que ella era nuestra custodia personal y que los otros cuatro eran los vigilantes que había allí de manera habitual.

Me senté en la orilla del colchón, sin fuerzas para mirar dentro de la bolsa negra donde estaba la ropa que nos habían traído. No había probado bocado en todo el día. Vi el talego que nos había entregado César: estaba vacío y unos limones flotaban en el suero del queso. Clara ya estaba dormida, debajo del mosquitero, vestida y tapada con una sábana habana de flores marrones. Me acosté tratando de ocupar la menor cantidad de espacio posible. Examiné el mosquitero con mi linterna, pues no quería que hubiera algún bicho por dentro. Luego la apagué. ¿Dónde estaban los demás? ¿Adair? ¿El fotógrafo francés? Una tristeza repentina me invadió y lloré en silencio.

5
EL CAMPAMENTO DE SONIA

No pegué los ojos en toda la noche. Yo espiaba a los guardias más de lo que ellos me vigilaban a mí. Cada dos horas, nuevos hombres armados llegaban a hacer el relevo. Estaban demasiado lejos de mí y no alcanzaba a oír lo que decían, pero el procedimiento era corto, un golpecito en la espalda y los unos se iban dejando a los otros en su puesto, en la oscuridad. Las muchachas que se turnaban para vigilarnos junto a la cama habían terminado por sentarse al frente, y cedían poco a poco al sueño. ¿Cómo salir de ahí? ¿Cómo emprender el camino? ¿Cómo regresar a casa? ¿Habría un cerco de guardias más adelante? ¿A la salida del campamento? Tenía que fijarme más en detalle, preguntar, observar. Me imaginaba partiendo con mi compañera hacia la libertad. ¿Estaría ella dispuesta a seguirme? Iría derecho adonde Papá. Llegaría a su habitación de sorpresa. Él estaría sentado en su sillón de cuero verde. Tendría puesta su máscara de oxígeno. Él me extendería feliz los brazos, yo me resguardaría en ellos y lloraría de la dicha de estar con él. Después, llamaríamos a todo el mundo. ¡Qué felicidad! A lo mejor tendría que coger un bus por la carretera o tal vez caminar hasta llegar a algún pueblo. Eso sería más seguro. La guerrilla tenía informantes por todas partes. Habría que buscar una base militar o un puesto de Policía. Cuando César se detuvo a recoger el queso y las cervezas, señaló con un dedo hacia la derecha. Se rió, explicando que la base militar estaba muy cerca de ahí. Dijo que los chulos eran unos idiotas. Yo no sabía que llamaban chulos a los soldados. Me sentí herida, como si fuera un insulto dirigido contra mí. No dije nada a pesar de todo, y pensé. «Desde ahora, siempre estaré del lado de los militares».

¿Cómo habría reaccionado el país al enterarse de mi secuestro? ¿Qué irían a hacer mis contendores? ¿Serían solidarios conmigo? Pensaba en Piedad Córdoba, mi colega en el Senado. Yo había conocido a Manuel Marulanda, jefe de las FARC, a través de ella. Habíamos recorrido el camino entre Florencia y San Vicente en taxi. Era la primera vez que yo iba allá. Habíamos tomado una carretera espantosa, como una montaña rusa. Varias veces quedamos atrapadas entre el barro, y nos vimos obligadas a caminar para aligerar el peso del vehículo. Empujamos, halamos y levantamos el carro, y llegamos negras de barro al lugar del encuentro, a una avanzada de las FARC que lindaba con la selva. Vi cómo el viejo Marulanda tenía el control absoluto de todos sus hombres. En un momento dado, se quejó del barro que tenía debajo de los pies. Literalmente lo levantaron con todo y silla, como un emperador, mientras que otros comandantes ponían tablas en el suelo y le hacían un piso de madera improvisado. Piedad Córdoba había sido secuestrada por los paramilitares seis meses después de nuestra visita a las FARC. Castaño, el jefe de los paramilitares, acusaba a Córdoba de estar aliada con la guerrilla. Fui a hablar con un viejo hacendado que yo conocía. Algunos decían que él le hablaba al oído a Castaño. Le pedí que interviniera a favor de la liberación de Piedad. Mucha gente había abogado por ella. Algunos días más tarde, la liberaron. Yo tenía la esperanza de que mi caso fuera similar al suyo. Tal vez mi liberación sería una cuestión de semanas. Todos esos asuntos en los que se mezclaban mis fantasías con la realidad me mantuvieron despierta la noche entera.

Pronto llegaría el alba del primer día de mi vida en cautiverio. El mosquitero que nos habían dado era blanco, con la malla muy apretada. Yo seguía a través de él, el mundo extraño que se despertaba a mi alrededor, como si estuviera metida en un capullo, con la ilusión de poder ver sin ser vista. Los contornos de los objetos comenzaban a desprenderse de la noche negra. El clima estaba casi frío. Eran las cuatro y media de la mañana cuando uno de los guerrilleros prendió un radio a un volumen lo suficientemente fuerte como para que yo alcanzara a oírlo. Estaban hablando de nosotros. Agucé el oído, sin atreverme a salir de mi refugio para acercarme al radio. La voz confirmaba que yo había sido secuestrada por la guerrilla. Al escuchar las declaraciones de Mamá, mi corazón se contrajo de dolor y no logré prestarle bien atención a lo que decía. Enseguida hablaron de Clara. La desperté para que oyera conmigo las noticias. El guerrillero cambiaba de emisora. Cada vez caía justo en la noticia de nuestro secuestro. Otra persona, no lejos de ahí, sintonizó la misma estación y luego una tercera hizo lo mismo. El sonido nos llegaba en estéreo y nos facilitaba la escucha.

Antes de las cinco de la mañana, alguien pasó a nuestro lado haciendo un chillido de boca desagradable y fuerte, con el objeto de despertar al campamento. A eso le llamaban «la churuquiada», otro de esos términos típicamente farquianos que designaba en esta ocasión, la imitación del llamado de los micos. Era la diana de la selva.

Los guerrilleros convalecientes que dormían con nosotros bajo el cobertizo se levantaron de inmediato. Retiraron los mosquiteros, los doblaron rápidamente e hicieron con ellos un embutido apretado con las mismas pitas con que los suspendían en las esquineras de las camas. Yo los observaba fascinada, mientras oía las noticias. Clara y yo nos levantamos, pedí que me llevaran al baño.

Nuestra guardia se llamaba Isabel. Era una mujer bajita, de unos treinta años, con el pelo extremadamente largo y crespo, que se recogía en un moño. Tenía unos bonitos aretes de oro y ganchos de niña para evitar que se le fueran las mechas rebeldes a la cara. Estaba ligeramente pasada de peso y llevaba unos pantalones en

tela de camuflado demasiado apretados para ser cómodos. Evidentemente complacida de ocuparse de nosotras, la guerrillera atendió
mi petición correspondiéndome con una de sus más bellas sonrisas. Me tomó de la mano y me enganchó el brazo bajo su codo, en
un gesto de afecto y complicidad inesperado:

—Se va a amañar con nosotros, va a ver. ¡Ya después no va a
querer irse!

Seguí a Isabel al baño, me imaginaba que iría a encontrar una
letrina parecida a la que había usado el día anterior, en la casita de
la carretera, y estaba preparándome para contener la respiración,
para evitar los malos olores.

Algunos metros, escasos veinte, y ya nos estábamos adentran-
do en una vegetación espesa. Todavía no lograba divisar ninguna
cabaña por los alrededores. Fuimos a dar a un claro bastante grande. El suelo se veía movido por todas partes. Un ruido de motor
me llamó la atención. Le pregunté a Isabel qué máquina funcionaba por ahí. Ella no entendió mi pregunta y luego, prestando mayor
atención, afirmó:

—No, no hay ningún ruido de motor.

—Claro que sí. No estoy loca. Hay un ruido fuertísimo.
¡Oiga!

Isabel volvió a escuchar con atención y después de unos instantes soltó una carcajada, tapándose la nariz como una niña traviesa.

—¡No! ¡Ese ruido son moscas!

Miré aterrada hacia el suelo. Revoloteando entre mis pies,
montones de moscas de todo tipo, grandes, gordas, amarillas, verdes, se arremolinaban alrededor, tan exaltadas que se estrellaban
unas con otras y caían con las patas al aire, las alas vibrando inú-
tilmente contra la tierra. Descubrí entonces un mundo de insectos extraordinariamente activo. Avispas que atacaban a las moscas
antes de que estas pudieran alzar el vuelo. Hormigas que atacaban
a las otras dos para transportar su botín aún trepidante a sus hor-

migueros. Cucarrones de coraza brillante y de vuelo pesado que entraban en colisión contra nuestras rodillas. No pude contener un grito de susto cuando me di cuenta de que una miríada de hormigas diminutas me había invadido los pantalones y ya me llegaba a la cintura. Traté de sacudírmelas trepidando nerviosamente en el puesto para evitar que siguieran escalándome.

—¿Bueno, y dónde están los tales baños?

—¡Aquí! —dijo Isabel, muerta de la risa—. Estos son los chontos. Vea: ahí todavía hay huecos que se pueden utilizar. Usted se acuclilla encima del hueco, hace sus necesidades y tapa con la tierra que hay al lado, así, con el pie.

Me fijé con más atención. En algunos lugares, el suelo había sido cavado. En los huecos el espectáculo era asqueroso. Los insectos se retorcían en los excrementos que habían quedado mal tapados. Mi malestar aumentaba e instintivamente me doblé en dos, sorprendida por los espasmos y el olor nauseabundo que me subía por las narices. Vomité sin tener tiempo de avisar, y las dos quedamos salpicadas hasta la camisa.

Isabel dejó de reírse. Se limpió con la manga de la chaqueta y tapó mi vómito con el montículo de tierra más cercano.

—Bueno, la espero allá adelante.

No me gustaba en absoluto la idea de quedar desamparada en este infierno. Del otro lado de la vegetación yo veía sombras que se agitaban.

—¡Pero todo el mundo me puede ver!

Isabel me puso un rollo de papel higiénico en las manos.

—No se preocupe. Yo no dejo que nadie se acerque.

Volví al campamento tambaleándome, echando de menos las letrinas de la casa en la carretera. Era necesario lavar la ropa que tenía puesta y debía ponerme algo de lo que nos habían traído. Encontré a Clara rebuscando en las bolsas negras. Había cuatro pares de pantalones, todos bluyines de tallas y modelos diferentes, camisetas con motivos infantiles y ropa interior, unas prendas eran simples, en algodón, y otras en encaje de colores chillones. La repartición se hizo sin problema: cada una cogía la talla que le servía mejor. También había dos grandes toallas de baño y dos pares de botas de caucho, las mismas que me habían servido para identificar a los guerrilleros. Las hice a un lado, pensando que no llegaría a usarlas jamás.

Una muchacha joven que no había visto antes se acercó. Parecía muy tímida. Isabel nos la presentó. «Ella es María, su recepcionista». Yo abrí los ojos con sorpresa. No me alcanzaba a imaginar que en este lugar totalmente perdido pudiera haber una recepcionista. Isabel me explicó:

—Ella es la encargada de hacerles a ustedes la comida. ¿Qué quieren comer?

Debían ser máximo las seis de la mañana. Pensé en un desayuno lo más sencillo posible: ¿huevos fritos? María se fue azarada hacia el fondo del campamento y luego desapareció detrás de un talud. Isabel se fue también, antes de que yo pudiera preguntarle cómo podía darme una ducha. Clara fue a sentarse, con una cara de profundo abatimiento. Miré a mi alrededor. No había enfermos en las camas. Estaban ocupados en actividades manuales: unos moldeaban pedazos de madera con un machete, otros le cosían las agarraderas a su morral, otros tejían correas con una técnica que nunca había visto antes. El movimiento de sus manos era tan rápido que no lograba seguirlo.

—Démosle una vuelta al campamento —le propuse a mi compañera.

—Vamos —respondió ella con entusiasmo.

Guardamos nuestras pertenencias lo mejor que pudimos en un rincón de la cama y nos estábamos preparando para salir del cobertizo cuando la voz de una mujer nos detuvo.

—¿Para dónde van?

Era Ana. Tenía el fusil FAL agarrado con ambas manos y nos miraba con una expresión dura.

—Vamos a dar una vuelta por el campamento —le contesté, sorprendida.

—Tiene que pedir permiso.

—¿A quién hay que pedirle permiso?

—A mí.

—¡Ah, bueno! Entonces, ¿nos da permiso para darle una vuelta al campamento?

—No.

En ese mismo momento, María llegó con una olla hirviendo, que despedía un fuerte aroma de café. En la otra mano tenía dos panecillos y dos tazas en acero inoxidable. Sonia llegó detrás de ella sonriendo, todos los dientes afuera:

—¿Entonces qué, Ingrid? ¿Cómo le va?

Me dio un golpe en la espalda que me hizo perder el equilibrio y continuó diciendo, radiante:

—No hacen sino hablar de ustedes por la radio. El Secretariado anunció que van a publicar un comunicado para esta noche. ¡Le va a dar la vuelta al mundo!

La guerrilla estaba muy oronda del despliegue mediático que se había producido con mi secuestro. Sin embargo, yo estaba lejos de pensar que la noticia captaría la atención internacional. Esperaba, cuando mucho, que el anuncio despertaría al gobierno, y que este se pondría en acción para obtener nuestra liberación, tanto más necesaria para ellos en cuanto que los hechos previos a mi secuestro podrían resultarles incómodos.

—¿Podemos ver las noticias esta noche? Vi que tienen un televisor…

Sonia adoptó el semblante serio y pensativo que ya le había visto al Mocho César. Todas las miradas del campamento se dirigieron hacia ella, conteniendo la respiración como si la vida de todos dependiera de su respuesta. Ella se tomó su tiempo y luego declaró, sopesando cada palabra:

—La televisión está prohibida por lo de la aviación. Pero voy a hacer una excepción por esta noche…

Una oleada de alegría invadió el campamento. Las conversaciones se reiniciaron con gran animación, risas a lo lejos atravesaban el aire.

—El comandante César anunció que viene. Pase a verme a mi caleta cuando quiera —me dijo Sonia, antes de alejarse.

Ahí estaba yo tratando de aprender esos nuevos códigos, ese vocabulario que me desorientaba. La caleta debía de ser su cabaña, así como los chontos eran los baños y la recepcionista era la muchacha de las labores domésticas. Me imaginaba que en una organización revolucionaria ciertas palabras debían estar proscritas. Debía ser impensable enrolarse en las FARC para terminar haciendo el trabajo de una empleada doméstica. Sin duda, era mejor ser recepcionista. Ciertamente, los guerrilleros debían ser sensibles a los títulos.

Ana volvió con la misión de llevarnos a tomar el baño, a todas luces contrariada.

—¡A ver, apúrense, saquen su ropa limpia y la toalla, que tengo muchas otras cosas que hacer!

Recogimos nuestras cosas a toda velocidad y las pusimos de cualquier manera en una bolsa de plástico, encantadas con la idea de poder refrescarnos. Tomamos el sendero de los chontos, pero mucho antes de llegar, nos desviamos a la derecha. Debajo de un techo de zinc habían construido una pileta de cemento que llenaban de agua con una manguera. «Perfecto, ahí está mi ducha», dije en voz alta. Ana nos dio una barra de jabón azul para lavar ropa y se fue hacia los matorrales. El ruido del motor se detuvo y el agua dejó de salir. Ana regresó, todavía de mal humor. Isabel nos había seguido. Se había quedado en la entrada, con los pies separados y el fusil terciado. Observaba a Ana en silencio.

Miré a mi alrededor. El lugar estaba rodeado de una espesa vegetación. Busqué con la mirada dónde poner mis cosas.

—Córteles un palo —ordenó secamente Isabel. Ana sacó su machete y escogió una rama recta del árbol más cercano. De un golpe certero la cortó y la agarró en el aire con una habilidad asombrosa. Limpió la rama y la peló hasta dejarla como un palo de escoba recién salido de la fábrica. No podía creerlo. Enseguida, instaló un extremo del palo en uno de los bordes de la pileta y el otro sobre la horqueta de un arbusto convenientemente situado a un lado. Ana se aseguró de la solidez de su obra y volvió a meter el machete en la funda. Colgué con juicio allí la ropa que me iba a poner, todavía impresionada con su desempeño. Luego, busqué a Clara con los ojos y vi que se había quitado absolutamente toda la ropa. Por supuesto, eso era lo que había que hacer. Las muchachas la miraban impasibles.

—¿Y qué tal que alguien llegue de improviso? —dije, dudosa.

—Todos somos iguales —replicó Ana—. ¡Qué importa!

—Nadie va a venir, no se preocupe —explicó Isabel como si no hubiera oído las palabras de su compañera. Luego, con voz suave, añadió—: coja ese timbo.

No tenía la más remota idea de lo que podía ser un «timbo». Miré por todas partes y lo único que vi, flotando en el agua, fue un bidón de aceite partido en dos. El asa y el fondo formaban un práctico recipiente. Clara y yo nos lo turnábamos a medida que nos íbamos bañando.

Ana se veía cada vez más impaciente. Daba pasos cortos entre los matorrales refunfuñando. Había decidido volver a encender el motor de la bomba de agua.

—Bueno, ¿ya? ¿Contentas? Ahora, apúrense.

La ducha final duró tan solo algunos segundos. Diez minutos después estábamos vestidas y listas para recibir al comandante César.

La camioneta de César estaba estacionada en el claro. Hablaba con Sonia. Nos acercamos, seguidas por las guerrilleras que nos vigilaban. Sonia las despachó de inmediato.

César me tendió la mano, sonriente.

—¿Cómo le va?

—Mal. No sé nada de mis compañeros. Usted me dijo que...

César me interrumpió bruscamente.

—Yo no le dije nada.

—Usted me dijo que iba a verificar la identidad de ellos.

—Usted me dijo que eran periodistas extranjeros.

—No. Yo le dije que el mayor era un fotógrafo de una revista extranjera, el joven, un camarógrafo que contratamos para mi campaña, y el otro, el que iba manejando, mi jefe de logística.

—Si me está diciendo la verdad, le respondo por la vida de ellos. Todo el material de video lo decomisé y lo vi ayer. ¡Los militares no parecen quererla mucho! Bonita discusión la que tuvo con el general en la pista del aeropuerto. ¡Eso le costó el puesto! Y ya están buscándola. Hay combates cerca de la Unión-Penilla. Hay que salir rápido de aquí. ¿Les trajeron sus cosas?

Asentí maquinalmente. Todo lo que César decía me preocupaba. Me habría gustado estar totalmente segura de que mis compañeros estaban a salvo y que serían liberados en poco tiempo. El asunto de los combates en la Unión-Penilla era una fuente de esperanza. No obstante, si había enfrentamientos, corríamos el riesgo de morir. ¿Cómo podía saber César que el general había sido destituido? Era precisamente él quien mejor estaba capacitado en ese momento para adelantar con éxito una operación de rescate. Él era el hombre que conocía la zona, el hombre de terreno, el hombre que me había visto por última vez.

César se fue. No había nada que hacer, salvo esperar..., sin saber qué, exactamente. Los minutos se alargaban en una eternidad pegajosa, para llenarlos hacía falta una voluntad de la que carecía en ese momento. No podía hacer más que rumiar mis pensamientos. Vimos un juego de ajedrez en la esquina de un amasijo que hacía las veces de mesa. La existencia del juego me pareció inesperada y sorprendente en medio de este mundo cerrado. Lo miramos con deseo, como si fuera un objeto prohibido. Sin embargo, una vez delante del tablero, el pánico me ganó la partida. Nosotras éramos esos peones. Nuestra existencia se definía según una lógica que nuestros secuestradores se empeñaban en ocultarme y que ya no me pertenecía. No quise seguir. ¿Cuánto tiempo duraría esto? ¿Tres meses? ¿Seis meses? Observaba a esos seres que me rodeaban. La despreocupación que se leía en cada uno de sus gestos, la lentitud del bienestar, la tranquilidad del tiempo que transcurría en medio de una rutina inamovible, todo eso me ponía enferma. ¿Cómo podían dormir, comer, sonreír, mientras presenciaban el calvario de otras personas, en su mismo tiempo y en su mismo espacio?

Isabel había terminado su turno de vigilancia y había venido a almorzar. Miraba con ganas la ropa interior roja de encajes negros que permanecía intacta en sus bolsas. Se la regalé. Les daba vueltas a las prendas, con felicidad infantil, y las volvía a poner en su lugar, como alejando una tentación demasiado grande. Finalmente se levantó, en un impulso repentino, y dijo en voz alta, para que sus compañeros alcanzaran a oír: «Voy a plantearle a la comandante Sonia». «Plantear», tal como me enteré entonces, era parte fundamental de la vida en las FARC. Todo estaba bajo control y vigilancia. Nadie podía tener ningún tipo de iniciativa, nadie podía dar o recibir un regalo sin pedir permiso. Podían negarle a uno la autorización para pararse o para sentarse, para beber o para comer, para dormir o para ir a los chontos.

Isabel volvió corriendo, con las mejillas rojas de felicidad. Le habían dado permiso de aceptar mi regalo. La vi alejarse tratando de imaginarme cómo era la vida de una mujer en un campamento.

La comandante era mujer, por supuesto, pero conté cinco jovencitas por los treinta hombres. ¿Qué podían esperar aquí que fuera mejor que afuera? Su feminidad no cesaba de sorprenderme, aunque nunca se separaban de su fusil y tenían reflejos masculinos que no parecían postizos. Así como el vocabulario nuevo, las canciones curiosas, el alojamiento particular, así también miraba con sorpresa a estas mujeres: parecían todas sacadas de un mismo molde y haber perdido por completo toda su individualidad.

Ser prisionera ya era bastante. Pero ser una mujer prisionera en manos de las FARC era todavía más delicado. Era algo que no lograba poner en palabras. Intuitivamente percibía que las FARC habían logrado instrumentalizar a las mujeres con su consentimiento. La organización funcionaba con sutilezas; las palabras eran escogidas con cuidado, se guardaban las apariencias... Acababa de perder la libertad, no tenía ninguna intención ahora de dejarme arrebatar mi identidad.

Al caer la noche, Sonia vino a buscarnos para ver los noticieros. El campamento se reunió en la choza donde la pantalla ocupaba el lugar central. Nos asignó nuestros puestos y luego se retiró a prender la planta eléctrica. Un bombillo colgaba del techo, solitario, como un ahorcado. El bombillo se prendió y la tropa quedó extasiada. Yo no lograba comprender su entusiasmo. Esperaba sentada, en medio de hombres todos armados, el fusil entre las piernas. Sonia volvió, prendió el televisor y se marchó de nuevo, dejando una imagen distorsionada y crepitante. Nadie se movía: todos tenían los ojos pegados a la pantalla ciega. Sonia regresó una vez más, giró dos botones y una imagen borrosa, más en blanco y negro que en colores, se formó con dificultad en la televisión. El sonido curiosamente, se oía con toda claridad. El noticiero ya había empezado. Vi a Adair, mi jefe de logística. Todos acababan de ser liberados y hablaban emocionados de los últimos momentos que habían pasado con nosotros. Salté de la dicha. Mi emoción aparentemente no era contagiosa. Algunos pedían silencio sin ninguna amabilidad. Me hundí en mi banco, con los ojos húmedos.

No tenía sueño. La luna brillaba de nuevo y hacía bueno. Quería caminar para despejarme la mente. Isabel estaba de guardia y accedió sin dificultad a mi solicitud. Caminé varias veces de arriba abajo hasta los chontos, pasando frente a la cabaña de Sonia y siguiendo el cobertizo. Algunos convalecientes habían encendido su radio y me llegaban ecos de música tropical, como el recuerdo de una felicidad perdida.

Imaginaba el mundo sin mí, en ese domingo de tristeza y de angustia para los que yo más amaba. Mis hijos, Melanie, Lorenzo, y Sebastián, el hijo mayor de Fabrice, seguramente ya se habrían enterado de la noticia. Esperaba que fueran fuertes. Habíamos contemplado en varias oportunidades el caso de un secuestro. Más que a un asesinato, era a una toma de rehén, lo que yo más temía. Les había dicho que no debían ceder jamás al chantaje y que más valía morir que someterse. Ahora ya no estaba tan segura. Ya no sabía qué pensar. Era su dolor, más que nada, lo que me resultaba insoportable. No quería que quedaran huérfanos: quería devolverles su vida de despreocupación. Me los imaginaba hablando entre ellos, unidos por el mismo tormento, tratando de reconstruir los momentos previos a mi secuestro, buscando comprender. Eso me dolía.

Había comprendido muy bien lo que significaba el comunicado de prensa divulgado por el Secretariado de las FARC. El Secretariado estaba conformado por los altos jerarcas de la organización. En el comunicado confirmaban que yo estaba en su poder y que había entrado a formar parte del grupo de los «canjeables»[4]. Amenazaban con matarme si al cabo de un año, con sus días y sus noches después de mi captura, no se llevaba a cabo un acuerdo para

---

[4]. Apelación dada por las FARC a los secuestrados políticos susceptibles de ser intercambiados por los guerrilleros presos en las cárceles colombianas. (N. de la A.)

liberar a los guerrilleros detenidos en las cárceles colombianas. Vivir secuestrada un año para luego ser asesinada: ese era el futuro que me esperaba. ¿Iban los guerrilleros a cumplir sus amenazas? Me costaba creerlo, pero no quería estar ahí para verificarlo. Tenía que escaparme.

La idea de preparar mi huida me calmó. Hice mentalmente el plano del lugar y traté de reconstruir de memoria la carretera por donde vinimos. Estaba segura de haber recorrido un trayecto casi en línea recta hacia el sur. Habría que caminar mucho, pero se podía lograr.

Fui a acostarme, finalmente, vestida, incapaz de cerrar los ojos. Debían de ser las nueve de la noche cuando los oí en la lejanía. Helicópteros, eran muchos, y se acercaban rápidamente hacia nosotros. En un segundo, el campamento entró en un frenesí. Los enfermos saltaron de sus camas, se pusieron los morrales a la espalda y salieron corriendo. Se oían los gritos de las órdenes en la oscuridad, la agitación era total. «¡Que apaguen las luces, hijueputa!». Era Sonia que vociferaba con voz de hombre. Aparecieron Ana e Isabel, arrancaron el mosquitero de un jalón y nos sacaron de la cama: «¡Cojan todo lo que puedan! ¡Nos vamos ya mismo! ¡Es la aviación!».

Mi cerebro se puso en estado de alerta. Oía las voces histéricas a mi alrededor y empecé a funcionar en automático: ponerme los zapatos, enrollar la ropa y ponerla en la bolsa, agarrar el morral, verificar que nada se quedaba, caminar. Mi corazón latía lentamente, como cuando buceaba. El eco del mundo exterior me llegaba de la misma manera, como filtrado por una inmensa pared de agua. Ana seguía gritando y empujándome. Una fila india de guerrilleros ya se adentraba por un sendero desconocido. Cuando me volteé, Ana ya había enrollado el colchón y lo tenía debajo del brazo. Debajo del otro tenía el mosquitero, enrollado también como un embutido. Además, llevaba su enorme morral, que la obligaba a inclinarse hacia adelante por el peso. «¡Qué vida de perros!», murmuré, más irritada que otra cosa. No tenía miedo. Su afán no era asunto mío.

A unos cien metros del campamento, dieron la orden de detenernos. La luz de la luna era suficiente para distinguir la cara de quienes me rodeaban. Los guerrilleros estaban sentados en el suelo, apoyándose en los morrales. Algunos habían sacado plásticos y se habían tapado con ellos.

—¿Cuánto tiempo nos vamos a quedar aquí? —le dije en voz baja a Isabel. El ruido de los helicópteros seguía presente, pero me parecía que ya no se aproximaban más.

—No sé. Hay que esperar las instrucciones de Sonia. Tal vez nos toque caminar varios días…

—¿Caminar varios días?

—…

—Se me quedaron las botas en el campamento —se me ocurrió decir, con la esperanza de dar un motivo para regresar al campamento.

—No, yo las traje.

Me las mostró. Las tenía dobladas entre una bolsa que usaba como cojín.

—Debería ponérselas. No va a poder caminar en el monte sin ellas.

—¿El monte? ¿Vamos para el monte?

¡Eso alteraba todos mis cálculos! Había previsto que íbamos hacia el sur. Luego, nos encontraríamos con la Amazonia. El monte, la cordillera, eso quería decir que íbamos hacia el norte, en la misma dirección de Bogotá. La barrera natural de los Andes era prácticamente infranqueable a pie. Simón Bolívar lo había logrado, ¡pero había sido toda una hazaña!

Mi pregunta le pareció sospechosa, como si yo quisiera tenderle una trampa para sacarle información secreta. Isabel me miró con desconfianza.

—Sí ¡Al monte, a la selva!

Los guerrilleros llamaban «monte» la selva, la jungla, la espesura. Era curioso: una de las acepciones originales de «monte» era precisamente esa; para mí «monte» era la cordillera. Ellos utilizaban ambos sentidos indistintamente. Su manera de hablar se prestaba a confusión. Yo comenzaba a aprenderla, como si fuera una lengua extranjera, tratando de memorizar los significados ambiguos. Comprendí que íbamos caminando hacia la planicie, pero mi mente se fue para otro lado.

El ruido de los helicópteros aumentó rápidamente. Volaban muy bajo, por encima de los árboles. Yo alcanzaba a ver tres en formación triangular, pero adivinaba que debían ser muchos más. Verlos me llenaba de alegría: ¡nos estaban buscando! La angustia de los guerrilleros era manifiesta, la cara tensa mirando al cielo, apretaban las mandíbulas, por desafío, odio y miedo. Tenía claro que Ana me observaba a su vez. Evitaba exteriorizar mis sentimientos. Ahora, los helicópteros se alejaban. No regresarían más. Ese segundo de esperanza se había alcanzado a traslucir en mi expresión y lo habían notado. Eran animales entrenados para husmear la felicidad de los demás. También yo lo había hecho. También yo había olfateado su temor, y me había gustado. Ahora, lograba percibir su satisfacción ante mi decepción. Yo les pertenecía; la sensación de victoria los exaltaba. Se codeaban, murmuraban y me miraban directo a los ojos. Impotente, bajé los míos.

La fila se relajó y cada uno empezó a acomodarse en su rincón. Me acerqué a Clara. Nos tomamos de la mano en silencio, hombro con hombro, tiesas, sentadas encima de nuestros morrales. Estábamos acostumbradas a la ciudad. La oscuridad llegaba. Grandes nubes avanzaban en nuestra dirección y empezaban a invadir el cielo. La luna quedó oculta. Había gran revuelo en el ambiente. Los guerrilleros estaban de rodillas frente a sus morrales, deshaciendo toda clase de nudos y abriendo correas.

—¿Qué pasa?

—Va a llover —me respondió Isabel, también abriendo presurosa su morral.

—¿Y nosotras?

A modo de respuesta, me botó un pedazo de plástico negro.

—Tápense las dos con ese.

Las primeras gotas comenzaron a caer. Las oíamos golpear primero en el follaje de las copas de los árboles, todavía sin penetrar la vegetación. Alguien nos lanzó otro plástico a los pies. Justo a tiempo. El aguacero se desgajó como un diluvio bíblico.

A las cuatro y media de la mañana, retornamos al campamento. En los radios resonaban voces conocidas que anunciaban los titulares de la actualidad. Un olor a café negro marcaba el inicio de un nuevo día. Me dejé caer en las tablas que nos servían de camas.

María trajo un plato grande de arroz con lentejas y dos cucharas.

—¿Hay tenedores? —pregunté, pues no estaba acostumbrada a comer con cuchara.

—Tiene que hacerle la solicitud al comandante —me respondió.

—¿A Sonia?

—No. Al comandante César.

Había llegado al campamento después de mediodía en su gran camioneta roja, demasiado lujosa para un rebelde. Sonreí pensando en la historia que me había contado. Le había dado la orden de comprarla en Bogotá a un miliciano de las FARC; este la había traído hasta la zona de distensión y allí se la había entregado al comandante. Luego había puesto una denuncia por robo y cobrado el valor del seguro. Esa era la manera de operar de las FARC. Más que insurgentes, eran verdaderos bandidos. Una volqueta llena de jóvenes guerrilleros en el platón trasero, seguía la camioneta.

César me saludó. Parecía contento.

—Ayer por la noche tuvimos combates. Matamos media docena de soldados. Vienen a rescatarla. Algún día entenderán que no van a poder lograrlo nunca. Tenemos que irnos ahora mismo. Ya tienen identificado este sitio. Es por su seguridad. Alisten sus cosas.

Esta vez, César no fue con nosotros. El que manejaba la volqueta era el mismo tipo gordo que había comprado el colchón y la ropa. Los quince guerrilleros que habían llegado con César seguían con nosotros, en la parte trasera de la volqueta, de pie, armados con sus fusiles. Clara y yo subimos en la cabina, con el conductor.

A causa del aguacero del día anterior, la carretera era como un tobogán de barro. Era imposible avanzar a más de veinte kilómetros por hora. Retomábamos nuestro camino hacia el sur, cada vez más lejos de la cordillera. El terreno se hacía cada vez más boscoso, aunque a veces se veían algunas parcelas sin cultivar y algunos terrenos devastados por las quemas. Los especialistas llamaban esto «Frontera agrícola». La selva amazónica debía de estar cerca.

El cielo estaba en llamas. La puesta del sol acaecía con gran bombo. Habíamos andado muchas horas sin detenernos. A medida que avanzábamos, mi corazón se contraía, pues aumentaba el número de kilómetros que me separaban de mi casa. Me calmaba calculando que era posible guardar algunas provisiones para nuestra huida y caminar durante una semana. Debíamos escaparnos en la noche, cuando los vigilantes bajaban la guardia. Avanzaríamos hasta el amanecer y nos esconderíamos durante el día. Imposible pedir ayuda a los civiles, pues podían ser cómplices de las FARC. La actitud del conductor era reveladora: las relaciones entre los campesinos y la guerrilla eran casi de tipo feudal, hechas de dependencia, sumisión, interés y miedo.

Estaba sumida en mis reflexiones cuando la volqueta se detuvo. Habíamos llegado a lo alto de una colina. El atardecer se nos ofrecía en todo su esplendor. A nuestra izquierda había una entrada como las de las haciendas. La finca estaba rodeada no de un muro

sino de una tela de costal sintético verde, de tal forma que el interior quedaba oculto desde la carretera.

Los guerrilleros saltaron al suelo y se dividieron en grupos de
dos para apostarse en las esquinas de la propiedad. Un tipo alto, de
bigote fino, abrió de par en par el portón. Era muy joven. Tendría
unos veinte años. La volqueta entró en silencio. El cielo se tornó
verde y la noche cayó de golpe.

El tipo alto se acercó y me tendió la mano.

—Mucho gusto de conocerla. Yo soy su nuevo comandante.
Si necesita cualquier cosa, me la pide a mí. Mi nombre es César.
Ella es Betty, las va a ayudar, es su recepcionista.

Betty no era su verdadero nombre. Todos los guerrilleros tenían alias, escogidos por el comandante que los reclutaba. Muchas
veces era un nombre extranjero, o bíblico, o tomado de alguna
serie de televisión. Durante mucho tiempo, la serie colombiana *Yo
soy Betty la fea* tuvo mucho éxito en el país, eso explicaba probablemente su bautizo. Además, teníamos un nuevo jefe con el mismo
nombre: «Definitivamente, todos los comandantes se llamaban
César», pensé divertida.

Nuestra Betty no era fea en absoluto, pero era tan bajita que
casi parecía enana. Betty encendió su linterna de bolsillo y nos hizo
seguirla. Nos llevó a una vieja cabaña cuyo techo se había podrido
y se había desplomado en el suelo. Debajo del pedazo de techo que
todavía no se había caído, vi dos camas parecidas a las que utilizaban
en el hospital, solo que las tablas estaban podridas e incompletas.

Betty puso su morral en un rincón y, con el fusil todavía terciado, se dio a la tarea de recuperar algunas de las tablas que todavía servían para hacer con ellas una sola cama. Se metió la linterna
en la boca para tener las manos libres y así poder trabajar más rápido. El haz de luz seguía sus movimientos. Estaba a punto de poner
la mano en una de las tablas cuando, de repente, saltó asustada; la
linterna rodó por el suelo. Yo la había visto al mismo tiempo que

ella: una enorme tarántula de pelos parados rojos en guardia sobre sus patas enormes, lista para atacar. Recogí rápidamente la linterna para buscar el animal, que se había escurrido debajo de la cama y corría a esconderse debajo del techo caído y del montículo de paja. Con su machete, Betty cortó la tarántula en dos.

«No puedo dormir aquí. Odio esos bichos. Además, viven en pareja. ¡La otra debe andar por ahí!». Mi voz se oyó aguda, delatando mi estado de nerviosismo. Quedé sorprendida. Era el mismo tono de mi madre. La del pánico ante «esos bichos» era ella. No yo. De hecho, a mí más bien me intrigaban, pues su gran tamaño me los hacía ver más como seres pertenecientes al mundo de los vertebrados, que al de los artrópodos.

—Vamos a limpiar bien. Voy a buscar debajo de la cama y por todas partes. Además, yo me quedo a dormir aquí con ustedes. No tenga miedo.

Betty tenía ganas de reírse y hacía esfuerzos por disimularlo. Mi compañera se metió en la cama en cuanto quedaron instalados el colchón y el mosquitero. Betty regresó con una escoba vieja y me ofrecí a ayudarle a barrer. Ubiqué nuestras cosas en una tabla que Betty había puesto como repisa y me acosté. No logré conciliar el sueño sino hasta el amanecer. Sin embargo, el insomnio me permitió establecer la ubicación de los guardias y pensar en un plan de fuga para la próxima noche. Incluso había alcanzado a ver en el morral de Betty una navaja que podría sernos útil.

Por desgracia, mis esperanzas de evasión no duraron mucho. El Mocho César apareció hacia el mediodía y seguimos la ruta hacia el sur. De nuevo, sentí que la angustia me apretaba la garganta. Ahora calculaba que necesitaríamos más de una semana caminando para volver al sitio de partida. La situación se ponía crítica. Mientras más nos alejábamos, más remotas se hacían las posibilidades de fugarnos con éxito. Era necesario reaccionar lo más rápido posible y equiparnos para sobrevivir en una región cada día más hostil. Ya no nos desplazábamos por un terreno plano sino que nos adentrábamos en un paisaje más ondulado, con subidas y bajadas empinadas. Ya no se veían campesinos y solo se adivinaba la presencia de una población de aserradores, por la magnitud de la devastación que iban dejando a su paso. Espectadores impotentes de una catástrofe ecológica que no le interesaba a nadie, atravesábamos la zona asolada como si fuéramos los únicos sobrevivientes de una guerra nuclear.

El Mocho César detuvo su vehículo en una elevación del terreno. Abajo, en una casita construida en medio de un cementerio de árboles, unos niños medio desnudos jugaban en el suelo. Por la chimenea salía un humo triste. El Mocho mandó un grupo de guerrilleros a buscar queso, pescado y frutas. ¿Pescado? No se veía ningún río. A nuestros pies se extendía una inmensa vegetación: árboles, hasta el infinito. Giré sobre mí misma 360 grados: el horizonte era una sola línea verde continua.

El Mocho se paró junto a mí. Me sentía conmovida, sin saber por qué. Me parecía que él también lo estaba. Se puso la mano a modo de visera sobre los ojos para protegerse de la reverberación, y me dijo después de un largo silencio: «Esta es la Amazonia».

Lo dijo con una gran tristeza, casi con resignación. Sus palabras me quedaron pegadas al cerebro, como un enigma. La voz y el tono que había utilizado me habían puesto de golpe al borde del pánico. Miraba frente a mí, incapaz de hablar, con el corazón al galope, escrutando el horizonte para tratar de encontrar una respuesta. Tenía mucho miedo. Sentía el peligro. No podía verlo. No podía reconocerlo. Pero ahí estaba y no sabía cómo evitarlo.

César, adivinando de nuevo mis pensamientos, dijo:

—Para allá va usted.

6
LA MUERTE DE MI PADRE

Marzo 23 de 2009. Estoy sola. Nadie me mira. Al fin estoy sola conmigo misma. En estas exquisitas horas de silencio, me hablo y recuerdo. El pasado, inmóvil e infinito, se esfumó. No queda nada de él. ¿Entonces por qué siento tanto dolor? ¿Por qué este malestar sin nombre? Recorrí el camino que me había propuesto y perdoné. No quiero quedar encadenada al odio ni al rencor. Quiero tener derecho a vivir en paz. Volví a ser dueña de mí misma. Me levanto de noche y camino descalza. Nadie va a venir a enceguecerme con una linterna en la cara, nadie. Y estoy sola. Mi ruido no molesta, mi andar no intriga a nadie. No tengo que pedir permiso, no tengo que explicar. ¡Soy una sobreviviente! La selva se quedó en mi cabeza, aunque no quede nada de ella a mi alrededor como prueba, aparte de la sed con que me bebo la vida.

Me quedo largo tiempo debajo de la ducha. El agua sale hirviendo, en el límite de lo tolerable. El vapor invade el espacio. Puedo dejar rodar el agua en mi boca y permitir que corra lentamente, tibia sobre mi rostro y mi cuello. A nadie le da asco, nadie me mira de reojo. Cierro la llave. Ahora la quiero fría. Mi cuerpo la acepta sin tensarse. Fue un entrenamiento de demasiados años de agua fría, incluso helada.

Hoy hace exactamente siete años Papá murió. Estoy libre y lloro. De felicidad, de tristeza y de gratitud. Me he convertido en un ser complejo. Ya no logro sentir una sola emoción a la vez: ando dividida entre opuestos que me habitan y me sacuden. Soy dueña de mí misma, pero también soy pequeña y frágil; humilde, pues conozco demasiado bien mi vulnerabilidad, y mi inconsistencia. En mi soledad encuentro descanso. Soy la única responsable de mis contradicciones. Sin tener que esconderme, sin el peso del que se burla, ladra o muerde.

Hace siete años, día por día, vi a los guerrilleros reunirse en círculo como en un aquelarre. Me miraban de lejos y hablaban entre ellos. Nos habíamos instalado en un nuevo campamento. La tropa había aumentado. Otras muchachas acompañaban a Betty: Patricia, la enfermera, y Alexandra, una joven muy bonita de quien parecían enamorados todos los muchachos.

Diez días antes había habido una alerta: los militares patru-llaban el río. Habíamos tenido que huir y caminar durante días. Yo estuve enferma durante todo el trayecto. Patricia y Betty se mantenían a mi lado para ayudarme. Caminábamos días enteros sin parar. La carretera era lo suficientemente ancha como para per-mitir la circulación de vehículos en ambos sentidos y unía la orilla de un río con la desembocadura de otro, ubicado a varios kilóme-tros de distancia. En este laberinto de caños que es la Amazonia, la guerrilla había montado un sistema de vasos comunicantes cuyo secreto guardaba celosamente. Los guerrilleros sabían manejar a la perfección los GPS y los mapas digitales para encontrar su camino.

En un momento dado, llegamos al borde de un río que de-bíamos atravesar. No veía cómo podíamos hacerlo. Hacía menos de un mes me habían secuestrado. Los guerrilleros transportaban mis escasos objetos personales en una bolsa de provisiones. Se la habían pasado de mano en mano durante todo el trayecto. Al lle-gar a la orilla del río, la pusieron en el suelo como si el encargado de llevarla ya estuviera harto. Cuando me disponía a recogerla, las muchachas me empujaron con brusquedad hacia los matorrales. Yo perdí el equilibrio y me caí al suelo.

—¡Cuidado, carajo! Es la marrana.

—¿La marrana?

Ya me imaginaba abalanzándose sobre mí un porcino salvaje y traté de levantarme lo más rápido posible. Las muchachas me agarraron de los hombros para obligarme a quedarme en el suelo, con lo cual aumentó mi pánico.

—¡Arriba, mire arriba! Allá está la marrana.

Miré hacia el punto que señalaba una de ellas. Justo encima de nosotros, a través de un claro de la selva, se veía bien alto en el cielo y muy lejos, como una minúscula cruz blanca, un avión que sobrevolaba.

—¡Esos son los chulos! Así es como nos miran para después «borbardiarnos».

Pronunciaba mal el verbo «bombardear», como una niña con problemas de dicción. También utilizaban el verbo «mirar» en lugar de «ver». El resultado era sorprendente. Decían: «lo miré», cuando habían visto a alguien. Sonreí.

¿Cómo podrían detectarnos a esa distancia? Me parecía imposible. Sin embargo, no valía la pena discutir sobre el tema. Lo importante era saber que los militares continuaban con su búsqueda; esta «marrana» era el enemigo para ellos y, por tanto, una esperanza para mí.

Era obvio que cada vez nos adentrábamos más en la selva y cada paso nos alejaba de la civilización. No obstante, la presencia de la marrana era la prueba de que el ejército seguía nuestras huellas. No nos habían abandonado. Al cabo de media hora, el avión desapareció. El cielo se cargó de gruesas nubes negras. Una vez más, el mal tiempo se ponía de parte de la guerrilla. Ya no se oía el motor de la marrana. Las muchachas me pasaron un plástico negro.

Gruesas gotas de lluvia formaban círculos en la superficie calmada del río. Alcancé a oír un gallo cantar, no muy lejos, al otro lado.

«¡Dios mío, debe haber gente por aquí!». Me invadió una alegría simple. Si alguien me veía, podrían avisar a los militares para que vinieran a buscarnos.

César, el joven, llegó con cara de satisfacción. Había encontrado una piragua para cruzar el río. En la otra orilla había una gran finca. Habían talado y desbrozado la selva para hacer un inmenso pastizal en medio del cual reinaba una casa de madera, bonita, pintada con alegres colores verde y naranja. Alcancé a distinguir gallinas, cerdos y un perro cansado que empezó a ladrar desde que salimos de la espesura para embarcarnos en la piragua.

César había ordenado que cruzáramos el río bien tapadas para que los «civiles» no pudieran reconocernos. Tomamos un camino. El aguacero se nos vino encima. Yo estaba empapada hasta los tuétanos a pesar del plástico negro, avanzando bajo el aguacero durante horas hasta que quedamos en total oscuridad. Los guerrilleros instalaron una carpa al borde de la vía, entre dos árboles a ras de suelo, dejando apenas el lugar suficiente para colgar el mosquitero debajo. Nos desplomamos de cansancio, empapadas.

Al día siguiente, seguimos caminando hasta un sitio donde se veía claramente que habían dormido otros guerrilleros antes. Era bonito. Una nube de mariposas de colores nos perseguían revoloteando a nuestro alrededor. Estábamos de nuevo cerca del camino y pensé que todavía era posible fugarnos.

Sin embargo, al día siguiente nos hicieron empacar todo otra vez. Sin saber cómo habían llegado hasta allí, numerosas bolsas de provisiones amanecieron apiladas al borde de la vía. Los guerrilleros, ya cargados con sus pesados morrales, debían ahora echarse sobre la nuca una parte de las provisiones, el espinazo doblando dolorosamente.

Al cabo de una hora de camino, al llegar a un grueso tronco atravesado en la carretera, nos desviamos por un sendero lleno de maleza. Este sendero serpenteaba entre los árboles de manera caprichosa. Debía concentrarme para no perder de vista las marcas dejadas por los guerrilleros que iban abriendo trocha a la cabeza para facilitarnos el camino. El lugar era muy húmedo y yo sudaba profusamente.

Cruzamos un puentecito de madera medio podrido. Luego cruzamos un segundo puente y después un tercero. Cada vez a medida que avanzábamos eran más largos. Algunos parecían puentes peatonales construidos sobre pilotes en medio de la selva. Eso me producía una gran desazón, pues veía la dificultad de hacer el mismo recorrido de regreso, por la noche y a tientas.

Al atardecer, llegamos a una especie de claro en un terreno ligeramente inclinado. En la parte de arriba ya habían izado una carpa. Los guerrilleros habían construido en medio de la espesura una verdadera cama con cuatro horquetas, a veinte centímetros del suelo a manera de patas, para sostener las ramas transversales sobre las cuales habían dispuesto el colchón. El mosquitero estaba suspendido, como en una cama con baldaquino, de cuatro palos largos que ellos llamaban *esquineras*.

Fue allí, en ese campamento que los vi conspirar cerca del *economato*, donde guardaban las provisiones.

Estábamos a 23 de marzo. Había pasado un mes, día por día, desde que me habían secuestrado. Yo sabía que Francia les había dado un ultimátum. Lo había oído por el radio de uno de los guardias. Si no me liberaban, incluirían a las FARC en la lista de organizaciones terroristas de la Unión Europea.

Desde nuestra llegada a ese campamento, diez días antes, una rutina se había impuesto, marcada por el ritmo de los cambios de guardia cada dos horas y las pausas para comer. Tenía perfectamente bien identificado el momento ideal para partir. Clara estaba de acuerdo en irse conmigo.

Los guerrilleros hablaban entre sí y me lanzaban miradas negras. Me imaginaba que habían sido notificados y me producía cierto alivio pensar que se sentían presionados para soltarme. De todas formas, ¡qué me importaba! En algunos días estaría en mi casa, en los brazos de Papá. Me había fijado como fecha límite el siguiente domingo para escaparme. Estaba segura de poder lograrlo. Era el comienzo de la Semana Santa y planeaba huir el domingo de Pascua.

Observaba su conciliábulo. Era evidente que algo les inquietaba. César los hizo dispersarse y Patricia, la enfermera, subió a hablarnos con cara de circunstancia, como si le hubieran asignado una misión delicada. Se acurrucó frente a nuestra caleta.

—¿Han escuchado noticias últimamente?

—Nada especial —me aventuré a responder, después de un silencio con el que buscaba comprender el objetivo de su charla.

Patricia se mostró particularmente amable, para ganarse nuestra confianza. Quería que pensáramos que se solidarizaba con nuestra situación y que su intención era darnos valor. Dijo que debíamos ser pacientes y que si ya habíamos esperado «lo mucho», ahora podíamos esperar «lo poco». Afirmó que seríamos liberadas rápidamente. Sentí que mentía.

No pensaba sino en una sola cosa: ocultar cualquier gesto que pudiera darles una seña de nuestra intención de huir. Tenía el alma blindada. En realidad, a ellos no les preocupaba que nos fuéramos a escapar. La mirada de Patricia no escrutaba la caleta, como quien busca un indicio. Estaba calmada, ponderada, sondeando más bien mis ojos como tratando de adivinar mis pensamientos. Yo creí que Patricia estaba molesta por no haber podido sonsacarnos nada. Me equivocaba. De hecho, se retiró aliviada.

Mi padre acababa de morir y yo lo ignoraba. Los guerrilleros simplemente querían verificar que yo no lo sabía. A partir de ese momento, me impidieron oír las noticias para evitar que me enterara. Temían que el dolor me empujara a hacer locuras.

7
EL ABISMO

Abril 3 de 2003. Volvimos al campamento tres días después de nuestra segunda huida, empujadas por los dos guardias que nos habían capturado. Clara tenía los pies hinchados. Casi no podía caminar. Yo estaba mortificada y deploraba con todo mi ser no haber tenido mejores reflejos, no haber sido más previsiva, no haber tenido mayor prudencia. Pensaba en Papá. No estaría con él para su cumpleaños. No estaría allá para el día de la madre. Luego, en septiembre, mi hija cumpliría diecisiete años. Y si para entonces no me habían liberado, también me perdería el cumpleaños de mi hijo. Tenía tantas ganas de estar ahí cuando cumpliera sus catorce años...

Los guardias nos empujaban. Se burlaban. Habían disparado al aire cuando íbamos llegando al campamento; la jauría cantaba y daba vivas al vernos venir. César, el joven, nos miró de lejos, con ojos de rabia. No quería participar en el ambiente festivo que se desató con nuestro regreso. Les hizo señas a las recepcionistas para que fueran a encargarse de nosotras. Estaba alterado. Lo vi caminar en su caleta de lado a lado, como una fiera enjaulada.

La enfermera del campamento vino a vernos. Escarbó en nuestras pertenencias y confiscó mezquinamente todos los objetos que nos eran preciosos: el pequeño cuchillo de cocina, las vitaminas C efervescentes, las cuerdas y el anzuelo que uno de los muchachos nos había dado. Y, por supuesto, la linterna de bolsillo.

Nos hizo montones de preguntas. Yo fui lo más evasiva posible. No quería que pudiera deducir la hora ni el camino que habíamos utilizado para escaparnos. Pero era inteligente. Hacía tantos comentarios, disimulando preguntas capciosas por aquí y por allá, que yo debía concentrarme y morderme los labios hasta la sangre, para no caer en la trampa.

Clara estaba herida. Le pedí a la enfermera que se hiciera cargo de mi amiga. Patricia sintió que ya no podía continuar con su interrogatorio y se levantó de mal humor:

—Voy a mandarle a alguien para que la sobe —dijo en voz alta dirigiéndose a ella.

La vi irse directamente hacia la caleta del comandante. César pareció tener una agria discusión con ella. Era un tipo grande, muy espigado y tal vez más joven que ella. Parecía exasperado por lo que Patricia le decía. César volteó los talones y la dejó hablando sola, mientras subía la pendiente para llegar a nuestra caleta.

Llegó con la cara larga. Después de un largo momento de silencio, se echó un discurso:

—La cagaron harto, ¿no? Habrían podido morirse en esa selva. Se las habría podido tragar cualquier animal. Aquí hay tigres, osos, caimanes listos para devorarnos. Ustedes pusieron su vida en peligro y también la de mis hombres. No me vuelven a poner un pie por fuera del mosquitero sin permiso de los guardias. Para ir a los chontos, las acompaña una de las muchachas. No les vamos a quitar los ojos de encima.

Enseguida, en un tono más bajo, casi íntimo, me dijo:

—Todos hemos perdido seres queridos. Yo también sufro, porque estoy lejos de las personas que quiero. Pero no voy a tirarme la vida por eso. Usted tiene hijos que la están esperando. No haga bobadas. Ahora tiene que pensar es en seguir viva.

César dio media vuelta y se fue. Yo me quedé en silencio. Su discurso era absurdo. No podía comparar nuestro sufrimiento con el suyo, porque él había escogido su destino mientras que nosotras padecíamos involuntariamente el nuestro. Sin duda, debió de pasar horas aciagas por la preocupación: tendría que rendir cuentas a sus superiores por causa de nuestra huida. Tal vez, incluso, temía ser juzgado en consejo de guerra y ejecutado. Yo suponía que iría a ser violento y despiadado como el resto de sus hombres. Pero era él, por el contrario, quien los atajaba. Evitaba burlarse de nosotras como lo habían hecho los guerrilleros durante el camino de vuelta, como si temiera más por nosotras que por él mismo.

Esa noche convocaron otra asamblea. Podía verlos a todos reunidos en círculo en la mitad del campamento. Hablaban en voz baja. Yo solo alcanzaba a oír el murmullo de las conversaciones. De cuando en cuando, alguno alzaba la voz. Las discusiones parecían tensas.

A mi lado, apoyada en una de las esquineras que sostenían el mosquitero, una muchacha estaba de guardia. Era la primera vez que se atrevía a meterse realmente dentro de la carpa: las condiciones del cautiverio a todas luces habían cambiado. La luna brillaba tanto que se veía como si fuera de día. La muchacha seguía con entusiasmo el desarrollo de la reunión, pues estaba mejor entrenada que yo para escuchar en la distancia.

Al darse cuenta de que yo la observaba, se cambió de hombro el fusil, incómoda:

—César está furioso. Les avisaron demasiado rápido a los jefes. Si hubieran esperado un poco, nadie habría sabido nada. Ahora, lo más probable es que lo releven.

La muchacha hablaba sin mirarme, en voz baja, como si no fuera conmigo.

—¿Quién avisó?

—Patricia, la enfermera. Ella es la segunda por antigüedad. Quiere que la dejen al mando. Sentí que caía del zarzo. Hasta en la selva habían intrigas de poder.

A la mañana siguiente, el «socio» de Patricia, es decir, a «lo FARC», su compañero sentimental, se apareció muy temprano con unas cadenas medio oxidadas. Se quedó un buen rato frente a nuestra carpa, jugando con las cadenas, disfrutando haciéndolas sonar con el tintineo agudo que producían los eslabones entre sus dedos. Yo no quería rebajarme a preguntarle para qué iban a usar esas cadenas. Y él gozaba con la mortificación en la que nos sumía la incertidumbre de nuestra condición.

Se acercó con los ojos brillantes, mostrando los dientes. Estaba empeñado en ponernos las cadenas al cuello. Yo no se lo permitía.

Él estaba dispuesto a imponerse por la fuerza. Yo resistía, sintiendo que le daba miedo pasar ese límite. Miró hacia atrás. Se encogió de hombros y afirmó, vencido:

—Pues tocará en los tobillos. Peor para ustedes. Será más incómodo, porque no podrán ponerse las botas.

Sentía un profundo dolor. El pensamiento de estar encadenada no era en absoluto comparable con la realidad de estarlo de veras. Apretaba con fuerza las mandíbulas, sabiendo que debía someterme. En la práctica, no era mucho lo que cambiaba: debíamos pedir permiso para hacer el menor desplazamiento. No obstante, desde el punto de vista psicológico la sensación era terrible. El otro extremo de la cadena estaba amarrado a un árbol grueso, con lo cual la cadena quedaba aún tensada si decidíamos quedarnos sentadas en el colchón y debajo del mosquitero. Esta tensión, al cabo del rato, terminaba por lacerarnos la piel. Me preguntaba cómo podríamos dormir en esas condiciones. Sin embargo, por encima de todo, lo más duro era la perspectiva atroz de no tener esperanza. Con estas cadenas, cualquier fuga se hacía imposible. Ni siquiera tendríamos la posibilidad de imaginar una nueva forma de evasión: era como si nos hubieran sellado vivas debajo de una lápida. Aferrada a lo irracional, le susurré a Clara:

—No te preocupes. De alguna manera vamos a lograr escaparnos.

Con los ojos desorbitados, se volteó hacia mí y gritó:

—¡Ya no más! La que les interesa eres tú, no yo. Yo no soy política. No represento nada para ellos. Les voy a escribir una carta a los comandantes: yo sé que me van a dejar salir. No tengo por qué quedarme aquí contigo.

Clara empezó a escarbar nerviosamente en su morral. Luego, en el colmo de la irritación, gritó a todo pulmón:

—¡Guardia! ¡Necesito papel para escribir!

Clara era una mujer sola llegando a los cuarenta. Habíamos trabajado juntas en el Ministerio de Comercio. Ella había participado en mi primera campaña y luego había decidido regresar al ministerio. Dejé de verla muchos años. Dos semanas antes de nuestro secuestro, ella se había acercado para unirse al equipo de campaña. Éramos amigas pero yo no la conocía realmente muy bien antes.

Clara tenía razón. Yo no podía juzgarla. Habíamos llegado a un punto en que debíamos rendirnos ante la evidencia: nuestra liberación podría tomar meses. Una nueva tentativa de huida sería más difícil, pues nuestro margen de maniobra era cada vez más estrecho. Los guardias estaban en alerta máxima: espiaban todos nuestros movimientos, limitaban al máximo nuestros desplazamientos. Solo nos quitaban las cadenas para ir a los chontos y a la hora del baño. Además, podíamos darnos por bien servidas: uno de los guardias había decidido que debíamos ir a bañarnos con la cadena en el tobillo, arrastrándola después de que la soltaran del árbol. Tuve que acudir a César, quien se mostró benévolo. Por lo demás, nuestra situación se había deteriorado muchísimo. No teníamos acceso al radio. Los guardias, que se relevaban unos a otros, tenían la orden de responder con evasivas a todas nuestras peticiones. Era el método FARC. No nos decían que no, diferían las cosas, nos mentían, lo cual era aún más humillante. Igual con las linternas: siempre decían que las habían olvidado en la caleta cuando las necesitábamos. Y, sin embargo, pasaban apuntándonos con ellas, el foco de luz en plena cara durante toda la noche. Teníamos que quedarnos calladas. Tampoco podíamos usar sus machetes, ni siquiera para las labores más rudimentarias. Debíamos pedir ayuda, pero nunca tenían tiempo. Nos pasábamos el día entero debajo del mosquitero, muriéndonos de aburrimiento, imposibilitadas para hacer un movimiento sin molestar a la otra. Por supuesto que comprendía su reacción. Pero claro, su actitud me había herido. Clara me hacía a un lado.

Redactó su carta y me la pasó para que yo la leyera. Era una carta curiosa, escrita en jerga jurídica, como si estuviera dirigida a una autoridad civil. Era de un formalismo que desentonaba en el mundo donde nos encontrábamos. Pero, ¿por qué no? Al fin y al cabo, esos guerrilleros nos imponían su autoridad.

Quería hacérsela llegar directamente al comandante. Sin embargo, el joven César no vino. Mandó a la enfermera y fue ella quien le aseguró que la carta llegaría a las manos de Marulanda. Debería esperar dos semanas para obtener respuesta. Toda una eternidad. Con algo de suerte, seríamos liberadas antes.

Una noche, hablando sobre esta carta y la posibilidad de su liberación, Clara y yo nos adentramos en las arenas movedizas de nuestras hipótesis y nuestras fantasías. Ella hacía planes con su regreso a Bogotá, segura de que los jefes reconsiderarían su posición y la dejarían en libertad. Estaba obsesionada con las plantas de su apartamento, que debían de estar secas por falta de cuidados. Se reprochaba no haberle dado a su madre las llaves de su casa y constataba con amargura lo muy sola que estaba en la vida.

Sus pesares despertaron los míos. En un impulso repentino, le agarré fuertemente un brazo para decirle con una intensidad fuera de lugar:

—¡Cuando te liberen, júrame que vas a ver a mi papá inmediatamente!

Ella me miró sorprendida. Yo tenía los ojos llenos de lágrimas y la voz entrecortada. Clara asintió con la cabeza, sintiendo que se había adueñado de mí una emoción poco habitual. Estallé en sollozos, aferrada a su brazo, y le confié las palabras que habría querido decirle a Papá... Quería que supiera que su bendición era mi mayor apoyo. Que revivía constantemente en mi memoria las imágenes de ese momento en que se dirigió a Dios para ponerme en sus manos. Lamentaba no haberlo llamado esa última tarde desde Florencia. Quería contarle cuánto sufría por no haberle dedicado más tiempo de mi vida. En el remolino de actividades en que vivía en el momento de mi plagio, había perdido el sentido de las prioridades. Me había concentrado en mi trabajo, quería cargar el mundo a mis espaldas, y había terminado por hacer a un lado los seres que más quería. Ahora comprendía por qué Papá me decía que la familia era lo más importante en la vida y quería que supiera que estaba decidida a cambiar mi manera de vivir el día que recobrara la libertad.

—Dile que me espere. Dile que resista por mí. Necesito saber que está vivo para tener el valor de seguir viviendo yo también.

Mi compañera había escuchado esta confesión trágica como una intrusa en un drama que no la concernía y frente al cual era indiferente. Ella debía afrontar su propia tragedia y no quería, además, echarse la mía a los hombros.

—Si lo veo le digo que piensas mucho en él —concluyó evasivamente.

Recuerdo que, acostada en el borde del colchón con la cara pegada al mosquitero, tratando de no despertar a mi compañera, lloré toda la noche en silencio, sin que el cansancio lograra secar mis lágrimas. Desde que era niña, Papá siempre había hecho lo posible por prepararme para el momento de nuestra separación definitiva. «Lo único seguro es la muerte», decía con voz de sabio. Luego, cuando estaba seguro de haberme hecho comprender que la muerte no le daba miedo, me decía en tono juguetón: «Cuando me muera, voy a venir a hacerte cosquillas en los pies por debajo de las cobijas». Yo había crecido en esta complicidad inquebrantable que nos permitiría tener, más allá de la muerte, la posibilidad de comunicarnos. Luego, me resigné a pensar que, pasara lo que pasara, Dios me daría la oportunidad de estar cerca de él, tomándole la mano, cuando le llegara el momento de dar el paso al más allá. Casi había llegado a pensar que era un derecho que me correspondía, pues me sentía su hija consentida. Cuando Papá estuvo a punto de morir, un mes atrás, en la clínica, la presencia de mi hermana Astrid había sido mi mejor apoyo. Su fuerza, su control y su seguridad me habían demostrado que la mano fuerte que ayudaría a mi padre a cruzar el Aqueronte, no sería la mía sino la suya. Mi mano podía, por el contrario, retenerlo como un lastre y hacer más dolorosa su partida.

No había considerado la posibilidad de no estar presente en su lecho el día de su muerte. La idea no se había cruzado por mi mente. Hasta el amanecer de ese día.

El sol penetró la selva por todas partes. La tierra exhalaba los vapores de la noche y todos buscábamos extender nuestra ropa en las ramas donde los rayos del sol caían con mayor intensidad.

Dos guerrilleros llegaron cargando sobre los hombros unos palos recién descortezados, que tiraron ruidosamente al pie de nuestra carpa. Algunos palos terminaban en forma de horqueta y con estos empezaron a trabajar. Con cuatro de estos palos gruesos formaron un rectángulo, clavándolos profundamente en la tierra. Repitieron la operación con otros cuatro, más cortos, que enterraron un poco más atrás. Amarraron con bejucos, que habían traído enrollados en aros, una serie de palos más delgados, puestos horizontalmente sobre las horquetas. Era fascinante verlos trabajar.

No se hablaban y parecían perfectamente sincronizados: el uno cortaba, el otro cavaba en el suelo, el uno amarraba, el otro medía. Al cabo de una hora, había frente a nuestra caleta una mesa y un banco, hechos con troncos de árboles, a una distancia que nos permitía llegar a ellos con nuestras cadenas.

El guardia nos autorizó a sentarnos allí. Un rayo de sol caía directamente sobre el banco. No me hice rogar. Quería deshacerme de la humedad de la selva que impregnaba mi ropa. Sentada en mi puesto, tenía una vista privilegiada sobre el economato. Hacia las once de la mañana, vi llegar unos guerrilleros que traían a cuestas grandes tulas de provisiones. Había, como cosa singular, repollos envueltos en papel periódico. Las verduras eran un producto escasísimo, habíamos terminado por comprenderlo. Sin embargo, más extraordinaria aún era la presencia de periódico en el campamento.

Pedí autorización para que nos dieran las hojas del periódico e insistí en que la demanda le fuera formulada al comandante antes de que las tiraran al hueco de la basura. César accedió. Nuestra recepcionista era la encargada de recuperar el periódico. Después del almuerzo, nos llevó unas cuantas hojas arrugadas y húmedas, pero todavía legibles.

Hicimos dos grupos con ellas y nos instalamos en nuestra mesa con el material de lectura, felices de haber encontrado un pasatiempo y un uso adecuado para nuestro nuevo mueble. El guardia fue relevado y lo reemplazó el compañero de la enfermera. El guerrillero se apostó un poco más lejos, casi escondido por el grueso árbol al que estaban amarradas nuestras cadenas. No dejaba de mirarme y yo tenía cada segundo la incómoda sensación de ser espiada. Pero no había nada que hacer: tocaba aprender a hacer abstracción.

La hoja que tenía frente a mí era de *El Tiempo*, de algún domingo de marzo. Ya tenía más de un mes de vieja. Era una sección dedicada a los chismes de la farándula, de la política y de la burguesía del país. Un fragmento de lectura obligada para todo aquel que quisiera estar al día de la actualidad social capitalina. Iba a voltear la página para buscar información más consistente cuando una foto en el centro de la página captó mi atención. Regresé a ella y miré con más detenimiento. Era un sacerdote sentado que llevaba una casulla, bordada con colores morado y verde, por encima del alba. Miraba a dos fotógrafos equipados con unos teleobjetivos desmesuradamente largos que apuntaban hacia un blanco por fuera del cuadro. Lo que me llamó la atención no fue la foto en sí misma sino la expresión del sacerdote, la tensión de su rostro, su dolor evidente, y también una cierta rabia que se hacía evidente con la rigidez de su cuerpo. La curiosidad me llevó a leer el pie de foto: «**Santa Paciencia**. Los reporteros gráficos hacen lo que sea por lograr la mejor de las fotos. Y provocan admiración y mucha paciencia, como la de este sacerdote que fue testigo de las maniobras de dos fotógrafos que buscaron el mejor de los ángulos para tomar el féretro de Gabriel Betancourt, que falleció la semana pasada».

Sentí como si una mano invisible me hubiera hundido la cabeza en el agua. Las palabras y las letras bailaban ante mis ojos y me costaba comprenderlas. Leía y releía y la idea tomaba forma lentamente en mi mente aturdida. Cuando al fin logré asociar la palabra «féretro» al nombre de mi padre, me heló el horror hasta el punto de que perdí el control de la respiración. El aire no me entraba. Me esforzaba, pujaba, pero era inútil: respiraba en el vacío, con la boca bien abierta, como un pez fuera del agua. Me ahogaba sin entender qué me pasaba, sintiendo que el corazón se me había parado y que me iba a morir. Durante todo el tiempo de mi agonía, pensaba: «No es él. Es otra persona. Se equivocaron». Me agarraba al borde de la mesa, sudando frío, asistiendo al espanto doble de su muerte y de la mía, hasta que logré despegar los ojos del periódico y levantar la cara hacia el cielo, buscando oxígeno.

Entonces lo vi a él, que me espiaba detrás del árbol, fascinado de poder presenciar mi transfiguración, como un niño ante una mosca a la que le hubiera arrancado las alas. Él lo sabía: estaba enterado de la muerte de mi padre y esperaba que yo la descubriera. Estaba en palco de honor y se deleitaba con mi sufrimiento. Lo odié en ese mismo instante. El odio me puso en mi puesto, como un fuetazo en plena cara.

Me volteé de un golpe, roja de indignación. No quería que me viera. No tenía ningún derecho de mirarme. Yo iba a morir, iba a implosionar, me iba a reventar en esta selva de mierda. Mejor. Así estaría de nuevo con Papá. Eso era lo que quería. Quería desaparecer.

En ese momento oí su voz. Ahí estaba, a pocos metros de mí. No podía verlo pero sí podía olerlo. Era el olor de su pelo blanco, que yo besaba antes de irme cada noche. Estaba de pie, a mi derecha, como uno de esos árboles centenarios que me cubrían con su sombra, igual de grande, igual de sólido. Miré hacia esa dirección y una luz blanca me enceguecíó. Cerré los ojos y sentí las lágrimas lentamente resbalándome por las mejillas. Era su voz, sin palabras, en silencio. Papá había cumplido su promesa.

Me volteé hacia mi compañera y haciendo un esfuerzo sobrehumano logré articular: «Papá murió».

8
LOS AVISPONES

Marzo de 2002 — Un mes antes. Era domingo de Pascua. Los guerrilleros todavía no habían terminado de construir el campamento. El joven César había mandado levantar una *rancha* al lado de la quebrada que rodeaba el campamento, el *economato* para almacenar las provisiones y, en el centro del círculo de carpas, el *aula* para sus reuniones.

Me gustaba dar una vuelta por la rancha, para ver cómo preparaban los alimentos. Al principio, cocinaban con leña. Después trajeron, a lomo de hombre, una estufa a gas con un enorme y pesado cilindro lleno. Sin embargo, lo que más me interesaba eran dos cuchillos de cocina que había en todo momento sobre la mesa de la rancha. Pensaba que nos serían útiles para la huida que estábamos planeando.

Mientras cosía, envolvía, ordenaba y seleccionaba debajo del mosquitero los objetos para nuestra partida, observaba con atención la vida del campamento. Había en particular un joven guerrillero que vivía una historia tormentosa. Lo llamaban «El Mico», porque tenía las orejas paradas y una boca grande. Estaba enamorado de Alexandra, la más bonita de las guerrilleras, y había logrado seducirla. Al final de cada día llegaba al campamento un tipo alto y bien parecido que también pretendía a la joven Alexandra. Era el *masero*. Su papel consistía en servir de puente entre los dos mundos: el de la legalidad, donde él se desempeñaba viviendo como cualquier persona en un pueblo, y el de la ilegalidad, llevando provisiones e información a los campamentos de las FARC. Alexandra no era indiferente a sus coqueteos, mientras que el Mico seguía rondándola, presa de unos celos tremendos. El Mico perdía de tal forma el control de sus emociones que durante su turno de guardia era incapaz de quitarle los ojos de encima a su enamorada, y se olvidaba por completo de nosotras. Rezaba para que fuera él quien estuviera de guardia el día de nuestra huida. Estaba segura de que podríamos evadirnos frente a sus narices sin que él viera absolutamente nada.

Durante esos días de preparación, la suerte estuvo de nuestro lado. El campamento estaba en ebullición y los guerrilleros trabajaban como hormigas cortando madera para erigir todo tipo de construcciones. Uno de ellos había dejado abandonado un machete cerca de nuestra carpa. Mi compañera lo había visto y yo logré llevarlo hasta los chontos para esconderlo. Los chontos que habían hecho para nosotras estaban en medio de unos matorrales. Previendo que nuestra estadía allí sería larga, abrieron seis huecos cuadrados, de un metro de profundidad cada uno. Una vez se llenara el primer hueco, habría que taparlo bien y comenzar a utilizar el segundo.

Escondí el machete en el último hueco y lo tapé con tierra. Le había amarrado una cuerdita al mango y la dejé tirada discretamente por fuera del hoyo, de tal forma que el día de nuestra huida solo tuviéramos que jalar sin tener que meter las manos en la tierra para buscar el machete. Tuve la precaución de explicárselo bien a mi compañera para que evitara utilizar ese agujero, lo cual habría hecho fastidiosa la tarea de recuperación del machete.

Ya estábamos en Semana Santa. Todos los días me recogía en silencio, buscando en mis oraciones el valor para intentar una nueva escapada. El cumpleaños de Papá era a finales de abril y yo calculaba que si salíamos un mes antes tendríamos la oportunidad de darle una buena sorpresa.

Examiné uno por uno los elementos de una lista de tareas que me había impuesto y concluí satisfecha que estábamos listas para la gran salida. Me parecía que ese domingo era un buen día para intentar evadirnos. Había observado que el joven César reunía a su tropa todos los domingos por la noche para llevar a cabo actividades de descanso. Jugaban, cantaban, recitaban, se inventaban eslóganes revolucionarios. Eso distraía la atención de los guardias de turno, que deploraban no poder participar.

Era necesario esperar a que se presentara la oportunidad. Todos los días nos alistábamos a la hora gris, después del atardecer, como quien ensaya una representación. Yo estaba tensa como un arco, incapaz de dormir, imaginando en mi insomnio todos los obstáculos que se podrían presentar.

Una tarde, al volver de los chontos, vi a mi compañera esconder algo en su bolsa con un movimiento precipitado. Por curiosidad y como en broma, quise averiguar qué escondía. Descubrí estupefacta que había comenzado a consumir nuestras reservas de queso y vitamina C. Me sentí traicionada. Eso reducía notablemente nuestras posibilidades de éxito. Pero sobre todo creaba un clima de desconfianza entre nosotras.

Precisamente eso era lo que debíamos evitar a todo trance. Debíamos mantenernos unidas, soldadas la una a la otra, pues debíamos estar en capacidad de apoyarnos mutuamente. Traté de explicarle de la mejor manera posible mi aprensión. Ella me miraba sin verme. Le agarré las manos para hacerla volver a la realidad.

El domingo fue un día lento. El campamento se hallaba en un estado de calma soporífica. Nosotras estábamos listas. Solo debíamos esperar con paciencia. Había tratado de conciliar el sueño diciéndome que nos esperaban jornadas arduas y que debíamos ahorrar fuerzas. Hacía la tarea de mostrarme amable y vigilaba

mis movimientos para no despertar sospechas. Me sentía viviendo en cuerpo ajeno, presa de la inquietud de poner fin a nuestro
cautiverio, y angustiada hasta los tuétanos pensando que podrían
atraparnos. Si no me hubiera obligado a controlarme, me habría
comido todo de un bocado, me habría bañado sin enjuagarme y
habría preguntado la hora cada dos minutos. Me propuse hacer lo
contrario: masticaba despacio la comida, hacía paso a paso las labores del día y demoraba su ejecución para hacer concienzudamente
la mímica de lo que yo creía ser mi actitud habitual. Hablaba sin
buscar la conversación con ellos. Hacía un mes y una semana que
nos habían secuestrado. Los guerrilleros estaban muy orgullosos
de tenernos prisioneras y yo sentía un placer inequívoco ante la
idea de escabullírnosles.

Los guerrilleros buscaban dar una apariencia de amabilidad;
yo fingía acostumbrarme a vivir entre ellos. La tensión era evidente
en todas nuestras palabras y cada uno calibraba al otro detrás de su
máscara. El día transcurría con mayor lentitud, precisamente porque nuestra impaciencia era fuerte. Mi angustia se hacía asfixiante.
Yo me repetía que este aumento agobiante de adrenalina era más
eficaz para la huida, que el miedo a un cautiverio prolongado. A las
seis de la tarde exactamente de ese domingo 31 de marzo de 2002
hubo cambio de guardia. Ahora entraba a hacer su turno el Mico,
el enamorado de Alexandra, la guerrillera bonita. Mi corazón saltó: era una señal del destino. Debíamos irnos. Las seis y cuarto era
la hora ideal para salir de nuestra caleta, caminar hacia los chontos
y adentrarnos en la selva. A las seis y media ya estaría oscuro.

Ya eran las seis y diez. Puse mis botas de caucho bien visibles
frente a la caleta y comencé a ponerme los botines de excursión
con los cuales iba a huir.

—No nos podemos ir —dijo Clara—. Es demasiado arriesgado.

Observé a mi alrededor. El campamento se preparaba para la
llegada de la noche. Cada uno se dedicaba a su tarea. El Mico se

había retirado de su puesto de vigilancia y le hacía señales notorias a su enamorada, justo en el momento en que el apuesto masero entraba al campamento. La muchacha iba ya dirigiéndose a nosotros pero se detuvo en seco al ver que llegaba su otro pretendiente.

—Te espero en los chontos. Tienes tres minutos. No más —le susurré a Clara a modo de respuesta. Ya tenía los pies por fuera del mosquitero.

Miré por última vez al guardia y me arrepentí de haberlo hecho. Si él se hubiera volteado a verme en ese instante, mi gesto habría bastado para echarlo todo a perder. Pero el Mico vivía su propio drama. Estaba apoyado en un árbol, observando el éxito de su rival. Nada le interesaba menos que fijarse en lo que pasaba con nosotras. Me fui derecho al hueco donde había enterrado el machete. La cuerda que había dejado como marca seguía en su lugar. Sin embargo, el hueco había sido utilizado y despedía un olor asqueroso. «No perder la calma, no perder la calma», me repetía mientras tiraba de la cuerda y arrastraba con ella no solamente el machete sino toda clase de inmundicias.

Mi compañera llegó ʼy se agachó junto a mí, jadeante, buscando esconderse de la mirada del guardia. Unas palmas nos protegían.

—¿Te vio?

—No creo.

—¿Tienes todo?

—Sí.

Le mostré a Clara el machete que limpié rápidamente con hojas. Ella hizo cara de vómito.

—¡No había entendido! —se excusó ella, con una risa nerviosa.

Agarré el palo que había dejado escondido entre los arbustos y me adentré en la espesura, caminando sin mirar atrás. El canto de las cigarras acababa literalmente de explotar en la selva e invadía los cerebros hasta el aturdimiento. Eran exactamente las seis y cuarto: las cigarras lo sabían mejor que nosotras. Eran de una precisión inglesa. Sonreí. Era imposible que alguien pudiera oír la bulla que hacíamos caminando sobre las hojas y las ramas secas que crujían horriblemente bajo nuestros pies. Cuando la noche cayera por completo, el ruido de las cigarras cedería el puesto al croar de los sapos. En ese momento, los ruidos de fondo serían audibles, pero nosotras ya estaríamos lejos. A través de los matorrales, entreví la claridad que provenía del campamento: se veían formas humanas entrar y salir de las caletas que rozábamos. Bajo la cubierta de vegetación, ya estábamos metidas en la oscuridad. Nadie podía vernos.

Mi compañera se agarraba a mí. Frente a nosotras había un tronco de árbol tendido en el suelo: me parecía inmenso. Me acaballé en él para pasar por encima y me di vuelta para ayudar a Clara. Fue como si alguien hubiera apagado la luz. De repente, nos encontramos en la espesa negrura. A partir de ahora, debíamos avanzar a tientas. Con el palo, como si fuera ciega, identificaba los obstáculos e iba abriendo camino entre los árboles.

En un momento dado, los árboles empezaron a espaciarse y luego desaparecieron. Así era más fácil caminar y eso nos animó a hablar. Tenía la sensación de ir bajando por un camino. Si ese era el caso, más nos valía alejarnos del camino y volver a la selva. Un «camino» era sinónimo de guardias y yo ignoraba cuántos círculos de seguridad habían puesto alrededor del campamento. Corríamos el riesgo de caer en los brazos de alguno de nuestros secuestradores.

Llevábamos caminando así cerca de una hora, en medio de la oscuridad y en silencio, cuando sentí de pronto la presencia de alguien. La sensación de que no estábamos solas me hizo detener en seco. En efecto, alguien se desplazaba en la oscuridad. Yo había oído claramente el crujir de hojas bajo sus pasos y creía casi percibir su respiración. Mi compañera trató de susurrarme algo al oído, pero yo le puse la mano en la boca para detenerla. El silencio era de plomo. Las cigarras ya se habían callado y los sapos se hacían esperar. Sentía que el corazón se me iba a salir del pecho y estaba convencida de que el desconocido también lo alcanzaba a oír. No debíamos movernos. Si tenía linterna, estábamos perdidas.

Se acercó lentamente. No hacía ruido con sus pasos, como si caminara sobre una alfombra de musgo. Parecía que pudiera ver en la noche, pues sus movimientos eran certeros. Ahí estaba, a dos pasos de nosotras, y se detuvo. Adiviné que el desconocido había comprendido. Sentía su mirada sobre nosotras.

Un sudor frío me recorrió la espalda y una oleada de adrenalina me heló las venas. Estaba paralizada: no podía hacer el menor movimiento, ni producir el menor ruido. Y sin embargo, debíamos movernos, alejarnos dando pasitos pequeños, buscar un árbol, escaparnos de él antes de que encendiera la linterna y nos saltara encima. Era imposible. Solo mis ojos guardaban la capacidad de hacer algún movimiento en sus órbitas. A pesar de los esfuerzos que hacía por captar aunque fuera una sombra, las tinieblas eran tan impenetrables que creí haberme vuelto ciega de verdad.

Se acercó un poco más. Yo sentía el calor que emanaba de su cuerpo. Era un vaho denso que se me pegaba a las piernas y el olor subía como para incitarme al pánico. Era una exhalación fuerte y rancia. Pero no era la que esperaba. Mi cerebro funcionaba a toda velocidad, recibiendo las variables que mis sentidos le transmitían. Miré instintivamente hacia abajo. No era un hombre.

El animal gruñó a mis pies. Debía llegarme hasta las rodillas. Escasamente me rozaba. Era una fiera. Ahora estaba segura. Unos segundos que parecieron una eternidad transcurrieron en un silencio de estatua. El animal se alejó tal como había venido, como un susurro del viento y un crujir de hojas.

—Es un tigre —le dije al oído a mi compañera.

—¿Estás segura?

—No.

—Prendamos la linterna. Tenemos que ver.

Yo dudaba. No debíamos de estar muy lejos del campamento. Podían avizorar la luz y venir a buscarnos. Sin embargo, no había ruidos, no había voces, no había luces.

—La prendemos un segundo y la apagamos.

El animal se perdía en la maleza como un relámpago amarillo. Frente a nosotras, un caminito serpenteaba cuesta abajo. Nos dirigíamos instintivamente hacia él, como si pudiera llevarnos a algún lado. Más abajo, el caminito llevaba a un puente que cruzaba un hilo de agua. Al otro lado, el terreno era plano y casi sin vegetación: era un suelo arenoso cubierto por aquí y por allá de mangle. Ya no sentía miedo, pues la luz me había devuelto la seguridad.

Sin embargo, la idea de seguir un camino me preocupaba, sobre todo utilizando la linterna. Tomamos la decisión de bordear el arroyo para alejarnos del camino. Andábamos rápido para recorrer un máximo de distancia en un mínimo de tiempo. Un relámpago reventó la noche y el viento empezó a soplar, arqueando las ramas a su paso. Sin perder tiempo, nos dimos a la tarea de construir un refugio lo más pronto posible. Formamos un techo tensando el gran plástico negro con unas cuerdas amarradas a dos mangles. Nos sentamos debajo, acurrucadas sobre nosotras mismas para caber juntas, puse a mis pies el machete que acababa de utilizar y me desplomé sobre mis rodillas, vencida por un sueño del principio de los tiempos.

Me desperté poco después con la desagradable sensación de tener las nalgas metidas en el agua. Nos estaba cayendo encima un verdadero diluvio. Una explosión, precedida por un largo y siniestro crujido, terminó de despertarme. Un árbol gigantesco acababa de desplomarse a algunos metros de nosotras. Habría podido aplastarnos. Puse la mano en el suelo para recoger el machete y encontré tres centímetros de agua. La tempestad estaba en pleno furor. El nivel del agua subía y nos inundaba. ¿Cuánto tiempo nos habíamos quedado dormidas? Lo suficiente para que el hilo de agua duplicara su caudal y se desbordara sin tregua.

Todavía estaba agachada, buscando a tientas el machete, cuando sentí que el agua tomaba más velocidad bajo mis pies: ¡estábamos en medio de una corriente!

Prendí la linterna de bolsillo. Inútil buscar el machete: la corriente lo había arrastrado. Teníamos que recoger nuestras cosas e irnos lo más rápido posible. En ese momento, recordé los comentarios de los guerrilleros. En invierno, se inundaban las zonas aledañas a la quebrada, lo cual explicaba la existencia de esos paseos peatonales de madera construidos sobre pilotes que a mí me parecieron puentes sobreelevados construidos en cualquier parte. El invierno acababa de caernos encima en un par de minutos y nosotras habíamos instalado nuestro refugio en el peor lugar.

Sin el machete, con los dedos entumecidos por el agua y el frío, se hacía muy ardua la tarea de deshacer el refugio. Todavía seguía tratando de desamarrar los nudos para recuperar la valiosa pita cuando el agua nos llegó a las rodillas. Miré por encima de nuestras cabezas: el manglar tejía una red de ramas que se cerraba a algunos centímetros de nuestras cabezas. La corriente seguía creciendo rápidamente. Si no encontrábamos la salida, corríamos el riesgo de morir ahogadas entre el mangle. Miré con rapidez a mi alrededor. El agua había cubierto todas las pistas.

La lluvia incesante, el agua que nos llegaba a la cintura, la dificultad para desplazarnos a contracorriente, todo conspiraba contra nosotras. La linterna dejó de funcionar. A mi compañera la invadió el pánico: hablaba a gritos y no sabía qué hacer en medio de la oscuridad. Daba vueltas a mi alrededor, haciéndome perder el equilibrio en una corriente que se había vuelto demasiado peligrosa.

—Vamos a salir de esta. Lo primero que tenemos que hacer es ponerle pilas nuevas a la linterna. Lo vamos a hacer despacito, juntas. Saca las pilas del morral, una por una. Me las pasas, poniéndomelas bien en la mano. Tengo que ponerlas por el lado que es. Así. Dame la otra. Eso.

La operación duró largos minutos. Yo me había subido en un arbusto y me agarraba de las ramas, para evitar que me desestabilizara la corriente. Mi único temor era que las pilas se me resbalaran y se perdieran en el agua. Las manos me temblaban y me costaba trabajo agarrar bien los objetos. Cuando finalmente logré prender la linterna, el agua nos llegaba al cuello.

En el barrido de luz que hice con la linterna, vi a mi compañera abalanzarse derecho frente a ella. «¡Por acá!», gritó, al tiempo que se hundía más en el agua. No era momento para discutir. Por mi parte, todavía subida en mi arbusto, escrutaba los alrededores, tratando de encontrar un indicio, una dirección.

Clara regresó y me miró confundida.

—Por allá —le indiqué yo.

Era algo más fuerte que una intuición. Era como un llamado. Me dejé guiar y comencé a caminar. «¡Un ángel!», pensé, sin que la idea me pareciera absurda. Hoy, con la distancia, me gusta pensar que ese ángel era Papá. Él acababa de morir y yo no lo sabía aún.

Me hundí más en el agua, pero seguía andando con obstinación en la misma dirección. Sentí más adelante que el terreno se convertía en una pendiente acentuada. La subimos. Estábamos en medio de una inmensa laguna. La quebrada había desaparecido. El puente también. Un verdadero río avanzaba desbordado y arrasaba todo a su paso.

Caminábamos con la espalda encorvada, empapadas hasta los huesos, tiritando de frío, extenuadas. Las primeras luces del amanecer se colaban por la espesa vegetación. Teníamos que hacer el inventario de nuestras pérdidas y exprimir toda nuestra ropa. Debíamos, sobre todo, preparar el escondite donde nos quedaríamos durante el día. Sin duda, los guerrilleros ya estarían buscándonos y nosotras no habíamos avanzado lo suficiente.

El sol salió. Detrás del follaje denso, unas manchas de color azul claro dejaban adivinar un cielo despejado. Los rayos de luz que penetraban la vegetación en línea oblicua calentaban la selva con tal intensidad que del suelo se desprendían vapores, como bajo el efecto de un encantamiento. La selva había perdido el aspecto siniestro de la noche anterior. Hablábamos en susurros y planeábamos meticulosamente las tareas que nos íbamos a repartir durante el día. Habíamos decidido no caminar de noche mientras que no hubiera luna para alumbrarnos el camino. Pero nos daba miedo andar de día, pues sabíamos que la guerrilla se había volcado a perseguirnos y que debían de estar cerca. Busqué un lugar que pudiera servirnos de escondite. Vi un hueco dejado por una raíz gigantesca que parecía haber sido literalmente arrancada del suelo por la caída del árbol. La tierra que había quedado al descubierto era roja y arenosa, un platillo para los bichos de todo tipo que se arrastraban por los alrededores. Nada que temer: ni alacranes, ni «Barbas de indios», esos gruesos gusanos venenosos. Pensé que podríamos pasar el día camufladas en ese hueco. Teníamos que cortar palmas verdes para escondernos. El pequeño cuchillo que había «tomado prestado» hacía bastante bien las veces de machete.

Estábamos tejiendo una enramada con palos y palmas entrecruzados cuando oímos la voz fuerte del joven César dando órdenes y luego el ruido de varios hombres corriendo a algunos metros a nuestra derecha. Uno de ellos maldecía mientras corría y luego lo oímos alejarse y desaparecer definitivamente. De manera instintiva, nos habíamos enconchado la una a la otra en el hoyo, reteniendo la respiración. Volvió la calma y, con ella, el ruido del viento desafiando la copa de los árboles, el gorgoteo del agua bajando por doquier hacia el río, el canto de los pájaros… y la ausencia del hombre. ¿Acaso lo habíamos soñado? No habíamos visto a los guerrilleros, pero habían pasado muy cerca de nosotras. Era una advertencia. Debíamos irnos de ahí. La ropa se nos había secado encima. Nuestros botines chorreaban agua. Bien ubicados bajo un poderoso rayo de sol, producían lindos remolinos de vapor. Las exhalaciones habían atraído un enjambre de abejas que se les prendían en racimos y chupaban por turnos el cuero para quitarle la sal. Envueltos así, más parecían colmenas que zapatos. A la larga, me di cuenta de que la labor de estos insectos era beneficiosa: cumplían el papel de estación de lavado y dejaban un perfume de miel que reemplazaba el olor rancio de antes. Entusiasmada por este descubrimiento, tuve la pésima idea de poner a secar mi ropa interior en la rama de un árbol, a pleno sol. Cuando volví por las prendas, me dio un ataque de risa incontenible. Las hormigas habían hecho circulitos con la tela y se las habían llevado. Lo que quedaba fue acaparado por las termitas, que usaban el material para construir sus túneles.

Decidimos irnos a la madrugada del día siguiente. Utilizaríamos, a modo de colchón, la enramada que habíamos hecho. Le pondríamos un plástico encima y el otro, suspendido de los árboles, nos serviría de techo. Estábamos en lo alto de una loma. Si llovía de nuevo, al menos no nos inundaríamos. Rompimos cuatro ramas para ponerlas en las cuatro esquinas de nuestra tienda improvisada. De este modo, podríamos darnos el lujo de instalar el mosquitero.

¡Acabábamos de pasar nuestras primeras veinticuatro horas en libertad! Al otro lado del mosquitero, unos abejorros duros y relucientes se fatigaban tontamente contra la malla. Cerré los ojos después de haberme asegurado de que el mosquitero había quedado herméticamente cerrado con el peso de nuestros cuerpos. Cuando me desperté de un brinco, el sol ya estaba alto en el cielo. Habíamos dormido demasiado.

Recogí todo rápidamente, dispersé las palmas para no dejar huellas de nuestra presencia y agucé el oído. Nada. Los guerrilleros debían de estar lejos. A lo mejor ya habían levantado el campamento. La conciencia de nuestra soledad me tranquilizó y me angustió a la vez. ¿Qué tal si pasábamos semanas andando en círculos y nos perdíamos para siempre en este laberinto de clorofila?

No sabía qué dirección tomar. Avanzaba por instinto. Clara me seguía. Ella había insistido en que lleváramos montones de cosas: medicamentos, papel higiénico, cremas antiinflamatorias, esparadrapo, ropa para cambiarnos y, por supuesto, comida. Ella decidió llevar mi bolso de viaje, que ahora pesaba una tonelada, lleno como estaba de tantas cosas. Yo había hecho todo para disuadirla. Sin embargo, tampoco quise discutir demasiado pues comprendía que Clara había metido en ese bolso todos los antídotos contra su propio miedo. Al cabo de una hora de caminar, ella hacía esfuerzos por no parecer agobiada por la carga y yo hacía lo posible para fingir que no me daba cuenta.

Trataba de orientarme estableciendo puntos de referencia respecto al sol, pero unas gruesas nubes habían invadido el cielo de una espesura gris, que transformaba el mundo bajo los árboles en un espacio plano, sin sombras y, por lo tanto, sin dirección. Las dos estábamos al acecho, tratando de oír algún ruido que nos advirtiera de la presencia de algún ser vivo, pero la selva estaba encantada, suspendida en el tiempo, ausente de la memoria de los hombres. Solo estábamos nosotras, acompañadas del ruido de nuestros pasos sobre una alfombra de hojas secas.

De un instante a otro, sin previo aviso, la selva cambió. La luz era diferente, los sonidos del entorno menos intensos, los árboles parecían menos cercanos los unos de los otros, nos sentíamos menos cubiertas. Empezamos a movernos de manera más lenta, más prudente. Un paso, dos pasos. Dimos con un camino lo suficientemente ancho para permitir la circulación de un vehículo: ¡una verdadera carretera en medio de la selva! De un brinco, agarré a mi compañera de un brazo, para escondernos en la vegetación y acurrucarnos junto a las raíces enormes de un árbol. ¡Una carretera era la salida! Pero también era el peor de los peligros.

Estábamos fascinadas con nuestro descubrimiento. ¿Adónde llevaba esta carretera? ¿Sería posible que nos condujera a un lugar habitado, de nuevo a la civilización? ¿Estaban aquí los guerrilleros que habíamos oído el día anterior? Hablábamos sobre todas estas cosas en voz baja, mirando la carretera como un fruto prohibido. Una carretera en la selva era obra de la guerrilla. Era su territorio, su feudo.

Decidimos andar bordeando la carretera, a una distancia razonable, y mantenernos ocultas todo el tiempo. Queríamos avanzar todo lo posible en el día, pero con la mayor prudencia.

Seguimos nuestra consigna inicial durante horas. La carretera subía y bajaba en pendientes pronunciadas, daba virajes caprichosos y parecía no tener fin. Yo caminaba a un ritmo rápido para recorrer la mayor distancia durante las horas de luz. Mi amiga se iba rezagando poco a poco, mordiéndose los labios para no confesar que sufría con el peso de su carga.

—Pásamelo. Yo lo llevo.

—No, tranquila. No es pesado.

La carretera se había angostado de manera significativa y cada vez se hacía más difícil mantenerse a un costado de ella: el relieve era cada vez más endiablado. Las subidas se habían transformado en escaladas y las bajadas en rodaderos. Nos detuvimos al cabo de tres horas en un puentecito de madera sobre una quebrada. El agua era cristalina y canturreaba en su lecho de piedras blancas y rosadas. Yo estaba muerta de sed y bebí como un asno, arrodillada en la orilla. Llené mi botellita de agua que hacía de cantimplora y Clara hizo lo mismo. Nos reíamos como niñas ante la felicidad sencilla de tomar agua fresca. Las cosas que rumiábamos en la soledad de nuestros pensamientos se convirtieron en tema de debate. Habíamos caminado toda la mañana sin encontrar un alma.

Para los guerrilleros, nosotras ignorábamos la existencia de esta carretera. Si la utilizábamos, podíamos duplicar la distancia recorrida. Habíamos acordado caminar en estricto silencio y saltar a escondernos en el momento en que oyéramos el menor ruido. Yo trataba de mantener la vista fija en la distancia para divisar cualquier movimiento. Poco a poco, mi mente se fue dejando absorber más por la concentración del esfuerzo físico que por la atención que habíamos convenido.

Llegamos a un desvío en una curva. Había otro puente largo que cruzaba el lecho de una quebrada seca. Nuestros botines estaban llenos de barro y la madera del puente parecía haber sido lavada con agua y jabón, a causa de las últimas lluvias. Decidimos pasar por debajo del puente para no dejar por encima huellas de zapatos. Al meterme debajo del puente, noté en las tablas unos colgandejos enroscados en un crecimiento de musgo. Ya había visto esta extraña forma de vegetación, que caía de los árboles y pensé que se parecía extrañamente al pelo de los rastafaris. Podía imaginarlo todo, menos que esos fueran avisperos. Vi montones de avispones en uno de los pilotes del puente y salté del susto. Le avisé a Clara, que venía unos metros atrás, señalando con el dedo la bola hirviendo de insectos con la que estuve a punto de estrellarme. Un segundo después, un zumbido que aumentaba de volumen me alertó que las avispas habían levantado el vuelo para castigarnos por haberlas molestado.

Vi que el escuadrón en formación triangular se precipitaba sobre mí y salí corriendo como una flecha, pasé por encima del puente y seguí corriendo por el camino a toda velocidad, hasta que tuve la impresión de estar lejos del zumbido. Paré de correr, ya sin aire, y al darme la vuelta vi un espectáculo de pesadilla: mi compañera estaba a algunos metros de mí, negra de avispones. Los insectos percibieron que yo me había detenido y abandonaron su primera presa para caer sobre mí como un escuadrón de caza. No podía ponerme a correr de nuevo y dejar a mi compañera paralizada allí, a merced del enjambre enfurecido. En un abrir y cerrar de ojos, me vi cubierta de esos bichos enloquecidos que me clavaban en la piel sus poderosos aguijones. Uno de los guardias había hablado de avispas africanas, cuya picadura podía matar al ganado en un segundo.

—¡Son avispas africanas! —me oí gritar a mí misma, fuera de control.

—¡Cállate! ¡Las vas a alborotar más! —me dijo Clara.

Nuestras voces resonaban en eco en la jungla. Si nuestros secuestradores nos habían oído, sabrían dónde buscarnos. Yo seguía gritando, llena de pánico, bajo el efecto del dolor de cada picadura. Luego, de improviso, la razón me volvió. Me alejé de la carretera y me lancé al matorral más cercano. Noté que, al desplazarme, lograba deshacerme de algunas avispas. Eso me devolvió valor. La proximidad de una vegetación más tupida hizo extraviar a algunas avispas y otras más me abandonaron para ir a sumarse al gran enjambre. Todavía tenía muchas avispas pegadas al pantalón. Con dos dedos, las agarraba de las alas, que batían frenéticamente, y las arrancaba una a una, para ponerlas bajo mi zapato y aplastarlas sin compasión. Los avispones crujían desagradablemente y eso me producía escalofrío. Me obligué a mí misma a continuar metódicamente. La mayor parte del tiempo, el efecto de la operación era que los insectos se partían en dos y el abdomen, con su aguijón aún trepidante, se quedaba incrustado en mi piel. Le agradecía al cielo que fuera yo quien estuviera viviendo esa situación y no mi madre o mi hermana, pues habrían muerto. Hacía un esfuerzo enorme por controlarme, no tanto para evitar dejarme llevar por el efecto del miedo sino más bien para controlar la aversión nerviosa que me hacía temblar de repugnancia al sentir el cuerpo frío y húmedo de esos insectos. Finalmente gané mi batalla, sorprendida de no tener dolor, como si estuviera bajo el efecto de una anestesia. Me di cuenta de que mi compañera había hecho lo mismo que yo, solo que a ella la habían atacado más los avispones y había logrado conservar su sangre fría mejor que yo.

—Mi papá tenía colmenares en el campo. Aprendí a conocer a estos insectos —me dijo cuando le expresé mi admiración.

El asalto de los avispones nos había desestabilizado. Pensaba en el ruido que habíamos hecho y no descartaba la idea de que hubieran enviado un grupo de reconocimiento hacia el lugar donde estábamos.

El puente de las avispas era el primero de una larga serie de puentes de madera levantados cada cincuenta metros, como los que habíamos cruzado para llegar al campamento del que nos habíamos fugado. A veces, estos puentes parecían viaductos, pues se prolongaban interminablemente, serpenteando a lo largo de cientos de metros entre los árboles. Debían haber sido construidos varios años antes, y fueron abandonados. Las tablas empezaban a podrirse y pedazos enteros se desplomaban devorados por una vegetación hambrienta. Caminábamos por los puentes, a dos metros del suelo, inspeccionando las tablas y los pilotes sobre los cuales avanzábamos, con miedo de caer al vacío en cualquier momento. Éramos conscientes del riesgo de ser vistas por la guerrilla si anduviera por ahí, pero esos puentes nos evitaban luchar contra la trampa de las raíces y las lianas enredadas que moraban debajo.

Habíamos decidido llevar el bolso por turnos. Sin haber comido casi y bebiendo muy poco, habíamos acumulado una gran fatiga.

Cuando los puentes empezaron a hacerse menos frecuentes, decidimos colgar el bolso en el palo que yo usaba como bastón. Cada una llevaría sobre el hombro un extremo del palo, la una caminando adelante y la otra atrás. Esta técnica nos permitía aligerar las cargas y andar más rápido. Así lo hicimos durante algunas horas.

Los colores de la selva empezaron a volverse opacos y, poco a poco, la atmósfera se hizo más fresca. Debíamos encontrar un lugar donde pasar la noche. El camino ascendía por una ladera y un puente de madera nos esperaba al terminar una curva. Más allá del puente, la selva parecía menos densa, pues la luz que se filtraba por ahí era diferente. Era posible que el río estuviera cerca y, quién sabe, con el río tal vez llegaría la esperanza de encontrar campesinos, una canoa, algún tipo de ayuda.

Mi compañera estaba muy cansada. El volumen de sus pies había duplicado: las avispas la habían picado por todas partes. Ella quería detenerse antes de que cruzáramos el puente. Yo reflexioné. Sabía que el cansancio era muy mal consejero y rezaba para no tomar una decisión equivocada. O tal vez porque percibía que me estaba equivocando sentí la necesidad de pedir ayuda al cielo. La noche caería en menos de una hora. Los guerrilleros debían de estar volviendo al campamento para hacer el balance de un día sin éxito. La idea me tranquilizaba. Decidimos, pues, detenernos y le expliqué a mi compañera las precauciones que debíamos tomar. Yo no había visto que ella había puesto el bolso apoyado contra un árbol, visible desde el camino, antes de bajar a tomar agua en un manantial que corría más abajo.

Oí las voces de los guerrilleros. Llegaban por detrás y hablaban tranquilamente mientras caminaban, sin imaginar que nosotras estábamos a algunos metros. Se me heló la sangre. Los vi antes de que ellos me vieran a mí. Si Clara se escondía a tiempo, ellos pasarían delante de nosotras sin vernos. Eran dos: la guerrillera bonita que, sin saberlo, había servido para distraer al guardia, y Edinson, un jovencito con cara de avispado que se reía todo el tiempo a mandíbula batiente. Hablaban alto y se los podía oír de lejos. Enseguida dirigí mi mirada hacia Clara, que ya se había levantado velozmente a recuperar el bolso. Con su movimiento, se puso al descubierto y se encontró cara a cara con Edinson. El muchacho la miró con unos ojos que se le salían de las órbitas. Clara se volteó a mirarme a mí, completamente pálida y con los rasgos deformados por el pánico y el dolor. Edinson siguió su gesto y me descubrió. Nuestras miradas se cruzaron. Cerré los ojos. Todo se había acabado. Oí la carcajada carnicera de Edinson y luego una ráfaga de metralleta al aire, con la que festejaba su victoria y se la anunciaba a los demás. Los odié por su fortuna.

9
LAS TENSIONES

Estaba con Papá. Tenía puestas unas gafas cuadradas de carey que no le veía desde los días felices de mi infancia. Yo iba agarrada de su mano y estábamos cruzando una calle llena de carros. Para llamar su atención, balanceaba el brazo de adelante hacia atrás. Yo era una niñita. Me reía de felicidad de estar junto a mi padre. Al llegar a la acera, él se detuvo sin mirarme y tomó aire con fuerza. Se llevó al corazón la mano mía que todavía tenía entre la suya. Su boca se crispó en un rictus de dolor y mi felicidad se convirtió sin transición en angustia.

—Papá, ¿estás bien?

—Es el corazón, mi amor, es el corazón.

Miré para todas partes en busca de un automóvil y nos metimos en el primer taxi que pasó, rumbo al hospital. Pero fue su casa a la que llegamos, y fue en su cama que lo acosté. Todavía sentía dolor y yo hacía grandes esfuerzos para comunicarme con su médico, con mi madre, con mi hermana, pero el teléfono seguía mudo. Papá se desplomaba sobre mí. Yo lo retenía, lo sacudía, era demasiado pesado, me ahogaba bajo su peso. Se iba a morir encima de mí, y yo no tenía la fuerza física para meterlo en la cama, ni para ayudarle, ni para salvarlo. Un grito mudo se quedó atrapado en mi garganta y me desperté sentada bajo el mosquitero, jadeante y bañada en sudor, con los ojos bien abiertos y enceguecidas. «¡Dios mío! ¡Afortunadamente solo era una pesadilla!... ¿Pero qué estoy diciendo? Papá está muerto y yo estoy secuestrada… ¡La verdadera pesadilla es despertarme aquí!». Yo me desmoronaba y me dejaba llevar por los sollozos, incapaz de detener el torrente de lágrimas que me lavaban la cara y me empapaban la ropa. Lloraba durante horas, esperando que amaneciera para enterrar mi dolor en los actos cotidianos que realizaba mecánicamente para tener la impresión de estar todavía viva. Mi compañera dormía junto a mí, pies contra cabeza, y se desesperaba.

«Ya no llores más; no me dejas dormir». Yo me refugiaba en mi silencio, herida en lo más profundo de mi alma por tener que soportar este destino que no me permitía ni siquiera llorar en paz. Me insubordinaba contra Dios por encarnizarse conmigo. «¡Te odio, te odio! ¡No existes, y si existes eres un monstruo!». Todas las noches, durante más de un año, soñé que Papá moría en mis brazos. Todas las noches me despertaba horrorizada, desorientada, en la nada, buscando descubrir dónde estaba, y entonces comprendía que mis peores pesadillas no eran nada comparadas con la realidad.

Los meses pasaban en una aterradora uniformidad. Era preciso poblar las horas vacías, marcadas por la cadencia de las comidas y el baño. Una distancia hecha de hastío se había instalado entre Clara y yo. Ya casi no hablaba con ella, o muy poco. Solo lo estrictamente necesario para seguir avanzado, a veces para darnos valor. Yo me impedía compartir mis sentimientos, para no desatar una discusión que quería evitar. Todo había comenzado con cosas pequeñas, un silencio, una molestia por haber visto en la otra algo que no queríamos en absoluto descubrir. No era nada, solamente la cotidianidad que se aposentaba a pesar del horror.

Al principio, lo compartíamos todo sin llevar cuentas. Después, fue necesario dividir meticulosamente las provisiones que nos daban en dotación. Nos mirábamos de reojo, nos molestaba el espacio que nos quitaba la otra; imperceptiblemente nos dirigíamos hacia la intolerancia y el rechazo.

El sentimiento de que cada cual vivía en función de sí misma comenzaba a aflorar. Pero había que hacer el esfuerzo de no verbalizarlo. Había una frontera o, mejor, un muro de contención entre nosotras y nuestros secuestradores, constituido por nuestros secretos, nuestras conversaciones inaccesibles a ellos a pesar de la vigilancia constante. Siempre y cuando mantuviéramos nuestra cohesión, me parecía que seguiríamos blindadas. Pero, la cotidianidad nos sometía al desgaste. Un día, le pedí al guardia una cuerda para colgar la ropa. Él no quería ayudarnos. No obstante, la cuerda llegó al día siguiente y me dispuse a instalarla entre dos árboles para usarla, entera de la manera más eficiente. Fui a buscar mi ropa recién lavada y, cuando volví, descubrí que ya no había espacio para mis cosas. Clara lo había utilizado todo para ella.

Otro día, el espacio bajo el mosquitero se convirtió en un problema. Luego, fueron la higiene y el control de los olores. Después, la gestión de los ruidos. Era imposible llegar a un entendimiento sobre las más elementales reglas de comportamiento. Había un riesgo mayor en esta intimidad impuesta: caer en la indiferencia o en el cinismo y terminar por obligar a la otra a soportarnos sin ningún pudor. Una noche, cuando le pedí a Clara que se corriera un poco pues no tenía espacio en la cama, ella explotó: «¡Tu padre se avergonzaría de ti si te viera!». Sus palabras hirieron mi corazón más que si me hubiera dado una bofetada. Quedé aniquilada por lo injustificado de la ofensa, mortificada de comprender que estaba perdiendo la posibilidad de contar con mi compañera de allí en adelante.

Cada día aportaba su dosis de dolor, de amargura, de marchitamiento progresivo. Nos veía cayendo a la deriva. Había que ser muy fuerte para no compensar las constantes humillaciones de los guardias, humillando uno a su vez, a la persona que compartía con uno la misma suerte. Con seguridad no era algo consciente, no era algo buscado, pero era una válvula de escape para nuestra amargura.

En esa época estábamos encadenadas las veinticuatro horas del día a un árbol y no teníamos más refugio que pasar el día debajo del mosquitero, sentadas prácticamente la una encima de la otra, en un espacio de dos metros de largo por uno y medio de ancho.

Habíamos logrado que nos trajeran tela e hilos, y le agradecía al cielo haberme tomado el tiempo de prestarle atención a mi vieja tía Lucy, que insistió en enseñarme el arte del bordado cuando yo era adolescente. Mis primas habían huido las clases, muertas de aburrimiento, pero yo me había quedado por curiosidad. Comprendía, entonces, que la vida nos da montones de provisiones para nuestras travesías por el desierto. Todo lo que había adquirido de manera activa o pasiva, todo lo que había aprendido voluntariamente o por ósmosis, volvía a mí como las verdaderas riquezas de mi existencia, cuando lo había perdido todo.

Me resultaba sorprendente verme haciendo los mismos movimientos de mi tía, copiando sus expresiones y sus actitudes, cuando le explicaba a Clara los rudimentos del punto de cruz, el punto lanzado, el punto de festón. Poco tiempo después, las muchachas del campamento, en las horas en que no debían hacer guardia, venían a mirarnos trabajar. Ellas también querían aprender.

Las horas, los días y los meses transcurrían menos duramente. La concentración necesaria para el bordado hacía más livianos nuestros silencios. Era posible encontrar gestos de fraternidad que aligeraban nuestra fatalidad. Eso duró varios meses y muchos campamentos, hasta que se acabó el hilo.

Algunas semanas después de nuestra fallida escapada, nos hicieron recoger nuestras cosas, sin darnos explicaciones. Nos íbamos en la dirección opuesta de lo que yo consideraba «la salida». Nos sumergíamos todavía más en la selva y por primera vez no vi ningún camino, ninguna marca humana.

Andábamos en fila india, un guardia adelante y otro atrás. Esos desplazamientos imprevistos me producían una angustia enorme. La coincidencia de ese sentimiento que adivinábamos idéntico en la otra, hacía que la guerra de silencio que se había instalado entre Clara y yo —y que se alimentaba de incesantes tensiones cotidianas para marcar nuestro espacio y nuestra independencia la una de la otra— se esfumara en un segundo.

Con una sola mirada nos decíamos todo. En esos momentos terribles, cuando nuestros destinos parecían hundirse más profundamente en el abismo, nos declarábamos vencidas y reconocíamos, entonces, la inmensa necesidad que teníamos la una de la otra.

Mientras la guerrilla estaba terminando de desmontar el campamento, y asistíamos al desmembramiento de este espacio que se nos había vuelto familiar, y mientras los últimos guerrilleros arrancaban los postes que servían para sostener nuestra carpa y los tiraban a los matorrales; cuando ya no quedaba más que un terreno abandonado y fangoso, surcado por nuestros pasos obstinados; cuando todas las pruebas de nuestra existencia en este lugar acababan de ser totalmente eliminadas, Clara y yo nos tomábamos de la mano en silencio, en un esfuerzo instintivo por darle valor a la otra.

Me concentré para memorizarlo todo, con la esperanza de poder guardar en algún lugar de mi cerebro una coherencia espacial que eventualmente me permitiera encontrar el camino de vuelta. Sin embargo, cuanto más caminábamos más se agregaban a mis cálculos nuevos obstáculos. Escalofríos de fiebre me recorrían la piel y las manos se me humedecían de tal forma que me veía obligada a secármelas continuamente en los pantalones. Luego vinieron las náuseas. Ya había hecho el inventario del proceso que se desencadenaba con cada anuncio de partida. Una hora y media después, a lo mucho, me veía obligada a salir corriendo a vomitar detrás de un árbol, para que no me vieran. Siempre tenía la precaución de llevar un pequeño rollo de papel para secarme la boca y la ropa, como si eso pudiera cambiar algo, siendo que ya estaba sucia de barro.

El nuevo acantonamiento que nos esperaba era muy diferente del anterior. Los guerrilleros consideraron más prudente construir nuestra caleta lejos de su lugar de habitación. Desde el sitio que nos habían asignado era imposible ver sus actividades o su organización. Estábamos aisladas, bajo la vigilancia de un guardia ubicado a dos metros de nuestro mosquitero, malgeniado, sin duda molesto por estar condenado a aburrirse lejos de sus compañeros en tan fastidioso cara a cara.

A mí, eso me parecía mejor. Sería más fácil, cuando las circunstancias lo permitieran, burlar la vigilancia de un solo hombre.

Ya habíamos vuelto a encontrar nuestras marcas y regresábamos a nuestro bordado cuando vi a Patricia, la enfermera, acercarse con un hombre desconocido para mí. Era joven, en sus treintas, de piel bronceada, con un bigotico negro brillante y el pelo muy corto. Tenía el pantalón caqui reglamentario, las botas de caucho habituales y una camisa desabotonada hasta el ombligo que dejaba ver un torso corpulento y peludo al que poco le faltaba para llegar a la gordura. Al cuadro se agregaba una imponente cadena de oro en el pecho de la que colgaba un colmillo amarillento.

Llegó muy sonriente, balanceando los hombros para mostrar la musculatura, y no pude evitar pensar que este debía de ser un hombre sanguinario. Patricia nos presentó:

—Este es el comandante Andrés —dijo ella con una expresión de adulación que me sorprendió.

Era evidente que el tipo quería hacer una entrada exitosa e impresionar a una parte de la cuadrilla que se había reunido a algunos metros, para asistir al espectáculo.

—¿Qué hace? —preguntó, entre autoritario y relajado.

—Buenos días —respondí, levantando la mirada de mi bordado.

Me clavó los ojos, como si quisiera descifrar mis pensamientos, y soltó una carcajada mientras se alisaba el bigote. Luego siguió:

—¿Qué es eso?

—¿Esto? Un mantel para mi mamá.

—Deje ver.

Le pasé mi costura, teniendo cuidado de no levantar demasiado el mosquitero. Andrés hacía el ademán de revisar mi trabajo como si fuera un experto y estaba a punto de devolvérmelo diciendo «está bien», cuando una bella jovencita que estaba detrás de él y que yo no había visto, le quitó el bordado de las manos con una confianza que no dejaba ninguna duda sobre la naturaleza de su relación. «¡Qué lindo! Yo quiero hacer lo mismo. ¡Por favor!». Ella movía las caderas, con toda la intención de seducirlo. Andrés se veía encantado. «Después miramos», dijo riéndose.

Patricia intervino de nuevo:

—¡Es el nuevo comandante!

Este era, pues, el hombre con quien debíamos entendernos de ahora en adelante. Ya echaba de menos al joven César, que había sido destituido a causa de nuestra fuga.

—¿Qué es eso que tiene en el cuello? —le dije para pagarle con la misma moneda.

—¿Esto? Un colmillo de tigre.

—¿De tigre?

—Sí. Era enorme. Lo maté yo mismo.

Sus ojos negros brillaban de placer. Su expresión transformó, hasta casi parecer atractivo.

—Esos animales están en vías de extinción. No hay que matarlos.

—Aquí, en las FARC, somos ecologistas. No matamos: ¡ejecutamos!

Giró sobre sus talones y desapareció seguido por su ejército de mujeres. Mi compañera me miró con mala cara:

—¡Tan pendeja!

—Sí. Pero no pude evitarlo.

Volví a sumirme en mi labor pensando en Papá. Hacía diez días que no comía, necesitaba hacer mi duelo, marcar su muerte en mi carne y grabar en mi memoria esos días de dolor, en un tiempo y un espacio desprovistos de todo punto de referencia. «Tengo que aprender a no ser tan bocona», concluí para mí misma, pinchándome con una aguja.

En la oscuridad, venían a asaltarme mis remordimientos más profundos. El recuerdo de Papá era el principal detonante. Ya había dejado de luchar, diciéndome que más valía llorar hasta que se agotara mi dolor. No obstante, también intuía que mi sufrimiento, en lugar de disolverse, evolucionaba y que esa evolución lo volvía más compacto y no más liviano. Decidí, entonces, hacer frente a mi desconsuelo por etapas. Me daba permiso para arrullarme en el dolor al evocar los momentos que habían forjado el amor por mi padre, pero me prohibía dedicar el menor pensamiento a mis propios hijos. Eso era para mí sencillamente insoportable. Las pocas veces en que había abierto una brecha diminuta para pensar en ellos, creí volverme loca. Tampoco podía pensar en Mamá. Desde que Papá había muerto, me torturaba el temor de que ella también podría desaparecer en cualquier momento. Esta idea, que llegaba siempre de la mano con su recuerdo, como una obsesión perversa, me llenaba de horror, pues yo había imaginado la muerte de Papá y se había hecho realidad, como si yo hubiera adquirido el poder abominable de materializar mis aprensiones.

No sabía nada de mi familia. Desde el 23 de marzo, día en que completamos un mes de secuestro, día también en que se dio la orden de no dejarnos oír radio, perdimos todo contacto con el mundo de los vivos. Una sola vez el joven César había venido a compartir las noticias con nosotras: «Su papá habló por la radio. Le pide que resis-

ta, que sea fuerte. Y quiere que sepa que se está cuidando y que la
está esperando». Después de enterarme de la muerte de Papá, me
preguntaba si César me había mentido, si se había inventado esta
historia para calmarme. Pero no quería creerlo. Me ayudaba que
Papá me había mandado un mensaje para tranquilizarme antes de
morir.

Con todo y eso, entrada la noche, yo iba a reunirme con Papá.
Tal vez porque tenía la convicción de que ambos hacíamos parte
del mundo de los muertos, me dejaba llevar a hablarle y lloraba
en las tinieblas que compartíamos, con la sensación de que podía
refugiarme en sus brazos, como lo había hecho siempre.

Descubrí el mundo del insomnio y el efecto hipnótico que producía sobre mí. Esas horas de vigilia nocturna me daban acceso a
otra dimensión de mí misma. Otra parte de mi cerebro asumía el
control. En la inmovilidad física que me imponía el compartir el pequeño colchón en el que vivíamos, mi mente se paseaba por otros
mundos y me hablaba a mí misma, como le hablaba a Papá, como
le hablaba a Dios, con lo que aquellas largas horas oscuras se convertían en mi único momento de intimidad.

Por la noche emergía otro tipo de naturaleza. Los ruidos adquirían una resonancia profunda que daba la medida de la inmensidad de este espacio desconocido. La cacofonía del croar de la fauna
alcanzaba tal magnitud que se volvía dolorosa. Fatigaba el cerebro,
lo incomodaba con sus vibraciones, lo sumergía en estímulos di-
sonantes e imposibilitaba la reflexión. Era también la hora de las
grandes oleadas de calor, como si la tierra evacuara lo que había
almacenado durante el día, y despedía hacia la atmósfera calores
sulfurosos que nos daban la sensación de haber caído en un estado
de fiebre. Pero eso pasaba rápido. Una hora después la temperatura
bajaba vertiginosamente y había que premunirse contra un frío
que hacía añorar el sofoco del crepúsculo. En este ambiente fresco,
las aves nocturnas salían a cortar el aire con su aleteo seco y atra-

vesaban el espacio llevando consigo su siniestro ulular de almas solitarias. Yo las seguía con mi imaginación, esquivando con ellas la formación de árboles que rozaban a gran velocidad y volaba tras ellas más allá de la selva, más arriba de las nubes, hacia las constelaciones donde soñaba con la felicidad del pasado.

La Luna se desplazaba entre el espeso follaje: siempre retrasada, siempre caprichosa e imprevisible. Me obligaba a volver a plantearme cuidadosamente todo lo que creía saber sobre ella sin jamás haberlo comprendido a cabalidad: la danza de la Luna alrededor de la Tierra, sus diferentes fases y su poder. Ausente, la Luna me intrigaba aún más.

En los días de luna nueva caía un embrujo sobre la selva. En la oscuridad total, el suelo se iluminaba con millones de estrellas fosforescentes, como si el cielo se hubiera derramado sobre la tierra. Al principio, creí que deliraba. Después, tuve que rendirme a la evidencia de que la selva estaba encantada. Pasaba la mano por debajo del mosquitero y recogía las pepitas luminiscentes que se encontraban por montones en el suelo. A veces traía de vuelta una piedra, o una ramita, o una hoja. Pero al tocarlas perdían su luz sobrenatural. Sin embargo, bastaba con volverlas a poner en el suelo para que recuperaran sus poderes y se encendieran de nuevo.

El mundo inanimado salía de su letargo y la vida retenía su aliento. Aquellas noches, el sonido de la selva era mágico. Miles de campanitas suspendidas en el aire tintineaban alegremente y ese ruido mineral parecía eclipsar el clamor de los animales. Por absurdo que parezca, había una melodía en ese carillón nocturno y no podía evitar pensar en las campanas de Navidad en pleno mes de julio y llorar amargamente evocando el tiempo perdido.

En una de esas noches sin luna, cuando escuchaba a lo lejos las conversaciones susurradas de los guardias, como si estuvieran hablándome al oído, oí por azar a uno de ellos decirle a Yiseth que nosotras habíamos estado a un pelo de tener éxito en nuestra fuga.

Al final de la carretera de los puentes podridos había un caserío en la orilla del río. Los militares se habían establecido ahí poco tiempo antes y habían comenzado a hacer trabajo de infiltración para los servicios de inteligencia del ejército. Esta información duplicaba mis remordimientos: nunca debimos detenernos al borde del camino.

También me había enterado que algunos guerrilleros nos espiaban a la hora del baño. Cuando le pedí a Andrés que instalara un cubículo a la orilla del río para bloquear la vista, me respondió que sus hombres tenían mejores cosas que hacer que ver «a dos cuchas bañándose». A pesar de todo, al día siguiente hizo instalar el cubículo.

Durante otra de mis noches de insomnio, oí a uno de los guardias decir: «Pobre mujer. ¡De aquí saldrá cuando le llegue el pelo a los talones!». El comentario me hizo sobresaltar. No quería ni siquiera pensar que eso fuera posible considerarlo. Yo había hecho un esfuerzo enorme por aceptar que debía esperar a que se produjera una negociación que condujera a nuestra liberación, pero cuanto más tiempo pasaba, más se complicaba la ecuación que podría conducir a nuestra salida.

10
PRUEBAS DE SUPERVIVENCIA

Una mañana, el Mocho César, jefe del frente que me había capturado, regresó. Aunque no podíamos ver nada de lo que ocurría, los ires y venires nerviosos de la tropa, así como el porte impecable de los uniformes, eran señales evidentes de la presencia del jefe.

Yo estaba sentada con las piernas cruzadas, debajo del toldillo, los pies descalzos y la gran cadena amarrada al pie. Estaba empezando una nueva costura. Había tomado conciencia de que mi relación con la duración de las cosas había sido perturbada por completo. «En la civil», para tomar prestada la terminología farquiana, los días transcurrían con una rapidez alucinante y los años se desgranaban lentamente, lo que me daba una sensación de realización, de haber vivido una vida plena.

En cautiverio, mi conciencia del tiempo se había invertido totalmente. Los días parecían no tener fin, cruelmente alargados entre la angustia y el aburrimiento. En contraste, las semanas, los meses y, más adelante, los años parecían acumularse a toda velocidad. Ese tiempo irremediablemente desperdiciado despertaba en mí el terror de sentirme enterrada en vida.

Cuando César llegó yo estaba tratando de huirles a los demonios que me perseguían, concentrando mi mente en enhebrar una aguja.

César me miraba los pies, hinchados por las innumerables picaduras de bichos invisibles. Su mirada me molestaba y me senté escondiendo los pies bajo las nalgas, lo que me produjo un dolor espantoso por culpa de la cadena que me tallaba.

—¿Qué le dio por volarse así, en la selva? La hubiera podido atacar un tigre. Eso fue una locura.

—...

—¿Qué hubiera debido hacer? ¿Mandarles el cadáver a sus hijos?

—...

—No entiendo. Usted sabe que no tiene ningún chance.

Yo lo miraba en silencio. Sabía que no le gustaba verme en ese estado e intuía que, en el fondo, sentía vergüenza.

—Usted habría hecho lo mismo. La diferencia es que usted sí lo habría logrado. Mi deber es recuperar mi libertad, así como el suyo es impedírmelo.

Sus ojos brillaban con un destello inquietante. Me miraba a los ojos, pero no era a mí a quien veía. ¿Acaso observaba cómo sus recuerdos desfilaban ante sus ojos? De repente, parecía haber envejecido cien años. Se dio media vuelta, encorvado, como abatido por una enorme fatiga. Antes de irse, con una voz profunda como quien habla a sí mismo, me dijo:

—Le vamos a quitar las cadenas. Voy a prohibir que se las vuelvan a poner. Le voy a mandar queso y frutas.

Y cumplió su palabra. Un joven guerrillero vino a la hora del atardecer a quitarnos las cadenas. Varias veces había tratado de mostrarse amable y de iniciar una conversación que yo había evitado siempre. No lo reconocí al principio, pero era el guerrillero que estaba sentado en la parte trasera de la cabina de nuestra camioneta, el día del secuestro. Abría el candado con precaución. Mi piel estaba azul debajo de la cadena.

—¿Sabe? ¡A mí me alivia más que a usted! —dijo con una gran sonrisa.

—¿Cuál es su nombre? —le pregunté, como despertándome de un sueño.

—¡Me llamo Ferney, doctora!

—Ferney, dígame Ingrid, por favor.

—Bien, doctora.

Solté la carcajada. Él se fue corriendo.

Las frutas y el queso también habían llegado. César nos había mandado una gran caja de cartón con unas treinta manzanas verdes y rojas y gruesos racimos de uva. Al abrirla, tuve el reflejo de ofrecerle alguna a Jessica, la «socia»[5] del comandante, quien las había traído. Hizo una mueca de desagrado y respondió:

—La orden es traerle fruta a los prisioneros. ¡No podemos aceptar nada de ustedes!

Giró sobre sus talones y se fue sacando pecho. Yo comprendía que no debía de ser fácil para ella. Sabía demasiado bien que las frutas y el queso eran un lujo escaso en un campamento de las FARC. Nuestro régimen diario era arroz y frijol.

César volvió a aparecer la semana siguiente.

—¡Le tengo una buena noticia!

El ritmo del corazón se me aceleró. La esperanza de una próxima liberación era mi obsesión en todo momento. Tratando de parecer lo más indiferente posible, le pregunté:

—¿Una buena noticia? ¡Eso sí que sería una sorpresa! ¿Cuál?

—El Secretariado dio la autorización para que le mande pruebas de supervivencia a su familia.

—…

Me dieron ganas de llorar. Una prueba de supervivencia era todo menos una buena noticia. Era la confirmación de que nuestro cautiverio iba para largo. Yo creía en la posibilidad de que se estuvieran adelantando negociaciones secretas con Francia. Sabía que para la guerrilla había sido un duro golpe el haber sido incluida en la lista de organizaciones terroristas de la Unión Europea y me imaginaba

---

5. Socia: compañera sentimental en terminología de los guerrilleros de las FARC.

que buscaría la excluyeran de la lista, a cambio de nuestra libertad. Esta esperanza se acababa de quebrar en mil pedazos.

Las elecciones presidenciales eran inminentes: en un plazo de dos meses, Colombia tendría un nuevo gobierno y Álvaro Uribe, el candidato de extrema derecha, tenía las mayores probabilidades de ganar. Si las FARC insistían en grabar pruebas de supervivencia a pocos días de la primera vuelta, era porque no se habían hecho contactos para nuestra liberación y los guerrilleros se estaban preparando para hacer presión sobre el ganador de las elecciones. Si era Álvaro Uribe, las FARC lo odiaban y él las odiaba igual. Me agarré de la idea de que era más fácil para los extremos negociar entre sí. Pensaba en Nixon, que había restablecido las relaciones diplomáticas con la China Popular de Mao, o en De Gaulle, que había llevado a cabo una política de reconciliación con Alemania. Yo creía que Uribe podría tener éxito ahí donde su predecesor había fracasado. Siendo el más feroz opositor de las FARC, estaba libre de las sospechas de debilidad o de tractaciones clandestinas que habían minado las últimas iniciativas.

Le pregunté a César cuánto tiempo tenía para preparar mi mensaje. Él quería grabarme por la tarde.

—Maquíllese un poco —agregó.

—No tengo maquillaje.

—Las muchachas le pueden conseguir.

—…

Acababa de comprender por qué nos habían traído frutas y queso en grandes cantidades.

Habían instalado la zona de filmación en un espacio donde la luminosidad era superior, en el mismo lugar donde solían secar la ropa. La sesión duró veinte minutos. Yo había tomado la firme decisión de no dejarme llevar por las emociones. Quería tranquilizar a los míos presentándoles un rostro sereno; quería que vieran firmeza en la voz y en los gestos, para que comprendieran que yo no había perdido ni la fuerza ni la esperanza. Al evocar la muerte de Papá, tuve que clavarme hasta la sangre el lápiz que tenía en la mano, para contener el torrente de lágrimas que se empecinaba en salir.

Insistí en hablar a nombre de los demás secuestrados que, como yo, esperaban poder volver a sus casas. Los árboles que quedaban cerca de nuestra caleta tenían unas marcas extrañas en la corteza. En ese mismo lugar, unos años antes, la guerrilla tuvo ahí una cárcel, con otros secuestrados amarrados a los árboles. Esas eran las huellas del dolor que quedaron en los árboles. Yo no conocía a ninguno de ellos, pero había oído decir que algunos completaban su mes número 57 en cautiverio. Eso me horrorizó. No podía imaginar lo que aquello representaba e ignoraba que mi propio suplicio sería bastante superior. Me decía que al no hablar sobre nuestra situación, al condenarnos al olvido, las autoridades colombianas habían lanzado al mar la llave de nuestra libertad.

Durante los años que vendrían después, la estrategia del gobierno colombiano sería dejar que pasara el tiempo, esperando que, de este modo, la devaluación de nuestras vidas obligara a la guerrilla a liberarnos sin ninguna contrapartida. Apenas empezábamos a pagar la peor condena que pueda infligírsele a un ser humano: no saber cuándo tendrá fin su pena.

La carga psicológica de esta revelación fue dramática. Ya no podía ver el futuro como un espacio de creación, de conquistas, de objetivos por cumplir. El futuro estaba muerto.

El Mocho César, por su parte, estaba visiblemente satisfecho de su jornada. Una vez grabada la prueba de supervivencia, se fue a hablar conmigo, a caballo sobre el tronco de un árbol.

—Nosotros vamos a ganar esta guerra. Los chulos no pueden con nosotros. Son muy brutos. Hace dos días los matamos por docenas. Se ponen a perseguirnos como patos en formación. Nosotros estamos escondidos, esperándolos.

—…

—Además, están muy corrompidos. Son unos burgueses. Lo único que les interesa es la plata. ¡Nosotros los compramos y luego los matamos!

Yo sabía que para algunos individuos la guerra era una fuente inagotable de enriquecimiento. Había denunciado en el Senado colombiano la celebración de contratos de adquisición de armamentos, cuyos precios inflaban al triple del precio verdadero para poder repartir sobornos. Pero el comentario de César me hería profundamente. «En la civil», yo sentía que la guerra no me concernía. Por principio, yo estaba contra ella. Ahora, en los meses que había pasado en las manos de las FARC, comprendía que la situación del país era mucho más compleja. Ya no podía seguir siendo neutra. César podía criticar a las Fuerzas Armadas. Sin embargo, eran las Fuerzas Armadas las que los combatían y luchaban por contener su expansión. Ellas eran las únicas que estaban peleando para liberarnos.

—La plata le interesa a todo el mundo. Especialmente a las FARC. Mire cómo viven sus comandantes. ¡Además, ustedes matan, pero a ustedes los matan también! ¿Quién le garantiza que a final de año va a seguir vivo?

Me miró sorprendido, incapaz de imaginar su propia muerte.

—¡Eso a usted no le conviene!

—Yo sé. Por eso le deseo que viva harto tiempo.

Con sus dos manos me apretó la mía y se despidió diciendo:

—Prométame que se va a cuidar.

—Sí, se lo prometo.

El Mocho César murió dos meses más tarde en una emboscada que le tendió el ejército.

11
LA CASITA DE MADERA

En una noche de luna llena dieron la orden de desplazarnos. Llegamos a una carretera donde nos esperaba una gran camioneta nueva. ¿Cómo era posible que en medio de la nada hubiese una carretera y este vehículo? ¿Acaso estábamos cerca de la civilización? El chofer era un tipo simpático, que rondaba los cuarenta, vestido con bluyines y camiseta. Yo lo había visto antes una o dos veces. Se llamaba Lorenzo, como mi hijo. Andrés y su compañera, Jessica, se subieron atrás. El resto de la cuadrilla nos seguía a pie. Tenía la sensación de que nos dirigíamos hacia el norte, como si estuviéramos desandando el camino. La idea de volver sobre nuestros pasos me daba alas. ¿Habría posibilidades de un acuerdo? ¿Estábamos cerca de la libertad? Me volvía conversadora y Lorenzo, de naturaleza extrovertida, le daba vía libre a su espontaneidad:

—¡Usted nos ha metido en un montón de problemas!—, me miraba por el rabillo del ojo, mientras manejaba, para ver cómo reaccionaba yo. —Nos metieron en la lista de terroristas, y nosotros no somos terroristas.

—Si no son terroristas, no se comporten como terroristas. Ustedes secuestran, matan, hacen estallar cilindros de gas en las casas de la gente, siembran el terror. ¿Cómo pretenden que los llamen?

—Eso son necesidades de la guerra.

—Tal vez, pero la manera como ustedes hacen la guerra es puro terrorismo. Enfrenten al ejército, pero no la emprendan contra los civiles si no quieren que los llamen terroristas.

—Eso es por culpa suya. Francia fue la que hizo eso.

—Ah, bueno, pues si es por culpa mía, libérenme.

Habíamos llegado a una inmensa pradera a la orilla de un río. Una casa coqueta de madera construida con esmero se destacaba en el paisaje. Estaba rodeada por una baranda, hecha con balaustres de madera, pintados de lindos colores vivos que le daban un aspecto colonial. No me había equivocado. Yo reconocía esta casa. Habíamos pasado frente a ella algunos meses atrás, bajo un aguacero tropical que se había desgajado justo después de ver, escondidos en la otra orilla, la famosa «marrana», el avión militar de reconocimiento.

Por primera vez en muchos meses podía volver a ver el horizonte. La sensación de amplitud me oprimió el corazón. Me llené los pulmones con todo el aire que podían contener, como si, al hacerlo, me estuviera apropiando del espacio infinito que se desplegaba ante mí, hasta donde me alcanzaba la vista. Era un paréntesis de felicidad, un tipo de felicidad que solo había vivido en la selva, una felicidad triste, frágil y fugaz. Una brisa de verano sacudía las palmas gigantes que todavía no habían sucumbido a la tala y seguían orgullosas de pie junto al río, testigos fieles de esta guerra contra la selva que el hombre comenzaba a ganar. Nos hicieron caminar hasta el embarcadero, que consistía en un Sangre Toro,[6] imponente y nudoso que servía para amarrar las canoas. Me habría gustado quedarme ahí, en esta casa tan bonita, a orillas de este río sereno. Cerraba los ojos e imaginaba la alegría que les produciría a mis hijos descubrir este lugar. Imaginaba la expresión de mi pa-

---

[6]. Sangre Toro: árbol de la Amazonia, conocido por la fácil combustión de su madera.

dre, extasiado ante la belleza de este árbol desplegando sus ramas a dos metros del suelo, como un hongo enorme. Mamá seguramente habría empezado a cantar uno de sus boleros románticos. Se necesitaba tan poco para ser feliz.

El rugido del motor fuera de borda me sacó de mi ensoñación. Clara me tomó la mano y la apretó con angustia.

—No te preocupes. Todo va a salir bien.

Al subir a la canoa me fijé hacía dónde fluía el río. Si íbamos río abajo, quería decir que nos adentraríamos aún más en la Amazonia. El piloto alineó la embarcación para navegar río abajo y arrancó lentamente. Sentí náuseas en ese mismo instante. El río se hacía más estrecho. En ciertos momentos, las ramas de los árboles de ambas orillas se entrelazaban por encima de nuestras cabezas y navegábamos en un túnel de verdor. Nadie hablaba. Yo me esforzaba por no sucumbir a la somnolencia general, pues quería observar y memorizar. Al cabo de varias horas, me sobresaltó oír una música tropical que salía de la nada. En un recodo del río, tres chozas de madera alineadas en la orilla parecían esperarnos solamente a nosotros. En una de ellas, un bombillo encendido colgando de un cable se balanceaba lentamente, difundiendo una miríada de destellos en la superficie. El piloto apagó el motor y nos dejamos llevar silenciosamente por la corriente del río para no llamar la atención. Fijé la mirada en las chozas con la esperanza de ver un ser humano, alguien que nos viera y diera una voz de alerta. Permanecí en la misma posición, tensando al máximo al cuello, hasta que perdí de vista las chozas. Luego, más nada.

Tres, cuatro, seis horas. Siempre los mismos árboles, los mismos giros, el mismo ruido continuo del motor y la misma desesperanza.

—¡Llegamos!

Miré a mi alrededor. La selva parecía mordida preciso en el lugar donde nos detuvimos. En medio del espacio vacío, una casita de madera nos esperaba; se veía miserable. Unas voces salieron a saludarnos. Reconocí fácilmente una parte del grupo que nos había cogido ventaja.

Yo estaba cansada y nerviosa. Todavía me atrevía a esperar que nos permitieran pasar el resto de la noche dentro de la casita. Andrés bajó presuroso. Dio la orden de que le llevaran sus cosas al interior de la barraca y designó los guardias que debían conducirnos al «sitio».

Avanzábamos en fila india, siguiendo la luz de la linterna del guerrillero que iba a la cabeza. Atravesamos el jardín de la casa y luego un espacio que debía de ser un huerto. Dejamos atrás un establo que miré con ganas y nos adentramos súbitamente en un maizal gigantesco. Las espigas de más de dos metros ya tenían mazorcas maduras. Me parecía oír la voz de Mamá, que me prohibía meterme en los maizales cuando era niña: «Están llenos de serpientes y de arañas pollas». Con una mano apretaba mi bolso contra el pecho y con la otra espantaba todos los bichos que me caían encima y cuyas patas y alas se enredaban en mi pelo. Saltamontes gigantes y mariposas búho volaban asustadas con nuestro avance. Yo manoteaba y daba patadas, serpenteando a codazos por entre la vegetación, pues el maizal era muy tupido. Como podía me protegía la cara de las hojas verdes que cortaban como una cuchilla.

De repente, nos detuvimos en medio del maizal. Los guerrilleros habían abierto un espacio cuadrado con sus machetes y clavado cuatro palos para sostener nuestro colchón y el mosquitero dispuesto en baldaquino. Una colonia de insectos, atraídos por la extraña construcción, la había invadido por todas partes. Unos grillos rojos y brillantes, más grandes que una mano de hombre, parecían dispuestos a imponer su ley. El guardia los espantaba al vuelo con la culata del machete y ellos salían a volar dando chillidos agudos.

—¡Ustedes duermen aquí! —dijo el guardia, saboreando sin pudor nuestra angustia.

Me deslicé bajo el toldillo tratando de bloquear el ingreso de la fauna delirante, miré el cielo abierto sobre mi cabeza, plagado de nubes negras, y me sumí en un sueño pastoso.

Habían comenzado a construir el campamento en el monte, más allá del maizal y detrás de una plantación de matas de coca que rodeaba la casa. Al atravesarla, nos llenamos los bolsillos de la chaqueta con limones verdes caídos al pie de un enorme limonero que se destacaba entre los cocales.

Habían llevado una motosierra y yo los oía desde la mañana hasta la tarde, encarnizados tumbando árboles. Ferney nos ayudó a instalarnos y se puso a construirnos con dedicación una pasera[7] para que pusiéramos allí nuestras cosas. Por la tarde peló los palos que harían las veces de estacas y quedó muy orgulloso de «hacer un trabajo bien hecho».

Una vez terminada su labor, Ferney se fue y dejó olvidado el machete, oculto entre el arrume de cortezas de las ramas peladas. Clara y yo lo vimos al mismo tiempo. Mi compañera pidió permiso para ir a los chontos. A la vuelta, se las arregló para cruzar un par de palabras con el guardia. Con eso bastaba para recoger el machete, envolverlo en una toalla y esconderlo en el morral.

Tener el machete en nuestro poder nos producía una gran euforia. De nuevo era posible aventurarse en la selva. Pero los guerrilleros podían imponernos una requisa en cualquier momento. A la mañana siguiente fuimos sometidas a una dura prueba. Ferney llegó acompañado de cuatro muchachos que rastrillaron la zona sin decir media palabra. Nosotras estábamos sentadas bajo el mosquitero, con las piernas recogidas. Clara leía en voz alta un capítulo de *Harry Potter y la piedra filosofal*, el libro que había metido en su bolso antes de salir de Bogotá. Habíamos convenido turnarnos en la lectura. Durante la hora que se pasaron buscando, nuestra

---

[7]. Pequeño estante.

lectura solo fue mecánica. Leíamos sin entender nada. Las dos estábamos concentradas mirando por el rabillo del ojo lo que hacían los compañeros de Ferney, y tratábamos de parecer indiferentes a sus movimientos.

Finalmente, uno de los muchachos se dirigió hacia nosotras y preguntó, poniendo mala cara:

—¿No habrán sido ustedes las que cogieron el machete de Ferney?

Una oleada de adrenalina me bloqueó el cerebro y respondí tontamente:

—¿Por qué?

—Ferney dejó aquí el machete ayer por la tarde —contestó en tono amenazante.

Tartamudeé algo, sin saber qué decir, angustiada ante la idea de que interrogaran también a mi compañera.

Era demasiado evidente que yo tenía miedo. Sabía que iban a requisarnos y entraba en pánico con solo pensarlo.

Fue entonces cuando Ferney vino a mi rescate.

—No creo que lo haya dejado aquí. Me acuerdo que me lo llevé cuando me fui. Creo que lo dejé por el lado del aserradero, cuando fui a buscar las tablas. Ahorita lo busco. Vámonos.

Habló sin mirarme a los ojos. Dio media vuelta y se llevó con él a sus compañeros, felices de quedar relevados de su misión.

Mi compañera y yo quedamos allí, extenuadas. Tomé el libro entre mis manos temblorosas y traté de retomar la lectura. Pero me fue imposible fijar mi vista en la página. Dejé caer el libro en el colchón. Nos miramos como si hubiéramos acabado de ver al diablo y soltamos a reírnos, con una risa contenida y nerviosa, dobladas en dos para que no nos vieran los guardias.

Por la noche, al hacer el recuento de los acontecimientos del día, sentí surgir en mí un sentimiento de culpabilidad que me pareció ridículo: me sentía mal por haber engañado a Ferney.

No nos habían vuelto a poner las cadenas. Podíamos movernos libremente alrededor de la caleta. A pesar de ello, la mayor parte del día la pasábamos sentadas en el universo de dos metros cúbicos que delimitaba el toldillo, pues ya nos habíamos acostumbrado. El velo que nos separaba del mundo exterior era una barrera psicológica que nos protegía del contacto, de la curiosidad y de los sarcasmos que provenían de afuera. No obstante, la sensación de poder salir de «nuestra caleta» y caminar de un lado a otro, si nos daba la gana, era una libertad muy valiosa, sobre todo ahora que comprendíamos que corríamos el riesgo de perderla. La usábamos con moderación, pues nos daba miedo que nos vieran muy exaltadas de tenerla y les diera por usarla como instrumento de chantaje.

Poco a poco, estaba tomando el camino del desprendimiento de las pequeñas y de las grandes cosas, para no estar sometida a mis deseos o a mis necesidades, puesto que al no tener el control de su satisfacción, me tornaba aún más dependiente de mis carceleros.

También nos habían traído un radio. Fue algo tan inesperado que ni siquiera nos dio gusto. El Mocho César nos lo había mandado, tal vez porque en nuestra última conversación le había dicho que no sabía nada del mundo y que lo más increíble de todo era que me daba igual. En efecto, probablemente después de la muerte de Papá, me parecía que el mundo exterior era algo extraño y lejano. Para nosotras, la radio era una molestia.

Era un radio Sony, de los grandes, que los jóvenes llamaban «la panela», pues era cuadrado y negro, un modelo que gozaba de cierta popularidad entre los guerrilleros, porque tenía un parlante potente con el que la tropa oía a todo volumen la música popular que estaba de moda. Cuando Jessica nos trajo el radio, comprendí de inmediato que no le había gustado en absoluto el gesto de su comandante. Y lo peor es que se sintió ofendida ante nuestra falta de interés:

—¡Acá no van a tener nada mejor!

Interpretó nuestra reacción como un acto de desprecio, creyendo que «en la civil» estábamos acostumbradas a cosas mucho mejores. No podía comprender que en nuestro estado mental lo único que nos interesaba era la libertad.

Jessica se vengó a su manera. Al día siguiente vino a buscar la navaja que el Mocho César me había regalado antes de irse, con el pretexto de que el comandante César la había mandado pedir. Yo sabía a la perfección que se quedaría con ella. Jessica era la novia del comandante. Podía hacer lo que quería. Le entregué la navaja a regañadientes, diciéndole que era un regalo, lo que duplicó su placer de quitármela.

El radio, por su parte, se convirtió poco a poco en un objeto de discordia. Al comienzo, Clara y yo nos lo turnábamos para tratar de oír los noticieros del día. Sin embargo, con un radio tan caprichoso el ejercicio no era fácil. Había que mover el aparato como un radar en todas las direcciones, buscando el ángulo de recepción más eficaz. Por desgracia, la señal siempre estaba saturada de interferencias.

Lo que me parecía sorprendente es que en la caleta vecina había un radio igual, exactamente la misma «panela», que recibía una señal perfecta. Descubrí que los guerrilleros traficaban los radios «envenenando» los circuitos: instalaban al interior pedazos de cable para aumentar la potencia de la recepción. Le pregunté a alguien si me podía «envenenar» mi «panela». Me mandaron adonde Ferney.

—Claro, yo le hago eso. Pero cuando terminen de construirles la casa nueva.

Sentí como si me hubiera caído un baldado de agua fría.

—¿Cuál casa nueva?

—La casa que el comandante César mandó construirles. Ahí van a estar bien. Van a tener una pieza para ustedes. Ahí nadie la va a poder ver cuando se desvista.

Esa era la menor de mis preocupaciones. ¿Una casa de madera? ¡La guerrilla se estaba preparando para mantenernos secuestradas durante meses! Entonces no iba a estar en mi casa para el cumpleaños de Melanie, ni para el de Lorenzo; iba a cumplir catorce años, y dejaría de ser un niño. Estar lejos de él en ese momento me rompía el corazón. Dios mío, ¿y si el cautiverio se prolongaba hasta Navidad?

La angustia no me abandonaba. Había perdido por completo el apetito.

Una vez hubieron cortado las tablas, la construcción de la casa se hizo en menos de una semana. La levantaron sobre pilotes, con un techo de palmas trenzadas cuya elaboración me pareció un prodigio de belleza y habilidad. Era una construcción simple, en un plano rectangular, cerrada con paredes de madera de dos metros de alto por tres costados y con la fachada, que daba al campamento, totalmente abierta al exterior. En la esquina izquierda de este espacio, hicieron dos paredes interiores para construir una habitación cerrada, con una verdadera puerta. En el interior había cuatro tablas, sostenidas por dos caballetes de madera a modo de cama y en los rincones unas piezas de madera que servirían como estantes. Fuera de la habitación habían hecho una mesa para dos y un banco pequeño.

Andrés quiso ser el encargado de llevarnos a nuestro nuevo alojamiento. Estaba orgulloso del trabajo que había hecho su equipo. Yo no podía ocultar mi desazón. La puerta estaría cerrada con un gran candado por la noche y no veía cómo podríamos escaparnos. Aun así, probé suerte:

—Habría que hacer una ventana. La habitación es muy pequeña y oscura. Nos vamos a ahogar.

El comandante me miró con desconfianza y yo no insistí. Sin embargo, al día siguiente llegó un grupo de guerrilleros con una sierra para abrir una ventana. Suspiré aliviada: con una ventana tal vez tendríamos más oportunidades.

Nuestra vida cambió. Paradójicamente, aunque el nuevo espacio era más cómodo que nuestras condiciones de vida anteriores, las tensiones con Clara hicieron insoportables. Yo había establecido una rutina que me permitía estar activa al tiempo que evitaba al máximo importunarla. Pero sus reacciones no eran previsibles. Si yo barría, ella me perseguía para quitarme la escoba de las manos. Si me sentaba a la mesa, quería tomar mi lugar. Si yo caminaba de un lado a otro para hacer ejercicio, me interrumpía el paso. Si yo cerraba la puerta para descansar, me exigía que saliera. Si me negaba, ella me saltaba encima como un gato con las garras afuera. Yo ya no sabía qué hacer. Una mañana, al descubrir una colmena de abejas en un rincón de la cocina, se puso a gritar y con la escoba tiró todo lo que había en los estantes junto a la pared. Luego, se fue corriendo a la selva. Los guardias la volvieron a traer, empujándola con sus fusiles.

Cuando Ferney vino a encargarse de nuestro radio, nos trajo una escoba nueva que hizo para nosotras. «Quédense con ella. Es mejor que no pidan prestadas las cosas. Eso molesta a la gente».

Ferney se tomó el tiempo de explicarme cuáles eran los programas que se podían captar y a qué horas los pasaban. Antes de las seis de la mañana no había nada. Por el contrario, en la noche podíamos captar todas las emisoras del país. Sin embargo, se le olvidó contarnos lo esencial: la existencia de un programa radial que transmitía los mensajes que nos dirigían nuestras familias.

La tensión aumentó una mañana, muy temprano, cuando sentí que me molestaba un chirrido abominable. Clara estaba sentada contra la pared, con el radio entre las piernas, girando los botones en todas las direcciones, inconsciente del ruido que estaba haciendo. El candado de nuestra puerta solo se abría a las seis. Me senté en silencio a esperar. Mi mal humor iba en aumento. Le expliqué lo más calmadamente que pude que no podía captar nada antes de las seis y media de la mañana, con la esperanza de que apagara el radio. Pero no le importaba la molestia que producía y siguió haciendo ruido con el aparato. Yo me levantaba, me volvía a sentar, daba vueltas en medio de la cama y la puerta para manifestar mi desespero. Poco antes de que abrieran el candado, por fin decidió hacer callar la «panela».

Al día siguiente, la escena se repitió idéntica, salvo que esta vez no fue posible hacerle apagar el radio. Yo la miraba, concentrada oyendo el traqueteo del aparato, y pensaba: «Se volvió loca».

Una mañana, cuando había salido y estaba cepillándome los dientes en un balde de agua que los guerrilleros ponían en un extremo de la casa. Oí un estruendo dentro de la habitación. Fui corriendo a ver qué había pasado, nerviosa, y encontré a Clara con los brazos caídos y el radio roto a sus pies. Miraba fijamente el aparato.

—Qué vaina. Después vemos si alguien puede arreglarlo —dije, tratando de no guardarle resentimiento.

12
FERNEY

A las seis de la tarde, cuando todavía había luz, el guardia venía a poner el candado en la puerta. Le daba una vuelta a la barraca, pasando por detrás, y cerraba la única ventana, con un gran candado también. Luego se iba al frente, a ocupar su puesto de vigilancia durante la noche. Yo seguía sus movimientos con sumo interés, tratando de encontrar la falla en el sistema que nos permitiría escapar.

Habría que programar la operación en dos tiempos. Antes de las seis de la tarde, Clara debía salir por la ventana, correr y refugiarse en los arbustos que había detrás de la casa. Debería llevarse el morral donde meteríamos todo lo necesario. El guardia llegaría a las seis en punto a cerrar la puerta. Me vería a mí junto a un bulto que confundiría con mi compañera dormida. Pondría el candado antes de hacer la ronda y cerrar la ventana por detrás. Yo tendría el tiempo justo para salir por la ventana y saltar al techo para esconderme allí. El guerrillero le pondría el candado a la ventana y se iría a su puesto de vigilancia. Así, me dejaría el campo libre para ir hasta donde Clara, detrás de la choza. Enseguida, deberíamos tomar a la derecha para alejarnos del campamento y luego girar en ángulo recto hacia la izquierda, lo que nos llevaría hacia el río. Habría que nadar y dejarse llevar por la corriente lo más lejos posible. Tendríamos que escondernos durante el día, pues los guerrilleros se habrían lanzado a nuestra búsqueda y peinarían toda la zona. Sin embargo, después de dos noches de navegación, sin saber de qué lado nos habíamos ido, ya no podrían encontrarnos. Deberíamos, entonces, buscar la casa de algún campesino y correr el riesgo de pedir ayuda.

Me producía aprensión la idea de nadar en las aguas negras de esta selva en plena noche, pues había visto los ojos brillantes de los caimanes escondidos cerca de las orillas, al acecho de su presa. Tendríamos que llevar una cuerda y amarrarnos para evitar que la corriente nos separara, y para no perdernos en la oscuridad. Si a una de las dos la atacaba un caimán, la otra la salvaría con el machete. Había que hacerle un estuche al machete, para poder llevarlo amarrado a la cintura sin que nos molestara para nadar. El morral habría que llevarlo a la espalda, y nos los tendríamos que turnar. El contenido debía ser meticulosamente enrollado en bolsas de plástico y cerrado herméticamente con cauchos elásticos. Nuestra resistencia en el agua era un verdadero problema. Habría que fabricar flotadores, pues debíamos nadar muchas horas.

Resolví el problema de los flotadores utilizando una hielera de poliestireno en donde le habían traído unos medicamentos a la enfermera. Le pedí a Patricia que me dejara conservar la hielera y ella se rio ante mi curiosa petición. Me dio la hielera como quien le regala un juguete roto a un niño para que se divierta. Volví muy orgullosa de mi adquisición y cerramos bien la puerta de la habitación. Clara y yo cortamos la hielera con el machete, hablando fuerte y riéndonos para tapar el ruido destemplado que producía el filo en el poliestireno. Elaboramos flotadores con los costados de la hielera, lo suficientemente grandes para apoyar el torso pero lo suficientemente pequeños para meterlos en el morral.

El resto de los preparativos era más fácil. Un atardecer descubrí, justo antes de que nos encerraran para pasar la noche, que había en el travesaño de la puerta un gigantesco alacrán hembra con su progenie pegada al abdomen. Medía más de veinte centímetros de largo. El guardia la mató de un machetazo y la puso en un frasco con formol. Según él, se le podía sacar un antídoto milagroso. Insistí en el peligro de no tener luz en el interior de la habitación, impresionada por la posibilidad de que el animal me hubiera caído en la nuca al cerrar la puerta. Andrés nos mandó la linterna de bolsillo, la cual soñaba para nuestra fuga.

Sin embargo, aunque estábamos preparadas, nuestros planes se retrasaron. Tuvimos una semana de temperaturas apenas por encima de cero, especialmente al amanecer. «Son las heladas del Brasil», me dijo el guardia, en tono de experto. Me alegré de no haber huido todavía. Luego me dio una gripa que también nos retrasó. Sin medicamentos, la fiebre y la tos se prolongaron. Con todo, el principal obstáculo para nuestra evasión era el comportamiento ciclotímico de Clara. Un día, me explicó que no iba a escaparse porque quería tener hijos y el esfuerzo de la huida podía perturbar su capacidad para concebir.

Una tarde, buscando refugiarme en la habitación, escuché una conversación sorprendente. Mi compañera le contaba a la muchacha que hacía guardia un episodio de mi vida que yo le había revelado, con las mismas palabras que yo había usado para describirlo. Yo reconocía con exactitud mis expresiones, las pausas que había tenido que hacer, la entonación de la voz. Todo igual. Lo inquietante es que Clara me había suplantado en la narración. «Esto no puede sino ir de mal en peor», pensé.

Teníamos que hablar. «Tú sabes que pueden cambiarnos de campamento de un día para otro», le dije una noche, antes de que se durmiera. «Aquí ya les conocemos la rutina, sabemos cómo funcionan. Además, con esta casa han bajado la guardia. Es un buen momento. Por supuesto que va a ser difícil, pero todavía es posible. Podemos encontrar gente a dos o tres días de nado. Todavía no estamos en el confín del mundo». Por primera vez en semanas, volví a encontrar a la persona que había conocido. Sus reflexiones eran centradas y sus preguntas constructivas. Sentí verdadero alivio de poder compartir mis inquietudes con ella. Fijamos la fecha de nuestra partida para la semana siguiente.

El día convenido, lavamos nuestras toallas y las tendimos en las cuerdas para bloquear la vista del guardia. Yo había verificado que desde el lugar de donde nos vigilaban no pudieran vernos los pies, por debajo de los pilotes que sostenían la casa, en el momento en que saltáramos al suelo. Llevamos a cabo nuestra rutina con exactitud, como todos los días. Tal vez comimos más que de costumbre, lo que hizo que nuestra recepcionista levantara las cejas. Era una hermosa tarde soleada. Esperamos hasta el último momento.

A la hora fijada, Clara empezó a salir por la ventana, como habíamos acordado. Sin embargo, se quedó atascada, con medio cuerpo por fuera y medio por dentro. Yo la empujaba con todas mis fuerzas. Por fin logró pasar y cayó al suelo tambaleándose, pero se recuperó rápidamente. Le lancé el morral por la ventana y en el momento en que iba corriendo hacia los arbustos oí una voz que me llamaba. Era Ferney, que venía de los chontos. ¿La habría visto?

—¿Qué hace ahí?

—Estoy tratando de ver las primeras estrellas —le respondí, como Julieta en su balcón. Miraba al cielo esperando que se fuera. La penumbra avanzaba rápidamente. El guardia tendría que cerrar la puerta con el candado. Había que cortar en seco la conversación. Me atreví a echar un vistazo hacia el lugar donde estaba Clara. Estaba invisible. Ferney continuó:

—Yo sé que usted está triste por lo de su papá. Yo quería decírselo antes, pero no encontré el momento.

Me sentía haciendo un papel en una pésima obra de teatro. Si alguien hubiera visto la escena, la habría encontrado cómica. Yo estaba apoyada en la ventana, mirando las estrellas, tratando de engañar a un guerrillero para lograr escaparme y el guerrillero a mis pies o, en todo caso, bajo mi ventana, hablándome muy amable con la actitud de alguien que se prepara para dar una serenata. Le imploraba a la Providencia que me socorriera.

Ferney interpretó mi silencio y mi ansiedad como señales de emoción.

—Perdone, no debería hacerla pensar en cosas tristes. Pero tranquila, que un día va a salir de aquí y va a ser más feliz que antes. ¿Sabe una cosa? nunca digo esto, porque nosotros somos comunistas, pero yo rezo por usted.

Me dio las buenas noches y se fue. Di media vuelta en un segundo y el guardia ya estaba ahí, inspeccionando la habitación. No había tenido tiempo de hacer un bulto convincente.

—¿Dónde está la otra prisionera?

—No sé. En los chontos, tal vez.

Nuestra tentativa de fuga fue un fracaso lamentable. Rezaba para que Clara entendiera y regresara lo más pronto posible. ¿Qué iba a hacer si la encontraban con el morral? ¡Dentro del morral estaban el machete, las cuerdas, la linterna de bolsillo, la comida! Yo sudaba frío.

Decidí irme a los chontos sin pedir la autorización del guardia, con la esperanza de llamar su atención sobre mí y permitirle a Clara entrar en la habitación. El guardia me persiguió gritando y me enterró la culata del fusil para obligarme a devolverme. Clara ya estaba al interior del cuarto. El guardia la interpeló groseramente y nos encerró. —

¿Tienes el morral?

—No. Me tocó dejarlo escondido contra un árbol.

—¿Dónde?

—Cerca de los chontos.

—¡Dios mío! Tenemos que pensar... ¿Cómo hacemos para recuperarlo antes de que lo descubran?

No dormí en toda la noche. Al despuntar el alba, oí voces y gritos del lado de los chontos y pasos rápidos alrededor de la casa. Tuve la sensación de desinflarme de la angustia que me había ahogado toda la noche. Sentí en ese instante una paz y una serenidad absolutas. Nos iban a sancionar. Por supuesto. Qué importaba. Iban a ser viles, humillantes y tal vez incluso violentos. Eso ya no me impresionaba. Yo simplemente pensaba que nuestra huida se retrasaría más, pues en lo más profundo de mí sabía que nunca me daría por vencida.

La puerta se abrió antes de las seis de la mañana. Andrés estaba ahí, rodeado de buena parte de la tropa. Con tono imperioso, ordenó: «Requisen de arriba abajo». Las muchachas habían tomado posesión del lugar y lo rastrillaron. También habían encontrado nuestro morral y lo habían desocupado. Yo estaba blindada. Cuando terminaron de registrar y de quitarnos todo, la cuadrilla se dispersó. Solo se quedó Andrés.

—Empiece —le dijo a alguien que estaba detrás de mí y que yo no había visto. Me volteé.

Era Ferney, con un martillo y una caja enorme de puntillas oxidadas. Entró en la habitación y comenzó a clavar frenéticamente puntillas en todas las tablas, cada diez centímetros. Dos horas después todavía no había terminado de sellar la habitación. Desde un comienzo, se había encerrado en un mutismo absoluto y se había dispuesto a cumplir su tarea con una aplicación enfermiza, como si hubiera querido clavarme a mí a las tablas. Luego se subió al techo y siguió con su oficio, a caballo sobre una viga, martillando con rabia incluso donde era visiblemente inútil hacerlo, hasta que se le acabó su reserva de puntillas.

Me pasé todo el día mirándolo. Sabía perfectamente lo que podía estar sintiendo Ferney. Había recuperado su machete y se sentía burlado. Se debía de acordar de la conversación que tuvimos en la ventana. Al principio, me sentía avergonzada, culpable por haberlo hecho caer en la trampa. Sin embargo, a medida que pasaban las horas me parecía cada vez más grotesco, con ese martillo y esas puntillas, con su obsesión y con ese frenesí con que transformaba la habitación en un búnker.

Pasó delante de mí, furibundo.

—¡Usted es ridículo! —le dije sin poder contenerme.

Dio media vuelta y golpeó la mesa con las dos manos, con cara de querer saltarme encima.

—Repita lo que acaba de decir.

—Digo que usted me parece ridículo.

—Usted me roba el machete, se burla de mí, trata de volarse, ¿y el ridículo soy *Yo*?

—¡Sí, usted es ridículo! No tiene por qué estar furioso conmigo.

—Estoy furioso porque usted me traicionó.

—Yo no lo he traicionado. Ustedes me secuestraron, me tienen prisionera. Estoy en todo mi derecho de escaparme.

—Sí, pero yo le había ofrecido mi amistad. Yo le di mi confianza.

—Ah, y el día que su jefe le ordene pegarme un tiro en la cabeza, ¿podré contar con su amistad?

Me miró con mucho dolor, sin contestar. Hizo una pausa, se enderezó lentamente y se fue.

No lo volví a ver. Una noche, varias semanas después, cuando venía de nuevo a ocupar su puesto de vigilancia y a cerrar la puerta con el candado, sacó de su chaqueta una manotada de velas y me las entregó.

Cerró la puerta rápidamente, sin darme tiempo de decir nada. Esas velas prohibidas eran su respuesta. Me quedé de pie, con un nudo en la garganta.

13
APRENDIZ DE TEJEDORA

En el aburrimiento en que vivía, leía la Biblia y tejía. Me habían dado una gran Biblia con mapas e ilustraciones al final del libro. ¿Me habría sido posible descubrir las riquezas de la Biblia, si no hubiera sido empujada por la inactividad y el tedio? Me temo que no. El mundo en el que vivía antes no era propicio para la meditación ni para el silencio. Es ante la ausencia de distracciones que el cerebro empieza a revolver las palabras y los pensamientos, como al revolver la masa para hacer algo nuevo. Releía los pasajes y descubría por qué se habían incrustado en mi memoria. Eran como fisuras, pasadizos secretos, puentes para otras reflexiones y para una interpretación totalmente diferente del texto. La Biblia se convertía, entonces, en un mundo apasionante de códigos, insinuaciones, sobreentendidos.

Quizá por eso me dedicaba sin dificultad al ejercicio de tejer. En la actividad mecánica de las manos, la mente entraba en meditación y eso me permitía reflexionar sobre lo que había leído, mientras que mis manos hacían su labor.

Comencé a tejer un día que fui a hablar con el comandante.

Ferney estaba sentado en su caleta. Beto, el muchacho que compartía con él la carpa, estaba de pie delante de uno de los postes de madera que la sostenían, concentrado tejiendo una correa con hilos de nailon. Ya los había visto tejer muchas veces. Era fascinante. Habían adquirido tal destreza y movían tan rápidamente las manos que parecían máquinas. En cada nudo aparecía una nueva forma. Podían tejer correas con su nombre en relieve. Luego las teñían en la rancha, poniéndolas a hervir en ollas enormes llenas de aguas de colores fluorescentes.

Me detuve un instante a admirar su trabajo. Las letras de Beto eran más bonitas que las de todos los demás.

—Es el mejor de todos nosotros —dijo Ferney sin complejos—. ¡En el tiempo que yo hago una, Beto hace tres!

—Ah, ¿sí?

No veía muy clara la ventaja de avanzar rápido, en un mundo donde había tanto tiempo para perder. Esa noche, en mis elucubraciones nocturnas, pensé que me gustaría aprender a tejer correas como él. La idea me animaba, pero, ¿cómo empezar? ¿Debía pedirle permiso a Andrés? ¿A uno de los guardias? Ya había aprendido que en la selva no se gana nada cuando se actúa movido por un impulso. El mundo donde había caído prisionera era el mundo de la arbitrariedad. Era el imperio del capricho.

Un día hubo un aguacero tremendo. Había llovido a cántaros desde por la mañana hasta por la tarde. Yo me había sentado en el suelo a ver el espectáculo de la naturaleza desatada. Cortinas de agua bloqueaban la vista a lo lejos y solo se alcanzaban a ver las caletas más cercanas. El resto del campamento había desaparecido. Los guardias permanecían inmóviles en su puesto, tapados con un plástico negro de pies a cabeza, como almas en pena. Parecían flotar sobre un lago, pues el suelo no alcanzaba a absorber toda la lluvia y estaba cubierto varios centímetros con un agua marrón. Todo el que se aventuraba a salir de su caleta volvía lleno de barro. El campamento se inmovilizaba. Solo Beto seguía tejiendo su correa, frente al poste, sin hacer caso del aguacero. No podía dejar de mirarlo.

Al día siguiente, Beto y Ferney vinieron juntos, con una gran sonrisa.

—Pensamos que le gustaría aprender a tejer. Le pedimos permiso al comandante Andrés y él dijo que sí. Ferney le va a dar el cáñamo y yo le voy a enseñar.

Beto pasó varios días conmigo. Primero me mostró cómo preparar la trama y tensionarla con un ganchito que llamaban «garabato». Ferney me hizo uno bonito y yo me sentí equipada como una profesional. Beto pasaba al final de la tarde a revisar mi trabajo del día. «Tiene que templar más los hilos con el garabato», «Hay que hacer los nudos más apretados», «Tiene que halar dos veces, si no se sueltan». Ponía todo mi empeño en aprender bien, en corregirme, en seguir las instrucciones al dedillo. Tuve que envolverme los dedos con pedazos de tela, pues a fuerza de templar el hilo de nailon se me cortó la piel. Pero eso no importaba. Dedicada a mi obra, ya no sentía el peso del tiempo. Las horas transcurrían veloces. «Como los monjes», pensé, que en sus ejercicios de contemplación elaboran objetos preciosos. Sentía que la lectura de la Biblia y las meditaciones que surgían en las horas en que tejía me hacían mejor persona, más tranquila, menos susceptible.

Un día, Beto vino a decirme que ya estaba lista para hacer una correa de verdad. Ferney se apareció con un carrete entero de cañamo. Cortamos hilos de diez «brazadas» para hacer una correa de «cinco cuartas». Esas eran las medidas de la selva. Una brazada era la longitud comprendida entre una mano y el hombro contrario; la cuarta era la distancia entre la punta del pulgar y la punta del meñique, con la mano extendida.

Yo quería tejer una correa con el nombre de Melanie, con un corazón en cada extremo. Ya había preguntado y nadie sabía hacer corazones. Decidí improvisar y tuve éxito, lo que generó una especie de moda en el campamento, pues todas las muchachas querían corazones ellas también, en sus correas.

La posibilidad de estar activa, de crear, de inventar, era como una tregua. Solo faltaban dos semanas para el cumpleaños de Melanie. Resolví que la correa estaría lista antes, incluso si debía pasar los días enteros tejiendo. El ejercicio me hacía entrar en una especie de trance. Tenía la impresión de estar en comunicación con mi hija y, por tanto, con lo mejor de mí misma.

Una tarde, Beto vino a verme otra vez. Quería mostrarme otra correa de colores diferentes que había hecho con una técnica nueva. Me prometió que me la enseñaría también. Luego, en medio de la conversación, sin más ni más, me dijo:

—Tiene que estar lista para correr cuando le avisemos. Los chulos están cerca. Si llegan, a usted la matan. Eso es lo que quieren, que digan que la guerrilla la mató, y así no tienen que negociar su liberación. Si estoy ahí, salgo a perderme en carrera. No me voy a hacer matar por usted. Nadie lo va a hacer.

Tuve una sensación extraña al escucharlo hablar. Me dio lástima, como si por obra de la confesión que acababa de hacerme se condenara a no recibir la ayuda de otros, cuando la necesitara.

Se fue del campamento al día siguiente, «en misión», lo que quería decir que probablemente sería el encargado de llevarnos las provisiones durante los meses siguientes. Una noche, cuando los guardias empezaron a hablar, pues creían que estábamos profundamente dormidas, me enteré que Beto había muerto en una emboscada que el ejército colombiano les había tendido, la misma en que el Mocho César había perdido la vida. Para mí fue un choque terrible. No solo porque me venían a la memoria los ecos de sus palabras y, con ellas, el recuerdo de sus indómitas ganas de vivir, sino sobre todo porque no lograba entender que sus compañeros hablaran de su muerte sin el menor rastro de dolor, como si estuvieran hablando de la última correa que estaba tejiendo.

Era inevitable pensar en el macabro guiño del destino, esta correspondencia fatídica, pues comprendía que, al fin y al cabo, lo habían matado «por mí», a causa de esta sucesión precisa de acontecimientos que nos hizo encontrarnos, a pesar de nosotros mismos:

él era mi carcelero, yo era su rehén. Mientras terminaba la correa que me había ayudado a comenzar, perdida en mis meditaciones, le agradecí en silencio por el tiempo que había dedicado a hablar conmigo, más que por el arte que me había transmitido, pues descubría que lo más valioso que tienen los demás para darnos es su tiempo. El tiempo al cual la muerte le da su valor.

14
LOS DIECISIETE AÑOS DE MELANIE

Los días eran iguales los unos a los otros y se arrastraban lentamente. Me costaba trabajo recordar las cosas que había hecho el día anterior. Todo lo que vivía iba a dar a una gran nebulosa y solo memorizaba los cambios de campamento, pues me resultaban dolorosos. Hacía siete meses me habían secuestrado y sentía las consecuencias. Mi centro de interés se había deslizado: el futuro ya no me interesaba y el mundo exterior tampoco. Eran simplemente inaccesibles para mí. Vivía el presente en la eternidad del desconsuelo, sin esperanzas de que llegara a su fin.

No obstante, el cumpleaños de mi hija me cayó encima, como si el tiempo se hubiera acelerado caprichosamente solo para perturbarme. Llevaba trabajando dos semanas en su correa. Estaba orgullosa. Los guerrilleros pasaban frente a la casa para admirar mi obra: «¡La cucha aprendió!», decían con algo de sorpresa, queriendo hacer un cumplido. En su argot, llamarme «cucha» no tenía ninguna connotación peyorativa. Utilizaban el mismo término para hablar del comandante, en un tono familiar y respetuoso a la vez. Sin embargo, me costaba trabajo acostumbrarme. Me sentía relegada irremediablemente al armario de las reliquias. Pero mi hija iba a cumplir diecisiete años. A mi edad, yo podía ser la madre de todos ellos.

Seguía tejiendo, perdida en diez mil reflexiones que se agregaban unas a otras, como los nudos que iba cerrando pacientemente en mi labor. Por primera vez después de mi captura, sentí prisa. Este descubrimiento me maravilló. El día anterior al cumpleaños de Melanie, a las seis de la tarde, justo antes de que nos encerraran, cerré el último nudo de su correa. Estaba orgullosa.

Tenía que ser un día de alegría. Me decía que era la única manera de rendirle homenaje a ella, que había venido a llenar de luz mi vida, incluso hasta el fondo de este horrible hueco verde. Pasé la noche entera reviviendo mentalmente su vida. Volví a ver el día de su nacimiento, sus primeros pasos, el miedo mortal que le producía una muñeca mecánica que caminaba mejor que ella. La veía en su primer día de colegio, con sus colitas y sus boticas blancas de bebé, y poco a poco la veía crecer, siguiéndola en su recorrido hasta la última vez que la tuve entre mis brazos. Lloré, pero mis lágrimas eran de otra naturaleza. Lloraba de felicidad por haber estado allí, y por haber acumulado tantos instantes mágicos que podía evocar ahora para apagar mi sed de felicidad. Era, sin lugar a dudas, una felicidad triste, pues la ausencia de mis hijos me resultaba terriblemente dolorosa, pero era la única a la cual podía aspirar.

Me levanté mucho antes de que abrieran la puerta. Había esperado sentada en el borde de la cama, cantando en mi cabeza la canción de cumpleaños, cuyas vibraciones debían llegarle a mi hija, siguiendo un recorrido que yo hacía mentalmente desde esta casa de madera, pasando por encima de los árboles y la selva, más allá del mar Caribe, hasta su habitación, en la isla de Santo Domingo, donde la imaginaba durmiendo tal como yo la había dejado. Me imaginaba despertándola con un beso en su mejilla fresca y creía firmemente que ella debía de estar sintiéndome.

El día anterior había pedido permiso para hacer una torta y Andrés había dicho que sí. Jessica vino a ayudarme. Preparamos una masa con harina, leche en polvo (era una concesión sorprendente), azúcar y chocolate negro que pusimos a derretir en una olla aparte. Como no teníamos horno, decidimos hacerla frita. Jessica se encargó del glaseado: para eso utilizó un sobre de refresco en polvo, con sabor a fresa, y lo mezcló con leche en polvo diluida con un poco de agua. Con la pasta espesa que obtuvo transformó la torta negra en un disco rosado-fucsia sobre el que escribió con letras y arabescos: «De parte de las FARC-EP».

Andrés había dado permiso para que usáramos su grabadora y Jessica volvió a nuestra barraca con el aparato, la torta y el Mico, ese mismo guerrillero frente a cuyas narices nos escapamos. Estaba ahí para hacernos bailar, pues Jessica estaba decidida a aprovechar la ocasión. Por mi parte, yo también me había preparado. Me había puesto el bluyin que tenía el día que nos secuestraron (Melanie me lo había regalado en Navidad) y la correa que le había tejido a mi hija, pues había adelgazado mucho y el pantalón me nadaba.

Durante algunas horas, estos jóvenes se transformaron como por arte de magia. Ya no eran guardias, ni terroristas, ni asesinos. Eran jóvenes, de la edad de mi hija, que se divertían. Bailaban divinamente, como si no hubieran hecho otra cosa en la vida. Sus pasos, perfectamente sincronizados, transformaban la choza en un salón de baile, dando vueltas y girando con coquetería y elegancia. El espectáculo era fascinante. Jessica, con su pelo negro largo y rizado, era bonita y se sabía observada. Movía las caderas y los hombros justo lo necesario para hacer resaltar la armonía de sus formas. El Mico, que era bastante feo, parecía haberse metamorfoseado. El mundo le pertenecía. ¡Me habría gustado tanto que mis hijos hubieran estado ahí! Era la primera vez que me venía a la cabeza esta idea. Habría querido que conocieran a estos jóvenes, que descubrieran su extraño modo de vida, tan diferente y sin embargo tan cercano, pues todos los adolescentes del mundo se parecen. Yo había visto a estos muchachos en su faceta cruel, déspota, humillante. Al verlos bailar ahora, no podía evitar preguntarme si mis hijos, en las mismas condiciones que ellos, no habrían actuado de la misma manera.

Aquel día comprendí que nada nos hace tan diferentes los unos de los otros. Recordé mis épocas en el Congreso. Durante mucho tiempo había señalado y denunciado gente, para desenmascarar la corrupción de mi país. Ahora me preguntaba si estaba en lo correcto. No porque tuviera dudas sobre la veracidad de mis acusaciones, sino porque tomaba conciencia de la complejidad de la condición humana. Gracias a eso, veía la compasión desde otra perspectiva, como un valor esencial para manejar mi presente. «La compasión es la clave del perdón», pensaba, rechazando toda veleidad de venganza. El día del cumpleaños de Melanie me dije que no quería perder la oportunidad para tenderle la mano a mi enemigo cuando el momento se presentara.

Después de ese día, mi relación con Jessica cambió. Vino a preguntarme si yo podría darle clases de inglés. La petición me sorprendió: me preguntaba para qué podían servirle a una joven guerrillera los cursos de inglés en la selva.

Jessica llegó el primer día con un cuaderno nuevo, un bolígrafo y un lápiz con su borrador. Ser la novia del comandante tenía sus ventajas. Por otra parte, también era cierto que desde el primer día mostró las características de una magnífica alumna: buena letra, una organización mental y espacial metódica, una gran concentración y muy buena memoria. La dicha que le producía aprender me motivaba a preparar mejor mis clases. Para mi sorpresa, yo esperaba con impaciencia su visita. Al cabo del tiempo, empezamos a mezclar las clases con pequeñas conversaciones más privadas. Ella me contaba, escalofriada, cómo había sido la muerte de su padre, guerrillero él también, y cómo había sido su reclutamiento. Me describía su relación con Andrés. De vez en cuando, subía la voz y me hablaba del comunismo, de la alegría de haberse alzado en armas para defender al pueblo, del hecho de que las mujeres no eran discriminadas en las FARC y que el machismo estaba formalmente prohibido. Bajaba la voz para hablarme de sus sueños, de sus ambiciones, de sus problemas de pareja. Yo comprendía que le preocupaba que nos oyeran los guardias.

—Toca tener cuidado porque pueden malinterpretarme y luego me piden explicaciones en el aula.

Fue así como supe que todos los problemas se discutían en público. Todos estaban vigilados y tenían el deber de informarle al comandante sobre el menor comportamiento sospechoso de sus compañeros. La delación hacía parte intrínseca de su sistema de vida. Todos la padecían y la practicaban, indistintamente.

Un día llegó con la letra en español de una canción que le fascinaba. Quería que yo se la tradujera al inglés para cantarla «como una gringa». Trabajaba duro para perfeccionar su acento.

—Usted es muy buena con el inglés, y debería decirle a Joaquín Gómez que las FARC la manden a prepararse en el extranjero. Yo sé que muchos de los hijos de los miembros del Secretariado están en las mejores universidades de Europa y otras partes. Podría interesarles alguien como usted, que hable buen inglés…

Vi que sus ojos se iluminaron por un instante. Luego, recuperó la compostura y dijo en voz alta:

—Nosotros estamos aquí para dar la vida por la revolución, no para hacer estudios burgueses.

No volvió al curso de inglés. Eso me produjo tristeza. Una mañana que Jessica estaba de guardia, la abordé para preguntarle por qué había abandonado las clases de inglés, a pesar de que lo aprendía tan bien.

Miró a su alrededor y me dijo en voz baja:

—Discutí con Andrés. Me prohibió seguir estudiando inglés y me quemó los cuadernos.

15
A FLOR DE PIEL

Un amanecer, Ferney vino a vernos: «Empaquen todas sus cosas. Nos vamos. Tienen que estar listas en veinte minutos». Sentí que las piernas se me volvían de trapo. El campamento ya estaba a medio desmantelar. Todas las carpas habían sido recogidas y los primeros guerrilleros se iban con sus morrales a la espalda, en fila india, bordeando el río. Nos hicieron esperar.

A las doce del día en punto volvió Ferney, agarró nuestras cosas y nos ordenó seguirlo. Atravesamos el cocal como si nos hubiéramos metido en un horno, pues el sol calcinaba. Pasamos frente al limonero y bajé algunos limones para llenarme los bolsillos. Era un lujo que no podía dejar pasar. Ferney me miraba con impaciencia, hasta que se decidió también él a coger algunos limones, al mismo tiempo que me obligaba a seguir caminando. Volvíamos a entrar a la manigua. La temperatura cambió al instante. Del calor asfixiante del sembrado de coca pasamos a la frescura húmeda del sotobosque. Olía a podrido. Yo detestaba este mundo en perpetuo estado de descomposición y el bullicio de esos insectos de pesadilla. Era una tumba que solo esperaba un pequeño descuido para cerrarse encima nuestro. El agua estaba tan solo a unos veinte metros: íbamos bordeando el río. Eso quería decir que nos desplazaríamos en lancha. Pero no veía ninguna embarcación.

El guardia se sentó en el suelo, se quitó las botas y se acomodó como quien va a esperar largo tiempo. Yo miraba a mi alrededor, con la esperanza de encontrar un lugar propicio para descansar. Giré sobre mí misma, indecisa, como un perro que quiere sentarse. Ferney reaccionó riéndose.

—¡Espere!

Desenfundó el machete y despejó un espacio de terreno alrededor de un árbol muerto. Después cortó las hojas de un inmenso plátano silvestre y las dispuso con cuidado sobre el tronco.

— Siéntese, doctora —dijo en tono burlón.

Nos hicieron esperar todo el día, sentadas en ese viejo tronco a la orilla del río. A través del denso follaje se veía un cielo azul, de color cada vez más profundo, que me llenaba el alma de pesares: «Señor, ¿por qué? ¿Por qué?».

Un ruido de motor nos sacó del sopor. Todo el mundo se levantó. Aparte del piloto —que no era otro que Lorenzo—, ya venían en la lancha Andrés y Jessica. Logré relajarme un poco al ver que íbamos río arriba. Después de navegar un tiempo, llegamos a un río dos veces más ancho que el anterior. En la penumbra del crepúsculo brillaba por aquí y por allá un número cada vez mayor de lucecitas provenientes de casas. Hacía todo lo posible para no ceder al efecto hipnótico de las vibraciones del motor. Los demás roncaban a mi alrededor en posiciones inverosímiles, para evitar el viento que nos azotaba la cara.

Desembarcamos frente a una cabaña dos días después. Nos esperaban unos caballos. Llevadas de cabestro, atravesamos una finca inmensa con potreros llenos de ganado bien alimentado. De nuevo, rogué: «¡Dios mío, haz que este sea el camino a la libertad!». Sin embargo, abandonamos la finca y seguimos por una carretera destapada, muy bien cuidada y bordeada de cercas recién pintadas de blanco. Estábamos de vuelta en la civilización. Una sensación de ligereza me invadió. Esto debía de ser un buen augurio. Luego, en un cruce de caminos, nos hicieron bajar de los caballos, nos dieron nuestras pertenencias para que las cargáramos y nos dieron la orden de caminar. Alcé la mirada y vi una columna de guerrilleros que nos llevaba la delantera y que se adentraba de nuevo en la selva ascendiendo por una pendiente abrupta. Me preguntaba cómo lograría imitarlos. Con un fusil acuñado en la espalda, lo hice, un pie tras otro, como una mula. Andrés había resuelto establecer el nuevo campamento en la cima.

El aprovisionamiento en este nuevo lugar parecía más cómodo de organizar. Llegó un cargamento de champú y de objetos de cuidado personal que yo no había cesado de pedir desde hacía meses. Sin embargo, al ver la caja con todos esos frascos de supermercado, comprendí que mi liberación no estaba incluida en el programa. Los guerrilleros calculaban que yo seguiría allí en Navidad. También llegó un cargamento de ropa interior. Debía de haber algún comercio no muy lejos de ahí. El camino que habíamos tomado tendría que llevar a alguna parte. Tal vez habría un puesto de policía en los alrededores, o incluso un destacamento militar.

Decidí llevar una rutina con el propósito de no despertar las sospechas de los guerrilleros. Vivíamos en una caleta que nos habían hecho bajo un inmenso plástico negro. También nos construyeron una mesa con dos sillas ubicadas frente a frente y una cama del tamaño apenas suficiente para nuestro único colchón y el mosquitero.

Le pedí permiso a Andrés para que nos hicieran una «pasera», un estante donde poner nuestras cosas. Jessica, que estaba detrás de él en ese momento, dijo con desdén: "¡Las instalan como unas reinas y todavía se quejan!". Me sorprendió su resentimiento.

Lo percibí un día, a la hora del baño. Debíamos bajar una pendiente que se había vuelto un barrizal desde el segundo día que llegamos, para acceder hasta una quebradita de ensueño que serpenteaba en la parte baja de nuestra colina. Ahí el agua era absolutamente transparente y corría por un lecho de piedrecitas como de acuario, que reflejaban la luz en una multitud de haces de colores.

Era mi momento preferido del día. Bajábamos al arroyo al comienzo de la tarde, para no molestar el trabajo de los cocineros, que por la mañana iban al mismo lugar a aprovisionarse de agua y lavar las ollas.

Dos muchachas nos vigilaban mientras lavábamos la ropa y nos bañábamos. Un día tuve la pésima idea de comentar que el lugar me parecía encantador y que me fascinaba bañarme en esas aguas cristalinas. Peor aún, me deleité en el riachuelo algunos instantes de más antes de encontrar la mirada de encono de una de las guerrilleras. A partir de ese momento, las muchachas que nos vigilaban empezaron a tener el reloj en la mano y nos obligaban a apurarnos desde el momento mismo en que llegábamos.

En todo caso, yo estaba decidida a no permitir que me arruinaran ese momento. Reduje al máximo el tiempo de la lavada de la ropa para disfrutar del baño. Luego les tocó el turno a Jessica y Yiseth de acompañarnos. No bien llegamos, Jessica se fue furiosa al ver que me lanzaba al agua con la alegría de una niña. Me imaginé que, irritada, iría a quejarse diciendo que yo me demoraba mucho tiempo en el baño. Pero antes nos habíamos cruzado con Ferney bajando la cuesta y contaba con él para que se arreglara la situación. No me imaginaba en absoluto lo que iría a ocurrir.

Estábamos desnudas lavándonos el pelo, con los ojos llenos de jabón, cuando oímos voces masculinas gritando obscenidades en el camino de bajada. No tuve tiempo de cubrirme antes de que los guardias nos ordenaran salir del agua, apuntándonos con el fusil. Protesté, tapándome con la toalla, y exigí que se fueran para poder vestirnos. Uno de los guardias era Ferney, poniendo cara de malo. Me dio la orden de retirarme del lugar de inmediato: «Aquí no están de vacaciones. ¡Se visten en la caleta!».

Octubre de 2002. Me protegía con la Biblia. Decidí comenzar por lo más fácil: los Evangelios. Esas historias escritas como si una cámara indiscreta hubiera seguido a Jesús, a su pesar, servían de estímulo a una reflexión libre. El Jesús de la Biblia se convertía en un individuo que cobraba vida ante mis ojos, que se relacionaba con los hombres y las mujeres de su entorno, y cuyo comportamiento me intrigaba, sobre todo por el hecho de que yo jamás habría actuado de la misma manera.

Un día, algo se accionó en mí. El episodio de las bodas de Caná me intrigó. Había un diálogo entre Jesús y su madre que me llamaba la atención, pues me parecía íntimamente familiar: yo habría podido vivir esa misma situación con mi hijo. María, al darse cuenta de que no hay más vino para la fiesta, dice: «No tienen vino». Jesús, quien de sobra comprende que detrás de esta simple frase hay una incitación a la acción, le responde de mal humor, casi molesto de sentirse manipulado. María, como todas las madres, sabe, a pesar del rechazo inicial de Jesús, que su hijo terminará haciendo lo que ella ha sugerido. Por eso se va a hablar con las personas encargadas de servir el vino, para que sigan las instrucciones de Jesús.

Tal como María le indicó, Jesús transforma el agua en vino y comienza su vida pública con este primer milagro. Había un innegable y simpático sabor pagano en el hecho de preocuparse tanto para que no se acabara la fiesta. Esta escena me tuvo en vilo durante varios días. ¿Por qué se había negado Jesús al principio? ¿Tenía miedo? ¿Estaba intimidado? ¿Cómo podía equivocarse sobre la conveniencia del momento si se suponía que lo sabía todo? La historia era apasionante. Mis pensamientos me daban vueltas incesantes en la cabeza. Buscaba... reflexionaba... Luego, de repente, lo entendí: ¡Él había podido optar! Era evidente, casi tonto. Pero eso lo cambiaba todo. Este hombre no era un autómata programado para hacer el bien y padecer un castigo a nombre de la humanidad. Sin duda, tenía un destino, pero había tomado sus decisiones, ¡siempre podía optar! En cuanto a mí, ¿cuál era mi destino? En este estado de ausencia total de libertad, ¿me quedaba a mí alguna posibilidad de optar por algo? En caso afirmativo, ¿por qué?

Aquel libro que tenía entre las manos se había convertido en mi único interlocutor fiable. Esas palabras escritas tenían tal poder que me llevaban a desnudarme ante mí misma, a dejar de huir, a tomar también mis propias decisiones. A través de una especie de intuición vital, descubrí que tenía ante mí un largo camino por recorrer que me transformaría de manera profunda sin que yo pudiera adivinar su esencia ni su alcance. Había una voz detrás de todas esas páginas llenas de líneas, y detrás de esa voz, una inteligencia que buscaba establecer contacto conmigo. Ya no era solamente la compañía de un libro que me sacaba del aburrimiento. Era una voz viva que me hablaba. A mí.

Consciente de mi ignorancia, leí la Biblia de la primera a la última línea verbalizando todas las preguntas que se me venían a la cabeza. En efecto, había notado que, con frecuencia, cuando un detalle de la narración me parecía incongruente, lo dejaba a un lado en mi mente, en una cesta que había puesto en mi imaginación para botar lo que no entendía, marcada con la palabra «errores», lo cual me permitía seguir leyendo sin hacerme cuestionamientos. A partir de ese momento, me hice las preguntas, lo cual estimuló mi reflexión para dejarme oír aquella voz que me hablaba en medio de todas esas palabras.

Comencé a interesarme por María, simplemente porque la mujer que había descubierto en las bodas de Caná era bastante diferente de la adolescente ingenua y un poco tonta que creía conocer hasta entonces. Revisé minuciosamente el Nuevo Testamento: era muy poco lo que había sobre ella. No hablaba nunca, salvo en el Magníficat, que tomaba otra dimensión para mí y que decidí aprender de memoria.

Mis días se habían enriquecido, mis angustias se habían suavizado. Abría los ojos con la impaciencia de ponerme a leer y a tejer. El cumpleaños de Lorenzo se acercaba y me había propuesto hacer que ese fuera un día tan feliz como el del cumpleaños de Melanie. Lo había convertido en un precepto de vida. Era también un ejercicio espiritual: obligarme a la felicidad en medio de la mayor desesperanza.

Me dediqué a confeccionarle una correa excepcional a Lorenzo. Logré tejer en relieve unos barcos antes de su nombre. Como había adquirido bastante destreza, pude acabar mucho antes de la fecha. Mis innovaciones me habían lanzado al grupo de los «profesionales». Yo intercambiaba con los grandes tejedores del campamento conversaciones de alto vuelo técnico. El hecho de tener una actividad creativa me permitía hacer cosas nuevas en un mundo que me rechazaba; además, me liberaba del peso del fracaso en que se había convertido mi vida.

También seguía haciendo gimnasia. En todo caso, yo lo presentaba así, pues lo que quería era obligarme a tener un entrenamiento físico que me permitiría enfrentar mi futura evasión.

La lectura de la Biblia me facilitó mejorar mi relación con Clara. Una tarde, bajo un aguacero torrencial, confinadas bajo el toldillo, me aventuré a compartir con ella los resultados de mis cavilaciones nocturnas. Le expliqué en detalle por dónde debíamos alejarnos de la caleta, cómo evitar al guardia, qué camino tomar para alcanzar la libertad. Era tanta la bulla que hacía la lluvia en el techo de plástico que casi no podíamos oírnos. Ella me pidió que le hablara más fuerte y continué mi explicación en voz alta. Cuando acabé de exponerle mi plan detallado percibí un movimiento detrás de nuestra caleta. Ferney se había escondido dentro, detrás del estante que Andrés había aceptado construirnos. Lo había oído todo.

Sentí que me desplomaba. ¿Qué harían ahora? ¿Nos pondrían cadenas de nuevo? ¿Empezarían a requisarnos? Me daba rabia conmigo misma por haber sido tan descuidada. ¿Por qué no había tomado las precauciones indispensables para hablar?

Yo escudriñaba la actitud de los guardias para tratar de identificar algún cambio, y ya me imaginaba a Andrés trayendo las cadenas. Cuando llegó el día del cumpleaños de Lorenzo, pedí permiso para hacer una torta, segura de que me negarían acercarme a la rancha. Sin embargo, me dieron el permiso y esta vez Andrés ordenó que hiciéramos una cantidad suficiente de torta para todos.

Fiel a mi juramento, ese fue un día de perdón. Eliminé todos los pensamientos de tristeza, pesar e incertidumbre y me entregué a la tarea de atender a todos, como una manera de dar, en compensación por lo mucho que había recibido el día de la llegada de mi hijo.

Aquella noche, por primera vez desde hacía muchos meses, dormí profundamente. Sueños de felicidad en los que yo corría por una pradera llena de flores amarillas, alzando a Lorenzo de tres años, invadieron aquellas escasas horas de tregua.

16
EL ATAQUE

A las dos de la mañana, uno de los guardias me sacudió con violencia del brazo y me gritó, apuntándome con la luz de su linterna de bolsillo:

—¡Despiértese, cabrona! ¿Quiere que la maten?

Abrí los ojos, sin entender, llena de pánico ante el espanto que se adivinaba en su voz.

Unos aviones militares sobrevolaban rasando el campamento a poca altura. Los guerrilleros agarraban sus morrales y se iban corriendo dejándolo todo. Era una noche oscura: no se veía nada, salvo las siluetas de los aviones que adivinábamos arriba de las copas de los árboles. Cogí instintivamente todo lo que tenía al alcance de la mano: mi morral, una toalla, el toldillo...

El guardia bramaba como loco:

—¡Deje todo! Nos van bombardear, ¿no entiende?

Mientras el guardia trataba de raparme mis pertenencias, yo me aferraba a ellas, buscando otras a mi paso. Clara ya se había ido. Hice una bola con todo y comencé a correr en la misma dirección que los demás, oyendo al guardia vociferar.

Había logrado salvar las correas de mis hijos, mi chaqueta y algo de ropa. Pero había olvidado la Biblia.

Atravesamos todo el campamento y empezamos a avanzar por un camino cuya existencia yo ignoraba. Me tropezaba cada dos pasos y trataba de recuperar el equilibrio echando mano de cualquier

cosa que tuviera a mi alcance. La vegetación me laceraba la piel. El
guardia se impacientaba caminando detrás de mí y me insultaba
con todo el odio de quien se sabe a salvo de testigos. Éramos los
últimos y debíamos alcanzar al resto del grupo. Los motores de
los aviones militares rugían a nuestro alrededor, se alejaban y regresaban de nuevo. Eso nos sumía en una oscuridad dolorosa, pues
el guardia no prendía su linterna de bolsillo más que cuando los
aviones estaban lejos. Había logrado meter a la carrera en un bolso
algunas pertenencias, pero estaba agotada y el peso de la carga me
obligaba a ir más despacio.

El guardia me clavaba la punta del fusil en las costillas, trotando detrás de mí, pero de tanto violentarme yo perdía el equilibrio y me encontraba en cuatro patas, con la angustia de un bombardeo inminente. El guerrillero estaba fuera de sí y me acusaba
de demorarme a propósito; me agarraba del pelo y la chaqueta para
hacerme poner de pie. Durante veinte minutos avanzando en terreno plano, logré correr, sin saber cómo, lo mismo que un animal
acorralado. Pero el terreno se volvía quebrado, con descensos en
picada y subidas escarpadas. Ya no podía más. El guardia trató de
coger mi bolso, pero yo temía que su intención no fuera ayudarme
sino deshacerse de mis cosas por el camino, tal como había amenazado hacer. Me aferré a mis objetos personales como si se me
fuera en ello la vida. De repente, sin transición, empecé a caminar
más lentamente, indiferente a los gritos y a las amenazas. ¿Correr?
¿Para qué? ¿Huir? ¿Para qué? No. Ya no iba a seguir corriendo.
Qué me importaban las bombas. Qué me importaban los aviones.
Peor para mí. Ya no iba a obedecer más ni a someterme a los capri-
chos de un joven sobreexcitado y presa del pánico.

—¡Esta hijueputa! ¡Le voy a meter una bala en la cabeza a ver
si aprende a caminar!

Me di media vuelta como una fiera, para verlo a la cara:

—Una palabra más y no sigo caminando.

El tipo quedó sorprendido y se sintió culpable de haber perdido los estribos. Ya se estaba preparando para empujarme con la culata del fusil, pero yo reaccioné más rápido que él:

—Le prohíbo tocarme.

Se retuvo y quedó petrificado. Comprendí que no era por mí que actuaba de ese modo y me di media vuelta. Andrés venía por el camino, acercándose a nosotros a zancadas.

—Rápido, rápido, escóndanse en la manigua. Silencio total. Nada de luces. Ningún movimiento.

Fui a dar a una zanja, acurrucada encima de mi bolso, lista para ver salir a los militares en cualquier momento. Tenía la boca seca y una sed mortal. Me preguntaba dónde estaba Clara.

Andrés permaneció agazapado junto a mí y luego se fue advirtiéndome, antes de desaparecer:

—Siga las órdenes al pie de la letra. Si no, los guardias tienen instrucciones muy precisas y usted corre el riesgo de no estar aquí mañana.

Nos quedamos así hasta el amanecer. Andrés dio la orden de avanzar hacia el valle, cortando camino por la selva.

—Esos chulos son tan huevones que nos sobrevolaron toda la noche y ni siquiera ubicaron el campamento. No van a bombardear. Voy a mandar una patrulla para que recoja todo lo que quedó.

Obedecimos. Estábamos en lo alto de una cuesta. A través del follaje denso se alcanzaba a ver, abajo, un inmenso valle de árboles, con lotes cuadrados de pastizales verde esmeralda, como si la campiña inglesa hubiera venido a instalarse allí por descuido en medio de la selva colombiana. ¡Qué bueno debía de ser vivir allá abajo! Ese mundo que existía por fuera y que tenía prohibido, me parecía irreal. Sin embargo, estaba del otro lado de esos árboles y de esos fusiles.

El estruendo de una explosión nos sacudió. Ya estábamos bastante lejos, pero debía de provenir de nuestro campamento.

Cuando nos cruzamos con otros miembros del frente, no se hablaba de otra cosa.

—¿Oyó eso?

—Bombardearon el campamento.

—¿Seguro?

—No sé, pero Andrés mandó un equipo de reconocimiento. Es casi seguro...

—Solo bombardearon una vez...

—No, una no. Nosotros oímos varias explosiones. Hicieron un ataque en serie.

—Al menos los aviones ya se fueron todos. Algo es algo.

—No hay que confiarse. Hicieron un desembarco. Hay contingentes por tierra. Vamos a tener los helicópteros encima todo el día.

—Malparidos. Quiero encontrármelos de frente. Todos son unos cobardes.

Yo observaba en silencio. Los más miedosos eran siempre los más agresivos con las palabras.

Nos detuvimos en un claro diminuto bordeado por un hilo de agua. Mi compañera ya había llegado y estaba sentada contra un árbol frondoso que daba una sombra generosa. No me hice rogar: estaba extenuada. Desde donde me encontraba se veían el techo de una casa y una delgada columna de humo azuloso que salía de la chimenea. Me llegaban desde la lejanía voces de niños jugando, como el eco de los días felices perdidos de mi pasado. ¿Quiénes eran esas personas? ¿Acaso sabían que en algún lugar de su terreno la guerrilla escondía mujeres secuestradas?

Una de las muchachas, en uniforme de camuflado, con las botas brillantes como para un gran desfile, perfectamente peinada con una trenza recogida en un moño, se acercó con una gran sonrisa y llevando dos platos enormes en las manos. ¿Cómo hacía para estar impecable después de haber corrido toda la noche?

Nos dieron la orden de caminar de nuevo. En fila india, empezamos a subir por un camino en dirección a la cumbre. La guerrilla quería avanzar rápido; el ruido de los helicópteros se acercaba. Me sorprendía la resistencia de las muchachas, que llevaban cargas tan pesadas como los hombres y caminaban a la misma velocidad que ellos. Una guerrillera, la pequeña Betty, era impresionante. Parecía una tortuga, arqueada bajo un morral enorme, dos veces más grande que ella, como si llevara un piano. Sus piernas pequeñas se movían presurosas para no quedarse a la zaga, y la guerrillera encontraba la manera de sonreír.

Los helicópteros nos seguían de cerca. Yo sentía el rugido de sus motores en la nuca. William, el guardia que me habían asignado para la marcha, me ordenó acelerar el paso. Aunque hubiera querido, no podía.

El guardián me dio un golpe secó que me dejó sin respiración. Me di media vuelta, indignada. William estaba listo para darme otro golpe en el estómago con la culata.

—¡Hijueputa, va a hacer que nos maten! ¿No ve que los tenemos encima?

Efectivamente, arriba de nuestras cabezas, a unos sesenta metros del suelo, la barriga de los helicópteros en formación parecía rozar la copa de los árboles. Yo alcanzaba a ver los pies del que maniobraba la artillería y que colgaban en el aire a cada lado del cañón. Ahí estaban. ¡Imposible que no nos hubieran visto! Si iba a morir, prefería morir así, en una confrontación en la que, al menos, tenía la oportunidad de ser liberada. La idea de morir por nada, engullida por esta selva maldita, tirada en un hueco y condenada a desaparecer de la faz de la Tierra sin que mi familia pudiera ni siquiera rescatar mi cadáver, me producía horror. Quería que mis hijos supieran que al menos lo había intentado, que había luchado, que había hecho todo lo posible para volver a su lado.

El guardia debió de adivinar mis pensamientos. Cargó el fusil. Sin embargo, en sus ojos se leía un miedo primario, visceral, esencial. No pude evitar mirarlo con desprecio. Ya no se lo veía altanero, él, que no hacía sino pavonearse todo el día en el campamento.

—Corra como un conejo si quiere. Yo no voy a ir más rápido.

Su compañera escupió en la tierra y dijo:

—¡Yo no me voy a hacer matar por esta vieja hijueputa!

Salió corriendo y se perdió en el primer recodo.

Al cabo de algunos minutos, los helicópteros desaparecieron. Todavía se alcanzaban a oír dos, pero dieron media vuelta antes de llegar adonde estábamos nosotros y luego desaparecieron definitivamente. Sentí rabia. ¿Cómo era posible que no nos hubieran visto? ¡Tenían en sus narices una columna entera de guerrilleros!

Inconscientemente, empecé a caminar más rápido, frustrada y contrariada, sintiendo que habíamos rozado de cerca una posibilidad de liberación. Al cabo de un largo descenso, la cuadrilla entera se reunió en un linde de la selva. Un poco más allá había un gran maizal, y luego, selva otra vez. Andrés había mandado preparar una bebida con agua y fresco con sabor a naranja.

—¡Tome! Eso evita la deshidratación.

No esperé a que me repitieran la orden. Estaba lavada en sudor.

Andrés explicó que debíamos atravesar el maizal en grupos de cuatro. Señaló hacia el cielo con el índice. En lo alto del cielo, casi imperceptible, volaba un minúsculo avión blanco.

—Hay que esperar a que coja más altura. Es el avión fantasma.

La consigna fue seguida al dedillo. Crucé el campo abierto, mirando el avión diminuto que planeaba en línea vertical sobre mi cabeza. Lamentaba no tener un espejo para hacer señales, ni nada brillante, nada que pudiera llamar la atención. Una vez más, los guerrilleros habían logrado escurrirse entre las redes del ejército. Al otro lado, un campesino desdentado y con la piel tostada por el sol nos estaba esperando.

—Ese es el baquiano —susurró alguien que iba delante de mí.

Sin previo aviso, se sintió un frío que penetró la selva. El cielo se puso gris y en un segundo la temperatura se redujo en varios grados. Como si hubieran recibido una orden perentoria, todos los guerrilleros pusieron los equipos en el suelo, sacaron sus grandes plásticos negros y se cubrieron con ellos.

Alguien me pasó un plástico y yo me enrollé en él, imitando a los muchachos. Un segundo después, un aguacero torrencial se desgajó sobre nosotros. A pesar de todos mis esfuerzos, en poco tiempo quedé empapada hasta los huesos. Así llovería todo el día y toda la noche siguiente. Tendríamos que caminar los unos detrás de los otros hasta el amanecer. Pasamos muchas horas atravesando la selva en silencio, inclinados hacia adelante para esquivar el agua que el viento nos lanzaba a la cara. Luego, a la hora del crepúsculo, tomamos un camino que bordeaba una ladera, convertido en un verdadero barrizal con el paso de la tropa. A cada paso, debía rescatar mi bota, que se quedaba hundida en cincuenta centímetros de barro espeso y maloliente. Todo el mundo hacía lo mismo. Yo estaba sin fuerzas, tiritando de frío. Salimos del bosque, con sus bajadas y subidas abruptas, y llegamos a un valle caliente, cultivado y habitado. Atravesamos fincas donde los perros ladraban y las chimeneas humeaban. Parecían mirarnos pasar con desprecio. Llegamos justo antes del atardecer a una finca magnífica. La casa del dueño había sido construida en el mejor estilo de los narcotraficantes. Nada más el establo habría bastado para satisfacer mis sueños. Ya era tarde, tenía sed, tenía hambre, tenía frío. Tenía los pies despedazados a causa de unas ampollas gigantescas que se habían reventado y se habían pegado a las medias mojadas. Me habían picado por todas partes unos piojos minúsculos que no alcanzaba a ver pero que sentía recorriéndome todo el cuerpo. El barro que tenía adherido al cuerpo y debajo de las uñas me templaba la piel y me la cortaba. Yo sangraba sin lograr identificar mis incontables heridas. Me desplomé en el suelo, decidida a no moverme más.

Media hora después, Andrés dio la orden de seguir caminando. Nos volvimos a poner de pie, arrastrando nuestra miseria, caminando como galeotes en la espesura de la noche. No era el miedo lo que me hacía caminar; no eran las amenazas lo que me hacía poner un pie delante del otro. Todo eso me era indiferente. Lo que me empujaba a avanzar era el cansancio. Mi cerebro se había desconectado, mi cuerpo se desplazaba sin mí.

Antes del amanecer, llegamos a lo alto de una loma que dominaba el valle. Una lluvia fina seguía persiguiéndonos. Había una especie de cobertizo de tierra pisada con un techo de paja. Ferney instaló una hamaca entre dos palos, puso un plástico negro en el suelo y me pasó mi bolso.

—Cámbiese. Vamos a dormir aquí.

Me desperté a las siete de la mañana en el laboratorio de cocaína que nos había servido de refugio. Ya todo el mundo se había levantado, incluida Clara, que sonreía contenta porque yo le había dado la ropa seca que había logrado sacar a último momento. Este día también se anunciaba largo y difícil, y decidimos volver a ponernos la ropa mojada y sucia del día anterior y guardar la ropa seca para dormir. Realmente necesitaba darme un baño y me levanté con la idea fija de encontrar un lugar para bañarme. Había un manantial a diez metros y me dieron permiso para ir. Me pasaron un pedazo de jabón de tierra y me froté la piel y el cuero cabelludo con rabia para tratar de deshacerme de los piojos y las garrapatas que había acumulado durante la caminata. La muchacha que me escoltaba me presionaba para que terminara rápido, irritada al ver que me estaba lavando el pelo, cuando la orden era que me diera un baño rápido. Sin embargo, no había prisa. Cuando volvimos a subir al refugio encontramos a los guerrilleros ociosos, a la espera de nuevas instrucciones.

El campesino desdentado del día anterior volvió a aparecer. Llevaba una mochila, una de esas que tejen los indios, con dos gallinas amarradas por las patas, que se agitaban adentro, en espasmos convulsivos. Lo liberaron de su carga con gritos de victoria: el desayuno se convertía en un festín. Una vez pasada la euforia, me acerqué al campesino sin la menor vergüenza para pedirle que me regalara la mochila. Estaba sucia, grasosa y llena de huecos, pero para mí era un tesoro. Podría meter allí mis objetos para poder caminar con las manos libres. Si la lavaba y la cosía, me serviría para meter allí las provisiones y mantenerlas fuera del alcance de los roedores. El hombre me miró sorprendido, sin comprender qué valor podía atribuirle a esta mochila vuelta nada. Me la alcanzó sin chistar, como si en lugar de una petición hubiera recibido una orden. Le agradecí con tal efusión de felicidad que soltó una carcajada de niño. Eso lo animó a iniciar conmigo una pequeña conversación a la que yo iba a responder encantada, cuando Andrés nos llamó secamente al orden. Volví a sentarme en mi rincón y miré de reojo a Andrés, sorprendida de sentir la violencia de su mirada sobre el regalo que acababan de hacerme. «No me va a durar mucho tiempo», pensé.

El día fue muy largo. Inmediatamente después del desayuno nutritivo, donde, para mi inmensa dicha, me dieron la pata de una de las gallinas, volvimos a bajar hacia el valle para tomar una vía que serpenteaba en medio de la selva. Ferney y John Janer —un joven que se había sumado a la cuadrilla poco tiempo atrás y que me parecía más travieso que malo— habían sido encargados de vigilarnos. Parecían contentos y caminaban a grandes pasos, al tiempo que nos hablaban amistosamente. El resto de la tropa había cogido una ruta diferente. Al llegar a un cruce de caminos, yo ya iba cojeando por el esfuerzo. A lo lejos alcancé a distinguir, como en un espejismo, a mi campesino desdentado, que llevaba por el cabestro dos caballos viejos. Al vernos, empezó a caminar hacia nosotros.

Yo me dejé caer en el suelo, incapaz de hacer un movimiento más. Fue una alegría ver de nuevo al viejo y poder intercambiar algunas palabras con él. Yo sabía que le habría gustado haber hecho mucho más.

Cada una se subió a su rocín y nos fuimos. Los guardias iban corriendo a nuestro lado, teniendo firmemente los caballos de cabestro. Debíamos alcanzar al resto del grupo y ellos calculaban que eso nos tomaría todo el día. Yo me decía que, yendo a caballo, podrían tomarse todo el día si querían, y la noche, y el día siguiente. Le agradecí en silencio al cielo por nuestra suerte, consciente de lo que habíamos ganado.

El bosque que cruzábamos era diferente de la selva espesa donde estuvimos escondidos durante todos esos meses. Aquí los árboles eran inmensos y tristes, y los rayos de luz solo nos llegaban después de haber atravesado una capa espesa de ramas y hojas en las alturas. El sotobosque era pobre, sin helechos, sin arbustos, solo los troncos de los colosos, como las columnas de una catedral inacabada. El lugar era extraño, como si le hubieran echado un maleficio. La correspondencia entre mi estado de ánimo y esta naturaleza había vuelto a abrir en mí cicatrices que no se habían cerrado del todo. Tras el alivio de mi dolor físico, con los pies ensangrentados y suspendidos en el aire, y fuera de todo contacto lacerante, se despertaba el dolor de mi corazón, incapaz de hacer el duelo de mi vida pasada, esa que tanto había amado y que ahora había perdido.

Un trueno cercano anunció la llegada de la tormenta. El rayo aterrizó a algunos metros de mí y asustó a los caballos. Chorros de agua comenzaron a caer al instante. Vi a los muchachos luchar contra sus equipos para sacar los plásticos, aunque ya todos estábamos empapados.

El aguacero adquirió una fuerza bestial, como si alguien se hubiera dedicado a lanzarnos baldados de agua desde la cima de los árboles. El camino se había convertido, nuevamente, en un lodazal. El agua tapaba casi completamente las botas de los muchachos y el barro los atrapaba a cada paso con un efecto de ventosa. Ya habíamos alcanzado al resto de la cuadrilla y los pasábamos uno a uno, encorvados bajo el peso de su carga, con el rostro endurecido. Sentía pesar por ellos: algún día, yo saldría de este infierno, pero ellos se habían condenado a sí mismos a morir en esta selva. No quería que se cruzaran nuestras miradas. Sabía perfectamente que en ese momento estaban maldiciéndonos.

El avance continuó todo el día, bajo ese aguacero sin fin. Salimos de la espesura y atravesamos fincas ricas y llenas de árboles frutales. La lluvia y el cansancio nos habían vuelto indiferentes. Los muchachos no tenían fuerzas para estirar el brazo y coger los mangos y las guayabas que se pudrían en el suelo. No me atrevía, subida en mi montura, a recoger las frutas a nuestro paso por miedo a irritarlos.

En un recodo del camino, nos cruzamos con unos niños que jugaban saltando en los charcos. Habían puesto a un lado unos costales llenos de mandarinas. Al vernos llegar, como íbamos a caballo, debieron de pensar que éramos comandantes de la guerrilla y nos ofrecieron mandarinas a todos. Acepté con gratitud.

Al caer la noche seguía lloviendo. Yo tiritaba febrilmente, envuelta en un plástico que no me protegía de la lluvia pero me ayudaba a conservar el calor. Teníamos que entregar los caballos y seguir a pie. Me mordía los labios para no quejarme, sintiendo a cada paso que millones de agujas se me clavaban en los pies y me lastimaban las piernas. Caminamos largo tiempo hasta una finca ostentosa. En la propiedad se veía una casa construida con gran fastuosidad en unas tierras ondulantes, como terciopelo en la penumbra de la noche. Nos guiaron hasta un embarcadero donde nos dejaron sentar. La espera se prolongó hasta la llegada de una enorme chalupa metálica de motor, con el espacio suficiente para toda la tropa, todos los morrales y unas doce bolsas de plástico llenas de provisiones.

Nos hicieron sentar en el centro. Andrés y Jessica se acomodaron justo detrás de nosotras, junto a William y su amiga Andrea, una muchacha tan bella como desagradable; ellos eran los mismos que nos vigilaban cuando nos estaban persiguiendo los helicópteros. Hablaban fuerte, para que los oyéramos:

—¡Volvimos a dejar regados a los chulos!

—Si creen que van a recuperar la mercancía tan fácilmente, se equivocan.

Se reían con perversión. Yo no quería oírlos.

—Cogieron todo lo que quedó después del bombardeo y quemaron el resto. El colchón de las cuchas, la Biblia y todas las huevonadas que tenían ahí guardadas.

—Mejor. ¡Menos cosas para llevar!

—Y pensar que querían volarse por el río. Pobres cuchas. Ahora se van a quedar años con nosotros.

—Cuando salgan van a ser unas ancianas.

Eso los hacía morirse de la risa. Hubo un silencio y luego Andrés se dirigió a mí con tono despótico:

—Ingrid, páseme la mochila. Esa es mía.

17
LA JAULA

Navegamos varios días, siguiendo la corriente de ríos cada vez más imponentes. Casi siempre los desplazamientos se hacían en la noche, a salvo de las miradas. A veces, pero en escasas ocasiones, nos aventurábamos a navegar durante el día, bajo un sol abrasador. Yo aprovechaba para mirar a lo lejos, buscar el horizonte, llenarme el alma de belleza, pues sabía que una vez llegara a un sitio fijo ya no volvería a ver el cielo.

Muros de árboles se erigían a treinta metros sobre el suelo de la ribera, en una formación compacta que rechazaba la luz. Nos deslizábamos sobre un espejo de agua verde esmeralda que se abría a nuestro paso, sabiendo que ningún ser humano se había aventurado por ahí. Los ruidos de la selva parecían amplificarse dentro de este túnel de agua. Yo oía el chillido de los micos, pero no los podía ver. Ferney se ubicaba por lo general a mi lado y me señalaba con el dedo los «salados». Escrutaba las orillas del río esperando ver surgir un animal mitológico, siempre sin éxito. Confieso que no conocía el significado de esa palabra. Ferney se burló de mí, pero al fin me explicó que era el lugar donde los tapires, las lapas y los chigüiros venían a beber, y que los cazadores siempre ubicaban. Sin embargo, nadie podía darme los nombres de millares de aves que atravesaban nuestro cielo. Me sorprendió descubrir martines pescadores, garzas y golondrinas, y me daba mucha alegría poder reconocerlos, como si salieran de un libro de imágenes. Los loros y las cotorras de plumajes deslumbrantes hacían gran escándalo a nuestro paso. Salían volando de sus refugios pero regresaban tan pronto nos alejábamos, lo que nos permitía admirar sus alas magníficas. Había otras aves que volaban como flechas a ras de agua a nuestro lado, como si apostaran carreras con nuestra embarcación. Eran pájaros pequeños de colores maravillosos. A veces, me parecía ver cardenales o ruiseñores, y me acordaba de mi abuelo, que los acechaba desde su ventana. Ahora lo comprendía, así como comprendía tantas otras cosas que antes no había tenido tiempo de meditar.

Había un pájaro que me fascinaba más que cualquier otro. Era de color azul turquesa, la parte superior de sus alas era verde fluorescente, y el pico, rojo carmín. Alerté a todo el mundo con mis gritos, no solo esperando que alguien pudiera revelarme el nombre del ave, pero sobre todo para compartir la visión de esta criatura mágica.

Estas visiones, yo lo sabía, quedarían para siempre impresas en mi memoria, pero nunca tendrían eco en los recuerdos de los míos. Los buenos recuerdos son aquellos que vivimos con los que amamos, porque podemos evocarlos juntos. Al menos, si hubiera podido saber el nombre de este pájaro habría tenido la sensación de llevarlo conmigo. Ahora, no quedaba nada.

Por fin llegamos al término de nuestro viaje. Habíamos navegado un gran río del que nos alejamos para remontar un afluente secreto, cuya entrada estaba escondida bajo una vegetación tupida que serpenteaba caprichosamente alrededor de un pequeño montículo. Desembarcamos en esta selva espesa. Nos sentamos sobre nuestras pertenencias mientras los muchachos moldeaban el espacio a machetazos, abriendo una superficie donde se levantaría nuestro campamento.

En pocas horas nos construyeron un lugar de habitación en madera, con paredes cerradas por todos lados, con una abertura estrecha a modo de puerta y un techo de zinc. ¡Era una jaula! Me daba miedo entrar. Podía anticipar que en este nuevo entorno irían a aumentar las tensiones entre Clara y yo.

Después del cuarto intento de fuga en el que Yiseth me encontró junto al río, un grupo de seis guerrilleros, entre los cuales se encontraban Ferney y John Janer, había erigido un enrejado de hierro alrededor de nuestra jaula. Nos encerraban con candado por la noche. Esperaban, así, contrarrestar cualquier tentativa de evasión.

Viendo el enrejado metálico, la sensación de estar en una cárcel me sumió en una pesadumbre inaguantable. Me quedé parada varios días, rezando para encontrar un sentido o una explicación a esta acumulación de desgracias. «¿Por qué? ¿Por qué?».

Ferney, que estaba de guardia, se acercó. Por entre las rejas, me pasó un radio muy pequeño:

—Tome. Escuche las noticias. Piense en otra cosa. Escóndalo ahí. Créame: a mí me duele más que a usted.

Me prestaba el radiecito por la noche, se lo devolvía por la mañana. Después de habernos encerrado como ratas, empezaron a cavar un hoyo detrás de nuestra jaula. Lo hacían por turnos. Al principio, creí que iban a hacer una trinchera. Luego, al ver que el hueco era cada vez más profundo y que no estaban rodeando toda la jaula, concluí que estaban haciendo un foso para matarnos y tirarnos ahí. No se me había olvidado que, después de un año de cautiverio, las FARC habían amenazado con asesinarnos. Vivía en un estremecimiento espantoso. Habría preferido que me anunciaran mi ejecución. La incertidumbre me carcomía. Solamente cuando llegó el inodoro en porcelana comprendí, aliviada, que estaban construyendo un pozo séptico. Acababan de terminar de cavar los tres metros de profundidad que les habían ordenado. Jugaban a saltar dentro del pozo y salir sin ayuda, con la fuerza de los brazos, escalando una pared lisa, como si le hubieran pasado una pulidora.

Alguien tuvo la idea de ponerme a mí a prueba, pero me negué de inmediato, de manera irrevocable.

El efecto de mi determinación fue excitarlos todavía más. Me empujaron y fui a dar al fondo del hoyo, herida en mi amor propio pero decidida: ya ellos habían hecho sus apuestas. Todo el mundo gritaba y se carcajeaba a la espera del espectáculo.

Clara se acercó al hoyo e inspeccionó el lugar con aire circunspecto: «¡Ella sale!», diagnosticó.

Yo no compartía su convicción. Sin embargo, con mucho esfuerzo y suerte, terminé por darle la razón. La felicidad de los guerrilleros que habían apostado por mí me hacía reír. Durante un momento, las barreras que nos separaban se diluían y se levantaba otra división, más sutil, más humana. En un bando estaban los que me detestaban por lo que representaba y en el otro estaban los que sentían curiosidad por saber quién era yo, dispuestos a tender puentes, más que a construir muros, más benévolos en sus juicios, pues tenían menos necesidad de justificarse. Quedaba Clara, aliviada de desempeñar por esta vez el papel de árbitro a mi favor. A pesar de las tensiones que nos separaban, se solidarizaba con mi éxito, y yo se lo agradecía.

Este episodio abrió un paréntesis de sosiego entre todos nosotros, que nos permitió prepararnos con resignación a la llegada de nuestra primera Navidad en cautiverio. Había que dejar correr la amargura entre los dedos, como el agua que fluye.

Lo que más me resultaba insoportable de todo aquello era la angustia que pensaba los miembros de mi familia estarían sintiendo. Era su primera Navidad sin mi padre y sin mí. De cierta forma, me sentía más afortunada que ellos, pues podía imaginarlos juntos para la Nochebuena, que era también el día de mi cumpleaños. Ellos no sabían nada de mí e ignoraban incluso si todavía estaba viva. La idea de que mi hijo, casi un niño, y mi hija adolescente vivieran el suplicio al que los sometería su imaginación, me enloquecía.

Para escapar de mi laberinto, me dediqué a hacer un pesebre
con el barro proveniente de la excavación del pozo séptico. Para
vestir las figuras usaba las hojas planas de un junco tropical que
proliferaba en los pantanos circundantes. Mi obra llamó la atención
de las muchachas. Yiseth tejió una bonita guirnalda de mariposas
con el papel plateado de los paquetes de cigarrillos. Otra vino a
cortar conmigo unos ángeles en cartón que colgamos del techo
de zinc, arriba del pesebre. Finalmente, dos días antes de la Navidad, Yiseth llegó con un sistema de iluminación ingenioso. Había
hecho una reserva de bombillos de linterna de bolsillo y los había
unido mediante un cable. Bastaba hacer contacto con una pila de
radio para obtener una iluminación navideña en plena selva.

Me sorprendió ver que ellos también habían decorado sus caletas para la ocasión. Algunos pusieron incluso árboles de Navidad, con las ramas envueltas en algodón blanco y decorados con
sus dibujos infantiles.

La Nochebuena, Clara y yo nos abrazamos. Ella me regaló
su jabón de reserva. Yo le había hecho una tarjeta bien bonita. En
cierta forma, nos habíamos convertido en una familia. Tal como
ocurre en las verdaderas familias, no nos habíamos escogido la una
a la otra. A veces, en días como aquel, nos sentíamos seguras de
estar juntas. Nos reunimos para rezar y entonar villancicos tradicionales, arrodilladas frente a nuestro pesebre improvisado, como
si esas canciones pudieran llevarnos a nuestras casas aunque fuera
unos breves instantes.

Nuestros pensamientos habían viajado lejos. Los míos se dirigían hacia otro espacio y otro tiempo, al lugar donde había estado
un año antes con mi padre, mi madre y mis hijos, en una felicidad
que yo había creído inamovible y de la cual solo podía apreciar
ahora la gloria, por contraste con los pesares que me agobiaban.

No habíamos notado, perdidas en nuestras meditaciones, que
había un montón de guerrilleros detrás de nosotras: Ferney, Edin-

son, Yiseth, el «Mico», John Janer, Camaleón y los otros habían venido a cantar con nosotras. Sus voces fuertes y afinadas llenaban la selva y parecían resonar cada vez más alto, más allá de las murallas de esta vegetación densa, hacia el cielo, más allá de las estrellas, en dirección a ese Norte místico donde está escrito que Dios tiene su trono y donde yo lo imaginaba oyéndonos, atento a nuestra silenciosa indagación que solo él podía aliviar.

18
AMIGOS QUE VIENEN
Y AMIGOS QUE SE VAN

Teníamos un nuevo recluta entre nosotros. Una tarde, poco después de instalar nuestro campamento cerca del río, una familia de monos atravesó nuestro espacio de rama en rama, en las copas de los árboles; se detenían solo para lanzarnos palos o para orinarnos en señal de hostilidad y para marcar su territorio. Una mamá mono con su bebé agarrado a la espalda pasaba cuidadosamente de rama en rama, verificando de vez en cuando que su cría se sostuviera bien. William la mató. El bebé cayó a sus pies y se convirtió en la mascota de Andrea. La bala que había matado a la madre le dejó la mano herida a la cría. El animalito lloraba como un niño y se lamía, sin comprender lo que le había ocurrido. Lo amarraron con una cuerda a un arbusto que había cerca de la caleta de Andrea. En un momento dado comenzó a llover y yo veía al miquito tiritar, solo, desgraciado, bajo la lluvia. Me temía que se fuera a morir. Yo había logrado conservar, dentro de mis pertenencias, un frasquito de sulfacol que llevaba conmigo desde el día del secuestro. Tomé la decisión de cuidar al miquito. El animal trataba de huir espantado, tirando de la cuerda con todas sus fuerzas, casi al punto de estrangularse. Poco a poco, pude cogerle la manita, negra y tierna como la de un ser humano en miniatura. Le había puesto polvo en la herida y le había hecho una pequeña venda en la muñeca. Era una hembra. Le habían puesto el nombre de «Cristina».

Una vez instaladas en la jaula, cada dos días pedía permiso para ir a saludar a Cristina. Había que cruzar todo el campamento. La miquita siempre estaba amarrada a un árbol y cuando me veía venir exultaba de felicidad. Siempre guardaba alguna cosa del desayuno para llevarle. Ella me la quitaba de las manos y se escapaba a comérsela, dándome la espalda.

Una mañana, oí a Cristina dar unos chillidos violentos. El guardia me explicó, riéndose, que la estaban bañando porque olía mal. La vi llegar hacia mí corriendo, arrastrando la cuerda y mirando hacia atrás para ver si no la estaban siguiendo. Se me subió hasta el cuello y terminó por dormirse, con la cola enrollada en mi brazo para no caerse.

Le habían cortado el pelo, con un corte militar que llamaban «la mesa» y le hacía ver la cabeza plana; la habían sumido en el agua para enjuagarla. Me atreví a decirles que a los animales no había que lavarlos con agua como nosotros, que tenían en su cuerpo un aceite que garantizaba su higiene y los protegía contra los parásitos. Andrea no respondió nada. El baño de Cristina se convirtió en una tortura cotidiana. Andrea había decidido que era indispensable que la miquita se acostumbrara a bañarse como un ser humano. En respuesta, Cristina esperaba todas las mañanas la hora de su suplicio chillando a todo pulmón, lo que ponía histéricos a Andrea y a William. Cuando por fin lograba escaparse, Cristina buscaba refugio a mi lado. Yo la consentía, le hablaba y la educaba lo mejor que podía. Al ver que Andrea venía a buscarla, empezaba a gritar y no me soltaba la camisa. Yo debía violentarme para ocultar mi dolor.

Un día, el muchacho que traía las provisiones en lancha de motor trajo con él dos perros pequeños que Jessica quería amaestrar. Nunca más volví a ver a Cristina. Andrea vino una tarde a explicarme que ella y William se habían adentrado bastante en la selva, para soltar a Cristina. Eso me causó mucha tristeza, pues le había tomado mucho cariño. Sin embargo, me aliviaba pensar que estaba libre, y yo miraba hacia el cielo cada vez que oía los monos, con la esperanza de volver a verla.

Una de esas noches en que el insomnio me atacaba, escuché una conversación que me dejó petrificada. Los guardias estaban burlándose entre ellos y decían que Cristina había sido la mejor comida de los perros de Jessica.

La historia de Cristina me trastornó profundamente. Me reprochaba por no haber hecho algo más por ayudarla. Pero comprendía que no podía darme el lujo de apegarme a nada, pues eso le daba a la guerrilla la oportunidad de presionarme y de agravar mi estado de alienación.

Quizá por eso me esforzaba por mantener la distancia con todo el mundo, y en particular con Ferney, que solía ser amable.

Después de mi intento fallido de huida, vino a verme. Se sentía muy desanimado por el maltrato que sus compañeros me habían infligido. «Aquí también hay personas buenas y personas malas. Pero no hay que juzgar a las FARC por lo que hacen las personas malas».

Cada vez que Ferney hacía guardia, se las arreglaba para iniciar en voz alta una conversación que todo el campamento podía seguir. Su tema preferido era «la política». Reivindicaba la lucha armada diciendo que en Colombia había demasiada gente en la miseria. Yo le respondía que las FARC no hacían nada por combatir la pobreza y que, por el contrario, su organización se había convertido en un engranaje importante del sistema que pretendía combatir, pues era fuente de corrupción, de tráfico de droga y de violencia.

—Usted hace parte de eso ahora —argumentaba yo.

Supe, durante el curso de nuestras conversaciones, que había nacido cerca del lugar donde la guerrilla me había secuestrado. Venía de una familia muy pobre. Su padre era ciego, y su madre, de origen campesino, hacía lo que podía en una parcelita de tierra. Todos sus hermanos se habían enrolado en la subversión. Pero a él le gustaba lo que hacía. Aprendía cosas, tenía una carrera por delante y había hecho amigos en la guerrilla.

Una tarde, me llevó a entrenar en el gimnasio que Andrés había mandado construir en un extremo del campamento. Había una pista para trotar, barras paralelas, una barra fija, un aro para ejercitarse en saltos peligrosos y una pasarela a tres metros del suelo para trabajar el equilibrio. Todo lo habían hecho a mano, quitándoles la corteza a algunas ramas y amarrándolas con bejucos en troncos resistentes. Me enseñó a saltar de la pasarela con una buena caída en el suelo para evitar troncharse el tobillo, y yo lo hice únicamente para impresionarlo. Por otra parte, no era capaz de seguirlo cuando hacía lagartijas o ejercicios de resistencia. Eso sí, yo lo superaba en ciertas acrobacias y en los ejercicios de flexibilidad. Andrés se unió a nosotros e hizo una demostración de fuerza que daba fe de varios años de entrenamiento. Le pedí permiso para usar sus instalaciones de forma regular y me lo negó. Sin embargo, aceptó que participáramos en el entrenamiento de la tropa, que comenzaba todas las mañanas a las cuatro y media. Algunos días más tarde, hizo construir cerca de la jaula unas barras paralelas para que Clara y yo pudiéramos utilizarlas.

Ferney había intervenido a nuestro favor y yo se lo agradecí. Él me respondió:

—Si uno encuentra las palabras correctas y hace la pregunta en el momento indicado, es seguro que le dan lo que uno quiere.

Una noche, poco después de tener problemas con Clara, Ferney se acercó a la reja y me dijo:

—Usted sufre mucho. Tiene que tomar distancia; si no, se va a volver loca usted también. Pida que las separen. Así por lo menos la dejan en paz.

Era muy joven. Debía de tener unos diecisiete años. Sin embargo, sus comentarios me dejaron pensativa. Tenía una generosidad del alma y una rectitud poco comunes. Ferney se había ganado mi respeto.

Entre todas las cosas que perdí con el bombardeo estaba el rosario que había fabricado con un pedazo de cable que había encontrado en el suelo. Me propuse hacer uno nuevo, quitándole los botones a la chaqueta militar que me habían dado como dotación y usando pedazos de nailon que me quedaban de mi anterior tejido.

Era un lindo día de diciembre, la estación seca en la selva y la mejor de todo el año. Una brisa tibia acariciaba las palmas, se colaba por entre el follaje hasta llegar a nosotros y nos aportaba una sensación de calma que nos era poco común.

Me había instalado fuera de la jaula, a la sombra, y tejía con aplicación, pues quería terminar el rosario ese mismo día. Ferney estaba de guardia y le pedí que me cortara unos pedazos de madera para formar el crucifijo de mi rosario.

Clara recibía clases para tejer correas y el Mico pasaba de vez en cuando a ver cómo iba avanzando. Apenas se fue su profesor, Clara se paró con una expresión dura en la cara, al ver que Ferney se acercaba y me traía el crucifijo. Dejó caer su tejido y se lanzó contra Ferney, como si quisiera arrancarle los ojos.

—Lo que estoy haciendo no le gusta, ¿cierto? ¡A ver, dígalo!

Ella era mucho más alta que el muchacho. Y con una actitud provocadora, sacando pecho y avanzando, obligaba a Ferney a echar la cabeza hacia atrás para evitar el roce. Ferney tomó suavemente su fusil para ponerlo lejos del alcance de ella y caminó hacia atrás sin voltearse, con precaución, diciendo:

—Sí, me gusta mucho lo que está haciendo, pero estoy de guardia y no puedo ir a ayudarla en este momento.

Mi compañera lo persiguió así unos quince metros, provocándolo, empujándolo con el cuerpo mientras él retrocedía para evitar el contacto físico. Andrés, alertado por la tropa, vino a dar la orden de que nos metiéramos en la jaula. Yo obedecí en silencio. La madurez no está ligada a la edad. Admiré el control que Ferney había tenido sobre sí mismo: temblaba de rabia, pero no había respondido.

Cuando compartí con él mis reflexiones, me dijo:

—Cuando uno está armado, tiene una gran responsabilidad con las otras personas. Uno no se puede equivocar.

Yo también podía decidir cómo reaccionar. Pero me equivocaba con frecuencia. No era la vida en cautiverio lo que me quitaba la posibilidad de actuar bien o mal; además, la noción de bien o mal ya no era la misma. Había una exigencia superior. No dependía de los criterios de los demás, pues mi objetivo no era caer bien, ni obtener apoyos. Pero sentía que debía cambiar, no para adaptarme a la ignominia, sino para aprender a ser una mejor persona.

Una madrugada cuando me estaba tomando la bebida caliente de rigor, vi sobre mi cabeza un rayo azul y rojo cruzando en el follaje. Le señalé con el dedo al guardia la extraordinaria guacamaya que acababa de posarse a pocos metros de nosotros. Era una inmensa ave paradisíaca de colores de carnaval que nos miraba intrigada desde lo alto de su estaca, inconsciente de su extrema belleza.

¡No sabía lo que acababa de hacer! El guardia dio la alerta y Andrés se precipitó al momento con su fusil. Era una presa fácil. No había ningún mérito en matar este animal suntuoso e ingenuo. Un segundo después, su cuerpo inerte yacía en el suelo. Era un montón de plumas azules y anaranjadas regadas por todas partes.

Me enfurecí con Andrés. ¡No había ninguna razón para hacer algo tan inútil y estúpido!

Me respondió con vileza, utilizando sus palabras como una metralleta:

—¡Yo mato lo que quiero! ¡Mato lo que se mueva! Sobre todo cerdos y gente como usted.

Hubo represalias. Andrés se sintió juzgado y cambió bruscamente de comportamiento. Nos prohibió alejarnos de la jaula: debíamos mantenernos máximo a dos metros de distancia de ella; nos prohibió acercarnos a la rancha y caminar por el campamento. La guacamaya terminó en el hoyo de la basura y sus bellas plumas anduvieron rodando por el campamento durante semanas hasta que, con las nuevas lluvias, el barro las tapó por completo. Tomé entonces la decisión de ser prudente y quedarme callada. Empecé a observarme como nunca antes lo había hecho, comprendiendo que los mecanismos de transformación espiritual requerían una constancia y un rigor que era mi deber adquirir. Debía vigilarme a mí misma.

Aquellos días habían sido calientes. Hacía semanas que no llovía. Los arroyos se habían secado y el río en el que nos bañábamos se había reducido a la mitad. Los jóvenes hacían partidos de waterpolo en el agua con las bolas que habían recuperado de los frascos de desodorante *roll-on*. Parecían pelotas de *ping-pong*, pero un poco más pequeñas, y se perdían fácilmente en el agua. Las batallas para apropiarse de la bola se convertían en unas divertidas escaramuzas. Me habían invitado a jugar con ellos. Pasamos algunas tardes jugando como niños. Hasta que cambió el tiempo y el genio de Andrés también.

Con las lluvias llegaron las malas noticias. Ferney vino a hablar conmigo una tarde a través de las rejas. Lo habían transferido. Andrés no veía con buenos ojos el hecho de que Ferney siempre asumiera mi defensa y lo acusaba de ser demasiado amable conmigo. El joven guerrillero me dijo, con el corazón encogido:

—Ingrid, recuerde siempre lo que le voy a decir: cuando le hagan el mal, responda con el bien. No se rebaje jamás. El silencio será siempre su mejor respuesta. Prométame que va a ser prudente. Algún día, voy a verla en televisión, cuando recupere su libertad. Yo quiero que llegue ese día. Usted no tiene el derecho de morir aquí.

Su ida me afligió mucho. Tal vez porque, a pesar de todo lo que nos separaba, yo había encontrado en él un corazón sincero. Sabía que en esta selva abominable, había que desapegarse de todo para evitar un mayor sufrimiento. No obstante, también pensaba que en la vida ciertas penas valen ser padecidas. La amistad de Ferney había suavizado mis primeros meses de cautiverio y sobre todo la confrontación asfixiante con Clara. Su partida me obligaba a una mayor disciplina y una mayor resistencia moral. Quedaba aún más sola.

19
VOCES DEL EXTERIOR

El radio que Clara había roto solo funcionaba a medias. Las únicas emisiones que lográbamos captar ahora eran una misa dominical transmitida desde San José del Guaviare, la capital del departamento del Guaviare, en la Amazonia, y una emisora de canciones populares que los guerrilleros adoraban y que a mí me fastidiaba cada día más.

Los guardias me llamaron de urgencia una mañana, pues habían anunciado en sus radios que mi hija estaría al aire. Oí la voz de Melanie frente a la caleta. Me dejó sorprendida la claridad de sus razonamientos y la calidad de su expresión. Solo tenía diecisiete años. El orgullo de ser su madre era más fuerte que la tristeza. Las lágrimas rodaron por mis mejillas en el preciso momento en que pensaba haber logrado controlar mis emociones. Pero regresé a la jaula llena de mucha paz.

Otra noche, cuando ya estaba acostada debajo del mosquitero, oí al papa Juan Pablo II, que rogaba por nuestra liberación. Era una voz inconfundible y que significaba todo para mí. Le agradecí al cielo, no tanto porque pensara que los jefes de las FARC fueran a conmoverse con su llamado, sino sobre todo porque sabía que ese gesto aliviaría el dolor de mi familia y sería una ayuda para llevar su cruz.

Entre los salvavidas que me lanzaron durante ese período, uno me llenó de esperanza por recobrar mi libertad: el de Dominique de Villepin. Nos habíamos conocido cuando entré a estudiar ciencias políticas en el Instituto de Estudios Políticos de París y no nos habíamos vuelto a ver en casi veinte años. En 1998, Pastrana, antes de posesionarse como jefe de Estado, decidió ir a Francia: quería asistir a la Copa Mundial de fútbol. Yo sabía que Dominique había sido nombrado secretario general del Elíseo y le propuse a Pastrana que lo llamara. Dominique lo hizo recibir con honores de jefe de Estado y Pastrana me lo agradeció. Fue así como volví a ponerme en contacto con Dominique. No había cambiado: siempre tan generoso y atento con los demás. Desde entonces, siempre que pasaba por París, aprovechaba la ocasión para llamar a saludarlo.

—Tienes que escribir un libro; tu lucha tiene que hacerse visible a los ojos del mundo —me dijo. Seguí su consejo y escribí *La rabia en el corazón*.

Ocurrió un atardecer, a la hora gris, cuando me estaba preparando para guardar mi tejido. El guardia ya había empezado a hacer tintinear las llaves del candado para señalarnos la hora de nuestro encierro. En la caleta más cercana, un radio no había dejado de chirriar desde el mediodía. Yo había aprendido a hacer abstracción del mundo exterior para vivir en mi silencio, y oía sin escuchar. De repente, me detuve. Era una voz proveniente de otro mundo, de otra época: reconocí la voz de Dominique. Me di media vuelta y corrí entre las caletas para pegar la oreja al radio que colgaba en una estaca. El guardia gritaba detrás de mí, para que regresara a la jaula. Le hice señas de callarse. Dominique se expresaba en un español perfecto. Nada de lo que decía parecía tener relación conmigo. El guardia, intrigado por mi reacción, también vino a pegar la oreja al radio. La locutora dijo en ese momento: «El ministro de Asuntos Exteriores de Francia, señor Dominique de Villepin, durante su viaje oficial a Colombia, manifestó el compromiso de su país para lograr que regresen vivos, en el menor tiempo posible, la franco-colombiana y todos los rehenes que, etc., etc.».

—¿Quién es? —preguntó el guardia.

—Es un amigo —le respondí emocionada, pues el tono de Dominique traicionaba el dolor que le producía nuestra situación.

La noticia se regó como pólvora en el campamento. Andrés vino a ver qué pasaba. Quería saber por qué yo le daba tanta importancia a esta información.

—Dominique de Villepin vino a Colombia a luchar por nosotros. ¡Francia no nos abandonará jamás!

Andrés me miró incrédulo. Era perfectamente impermeable a las nociones de grandeza o de sacrificio. Para él, lo único que quedaba claro era que yo tenía pasaporte francés y que Francia —un país sobre el que no sabía nada— quería negociar nuestra liberación. Él veía una cuestión de intereses donde yo veía un asunto de principios.

Después de esta intervención de Dominique, todo cambió. Para bien y para mal. Mi estatus de prisionera sufrió una transformación evidente. No solamente respecto a la guerrilla, que comprendía que su botín había aumentado de valor. Sino también respecto a los demás. A partir de ese momento, las emisoras se dieron a la tarea de machacar mi condición de «franco-colombiana», a veces como un privilegio casi indecente, a veces con un dejo de ironía, pero con mucha frecuencia con el ánimo de movilizar los corazones y sensibilizar los espíritus. En efecto, yo tenía doble nacionalidad: educada en Francia, me involucré en la política colombiana para luchar contra la corrupción. Siempre me había sentido en casa tanto en Colombia como en Francia.

Sin embargo, las repercusiones más profundas del apoyo de Francia se verían en las relaciones con mis futuros compañeros de infortunio. «¿Por qué ella y no nosotros?».

Ya lo había vislumbrado en una conversación con Clara sobre la evaluación de nuestras posibilidades de salir del cautiverio.

—¡Tú no tienes de qué quejarte! Al menos Francia lucha por ti —me dijo con amargura.

El nuevo año comenzó con una sorpresa. Vimos llegar al nuevo comandante del frente quince, que había reemplazado al «Mocho» César después de su muerte.

Llegó acompañado de una muchacha, una morena alta encargada de una misión delicada.

—Vine a transmitirles una muy buena noticia —dijo con una sonrisa de oreja a oreja—. ¡Les dieron autorización para mandarle un mensaje a sus familias!

Tenía una cámara en la mano, lista para filmarnos. La miré de arriba abajo, seca y distante. Lo que nos estaba anunciando no era ni un favor ni una buena noticia. Recordaba cómo habían modificado descaradamente mi primera prueba de supervivencia. Habían cortado las partes en que yo describía las condiciones de nuestro cautiverio, las cadenas que nos hacían llevar las veinticuatro horas del día, así como una declaración de gratitud a las familias de los soldados muertos en la operación que lanzaron después de nuestra captura con el fin de liberarnos.

—No tengo ningún mensaje que mandar. Gracias de todas maneras, —giré sobre mis talones y entré a la jaula, seguida de Clara, que me agarró del brazo, furiosa con mi respuesta.

—Mira, si quieres hacerlo, hazlo. No me necesitas a mí para mandarle un mensaje a tu familia. Además, deberías hacerlo. Estaría muy bien que lo hicieras.

Clara no me soltaba. Insistía en saber por qué me negaba a mandar una prueba de supervivencia.

—Es muy sencillo. Ellos me tienen prisionera. Listo. No puedo hacer nada al respecto. Lo que no admito es que, además, se apropien de mi voz y mis pensamientos. No se me ha olvidado el tratamiento que nos dieron la última vez. De los veinte minutos que grabamos, mandaron diez y escogieron arbitrariamente lo que les convenía. Además, Raúl Reyes hace declaraciones hablando en mi lugar. Eso es inadmisible. Yo no me voy a prestar a esa farsa.

Al cabo de una larga pausa, Clara le dijo a la morena alta:

—Yo tampoco tengo ningún mensaje que mandar.

Algunos días más tarde, Andrés llegó por la mañana, muy exaltado.

—Una persona de su familia quiere hablarle por radio.

Jamás creí que eso pudiera ser posible. Habían instalado una mesa con el aparato de radio bajo un andamio sofisticado de grandes cables, dispuestos en pirámide. El radiotecnista, un joven guerrillero rubio de ojos claros a quien llamaban «Camaleón», repitió una serie de códigos y cambió las frecuencias.

Al cabo de una hora, me pasaron el micrófono.

—¡Hable! —dijo Camaleón. Yo no sabía qué decir.

—¿Sí, aló?

—¿Ingrid?

—Sí.

—Bueno, Ingrid. Vamos a ponerla en contacto con una persona importante que le va a hablar. Usted no va a escuchar la voz de esa persona. Nosotros le vamos a repetir las preguntas y le transmitimos sus respuestas.

—Adelante.

—Para verificar su identidad, la persona quiere que usted le dé el nombre de su amiga de infancia que vive en Haití.

—Quiero saber quién es mi interlocutor. ¿Quién me hace esa pregunta?

—Es una persona relacionada con Francia.

—¿Quién?

—No le puedo responder.

—Ah, bueno, pues entonces yo tampoco respondo.

Me sentí manipulada. ¿Por qué me negaban la posibilidad de conocer la identidad de mi interlocutor? ¿Qué tal si todo era un montaje para obtener información que utilizarían después contra nosotros? Durante algunos minutos, había creído en la posibilidad de escuchar la voz de Mamá, o de Melanie, o de Lorenzo...

20

UNA VISITA DE JOAQUÍN GÓMEZ

Algunas semanas más tarde, cuando estaba comenzando mi cuarta correa —pues me había hecho el propósito de tejerle una a cada miembro de mi familia—, oí un ruido de motor que anunciaba la llegada de las provisiones. La desbandada que se produjo en el campamento, en que cada guerrillero buscaba arreglarse, ponerse el uniforme, peinarse, me hizo deducir que con las provisiones llegaba también un pez gordo.

Era Joaquín Gómez, jefe del Bloque Sur, miembro adjunto del Secretariado, la autoridad más importante de la organización que estos muchachos habían visto jamás. Había nacido en la región de la Guajira, y tenía la piel morena, propia de los indios wayuu de la costa norte de Colombia.

Cruzó el campamento a grandes zancadas, con la espalda encorvada, como quien carga pesadas responsabilidades, y me abrió los brazos mientras caminaba, antes de darme un abrazo prolongado, como si fuera una vieja amiga.

Me sentí extrañamente conmovida de verlo. La última vez, nos habíamos encontrado con ocasión del debate televisado de los candidatos presidenciales, en presencia de los negociadores del gobierno y miembros de las FARC, durante el proceso de paz de Pastrana, justamente en San Vicente del Caguán, quince días antes de mi secuestro. De todos los miembros del Secretariado, él era el que yo prefería. Siempre se mostraba relajado, sonriente, afable, incluso gracioso, alejado de esa actitud sectaria y huraña de uso entre los comunistas colombianos de línea estaliniana a la cual se plegaban las FARC.

Hizo traer unas sillas y se sentó conmigo detrás de la jaula, a la sombra de una ceiba inmensa. Sacó del bolsillo, a hurtadillas, una caja de marañones y me la puso en las manos como si nada, sabiendo que estaría complacida. Se rio de mi alegría y, como para impresionarme todavía más, me preguntó si me gustaba el vodka. Aunque no me hubiera gustado, habría dicho que sí: en la selva no se rechaza nada. Gómez dio instrucciones para que fueran a escarbar en su equipaje, y al cabo de unos minutos tuve en las manos un vodka Absolut de limón. Era un comienzo de conversación prometedor. Me lo tomé con moderación, pues desconfiaba de los efectos que podría tener el alcohol en un organismo desnutrido.

—¿Cómo le va? —me encogí de hombros, a pesar de mí misma. Me habría gustado ser más cortés, pero me parecía que no valía la pena responder ante lo evidente—. Quiero que me lo cuente todo —dijo, sabiendo que yo me contenía.

—¿Cuánto tiempo se va a quedar aquí?

—Me voy pasado mañana. Quiero tener tiempo de dejar arregladas algunas cosas en el campamento, pero sobre todo quiero que hablemos.

Nos pusimos a la tarea de inmediato. Él quería entender por qué Francia se interesaba por mí y por qué la ONU deseaba intervenir en la negociación para nuestra liberación.

—De todas maneras, nosotros no vamos a hacer nada con la ONU. Esos son agentes de los gringos.

Su comentario me sorprendió. No sabía nada de la ONU.

—A ustedes les conviene aceptar los buenos oficios de la ONU. Es un aliado indispensable en un proceso de paz.

Él soltó la carcajada y replicó:

—¡Esos son unos espías! Lo mismo que los gringos que acabamos de agarrar.

—¿Quiénes son ellos? ¿Usted los ha visto? ¿Cómo están?

Yo había oído la noticia por radio. Tres estadounidenses que sobrevolaban un campamento de las FARC habían sido capturados y convertidos en rehenes algunos días antes.

—Están muy bien. Son grandes y fuertes. ¡Una temporada con nosotros les va a sentar muy bien! El camarada Jorge[8] puso a que los vigilaran los hombres más bajitos que tenemos en nuestras filas. ¡Una lección de humildad para recordarles que el tamaño no es proporcional a la valentía!

Soltó una carcajada. Había en sus frases un sarcasmo que me dolía. Yo sabía que esos hombres sufrían. Joaquín debió de sentir mi prevención, pues agregó—: De todas maneras, es bueno para todo el mundo si los gringos le hacen presión a Uribe para que los liberen. Así, usted está libre más rápido.

—Se equivocaron conmigo. Ustedes le están haciendo un favor a los que me consideraban una molestia para el sistema. El establecimiento no va a mover ni un dedo para sacarme de aquí.

Joaquín me miró largo rato, con una melancolía que me hizo apiadarme de mi propia suerte. Me puse a tiritar a pesar del calor.

—Venga. ¡Vamos a dar una pequeña caminata peripatética!

Me tomó por los hombros y me llevó a un lado de la pista para trotar, riéndose con picardía.

—¿De dónde saca eso? ¡Peripatética! —pregunté, incrédula.

—¿Qué? ¿Creyó que yo era un iletrado? Mijita, yo me leí todos los clásicos rusos. ¡Recuerde que estudié en La Lumumba[9]!

—Ah, bueno, *tovarich*. Entonces démosle gracias a Aristóteles, porque realmente tengo ganas de hablar de todo con usted. ¡Pero con sus guardias alrededor es imposible!

---

8. El Mono Jojoy
9. La universidad comunista de Lumumba, así llamada en honor de Patrice Lumumba, una de las principales figuras de la independencia del Congo. (N. de la A.)

Nos alejamos tranquilamente, siguiendo el camino arenoso de la pista atlética. Caminamos durante horas, dando vueltas y vueltas en la misma pista, hasta el atardecer. Le conté todo. Todo lo que habíamos padecido en las manos de estos hombres insensibles y demasiadas veces crueles: las humillaciones constantes, el desprecio, los castigos estúpidos, el acoso, la envidia, el odio, el machismo, esos detalles cotidianos que envenenaban mi vida; las prohibiciones cada vez más numerosas de Andrés, la falta de comunicación e información en la que vivíamos, los abusos, la violencia, la mezquindad, la mentira.

Le narré, incluso, los detalles triviales, como la historia de los huevos de ese gallinero que mandó construir Andrés, para mortificarnos, frente a nuestra jaula. Todos los días comían huevo y el olor llegaba de la rancha hasta nosotras todas las mañanas, sin que nunca hubiese para nosotras. Le conté todo, o casi. Pues me resultaba sencillamente imposible evocarlo todo.

—Ingrid, voy a hacer lo posible para mejorarle las condiciones de vida. Le doy mi palabra. Pero, ahora, tiene que decirme sinceramente por qué se niega a grabar una prueba de supervivencia.

Joaquín Gómez vino a buscarme a la jaula a la mañana siguiente. Había dado la orden de matar unas gallinas y en la rancha estaban preparando un sancocho con ellas, lo que me hizo salivar toda la mañana. Querían que almorzáramos todos juntos, con Fabián Ramírez, su lugarteniente. A él lo había visto muy poco, pues se había ocupado exclusivamente de Clara. Lo conocí cuando hablé con Manuel Marulanda antes de mi secuestro. Era un joven de estatura mediana, rubio, con una piel muy blanca que, a todas luces, lo hacía sufrir, pues debía exponerse continuamente al sol implacable de la región. Eso me permitió deducir que no debía de vivir bajo los árboles, como nosotros, y que debía de pasar buena parte del tiempo desplazándose en lancha por los incontables ríos de la Amazonia.

236 · INGRID BETANCOURT

Cuando Joaquín vino a verme, parecía preocupado.

—¿Su compañera le habló de la petición que nos presentó?

No sabía en absoluto a qué se refería. De hecho, Clara y yo nos comunicábamos muy poco.

—No, no estoy enterada. ¿De qué se trata?

—Vea, es algo delicado. Ella reivindica sus derechos como mujer, habla de su reloj biológico, dice que no le queda mucho tiempo para convertirse en madre. Mejor dicho, yo creo que tenemos que hablar de eso antes de transmitirle su petición al Secretariado.

—Joaquín, yo le agradezco su gestión. Y quiero ser muy clara al respecto: no tengo ninguna opinión que dar. Clara es una mujer adulta. Su vida privada es exclusivamente asunto de ella.

—Bueno, si usted cree que no tiene nada que decir, se lo respeto. Pero yo quiero que ella repita delante de nosotros lo que le dijo a Fabián. Hágame el favor de acompañarme.

Nos instalamos delante de una mesa y Fabián se fue a buscar a Clara, que estaba en la jaula. Se sentó a mi lado, frente a Fabián y a Joaquín. Palabra por palabra, repitió lo que Joaquín me había anunciado. Era claro que Joaquín estaba muy interesado, no solamente en que yo estuviera informada, sino que hiciera las veces de testigo.

La petición de Clara me dejó perpleja. Decidí que tenía la responsabilidad de hablar con ella. Me preguntaba cuál habría sido el consejo de mi padre si hubiera podido consultarlo. Me esforzaba por hablarle de la manera más sincera posible, haciendo tabla rasa de todas las dificultades por las que habíamos pasado durante nuestra vida cotidiana, a fin de aportarle una reflexión desinteresada que la ayudara a sopesar correctamente las consecuencias de su petición. Las dos estábamos abocadas a un destino espantoso. Cada una por su lado había echado mano de los recursos psicológicos de los que disponía para seguir viviendo.

Yo acudía a una reserva enorme de recuerdos, dando gracias por la inmensa felicidad que había acumulado durante años, y por la fuerza que me daba la existencia de mis hijos. Sabía que jamás renunciaría a mi lucha por regresar viva a casa, porque ellos me esperaban.

El caso de Clara era diferente. Nada de su pasado la retenía. Pero también estaba convencida de que su plan no era razonable. Me esmeré para encontrar las palabras adecuadas y el tono correcto: no quería fastidiarla. Hice una lista de todas las razones que, desde mi punto de vista, podían disuadirla de persistir en su petición; le hablé de las posibilidades que tendría, al ser liberada, de adoptar un niño, le hice ver lo que sería la vida de un bebé nacido en condiciones de precariedad tan grandes, sin saber si las FARC accederían a liberar al niño junto con ella, llegado el momento. Como último recurso, le hablé de la manera como me habría gustado que me hablaran a mí o a mi hija. Ella escuchó con atención cada una de mis palabras. «Voy a pensarlo», concluyó.

Joaquín vino a verme al final de la tarde. Estaba preocupado con el asunto de las pruebas de supervivencia. Yo adivinaba que estaba sometido a mucha presión y que su organización debía tener una estrategia para la cual era indispensable dar la certeza de que yo estaba viva.

—Si me garantiza que la totalidad de mi mensaje le llegará a mi familia, que no van a eliminar nada, entonces ahí sí podemos hablar.

—Mire, no le prometo nada. Lo que le puedo decir de antemano es que hay unas reglas de juego. No puede mencionar lugares, ni dar los nombres de los guardias, ni hacer referencias a sus condiciones de detención, porque el ejército, por deducción, podría encontrarla.

—Yo estoy prisionera pero de todas maneras puedo decir que no.

Su mirada se llenó de malicia por un segundo. Por supuesto, podrían filmarme sin mi consentimiento. Comprendiendo esta posibilidad, agregué:

—Usted no haría eso. Sería de muy mal gusto ¡y tarde o temprano sería algo que se volvería en contra de su organización!

Gómez me abrazó afectuosamente y me dijo:

—No se preocupe. Yo voy a estar pendiente de usted. Mientras yo esté presente, no voy a permitir que se hagan ciertas cosas.

Sonreí con tristeza. Él estaba en un lugar demasiado alto de la jerarquía para poder protegerme de veras. Era inaccesible para mí, lo mismo que yo lo era para él, a causa de la distancia y el bloqueo de sus subalternos. Él también lo sabía. Ya se iba, con la espalda encorvada, tal como había venido. Estaba a punto de desaparecer de mi vista cuando dio media vuelta de repente, regresó hasta mí y me dijo:

—Creo que lo mejor es que les mande a hacer una casa a cada una. ¿Qué opina?

Suspiré. Eso quería decir que nuestra libertad no estaba en sus planes próximos. Joaquín Gómez adivinó mis pensamientos y, antes de que yo respondiera, me dijo amablemente:

—Bueno, como dice Ferney, así por lo menos la dejan en paz.

¡Qué alegría me daba saber algo de Ferney! Sentí que se me iluminaba el rostro:

—Por favor, mándele saludes de mi parte.

—Así lo haré. Se lo prometo.

—¿Está con usted?

—Sí.

Tal como me anunció Joaquín, mandó construir dos casas separadas la una de la otra a una distancia razonable, sin estar frente a frente. El modelo era idéntico al de la casa de madera que ya habíamos tenido, pero más pequeño. Tenía un cuarto con una puerta de madera que se podía cerrar pero a la que nunca le ponían candado. Allí podía retirarme en privado sin tener la sensación de estar en una cárcel. Compartíamos el baño donde habían instalado el sanitario en porcelana, en medio de la nada, en una cabaña con paredes de palma y rodeada con la tela de un costal de arroz abierta a lo largo. También había una gran cisterna de plástico que llenaban con una motobomba trayendo el agua del río, lo que nos permitía bañarnos protegidas de miradas indiscretas y a la hora que quisiéramos.

Por fin estaba en paz. Joaquín vino a ver la casa y les dijo a los guardias que estaban frente a mí:

—Esta es la casa de Ingrid. Ninguno de ustedes tiene derecho a poner un pie aquí sin la autorización de ella. Es como una embajada: ¡aquí ella goza de extraterritorialidad!

Mi vida cambió. Me resultaba muy difícil entender cómo alguien podía ser amable o grosero por orden de otra persona. Sin embargo, eso era lo que veía. La metamorfosis se produjo en todos los detalles de la vida cotidiana, y aunque comprendía bien que esa actitud hacia mí distaba mucho de ser espontánea, descansaba y disfrutaba de esta tregua sin hacerme más preguntas. Me dediqué a reencontrar el equilibrio emocional que había perdido. Poco a poco fui recuperando el sueño. Podía dormir algunas horas por la noche y, sobre todo, me sorprendió ver que hacía siestas más largas en el día. Eso me producía, yo lo sentía, un bienestar real.

Se me ocurrió la idea de pedir un diccionario enciclopédico y me lo dieron. No era consciente del lujo que eso representaba. En poco tiempo, me volví adicta al diccionario. Me pasaba la mañana sentada en mi mesa de trabajo, con una vista inmejorable sobre el río, y viajaba en el tiempo y el espacio pasando cada hoja. Al principio, me dejaba llevar por el capricho del momento. Poco a poco, fui estableciendo una metodología que me permitía hacer investigaciones sobre un tema preestablecido con la lógica de un juego de pistas. No podía creer tanta felicidad. Ya no sentía el paso del tiempo. Cuando me traían el plato de arroz y fríjoles yo me lo comía todo, todavía perdida en mis deducciones eruditas, preparando la siguiente etapa de mi exploración. Todo me interesaba: el arte, la religión, las enfermedades, la filosofía, la historia, los aviones, los héroes de guerra, las mujeres de la historia, los actores, los jefes de Estado, los monumentos, los países. Ahí encontraba todo para calmar mi sed de conocimientos. Dado que la información era, obviamente, sucinta, mi curiosidad no hacía más que aumentar y emprendía la búsqueda de los detalles que faltaban.

La soledad fue para mí una especie de liberación. No solo porque ya no estaba a la merced de los cambios de humor de mi compañera, sino sobre todo porque podía ser de nuevo yo misma, administrando mi vida según las necesidades de mi corazón. Después de mi lectura de la mañana, me imponía por la tarde un entrenamiento físico agotador. Cerraba la puerta de la habitación, empujaba contra la pared la cama que Joaquín me había mandado a hacer y transformaba el espacio libre en gimnasio. Allí, practicaba todas las acrobacias que había aprendido en la infancia y que había abandonado en la edad adulta. Poco a poco me llegaba el recuerdo de los movimientos, domesticaba el miedo al riesgo y reaprendía a ir más allá de mis límites.

Luego me bañaba, mirando los pájaros volar sobre mí, y lograba admirarlos sin envidiarlos. Cuando volvía a la casa, me sentaba con las piernas en posición de loto y partía en una meditación que no tenía ningún tinte religioso pero que me llevaba invariablemente a una conciencia innegable de la presencia de Dios. Ahí estaba. Dios, en todas partes, demasiado grande, demasiado fuerte. No sabía qué esperaba de mí y mucho menos sabía qué podía legítimamente pedirle. Pensaba rogarle que me sacara de esa cárcel, pero veía enseguida que mi oración era demasiado pequeña, demasiado mezquina, demasiado volcada sobre mi pequeño yo, como si estuviera mal pensar en mi propio bienestar o solicitar benevolencia. También era posible que yo no quisiera recibir eso que Él me daba. Me acordaba de haber leído en mi Biblia, en una epístola a los romanos, que el Espíritu Santo nos socorría en nuestra necesidad de comunicación con Dios, sabiendo mejor que nosotros lo que nos convenía solicitar. Leyendo ese aparte, pensé que no quería que el Espíritu Santo pidiera por mí nada distinto de la libertad. Tras formularlo de este modo, comprendí que perdía de vista lo esencial, que tal vez había algo superior a mi libertad que Él podría querer darme y que por el momento yo era incapaz de apreciar.

Tenía muchas preguntas y ninguna respuesta. Mis interrogantes me acosaban durante la meditación. En esta reflexión circular que se prolongaba día tras día, veía desfilar los hechos del día, que yo desmenuzaba con precisión. Me detenía a analizar ciertos momentos. Reflexionaba sobre el sentido de la palabra «prudencia» o de la palabra «humildad». Todos los días, en una mirada, en la entonación de la voz, en una palabra utilizada con animosidad, en el silencio o en determinado gesto, me daba cuenta que habría podido actuar de otra manera y habría podido ser mejor. Yo sabía que la situación que estaba viviendo era una oportunidad que la vida me ofrecía para interesarme por cosas que solían producirme rechazo. Descubría otra manera de vivir, menos en la acción y más en la introspección. Imposibilitada para actuar sobre el mundo, desplazaba mi energía para actuar en «mi mundo». Quería construir un yo más fuerte, más sólido. Las herramientas que había desarrollado hasta entonces ya no me servían. Necesitaba otra forma de inteligencia, otra forma de valentía y mayor resistencia. El problema era que no sabía cómo lograrlo. Había tenido que pasar más de un año secuestrada para comenzar a cuestionarme a mí misma.

Dios seguramente tenía razón y el Espíritu Santo debía saberlo, pues se obstinaba en no querer interceder a favor de mi libertad. Tenía mucho por aprender.

21
SEGUNDA PRUEBA
DE SUPERVIVENCIA

La última vez que vi a Joaquín Gómez fue para grabar la segunda prueba de supervivencia. Lo acompañaban otros guerrilleros, entre los cuales estaba Ferney. Me dio gusto volver a verlo.

Me imaginaba que Ferney le había expuesto a su superior el tratamiento que yo recibía y las situaciones que había tenido que afrontar. Se lo agradecí, pues hubo un llamado de atención. Andrés autorizó que, de vez en cuando, me dieran leche en polvo. Edinson, el mismo que nos había descubierto después del ataque de las avispas, me llevaba a escondidas unos huevos que yo «cocinaba» en agua hirviendo: era un agua que me llevaban con el pretexto de tratarme un eccema. Sin embargo, lo que más gusto me daba era que Andrés me había vuelto a dar permiso de meterme en la rancha. Me gustaba estar en la cocina. Aprendía las técnicas que los guerrilleros habían desarrollado para elaborar un sucedáneo del pan, «cancharinas» las llamaban ellos, preparadas con una mezcla de agua y harina que ponían a freír en aceite hirviendo. Quería aprender el secreto de estas delicias. Joaquín había tenido la gentileza de enviarme, entre dos de sus visitas, una bolsa negra llena de cosas. El miliciano que manejaba la lancha de motor había recibido instrucciones precisas de no abrir la bolsa y de entregármela en persona. Era un guiño que me hacía Joaquín, pues el día que hicimos nuestra charla «peripatética», me quejé de la discriminación que ejercían contra nosotras en lo relacionado con la comida.

Cuando uno no tiene nada, las pertenencias más elementales ad-
quieren una dimensión insospechada.

Cuando llegó Joaquín, nos pusimos de inmediato en la tarea
de prepararnos para la grabación. Él me había dado su palabra de
honor de que mi familia recibiría el texto integral de mi mensaje, sin ningún cambio. Convinimos que el material duraría entre
quince y veinte minutos y que se grabaría en mi bohío, tras instalar
una sábana como telón de fondo, para no dar ninguna indicación
sobre el lugar donde estábamos, y que yo estaría sola. Mi compañera también tenía la posibilidad de mandar una prueba de supervivencia. Yo tenía la intención de dejar sentada mi posición sobre
un debate delicado del que me había enterado tangencialmente por
la radio. Mi familia se oponía firmemente a la posibilidad de que
llevaran a cabo una operación militar de rescate. Algunos meses
antes, un grupo de nueve secuestrados, entre los cuales se encontraba el gobernador del departamento de Antioquia, Guillermo
Gaviria, y su consejero para la paz, Gilberto Echeverri, habían sido
asesinados en un intento de liberación efectuado por el ejército colombiano en la región de Urrao[10]. Aquello fue un choque terrible
para mí. No conocía personalmente a Guillermo, pero me parecía
valiente su compromiso con la paz de Antioquia. Admiraba a este
hombre que había luchado hasta el final por sus convicciones.

Una tarde, cuando eran casi las cuatro, mientras jugaba con
un radio que me había regalado Joaquín en una de sus visitas, sin-
tonicé por casualidad, en onda corta, la hora de las noticias en
Radio Canadá. Era un radiecito de metal sin mucha potencia, que
los guardias despreciaban porque no recibía señales sino muy temprano en la mañana o cuando ya había caído la noche. Había que
ponerle un sistema de antenas potencializadas que los propios gue-

---

[10]. El hecho ocurrió el 5 de mayo de 2003 y fue conocido como «la masacre de
Urrao». (N. de la A.)

rrilleros me habían ayudado a instalarle usando el hilo de aluminio de las esponjillas Bon-Bril que se usaban para lavar las ollas. Había que hacer llegar el cable a la cima de los árboles con una honda y la otra punta se enrollaba en el extremo de la antena del radio. El sistema funcionaba bastante bien, y yo lograba, sobre todo hacia el atardecer, oír las noticias. Era una ventana abierta al mundo. Yo escuchaba y, con la imaginación, veía todo. Todavía no había descubierto la frecuencia de Radio Francia Internacional, a la que me aficionaría particularmente después, al punto de aprenderme los nombres y las voces de los periodistas, como si fueran amigos de toda la vida. También oía la BBC religiosamente todos los días, con el mismo placer que me daba «en la civil» ir a cine. Por el momento, estaba feliz de haber descubierto Radio Canadá y de oír hablar francés. Sin embargo, mi placer se transformó en horror cuando oí que rehenes colombianos habían sido masacrados por las FARC, y salió enseguida la mención de mi nombre. No sabía de qué estaban hablando, pero me quedé petrificada, con el radio pegado a la oreja, tratando de entender, angustiada, evitando que una mala manipulación del radio me hiciera perder la débil señal del programa. No quería perderme el resto del noticiero. Algunos minutos después, repitieron integralmente la noticia y descubrí con escalofrío que Gaviria y Echeverri acababan de ser asesinados. No dieron más detalles ni hicieron más precisiones. Cambiaron de tema y yo me quedé temblorosa entre mis cuatro paredes. Fui a sentarme a la cama, con los ojos hinchados, imaginando todo lo que había podido ocurrir para que los ejecutaran. Recordé, entonces, la amenaza de las FARC. Al cabo de un año, comenzarían a liquidarnos, uno tras otro. Hacía, efectivamente, un poco más de un año que habíamos sido secuestradas. Entonces era eso: ¡las FARC habían comenzado a ejecutar su plan! Salí de mi cambuche como si me hubiera caído un rayo encima. Rompí una de las reglas que me había impuesto, que consistía en no ir a hablar con Clara sin haberle anunciado antes mi visita. Avancé por el sendero, seguida de cerca por el guardia que me había autorizado a ir a verla. Clara estaba barriendo su casa. Hizo cara de molestia al verme llegar.

—Mira, es muy grave: las FARC acaban de asesinar a Gilberto y a Guillermo...

—¿Ah, sí?

—Lo oí en la radio. Acaban de...

—Gracias por la información.

—Yo... yo...

—¿Qué es lo que quieres? No podemos hacer nada al respecto. Ya ocurrió. Nada que hacer. ¿Qué quieres que te diga?

No insistí y volví mortificada a mi barraca. Me encerré en la habitación. Rezaba sin saber cómo, ni qué pedirle a Dios. Me imaginaba a las familias de estos dos hombres, sus esposas, sus hijos, y sufría de manera visceral, físicamente, doblada en dos, sabiendo que ese podría ser también el destino de los míos. En la noche, mi radio recibía con claridad las emisoras colombianas. Retransmitían cada diez minutos la voz de Yolanda Pinto, la esposa de Guillermo. Explicaba en detalle el procedimiento para recuperar los cadáveres y las dificultades que afrontaba, pues el acceso al lugar de la masacre estaba bajo control militar y las familias tenían prohibida la entrada. El guardia que estaba de turno me llamó: también quería estar informado. Le dije que habían comenzado a matar a los rehenes y que sabía que a nosotras nos llegaría el turno próximamente.

Andrés vino poco después.

—Ingrid, acabo de enterarme de la muerte de Guillermo y de Gilberto. Quiero asegurarle que las FARC no la van a asesinar. Eso fue un accidente: las FARC reaccionaron ante un ataque militar.

No le creí. Al cabo de todos estos meses de cautiverio, había comprendido que para los miembros de las FARC mentir era simplemente una táctica de guerra.

Sin embargo, a medida que transcurrían las horas, la información parecía darle la razón. Los militares habían intentado llevar a cabo una operación de rescate. Solamente dos de los secuestrados habían sobrevivido a la masacre. Ellos relataban que cuando el comandante se dio cuenta de que estaban rodeados por los helicópteros militares, reunieron a los prisioneros para fusilarlos. Gilberto se arrodilló para implorar clemencia. El propio comandante lo ejecutó a sangre fría. Los sobrevivientes contaban que Gilberto pensaba que él y el comandante eran amigos, y se lo recordaba mientras le rogaba que no lo matara.

Me imaginaba la escena del asesinato hasta en los menores detalles, convencida de que a nosotras nos esperaba el mismo destino en cualquier momento.

Por eso, cuando Joaquín vino por la prueba de supervivencia, quise expresar mi apoyo a una operación de rescate por parte del ejército colombiano, sabiendo que después de la masacre de Urrao muchas personas se opondrían. Yo solo podía hablar a nombre propio. Pero me interesaba dejar en claro que la libertad era un derecho y que todo esfuerzo por recuperarla era un deber superior al que yo no me podía sustraer.

También quería que el país iniciara una reflexión profunda sobre lo que implicaba la defensa de ese derecho. La decisión debía ser tomada al más alto nivel y el Presidente de la República debía asumir el costo político de un fracaso o recibir las glorias de una operación exitosa. Temía que, en el laberinto de los intereses políticos del momento, nuestras vidas ya no tuvieran ningún valor y que fuera más interesante organizar un fiasco sangriento para poder endilgarle a las FARC nuestra muerte, en lugar de una verdadera operación de rescate.

Una vez quedó grabada la prueba de supervivencia, fue necesario esperar su difusión por la radio y la televisión colombianas. Los meses que pasaron entre una cosa y otra fueron tensos y

largos. En particular, yo había seguido la noticia del envío de un
avión francés al corazón de la Amazonia brasileña, con la esperanza de que la presión para obtener una prueba de supervivencia
estuviera relacionada con ese hecho. Algunos días antes de que la
información se filtrara a la prensa, un médico de las FARC vino a
vernos. Era un muchacho que había hecho algunos años de Me-
dicina en Bogotá pero no había obtenido su diploma. Lo habían
reclutado para formar a los enfermeros que serían enviados a diversos frentes, además de asumir la dirección de un hospital en el
monte, que debía de estar a poca distancia de nuestro campamento.
Su visita me hizo soñar con la posibilidad de una liberación. Yo
me imaginaba que a las FARC les convenía liberar a sus rehenes en
condiciones que les permitieran restaurar su reputación a los ojos
del mundo. Pensaba, asimismo, que esta prueba de supervivencia
que las FARC habían buscado con tal insistencia podía ser una de
las condiciones exigidas por Francia para dar inicio a unas negociaciones que, obviamente, debían mantenerse en secreto. El avión
partió sin nosotras y me imaginé que el despliegue mediático del
asunto tal vez había sido el responsable del fracaso de la misión.
Sin embargo, la esperanza había germinado en mí. Había visto que
Francia asumía riesgos reales para sacarme de la selva. Yo sabía
que Francia seguiría tratando de encontrar la manera de sacarme
de las garras de las FARC, y esperaba que otros contactos se produ-
jeran, que otros emisarios fueran enviados y se diera inicio a otras
negociaciones.

   Algunas semanas más tarde, cuando el miliciano que solía
traer las provisiones llegó con la orden de llevarnos, pensé que las
negociaciones habían llegado a feliz término. Nos íbamos a la madrugada del día siguiente; debíamos empacar nuestras pertenencias. Hice una selección y escogí apenas lo necesario para los pocos
días de camino que, según mis cálculos, nos tomaría llegar al punto de encuentro con los emisarios europeos. Les dejé el resto a las

muchachas y, sobre todo, les dejé el diccionario y un mapamundi que acababa de terminar, en colores, sobre el cual había trabajado durante varias semanas y del que me sentía muy orgullosa.

Andrés había organizado una pequeña reunión para despedirnos. Los guerrilleros me daban la mano y me felicitaban por el éxito de las negociaciones y por mi libertad inminente. No dormí en toda la noche, saboreando mi felicidad. La pesadilla se había terminado. Ya podía volver a casa.

Estaba sentada sobre mi bulto, lista para partir. El reflejo plateado de la luna bailaba en el agua perezosa del río. Hacia las cinco de la mañana nos llevaron una taza de chocolate caliente y una cancharina. Mi compañera también estaba lista, sentada en la escalera de su cabaña, con un equipaje que era el doble del mío: ella no tenía la intención de dejar nada. Yo experimentaba una extraña dicha y una gran serenidad. No era la euforia que había previsto para cuando me anunciaran mi liberación: era, más bien, una felicidad tranquila, un descanso del alma. Reflexionaba sobre lo que este año de cautiverio había significado para mí. Me veía a mí misma como a un ser extraño, como una entidad distinta de mi yo presente. Esta persona que había vivido en la selva durante todos esos meses se quedaría en el pasado. Volvería a ser yo misma. Un vaho de duda me empañó el espíritu. ¿Volver a ser yo misma? ¿Era ese mi objetivo? ¿Había aprendido lo que debía aprender? Muy pronto me deshice de esas ideas tontas. ¡Qué importaba ahora!

22
LA ADIVINA

Agosto 22 de 2003. Un cielo inmaculado se perfilaba sobre los árboles entre las dos orillas del río, como una larga serpiente azul. No íbamos rápido. El río se abría paso caprichosamente por entre la selva y en los recodos abruptos era necesario esquivar los pedazos de troncos que se atascaban. Estaba impaciente. A pesar de la espera de esta liberación tan cercana, tenía el estómago crispado de dolor. El tufo del motor, el perfume agridulce de este universo de clorofila, la ausencia de certezas que me obligaba a avanzar a tientas en la vida, todo me devolvía al momento preciso en que sentí que la trampa se cerraba tras de mí.

Fue una semana después de nuestra captura. Nos habían llevado de un campamento al otro, hasta llegar a un lugar, en lo alto de una loma, donde yo había descubierto por primera vez el océano verde de la Amazonia que se perdía en el horizonte. El Mocho César estaba de pie junto a mí. Él ya sabía que esta inmensidad me iba a tragar.

Habían improvisado un campamento en la ladera casi vertical de la loma. Nos bañamos en un arroyo transparente que cantaba al correr por su lecho de piedras traslúcidas. Ahí vi los primeros monos. Estaban en las copas de los árboles y nos lanzaban palos para hacernos salir de su territorio.

Era una selva de vegetación espesa: no se alcanzaba a ver el cielo por entre el follaje. Mi compañera se había desperezado como un gato, se había llenado los pulmones con todo el aire que podían contener y me había sorprendido diciendo: «¡Me encanta este lugar!». Yo estaba tan obsesionada por nuestra huida que ni siquiera me permitía contemplar la belleza del paisaje, para evitar que eso nos ablandara en nuestro impulso. De hecho, me sentía asfixiada y me habría sentido igualmente asfixiada si estuviera secuestrada en un banco de hielo. La libertad era mi único oxígeno.

Solo esperaba la caída de la noche para ejecutar nuestro plan. Contaba con la luna llena: eso facilitaría nuestra huida.

Un camión rojo apareció en un recodo. Como hormigas, en menos de dos minutos los guerrilleros cargaron el camión. Ya habían desmantelado el campamento y no nos habíamos dado cuenta.

Tomamos la carretera que serpenteaba cuesta abajo. En medio de un cementerio de árboles, había dos casitas tristes cuyas chimeneas despedían humo. Un niño corría detrás de un balón reventado. Una mujer embarazada lo miraba desde la puerta, con las manos en la cintura, sin duda soportando un dolor de espalda. La mujer se metió rápidamente en la casa al vernos. Luego, nada. Durante muchas horas, se sucedieron árboles idénticos los unos a los otros. En un momento dado, la vegetación cambió. Los árboles fueros reemplazados por arbustos. El camión abandonó la carretera destapada y tomó por un camino apenas visible por entre los helechos y los matorrales. Súbitamente, frente a nosotros, como puesto allí por error, apareció un robusto puente de hierro lo suficientemente grande como para que pasara el camión rojo sobre él. El chofer hizo chirriar los frenos. Nadie se movió. Del otro lado del puente, salieron de la selva negra dos personas en uniforme camuflado, con grandes morrales a la espalda. Caminaban resueltos hacia nosotros. Me imaginaba que se subirían al camión y que luego cruzaríamos el puente. No había visto el río verdoso de aguas malsanas que se arrastraba debajo. Tampoco había visto la gran canoa que nos esperaba, ya con el motor prendido, lista para partir.

En ese momento me vino un recuerdo a la memoria. En noviembre de 2001, durante mi campaña presidencial, en un bonito pueblo colonial del departamento de Santander, me abordó una mujer que insistía en hablarme sobre un tema grave y urgente. El piloto de la avioneta que nos transportaba había aceptado retrasar media hora el horario previsto, para darme tiempo de hablar con la mujer. Era joven y bonita, de aspecto serio, vestida de manera sencilla. Llevaba cogida de la mano a su hija de cinco años. La mujer me tomó del brazo, después de indicarle a la niña que se fuera a sentar un poco más lejos, y me explicó con nerviosismo que tenía visiones, y que esas visiones siempre se hacían realidad.

—No quiero molestarla, y usted va a pensar que estoy loca, pero no voy a quedar en paz hasta decirle lo que sé.

—¿Qué es lo que sabe?

La mujer trató de mirarme directo a los ojos pero su mirada se perdió. Sentí que ya no me veía a mí.

—Hay como un andamiaje. Algo que se cae. No pase por encima. Aléjese. Hay una barca en el agua. No es en el mar. No se suba. Pero oiga bien lo que le digo, es muy importante que no se suba en esa barca.

Yo trataba de entender. Esta mujer no estaba fingiendo. Pero lo que me decía me parecía totalmente incoherente. Sin embargo, entré en el juego:

—¿Por qué no me debo subir en esa barca?

—Porque no va a volver.

—¿Podría morir?

—No, no se va a morir… Pero se va a demorar muchos años en volver.

—¿Cuánto tiempo?

—Tres años. No. Va a ser más tiempo. Más de tres años. Mucho tiempo, un ciclo completo.

—Y después, ¿cuando yo vuelva?

—¿Después?

—Sí, después. ¿Qué hay después?

El capitán vino a buscarme. El aeropuerto cerraba antes del atardecer, a las seis en punto. Había que despegar inmediatamente.

Me subí en la avioneta y me olvidé de lo que había dicho la mujer.

Hasta el momento en que vi la canoa bajo el puente. Sentada en la cabina del camión rojo, observaba estupefacta la embarcación que nos esperaba. No debía subirme en ella. No debía hacerlo. Miré a mi alrededor: era imposible huir, pues todos estaban armados. Tenía un nudo en el estómago, las manos lavadas en sudor. Un miedo irracional se había adueñado de mí; yo no quería ir. Uno de los guerrilleros me agarró del brazo, creyendo que me negaba a bajar la pendiente abrupta por miedo a resbalarme. Los jóvenes saltaban como gacelas: estaban orgullosos de su entrenamiento. Me empujaban, me halaban. Me deslicé por el talud de arena negra hasta abajo; puse un pie en la lancha, luego el otro. No tenía más remedio. Estaba en sus manos. Había caído en la trampa. Por mucho tiempo, había dicho la mujer. Un ciclo completo.

Navegamos desde el crepúsculo hasta el amanecer. Ya se estaba terminando el verano y el río estaba en su nivel de agua más bajo. Era necesario mantener la embarcación en el centro de la corriente para evitar encallar. De vez en cuando, uno de los guerrilleros saltaba de la lancha, vestido, con el agua hasta la cintura, para empujar. Yo tenía miedo. ¿Qué hacer para regresar? Mi sensación de claustrofobia aumentaba con cada hora.

Al comienzo, pasamos junto a algunos ranchos que miraban desde la penumbra el paso de nuestra caravana. Por entre los árboles enormes que rodeaban estas viviendas se filtraban los últimos rayos del atardecer, dejando entrever que un poco más atrás, la selva había sido arrasada, para hacerle campo a algún cultivo. Muy pronto, la densidad de la selva ahogó lo que quedaba de luz y entramos en un tenebroso túnel de vegetación. Ya no había ninguna señal de vida humana, ni la menor traza de civilización. Los ruidos de la selva nos llegaban en ecos lúgubres a pesar del ronquido del motor. Yo iba sentada sosteniéndome el vientre con los brazos para mantener las vísceras en su lugar. Algunos árboles muertos, con las ramas blanqueadas por el sol, yacían en el agua como cadáveres calcinados, con sus miembros torcidos, esperando todavía el socorro de la Providencia.

El capitán había prendido una linterna potente para iluminar las aguas oscuras por las que navegábamos. En las orillas, se encendían luces rojas a nuestro paso. Eran los ojos de los caimanes, prestos para cazar en la tibieza del río.

«Algún día tendré que nadar este río para volver a mi casa», pensé. La luna apareció más tarde en la noche. El mundo en que penetrábamos se hacía fantasmagórico. Yo temblaba. ¿Cómo hacer para salir de ahí?

Este miedo no me abandonaría jamás. Cada vez que me montaba en una de esas canoas, rememoraba inexorablemente las sensaciones de este primer descenso al infierno, en este río negro del Caguán que me había engullido.

En ese momento debería haberme dejado ir en la contemplación de la naturaleza exuberante, que celebraba la vida en esta mañana feliz del mes de agosto de 2003. Pero la angustia aleteaba en mi estómago. ¿La libertad? ¿Era, acaso, demasiado hermoso para ser cierto?

23
UN ENCUENTRO INESPERADO

La canoa salió del laberinto de agua, estrecho y sinuoso, para desembocar en el gran río Yarí. Nos dirigimos a contracorriente en diagonal hacia la orilla opuesta y fondeamos entre los árboles que ya empezaban a cubrir la subida del agua. Nos ordenaron bajar ahí. Creí que estábamos solos, en medio de la nada. Para mi gran sorpresa, descubrí ocultos entre los árboles a varios guerrilleros que no conocía. Estaban ocupados doblando sus carpas y empacando sus pertenencias. Desplegaron un gran plástico negro a la sombra de una ceiba enorme y Clara y yo nos acomodamos debajo, entrenadas ya a esperar sin hacer preguntas. Una muchacha se acercó y nos preguntó si queríamos comer huevo. Hasta entonces no había visto que, un poco más lejos, habían instalado una rancha, donde hervían unas ollas sobre un fuego de leña. ¡Huevos! Me puso de buen humor pensar que nos estaban dando un tratamiento especial ante la perspectiva de nuestra liberación.

A la derecha, un hombre sentado como nosotras contra un árbol me miraba desde la distancia. El hombre, que parecía un comandante, se puso de pie, caminó de un lado al otro, y luego, tomando impulso, se acercó a nosotras:

—¿Ingrid? ¿Eres Ingrid?

Era un hombre maduro. Una barba gris, casi blanca, le tapaba media cara. Tenía grandes ojeras negras debajo de sus ojos, hinchados y húmedos, como si estuviera a punto de llorar. Su emoción me conmovió. ¿Quién era este guerrillero? ¿Dónde lo había visto antes?

—Soy Luis Eladio. Luis Eladio Pérez. Fuimos senadores al mismo tiempo.

Lo había comprendido antes de que terminara su frase. Ese hombre que me pareció ser un viejo guerrillero no era otro que mi antiguo colega, Luis Eladio Pérez, secuestrado por la guerrilla seis meses antes que yo. Me encontraba en el Congreso cuando se hizo el anuncio público de su captura. Los senadores aprovecharon para levantar la sesión en señal de protesta y cada uno se fue para su casa, feliz de tener la tarde libre. Cuando la noticia de su secuestro ocupó la primera plana de la prensa, yo no lograba recordarlo. Éramos cien senadores. Por lo menos debía reconocer su cara en las fotos. Pero no, nada. Tenía la sensación de no haberlo visto jamás. Pregunté a la gente cercana, tratando de refrescarme la memoria. Todos me hablaban de Luis Eladio en términos elogiosos. Yo debería saber de quién se trataba.

—Sí, claro, acuérdate. Se sienta detrás de nosotros. Lo has visto miles de veces. Él te saluda cuando tú llegas.

Me sentía culpable de no recordarlo. Buscaba en lo profundo de mi memoria —blanco completo—. Peor aún: yo sabía que le había hablado!

Al oír su nombre, al comprender que era Luis Eladio, le salté al cuello y lo abracé, tratando de contener las lágrimas. ¡Dios mío! ¡Me producía un dolor tremendo verlo en tan mal estado! Parecía que tuviera cien años. Tomé su cabeza entre mis manos para verlo bien. Esos ojos, esa mirada, ¿dónde los había metido yo, que no lograba encontrarlos? Era frustrante: todavía no conseguía reconocerlo ni superponer una imagen del pasado a la cara que tenía frente a mí. Sin embargo, acababa de reencontrarme con un hermano. No había ninguna distancia entre este desconocido y yo. Le agarré la mano y le acaricié el pelo, como si nos conociéramos de toda la vida. Lloramos, sin saber si era de felicidad, por estar el uno con el otro, o si era de pesar, al ver los estragos que el cautiverio había impreso en el rostro del otro.

Con la misma emoción, Luis Eladio fue a abrazar a Clara.

—¿Tú eres Clarita?

Ella le tendió la mano y, sin moverse, le respondió:

—Dígame Clara, por favor.

Luis Eladio se sentó con nosotras en el plástico negro, un poco desconcertado. Buscó en mi mirada alguna respuesta. Yo le respondí con una sonrisa. Comenzó a hablarme y lo hizo durante horas y horas, que se transformaron en días, y luego en semanas enteras de un monólogo inagotable. Quería contármelo todo. El horror de esos dos años de confinamiento en un silencio estricto (el comandante lo tenía entre ojos y le había prohibido a la tropa dirigirle la palabra o responderle). La maldad del guerrillero que mató a machetazos un perrito que Luis Eladio había recogido y adoptado. El miedo de terminar sus días en la selva, lejos de su hija, Carope, que él adoraba y cuyo cumpleaños era precisamente ese día, 22 de agosto, día de nuestro encuentro en las orillas del Yarí. La enfermedad, pues era diabético y dependía de las inyecciones de insulina que no recibía desde su captura, temiendo en cada instante caer víctima de un coma diabético que lo mataría de manera fulminante o, peor, que le quemaría el cerebro y lo dejaría como un vegetal por el resto de sus días. La inquietud ante las necesidades de su familia, que, a causa de su ausencia, había perdido los recursos financieros para llevar una vida normal. La angustia de no estar ahí para guiar a su hijo, Sergio, en sus estudios y la escogencia de su carrera. La tristeza de no estar en el lecho de enferma de su madre, ya mayor, que podía morir estando él ausente. El remordimiento que le producía no haber estado más presente en su hogar, sino absorbido por su trabajo y su compromiso político. El sentimiento de impotencia que lo obsesionaba por haber caído en una emboscada y haber sido secuestrado por las FARC. Me lo contó todo sin parar, bajo la presión de una soledad que había aborrecido.

Bajamos por el río, calcinados por el sol implacable del mediodía, hasta el atardecer. Durante toda la travesía no pronuncié palabra. Estábamos sentados juntos y yo lo escuchaba, consciente de la necesidad vital que tenía de desahogarse. Nos habíamos tomado instintivamente de la mano: él para transmitirme mejor la intensidad de sus emociones; yo para darle el valor de continuar. Yo lloraba cuando él lloraba, me llenaba de indignación cuando describía la crueldad de la que había sido víctima y me reía con él hasta las lágrimas, pues Luis Eladio tenía esa capacidad extraordinaria de convertir en motivo de risa los momentos más trágicos de la ignominia que padecíamos. Instantáneamente nos volvimos inseparables. Aquella primera noche, seguimos hablando hasta que el guardia nos mandó callar. Al día siguiente, por la mañana, nos levantamos felices de poder abrazarnos de nuevo, y fuimos a sentarnos tomados de la mano en la lancha de motor. Poco nos importaba el lugar adonde íbamos. Muy pronto, se convirtió en «Lucho» para mí, luego «mi Lucho» y finalmente mi «Luchini». Definitivamente, lo había adoptado sintiendo el alivio que le producía mi presencia me daba una poderosa razón para vivir o, mejor, le daba un sentido a este destino que yo no había escogido.

Al cabo de varios días de navegación, llegamos a una playa, de donde salía una carretera en gravilla bastante bien mantenida. Allí nos esperaba un camión cuya parte posterior estaba cubierta con una carpa. No nos hicimos rogar para subir, contentos de estar juntos para seguir hablando.

—Oye, yo sé que me vas a decir que no, porque debes creer que yo soy un político de esos que no te gustan, pero si algún día salimos de aquí, de verdad me encantaría poder hacer política contigo.

Eso me conmovió más que todo. Yo no estaba en mi mejor momento: sucia, maloliente, vestida de harapos llenos de barro, avergonzada de verme tan vieja, fea, reducida a tan poca cosa. Que Lucho viera en mí a esa mujer que había sido antes, sí, me conmovía mucho.

Agaché la cabeza para no dejar ver la emoción y traté de sonreír para darme tiempo de responder.

Para sacarme de mi apuro, Lucho agregó:

—Pero eso sí, te advierto que tienes que cambiarle el nombre a tu partido: ¡Oxígeno Verde es pedirme demasiado! ¡No quiero volver a ver verde en mi vida!

Todo el mundo soltó la carcajada. Los guerrilleros, que lo habían oído todo, aplaudían. Clara también se reía de buena gana. Yo estaba doblada en dos. Era una delicia poder reírse. Lo miré. Por primera vez, detrás de su barba blanca, detrás de sus ojos brillantes, lo reconocí. Lo vi sentado detrás de mí en el hemiciclo del Senado, saludándome con picardía, después de haberle lanzado una bolita de papel a la nuca de su colega del frente, que se volteaba a mirarlo, exasperado. Siempre me había hecho reír, a pesar de que invariablemente había tratado de mantenerme seria, por respeto a nuestra investidura. Detrás de su máscara de presidiario, acababa de redescubrirlo.

24
EL CAMPAMENTO DE GIOVANNI

El camión se detuvo varias horas más tarde, en medio de esta carretera trazada en el corazón de la selva virgen. A la izquierda, entre los árboles, se alcanzaba a adivinar otro campamento de las FARC. Nos hicieron bajar. Mi compañera y yo llevábamos nuestros efectos personales metidos en unos costales de papas. Lucho, por su parte, ya había pasado a un nivel superior y llevaba un morral farquiano, en tela impermeable verde, de forma rectangular, con una gran cantidad de correas a los lados en las que se podía colgar de todo, incluidos la olla, el plástico negro, la carpa enrollada y el resto. Estaba equipado como un guerrillero.

Un hombre de aspecto tosco, parado a un costado de la carretera, con las piernas separadas, se golpeaba con un gesto impaciente su muslo fuerte con la parte plana de su machete. Tenía el pelo muy negro y brillante, la mirada fría y penetrante y un bigote al que le hacía compañía una barba de tres días. Sudaba por todas partes y se notaba que acababa de terminar una intensa actividad física.

Nos dirigió la palabra con rudeza:

—¡Ustedes! ¡Acérquense! Yo soy su nuevo comandante. Ahora están bajo la responsabilidad del Bloque Oriental. Métanse allá y esperen.

Nos hizo pasar por la barrera de árboles que tapaban a medias el campamento. Era un auténtico hormiguero. Debía de haber un montón de gente, pues vi caletas por todas partes, así como hombres y mujeres ocupados instalando sus carpas a toda velocidad, sin duda para estar listos antes de que cayera la noche.

Nos miramos con Lucho e instintivamente nos tomamos de la mano.

—No debe ser un tipo muy tratable, «nuestro comandante»...

—Tiene pura cara de asesino —me susurró Lucho—. Pero no te preocupes. Aquí hay que desconfiar de los que parecen buena gente. No de los otros.

El comandante vino a buscarnos y nosotros lo seguimos con prudencia. Diez metros más allá, vimos tres caletas en fila, que acababan de terminar. La savia de los troncos cuidadosamente descortezados todavía exudaba. Algunos hombres trabajaban con prisa para terminar una gran mesa, con un banco a cada lado.

—Ustedes se instalan aquí. Los chontos están allá atrás. Ahora es muy tarde para el baño, pero mañana por la mañana les mando a la recepcionista para que les indique dónde bañarse. Voy a ordenar que les traigan comida. Si necesitan algo, me mandan llamar. Mi nombre es Giovanni. Buenas noches.

El hombre se fue y nos dejó a dos guardias en cada esquina del rectángulo imaginario por donde teníamos permiso de movernos.

—Guardia, ¿para ir a los chontos? —pregunté.

—Por allá, siga el camino, detrás de la enramada de palmas. Tenga cuidado, que hay tigres.

—Sí, tigres, y tiranosaurios también.

El guardia ahogó una risa y Lucho me miró feliz. ¿Qué necesidad tenían de estar siempre metiéndonos miedo?

Nos instalamos para pasar esa noche, con la esperanza de que ya estábamos en el punto de encuentro con los emisarios. Observé a Lucho desempacar sus cosas, y él también me miraba de reojo. Tenía una cobija de lana de cuadros escoceses que me pareció envidiable. Yo tenía una pequeña colchoneta recubierta de tela impermeable que podía doblarse en tres y que a Lucho parecía interesarle. Nos sonreímos:

—¿Quieres que te preste mi colchoneta? —susurré.

—¿Pero cómo vas a dormir?

—Por mí no hay problema. Me pusieron unas palmas en la caleta. Con eso basta.

—¿Quieres que te preste una cobija?

Tengo mi chaqueta —le respondí sin convicción.

—Es que yo tengo dos cobijas. Además, me conviene que la cojas. Con eso, tengo menos que cargar.

Quedé contenta con nuestro intercambio, y se veía que él también.

Nos habían prestado linternas a cada uno. Para nosotras era un lujo. Le pedí permiso al guerrillero que estaba de guardia para ir a sentarme con Lucho en la mesa y accedió. Ya estaba completamente oscuro y era un momento privilegiado para confesarse.

—¿Tú qué crees? —me preguntó en voz baja.

—Yo creo que nos van a liberar…

—Yo no creo. A mí lo que me dijeron fue que nos iban a llevar a otro campamento, con los demás prisioneros.

Los guardias nos dejaron hablar sin interrumpirnos. El clima era agradable, con una brisa que agitaba las hojas de los árboles. Era un verdadero placer escuchar a este hombre. Todo lo que decía me parecía estructurado y bien pensado. Su presencia me producía un gran bienestar. Era una especie de terapia poder compartir con otra persona todas las ideas que bullían en mi cabeza. No me había dado cuenta de hasta qué punto me hacía falta tener otra persona para confesarme.

El despertar al alba fue alegrado de manera imprevista por una rubia bonita que se presentó como nuestra recepcionista. Lucho se había despertado de muy buen humor y la bombardeó de piropos. La muchacha le respondía muy desenvuelta, yendo cada vez más lejos en el tono picante de los comentarios. Todo el mundo se reía, pero estaban rayando ya con lo salido de tono. Lucho no podía adivinar que ella era la «socia» del comandante. Cuando Giovanni vino a vernos al terminar el día, era otra persona: se veía relajado y amable. Nos saludó de mano y nos invitó a acompañarlo a la mesa. «Su mujer nos palanqueó», pensaba yo mientras lo miraba. Era un buen conversador. Se quedó contándonos su vida hasta tarde.

—Un día estábamos en plena batalla. Teníamos a los paramilitares a treinta metros y había bala por todas partes. Teníamos muchas bajas de ambos lados. En un momento dado, yo me estaba arrastrando para acercarme a la línea enemiga y recibí un mensaje por radio de uno de mis muchachos. Estaba cagado del susto. Yo estaba ahí, tirado en el suelo, con las balas silbándome por las orejas, y trataba de hablarle lo mejor que podía, como a un hijo, para que avanzara hacia el enemigo como yo, para darle valor. ¿Se imagina la escena? ¡Yo estoy con el radio en la boca y veo al enemigo! Él no me ha visto, lo tengo al frente, ¡y también está hablando por radio! Me acerco despacito, como una culebra, él no me siente venir, ¡y qué sorpresa! ¡Resulta que lo oigo hablar y está hablando conmigo! ¡Terrible! Yo creía que estaba hablando con uno de mis muchachos y él creía que estaba hablando con el jefe de él. ¡Pero estaba hablando era conmigo, el huevón! Ahora lo tenía al frente y me tocaba matarlo. Me dejó jodido. Yo no lo podía matar. Era un niño, ¿me entiende? Ya no era el enemigo para mí. Entonces lo agarré a patadas, le cogí el fusil y le ordené largarse. ¡El idiota se salvó por un pelo! Si está vivo, todavía se debe acordar.

Giovanni era muy joven. No llegaba a los treinta años. Era un muchacho muy rápido, inteligente, con un gran sentido del humor y dotado de un don innato para mandar. En la tropa lo adoraban. Yo observaba su comportamiento con interés. Era muy diferente de Andrés. Confiaba en su gente, pero exigía y controlaba. Delegaba con mayor facilidad que Andrés y, por tanto, sus muchachos se sentían valorados. Con este grupo, no tenía la sensación de ser espiada. Desde luego que había vigilancia, pero la actitud de los guardias era diferente. También entre ellos el ambiente era mejor. No percibía la desconfianza que había visto antes. Ellos no se sentían vigilados por sus camaradas. Todo el mundo respiraba un aire menos cargado bajo la autoridad de este joven comandante.

Giovanni había adoptado la costumbre de venir todas las tardes a participar con nosotros en un juego que Lucho había adaptado y que consistía en hacer avanzar en un tablero frijoles, lentejas y garbanzos (que eran los peones), y alinearlos de tal forma que se eliminara a los adversarios a su paso. Yo nunca lograba ganar. El verdadero duelo comenzaba cuando quedaban frente a frente Lucho y Giovanni. Era un espectáculo digno de verse. Se fustigaban con comentarios cáusticos, en los que se reflejaban todos los prejuicios políticos y sociales que venían como anillo al dedo para atacar al otro. Era para morirse de la risa. La tropa venía a ver el partido, como quien va a un espectáculo.

La compañía de Giovanni se nos volvió agradable y familiar. Le preguntamos abiertamente si pensaba que íbamos a ser liberados y él nos respondió que creía que sí. Decía que eso podía tomar algunas semanas, porque había que afinar «los últimos detalles», y que el asunto dependía exclusivamente del Secretariado. Pero afirmaba francamente que debíamos prepararnos para la liberación. Ese se convirtió en el tema principal de nuestras conversaciones.

Al poco tiempo, nos aprendimos los nombres de todos los guerrilleros del grupo. Había unos treinta. Giovanni había hecho todo lo posible para integrarnos, e incluso nos había invitado al «aula» para las actividades nocturnas que solían desarrollar. Eso me sorprendió mucho, pues, en el anterior campamento, Andrés tenía estrictamente prohibido que oyéramos, así fuera de lejos, lo que decían. Era una hora de esparcimiento para que los jóvenes se divirtieran jugando por equipos. Había que cantar, inventar consignas revolucionarias, adivinar enigmas, etc. Todo ocurría en un ambiente amable. Una noche, a la salida del aula, uno de los guerrilleros me abordó:

—Dentro de unos días la van a liberar. ¿Qué va a decir sobre nosotros?

Lo miré sorprendida. Luego, tratando de sonreír, le dije:

—Voy a contar lo que vi.

La pregunta me dejó un regusto amargo. Asimismo, dudaba de que mi respuesta hubiera sido la más acertada.

Estábamos tomándonos la colada de la mañana cuando oí un ruido de motores. Le hice una señal a Lucho para que mirara.

Se vivía una gran agitación, y antes de que tuviéramos tiempo de reaccionar, Jorge Briceño, alias «Mono Jojoy», tal vez el más conocido de los jefes de las FARC después de Marulanda, hizo su aparición. Por poco escupo mi bebida. El jefe guerrillero avanzaba lentamente, con su mirada de águila. Al ver a Lucho, se abalanzó sobre él y le dio un abrazo asfixiante. El Mono Jojoy era un hombre temible. Quizá el más sanguinario de los jefes de las FARC. Se había ganado, con justa razón, una fama de hombre duro e intransigente. Era el gran guerrero, el militar, el combatiente de acero que despertaba admiración en toda esa juventud que las FARC reclutaban por montones en las regiones más pobres de Colombia.

El Mono Jojoy debía de tener unos cincuenta años bien vividos. Era un hombre de estatura mediana, corpulento, con una cabeza enorme y prácticamente sin cuello. Era rubio, con la cara roja y congestionada, siempre bajo presión, y tenía un estómago prominente que lo hacía parecer un toro cuando caminaba.

Sabía que me había visto, pero no vino hacia mí de inmediato. Se tomó su tiempo para hablar con Lucho, sabiendo que mi compañera y yo lo estábamos esperando de pie frente a nuestras caletas, casi en posición de firmes. ¡En qué me había convertido! La psicología del prisionero impregnaba hasta nuestros comportamientos más simples.

Lo había visto por última vez al lado de Marulanda. No se molestó en saludarme y yo apenas noté su presencia. No lo habría visto en absoluto de no haber sido por el comentario desagradable que les hizo a sus compañeros:

—Ah, ¿ustedes están con los políticos? Pierden su tiempo. Lo mejor que podíamos hacer era cogerlos como rehenes para el «intercambio humanitario». Así, al menos, dejan de joder. ¡Apuesto que si capturamos políticos, a este gobierno le toca devolvernos a nuestros camaradas!

Yo me volteé hacia Marulanda y lo interpelé, riéndome:

—¿Ah, sí? ¿En serio? ¿Serían capaces de secuestrarme así, en una carretera?

El viejo hizo un gesto con la mano, como para apartar la mala idea que le acababa de sugerir Jojoy.

Pues bien, cuatro años después, me resultaba evidente que Jorge Briceño se había dedicado a ejecutar su amenaza. El Mono Jojoy se dirigió hacia mí y me abrazó como si quisiera triturarme.

—Vi su prueba de vida. Me gusta. Dentro de poco va a salir al aire.

—Por lo menos queda claro que no padezco el síndrome de Estocolmo.

Jojoy me miró fijamente a los ojos, con una maldad que me heló la sangre. En ese segundo comprendí que acababa de condenarme. ¿Qué le había disgustado? Probablemente el hecho de que no me interesaba su aprobación. He debido quedarme callada. Este hombre me odiaba sin remedio; yo era su presa y no me iba a soltar jamás.

—¿Cómo los han tratado?

Lo dijo mirando a Giovanni, que se acercaba.

—Muy bien. La verdad es que Giovanni es muy atento.

También en eso sentí que había dado la respuesta equivocada.

—Bueno, hagan su lista y díctensela a Pedro. Yo me encargo de que todo les llegue rápido.

—Gracias.

—Voy a mandarles a mis enfermeras. Ellas van a hacer un informe sobre su estado de salud. Díganles todo lo que les esté molestando.

Cuando se fue el Mono Jojoy me quedé sumida en una desazón inexplicable. Todo el mundo estaba de acuerdo en afirmar que el comandante Jorge era cortés y generoso. Yo quería creerlo, pero intuía que su visita era un pésimo presagio.

Me senté cerca de Pedro, mientras que Lucho era examinado médicamente. Empecé a dictarle la lista de cosas que necesitaba, siguiendo la orden del Mono Jojoy. El pobre hombre sudaba a chorros, incapaz de escribir correctamente el nombre de los productos que yo necesitaba. Lucho, que me estaba oyendo, se moría de risa bajo el estetoscopio de las enfermeras, sin poder creer que yo me atreviera a incluir en la lista tantos artículos de cuidado personal.

—Aprovecha y pide la luna de una vez —me decía para tomarme el pelo.

Pedí también una Biblia y un diccionario. Al día siguiente, una de las enfermeras volvió. Se había comprometido a volver regularmente para darle masajes en la espalda a Lucho, que sufría lo indecible. Él estaba en el cielo y se dejaba masajear por la muchacha.

Un chirrido de frenos en la carretera me hizo aguzar el oído. Todo sucedió muy rápido. Alguien aulló unas órdenes. Giovanni vino corriendo, pálido.

—Tienen que empacarlo todo porque se van.

—¿Nos vamos? ¿Adónde? ¿Y usted?

—No, yo me quedo. Me acaban de relevar de la misión.

—Giovanni…

—No, no tenga miedo. Todo va a salir bien.

Un muchacho llegó corriendo y le susurró algo al oído a Giovanni. Este cerró los ojos y se golpeó los muslos con los puños apretados. Luego, recobrando la compostura, nos dijo:

—Tengo orden de vendarles los ojos. Me da mucha pena. De verdad. ¡Mierda!

El mundo dio un vuelco para mí. Solo oía gritos y veía guerrilleros corriendo por todas partes. Me empujaban, me halaban. Me taparon los ojos con una venda gruesa. No veía nada. Solo tenía en mi mente la imagen del Mono Jojoy, grabada en mi memoria, que me perseguía, desfilando ante mis ojos cerrados como una maldición.

25
EN MANOS DE LA SOMBRA

Septiembre 1 de 2003. Me habían tapado los ojos con una venda y me habían amarrado las manos. De este modo, me quitaban toda la seguridad. El miedo instintivo de no saber dónde ponía los pies me bloqueaba. Dos guerrilleros me sostenían, cada uno de un brazo. Yo me esforzaba por mantenerme erguida y caminar normalmente, pero tropezaba cada dos pasos. Los guardias me levantaban y yo seguía avanzando a mi pesar, desposeída de mi equilibrio y de mi voluntad.

Oí la voz de Lucho un poco más adelante. Hablaba fuerte para que yo supiera que no estaba lejos. También me llegaba la voz de Giovanni por la derecha. Hablaba con alguien y se notaba que no estaba contento. Me pareció oírle decir que debía permanecer con nosotros. Luego hubo gritos y órdenes que resonaban por todas partes. Un ruido sordo. Traté de protegerme metiendo la cabeza entre los hombros, esperando un golpe o un choque con alguna cosa.

En poco tiempo salimos a la carretera. Lo supe al sentir el contacto con la gravilla y el calor inmediato del sol en mi cabeza. Un viejo motor rugía muy cerca, escupiendo gases ácidos que me irritaban la nariz y la garganta. Quise rascarme, pero los guardias creyeron que quería quitarme la venda de los ojos. Reaccionaron con una violencia desmedida y mis protestas solo sirvieron para enfurecerlos más.

—¡Apúrense! ¡Suban la carga!

El hombre que acababa de hablar tenía una voz de trueno que me puso mal. Debía de estar justo detrás de mí.

Un instante después, me levantaron por los aires y me lanzaron sobre lo que debía de ser la plataforma trasera de un camión. Aterricé encima de dos llantas viejas, en las que me instalé como pude. Lucho subió unos segundos más tarde, lo mismo que Clara y unos seis guerrilleros, que nos empujaban cada vez más hacia el fondo del camión. Busqué a tientas la mano de Lucho.

—¿Estás bien? —me preguntó agitado.

—¡Cállense! —chilló un guerrillero que estaba sentado frente a mí.

—Sí, estoy bien —susurré, apretándole los dedos, aferrándome a él.

Alguien nos cubrió con una carpa y cerraron una puerta con un ruido de chirridos y tintineos. El vehículo tosió antes de ponerse en movimiento, como si se fuera a desbaratar definitivamente, y luego arrancó con un estruendo grotesco, a muy poca velocidad. Hacía mucho calor y las exhalaciones del motor inundaban nuestro espacio. Los gases malolientes que se acumulaban nos sometían a una tortura. El dolor de cabeza, las ganas de vomitar, la angustia nos invadieron. Al cabo de hora y media, el camión se detuvo con un irritante crujir de frenos. Los guerrilleros saltaron del vehículo y nos dejaron solos, o eso me pareció. Debíamos de estar en un pueblito, pues se oía una música popular que parecía provenir de una tienda que yo imaginaba llena de bebedores de cerveza.

—¿Qué opinas?

—No sé —me respondió Lucho, abatido.

Tratando de aferrarme al último jirón de esperanza, dije:

—¿Será el punto de encuentro con los emisarios franceses?

—No sé. Lo que sí puedo decirte es que esto no me dice nada bueno. Nada de esto me está gustando ni poquito.

Los guerrilleros se volvieron a subir al camión. Reconocí la voz de Giovanni. Se despedía y anunciaba que se iba a quedar en el pueblo. Había recorrido con nosotros una parte del camino, pero nosotros no nos habíamos dado cuenta. El camión atravesó el pueblo. Las voces de mujeres, niños y jóvenes que jugaban fútbol se alejaron y finalmente desaparecieron. Solo quedaron las explosiones del motor y el horror de los gases que nos llegaban directamente a la garganta por el tubo de escape. Continuamos así durante más de una hora. Ahora la sed se agregaba a nuestras penas. Sin embargo, lo que más me producía angustia era la incertidumbre de lo que nos podría ocurrir. Con los ojos vendados y las manos amarradas, me torturaba tratando de sacarme de la cabeza los indicios que anunciaban que nuestro cautiverio se prolongaría indefinidamente. ¿Y si acaso acababa de ser abortada nuestra liberación? ¡Imposible! Todos nos habían asegurado que íbamos hacia la libertad. ¿Qué había pasado? ¿Acaso el Mono Jojoy había intervenido para hacer fracasar las negociaciones? Al fin y al cabo, la idea de secuestrar políticos para intercambiarlos por guerrilleros presos en las cárceles había sido una estrategia que él había concebido e impuesto a su organización. Al salir del Bloque Sur, bajo el mando de Joaquín Gómez, para pasar al Bloque Oriental, caímos en las redes que el Mono Jojoy había tejido con paciencia a nuestro alrededor después de capturarnos. Él quería tenernos bajo su control y eso era precisamente lo que había logrado.

El camión se detuvo en seco, en una cuesta, con la nariz hacia abajo. Nos quitaron las vendas de los ojos. Una vez más nos encontrábamos frente a un caudaloso río. Dos lanchas firmemente amarradas a la orilla se balanceaban en el agua.

Mi corazón dio un brinco. Subirme nuevamente en una lancha se había convertido para mí en símbolo de esa maldición que me perseguía. Un tipo bajito, de gran barriga, de brazos cortos y manos de carnicero, con un bigote que parecía un cepillo y tez morena ya estaba sentado en una de las lanchas. Habían puesto unas bolsas grandes de provisiones en la parte delantera de cada una. El tipo nos hizo una señal con la mano para que no nos demoráramos y ordenó con voz autoritaria:

—Las mujeres acá conmigo. El señor en la otra lancha.

Los tres nos miramos, pálidos. La idea de una separación me descomponía. Éramos unas ruinas humanas y nos aferrábamos los unos a los otros para no terminar de derrumbarnos. Incapaces de comprender lo que nos pasaba, sentíamos que la suerte que nos esperaba sería menos dolorosa si la compartíamos.

—¿Por qué nos separan?

El hombre me miró con sus ojos bien abiertos y como si comprendiera de repente el tormento que nos agobiaba, dijo:

—¡No, no, nadie los va a separar! El señor se va en la otra lancha para repartir el peso. Pero ellos van al lado de nosotros todo el trayecto. No se preocupe.

Luego agregó con una sonrisa:

—Yo soy Sombra. Martín Sombra. Soy su nuevo comandante. Mucho gusto de conocerla. La he seguido por televisión.

Me tendió la mano sin levantarse de su puesto y me apretó la mía enérgicamente, con una exaltación que yo no compartía. Luego, dirigiéndose a su tropa, aulló unas órdenes que parecían absurdas. Había unos quince hombres, todos muy fornidos y muy jóvenes. Era la tropa del Bloque Oriental, famosa por su entrenamiento y su combatividad. Era la élite de las FARC, la flor y nata de esta juventud revolucionaria. Martín Sombra trataba con aspereza a sus hombres y ellos se esmeraban por obedecerle con respeto.

En menos de dos minutos, todos habíamos embarcado y empezamos a navegar en la corriente violenta del río, empujados por los motores vigorosos que competían con el ímpetu del agua. Íbamos río abajo, lo cual quería decir que nos adentrábamos aun más profundamente en la Amazonia.

Martín Sombra no dejó de hacerme preguntas durante todo el trayecto. Yo respondía con cuidado cada una de ellas, tratando de no caer en los mismos errores que había cometido antes y que me seguían mortificando. Quería, asimismo, establecer un contacto que me permitiera hablar fácilmente con el hombre que sería nuestro comandante durante las próximas semanas, o tal vez los próximos meses o, quién sabe, los próximos años.

Parecía abierto y cordial conmigo. Sin embargo, también lo había visto relacionarse con su tropa y comprendía que podía ser déspota y abusivo, sin el menor rastro de remordimiento. Tal como me había dicho Lucho, había que desconfiar de los que parecían más amables.

Bajo un sol calcinador, las lanchas se detuvieron en un recodo, a la sombra de un sauce llorón. Los hombres se pusieron de pie dentro de la canoa y empezaron a apostar para ver cuál orinaba más lejos. Pedí permiso para bajar por las mismas razones, pero con la intención de ser más discreta. La selva estaba más tupida que nunca. La idea de salir corriendo y perderme se me cruzó por la cabeza. Obviamente, eso habría sido una locura total.

Me tranquilizaba diciéndome que ya llegaría la hora de mi huida, pero que debería prepararla hasta en los ínfimos detalles, para no volver a fracasar. Cargaba dentro de mis pertenencias un machete oxidado que se le había perdido al Mico cerca del embarcadero, luego de una sesión de pesca en el campamento de Andrés, días antes de nuestra partida. Como creía que me iban a liberar, quise guardarlo como una especie de trofeo. Lo había envuelto en una toalla y nadie lo había descubierto hasta el momento. Sin embargo, este nuevo grupo no sería fácil y habría que redoblar las precauciones. El solo hecho de pensar en eso ponía mi corazón a latir al galope.

Volví intranquila a la lancha. Sombra estaba repartiendo gaseosas y latas de conservas que se abrían tirando de una lengüeta. Tenían dentro un tamal, una comida completa a base de pollo, maíz, arroz y vegetales, típica del departamento colombiano del Tolima. Todos se lanzaron sobre ellas, muertos de hambre. Yo no pude ni siquiera abrir la mía. Le di mi ración a Clara, que la abrió feliz. Lucho me miraba. Me habría gustado dársela a él, pero estaba demasiado lejos.

Las lanchas continuaron navegando una detrás de la otra, en un río que cambiaba con cada curva: se ensanchaba desmesuradamente en ciertos puntos y se estrechaba en otros. El aire era pesado y yo me sentía muy mareada.

Después de un recodo, vi entre los arbustos de una orilla un gran tonel de plástico azul que flotaba atrapado entre el manglar. Esos toneles servían para transportar los productos químicos usados en los laboratorios de cocaína. Era un indicio de que debía de haber gente por estos parajes. Más allá, volvimos a ver otro idéntico, que también parecía perdido en la corriente. Cada veinte minutos, nos cruzábamos con uno de esos toneles a la deriva. Yo miraba con atención hacia las orillas con la esperanza de ver alguna casa. Nada. Ni un alma. Pero sí había montones de toneles de color azul rey en medio del verde generalizado. *La droga, maldición de Colombia.*

Tal vez recorrimos más de doscientos kilómetros zigzagueando en una franja de agua interminable. Sombra miraba fijamente al frente, escrutando cada rincón con ojo de conocedor.

—Acabamos de cruzar la frontera —le dijo en tono de perito al hombre del motor.

El otro respondió con un gruñido y tuve la sensación de que Sombra había soltado esa información para desorientarnos.

En un giro del río, el motor de la embarcación se detuvo.

Ante nosotros surgía un campamento de las FARC. Estaba construido a la orilla del agua. Canoas y piraguas se mecían tranquilamente, amarradas a un enorme mangle. Hasta donde alcanzaba a ver, el campamento estaba ahogado en un inmenso charco de barro. El tráfico incesante de la tropa transformaba en lodazal el suelo de la selva. «Deberían hacer caminos de tablas», pensé. Las puntas de las lanchas enfilaron hacia la orilla. Unas muchachas en uniforme camuflado salieron una a una de debajo de las carpas al oír el ruido de los motores. Se ubicaron en fila india, en un alineamiento impecable y en posición de firmes. Sombra se puso de pie rápidamente, saltó por encima de la proa de la embarcación y cayó a tierra con sus piernas cortas, salpicando de barro a las guerrilleras que vinieron a presentarse.

—¡Saluden a la doctora! —ordenó.

Todas respondieron en coro: «Buenos días, doctora». Tenía quince pares de ojos puestos sobre mí. «¡Dios mío, por favor, haz que no nos quedemos aquí mucho tiempo!», rogué en mi corazón, observando el lugar siniestro donde acabábamos de ir a parar. En el suelo había tiradas dos ollas mal lavadas y unos cerdos se acercaban agresivos, dispuestos a meter el hocico en ellas.

En contraste con la suciedad del lugar, todas las muchachas estaban peinadas de manera impecable, con el pelo templado y unas trenzas gruesas que colgaban como racimos de uvas negras y brillantes sobre sus hombros. También tenían correas de colores vivos con motivos geométricos que me llamaron la atención. Era una técnica que no conocía. Pensé que incluso en lo más profundo de este hueco sórdido había una moda entre las muchachas de las FARC. Me quedé mirándolas sin vergüenza y ellas hicieron lo mismo, de arriba abajo sin complejos. Se reunieron en grupitos para susurrar entre ellas y, mientras nos miraban, se atacaban de risa.

Sombra volvió a pegar un grito y el chismorreo se detuvo de inmediato. Cada guerrillera fue a ocuparse en lo suyo. Nos hicieron sentar sobre cilindros de gas oxidados que rodaban por el barrizal y nos trajeron de comer en unos platos enormes. Era una sopa de pescado. El mío flotaba entero con unos ojos apagados que me miraban a través de una capa de grasa amarillenta. Las aletas rugosas se salían del plato. Había que comer, pero a mí no me alcanzaba el valor.

Sombra dio la orden de que nos prepararan las caletas para pasar la noche. Dos muchachas debieron cedernos las suyas provisionalmente. En cuanto a Lucho, lo instalaron en pleno centro del barrizal. Dos cilindros de gas a modo de base y dos tablas de madera eran la cama; encima, una carpa lo cubría, por si acaso llovía.

La noche había caído. El barrizal hervía con un calor subterráneo. Los gases de alimentos en descomposición rompían en burbujas y salían a la superficie. El zumbido insalubre de millones de zancudos llenaba el espacio y su vibración de ultrasonido me perforaba las sienes como el doloroso anuncio de una crisis de locura. Hacía mucho calor. Había llegado al infierno.

26
LA SERENATA DE SOMBRA

A la madrugada del día siguiente, una actividad febril se adueñó del campamento. Unos treinta hombres bien armados embarcaron antes del amanecer en las dos lanchas de motor que nos habían llevado hasta allá. Todas las mujeres se quedaron en el campamento y Sombra reinaba sobre ellas como si fueran su harén. Desde mi caleta alcanzaba a observarlo, echado en un viejo colchón roto, dejándose atender como un sultán.

Tuve la intención de ir a saludarlo, pero la muchacha que estaba de guardia se interpuso. Me informó que no podía moverme de mi caleta sin la autorización de Sombra. Pedí permiso para hablarle. Mi mensaje fue transmitido de guardia en guardia. Sombra hizo con la mano una señal que interpreté fácilmente: no quería que lo molestaran. La respuesta llegó hasta mí siguiendo el recorrido inverso y la guardia me comunicó el resultado de mi petición: Sombra estaba ocupado.

Sonreí. Desde donde me encontraba lo veía perfectamente. En efecto estaba ocupado con una morena alta, de ojos achinados, que tenía sentada en sus rodillas. Él sabía que yo lo estaba mirando.

Hasta ese momento, no veía ningún espacio libre en el campamento donde pudiéramos acomodarnos. A menos que construyeran las caletas sobre los pilotes donde vivían los cerdos, en el lodazal a la izquierda del campamento. Esta opción parecía imposible. Sin embargo, eso fue exactamente lo que hicieron. Tres muchachas fueron encargadas de la tarea. Con palas en mano, empezaron a morder la ladera con encarnizamiento, arañando la tierra para abrir una cornisa lo suficientemente grande, como un balcón sobre el charco de los cerdos. Ahí montaron las tres caletas, alineadas contra el talud, con los pies en el barrizal. En cada extremo pusieron un poste para sostener un gran plástico negro que nos servía de techo. Poco antes del mediodía nos mandaron a nuestras nuevas viviendas, donde efluvios de putrefacción nos llegaban por oleadas.

Las relaciones con Clara volvieron a ponerse tensas. Se sospechaba que Clara se había quedado con unos cordones del equipo de una guerrillera. Mi compañera sabía que yo tenía escondido el machete del Mico y que si venían a registrarnos yo no podría explicar por qué lo tenía.

Sombra vino a vernos algunos días después. Revisó las instalaciones e inspeccionó nuestras pertenencias. Me alegraba haber tomado mis precauciones. Luego, en tono autoritario, afirmó:

—Ustedes, los prisioneros, tienen que entenderse entre ustedes. Aquí no tolero discordias.

Comprendí que Sombra debía de estar al corriente de las tensiones entre mi compañera y yo; ahora se inmiscuía en nuestros asuntos, feliz de jugar el papel de mediador.

—Sombra, le agradezco el interés y estoy convencida de que ha sido ampliamente informado sobre nuestra situación. Pero quiero decirle que las diferencias entre mi compañera y yo solo son asunto nuestro. Le ruego no tratar de intervenir.

Sombra se había acostado en la caleta de Lucho. Estaba en uniforme, con la camisa desabotonada hasta la mitad, con el voluminoso estómago prácticamente por fuera. Me miró con los ojos entrecerrados, sin expresión, calibrando cada una de mis palabras. Las muchachas que estaban de guardia estaban muy pendientes de la escena. La morena alta de ojos chinos había venido a escuchar y se había apoyado en un árbol, a pocos metros de nosotros. Hubo un silencio pesado.

De repente, Sombra soltó una gran carcajada y se me acercó para tomarme por los hombros:

—¡Pero no se ponga tan furiosa! Yo solamente quiero ayudarles. ¡Nadie se va a meter en nada! Mire, para que vea les voy a dar una serenata. Para que se relajen. Luego los mando buscar.

El comandante se fue de buen humor, rodeado de su séquito de muchachas. Yo me quedé desconcertada. ¿Una serenata? ¡Qué ocurrencia! Era obvio que se estaba burlando de mí.

Algunos días después, cuando Lucho y yo habíamos llegado a la conclusión de que Sombra estaba loco, nos sorprendió la llegada de una cuadrilla de muchachas que nos invitaban a seguirlas hasta la caleta del comandante.

Sombra nos esperaba tendido en su colchón viejo, con la misma barriga prominente a punto de salirse de una camisa caqui cuyos botones estaban templados a más no poder. Se había afeitado.

Junto a él estaba Milton, un guerrillero de cierta edad que vi el día de nuestra llegada. Era un tipo flaco y huesudo. Su piel blanca padecía un fuerte acné rosáceo. Incómodamente sentado en una esquina del colchón, como si le diera miedo ocupar mucho espacio, tenía entre las piernas una guitarra bonita y bien barnizada.

Sombra ordenó que nos trajeran cilindros de gas vacíos para tener dónde sentarnos. Una vez nos vio instalados, como en un banco de iglesia, se dirigió a Milton:

—Bueno, empiece.

Milton agarró nerviosamente la guitarra con sus grandes dedos y sus uñas negras como garras. El guerrillero se quedó con las manos suspendidas en el aire, mirando para todas partes, esperando que Sombra diera alguna señal.

—¡A ver, empiece! —ordenó Sombra irritado—. Toque cualquier cosa. ¡Yo lo sigo!

Milton estaba bloqueado. Yo creía que no sería capaz de sacar ningún sonido de su instrumento.

—¡No, pero qué huevón! A ver, toque el tango de la Navidad... Eso. Más despacio. Vuelva a comenzar.

Milton hacía lo mejor posible. Rasgueaba las cuerdas de la guitarra con los ojos fijos en la cara de Sombra. Tocaba increíblemente bien: movía sus dedos callosos con una destreza que me impresionó. Comenzamos a animar a Milton y a felicitarlo espontáneamente, lo que no pareció gustarle a Sombra.

Molesto, comenzó a cantar con voz de cantinero. Era una canción de una tristeza infinita, que contaba la historia de un niño que no recibía regalos de Navidad. Entre cada estrofa, Sombra aprovechaba para regañar al pobre Milton. La escena era verdaderamente cómica. Lucho hacía esfuerzos sobrehumanos para no soltar la carcajada.

—Pare. Así está bien. Ya.

Milton se detuvo en seco, petrificado de nuevo, con la mano en el aire. Sombra se volteó a mirarnos, con cara de satisfacción. Los tres empezamos a aplaudir de inmediato y lo más fuerte posible.

—Bueno, basta.

Todos paramos de aplaudir.

—Milton, vamos a cantar la canción que les gusta a las muchachas. ¡A ver, apúrese, carajo!

Otra vez cantaba con su voz áspera y potente, al tiempo que casi le pegaba al pobre Milton levantando la mano cada dos minutos, por capricho o por nerviosismo. El espectáculo de ambos, el uno dándole a la guitarra y el otro desgañitándose, ambos metidos en el barro, me hizo pensar en Laurel y Hardy.

Detrás del ogro que le producía miedo a todo el mundo, descubría a un hombre que me inspiraba compasión, tal vez porque era incapaz de tomarlo en serio. No podía tenerle miedo ni mucho menos odiarlo. Claro, comprendía que este hombre era capaz de

una gran maldad. Pero esa maldad era su escudo y no su naturaleza profunda. Era malo para que no lo creyeran un imbécil, en ese
mundo de guerra y violencia la admiración de la tropa y, por ende,
la autoridad sobre ella, era proporcional a su capacidad para actuar
con sevicia.

27

LOS ALAMBRES DE PÚAS

La actividad del campamento me preocupaba. Todas las mañanas, al alba, un equipo de unos veinte muchachos fornidos se iba en lancha a contracorriente y volvía poco antes del crepúsculo. Otro equipo desaparecía en la selva, por detrás del campamento, al otro lado del talud. Yo los oía trabajar con las motosierras y los martillos. Al ir a los chontos, veía construcciones en madera que comenzaban a tomar forma a través de los árboles, ubicadas a unos cincuenta metros detrás de nuestras caletas. Yo no quería hacer preguntas. Me daban demasiado miedo las respuestas.

Una mañana, Sombra vino a vernos. Lo seguía su morena, a quien le decían la Boyaca, y una muchacha gorda y simpática que se llamaba Marta. Traían tulas de colores que dejaron junto a nuestras caletas:

—¡Aquí les manda el Mono Jojoy! Miren a ver si falta algo y me avisan.

Todo lo que habíamos pedido estaba ahí. Lucho no lo podía creer. El día que hicimos la lista, al ver que yo pedía objetos que hasta entonces nos tenían prohibidos, como linternas, tenedores y cuchillos, o baldes de plástico, Lucho se atrevió a pedir espuma de afeitar y loción para después de la afeitada. Se reía como un niño al ver que su audacia había rendido frutos. Yo, por mi parte, estaba extasiada con una pequeña Biblia empastada en cuero que se podía cerrar con una cremallera por todo el contorno. De ñapa, el

Mono Jojoy nos había mandado golosinas que compartimos entre nosotros después de largos debates, además de camisetas de colores chillones que nadie se iba a pelear.

Me sorprendieron las provisiones que llegaron al campamento. Un día le hice un comentario al respecto a Sombra, quien levantó una ceja y me miró de reojo para decir:

—Los chulos pueden gastar toda la plata que quieran en aviones y en radares para buscarlos. ¡Pero mientras haya oficiales corrompidos, nosotros seguiremos siendo más fuertes! Mire: la zona donde estamos está bajo control militar. Todo lo que se consume debe ser justificado, hay que decir para quién es, cuántas personas hay por familia, los nombres, las edades, todo. Pero basta con que haya uno que quiera cuadrarse una platica a fin de mes para que sus planes se les jodan, —luego, agregó con aire malicioso—: ¡Y no son solo los de bajo rango los que lo hacen! ¡No son solo los de bajo rango!

Su comentario me dejó perpleja. Si el ejército hacía esfuerzos por encontrarnos, era verdad que la existencia de individuos corruptos podía representar para nosotros varios meses, e incluso años, adicionales de cautiverio.

Comprendimos a la perfección el mensaje que el Mono Jojoy nos había enviado al darnos todas esas provisiones. Había que prepararse para aguantar un largo tiempo: las FARC consideraban que no existía ninguna posibilidad de negociación con Uribe. Había sido elegido presidente un año atrás y adelantaba una campaña agresiva contra la guerrilla. Todos los días, caldeaba los ánimos con discursos incendiarios contra los guerrilleros, y su nivel de popularidad estaba en el punto más alto. Los colombianos se sentían engañados por las FARC. Las negociaciones de paz del gobierno de Pastrana habían sido interpretadas como una debilidad del Estado colombiano frente a la guerrilla, que había aprovechado la coyuntura para fortalecerse. Los colombianos, ofendidos con la arrogancia del Secretariado, querían acabar de una vez por todas con una insurrección que repudiaban, pues atacaba a todo el mundo y sembraba el terror en el país. Uribe, interpretando el sentimiento nacional, se mostraba inflexible: no habría ninguna negociación para nuestra liberación.

Al final de la tarde iba a hablar con Lucho en su caleta. Él ponía el radio bien alto, para tapar nuestras voces, y nos instalábamos a jugar ajedrez en un tablero pequeño que nos había prestado Sombra.

—¿Qué irán a hacer con nosotros?

—Pues, están construyendo una vaina grande allá atrás.

—A lo mejor son barracones para ellos.

—En todo caso, es una cosa demasiado grande para nosotros tres.

Era la «hora del bolero», un programa de música de los años cincuenta. Me gustaba mucho ese programa. Me sabía las letras de las canciones, pues Mamá las cantaba todo el día desde que yo tenía memoria. Era la hora del bajonazo, de los análisis pesimistas y de los balances negros sobre el tiempo perdido. Nos confesábamos mutuamente, descubriendo los abismos insondables de nuestra tristeza.

—Me da miedo morirme aquí —repetía Lucho.

—No te vas a morir aquí.

—Es que estoy muy enfermo.

—No me parece. Te ves en forma.

—No te burles, es en serio. Soy diabético. Es grave. Puedo sufrir un coma diabético en cualquier momento.

—¿Cómo es eso del coma diabético?

—Es como un desmayo, pero mucho más grave. Uno puede quedar descerebrado, quedar como un vegetal.

—No digas eso. Me das miedo.

—Quiero que lo sepas, porque puedo necesitar tu ayuda. Si alguna vez notas que estoy pálido o me desmayo, debes darme azú-

car inmediatamente. Si empiezo a convulsionar, tienes que agarrarme la lengua…

—¡A ti nadie puede agarrarte la lengua, mi Lucho! —le respondí, riéndome.

—No, es en serio, ponme atención. Tienes que estar pendiente para que no me ahogue con mi propia lengua.

Yo lo oía atentamente.

—Cuando vuelva a recuperar la conciencia, tienes que impedir que me duerma. Me tienes que hablar todo el día y toda la
noche, hasta que veas que he recuperado la memoria. En general,
después de una crisis de hipoglucemia uno quiere dormir, pero
puede no despertarse nunca más.

Presté mucha atención. Lucho era insulinodependiente. Antes de su captura, se inyectaba todos los días en el estómago para
obtener su dosis de insulina. Hacía dos años no tenía acceso a la
insulina. Lucho se preguntaba qué milagro era el que le permitía
seguir vivo. Yo sabía la respuesta. La veía en sus ojos. Se aferraba a
la vida con valentía. No estaba vivo a causa de su miedo a la muerte. Estaba vivo porque amaba apasionadamente la vida.

Me estaba explicando que las golosinas que nos habían mandado podían salvarle la vida cuando en ese momento nos llamó el
guardia.

—Oigan, dejen de escuchar música. ¡Se están perdiendo las
noticias!

—¿Y qué? —respondimos a dúo.

—¡Y qué! Pues que acaban de pasar lo de sus pruebas de supervivencia.

Saltamos de nuestros puestos como si nos hubieran dado una
descarga eléctrica. Lucho maniobraba a toda velocidad para sintonizar Radio Caracol. La voz del periodista estrella de la emisora
nos llegaba fuerte y clara. Estaba haciendo una recapitulación de
nuestros mensajes, que acababan de ser transmitidos por televi-

sión. Solo pude oír algunos fragmentos de mi declaración, sin poder verificar que no hubieran manipulado la grabación. Sin embargo, oí la voz de mi madre y las declaraciones de Melanie. Su alegría
me sorprendió. De cierta forma, me dolía. Casi les reprochaba que
se alegraran con tan poca cosa. Había algo de monstruoso en ese
alivio que mis secuestradores les proporcionaban solo para alargar
más nuestra separación. Me producía un dolor inmenso en el corazón pensar que todos habíamos caído en la trampa. Esta prueba
de supervivencia no era una condición para nuestra liberación. No
había negociaciones con Francia. Su única función era anunciar
cruelmente la prolongación de nuestro cautiverio. La guerrilla lograba hacer presión sin tener la más remota intención de liberarnos. Nosotros éramos un trofeo en manos de la guerrilla.

Para hacer eco a mis pensamientos, Marta, la guerrillera gorda, se me acercó y me dijo:

—Ingrid, están construyendo una cárcel.

—¿Quién está construyendo una cárcel?

—Los muchachos.

—¿Para qué?

—Para encerrarlos a todos.

Yo me negaba a rendirme ante lo evidente. Presa del vértigo,
como si estuviera al borde de un precipicio, di un paso más hacia
el vacío:

—¿Quiénes son «todos»?

—Todos los prisioneros que están en el otro campamento, a
treinta minutos de aquí, y a ustedes tres. Hay unos políticos: tres
hombres y dos mujeres. El resto son soldados y policías. Son los
que hacen parte del «intercambio humanitario». Los van a reunir
a todos aquí...

—¿Cuándo?

—Ya casi. Tal vez la semana entrante. Mañana ponen los
alambres de púas.

Sentí palidecer.

—Mamita, va a ser muy duro para usted —me dijo Marta con compasión—. Tiene que ser muy fuerte, tiene que prepararse.

Me senté en la caleta, apabullada. Como Alicia, caía por un hoyo sin fin. Nadie me retenía y yo caía sin remedio. Ese era el hoyo negro. Me estaban engullendo las entrañas de la Tierra. Yo estaba viva solo para asistir a mi propia muerte. ¿Era este mi destino? Sentía mucha rabia con Dios por haberme abandonado. ¿Una cárcel? ¿Alambres de púas? Sufría por el solo hecho de respirar. No podía continuar. Pero me tocaba, debía seguir. Estaban los demás, todos los demás, mis hijos, Mamá. Apreté los puños contra las rodillas, furiosa con Dios y conmigo misma, y le dije: «No me dejes nunca alejarme de ti. ¡Nunca!».

Me levanté como una autómata, sintiendo la cabeza vacía, para anunciarles a mis compañeros la espantosa noticia.

Cada vez que íbamos a los chontos, veíamos el avance de los trabajos. Tal como había anunciado Marta, instalaron una malla de acero y encima unos alambres de púas en la cerca de cuatro metros de alto. En una de las esquinas de la construcción hicieron una garita desde donde se podía vigilar todo, con una escalera para llegar hasta arriba. Se podían adivinar entre los árboles las otras tres torres, construidas de manera idéntica. Era un campo de concentración en plena selva. Tenía pesadillas con eso, y me despertaba sobresaltada en medio de la noche, bañada en sudor. Tal vez gritaba, porque Lucho me despertó una noche tapándome la boca con la mano. Temía que tomaran represalias contra nosotros. En consecuencia, comencé a perder el sueño y a refugiarme en el insomnio para que las pesadillas no me tomaran por sorpresa. Lucho tampoco podía dormir. Nos sentábamos a hablar en nuestras caletas, con la esperanza de alejar los fantasmas de la noche.

Lucho me contaba cómo eran las Navidades de su infancia, cuando su madre hacía tamales, un plato típico de la región del

Tolima, donde ella había nacido. La receta contenía huevos duros, y Lucho de niño se los comía a escondidas. Él la veía en su bata, al otro día, contando los huevos y preguntándose por qué siempre le faltaban. Ese recuerdo lo hacía llorar de la risa. Por mi parte, me veía de nuevo en las Seychelles y recordaba los días felices del nacimiento de mi hija. Volvía pues a lo esencial: ante todo, yo era madre.

La construcción de esta cárcel me había afectado profundamente. Para mí era indispensable repetirme que yo no era una prisionera, sino una secuestrada. Que no había hecho nada malo, que no estaba pagando por ningún delito. Que aquellos que me habían arrebatado mi libertad no tenían ningún derecho sobre mí. Lo necesitaba para no someterme. Para no olvidar que tenía la obligación de rebelarme. Los guerrilleros llamaban a esto «cárcel». Mediante este acto de prestidigitación, me convertía en una criminal, y ellos, en la autoridad. No. No iba a doblegarme.

A pesar de mis esfuerzos, nuestra cotidianidad se volvió sombría. Notaba el humor melancólico de mis compañeros; todos estábamos deprimidos. Lucho había adoptado la costumbre de tomarse su colada de la mañana con Clara, en una plataforma de madera que alguna vez debió de servir para almacenar provisiones y que ahora, inundada por el agua del pantano, parecía una isla flotante en el charco de los cerdos. Lucho iba allá todas las mañanas con las galletas que le habían correspondido; las compartía sin preocuparse de guardar para más tarde. Un día, no fue a la plataforma y se quedó, para tomarse la colación sentado en su caleta.

—¿Qué pasó, Lucho?

—Nada.

—Anda, cuéntame. Yo sé que algo te molesta.

—No es nada.

—Bueno, si no quieres contarme debe ser que no es importante.

Cuando volvía del río después de bañarme, vi que Lucho discutía acaloradamente con Clara por los baldes de plástico que la guerrilla nos había dado. Lucho se había ofrecido a llenarlos en el río. La idea era disponer de agua limpia para lavarnos los dientes y las manos, y para limpiar los platos después de cada comida. La labor era difícil, porque había que traer los dos baldes llenos, subiendo por un camino pendiente y resbaloso a causa del barro.

Faltaba poco para que cayera la noche y los guerrilleros no iban a dejar que Lucho volviera al río a traer agua. Él ya había hecho su tarea del día, se había bañado y estaba limpio y listo para la noche. Clara había usado el agua de los baldes para meter allí su ropa sucia. No quedaba agua para lavar los platos ni para cepillarnos los dientes antes de acostarnos. Lucho estaba exasperado.

Estos pequeños incidentes de nuestra cotidianidad nos amargaban la vida, probablemente porque nuestro mundo se había reducido demasiado. Comprendía perfectamente la rabia de Lucho. Yo también había perdido los estribos muchas veces. A mí también me habían tocado las malas reacciones y las malas actitudes. A veces eso me sorprendía, pues no conocía bien los engranajes de mi propio temperamento. La comida, por ejemplo, no me interesaba. Sin embargo, una mañana me levanté y me dio un mal genio vergonzoso por no haber recibido la ración más grande. Era ridículo. Eso nunca me había sucedido antes. Estando en cautiverio, descubrí que mi ego sufría si me veía desposeída de aquello que deseaba. Con el hambre como acicate, la comida se convertía en el motivo de los combates silenciosos entre prisioneros. Observaba en mí una transformación que no me gustaba, más aún porque tampoco la soportaba en los demás.

Esas pequeñas cosas de la cotidianidad envenenaban nuestra existencia, tal vez porque nuestro universo se había estrechado. Despojados de todo, de nuestra vida, de nuestros placeres, de nuestros seres queridos, adoptábamos el reflejo errado de aferrarnos a lo que nos quedaba, casi nada: un metro de espacio, un pedazo de galleta, un minuto más al sol.

28
LA ANTENA DE SATÉLITE

Octubre de 2003. La cárcel parecía terminada. Contábamos los días que nos quedaban en el talud, como condenados a muerte esperando su ejecución. Sombra vino a verme una mañana. Quería instalar una antena parabólica. Había un televisor en el campamento. Una parte de las instrucciones venía en inglés y él necesitaba mi ayuda.

Le dije que no conocía nada de esa tecnología. Sin embargo, insistió en que lo acompañara a revisar los equipos. Habían construido dos enormes galpones de madera. Había una tercera construcción, más pequeña que los otros dos cambuches, con unos bancos y montones de sillas plásticas apiladas a los lados. Los guerrilleros estaban bien aprovisionados, de eso no cabía duda. Las cajas de los aparatos electrónicos ocupaban el centro del aula y los manuales de utilización estaban bien puestos encima. Di un paso hacia adelante. En ese momento vi, por entre las sillas apiladas, la cárcel en su totalidad. Era una imagen siniestra, una jaula envuelta de alambre de púas y rodeada de barro.

Hojeé los manuales de utilización, apreté unos cuantos botones y me declaré vencida:

—No entiendo nada de esto.

Era incapaz de concentrarme en otra cosa diferente del infierno que habían construido. Con el corazón arrugado, les describí la escena a mis compañeros.

Sombra, por su parte, no se había dado por vencido. Al día siguiente, antes del mediodía, una de las lanchas que recorrían el río llegó con uno de los secuestrados del campamento que quedaba río arriba.

Era un hombre delgado, de baja estatura, con el pelo cortado a ras, los ojos hundidos en sus órbitas, el rostro cadavérico. Los tres estábamos pendientes en el talud, curiosos de saber quién era la persona que Sombra había mandado traer para que le instalara su antena. Pasó frente a nosotros, siguiendo el camino utilizado por la guerrilla, tal vez sin saber que había otros prisioneros en el campamento de Sombra. ¿Acaso sintió nuestras miradas, fijas sobre él? El hombre se detuvo en seco y dio media vuelta. Nos quedamos mirándonos durante unos segundos. Todos hacíamos el mismo recorrido mental. Nuestras caras reflejaron sucesivamente la sorpresa, el horror y, luego, la conmiseración. Teníamos todos al frente nuestro la imagen de un desecho humano.

Lucho fue el primero en reaccionar:

—¿Alan? ¿Alan Jara? ¿Tú eres Alan?

—Sí, claro, claro. Perdónenme que no los reconocí. Es que se ven muy diferentes en las fotos.

—¿Cómo estás? —le pregunté después de un silencio.

—Bien, bien.

—¿Y los demás?

—Bien, también.

El guardia le clavó el cañón del fusil en la espalda. Alan sonrió con tristeza, se despidió con la mano y se dirigió a las barracas.

Los tres nos miramos aterrados. Este hombre era un cadáver ambulante. Llevaba puesta una camiseta vuelta harapos y unas bermudas mugrientas. Sus piernas, de una flacura extrema, flotaban en unas botas de caucho demasiado grandes. Nos mirábamos como si nos acabaran de quitar una venda de los ojos. Nos habíamos acostumbrado a vernos así, pero nosotros no estábamos mejor que Alan. La diferencia es que acabábamos de recibir provisiones. No lo dudamos un segundo. Fuimos a buscar lo que nos quedaba para enviarlo a los compañeros del otro campamento.

También nos quedaba un pedazo de torta que acababa de hacer para festejar el cumpleaños de Lorenzo y del hijo de Lucho.

—Deberíamos mandárselo —me dijo Lucho—. Es el cumpleaños de Gloria Polanco y de Jorge Géchem.

—¿Y tú cómo sabes que es el cumpleaños de ellos?

—Por los mensajes de la radio. Las familias los felicitaron por el cumpleaños; es el 15 o el 17 de octubre, ya no me acuerdo. Pero es dentro de unos días.

—¿Cuáles mensajes de la radio?

—Dios mío, no te lo puedo creer. ¿No sabes que todos los días hay un programa de radio en RCN, *La Carrillera*, que presenta Nelson Moreno, donde se transmiten los mensajes de nuestras familias para cada uno de nosotros?

—¿Qué?

—Sí. Tu familia no llama por esa emisora. Pero tu mamá te manda mensajes todos los sábados por Caracol, en *Las voces del secuestro*. A un periodista, Herbin Hoyos, se le ocurrió la idea de crear un contacto por radio para los secuestrados. Tu mamá te llama y te habla. ¡Yo la oigo todos los fines de semana!

—¿Cómo así? ¿Y por qué no me lo habías dicho?

—Mira, perdóname, pero yo creía que tú sabías. Estaba convencido de que escuchabas el programa como yo.

—¡Luchini, es maravilloso! ¡Voy a poder oír a Mamá pasado mañana! —exclamé, saltándole al cuello. Lucho acababa de hacerme el regalo más maravilloso del mundo, no tenía por qué pedirme excusas.

Preparamos un paquete con dulces, galletas y el pedazo de torta que nos quedaba, para Gloria y Jorge Eduardo. Le pedí al guardia que le transmitiera nuestra petición a Sombra. La respuesta no se hizo esperar:

—Ingrid, tiene treinta minutos para hablar con Alan y entregarle el paquete.

No me hice rogar y seguí al guerrillero hasta el aula donde estaban apiladas las sillas. Alan me estaba esperando. Nos abrazamos como si nos conociéramos de toda la vida.

—¿Viste la cárcel? —le pregunté.

—Sí. Yo creo que me van a poner en tu grupo.

—¿Cómo así?

—Sombra va a poner a los militares de un lado y a los civiles del otro.

—¿Ah, sí? ¿Y tú cómo lo sabes?

—Por los guardias. Algunos dan información a cambio de cigarrillos.

—Ah… ¿Cuántos civiles hay?

—Hay cuatro: dos hombres y dos mujeres. Yo prefiero estar con los militares. Pero bueno, si estoy contigo, ahí nos organizamos. Tengo ganas de aprender francés.

—Claro. Cuenta con eso.

—Oye, Ingrid, no sabemos qué va a pasar. Con ellos nunca se sabe. Pero debes ser fuerte, pase lo que pase. Y ten cuidado. La guerrilla tiene soplones por todas partes.

—¿Qué quieres decir?

—Quiero decir que toca desconfiar hasta de los compañeros. Hay algunos que están dispuestos a acusar al otro por un encendedor o por leche en polvo. No confíes en nadie. Es mi mejor consejo.

—Bueno… gracias.

—Y gracias por las golosinas. Todo el mundo va a quedar feliz.

Nos dieron treinta minutos exactamente. Ni uno más. Yo volví pensativa. Las palabras de Alan me dejaron muy impresionada.

Sentí que, efectivamente, había que prepararse para una experiencia difícil. Veía las cercas, los alambres de púas, las garitas. Pero no me podía imaginar el mundo dentro de la cárcel: la falta de espacio, la promiscuidad, la violencia, las delaciones.

29
EN LA CÁRCEL

Octubre 18 de 2003. Por la mañana, unos guerrilleros se acercaron a nuestra carpa. Había uno alto y flaco, de bigote fino y mirada ponzoñosa. Tenía un sombrero de tela verde, como los que usaban los paramilitares. Puso su bota llena de barro sobre mi caleta y chilló: «¡Empaquen sus cosas! Todo tiene que desaparecer en cinco minutos». El tipo no me intimidaba. De hecho, me parecía ridículo, con su disfraz de vaquero, pero igual, yo estaba temblorosa. Era una reacción nerviosa: una especie de desdoblamiento. Yo tenía la cabeza fría y lúcida, pero un cuerpo demasiado emotivo. Eso me molestaba. Había que moverse rápidamente, doblar, enrollar, guardar, amarrar. Yo sabía por dónde debía comenzar y por dónde debía terminar, pero las manos no me obedecían. Los gestos que repetía a diario, y que no me tomaban más de un segundo, me resultaban imposibles bajo la mirada del bigotudo. Me lo imaginaba pensando que yo era una pelota y eso aumentaba mi torpeza. Para probarme a mí misma que mi parálisis era solo temporal, me obstinaba en hacer las cosas a la perfección. Volví a comenzar a doblar, enrollar, guardar y amarrar como una maniaca. El bigotudo pensó que yo lo hacía a propósito para demorar la ejecución de su orden. Con eso bastó para que me odiara.

Lucho observaba y se alarmaba, pues sentía que las amenazas se acumulaban sobre nuestras cabezas. No acababa yo de amarrar mi tula vieja cuando el bigotudo vino a rapármela, visiblemente

irritado, y me dio la orden de seguirlo. Nos fuimos en fila india, en
un silencio doloroso, vigilados por unos hombres armados, guerrilleros de cara patibularia. Yo grababa cada paso en mi memoria,
cada accidente del terreno, cada particularidad de la vegetación que
pudiera servirme de señal para mi futura huida. No quitaba los ojos
del suelo. Tal vez por eso tuve la sensación de que la cárcel se me iba
a caer encima. Cuando la vi, estaba a punto de estrellarme contra
la cerca y el alambre de púas. La sorpresa fue mayor cuando noté
que ya había gente dentro. Sin pensarlo mucho, había imaginado
que, dado que nosotros éramos quienes más cerca estábamos de la
cárcel, seríamos los primeros en llegar. Sombra se encargó de que
ya hubiera otros secuestrados antes de nuestra llegada, bien fuera
para que sintiéramos menos miedo de entrar o bien para darnos
a entender que ya otros habían tomado posesión del lugar. El bigotudo nos obligó a hacer una pequeña desviación inútil, que nos
permitió comprender que la cárcel estaba dividida en dos: había dos
construcciones, una pequeña y otra mucho más grande, adosadas
la una contra la otra, separadas por un pasillo de un ancho apenas
suficiente para que cupiera el guerrillero de guardia. A la construcción pequeña se entraba por un espacio de tierra pisada. Toda la
vegetación había sido eliminada, salvo algunos árboles jóvenes que
le hacían sombra al techo de las barracas, para ocultar el zinc a las
miradas de los aviones militares. El espacio estaba encerrado por
una malla de acero. Una pesada puerta de metal asegurada con una
imponente cadena y un gran candado impedían el acceso.

El bigotudo se sacó las llaves del pantalón, manipuló el candado para darnos a entender que la operación no era fácil, y la
puerta se abrió con un chirrido medieval. Las cuatro personas que
estaban dentro retrocedieron algunos pasos. El guerrillero lanzó
adentro mi tula, como si tuviera unas fieras frente a él. Desde que
aparecimos en su campo de visión, los cuatro rehenes no nos quitaron los ojos de encima.

Todos estaban deteriorados físicamente, con las facciones fatigadas, con cara de hambre, el pelo canoso, las arrugas profundas, los dientes amarillos. Sin embargo, más que por su apariencia física, yo estaba conmovida por su actitud, casi imperceptible, que delataba la posición del cuerpo, el movimiento de la mirada, la inclinación de la nuca. Casi se podría creer que todo era normal. Y, sin embargo, había algo que ya no era lo mismo. Como cuando un olor nuevo traído por la brisa llena la atmósfera y dudamos de haberlo percibido en realidad, pues ya se nos ha escapado, aunque nuestra memoria ha quedado impregnada de él.

Estaban detrás de la cerca. Durante algunos segundos, yo todavía estaría afuera. Era casi una indecencia mirarlos, pues su humillación estaba al desnudo y no había manera de cubrirla. Eran seres desposeídos de sí mismos, a la espera de la buena voluntad de los demás. Pensé en esos perros sarnosos, rechazados y perseguidos, que ya no esquivan los golpes, con la esperanza de ser olvidados por sus verdugos. Algo de eso había en sus miradas. Yo conocía a dos de los rehenes, pues habíamos compartido el hemiciclo del Senado. Ahora los volvía a ver ante mí, miserablemente vestidos, mal afeitados, con las manos sucias, pero erguidos, buscando mantener aplomo y dignidad, a pesar del miedo.

Me dolía verlos así y que se sintieran mirados. Ellos, a su vez, sentían lo mismo por mí, conscientes de que yo compartiría su suerte en unos pocos minutos, y leían el horror en mi rostro.

La puerta se abrió. El bigotudo me empujó dentro. Jorge Eduardo Géchem fue el primero en dar un paso adelante y me recibió en sus brazos. Estaba temblando y tenía los ojos bañados en lágrimas:

—Mi *madame* querida, no sé si alegrarme de verte o ponerme triste.

Gloria Polanco también me abrazó con calidez. Era la primera vez que nos veíamos, pero era como si fuéramos amigas desde siempre.

Consuelo se acercó, lo mismo que Orlando. Todos llorábamos, seguramente aliviados de estar juntos, de sabernos vivos, pero también nos apesadumbraba más la desgracia común. Orlando agarró nuestros petates y nos llevó al alojamiento. Era una construcción de madera, con una malla metálica que tapizaba todo el interior, desde el techo hasta las paredes. Había cuatro camas superpuestas verticalmente, tan cerca las unas de las otras que era necesario voltearse de lado para poder meterse en ellas. En uno de los costados, las tablas de madera de la pared habían sido cortadas de tal manera que se formaba una gran ventana que daba al exterior del alojamiento; esta ventana estaba en su totalidad cubierta por la malla metálica. El lugar se mantenía sumido en la penumbra y en las camas del fondo la oscuridad era total. Un olor a moho hería las narices desde la entrada y todo estaba cubierto de un aserrín rojizo que flotaba en el aire, testimonio de la reciente construcción de las barracas.

—Ingrid, te vamos a encargar de repartir las camas. ¡Escoge primero la tuya!

La idea me sorprendió y me puso en guardia. No era conveniente atribuirle un papel de jefe a nadie. Me acordé de las palabras de Alan y pensé que lo mejor sería hacerme a un lado.

—No, ese papel no me corresponde. Yo cojo la cama que quede después de que ustedes escojan.

Hubo un malestar de inmediato. El nerviosismo de los unos y la rigidez de los otros nos hizo comprender muy pronto que debajo de los buenos modales había una verdadera guerra entre nuestros compañeros. Los tres terminamos ubicándonos estratégicamente, funcionando como escudo entre nuestros cuatro compañeros: Clara, al fondo del alojamiento, entre Orlando y Consuelo; Lucho y yo entre los otros dos y ellos. Al parecer, todo el mundo quedó satisfecho y cada uno comenzó a instalarse.

Le expliqué a Sombra que necesitábamos escobas para limpiar el lugar y que sería deseable abrir una gran ventana en el frente de la barraca para que las camas del fondo recibieran luz. Sombra me escuchaba mientras inspeccionaba el alojamiento y se fue después de asegurarme que mandaría a uno de sus muchachos con una escoba y una motosierra.

Mis compañeros se reunieron a mi alrededor. Para ellos, la actitud de Sombra era inhabitual:

—¡Siempre dice que no a cualquier cosa que le pedimos! Es una suerte que te haga caso. Falta ver si cumple su palabra.

Así, entusiasmados por la idea de tener una nueva ventana, empezamos a hacer proyectos: construiríamos unos estantes con las tablas que iban a quitar. Habría que pedir tablas adicionales para hacer una mesa grande donde pudiéramos comer juntos y una mesa bajita junto a la puerta de entrada para recibir las ollas con la comida.

La idea de concebir proyectos que pudiéramos realizar en común me gustaba. Se había creado una atmósfera de fraternidad que todos necesitábamos. Más relajados, nos reunimos en el patio exterior, bajo los árboles que no habían sido sacrificados, y empezamos a relatar nuestras peripecias. Orlando había sido el primero en ser secuestrado y lo pusieron inmediatamente con los más de cincuenta oficiales y suboficiales que las FARC tenían en su poder desde hacía años. Consuelo fue la segunda. Encerrada con los militares y los policías, guardaba un recuerdo difícil de los meses en que fue la única mujer en aquel campamento de las FARC. A Gloria la secuestraron con sus dos hijos, y luego, de repente, la separaron de ellos y se la llevaron al grupo de los «canjeables». Jorge fue secuestrado en un avión, tres días antes de mi captura. Gloria y Jorge llegaron juntos, pues la guerrilla los había reunido algunas semanas antes, para luego ponerlos con el resto del grupo.

Los intentos de fuga y las traiciones habían herido a unos y habían apartado a otros. La sospecha se había infiltrado entre ellos y reinaba la desconfianza. Sus relaciones con la guerrilla eran azarosas. Estos compañeros llevaban más de un año en las manos de Sombra, un hombre al que temían y detestaban, sin atreverse a expresarlo por temor a que los chivatearan. La tropa de Sombra hacía reinar el terror entre los prisioneros. Nos contaron que uno de los suboficiales, después de una pelea con otro prisionero, había sido asesinado.

Mis compañeros tenían ganas de hablar, de expresarse, pero las experiencias terribles que habían vivido los obligaban al silencio. Lo comprendí sin dificultad. Al compartir los recuerdos, se produce una evolución. Ciertos hechos son demasiado dolorosos para ser contados: al revelarlos volvemos a vivirlos otra vez. Uno espera que, con el paso del tiempo, el dolor desaparezca, que será posible compartir con otros lo que vivimos y que nos aliviaremos del peso del propio silencio. Sin embargo, muchas veces, cuando el recuerdo no nos produce sufrimiento, preferimos callar por respeto a nosotros mismos. Ya no sentimos la necesidad de descargarnos, sino más bien de no dañar al otro con los recuerdos de nuestras propias desgracias. Contar ciertas cosas es permitir que se mantengan vivas en la mente de los otros, y entonces nos parece que lo más conveniente es dejarlas morir en nuestro interior.

30
LA LLEGADA
DE LOS ESTADOUNIDENSES

Finales de octubre de 2003. La escoba llegó tal como había prometido Sombra. Pero no la motosierra. Los guardias apostados en las garitas eran inaccesibles. Para cualquier petición, era necesario esperar a que llegara el «recepcionista», que, por lo menos en mi experiencia, por primera vez no era una mujer. Solamente los hombres estaban autorizados a acercarse a la cárcel. Para complicar un poco más las cosas, el bigotudo de sombrero paramilitar, Rogelio, había sido nombrado para ese oficio. Él era quien abría la pesada puerta de metal en la mañana y ponía la olla de la colada en el suelo, sin decir una palabra. Mis compañeros se le abalanzaban para hablarle antes de que desapareciera, y él los rechazaba con violencia empujándolos hacia adentro y diciendo: «Más tarde, más tarde».

Durante el día, pasaba varias veces frente a la reja haciendo caso omiso de las llamadas y las peticiones acuciantes de mis compañeros. Rogelio se reía mientras se alejaba, satisfecho de poder burlarse de ellos. Mi situación acababa de cambiar. A decir verdad, hasta ahora había tenido un acceso fácil al comandante del campamento, encargado de resolver mis problemas. Aquí, era al parecer este joven guerrillero quien servía como contacto con el exterior. Era el único hombre a quien podíamos presentar nuestras solicitudes. Cuando mis compañeros hacían esfuerzos por caerle bien, él les respondía con desprecio.

Las relaciones humanas se transformaron en el instante en que entramos en la cárcel. Los tornillos del potro de tortura se apretaban un poco más. Nos habíamos convertido en unos pedigüeños. No quería verme aferrada a la malla, maullando para obtener la atención del guardia. Tener que lamerle las botas a este personaje con falsas sonrisas o con una cercanía hipócrita me resultaba francamente insoportable. Al tipo le encantaba que lo adularan. En poco tiempo, estableció relaciones jerarquizadas con nosotros. Estaban los que le caían bien: a esos, les respondía más rápido, los escuchaba con más paciencia e incluso, a veces, con interés. Luego estábamos los demás: con nosotros se esmeraba para ser descortés. Así, me rechazaba de manera grosera delante de mis compañeros cada vez que necesitaba algo, pero corría a satisfacer la petición de los que estaban parados con él. Cuando empezó nuestro encierro, vi consternada cómo se organizaba este andamiaje de relaciones complejas. Los que habían tenido la presencia de espíritu para desempeñar sin ninguna vergüenza el papel de cortesanos, habían adquirido una especie de autoridad sobre nosotros, pues solo a través de ellos era posible obtener ciertas consideraciones que, en un momento dado, podrían parecernos indispensables.

Esta situación produjo muy pronto una grave e intensa división entre todos nosotros. Al principio parecía una simple molestia, pues al sentirse observados y juzgados por los otros, aquellos que habían optado por el servilismo hacían lo mejor posible para atender las necesidades de los demás. Todo el mundo encontraba su acomodo y, en el fondo, ninguno de nosotros podía estar seguro de que no terminaría actuando de la misma manera en algún momento.

La necesidad que sentíamos Lucho y yo de protegernos de nosotros mismos y de tratar de mantener la unión del grupo nos llevó a convocar a nuestros compañeros para escribir una carta de protesta dirigida a los miembros del Secretariado. Había muy pocas probabilidades de que nuestra misiva llegara finalmente a manos de Marulanda. Pero esperábamos abrir, de este modo, un canal para estar en contacto directo con los jefes, aunque solo fuera con Sombra. Era necesario sacar del circuito al recepcionista. Además, yo quería que hubiera una declaración escrita, un testimonio de nuestra protesta respecto al tratamiento al que nos tenían sometidos.

No tenían ningún derecho a encerrarnos en un campo de concentración, mucho menos en nombre de su doctrina revolucionaria. Yo no quería que las FARC tuvieran la conciencia tranquila. Y temía que nosotros termináramos por acostumbrarnos también.

Hablamos largamente con Lucho sobre eso. Él también pensaba que alguno de nosotros sería liberado en poco tiempo y que era necesario escribirle una carta secreta a Uribe pidiéndole autorizar una operación militar para nuestra liberación. Él creía que yo sería la primera en salir, gracias a las gestiones del gobierno francés.

Nos reunimos en conciliábulo al interior del alojamiento. Llovía a cántaros: nuestras voces no se alcanzaría a oír gracias al ruido de la lluvia cayendo en el techo de zinc. Los que tenían mayor contacto con el recepcionista temían que nuestra carta para el Secretariado fuera motivo de represalias. Sin embargo, sintiendo que podrían ser acusados de cobardía o de contemporizar con el enemigo, presentaban solo objeciones de forma y no de fondo. El mensaje secreto para Uribe generó menos problemas. En principio, todo el mundo estaba dispuesto a firmarlo, tal vez considerando que no tenía ninguna posibilidad de llegar hasta su destinatario. Gloria fue la única que se abstuvo. Ella había sido secuestrada con sus dos hijos mayores y luego había sido brutalmente separada de ellos. No quería que su autorización para una operación militar de rescate pudiera poner en peligro la vida de sus hijos, que todavía estaban en manos de las FARC. Todos comprendimos sus motivaciones.

La redacción de la carta para el Secretariado nos tomó toda la tarde. Lucho, buen negociador, hacía de vínculo entre unos y otros, para agregar esto o quitar aquello, de tal manera que todos quedaran satisfechos. La lluvia paró y vi a uno de nuestros compañeros hablando a través de la malla con el «recepcionista». Me pareció ver en eso una actitud de delación, pero decidí no manifestar ninguna emoción que pudiera perjudicar la armonía del grupo. Luego vi a esta misma persona hablar largamente con Clara. Cerca del atardecer, cuando todos estábamos listos para firmar la carta dirigida a los comandantes, Clara anunció que ella se negaba, porque no quería tener problemas con Sombra. No insistí. Los que no estaban totalmente convencidos de seguir adelante con nuestra acción de protesta afirmaron, aprovechando esta puerta de salida, que todos debíamos estar unidos y que si eso no ocurría ellos también se abstendrían. La carta para el Secretariado fracasó.

La carta para Uribe fue firmada en secreto por la mitad de nuestra joven colectividad, sin que lo supieran aquellos que se negaban. Los que habíamos ido hasta el final corríamos el riesgo de que la carta cayera en manos de las FARC y que fuéramos castigados. La división del grupo era ya un hecho. Me confiaron la misión de guardar la carta, cosa que hice durante muchos años, incluso después de que nos separaran y nos dispersaran en campamentos diferentes. Nadie la encontró jamás, a pesar de las incontables requisas. Yo la había doblado, envuelta en plástico, y la había cosido en la parte interior del refuerzo del codo de mi chaqueta. A veces la leía, siempre con un dolor en el corazón: en aquella época aún teníamos alientos para soñar.

Todavía mortificados por nuestro revés y por las fisuras que se presentaban en el grupo, nos despertamos con un sobresalto en la cárcel. Oímos ruido de motores. Acababan de llegar varias lanchas rápidas. Todos los guardias se habían puesto su uniforme de gala. Rogelio tenía un chaleco lleno de municiones y una boina de paracaidista adornada con el escudo de las FARC, que le cubría una oreja. ¡Se sentía tan orgulloso de sí mismo! No fue difícil sacarle la información. El Mono Jojoy venía a dar una vuelta

Todos nos pusimos rápidamente de acuerdo sobre lo que deberíamos decirle cuando viniera a saludarnos, pensando que sería la oportunidad para expresarle la indignación consignada en nuestra famosa carta inacabada. Instalamos las hamacas en el patio, según la disposición que habíamos convenido, pues habíamos distribuido entre nosotros el espacio milimétricamente el día anterior, y empezamos a esperar al Mono Jojoy.

El espacio era quizá la única ventaja que los prisioneros de la barraca «militar» tenían sobre nosotros y que les envidiábamos. El día de nuestra llegada a la cárcel, los vi por primera vez. Acababa de intercambiar mis primeras palabras con Gloria. Me volteé, intrigada por un tintineo metálico y unos gritos agresivos que venían de atrás. Por un instante pensé que tal vez los guerrilleros estaban persiguiendo unos cerdos que se hubieran escapado, como los había visto hacer antes.

De los matorrales salieron unos cuarenta hombres vestidos con harapos, con el pelo largo, la cara barbada. Una gran cadena alrededor del cuello los amarraba a unos con otros. A su lado, caminando en fila india, los vigilaban unos guerrilleros armados. Los prisioneros llevaban a la espalda pesados morrales, además de enormes ollas viejas, colchonetas rotas enrolladas sobre la nuca, gallinas amarradas por la patas columpiándoseles de la cintura, pedazos de cartón, frascos de aceite vacíos suspendidos de correas, y unos radios remendados por todas partes que les colgaban del cuello como un yugo adicional. Parecían presidiarios llegando de Gorgona. Yo no podía dar crédito a mis ojos.

Varios guerrilleros giraban a su alrededor, gritándoles órdenes estúpidas para obligarlos a seguir caminando. Me era imposible dejar de mirar esa procesión aterradora, agarrada a los barrotes de la puerta metálica de la cárcel, asfixiada, con los ojos desorbitados, muda. Reconocí a Alan. Se volteó al verme y me sonrió con tristeza:

—Hola, Ingrid...

Los soldados se voltearon, uno a uno:

—¡Es Ingrid! Es la doctora.

La marcha se detuvo. Algunos me saludaban de lejos con un gesto amistoso, otros levantaban el puño en señal de resistencia, otros me hacían preguntas atropelladas, a las que yo no podía responder. Los más osados se acercaban a la puerta para darme la mano a través de los barrotes. Yo los tocaba, con la esperanza de que el contacto con mis manos pudiera transmitirles ternura y serles reconfortante. Estos barbudos de la selva, perseguidos, torturados, tenían el coraje para sonreír, olvidarse de sí mismos, comportarse con una dignidad y un valor que merecían toda mi admiración. Su única respuesta digna era el desprendimiento de sí mismos.

Los guardias los insultaban y los amenazaban para que no nos hablaran más. Sin perder tiempo, los encerraron en la barraca construida junto a la nuestra. No los podíamos ver, pero sí los alcanzábamos a oír. De hecho, hubo conversaciones entre los dos grupos. Hablábamos en voz baja, pegando la boca a las ranuras que se formaban entre las tablas que daban al pasillo de la ronda de los guerrilleros. La comunicación entre las dos barracas estaba prohibida.

De este modo, supimos que Sombra había tenido la generosidad de concederles un espacio para hacer deporte, privilegio que nosotros no teníamos. En la inmensidad de esta selva, donde todo escaseaba, salvo el espacio, la guerrilla resolvió confinarnos en un lugar exiguo e insalubre que solo servía para propiciar la promiscuidad y la confrontación. Las escasas horas de convivencia que llevábamos ya habían puesto en evidencia las tensiones que nacían de la necesidad que tenía cada uno de defender su espacio. Como en las comunidades primitivas, el espacio se convertía para nosotros en la propiedad esencial, cuyo valor fundamental consistía en reconfortar el amor propio herido. Aquel que tenía más espacio se sentía más importante.

Instalados en nuestras hamacas como en un puesto de observación, seguimos con la mirada al Mono Jojoy, que hacía su recorrido de propietario. Se mantenía a una buena distancia de las rejas; le dio la vuelta al cercado, de tal manera que nuestras voces no alcanzaran a llegarle, y evitó hacer contacto visual con nosotros. Si estuviera revisando su ganado se habría comportado exactamente de la misma manera. Luego desapareció.

Media hora después, por el ala norte de la cárcel, apareció un grupo de desconocidos. Tres hombres, dos rubios altos y un joven de pelo castaño oscuro, en *shorts*, con un morral ligero, vigilados por seis guerrilleros armados hasta los dientes, pasaron junto a las rejas. Avanzaban por el camino de tablas que la guerrilla acababa de terminar y que rodeaba toda la cárcel, siguiendo el alambrado de púas. Los tres hombres caminaban mirando al frente y continuaron así hasta llegar a la barraca de los militares.

—*Hey, gringos! How are you? Do you speak english?*

Los militares estaban encantados de poner en práctica sus nociones de inglés. Todos nos miramos desconcertados. ¡Claro! Estos eran los tres estadounidenses que habían sido secuestrados un año atrás y que también hacían parte del grupo para el intercambio.

Uno de nuestros compañeros, de los que estaban en los secretos con Rogelio, dijo con tono de conocedor:

—Sí, son los gringos. Van a ponerlos aquí con nosotros.

—¿Aquí?

—No sé. Donde los militares o con nosotros. Yo creo que va a ser con nosotros.

—¿Pero cómo? ¡Acá ya no hay espacio!

Mi compañero me miró con mala cara. Luego, como si hubiera encontrado con qué hacerme daño, embistió con una voz lenta:

—Son prisioneros como nosotros. A ti te recibimos bien cuando llegaste. Tienes que hacer lo mismo con los otros.

Me sentí regañada. Por supuesto que debíamos acogerlos de la mejor manera posible.

31
LA GRAN PELEA

Noviembre de 2003. La puerta metálica se abrió y los tres estadounidenses entraron, con la mandíbula crispada y la mirada inquieta. Nos dimos la mano, nos presentamos e hicimos lugar para que los recién llegados se pudieran sentar. El compañero que me había sermoneado los cogió por su cuenta y les mostró las instalaciones. Todo el mundo empezó a especular sobre lo que haría la guerrilla. La respuesta nos llegó una hora después.

Brian, uno de los guerrilleros más fornidos del grupo, apareció con la dichosa motosierra al hombro. Lo seguían otros dos hombres, que llevaban unas tablas de madera y unas vigas burdamente talladas. Nos pidieron que retiráramos todas nuestras cosas del alojamiento y que nos saliéramos. En pocos minutos, le cortaron la base a uno de los camarotes y lo pusieron a un lado, junto a la malla de acero bajo el hueco que hacía las veces de ventana. En el espacio que quedaba, para sorpresa nuestra, lograron empotrar un nuevo camarote, entre los otros dos, con el espacio apenas suficiente para acceder por un costado. Todos mirábamos la maniobra sin decir una sola palabra. La cárcel quedó de nuevo cubierta con un aserrín rojizo que se metía por las narices. Brian se volteó y me miró a mí, bañado en sudor:

—Bueno, ¿cuál es la ventana que quieren que les abra?

Yo estaba sorprendida. Creí que a Sombra se le había olvidado nuestra petición.

—Me parece que toca abrirla aquí —respondí, tratando de recobrar la compostura.

Dibujé con el dedo un gran rectángulo imaginario en la pared de madera que daba a nuestro patio interior. Keith, uno de los nuevos, que había entrado de primero en la cárcel, murmuró algo detrás de mí. No parecía contento con el proyecto y refunfuñaba en su rincón. Uno de nuestros compañeros trató de calmarlo, pero la comunicación no era fácil, pues no hablaba bien español. Estaba dando a entender que quería que la pared se quedara tal cual. Le daba miedo que hiciera frío de noche.

—¡A ver! ¡Pónganse de acuerdo! —ladró Brian.

—¡Ábrala, ábrala! —exclamaron los otros, preocupados de que Brian diera media vuelta y nos dejara ahí plantados.

El incidente dejó flotando una molestia en el aire. Keith vino a hablarme después, con la intención de limar asperezas. Se dirigió a mí en inglés:

—¿Sabe que cuando a usted la secuestraron a nosotros nos asignaron la misión de buscarla? Sobrevolamos la región durante varios días. ¡Quién creyera que la íbamos a encontrar, pero de esta manera!

Me estaba enterando de algo nuevo. No sabía que la embajada estadounidense hubiera contribuido a mi búsqueda. Empezamos a hablar con cierta animación. Le conté que a Joaquín Gómez le encantaba jactarse de que las FARC habían derribado su avión.

—Eso es totalmente falso. No nos derribaron. Tuvimos una falla en el motor. Eso es todo.

Luego, como quien hace una confesión, me dijo acercándose a mi oreja:

—De hecho, ellos tienen mucha suerte, porque nosotros somos los únicos prisioneros que verdaderamente pesamos aquí, nosotros tres y usted. ¡Somos las joyas de la Corona!

Me quedé callada. Me perturbó oír esta reflexión. Le respondí, sopesando mis palabras:

—Todos somos secuestrados. Todos somos iguales.

El rostro del hombre se transformó. Me miró irritado. Lo tomó a mal, como una reprimenda. Sin embargo, yo no tenía la intención de sermonear a nadie. Le sonreí y agregué:

—Tiene que contarme su historia en detalle. Me interesa mucho saber lo que han vivido hasta ahora.

Lucho estaba detrás de mí. No lo había sentido llegar. Me agarró del brazo y hasta ahí llegó la conversación. Íbamos a comenzar a construir los estantes. Orlando había conseguido martillo y puntillas. Debíamos trabajar rápido, pues solo nos habían prestado las herramientas hasta el final de la tarde. Así, pues, empezamos la labor.

Esa noche, el alojamiento vibraba con los ronquidos de todos. Parecía el ruido de una planta industrial. El día había sido intenso y estábamos extenuados. Yo miraba el techo y, en particular, la malla que lo cubría, a dos dedos de mi nariz. Habían construido los camarotes con tal prisa que para llegar al catre de arriba era necesario acceder a él en posición horizontal, pues el espacio entre el techo y las camas era muy reducido. Era imposible sentarse, y para bajarse de la cama había que dejarse deslizar poco a poco en el vacío, agarrándose a la malla como un mono para caer al suelo. Yo no me quejaba demasiado. Por lo menos era un lugar cubierto, con un piso de madera que nos permitía estar secos. La nueva ventana había sido un éxito. Por ella se colaba una brisa tibia que limpiaba el aire pesado de la respiración de las diez personas que había dentro. Un ratón pasó corriendo por la viga que tenía arriba de los ojos. ¿Cuánto tiempo tendríamos que vivir así, los unos encima de los otros, antes de recobrar nuestra libertad?

Por la mañana, al levantarme, descubrí junto con Lucho que los estantes que habíamos construido el día anterior con tanto es-

fuerzo ya estaban ocupados con las cosas de los demás. ¡No quedaba más espacio! Orlando se reía en su esquina y nos miraba:

—Pero no pongan esa cara. Es muy fácil: pedimos otras tablas
y hacemos otros estantes en el rincón de allá, detrás de la puerta.
Mejor para ustedes, porque les quedan al frente del camarote.

Gloria se acercó. La idea le parecía excelente.

—Y también podríamos hacer otro estante de este lado de la
malla.

Yo no estaba contenta, por la sencilla razón de que me parecía
poco probable que la guerrilla nos diera más tablas. Había que pe-
dirlas y hacer todo un trámite, lo que me fatigaba de solo pensarlo.
Para mi gran sorpresa, las tablas que pidió Orlando llegaron ese
mismo día.

—Te va a quedar bonito el estante. No, mejor: ¡te voy a hacer
un escritorio, como para una reina!

Orlando seguía burlándose de mí, pero yo estaba aliviada y
había recuperado el buen humor. Él y Lucho se pusieron a hacer
un mueble que serviría, a la vez, de mesa y de estante. También
iban a hacer una pequeña biblioteca para el rincón de Gloria. Yo
quería ayudar, pero sentí que estorbaba, así que me replegué al patio a instalar mi hamaca mientras ellos terminaban de trabajar.

El lugar de las hamacas que yo tenía asignado había sido ocupado por Keith, quien ignoraba que antes de su llegada habíamos
hecho un acuerdo para repartirnos el espacio. Solo quedaba un
árbol del que podía colgar mi hamaca pero, en este caso, necesariamente había que colgar el otro extremo de la cuerda en la malla
de acero del cercado. Esta alternativa presentaba dos problemas. El
primero: que me negaran el permiso de usar las rejas. El segundo:
que el lazo de mi hamaca no alcanzara. Por suerte, Sombra estaba
haciendo una ronda por la cárcel y pude preguntarle directamente.
Él estuvo de acuerdo y me dio el otro pedazo de lazo que hacía

falta. Mis compañeros me miraban de reojo. Todos calculaban que si hubiera tenido que pedirle permiso a Rogelio, no habría obtenido nada. Eran cosas pequeñas, pero nuestras vidas solo estaban hechas de cosas pequeñas. Cuando Rogelio vino a traer la olla de la comida, al ver que mi hamaca estaba colgando de la reja, me miró de manera siniestra. Era claro que me tenía en su lista negra.

Tom, el mayor de nuestros dos nuevos compañeros, quien al principio se había instalado junto a Keith, se fue a mi lado algunos minutos después. Era evidente que estaba de pelea con su compatriota. Al ver que Lucho llegaba también, Tom alzó el tono de la voz y masculló un comentario desagradable. Había que compartir entre los tres el mismo árbol para colgar nuestras hamacas. Traté de explicarle que todos debíamos hacer un esfuerzo por acomodarnos, pues el espacio era reducido y no había suficientes árboles. Iracundo, me respondió brutalmente. Lucho salió en mi defensa, alzando también el tono de voz. Tom vivía una guerra fría con su compañero y se irritaba fácilmente. Comprendí que quisiera alejarse de él. También a Keith le convenía que Tom tomara distancia. Keith se acercó a la reja, mientras que Lucho y Tom discutían, y le susurró algo al oído a Rogelio.

La puerta metálica se abrió de golpe y Rogelio entró como una tromba:

—Ingrid, ¿usted es la que está armando este mierdero? Aquí todo el mundo es igual. No hay prisioneros más importantes que los otros, —guardé silencio, pues comprendí que este asunto no era un simple malentendido sobre las hamacas—. No más quejas. Usted no es la reina aquí. Obedece y punto.

—...

—Voy a encadenarla para que aprenda. ¡Va a ver!

Vi a mis compañeros, los que habían hecho enfurecer a Rogelio, reírse a las carcajadas.

Rogelio también estaba dichoso. Sus camaradas de las garitas lo miraban maravillados. El guerrillero escupió en el suelo, se acomodó su sombrero de paramilitar y salió como un pavo real.

Lucho me agarró del hombro y me sacudió con ternura:

—Tranquila, ya hemos visto peores. ¿Dónde está tu sonrisa? —era verdad, había que sonreír, aunque era difícil. Luego agregó—: Acaban de pasarnos la factura. Yo oí lo que le respondiste al tipo cuando te dijo que ustedes eran las joyas de la Corona. No creo que te hayas hecho un amigo.

Sin embargo, las cosas habían tenido un buen comienzo. Al principio, cada uno de nosotros quería dar lo mejor de sí mismo. Compartíamos todo, incluso las tareas que nos habíamos repartido de la manera más equitativa posible. Habíamos resuelto barrer todos los días la cárcel, lo mismo que el camino de tablas que acababan de hacer para ir al baño. Lo más crítico era la limpieza de las letrinas. Habíamos hecho unos traperos con pedazos de camisetas. Todos los días, la limpieza del lugar la hacía un equipo de dos personas.

Cuando nos tocaba el turno, Lucho y yo nos levantábamos al alba. Al principio peleamos porque Lucho no quería que yo limpiara las letrinas. Insistía en limpiar él solo el cambuche que funcionaba como baño. Sin embargo, era un trabajo que requería brío, y yo no quería que Lucho tuviera una crisis diabética a causa del esfuerzo. No pude hacerlo cambiar de parecer. Siempre se hacía el furioso conmigo y me prohibía el paso. Yo me encargaba entonces del alojamiento. Lo limpiaba rápidamente, pues sabía que cuando Lucho hubiera terminado su tarea, vendría a quitarme la escoba de las manos para ayudarme a terminar. Esta era una diversión solo para Lucho y para mí. Era una especie de juego para competir en muestras de afecto.

Yo quería, más que nada, mantener la armonía en el grupo, pero esta labor se hacía cada día más difícil. Cada uno llegaba con su historia de dolor, de rencor o de decepción. No pasaba nada grave. Eran cosas pequeñas que adquirían una importancia desmesurada, pues todos estábamos con la sensibilidad en carne viva. Cualquier mirada oblicua o cualquier palabra mal dicha era una grave ofensa y se convertía en fuente de rencor, rumiado de manera malsana.

A todo eso se añadía la percepción del comportamiento de cada uno respecto a la guerrilla. Estaban «los que se vendían» y «los que tenían dignidad». Esta percepción era especulativa, pues bastaba con que cualquiera hablara con el «recepcionista» para que fustigaran su comportamiento y lo acusaran de transigir con el enemigo, muchas veces por envidia. Al fin de cuentas, en algún momento todos debíamos pedir las cosas que necesitábamos. El hecho de «obtener» lo que se había solicitado despertaba en algunos la codicia patológica y alimentaba la amargura de no haber recibido lo mismo. Todos nos mirábamos con desconfianza, separados por divisiones absurdas a pesar de nosotros mismos. El ambiente se había vuelto pesado.

Una mañana, después del desayuno, uno de los nuevos compañeros vino a verme, con cara de malas pulgas.

En ese momento estábamos conversando animadamente Lucho, Gloria, Jorge y yo. Ellos querían que yo les diera clases de francés y nos estábamos organizando. La interrupción irritó mis amigos, pero yo me retiré, sabiendo que tendríamos tiempo de sobra para continuar hablando sobre nuestro proyecto un poco más tarde.

Había «oído» decir que cuando ellos llegaron yo no los quería en nuestro grupo. ¿Era eso cierto?

—¿Quién le dijo eso?

—No importa.

—Sí, sí importa, porque es una versión deformada y de mala fe.

—¿Usted dijo que sí o que no?

—Cuando ustedes llegaron, yo pregunté cómo irían a hacer para acomodarnos a todos juntos. Jamás dije que no quería que ustedes estuvieran con nosotros. Por tanto, la respuesta es no, jamás dije eso.

—Bueno, eso es importante, porque cuando nos lo contaron, nos sentimos muy mal.

—No crea todo lo que le digan. Más bien crea en lo que ve. Usted sabe que desde su llegada hemos hecho todo lo posible por acogerlos. Para mí es un placer hablar con usted. Me gusta nuestra conversación y me gustaría que fuéramos amigos.

Él se levantó más tranquilo, me tendió cordialmente la mano y se excusó con mis compañeros por haberme acaparado unos instantes.

—Así es como funciona: quieren dividir para reinar —dijo Jorge, el más prudente del grupo. Luego, dándome palmaditas en la mano, añadió—: Bueno, mi *madame*, ¡comencemos las clases de francés y con eso pensamos en otra cosa!

32
LA NUMERACIÓN

Yo comenzaba el día con una hora de gimnasia en el espacio comprendido entre el camarote de Jorge y Lucho, aprovechando que estaban en el extremo del alojamiento y que ahí no molestaba a nadie. Luego me iba a bañar, a la hora exacta que me correspondía según el horario que hicimos para la utilización del «baño». La entrada estaba cubierta con un plástico negro y ese era el único lugar donde podíamos desvestirnos sin ser vistos. Lucho, Jorge, Gloria y yo nos reuníamos antes del desayuno, sentados en una de las camas de abajo, de buen humor, a trabajar en nuestras clases de francés, a jugar cartas y a inventar proyectos que llevaríamos a cabo juntos cuando nos liberaran.

Cuando llegaba la olla del desayuno, era la desbandada. Al principio, había reflejos de cortesía. Cada uno se acercaba con el plato en la mano y nos ayudábamos los unos a los otros. Los hombres les cedían el lugar a las mujeres, se cuidaban los modales. Pero las cosas cambiaron imperceptiblemente. Un día alguien exigió que hiciéramos fila. Luego, otro se lanzó, al oír el tintineo del candado, para servirse de primero. Cuando uno de los hombres más fornidos del grupo insultó a Gloria, acusándola injustamente de abrirse paso a codazos para servirse, las relaciones entre todos ya estaban bastante deterioradas. Lo que debía ser un momento de tranquilidad se convirtió en la hora de los empujones, en que los unos acusaban a los otros de quedarse con lo mejor de una ración asquerosa.

La guerrilla tenía docenas de marranos. Muchas veces, el olor a cerdo asado nos llegaba hasta las barracas, pero jamás había carne para nosotros. Cuando se lo mencionamos a Rogelio, volvió contento, columpiando la olla con el brazo. Adentro había una cabeza de marrano puesta en una cama de arroz. Tenía tantos dientes que parecía estar sonriendo. «Un marrano que ríe», pensé. Un enjambre de moscas verdes atraídas por la olla lo seguía como si fueran su escolta personal. Era francamente repugnante, y por eso nos peleábamos.

Teníamos hambre, sufríamos y comenzábamos a comportarnos como si fuéramos menos que nada.

Yo no quería participar en eso. Me resultaba muy doloroso ser empujada por los unos y vigilada por los otros, ¡como si estuvieran dispuestos a mordernos cada vez que alguien se acercaba a la olla! Veía las reacciones, las miradas de reojo. Lucho concluyó que lo más prudente sería que no me volviera a acercar a la olla.

Me quedaba en la barraca y Lucho traía el arroz con fríjoles. Yo miraba desde la distancia nuestras acciones y me preguntaba por qué nos portábamos así. Nuestras relaciones ya no se regían por las reglas de la cortesía. Habíamos establecido otro orden, que, bajo la apariencia de un tratamiento meticulosamente igualitario, les permitía a los temperamentos más belicosos y a las constituciones más fuertes imponerse pasando por encima de los demás. Las mujeres éramos un blanco fácil. Nuestras protestas, expresadas desde la irritación y el dolor, eran fácilmente ridiculizadas. Si por descuido se nos salían las lágrimas, la reacción era inmediata: «¡Quiere manipularnos!».

Nunca antes había sido víctima de la guerra de sexos. Yo había llegado a la arena política en un buen momento: era mal visto discriminar a las mujeres y nuestra participación era percibida como un aporte renovador en un mundo podrido por la corrupción. Esta agresividad contra las mujeres no me era familiar.

Ese miedo irracional hacia el sexo opuesto, me decía a mí misma, era una de las razones por las que la Inquisición había quemado a tantas mujeres en la hoguera.

Una mañana, de un amanecer aún morado, cuando nadie se había levantado todavía, el recepcionista se paró frente a la ventana lateral, acompañado de otro guerrillero que se había ubicado detrás, como para secundarlo en una misión que parecía delicada, a juzgar por su rigidez.

Rogelio tronó con una voz que hizo estremecer el alojamiento: «¡Los prisioneros, se numeran rápido!».

No entendí. ¿Numerarse? ¿Qué era exactamente lo que quería? Me agaché para hablar con Gloria, que dormía en el camarote de abajo. Esperaba que ella me diera alguna explicación, pues había pasado más tiempo que nosotros con el grupo de Sombra. Me imaginaba que sabía en qué consistía la orden de Rogelio. «Es para contarnos. Jorge, que está contra la malla, comienza diciendo "uno"; luego me toca a mí el turno y digo "dos"; Lucho va de tercero y dice "tres", y así sucesivamente», me explicó Gloria susurrando rápidamente, temiendo que los guardias la llamaran al orden.

¡Teníamos que numerarnos! Eso me parecía monstruoso. Estábamos perdiendo nuestra identidad; los guerrilleros se negaban a llamarnos por nuestros nombres. No éramos más que una carga, nos trataban como si fuéramos ganado. El recepcionista y su acólito se impacientaron con nuestra confusión. Nadie quería comenzar. En el fondo de la barraca, alguien gritó:

—¡A ver, empiecen! ¿Quieren que nos tengan todo el día en esta mierda o qué?

Hubo un silencio. Luego, con voz fuerte, como si estuviera en un cuartel en posición de firmes, alguien gritó: «Uno». La persona de al lado gritó: «Dos». Los demás siguieron: «Tres», «Cuatro». Cuando finalmente me tocó el turno, con el corazón acelerado y la boca seca, logré decir con una voz no tan fuerte como hubiera querido: «Ingrid Betancourt».

Ante el silencio de pánico que se produjo enseguida, añadí:

—Cuando quieran saber si todavía estoy aquí, pueden llamarme por el nombre, que yo respondo.

—¡A ver, sigan, que no tengo tiempo que perder! —chilló el recepcionista, para intimidar a los demás.

Oí que algunos murmuraban en el fondo, furiosos conmigo. Mi actitud los había molestado, pues entendían que era una muestra de arrogancia.

Nada más equivocado. Yo no podía aceptar que me trataran como una cosa, que me denigraran, no solamente ante los ojos de los demás sino, sobre todo, ante mí misma. Para mí, las palabras tenían un poder mágico, sobrenatural, y temía por nuestra salud mental, por nuestro equilibrio, por nuestro espíritu. Ya había oído a los guerrilleros referirse a nosotros como «la carga», «los paquetes», y eso me había aterrado. No era una expresión anodina. Por el contrario. Buscaba deshumanizarnos. Es más fácil dispararle a un paquete que a un ser humano. Eso les permitía vivir sin culpabilidad el horror que nos hacían padecer. Ya era bastante difícil ver que la guerrilla empleara esos términos para referirse a nosotros. Pero que cayéramos en la trampa de utilizarlos nosotros mismos me parecía espantoso. Yo veía en eso el comienzo de un proceso de degradación que a ellos les convenía, y al que yo quería oponerme. Si la palabra dignidad tenía algún sentido, era imposible que aceptáramos numerarnos.

Sombra vino a verme en el transcurso de la mañana. Le habían informado del incidente.

Me explicó que la numeración era «un procedimiento de rutina», para verificar que nadie se hubiera escapado en la noche. Sin embargo, dijo que entendía mi reacción y dio instrucciones para que nos llamaran por el nombre.

Me sentí aliviada. La idea de dar la misma pelea todas las mañanas no me gustaba para nada. No obstante, algunos compañeros
lo tomaron a mal. No querían reconocer que había cierto valor en
no querer someterse.

33

LA MISERIA HUMANA

Empecé a sentir la necesidad de aislamiento, que me llevaba a enclaustrarme en un mutismo casi absoluto. Comprendía que mi silencio pudiera exasperar a mis compañeros, pero también había observado que en nuestras conversaciones a veces no había espacio para lo racional. Cualquier palabra podía ser malinterpretada.

Al comienzo de mi cautiverio fui bastante locuaz. Sin embargo, padecí tantos desaires como los hice padecer a los demás, y eso me había dejado mortificada. Uno en particular de mis compañeros me abordaba constantemente, y tenía la maña de imponerme su presencia en los momentos más inoportunos, cuando más necesitaba silencio para encontrar paz interior.

Keith relataba en voz fuerte, para que los demás oyeran, que tenía amigos muy ricos y que pasaba sus vacaciones cazando con ellos, en lugares adonde el resto de los mortales, no podíamos llegar. No lograba evitar hablar de la riqueza de los otros. Era una especie de obsesión. Sus sentimientos estaban graduados según una escala muy particular. Había pedido la mano de su novia, daba a entender, porque tenía buenos contactos. Su tema favorito de conversación era su salario.

Me daba pena. Por lo general, yo me retiraba en la mitad de su discurso y me refugiaba en la mesa de trabajo. No podía entender cómo, en medio del drama que padecíamos, alguien pudiera seguir viviendo en su burbuja, convencido de que las personas tenían importancia en función de sus posesiones. ¿Acaso el destino que compartíamos no era la mejor ocasión para demostrar lo contrario? Ya no teníamos nada.

Con todo, a veces yo también perdía el sentido de la perspectiva. Un día, los guardias pusieron un altavoz en el cual se oía a todo volumen una voz nasal que cantaba estribillos revolucionarios al compás de una música disonante, y yo me quejé. Las FARC buscaban desarrollar una cultura musical que acompañara su revolución, tal como habían hecho mucho antes los cubanos, con gran éxito. Desafortunadamente, ante el fracaso para atraer verdadero talento en sus filas, las canciones eran sosas y carentes de musicalidad.

Para mi gran sorpresa, mis compañeros rezongaron exasperados diciendo que no tenían por qué oír mis quejas. Eso me molestó. Yo tenía que aguantar sus monólogos pero me prohibían expresar mis protestas.

En condiciones normales, este tipo de reacción me habría dado risa, pero en la selva la menor contrariedad me producía dolores inefables. Estas decepciones que se habían acumulado capa por capa, día por día, mes tras mes, me tenían muy agotada.

Lucho me comprendía. Sabía que yo era el blanco de todo tipo de críticas. Mi nombre se escuchaba con frecuencia por la radio y eso no hacía más que empeorar la animadversión de algunos de mis compañeros. Si me mantenía apartada, era porque los despreciaba; si participaba, era porque quería mandar. La ojeriza que me tenían los llevaba hasta a bajarle el volumen al radio cuando pronunciaban mi nombre.

Una tarde, estaban pasando una noticia sobre las gestiones que adelantaba el gobierno de Francia para obtener nuestra liberación. Alguien gruñó: «¡Estoy harto de Francia!». Y apagó con brusquedad la «panela» que nos servía de radio comunal, colgado de una puntilla en el centro de la barraca. Todo el mundo se rio menos yo.

Gloria se me acercó, me abrazó y me dijo: «Eso es pura envidia. Hay que reírse». A mí no me parecía gracioso en absoluto. Me sentía demasiado mortificada para darme cuenta de que todos pasábamos por una seria crisis de identidad. Habíamos perdido nuestros puntos de referencia y ya no sabíamos quiénes éramos ni cuál era nuestro lugar en el mundo. Tendría que haberme dado cuenta de lo devastador que era para los demás no ser mencionados en la radio, pues lo vivían como una negación pura y simple de su existencia.

Siempre había luchado contra la estrategia de las FARC de crear divisiones entre nosotros. Con Sombra, mis reflejos eran iguales. Una mañana, cuando ya estaba completo el grupo, llegó un cargamento de colchonetas de espuma: ¡era un lujo increíble! Había de todos los colores, con toda clase de motivos. Cada cual pudo escoger la suya. Salvo Clara. El guerrillero que las trajo le asignó a Clara una colchoneta gris y sucia que metió a la fuerza por la puerta metálica entreabierta. Lucho y yo mirábamos la escena a cierta distancia.

Traté de interceder a favor de mi compañera. El guerrillero estaba a punto de cambiar su decisión cuando llegó Rogelio. Creyendo que yo quería hacer una exigencia personal, sacó a relucir su discurso favorito contra mí: «Usted aquí no es la reina y hace lo que se le ordena». El asunto quedó de ese tamaño.

Clara recogió su colchoneta gris y giró sobre sus talones sin mirarme siquiera. Se fue de inmediato al alojamiento para intercambiar la colchoneta con alguno de nuestros compañeros. Lucho me agarró del brazo para decirme: «No has debido intervenir. Ya tienes suficientes problemas con la guerrilla. ¡Y nadie te lo va a agradecer!».

De hecho, Orlando, que terminó aceptando de mala gana el trueque con Clara, se dirigió a mí: «Si tenía ganas de ayudar, ha debido darle su colchoneta».

Lucho me sonrió con cara de conocedor:

—¿Ves? Te lo dije.

Me tomó tiempo aprender a quedarme callada y tuve que pagarlo caro. Me resultaba doloroso resignarme ante la injusticia. Sin embargo, una mañana comprendí que era sabio no tratar de resolver los problemas de los demás.

Sombra llegó histérico. Algunos militares de la barraca adosada a la nuestra le mandaban mensajes a una de nuestras compañeras, incumpliendo las reglas establecidas. En efecto, Consuelo recibía unas bolas de papel de los vecinos. Nosotros participábamos en la recepción de las misivas, pues caían en cualquier parte y, sobre todo, nos caían en la cabeza cuando estábamos afuera en las hamacas. Todos éramos cómplices y tomábamos la precaución de recoger las bolas sin que se dieran cuenta los guerrilleros que hacían guardia en las garitas.

Sombra le llamó la atención a Consuelo.

Al verla en dificultades, pedí a Sombra que suavizara las reglas que había instaurado, pues todos queríamos hablar con nuestros compañeros de la barraca contigua.

Sombra replicó con una violencia que me desarmó: «¡A mí sí me habían dicho que usted es la que arma el mierdero aquí!». Me advirtió que si me volvía a agarrar intercambiando mensajes con los compañeros de al lado, me metería en un hueco para quitarme las ganas de pasarme de viva.

Nadie intercedió por mí. Este episodio dio pie para un debate apasionado durante las clases de francés:

—¡No sigas insistiendo! Lo único que vas a hacer es empeorar la situación —afirmó Jorge, que compartía la opinión de Lucho.

—Aquí cada cual debe defenderse por sí solo —añadió Gloria—. Cada vez que tú te metes, te ganas nuevos enemigos.

Tenían razón, pero me parecía detestable que nos obligaran a volvernos así. Sentía que corríamos el riesgo de perder lo mejor de nosotros mismos, de perdernos en la mezquindad y la bajeza. Todo

eso hacía aumentar mi necesidad de silencio. Bajo el cielo gris de
nuestra cotidianidad, la guerrilla había sembrado la semilla de una
cizaña profunda. Los guardias echaron a rodar el rumor de que los
tres rehenes recién llegados estaban contagiados de enfermedades
venéreas. Mientras nosotros comentábamos esta información, la
guerrilla se llevaba aparte a los tres nuevos compañeros para preve-
nirlos respecto a las cosas que supuestamente nosotros estaríamos
diciendo, que no eran otras que las que los propios guerrilleros
habían inventado y puesto a circular. Los guerrilleros los acusaban
de ser mercenarios y agentes secretos de la CIA, y afirmaban que
habían encontrado transmisores microscópicos en las suelas de sus
zapatos y microchips de localización camuflados entre los dientes.
También pusieron a rodar el rumor de que nuestros compañeros
querían negociar su liberación con Sombra a cambio de un envío
de cargamento de cocaína hacia Estados Unidos, utilizando los
aviones del gobierno estadounidense. No se necesitaba más para
generar una desconfianza generalizada.

La crisis estalló una tarde. Tras una palabra hostil empezaron
a volar acusaciones por todas partes: a unos los acusaban de espio-
naje, a otros, de traición. Lucho pidió respeto para las mujeres del
campamento. En respuesta, Keith lo acusó de querer matarlo con
los cuchillos que nos había mandado el Mono Jojoy. Hubo conciliábulos en la noche a través de las rejas con el recepcionista.

Al día siguiente, vinieron a requisarnos. Los que dieron pie a
esta inspección parecían satisfechos. Los cuchillos no me preocupaban. Esos los habíamos obtenido «legalmente». El problema era
el machete, que habíamos escondido en el barro, debajo del piso
de la barraca.

—Tenemos que cambiarlo de lugar hoy mismo —me dijo Lucho cuando terminaron la requisa—. Si los compañeros se ente-
ran, nos denuncian inmediatamente.

34

LA ENFERMEDAD DE LUCHO

Principios de diciembre de 2003. Mi segunda Navidad en cautiverio estaba cerca. Yo no había perdido la esperanza de que ocurriera un milagro. El patio de nuestra cárcel, que al comienzo era un barrizal, comenzaba a secarse. Diciembre traía, con la tristeza y la frustración de estar lejos de la casa, un cielo azul inmaculado y una brisa tibia de vacaciones que amplificaba nuestra melancolía. Era la época de los pesares.

Gloria había logrado conseguir unos naipes y habíamos adoptado la costumbre de acomodarnos en un rincón del cambuche para jugar. Todos comprendimos desde las primeras partidas que era imperativo dejarnos ganar a Gloria y a mí si queríamos garantizar el buen humor del grupo. Se instauró una regla tácita, que consistía en que Jorge y Lucho jugaran a nuestro favor sin que nosotras nos diéramos cuenta. Nos habíamos dividido en dos equipos: el de las mujeres y el de los hombres. Gloria y yo hacíamos lo posible para ganar la mano, y Lucho y Jorge todo para perderla. Esta situación incongruente sacaba a relucir lo mejor del temperamento de cada uno. En repetidas ocasiones creí morirme de la risa, viendo a nuestros adversarios inventarse jugadas geniales para dejarnos ganar. Lucho se convertía en un verdadero artista de la risa y el humor, y llegaba incluso hasta el punto de hacerse el desmayado encima de las cartas para poder pedir una nueva mano que nos resultara más favorable. En la lógica de que gana quien

pierde, lográbamos reírnos de nuestros egos lastimados, deshacernos de nuestro reflejo de acaparar y, en resumidas cuentas, aceptar
nuestro destino con más tolerancia. Jorge gozaba acumulando pequeños errores sutiles, cuyo efecto solo notábamos una o dos jugadas más tarde, y que a Gloria y a mí, al darnos cuenta, nos hacía
celebrar con danzas y gritos de guerrero sioux.

Después de ser secuestrada, la risa había desaparecido de mi
vida. ¡Cuánta falta me había hecho! Al terminar nuestras partidas,
me quedaban doliendo las mandíbulas a causa de la tensión de los
músculos de la cara al reírme. Este era el tratamiento más eficaz
contra la depresión.

Muchas veces me miré en el espejo de una polvera que había
sobrevivido a todas las requisas. En el reflejo redondo, donde solo
alcanzaba a observar un pedazo de mí misma, descubrí una primera arruga de amargura en la comisura de los labios. Su aparición
me aterró, lo mismo que haber visto un matiz más amarillo en
mis dientes, aunque de eso no estaba totalmente segura, pues el
recuerdo del color original había desaparecido de mi memoria. La
metamorfosis que se obraba subrepticiamente en mí no me gustaba en absoluto. No quería salir de la selva como una vieja mustia,
carcomida por la amargura y el odio. Debía cambiar, no para adaptarme, pues eso me habría parecido una traición, sino para ponerme por encima de este lodo espeso de mezquindades y bajezas en
el que terminamos chapoteando. No sabía cómo lograrlo. No tenía
ningún manual que me enseñara a alcanzar un nivel superior de
humanidad y una mayor sabiduría. No obstante, sentía intuitivamente que la risa era el *comienzo*; sentía que me era indispensable
para sobrevivir.

Nos acomodábamos en nuestras hamacas, en los lugares que
ya no eran objeto de disputa, y nos escuchábamos con indulgencia,
pacientes cuando algún compañero contaba la misma historia por
enésima vez. Contarles a los demás un pedazo de nuestra vida nos

ponía en contacto con nuestros recuerdos, como quien se pone frente a una pantalla de cine.

Las canciones de Navidad que pasaban por la radio se mezclaban con la música tropical característica de la época decembrina. Esas canciones que oíamos invariablemente todos los años por la misma época evocaban en cada uno de nosotros recuerdos precisos.

Yo estaba en Cartagena y tenía quince años. El reflejo de la luna temblaba perezosamente en el agua de la bahía y hacía brillar la cresta de las olas que rompían en la orilla. Estaba con mi hermana y nos habían invitado a una fiesta de fin de año. Nos escapamos cuando un Adonis bronceado de ojos verdes, como de gato, nos hizo propuestas indecentes. Salimos corriendo y cruzamos la ciudad festiva como alma que lleva el diablo. Nos lanzamos en brazos de Papá a esperar la medianoche, riéndonos, todavía sin aliento, después de haber dejado plantado a nuestro encantador y atrevido caballero.

—¿Por qué se fueron? —dijo Lucho—. Tan bobas. Nadie le quita a uno ni lo comido ni lo bailado.

Al decirlo, se puso a bailar y nosotros lo imitamos, pues no teníamos la menor intención de dejarlo divertirse solo.

Pasamos el resto de la tarde como los días anteriores, en nuestras hamacas. Lucho se levantó para ir a las letrinas y volvió bañado en sudor. Estaba cansado y quería entrar al alojamiento a acostarse. No le vi la cara, pues ya estaba oscuro, pero algo en su voz me puso en alerta:

—¿Te sientes bien, Lucho?

—Sí, estoy bien —gruñó.

Luego, cambiando de idea, añadió:

—Ponte delante de mí. Voy a apoyarme en tu hombro para que me guíes hasta mi catre. Me cuesta trabajo caminar.

No alcanzamos a cruzar el umbral de la puerta, cuando Lucho se desplomó en una silla *Rimax*. Estaba verde, con la cara demacrada, lavada en sudor, y la mirada vidriosa. Ya no podía articular las palabras y le costaba sostener la cabeza erguida. Tal como me había advertido, le estaba dando un coma diabético.

Lucho había guardado una reserva de dulces y me fui a buscarla rápidamente entre las cosas de su equipo. Durante ese lapso, Lucho empezó a escurrirse en la silla y corría el riesgo de caerse de cabeza.

—¡Ayúdenme! —grité, sin saber si era mejor sostenerlo, acostarlo en el suelo o darle primero los dulces que acababa de encontrar.

Orlando llegó en un segundo. Era grande y musculoso. Agarró a Lucho y lo sentó en el suelo, mientras yo trataba de hacerle chupar uno de los dulces que tenía en la mano. Pero Lucho ya no respondía. Se había desmayado y tenía los ojos en blanco. Mastiqué los dulces para metérselos triturados en la boca.

—Lucho, Lucho, ¿me oyes?

La cabeza le giraba en todas las direcciones, pero gruñía sonidos que me indicaban que mi voz todavía le llegaba.

Gloria y Jorge pusieron una colchoneta en el suelo para acostarlo. Tom también llegó, y con un pedazo de cartón, que sacó sabrá el cielo de dónde, empezó a ventilar con fuerza la cara de Lucho.

—Necesito azúcar, rápido. Los dulces no están haciendo efecto —decía yo en voz muy alta, tomándole el pulso a Lucho. Lo tenía muy débil.

—Hay que llamar al enfermero. ¡Se nos está muriendo! —gritó Orlando, que también le había revisado los latidos del corazón.

Alguien sacó una bolsita de plástico con unos diez gramos de azúcar. Era un tesoro. ¡Eso podría salvarle la vida! Le puse un poco de azúcar en la lengua y mezclé el resto con agua, que le hicimos tomar poco a poco. La mitad se le escurría por los labios. Pero Lucho seguía sin reaccionar.

El enfermero, Guillermo, nos gritó al otro lado de la reja:

—¿Qué pasa aquí? ¿Qué es esta guachafita?

—Lucho está en coma diabético. ¡Tiene que venir a ayudarnos!

—¡No puedo entrar!

—¿Cómo que no puede entrar?

—Necesito una autorización.

—¡Pues vaya a pedirla, carajo! ¿No ve que se está muriendo? Orlando había prácticamente aullado.

El tipo se fue sin ninguna prisa y nos dijo con indiferencia:

—¡Dejen de hacer ruido que van a atraer a los chulos!

Sosteniendo la cabeza de Lucho en mis rodillas, sentía miedo pero, al tiempo, estaba muerta de la rabia. ¿Cómo era posible que este «enfermero» se fuera sin ayudarnos? Iban a dejar morir a Lucho sin mover siquiera un dedo.

Mis compañeros se habían reunido alrededor de Lucho, para ayudar de alguna forma. Algunos le quitaron las botas, los otros le masajearon enérgicamente las plantas de los pies y otros se turnaban para mantener el ritmo de la ventilación.

De los veinte dulces que Lucho tenía en su reserva, ya no quedaba sino uno. Yo le había hecho comer los demás. Sin embargo, él me había dicho que dos o tres serían más que suficientes para hacerlo volver en sí.

Lo sacudí con fuerza:

—Lucho, te lo suplico, ¡despiértate! ¡No te puedes ir, no puedes dejarme aquí, Lucho!

Hubo un silencio terrible entre nosotros. Lucho estaba desgonzado como un cadáver en mis brazos; mis compañeros dejaron de actuar con tanta rapidez y empezaron a mirarlo.

Orlando sacudió la cabeza, consternado:

—¡Son unos cerdos! No hicieron nada para salvarlo.

Jorge se acercó y puso la mano en el pecho de Lucho. Inclinó la cabeza y dijo:

—No se desanime, mi *madame* querida, que mientras lata el corazón todavía hay esperanza.

Miré el último dulce que nos quedaba. Nada que hacer. Era nuestra última esperanza. Se lo trituré lo mejor que pude y se lo puse en la boca.

Vi que Lucho deglutía.

—Lucho, Lucho, ¿me oyes? Si me oyes, mueve la mano, por favor.

Tenía los ojos cerrados, la boca entreabierta. Ya no sentía su respiración. Sin embargo, al cabo de unos segundos movió un dedo.

Gloria gritó:

—¡Te respondió! ¡Se movió! Lucho, Lucho, habla. ¡Dinos algo!

Lucho hizo un esfuerzo sobrehumano por reaccionar. Le di a beber un poco de agua azucarada. Él cerró la boca y se pasó el agua con dificultad.

—Lucho, ¿me oyes?

Con una voz ronca que arrastraba desde las orillas de la muerte, respondió:

—Sí, —iba a darle más agua, pero él me frenó con un movimiento de la mano—: Espera.

Cuando me preparó para la posibilidad de que se presentara un coma diabético, Lucho me había advertido que el mayor peligro era la lesión cerebral que podría venir después.

«No me dejes caer en coma, porque de eso no vuelvo. Si me desmayo, es importante que me despiertes y me mantengas despierto durante las doce horas siguientes. Esas son las horas más importantes de mi recuperación. Tienes que obligarme a hablar haciéndome toda clase de preguntas para que puedas verificar que no he perdido completamente la memoria».

Comencé inmediatamente, según las instrucciones que me había dado:

—¿Cómo te sientes? —movió la cabeza en señal afirmativa—. ¿Cómo te sientes? Respóndeme.

—Bien.

Le costaba trabajo responder.

—¿Cómo se llama tu hija?

—…

—¿Cuál es el nombre de tu hija?

—…

—¿Cómo se llama tu hija, Lucho? Haz un esfuerzo.

—… Carope.

—¿Dónde estamos? —Lucho no respondía—. ¿Dónde estamos?

—… En la casa.

—¿Sabes quién soy?

—Sí.

—¿Cómo me llamo?

—…

—¿Tienes hambre?

—No.

—Abre los ojos, Lucho. ¿Nos ves?

Abrió los ojos y sonrió. Nuestros compañeros se inclinaron para darle la mano, la bienvenida, preguntarle cómo se sentía. Él respondía lentamente, pero su mirada todavía estaba vidriosa, como si no nos reconociera. Acababa de volver de otro mundo y parecía envejecido.

Mis compañeros se turnaron la noche entera para tener conversaciones artificiales que lo mantuvieran en un estado de conciencia activa. Orlando logró que Lucho le explicara todo lo que hacía falta saber sobre la exportación de camarones, hasta la medianoche.

Yo tomé el relevo después hasta el amanecer. Durante esas horas de charla, descubrí que Lucho había recuperado la memoria de los hechos relativamente recientes; sabía que estábamos secuestrados. Pero había perdido por completo el recuerdo de los aconte-

cimientos de su infancia y los del presente inmediato. El día anterior al coma se le había borrado por completo. En cuanto al tamal,
que su madre preparaba religiosamente en Navidad, ya no existía.
Cuando le hacía la pregunta, sintiendo que algo andaba mal, él me
miraba con ojos de niño asustado, con miedo de que lo regañen, y
se inventaba respuestas para darme gusto.

Yo sufría lo indecible, pues mi Lucho, el que había conocido,
el que me contaba historias para hacerme reír, mi amigo y mi con-
fidente, no estaba ahí y me hacía una falta horrible.

Durante meses, habíamos trabajado en un proyecto político
que nos hacía soñar y que pensábamos ejecutar después de ser liberados. Después de la crisis diabética, no tenía la menor idea de ese
tema. Lo más atroz era que Lucho olvidaba de inmediato lo que
uno acababa de decirle. Peor aún: ¡olvidaba lo que acababa de hacer!
Ya se había tomado su desayuno, pero se le olvidaba, se quejaba de
no haber comido nada en todo el día, y de repente se sentía desfallecer de hambre.

La Navidad estaba cerca. Todos estábamos a la espera de los
mensajes de nuestras familias, pues era la época en que más nos
atormentaba la separación. Sin embargo, Lucho seguía estando
ausente.

La única cosa que no olvidaba nunca era la existencia de sus
hijos. Curiosamente, mencionaba a tres, aunque yo solo conocía
de dos. Quería saber si habían venido a verlo. Yo le explicaba que
nadie podía venir a vernos, pero que sí podíamos recibir sus mensajes por radio. Se impacientaba por sintonizar el programa donde
podría oír los siguientes mensajes, pero se derrumbaba de sueño y
lo olvidaba todo a la mañana siguiente.

El programa más largo se transmitía los sábados a la medianoche. Yo tenía el corazón encogido: no habían pasado mensajes
para él. Incapaz de confesárselo, le mentí:

—¿Qué dijeron?

—Que te quieren y que piensan en ti.

—Bueno, pero dime de qué hablaron.

—Hablaron de ti, que les haces falta...

—Espera, pero, Sergio, ¿habló de sus estudios?

—Dijo que le había ido muy bien.

—Ah, eso está bien, muy bien. Y Carope, ¿dónde está?

—No dijo dónde estaba, pero dijo que sería la última Navidad sin ti, y ...

—¿Y qué? ¡Dime exactamente!

—Y que soñaba estar contigo para tu cumpleaños, y que ...

—¿Y que qué?

—Y que va a llamarte el día de tu cumpleaños.

¡Era tal la felicidad de Lucho que ni siquiera me dio vergüenza haberle mentido!

«De todas maneras», me decía a mí misma, para quitarme la culpa, «en dos segundos se le habrá olvidado lo que acabo de decirle».

Pero a Lucho no se le olvidó eso. Esa historia que acababa de inventarle lo hizo aferrarse al presente y, más aún, lo sacó de su laberinto. Lucho vivía esperando esa llamada. El día de su cumpleaños ya había vuelto a ser como antes, y nos deleitaba a todos con su buen humor. Keith, que había propiciado el asunto de los cuchillos, parecía buscar excusarse: se acercó a abrazar a Lucho y le explicó en detalle lo que había hecho para sacarlo del coma. Lucho lo miró y le sonrió. Había perdido mucho peso, parecía frágil, pero no había perdido su sentido del humor.

—¡Sí, ahora me acuerdo de haberte visto! ¡Por eso tenía tanto miedo de volver!

Uno de los efectos de estar en esa prisión había sido hacernos perder la dimensión de las cosas. Las peleas entre unos y otros eran válvulas de escape para aliviar tensiones demasiado fuertes.

Al cabo de más de un mes de vivir hacinados en la cárcel de Som bra, el hecho de reunirse para conversar, como lo hacían Keith y Lucho parecía de cierta forma como una reunión de familia.

A veces pensaba en Clara en estos términos: «Somos como dos hermanas, porque pase lo que pase estamos obligadas a hacer juntas este trayecto de la vida». No nos habíamos escogido la una a la otra; era una fatalidad, y debíamos aprender a soportarnos. Esta realidad era difícil de aceptar. Al principio, me había parecido que la necesitaba. Pero el efecto del cautiverio había debilitado ese sentimiento de apego. Había buscado su apoyo; después sentí que su presencia me agobiaba. Paradójicamente, ahora me resultaba más fácil tender puentes, pues ya no esperaba nada.

Eso era lo mismo que observaba en el caso de Lucho y Keith y, de manera general, entre todos nosotros. La aceptación del otro nos daba la sensación de ser menos vulnerables y, por lo tanto, de estar menos a la defensiva. Habíamos aprendido a ser menos exigentes.

Fui a buscar los regalos que le tenía guardados a Lucho. Gloria y Jorge hicieron lo mismo: una cajetilla de cigarrillos (gran sacrificio para Gloria, que se había vuelto una fumadora empedernida) y un par de medias «casi nuevas» de las cuales se separaba Jorge. Los tres empezamos a cantar alrededor de Lucho con nuestros regalos bajo el brazo. Uno a uno, los demás fueron llegando, cada uno con algún detalle.

El hecho de ver que los otros se interesaban por él, la sensación de ser importante para el resto del grupo, alimentó las ganas de vivir de Lucho. Recuperó completamente su memoria y, con ella, la impaciencia creciente por oír los mensajes que su familia le había prometido. Ya era incapaz de confesarle mi mentira.

El sábado siguiente se quedó despierto toda la noche, con la oreja pegada al radio. No obstante, una vez más, como el sábado anterior, no hubo mensajes para él. A la madrugada se fue a buscar su taza de café negro y volvió cabizbajo. Se sentó junto a mí y me miró largo rato:

—Yo lo sabía —me dijo.

—¿Qué sabías, Lucho?

—Sabía que no iban a llamar.

—¿Por qué dices eso?

—Porque en general pasa así.

—No entiendo.

—Sí, mira. Cuando deseas algo con mucha intensidad, no pasa. Cuando dejas de pensar en eso, ¡pum! Te llega.

—Ajá.

—Sí, y de todas maneras ellos me habían advertido que iban a viajar en esta época. No llamaron, ¿cierto? —no sabía qué responderle. Lucho me sonrió con afecto y terminó—: Tranquila, no estoy bravo. Estuve con ellos en mi corazón, como si fuera un sueño. ¡Fue mi mejor regalo de cumpleaños!

35

UNA NAVIDAD TRISTE

Diciembre de 2003. Algunos meses antes de mi secuestro había visitado la cárcel de mujeres del Buen Pastor, en Bogotá. Quedé sorprendida por estas mujeres que se maquillaban y querían vivir normalmente en su mundo cerrado. Era un microcosmos, un planeta en miniatura. Vi ropa colgada tras los barrotes y prendas secándose en todos los pisos del edificio. Sentí pesar, conmovida por la angustia con que me pedían pequeñas cosas, como si me estuvieran pidiendo la luna: un pintalabios, un bolígrafo, un libro. Tal vez había prometido y con seguridad lo había olvidado. Yo vivía en otro mundo: pensaba que podía ayudarlas más acelerando las diligencias judiciales. Estaba equivocada por completo. Lo que habría podido realmente cambiarles la vida era el pintalabios, el bolígrafo.

Después del cumpleaños de Lucho, me prometí estar pendiente del de los otros. Me estrellé contra un muro de indiferencia. En el mes de diciembre, otras personas del grupo estábamos en la lista de espera. Cuando sugerí que celebráramos los próximos cumpleaños, mis compañeros se negaron. Algunos porque no les gustaba la persona, otros porque «no se les daba la gana» y los otros levantaban la ceja con desconfianza, pensando: «¿Será que esta quiere mangonearnos?». Lucho se reía de mi revés:

—¡Te lo dije! —entonces decidí actuar por mi propia cuenta.

Una semana después del cumpleaños de Lucho, oí al despertarme las voces de los radios que se prendían al mismo tiempo para
sintonizar el mismo programa. Era la esposa de Orlando, felicitán-
dolo por su cumpleaños. Imposible fingir no haberla oído. Me dio
pesar ver a Orlando hacer la fila para su café mientras los demás
ignoraban ese acontecimiento que hubiera podido, por sí solo, cambiar nuestra rutina. Lo tenía escrito, como un letrero luminoso en
la frente, y esperaba que alguien lo felicitara. La verdad es que yo lo
dudé. No era muy cercana a Orlando.

—Orlando, quiero desearte un feliz cumpleaños.

Una luz brilló en sus ojos. Era un hombre fornido. Me abrazó
como un oso y por primera vez me miró de manera diferente. Los
demás lo felicitaron también.

Los días previos a la Navidad eran diferentes. La «panela»
duraba prendida todo el día para permitirnos oír nuestra música tradicional, los clásicos de la temporada. Esas festividades eran
para nosotros una verdadera sesión de masoquismo.

Todos nos sabíamos la letra de memoria. Vi cómo Consuelo,
que estaba en la mesa jugando cartas con Marc, uno de los tres que
llegaron de últimos, se secaba lágrimas furtivas con el borde de la
camiseta. En la radio se oían las notas de «La piragua». Luego fue
mi turno de ponerme sentimental. Volvía a ver a mis padres bailando junto al gran árbol de Navidad, en casa de mi tía Nancy. Sus
pies se deslizaban sobre el piso en una sincronización perfecta. Yo
tenía once años y quería hacer lo mismo. Era imposible sustraerse
a los recuerdos que nos asaltaban. Además, nadie quería privarse
de ellos. Esta tristeza era nuestra única salvación. Nos recordaba
que en el pasado habíamos tenido derecho a la felicidad.

Gloria y Jorge habían instalado sus hamacas en un rincón que
nadie les disputó jamás, entre dos arbustos sin sombra. Lucho y yo
buscamos acercarnos a ellos y colgamos una hamaca para dos en la

esquina de las rejas. No era muy cómodo, pero pudimos conversar durante horas.

De pronto se produjo un ruido seco. Gloria y Jorge se habían caído de la hamaca y estaban sentados en el suelo, tal como habían aterrizado, tiesos y adoloridos, con toda la dignidad necesaria, para atenuar el ridículo. Todo el mundo se reía. Finalmente, recogimos las hamacas, para abrir un espacio y bailar un poco, al son de esta música que nos llamaba irresistiblemente a la fiesta. ¿Era la brisa tibia que soplaba, la luna magnífica que brillaba en el cielo, la música tropical? Ya no veía ni los alambres de púas, ni los guerrilleros, solamente a mis amigos, nuestra alegría, nuestras risas. Estaba feliz.

Hubo un ruido de botas, alguien que se acercaba corriendo, un berrido, amenazas, luces de linternas sobre nosotros.

—¿Dónde se creen que están? Apaguen ese hijueputa radio. Todo el mundo a las barracas. Nada de ruido. Nada de luz. ¿Entendieron?

Al día siguiente, al amanecer, el recepcionista vino a advertirnos que Sombra quería hablar por separado con cada uno de nosotros.

Orlando se me acercó:

—Ten cuidado. ¡Hay un complot contra ti!

—¿Ah, sí?

—Sí. Van a decir que tú acaparas el radio y que no dejas dormir.

—Eso no es verdad. Pueden inventar lo que quieran. No me importa.

Le hablé de eso a Lucho y decidimos advertirles a Gloria y a Jorge:

—Déjalos que digan lo que quieran, y concéntrate en pedir lo que necesites. ¡No es todos los días que el viejo Sombra viene a vernos! —dijo Jorge, con una voz siempre llena de sentido común.

El primero en ser llamado fue Tom. Volvió con una gran sonrisa; afirmó que Sombra había sido muy amable y que le había regalado un cuaderno. Los demás fueron pasando uno a uno. Todos volvían muy contentos de su conversación con Sombra.

Lo encontré sentado en una especie de mecedora, en una esquina de lo que él llamaba su oficina. Sobre una tabla que hacía las veces de mesa había un computador y una impresora que debió de ser blanca pero que estaba gris de mugre. Me senté frente a él, en el sitio que señaló con el dedo. Sacó una cajetilla de cigarrillos y me ofreció uno. Yo iba a rechazarlo, pues no fumaba, pero cambié de parecer. Podía guardarlo para mis compañeros. Lo cogí y me lo guardé en el bolsillo de la chaqueta.

—Gracias, después me lo fumo.

Sombra soltó la carcajada y sacó de debajo de la mesa un paquete nuevo de cigarrillos, para regalármelo.

—Tome esto. ¡No sabía que había empezado a fumar!

No le respondí. La Boyaca estaba junto a él, observándome en silencio. Yo tenía la impresión de que me leía la mente.

—Tráigale algo de tomar. ¿Qué quiere: una Coca-Cola?

—Sí, gracias. Una Coca-Cola.

Junto a su oficina, Sombra había mandado construir un cobertizo completamente enrejado y cerrado con un candado. Al parecer, ahí tenía bajo llave sus tesoros. Alcancé a ver alcohol, cigarrillos, golosinas, papel higiénico y jabón. En el suelo, a su lado, había un gran canasto con unos treinta huevos. Retiré la mirada de ellos. La Boyaca llegó con la gaseosa, me la puso al frente y se volvió a ir.

—Ella quería saludarla —dijo Sombra, viéndola alejarse—. Usted le cae bien.

—Gracias por decírmelo. Es muy amable.

—Son los otros los que no la quieren.

—¿Quiénes son «los otros»?

—¡Pues, sus compañeros de prisión!

—¿Y por qué no me quieren?

—Tal vez porque creían que iban a pasarlo bueno ...

Dijo esa frase con cara de picardía.

—No, mentiras. Yo creo que les da rabia que no hablen sino de usted por la radio.

Yo tenía muchas cosas guardadas en el corazón. Su comentario desató en mí una franqueza que no había previsto:

—No sé, yo creo que hay muchas explicaciones, pero sobre todo yo pienso que Rogelio los tiene envenenados.

—¿Y qué tiene que ver el pobre Rogelio con todo eso?

—Rogelio fue muy grosero. Entró en la cárcel y me insultó.

—¿Por qué?

—Por defender a Lucho.

—Yo pensé que era Lucho el que la defendía a usted.

—Sí, también. Lucho me defiende todo el tiempo. Y estoy muy preocupada por él. Cuando le dio ese coma diabético, ustedes se portaron como unos monstruos.

—¡Y qué quiere que haga! ¡Estamos en la selva!

—Hay que darle insulina.

Sombra explicó que no había dónde refrigerarla.

—Entonces, denle comida diferente: pescado, atún en lata, salchichas, cebolla, cualquier verdura. ¡Huevos, por ejemplo!

—No puedo hacer preferencias entre los prisioneros.

—Pero las hacen todo el tiempo. Si se muere, los únicos responsables serán ustedes.

—Usted lo quiere, ¿cierto?

—Lo adoro, Sombra. La vida en esta cárcel es infame. Lo único amable del día es poder hablar con Lucho, estar en su compañía. Si le pasa cualquier cosa, nunca se lo voy a perdonar.

Sombra se quedó callado un largo rato. Luego, como quien acaba de tomar una decisión, agregó:

—Bueno, voy a ver qué puedo hacer.

Le sonreí y le tendí la mano.

—Gracias, Sombra…

Me levanté, dispuesta a irme, pero me detuvo un impulso repentino:

—Ahora que lo pienso, ¿por qué no me dio permiso de hacerle una torta a Lucho? Hace unos días cumplió años.

—Usted no me avisó.

—Sí, yo le mandé un mensaje con Rogelio.

Me miró sorprendido. Luego, con una repentina seguridad, dijo:

—Ah, sí. ¡Es que se me olvidó!

Imité su expresión, estirando los labios apretados y entrecerrando los ojos, y le solté mientras me alejaba:

—¡Claro, yo sé que a usted se le olvida todo!

Sombra soltó la carcajada y gritó:

—¡Rogelio, lleve a la doctora!

Rogelio salió de detrás del cambuche, me lanzó una mirada asesina y me ordenó apurarme.

Dos días antes de Navidad, Sombra le mandó a Lucho cinco latas de atún, cinco latas de salchichas y una bolsa de cebollas. No fue Rogelio quien las llevó. Lo había reemplazado Arnoldo, un joven sonriente que dejaba muy en claro que iba a mantener la distancia con todo el mundo.

Lucho recogió sus latas y llegó cargado al alojamiento. Puso todo encima de la mesa y fue a abrazarme, rojo de felicidad:

—¡No sé qué le dijiste, pero funcionó!

Yo estaba tan contenta como él. Me soltó el brazo como para mirarme mejor y agregó con picardía:

—De todas maneras, yo sé que tú lo hiciste más por ti que por mí, ¡porque ahora me toca compartir contigo!

Nos reímos y los ecos sonaron por toda la barraca. Me puse seria rápidamente, avergonzada de esta manifestación de felicidad delante de los otros.

Avergonzada sobre todo con Clara. Era su cumpleaños. Yo había oído los mensajes y no hubo nada para ella. Durante esos dos años, su familia no se había manifestado por la radio. Mamá la saludaba cuando me enviaba mensajes a mí, y a veces le contaba que había visto a su mamá o que había hablado con ella. Una vez le pregunté a Clara por qué no recibía llamadas de su madre, y me explicó que ella vivía en el campo y que no le era fácil.

Miré a Lucho:

—Hoy cumple Clara…

—Sí. ¿Crees que le gustaría que le regaláramos una lata de salchichas?

—Estoy segura.

—Dásela tú.

Lucho quería limitar al máximo el contacto con Clara. Algunas de sus actitudes le habían molestado y era inflexible en su decisión de no meterse con ella. Pero, ante todo, Lucho era generoso y tenía buen corazón. A Clara la conmovió el gesto.

El día de Navidad llegó por fin. Hacía mucho calor y el ambiente estaba seco. Nos la pasábamos haciendo siestas, que era una muy buena forma de matar el tiempo.. Los mensajes de Navidad nos habían llegado antes, pues el programa de radio era transmitido solo desde el sábado a medianoche hasta la madrugada del domingo. Ese veinticuatro caía entre semana. El programa era pregrabado y había sido decepcionante, pues el presidente Uribe había prometido enviar un saludo a los secuestrados y no lo había hecho. Por el contrario, los generales de la Policía y el Ejército se habían dirigido a sus oficiales y suboficiales, rehenes como nosotros en manos de las FARC, para pedirles que no desfallecieran. Nada más deprimente. En cuanto a nuestras familias, habían pasado muchas horas esperando su turno para poder pasar a los micrófonos, en una transmisión organizada por el periodista Herbin Hoyos, quien los había reunido en la Plaza de Bolívar. Era una noche glacial. No nos costaba trabajo imaginarla, pues alcanzábamos a oír el silbido del viento en los micrófonos y la voz distorsionada de quienes trataban de articular algunas palabras en el frío de Bogotá.

Llamaron los que nunca faltaban, en particular, la familia de Chikao Muramatsu, un industrial japonés secuestrado algunos años antes y que recibía religiosamente los mensajes de su mujer. Ella le hablaba en japonés, con música zen de fondo, lo que resaltaba el dolor de unas palabras que yo no podía entender obviamente, pero que captaba plenamente. Estaba también la madre de David Mejía Giraldo, el niño que fue secuestrado cuando tenía trece años y que ahora debía tener quince. Su madre, Beatriz, le pedía que rezara, que no creyera lo que la guerrilla le decía, que no se volviera como sus secuestradores. Poco tiempo antes, la familia de la pequeña Daniela Vargas se había unido a los de siempre. La madre lloraba, el padre lloraba, la hermana lloraba. Yo lloraba a la par. Los oí a todos, uno tras otro, toda la noche. Esperé la llamada de la novia de Ramiro Carranza. Ella tenía nombre de flor y todos sus mensajes eran poemas de amor. Jamás faltaba a una cita, y en aquella Navidad estaba con todos nosotros, como de costumbre. Los hijos de Gerardo y Carmenza Angulo también estaban presentes, negándose a concebir que esta pareja de personas mayores pudiera haber fallecido. Llamaban desde Cali, asimismo, las familias de los diputados del Valle del Cauca. Yo seguía con particular enternecimiento los mensajes de Erika Serna, la esposa de Carlos Barragán. Carlos había sido secuestrado el día de su cumpleaños; ese mismo día, por una curiosa coincidencia, también nació su hijo. El pequeño Andrés había crecido a través de la radio. Nosotros habíamos oído sus primeros balbuceos y sus primeras palabras. Erika estaba profundamente enamorada de su marido y le había transmitido ese

amor a su bebé, que había aprendido a hablarle a un padre desconocido, como si lo hubiera dejado de ver ayer. También estaba la
pequeña Daniela, la hija de Juan Carlos Narváez. Debía de tener
tres años cuando su padre desapareció de su vida. Sin embargo, se
aferraba a su recuerdo con una tenacidad desesperada. Me maravi-
llaba esta niña de cuatro años y medio que, en la radio, se relataba
a sí misma sus últimos diálogos con su papá, como si no existiera
nadie más que él al otro lado de la línea.

Luego oímos los mensajes para nosotros, los rehenes de Sombra. Ya me había ocurrido que me quedaba dormida durante las
horas interminables de este programa. ¿Me habría quedado dormida un minuto o una hora? No lo sabía. Pero cuando eso me ocurría sentía angustia y culpabilidad, de pensar que tal vez me había
perdido el mensaje de Mamá. Ella era la única que me llamaba sin
falta. Mis hijos me sorprendían a veces. Cuando los oía, me ponía
a temblar por el impacto de la emoción.

Años más tarde, la Navidad anterior a mi liberación, pasaron
los tres, Melanie, Lorenzo y Sébastien el día de mi cumpleaños,
que era también el día de Nochebuena. Me sentía muy afortunada
de seguir con vida, pues los secuestrados cuyos mensajes yo escuchaba antes, los rehenes del Valle del Cauca, el industrial japonés,
la pequeña Daniela Vargas, Ramiro Carranza, los Angulo, habían
muerto en cautiverio. Mis hijos estaban por entonces en Francia,
con su padre. Cantaron para mí y luego cada uno me dijo algunas
palabras: primero Mela, luego Sébastien y Lorenzo pasó de último. Ellos ya sabían que yo los estaba oyendo, pero esto sucedió
muchos años después.

Para esa Navidad de 2003, ellos no sabían que yo los oía. Recibí los mensajes de Mamá, esperando estoicamente su turno en
el frío sepulcral de la Plaza de Bolívar. Oí a mi hermana Astrid y
a sus hijos. Oí a mi mejor amiga, María del Rosario, que también
fue a la Plaza de Bolívar con su hijito, Marcos, valiente ante el frío

a pesar de su corta edad, y mi compañera fiel del Partido Oxígeno, Marelby. No recibí mensaje de mi marido. ¿Acaso me había dormido un instante sin darme cuenta? Verifiqué con Lucho, que estaba despierto. Los demás compañeros no me lo habrían dicho. Esta actitud no estaba dirigida exclusivamente contra mí. Veía que todos reaccionaban así, haciéndose los que no habían oído nada y negándose a repetirle el mensaje al interesado. La selva nos convertía en cucarachas, nos arrastrábamos bajo el peso de nuestras frustraciones. Había decidido contrarrestar esta reacción, grabándome en la cabeza los mensajes destinados a los demás para repetírselos a la mañana siguiente. Sin embargo, a veces veía que mi acción exasperaba al beneficiario, porque no quería quedar en deuda conmigo. A mí me daba lo mismo. Lo que quería era romper los círculos viciosos de nuestra estupidez.

Fue así como una mañana decidí abordar a Keith, tras oír un mensaje en español dirigido a él. Los estadounidenses recibían muy rara vez noticias de los suyos. Ellos oían, en onda corta, los programas provenientes de Estados Unidos, y en particular *The Voice of America*, que a veces pasaba grabaciones de mensajes de sus familias. Este mensaje era de naturaleza diferente. Yo me imaginaba que debía de ser muy importante. Una voz femenina anunciaba el nacimiento de dos niños gemelos, Nicolás y Keith, de quienes era el padre.

Él también había oído el mensaje pero no estaba seguro de haberlo entendido cabalmente. Su vocabulario en español todavía era reducido. Le repetí lo que recordaba. Parecía muy contento y muy preocupado a la vez. Finalmente, se sentó a caballo en una de las sillas de plástico y suspiró:

—¡Caí en una trampa!

Yo también me sentía enredada en mis obsesiones: mi marido, en efecto, no me había llamado, ni siquiera el día de mi cumpleaños. De hecho, ya no llamaba en absoluto.

Después de que el recepcionista salió con las ollas del desayuno, fui a refugiarme en mi catre: iba a festejar un año más en el vacío.

El día de Nochebuena, a la medianoche, me desperté sobresaltada. Me apuntaba el rayo de luz de una linterna. Quedé enceguecida y no veía nada. Oí risas. Alguien contó hasta tres y los vi a todos, frente a mi cama, de pie y alineados como en un coro. Empezaron a cantar. Era una de mis canciones preferidas, del trío Martino, «Noches de Bocagrande», con todos los efectos de voz, los silencios y los vibratos: «Noches de Bocagrande, bajo la luna plateada, el mar bordando luceros en el filo de la playa... Tu reclinada en mi pecho, al vaivén de nuestra hamaca».

¿Cómo no adorarlos a todos, en shorts y camiseta, despeinados, los ojos hinchados por el sueño, codeándose para llamar al orden al que desentonaba? Era tan ridículo que era absolutamente magnífico. Ellos eran mi nueva familia.

Alguien golpeó las tablas en el dormitorio de los militares:

—¡Cállense no joda! ¡Dejen dormir!

Un instante después, un guardia apareció por las rejas:

—¿Qué pasa aquí? ¿Están locos o qué?

No. Simplemente estábamos siendo nosotros mismos.

36
LAS DISCUSIONES

Clara había logrado que hubiese unanimidad en su contra. Su comportamiento crispaba más a mis compañeros de lo que me contrariaba a mí, quizá porque ellos hacían de filtro entre nosotras. Una mañana hubo un problema pues el baño había quedado en un estado innombrable. Orlando reunió a todo el mundo en junta, para tomar una decisión sobre el «curso a seguir».

Yo me encogí de hombros. No había ningún «curso a seguir» diferente de ir a limpiar. Yo ya había vivido lo suficiente con ella como para saber que tratar de hacerla entrar en razón tenía el mismo efecto que hablar con la pared. En efecto, cuando fueron a protestarle, Clara los ignoró olímpicamente.

Una noche, se adueñó del radio comunal que colgaba de una puntilla y se lo llevó para su rincón. A veces sucedía que alguno de nosotros, particularmente interesado en algún programa, se apropiara del radio un rato. Sin embargo, puso a crepitar la «panela», que no captaba más que chirridos. Al principio, todo el mundo se hizo el desentendido, pues el ruido se perdía en nuestras conversaciones. Cuando nos acostamos y quedó el silencio, la molestia del ruido se hizo insufrible. Hubo señales de incomodidad generalizada, luego síntomas de impaciencia. Una voz pidió que apagaran el radio. Minutos después una nueva petición más apremiante también se quedó sin respuesta. Luego oímos un estruendo y la voz ruda de Keith que gritaba:

—Y la próxima vez que la agarre jugando a eso, le parto el radio en la cabeza.

Colgó nuevamente el radio apagado de la puntilla y empezamos a oír el ruido de los grillos.

El incidente no se volvió a repetir jamás. Me acordé de una profesora de francés que tuve en el colegio que nos decía que a veces la reacción más apropiada era el uso de la fuerza, pues algunas personas buscan un acto de autoridad para poder controlarse a sí mismas. Pensé en eso. En esta cohabitación forzada, todos mis parámetros de comportamiento estaban en crisis. Yo estaba instintivamente contra las acciones de fuerza, pero debía admitir que en esta circunstancia había sido útil.

Lucho había llegado a la conclusión de que el infierno son los otros, y había considerado la posibilidad de pedirle a Sombra que lo aislara del grupo. Me contaba que había sufrido mucho estando solo, y que había pasado dos años hablándole, como un loco, a un perro, a los árboles, a los espíritus. No obstante, decía que eso no era nada comparado con el suplicio de esta coexistencia obligatoria.

Cada uno reaccionaba ante los otros de manera inesperada. Estaba, por ejemplo, el asunto de la ropa. Para lavarla, la dejábamos remojando de un día para otro y por turnos en los baldes de plástico que el Mono Jojoy nos había mandado. Comenzó a correr el rumor de que uno de nuestros compañeros orinaba en ellos, solamente por hacer el daño, envidioso de no poder contar con un balde para él solo.

Otro día, encontramos la silla del baño llena de excrementos. La indignación fue unánime.

En los grupos que se formaban, cada cual nombraba su «culpable», cada uno tenía su chivo expiatorio. Era el momento para desahogarse: «Yo creo que es fulano, que se levanta a las tres de la mañana a comerse la comida podrida que guarda en un frasco», o

«La colchoneta de zutano está llena de cucarachas», o «Mengano está cada vez más sucio».

En el ambiente tenso en que habíamos comenzado el año, Clara vino a hablarme una mañana. Yo estaba estirada en el suelo, entre dos catres, haciendo mis abdominales. Había instalado una especie de cortina con la cobija que Lucho me había dado. Clara la corrió y se quedó de pie delante de mí. Se levantó la camiseta y me mostró su vientre:

—¿Qué te parece?

Era tan evidente que la sorpresa fue enorme. Pasé saliva para reponerme de la estupefacción, antes de responder:

—Eso era lo que querías, ¿no?

—¡Sí, estoy muy feliz! ¿Cuántas semanas crees que tengo?

—Semanas no. Yo creo que son meses. Debes estar por ahí en el quinto mes.

—Tengo que hablarle de esto a Sombra.

—Exige que te lleven a un hospital. Pide que te dejen ver al médico joven que nos vio en el campamento de Andrés. Debe andar por aquí. Si no, al menos necesitas la ayuda de una partera.

—Eres la primera en saberlo. ¿Puedo abrazarte?

—Claro. Me alegro por ti. Es el peor de los momentos y el peor de los lugares, pero un hijo es siempre una bendición del cielo.

Clara se sentó junto a mí, me cogió las manos y me dijo:

—Va a llamarse Raquel.

—Muy bien. Pero piensa también en nombres de niño, por si acaso

Ella se quedó pensativa, con los ojos perdidos en el vacío:

—Seré padre y madre a la vez.

—Este niño tiene un padre. Tienes que contarle.

—No. ¡Jamás! —Clara se levantó para irse, dio un paso y se volteó de nuevo—: ¿Ingrid?

—Sí.

—Tengo miedo…

—No tengas miedo. Todo va a salir bien.

—¿Estoy bonita?

—Sí, Clara, estás bonita. Una mujer embarazada siempre es bonita.

Clara se fue a anunciarles la situación a los demás. Su noticia fue acogida fríamente. Uno de ellos vino a verme:

—¿Cómo puedes haberle dicho que ese hijo es una bendición del cielo? ¿No te das cuenta? ¡Imagínate cómo se van a poner las cosas, ahora, encima de todo, con un recién nacido llorando en este infierno!

Cuando mis compañeros le preguntaron quién era el padre, Clara se negó a hablar del tema y dejó flotar una sombra de duda que los incomodó. Su actitud fue considerada como una amenaza para los hombres de la cárcel, quienes sospechaban que ella quería ocultar la identidad del guerrillero para endosarle a alguno de ellos la paternidad del niño. Keith exigía el nombre del padre.

—Sería dramático para nuestras familias que eso se supiera y que se creyera que alguno de nosotros puede ser el padre.

—No te preocupes. Nadie va a creer que tú eres el padre. Yo estoy segura de que Clara va a contar que es hijo de alguno de los guerrilleros. Pero no tiene por qué dar nombres si no quiere. Lo único que debe hacer es confirmar que ninguno de ustedes es el padre —dije.

Mis palabras no sirvieron para calmarlo. Su historia personal lo hacía muy sensible a la situación. Acababa de tener unos gemelos que no había buscado y sentía que, en caso de haber escándalo, todas las miradas caerían sobre él. Fue a hablar con Clara. Quería que le revelara el nombre del padre, como garantía de sus buenas intenciones. Ella le dio la espalda:

—No me importan sus problemas familiares. Tengo los míos propios —le dijo Clara, para cerrar definitivamente el tema.

Algunos días más tarde, Keith estaba confrontando a Clara por algún detalle, cuando explotó:

—¡Usted es una puta! ¡La perra de la selva!

Clara retrocedió, lívida, y se fue al patio. Él la perseguía, gritándole insultos. Lucho y Jorge me impidieron intervenir, insistiéndome que les hiciera caso por una vez y que no me metiera. La escena nos dejó petrificados. Clara se tropezó en el barro y alcanzó a agarrarse de una de las sillas de plástico que había en el patio.

Al día siguiente, todo volvió a la normalidad. Clara hablaba con Keith como si nada. Todos debimos aprender esa lección a la fuerza. No tenía sentido cultivar los rencores. Estábamos condenados a vivir juntos.

Después de ese incidente, Sombra tomó medidas. Un guardia vino a darle a Clara la orden de empacar sus cosas. De repente, su vientre parecía más grande y ella ya no se preocupaba por ocultarlo cuando salió de la cárcel.

La vida continuó igual que antes, con un poco más de espacio en la cárcel. Las noticias que oíamos por la radio eran el tema de grandes debates. Sin embargo, había muy poca información sobre nuestras familias. Analizábamos en detalle las medidas que eventualmente podían afectarnos: el aumento del presupuesto militar, la visita del presidente Uribe al Parlamento Europeo, el aumento de la ayuda de Estados Unidos en la lucha contra las drogas, el Plan Patriota[11]. Cada uno interpretaba las noticias según su estado de ánimo y no tanto sobre la base de una revisión razonada de los datos.

Yo siempre estaba optimista. Incluso ante la información más sombría, buscaba una luz de esperanza. Quería creer que quienes luchaban por nosotros encontrarían la manera de sacarnos de ahí. Mi actitud mental irritaba a Lucho:

---

[11]. Plan implementado por el presidente Uribe para capturar a los jefes de las FARC. (N. de la A.)

—Cada día que pasamos en este hueco aumenta de manera exponencial nuestras posibilidades de quedarnos aquí. Mientras más se prolonga nuestro cautiverio, más se complica nuestra situación. Todo es malo para nosotros: si los comités en Europa luchan por nosotros, las FARC se benefician con esa propaganda y no les interesa liberarnos. Pero si los comités no luchan, nos olvidan y nos quedamos otros diez años metidos en la selva.

En nuestras controversias, siempre encontraba aliados inesperados. Nuestros compañeros estadounidenses también buscaban motivos de optimismo. Un día me sorprendieron con una explicación de por qué a Fidel Castro le convenía que se avanzara en nuestra liberación, hipótesis a la cual quería creer. Estábamos divididos en cuanto a la estrategia que se debía adelantar para nuestra liberación. Para Francia, nuestra libertad era la mayor prioridad en el marco de las relaciones diplomáticas con Colombia, en tanto que Estados Unidos quería mantener a toda costa un bajo perfil respecto a los rehenes estadounidenses, para evitar convertirlos en trofeos que las FARC se negarían a liberar. Uribe libraba su guerra frontal contra las FARC, excluyendo de plano cualquier negociación para nuestra libertad, y ponía el énfasis en una operación militar de rescate.

Con frecuencia, la polémica se ponía dura por algunos detalles, cosas nimias.

Nos separábamos antes de que la situación se avinagrara, con la esperanza de que al día siguiente otro pedazo de información nos permitiera consolidar nuestra argumentación, y volvíamos a retomar con más solidez la controversia abandonada el día antes: «Es terco como una mula», decíamos del otro, para evitar ser acusados del mismo mal.

Cada uno defendía, a su manera, una estrategia de supervivencia: algunos querían prepararse para lo peor y otros, como yo, queríamos esperar lo mejor.

Luego sopló un viento de armonía. Habíamos de pronto aprendido a callarnos, a dejar pasar, a esperar. Volvimos a sentir ganas de hacer cosas juntos. Desempolvamos proyectos que habíamos abandonado cuando la confrontación había llegado al paroxismo. Marc y Consuelo se la pasaban jugando cartas; Lucho y Orlando hablaban de política; yo leía por vigésima vez la novela de John Grisham[12] que Tom me había prestado para las clases de inglés, que había empezado a darme hacía poco.

Una mañana nos pusimos de acuerdo con Orlando para hacer unas tazas de plástico, cortando los tarros de avena Quaker que podíamos conseguir con los guardias. Usaría la técnica de Yiseth, quien me había confeccionado una taza en la Navidad pasada, en el campamento de Andrés. Era fácil, pero debíamos conseguir un machete para cortar el tarro y doblarlo para hacer las orejas de la taza.

Orlando consiguió lo que necesitábamos: el tarro de plástico y el machete. Solo eso era ya toda una faena. Nos instalamos en la mesa grande, afuera, en el patio. Yo estaba sentada con el tarro en una mano y el machete en la otra, cuando un chillido detrás de nosotros nos asustó.

Era Tom que, acostado en su hamaca, repentinamente había sido presa de un ataque de ira. Seguí trabajando sin darme cuenta que, de hecho, yo era el objeto de su furor. Solo me percaté de eso cuando vi a Lucho en un gran altercado con él. Estaba furibundo porque el guardia me había prestado un machete y él consideraba que eso era una prueba de favoritismo. Imposible hacerlo entrar en razón. De hecho, estaba dichoso con el jaleo que se había armado, tal vez confiando en que el recepcionista de turno entrara al patio a amonestarme.

En efecto, la puerta de la jaula se abrió. Dos guardias llegaron y me agarraron del brazo.

---

[12]. Título original: *Street Lawyer*. (N. de la A.)

—¡Empaque sus cosas! ¡Se va!

Ocurrió tan de repente que solo tuve tiempo de mirar a Lucho, esperando obtener una explicación.

—Ellos pidieron que te separaran del grupo. No quería contártelo. Nunca me imaginé que lo lograrían.

No entendía nada de lo que me estaba ocurriendo, en especial teniendo en cuenta que todos mis compañeros se levantaron, uno a uno, para abrazarme conmovidos cuando me estaba yendo.

37

EL GALLINERO

Marzo de 2004. Durante un instante, al sentir que esa puerta de acero se cerraba tras de mí, tuve un destello de esperanza: «Y si fuera...». Llevaba mi petate al hombro, siguiendo al guerrillero por un camino de barro que le daba la vuelta al campamento. Ya me veía montada en una lancha, remontando un río. Sin embargo, antes de llegar a la orilla, el guardia giró a la izquierda, cruzó un puente pequeño construido sobre la zanja y me hizo entrar en un gallinero.

Detrás de la malla, en una esquina, de una choza de techo de plástico salió una mujer. Ella se sobresaltó tanto como yo con el encuentro. Era Clara. «Ahí quedan entre amigas», nos dijo el guardia con sorna. Nos miramos sin saber qué decir. A las dos nos molestaba tener que vernos de nuevo, o tal vez no, en el fondo. Ella se había instalado en su choza, con apenas una cama y una mesa pequeña. El lugar era muy reducido. Yo no sabía qué pretendían hacer ellos conmigo y, sobre todo, no quería molestar a Clara en su espacio. Me invitó a poner mis cosas en un rincón. La cortesía que surgió espontáneamente nos hizo sentir a gusto. Volvía a ver a la Clara de antes de la selva. Me sorprendió mucho que todavía estuviera en el campamento, pues me imaginaba que se la habían llevado lejos, a un lugar donde tuviera acceso a cuidados de salud. Estaba a un mes de dar a luz.

—Voy a tener al bebé en esta cama —me dijo examinando el lugar por enésima vez—. Una muchacha viene todos los días a darme masajes en el vientre. Creo que el bebé viene en mala posición.

Era, a todas luces, un parto riesgoso. No valía la pena hablar sobre eso. Lo mejor era crear un clima de confianza, para no añadirle más angustia a la lista de elementos perturbadores.

—Recibí la ropa que le hiciste al bebé. Me encanta. Voy a guardarla siempre. ¡Gracias!

Mientras hablaba, sacaba de una bolsa la ropita que yo le había cosido. Había una bolsa de dormir, una camisa de cuello redondo, unos mitones diminutos, unas medias y, por último, lo que más me hacía sentir orgullosa: un canguro para cargar al bebé y tener las manos libres.

La tela de cuadros de color azul cielo que utilicé pertenecía a uno de mis compañeros. Lucho me había ayudado a adquirirla regalándome el medio de trueque para hacer la adquisición. Esa tela era un verdadero lujo en plena selva. La corté lo mejor posible, para no desperdiciarla, y obtuve con Orlando el hilo y la aguja necesarios para la labor. Le mostré la ropa a Gloria antes de mandarla. Ella me había dado muy buenos consejos para conseguir los botoncitos y las cremalleras e hice una especie de ribete decorado con hilo blanco. Le hice llegar el paquete a mi compañera a través de Arnoldo. Yo me imaginaba que ella estaría lejos, en un hospital de campaña, y que mi encomienda tendría que viajar en lancha.

Pasamos el resto del día hablando, sin darnos cuenta del tiempo. Fue la ocasión para reflexionar sobre su maternidad y prepararla para lo que habría de venir. Le dije que era importante conversarle a su hijo para que fueran tejiendo una relación por medio de las palabras, antes del nacimiento. Quería darle a conocer a Clara algunas de las teorías de Françoise Dolto, que habían sido fundamentales para mí. Le referí, según lo que recordaba, los casos clínicos que más me habían llamado la atención al leer los libros de

Dolto y que mejor ilustraban, a mi modo de ver, la importancia de esta relación de palabra entre la madre y el niño. También le sugerí a mi compañera oír música para hacerle estimulación temprana al bebé. Y le hablé de la importancia de estar contenta.

Al día siguiente, vi que se sentó a leer en voz alta, a la sombra de una gran ceiba, al tiempo que acariciaba su vientre prominente, y tuve la sensación de haber logrado algo bueno. Al igual que el día anterior, instalé mi hamaca entre el palo de la esquina de la choza y un árbol que había afuera. Tenía la mitad del cuerpo por fuera, pero desde hacía días no llovía y podía pasar una buena noche. Clara se me acercó y, de una manera un poco formal, me dijo:

—He reflexionado mucho; me gustaría que fueras la madrina de mi hijo. Si a mí me pasa cualquier cosa, quiero que tú te encargues.

Sus palabras me tomaron por sorpresa. Habían pasado muchas cosas entre nosotras. Este no era un compromiso que pudiera tomarse a la ligera.

—Déjame pensarlo. Es una decisión que quisiera madurar, porque es importante.

Pensé en eso toda la noche. Aceptar equivalía a asumir un vínculo con ella y con este niño para toda la vida. No aceptar equivalía a evadirme. ¿Podía yo asumir ese papel? ¿Tenía el amor suficiente para darle a este niño que estaba por nacer? ¿Podría adoptarlo plenamente si la situación llegaba a exigirlo?

Al alba, me asaltó un pensamiento: yo era la única que conocía la identidad del padre de este bebé. ¿Constituía eso una obligación moral?

—¿Tomaste la decisión? —me preguntó Clara. Hubo un silencio. Respiré profundo antes de responder:

—Sí, ya tomé la decisión. Acepto.

Ella me abrazó.

Le dieron una sopa de pescado al desayuno. Se reía contándome que todos los días su recepcionista se iba a pescar por orden expresa del comandante. De hecho, el gallinero era el medio que había encontrado Sombra para mejorar la situación de mi compañera, sin ser acusado de favoritismo. Sin embargo, Clara no tenía acceso a la indispensable atención médica. Yo esperaba que llamaran al enfermero que estaba en el otro grupo de prisioneros.

Oí un ruido detrás de mí. Era Sombra que pasaba furtivamente detrás de los arbustos, con un fusil de caza terciado. Le hice una señal con la mano.

—¡Chito! —respondió, mirando con miedo a su alrededor—. No diga que me vio.

Se alejó sin darme la oportunidad de hablarle. Unos minutos más tarde, Shirley, una joven guerrillera que hacía de enfermera, pasó también por ahí, con la misma expresión pendenciera. Se acercó y me preguntó:

—¿Ha visto a Sombra? —y al ver que yo me había dado cuenta de todo, agregó riéndose—: Tengo cita con él, pero si la Boyaca nos ve, nos mata.

Shirley se alejó radiante.

Me quedé ahí, viendo cómo se escabullía como una fiera en la vegetación, y me preguntaba cómo podían vivir tan tranquilos al tiempo que manejaban los hilos del drama de nuestras vidas.

Estaba perdida en mis divagaciones cuando oí que me llamaban. Me volteé sobresaltada: era la voz de Lucho. Lo vi llegar con una gran sonrisa, con el rostro iluminado, cargando un equipo lleno de cosas y un guardia malencarado detrás de él.

—Hubo una pelea después de que tú te fuiste, ¡y me extraditaron a mí también!

Vino a sentarse con Clara y conmigo, y nos hizo una narración detallada de los últimos acontecimientos de la cárcel.

—Yo no quiero volver a esa cárcel —dijo Clara.

—Yo tampoco —respondimos en coro.

Soltamos la carcajada y luego Lucho concluyó con una reflexión:

—Estamos como al principio, solo nosotros tres. Mejor así.

Mientras conversábamos, un grupo de guerrilleros se dedicó a montar una choza idéntica a la de Clara. En menos de dos horas, todos teníamos una cama y un techo donde pasar la noche. La bella Shirley vino al final de la tarde. Sombra la había mandado a inspeccionar el lugar. Acababa de ser nombrada recepcionista del gallinero. Era la única guerrillera autorizada a entrar ahí. Miró nuestro cambuche e hizo una mueca:

—Esto está muy triste. Esperen y verán —dijo, y dio media vuelta.

Diez minutos más tarde apareció con una mesa redonda y dos sillitas de madera. Hizo otro viaje y trajo unos estantes. La abracé de felicidad. Había transformado nuestra choza en una casa de muñecas.

Nos sentamos en las sillas, apoyando los codos en la mesa, como si fuéramos viejas amigas. Shirley me contó su vida en diez minutos y me habló de sus amores con Sombra durante horas.

—¡Cómo puede estar con ese viejo barrigón y feo! No me diga que usted también es una «ranguera».

Ranguera era el término peyorativo que utilizaban los guerrilleros para designar a la mujer que se acostaba con un comandante para disfrutar de las ventajas de su rango.

Shirley soltó la carcajada.

—¡Ranguera la Boyaca! Ella es la que se queda con el pedazo bueno de la torta. Yo no tengo derecho a nada. Pero yo al viejo lo quiero. A veces lo veo tan perdido que me parece tierno. Me gusta estar con él.

—Espere... ¿está enamorada de él?

—Yo creo que sí.

—¿Y su socio? ¿Todavía están juntos ustedes dos?

—Sí, claro. Pero él no sabe nada.

—Su socio es bien plantado. ¿Por qué le pone los cachos?

—Porque es muy celoso.

—Bueno, ¡ahí sí que está exagerando!

—¿Quiere que le diga una cosa? Yo fui la que le salvó la vida al viejo Sombra. Fue en un bombardeo. Lo encontré con la cabeza metida en el barro, tirado en el suelo. Estaba todo borracho. La gente corría al lado de él y nadie le ayudaba. Yo me lo cargué a las espaldas y lo llevé. Donde me demore un minuto más le cae la bomba encima. Luego nos volvimos muy amigos. Él me quiere harto, ¿ve? Es tierno conmigo, y me hace reír.

Buena parte de la noche la pasamos juntas. Me contó que había ido al colegio: había terminado toda la primaria, lo cual la hacía sentir muy orgullosa, y estuvo a punto de culminar el bachillerato. Pero se enamoró de un muchacho que la convenció de incorporarse a las FARC. Era una excepción. En general, el nivel escolar de los guerrilleros era bajo. Pocos sabían leer y escribir. Cuando yo le preguntaba por las razones que la habían llevado a su compromiso revolucionario, ella cambiaba hábilmente de tema. Se volvía distante y desconfiada. ¿Por qué una muchacha como Shirley había terminado en las FARC? Había en ella una necesidad de aventuras, una intensidad de vida que yo no veía en sus compañeros. Los otros habían entrado a las filas de la subversión porque tenían hambre.

Al día siguiente, Shirley se apareció temprano con un televisor en los brazos. Lo puso en la mesa, conectó el reproductor de DVD y nos puso a ver *Como agua para chocolate*, la película basada en la novela de Laura Esquivel.

—Yo sé que es el aniversario de la muerte de su papá —me dijo—. Esto es para que piense en otra cosa.

Me hizo pensar en Mamá, que me había suplicado, algunos meses antes de que me secuestraran, que la acompañara a ver esta película. No lo hice: no tenía tiempo. Ahora lo tenía de sobra. Pero estaba lejos de Mamá y jamás volvería a ver a Papá. Al ver esta película, me hice a mí misma dos promesas: si salía de esto, aprendería a cocinar para las personas que quería. Y les dedicaría tiempo, todo mi tiempo.

Lucho estaba dichoso de estar en el gallinero. La ausencia de tensiones le había devuelto todas sus facultades. Se armó de una pala para hacer unos chontos tan grandes que servirían para un mes. Le salieron grandes ampollas en las manos.

—¡No quiero ni pensar en volver a la cárcel! —dijo.

—¡Cállate! ¡No verbalices tus miedos!

Para hacer eco a mis temores, Shirley vino a verme:

—Sus compañeros de cárcel se quejaron porque uno de los guardias les dijo que aquí tienen mejores condiciones que ellos. Quieren que ustedes vuelvan.

Quedé atónita.

Esa noche, me pareció que había acabado de cerrar los ojos cuando sentí que alguien me saltaba encima. Era Shirley, tensa, sacudiéndome con fuerza.

—¡Tenemos los helicópteros encima! Tenemos que irnos ya. ¡Agarre sus cosas y vámonos! —Hice lo que me indicaba. Me puse las botas y agarré al instante mi tula. Shirley me la quitó inmediatamente de las manos—: Sígame de cerca. Yo le llevo sus cosas y así nos rinde más caminar.

Avanzábamos en la oscuridad, con los helicópteros prácticamente rozándonos la cabeza. ¿Cómo había podido seguir dormida sin oírlos? Iban y venían a lo largo del río, haciendo un ruido infernal. Llegamos cerca del economato, un hangar con techo de zinc, cercado totalmente por una malla de acero, con sacos de provisiones apilados hasta el techo. Lucho y Clara ya estaban ahí, con una expresión de angustia y molestia en el rostro.

Nos obligaron a seguir una fila de guerrilleros que se adentraban en la selva.

—¿Tú crees que vamos a caminar toda la noche?

—¡Con ellos, todo es posible! —aseguró Lucho.

Shirley andaba delante de nosotros, en silencio. Durante un momento me cruzó por la mente la idea de proponerle que se escapara con nosotros. Eso era imposible: había una mujer embarazada. Deseché de inmediato mi pensamiento.

Debíamos tener paciencia. Después de una hora de caminar, nos detuvimos. Nos hicieron esperar, sentados en nuestros petates, hasta el amanecer. Con la llegada del día desaparecieron los helicópteros y nos llevaron de nuevo al gallinero.

Después de la primera colada de la mañana, apareció un grupo de guerrilleros. En quince minutos desmantelaron nuestras caletas. Nos miramos aterrados. Sabíamos lo que eso significaba para nosotros.

Clara me cogió del brazo:

—Quiero pedirte un favor. No les digas que estoy aquí. No cuentes que nos vimos. Prefiero que crean que me llevaron al hospital ¿me entiendes?

—No te preocupes. No les voy contar nada. Lucho tampoco.

La abracé antes de irnos, con el corazón encogido.

38

EL REGRESO A LA CÁRCEL

Marzo de 2004. Todo ocurrió muy rápido. Cuando nos alejábamos del gallinero vi a Shirley de pasada: quería que yo estuviera tranquila, quería decirme que todo iba a salir bien.

La puerta de acero chirrió al abrirse y tuve la sensación de estar ante las puertas del infierno. Me armé de coraje y entré. La satisfacción mórbida en la cara de uno de mis compañeros me golpeó como una bofetada:

—No duraron mucho tiempo por allá —lanzó con tono pérfido.

—Le debimos hacer falta —respondió Lucho secamente—. ¿No era usted el que insistía que volviéramos rápido?

—Es que nosotros también tenemos nuestras influencias —ripostó el hombre, de manera burlona.

Su risa se volvió amarga al ver que los guardias limpiaban el espacio junto a los baños. Instalaron un techo de plástico. Shirley había mandado la mesita redonda, las dos sillas y el estante. Estaban construyendo una caleta como la del gallinero en el patio de la cárcel.

Brian y Arnoldo comandaban la operación. Yo miraba en silencio. Cuando terminaron su trabajo, recogieron las herramientas para irse. Brian se volteó, me miró y dijo en voz alta para que todo el mundo oyera:

—El comandante no quiere que haya más problemas aquí. Usted va a dormir acá. Nadie la va a molestar. A la primera salida de tono, llaman al recepcionista.

Me puse a organizar mis escasas pertenencias, para no tener que enfrentar las miradas recelosas. Luego oí como un silbido:

—¡Muy bien! Qué bueno que viva en ese olor a mierda.

Me reprochaba a mí misma la debilidad. ¿Por qué me seguía doliendo? Debería estar blindada. Sentí que alguien me pasaba el brazo por los hombros. Era Gloria:

—¡Ah, no! ¡No te vas a poner a llorar! No les vas a dar ese gusto. Ven, te ayudo. Sabes, yo también estoy triste de que te hayan obligado a volver. Pero estoy contenta por mí. ¡Me hiciste mucha falta! Además, ¡sin Lucho ya nadie se reía en esta cárcel!

Jorge vino también; con toda cortesía, me besó la mano y me dijo algunas de las palabras en francés que había aprendido para desearme la bienvenida. Luego agregó:

—Ya no tengo dónde poner mi hamaca. Espero que nos invites a tu casa, mi querida *madame*.

Marc se acercó tímidamente. Habíamos hablado rara vez él y yo, y siempre en inglés. Muchas veces lo había observado, pues se sentaba aparte del grupo y era el único de nosotros que nunca había tenido una confrontación con nadie. También había notado que sus dos compañeros lo respetaban y lo escuchaban. Estos dos vivían en conflicto, pasando de un silencio rencoroso en el que se ignoraban, a las explosiones verbales, cortas e hirientes. Marc hacía de intermediario, para buscar el apaciguamiento. Yo sentía que él conservaba sus distancias, especialmente conmigo. No me costaba imaginar lo que le habría podido decir, y esperaba que con el tiempo se formara otra idea.

Me sorprendió verlo parado ahí, cuando estábamos conversando muy animados Lucho, Jorge, Gloria y yo. Los movimientos de cada uno estaban muy calculados en la cárcel. Nadie quería dar la impresión de pedir nada, o de esperar nada, para que no lo interpretaran como una posición de inferioridad. Sin embargo, él estaba ahí, esperando el espacio para poder participar en nuestra conversación. Todos nos volteamos. Marc esbozó una sonrisa triste y nos dijo en un español precario, en el que todos los verbos estaban en infinitivo, que estaba muy contento de volver a vernos a Lucho y a mí.

Sus palabras me llegaron al alma. Solo logré musitar un agradecimiento protocolario, pues me habían inundado unas emociones muy fuertes que quería ocultar. De cierta forma, su conducta me recordaba con demasiada crueldad la animosidad de los otros, y me dio lástima conmigo misma. Yo estaba muy vulnerable y me sentía ridícula. En el infierno uno no puede demostrar que siente dolor.

—¡No lo puedo creer! ¡Estás hablando español! ¡Me voy solo tres semanas y terminas hablando mejor que yo!

Lucho lo agarró por su cuenta a tomarle del pelo.

Todo el mundo se reía, porque Marc le respondía ingeniosamente con las tres palabras de español que chapuceaba. Él traducía literalmente expresiones del inglés que, milagrosamente, al pasar al español se volvían muy chistosas y nos hacían reír a todos. Luego se despidió cortésmente, se alejó del grupo y se fue a la barraca.

Al día siguiente se produjo un hecho inesperado. Los prisioneros del campo de los militares nos mandaron un cerro de libros. Entonces me enteré de que cuando habían sido secuestrados en la zona de distensión, durante los diálogos con el gobierno de Pastrana, las familias habían logrado hacerles llegar a los rehenes una biblioteca entera. Cuando el proceso de paz fracasó, en el momento de huir del Ejército, cada uno metió un par de libros en el morral y luego se los intercambiaban. Las marchas eran difíciles y algunos rehenes, agotados por el peso, decidieron eliminar la carga más pesada y la menos necesaria. Los libros fueron los primeros en ser sacrificados. Los que iríamos a leer ahora eran los libros que habían sobrevivido. Unos verdaderos tesoros. Había de todo: novelas, clásicos, libros de psicología, testimonios del Holocausto, ensayos filosóficos, libros espirituales, manuales de esoterismo, historias para niños. Nos daban dos semanas para leerlos y después había que devolvérselos.

Nuestra vida cambió. Cada uno se acomodó en su rincón a devorar la mayor cantidad de libros posible. Comencé con *Crimen y castigo*, que no tuvo mucho éxito entre mis compañeros, mientras que Lucho leía *La madre*, de Máximo Gorki.

Más tarde descubrí que alguien estaba leyendo *El rey de hierro*, de Maurice Druon, y nos pusimos con Gloria en la lista de espera para poder leerlo antes de la fecha límite. Para que la rotación de los libros se hiciera más ágil, propusimos hacer un estante detrás de la puerta de la barraca, de tal manera que cada uno fuera poniendo ahí el libro cuando no lo estuviera usando.

Eso nos permitía hojear los libros antes de tomar la decisión de leerlos o no. Había libros que no se podían leer porque todo el mundo los esperaba. Me acuerdo, en particular, de *La novia oscura*, de Laura Restrepo, y de *El alcaraván*, de Castro Caycedo. Pero el que habría querido leer y que no llegué a tocar siquiera fue *La fiesta del Chivo*, de Mario Vargas Llosa.

Una mañana, Arnoldo vino y arrancó con todos. Todavía faltaban algunos días para la fecha límite. A uno de los de nuestro grupo se le metió en la cabeza la idea de devolver los libros a la otra cárcel, sin consultar a los demás. Me sentí particularmente frustrada y traicionada. Me dio mucha rabia.

Se lo comenté a Orlando, que había adoptado la costumbre de venir a charlar con Lucho y conmigo, por la noche, cuando todo quedaba apagado. Orlando era muy hábil para sacarles información a los guardias. De hecho, él era quien mejor estaba informado, quien veía cosas que ninguno de nosotros veía.

Yo le había tomado afecto, pues comprendía que detrás de ese aspecto tosco había lugar para un buen corazón, que él dejaba ver solo en ciertos momentos, como si le diera vergüenza. Pero era sobre todo su sentido del humor lo que hacía particularmente agradable su compañía. Cuando se sentaba junto a la mesita redonda y Lucho y yo estábamos oyendo la radio, sabíamos que habría un duelo de agudeza en las réplicas y esperábamos encantados que él lanzara los primeros dardos.

Nunca era tierno en sus comentarios, ni sobre nosotros, ni sobre nuestros compañeros, pero hacía una exposición tan lúcida de nuestra situación, de nuestras actitudes y de nuestros defectos, que no teníamos más remedio que reírnos y darle la razón.

A algunos compañeros les preocupaba nuestra amistad con Orlando. Desconfiaban de él y le atribuían todos los vicios. En especial quienes habían sido más cercanos a él en un comienzo nos advertían que tuviéramos cuidado.

Yo no quería prestar atención a ese tipo de comentarios. Cada uno tenía sus propias motivaciones. Yo quería dejar las puertas abiertas con todos y llegar a mis propias conclusiones.

El regreso a la cárcel me obligaba a evaluarme a mí misma. Me ponía frente al espejo de los demás y veía los defectos de la humanidad: el odio, la envidia, la avaricia, el egoísmo. Pero los observaba en mí misma. Me golpeó darme cuenta de eso y no me gustaba ver en lo que me había convertido.

Cuando oía los comentarios y las críticas contra los demás, me quedaba callada. Yo también había corrido hacia las ollas con la esperanza de encontrar un mejor pedazo, yo también había esperado a propósito que los demás se sirvieran para que me tocara la cancharina más grande, yo también había envidiado un par de medias más bonitas o una olla más grande, y también había acumulado comida para saciar lo que más se aparentaba a la avaricia.

Un día, las provisiones de Gloria en latas estallaron. Estaban muy viejas y la temperatura había subido mucho. Todo el mundo se burló. La mayoría estaba contenta de que Gloria hubiera perdido lo que ellos ya habían consumido y que ella había guardado pacientemente. Todos éramos iguales, enmarañados en nuestras pequeñas mezquindades.

Tomé la decisión de controlarme, para no seguir así. El ejercicio fue arduo. A veces la reflexión me llevaba hacia un lado y el estómago hacia otro. Tenía hambre. Iba en sentido contrario a mis resoluciones. Por lo menos, me decía para mis adentros, que había logrado tomar conciencia.

Observaba consternada, asimismo, nuestro comportamiento en relación con nuestras familias, sobre todo las críticas acerbas y los comentarios malvados que algunos compañeros hacían sobre los miembros de sus propias familias. Había en nuestra psicología de prisioneros una tendencia masoquista a creer que aquellos que luchaban por nuestra libertad lo hacían por razones oportunistas: no podíamos creer que todavía fuéramos dignos de ser amados.

Me negaba a creer que nuestros compañeros de vida hubieran convertido nuestro drama en un medio de subsistencia. Los hombres sufrían pensando que sus esposas se gastaban su salario. Por nuestra parte, las mujeres vivíamos en la angustia de no encontrar un hogar a nuestro regreso. El silencio prolongado de mi marido daba pie a comentarios dolorosos: «Él sólo aparece cuando hay periodistas alrededor», decían.

La actitud de Orlando también cambió. Se había suavizado y se ofrecía para lo que se necesitara. Tenía mucho talento para encontrar una solución rápida a los pequeños problemas.

Cuando le hablé a Orlando sobre la frustración que sentí cuando nos quitaron los libros, me tranquilizó:

—Tengo amigos en el otro campamento. Voy a pedirles que nos manden otros libros. Creo que tienen toda la serie de Harry Potter.

Los libros llegaron cuando yo estaba en el baño. Ya los habían repartido todos y los de Harry Potter fueron los primeros en ser distribuidos. A Marc le había correspondido *La cámara secreta*. No pude aguantarme la tentación de ir a ver la cubierta del libro. Marc sonreía viendo mi entusiasmo. Me dio vergüenza y traté de no retener mucho tiempo el libro entre mis manos.

—No te preocupes. Yo también estoy impaciente por leerlo.

—Estoy muy emocionada, porque esos fueron los primeros libros que leyó mi hijo Lorenzo. Creo que eso me hace sentir cerca de él —dije, para explicar mi conducta—. Además, es cierto que me devoré el primero de la serie —confesé.

—¡Ah, pues este va a ser mi primer libro en español! Hay palabras difíciles, pero es apasionante. Mira, si quieres lo podemos leer al mismo tiempo: yo leo por la mañana, te lo paso al mediodía y me lo devuelves por la tarde.

—¿En serio? ¿Harías eso?

—Claro. Pero con una condición. A las seis en punto de la tarde lo pones en mi estante. No quiero tener que ir a recordártelo todos los días.

—¡Listo!

39

EL ALLANAMIENTO DE LOS RADIOS

Abril de 2004. El arreglo al que habíamos llegado me encantaba. Yo programaba mis días de manera que pudiera dedicarle toda la tarde a la lectura y tenía el cuidado de poner el libro en el estante a las seis en punto de la tarde. Había aprendido que esos pequeños detalles eran los parámetros con los que nos juzgábamos los unos a los otros. Más aún, sobre ellos se fundaban las amistades o se encendían los conflictos. La promiscuidad a la que estábamos sometidos nos exponía a la mirada incesante de los demás. Estábamos bajo la vigilancia de los guardias, por supuesto, pero sobre todo bajo el escrutinio implacable de nuestros compañeros de cautiverio.

Si me hubiera tardado un minuto, con seguridad Marc me habría buscado con los ojos en el patio para averiguar la razón de mi demora. Si el motivo era trivial, lo habría tomado a mal y se habría producido una tensión entre nosotros. Todos funcionábamos igual. A las doce del día en punto, yo levantaba la cabeza. Había dedicado la mañana a hacer mi gimnasia y a bañarme, y esperaba con paciencia que Marc saliera de la barraca con el libro. Era mi momento de gratificación, la ocasión en que me sumergía en el universo de Hogwarts durante algunas horas, para evadirme de estas rejas rodeadas de alambres de púas, de estas garitas y este barro, y recuperar la despreocupación de mi infancia. Sin embargo, esa evasión producía recelo. Yo sentía que algunos hubieran querido arrancarme el libro de las manos. No me iban a pasar por alto ninguna falta.

Una tarde, los guardias trajeron el televisor que Shirley había instalado en el gallinero. Todos estábamos entusiasmados pensando que nos iban a pasar una película. Lo que nos presentaron no era ninguna diversión: eran las pruebas de supervivencia de nuestros tres compañeros estadounidenses, grabadas meses antes de su llegada a nuestra cárcel. El auditorio se conmovió al oír sus mensajes y los que les habían mandado sus familiares en respuesta, y que habían salido en un programa de televisión en Estados Unidos algunos meses atrás. En un comienzo, nuestros compañeros se pegaron a la pantalla, como si eso les permitiera tocar a sus seres queridos. Fueron retrocediendo poco a poco: esa cercanía los quemaba. Los demás estábamos detrás, de pie, viendo en la pantalla a estas familias que, como las nuestras, estaban desgarradas de dolor y de angustia. Observaba en especial a mis tres compañeros, sus reacciones, con su piel en carne viva, sin pudor, como expuestos en una plaza pública.

Había algo de voyerista en contemplar la desnudez de su drama, pero no me podía apartar de este espectáculo, de este haraquiri colectivo que me remitía a lo que yo misma estaba viviendo.

Ahora les había puesto una cara a los nombres de estos desconocidos, que se me habían vuelto familiares de tanto oír hablar de ellos. Seguí sus expresiones en el televisor, las miradas que rehuían la cámara, el temblor de los labios, las palabras siempre reveladoras. Me dejó aterrada el poder de la imagen y la idea de que todos somos muy previsibles. Los vi tan solo unos segundos y tuve la sensación de comprender muchas cosas. Todos habían quedado en evidencia, incapaces de maquillar ante la cámara sus sentimientos, ni los mejores ni los peores. Me sentí un poco incómoda, pues lo cierto es que no teníamos ningún derecho a la intimidad.

Observaba a mis tres compañeros. Sus comportamientos eran muy diferentes, sus reacciones tan opuestas. Uno de ellos comentaba en voz alta cada imagen y se volteaba para estar seguro de que todos seguíamos sus explicaciones. Hizo un comentario que no

pasó desapercibido. Dijo, refiriéndose a su prometida: «Yo sé que
no es bonita, pero es inteligente». Todas las miradas cayeron sobre
él. Se puso rojo, y me pareció adivinar que no era porque lamenta-
ra haber dicho eso. En efecto, agregó: «Le regalé un anillo que me
costó diez mil dólares».

Otro se fue a su rincón. Se rascaba el mentón barbado con
tristeza. Sus ojos azules inmensos estaban llenos de lágrimas y se
repetía en voz baja: «¡Dios mío, cómo fui de idiota!». Se descom-
puso en un segundo. Su dolor me resultaba insoportable; esas palabras eran las mismas que yo me decía, pues llevaba a cuestas, como
él, una cruz de contriciones. Hubiera querido abrazarlo, pero no
podía. Hacía mucho tiempo habíamos dejado de hablarnos.

Marc estaba a mi lado. No me atrevía a voltearme a mirarlo
pues suponía que eso no sería muy delicado. Lo percibía inmóvil.
No obstante, cuando terminaron de pasar la filmación y di media
vuelta para salir de la barraca, me heló la sangre su expresión. Un
dolor interno se había apoderado de él. Tenía la mirada vacía, la
nuca inclinada, la respiración pesada, era incapaz de moverse,
como si lo hubiera atacado una enfermedad fulminante que le hubiese hinchado las articulaciones y reventado el corazón. No tuve
ningún pensamiento, no hubo reflexión sobre la conveniencia o
no de mi acción. Me vi tomándolo entre mis brazos, como si así
pudiera contrarrestar la maldición que le había caído. Empezó a
llorar, con unas lágrimas que trataba de contener pellizcándose
la base de la nariz y repitiendo con la cara escondida contra mí:
«Estoy bien, estoy bien».

Teníamos que estar bien. No había más opción.

Algunas horas después vino a agradecerme. Era sorprendente. Había imaginado que era un hombre frío, incluso insensible.
Tenía un gran dominio de sí mismo y muchas veces daba la sensación de estar ausente. Ahora lo veía con ojos nuevos, intrigada,
tratando de comprender quién era.

Venía de vez en cuando a hablar con Lucho, Orlando y conmigo al caer la noche y nos divertía con su español que se enriquecía cada día, pero no necesariamente con las palabras más recomendables. A veces me pedía pequeños favores, y yo también a él. Empezó a bordar el nombre de sus hijos y el de su esposa en su chaqueta de tela de camuflado. Estaba obsesionado con su labor, y se dedicaba el día entero a llenar con hilo negro las letras que había dibujado cuidadosamente en la tela. Daba la impresión de no avanzar en su tejido de Penélope. Quise ver lo que estaba haciendo y me sorprendió la perfección de su trabajo.

Una mañana, mientras me dedicaba a la tarea de fatigar mi cuerpo subiendo y bajando del taburete, oí que sus compañeros estadounidenses lo felicitaban por su cumpleaños. Me imaginaba que todo el mundo había oído lo mismo que yo. Sin embargo, nadie más vino a saludarlo. Nos habíamos endurecido, tal vez para tratar de aislarnos de todo y sentir menos con esa vida que llevábamos. En todo caso, decidí felicitarlo. Mi actitud lo sorprendió y lo alegró, y me pareció que nos habíamos hecho amigos.

Hasta el día en que Sombra ordenó un allanamiento para que nos quitaran todos los radios. A todos nos cogió por sorpresa, salvo a Orlando, que se enteró tangencialmente de la operación oyendo lo que se decía en las barracas de los militares. Había pegado la oreja a las tablas que daban contra el dormitorio de ellos y había entendido que habría una confiscación general de los radios. Fue a hablar con cada uno de nosotros para avisarnos.

Se me fue la sangre a los pies. Lucho también palideció. Devolverles los radios equivalía a cortar definitivamente la comunicación con nuestras familias.

—Entrégales el tuyo y yo escondo el mío.

—Pero, Ingrid, estás loca. Se van a dar cuenta.

—No. Ellos jamás han visto el mío. Utilizamos siempre el tuyo porque funciona mejor, pero del mío no se acuerdan.

—Pero saben que tienes uno.

—Les digo que lo boté hace rato porque no funcionaba.

Arnoldo irrumpió en la cárcel con cuatro de sus acólitos. Escasamente tuve tiempo de tirar el radiecito, el que me había dado Joaquín Gómez, debajo de las tablas del baño, y de volver a sentarme, como si nada. Yo estaba temblando. Lucho estaba verde y un sudor le perlaba la frente. Ya no había tiempo de dar marcha atrás.

—Nos van a agarrar —me repetía Lucho, muerto de la angustia.

Arnoldo se paró en el centro del patio, mientras los otros cuatro tomaban posesión del lugar.

Para un prisionero no había nada más importante que su radio. Era todo: la voz de nuestra familia, una ventana al mundo, nuestra noche de cine, nuestra terapia para el insomnio, una compañía en la soledad. Mis compañeros le entregaban sus radios a Arnoldo. Lucho le dio su pequeño Sony negro, gruñendo: «Ya no tiene pilas». Lo adoré por eso. Me hacía sentir más fuerte.

Arnoldo contó los radios y dijo:

—¡Falta uno! —Luego, al verme, ladró—: El suyo.

—No tengo.

—Sí, usted tiene uno.

—Ya no lo tengo.

—¿Cómo así?

—Ya no funcionaba. Lo boté.

Arnoldo levantó una ceja. Sentí que hubiera querido devorarme con la mirada.

—¿Está segura?

Mamá siempre decía que era incapaz de mentir, y que se le notaba en la cara cuando lo hacía. Me parecía una especie de tara providencial que nos obligaba genéticamente a decir la verdad. La cosa llegaba a tal punto que me ponía roja diciendo la verdad, solo de pensar que podrían creer que estaba mintiendo, y a veces pensaba que debía entrenarme diciendo mentiras para poder decir la verdad sin perturbarme. «En la civil» no pasaba nada si me ponía roja. Pero aquí sabía que debía mirar a la persona a los ojos. No podía desviar la mirada. Debía, de una vez por todas, aprender a mentir por una buena causa. Esta idea me salvó. Yo era la única que había escondido su radio. No tenía derecho a desinflarme.

—Sí, estoy segura —le dije sin retirarle la mirada.

Arnoldo canceló el asunto, recogió los radios y las pilas y se fue, satisfecho.

Me quedé petrificada, incapaz de dar medio paso, apoyándome en la mesa. Poco me faltaba para caer desmayada al suelo, bañada en un sudor malsano.

—Lucho, ¿se notó que estaba diciendo mentiras?

—No, nadie se dio cuenta. Por favor, habla normalmente, que te están mirando desde todas las garitas. Vamos a sentarnos en la mesita redonda.

Lucho me sostuvo por la cintura y me ayudó a dar los cuatro pasos que nos separaban de las sillas. Tratábamos de hacernos los que hablábamos sobre cualquier cosa:

—Lucho…

—¿Qué?

—Siento que el corazón se me va a salir del cuerpo.

—Sí, y yo salgo corriendo detrás —dijo, y soltó una carcajada. Luego agregó—: Bueno, ahora sí estamos con el agua al cuello. Prepárate para que uno de los sapos vaya a acusarnos. Nos van a cortar en pedacitos si uno de ellos nos traiciona.

Sentí que la muerte me rozaba la columna vertebral. Los guardias podían entrar en cualquier momento a escarbar en mis cosas. Cambié mil veces el escondite del radio. Orlando, que estaba al acecho, me acorraló a la entrada de la barraca:

—Tú te quedaste con el radio, ¿cierto?

—Yo no me quedé con nada.

Respondí instintivamente. Las palabras de Alan Jara habían hecho eco en mi cabeza. No había que confiar en nadie. Lucho vino a verme:

—Jorge y Gloria preguntaron si nos quedamos con un radio.

—¿Y tú qué les dijiste?

—No respondí. Me fui.

—Orlando me preguntó lo mismo. Le dije que no.

—Habrá que esperar unos días para prenderlo. Todo el mundo está pendiente. Es muy arriesgado.

Gloria y Jorge llegaron en ese momento.

—Tenemos que hablarles. Hay muy mal ambiente en el alojamiento. Los otros se dieron cuenta de que ustedes se quedaron con un radio. Los van a denunciar.

Al día siguiente, Marc llamó a Lucho. Supuse cuál era el tema de la conversación, al verles la cara de circunstancia que pusieron de repente. Cuando Lucho volvió, su nerviosismo estaba al tope:

—Mira, tenemos que deshacernos de ese radio. Nos están haciendo un chantaje monstruoso: o les damos el radio o nos denuncian. Quieren que nos reunamos todos en el alojamiento en diez minutos.

Cuando llegamos a las barracas, vi que habían dispuesto las sillas en semicírculo: me senté en el banquillo de los acusados. Supuse que iría a pasar un pésimo rato, pero no estaba dispuesta a ceder ante su chantaje.

Orlando abrió la discusión. Me sorprendió su tono sereno y bien intencionado:

—Ingrid, nosotros creemos que tú te quedaste con un radio. Si eso es así, nosotros también queremos tener la posibilidad de oír las noticias, y sobre todo los mensajes de las familias.

¡Eso lo cambiaba todo! Evidentemente era lo ideal. Si no había amenazas, si no había chantaje, si podíamos confiar los unos en los otros. Reflexioné un instante: también podía ser una trampa.

Cuando hubiera aceptado que yo tenía el radio, ellos podían ir a denunciarme.

—Orlando, me gustaría responderte. Pero no puedo hablar con toda confianza. Todos sabemos que entre nosotros hay compañeros, o «un» compañero que es un sapo al servicio de la guerrilla.

Miré a mis compañeros a la cara, uno a uno. Algunos bajaron los ojos. Lucho, Gloria y Jorge asentían con la cabeza. Continué:

—Cada vez que tratamos de organizar acciones comunes, alguien va a avisarle a la guerrilla, como el día que les íbamos a escribir una carta a los comandantes, o el día que pensamos hacer una huelga de hambre. Aquí hay delatores. ¿Qué garantía tenemos de que en media hora no vayan a contarle a Sombra lo que se dijo en esta reunión?

Mis compañeros tenían la mirada clavada en el suelo, con la mandíbula apretada. Continué:

—Supongamos que uno de nosotros haya guardado un radio. ¿Quién garantiza que no va a haber otra requisa, propiciada por un sapo?

Consuelo intervino, agitada:

—Tal vez sea cierto. Tal vez haya sapos aquí. Pero quiero decirles que no soy yo.

Me volteé hacia ella.

—Tú le entregaste tu radio a Arnoldo, estás tranquila. Pero si uno de nosotros tuviera un radio que te sirviera para recibir los mensajes de tus hijas, y resulta que hacen una requisa, ¿estarías dispuesta a asumir una responsabilidad colectiva por ese radio clandestino?

—No. ¿Yo por qué voy a asumir responsabilidades? Yo no fui la que escondió el radio.

—Supongamos que, en el caso de esa requisa hipotética, confisquen el radio definitivamente. ¿Estarías dispuesta a dar el tuyo, en caso de que te lo devuelvan, para reemplazar el que confiscaron?

—¿Yo por qué? ¡En absoluto! No tengo por qué pagar los platos rotos por los demás.

—Bueno. Yo quería simplemente ilustrar cómo «todo el mundo» quiere aprovechar los beneficios de un radio clandestino, pero nadie quiere correr los riesgos. Ese es el punto: si quieren un radio, hay que compartir los riesgos.

Otro de mis compañeros intervino:

—No vamos a entrar en tus juegos. Eres una política y crees que puedes engatusarnos con tus discursos bonitos. Te hicimos una sola pregunta y queremos una sola respuesta: ¿sí o no tienes un radio escondido en tu caleta?

Sus palabras me azotaron como un insulto. La sangre que bullía en mí habría podido formar un géiser. Le pedí a Lucho que me diera un cigarrillo. Era el primer cigarrillo que fumaba en cautiverio. Qué importaba. Quería estar calmada y pensaba que aspirando este humo que me raspaba la garganta podía controlarme. Me cerré como una ostra y respondí:

—Arréglenselas como puedan. No me voy a someter a sus presiones, a sus insultos y a su cinismo.

—Ingrid, es muy sencillo: o nos da el radio o le juro que voy yo mismo a denunciarla en este instante.

Keith se había levantado y me amenazaba agitando un dedo frente a mí.

Yo me levanté a mi vez, temblorosa y lívida:

—Usted no me conoce. Yo jamás he cedido al chantaje. Para mí, es una cuestión de principios. Usted no tuvo el valor de esconder su radio. A mí no me dé lecciones. Vaya y dígale a la guerrilla lo que le dé la gana. No tengo nada más que hacer aquí.

—Vamos —dijo Keith, agrupando a su tropa—. Hablemos ya mismo con Arnoldo.

Marc se levantó y me miró con odio:

—De malas. Usted lo quiso así.

Le respondí en inglés:

—¿De qué me habla? ¡Usted no comprende el español!

—Usted nos cree idiotas. Para mí es suficiente.

Me levanté. Si nos iban a acusar había que prepararse. Lucho estaba pálido. Gloria y Jorge se veían preocupados:

—Te lo advertimos. Son unos monstruos —me dijo Gloria—. ¿Qué vas a hacer ahora?

Orlando se levantó antes de que yo saliera del alojamiento, me bloqueó el paso y agarró a Keith del brazo:

—Espere, no haga pendejadas. ¡Si la acusa, nadie va a tener noticias de nada!

Luego, dirigiéndose a mí, dijo:

—No te vayas. Vamos a hablar.

Me llevó al otro extremo de las barracas y nos sentamos.

—Mira, entiendo perfectamente tu preocupación. Y tienes razón. Uno de nosotros va a contarle todo a la guerrilla. Solo que ese huevón, sea quien sea, te necesita en este momento porque tú eres la única que le puede dar acceso a sus mensajes. Punto. Nadie te va a traicionar, te lo garantizo. Te propongo un pacto: por la mañana recojo el radio, oigo los mensajes para todo el mundo y le informo al grupo. Te devuelvo el radio a las siete de la mañana, después del programa de los mensajes y de las noticias. Al menor problema con la guerrilla, yo lo asumo todo contigo. ¿Te parece?

—Sí, me parece.

—Gracias —me dijo, apretándome la mano con una gran sonrisa—. Ahora tengo que convencer a estos tipos.

Puse al corriente a Lucho de nuestro pacto y no le gustó:

—¡Qué va! Al menor problema cada uno coge por su lado.

Gloria y Jorge tampoco se veían muy contentos:

—¿Por qué tiene que ser Orlando el que oiga los mensajes y no nosotros?

Comprendía que era imposible satisfacer las expectativas de todo el mundo. No obstante, me parecía que la propuesta de Orlando tenía el mérito de desbloquear la situación. Miré hacia el patio. Orlando y los otros estaban sentados frente a la mesa grande.

—¡Nada de eso! ¡Le damos dos horas para que nos dé el radio! ¡Si no lo tengo en mis manos a las doce en punto, le informo al recepcionista!

Previendo una posible requisa, busqué un mejor escondite. Suponía que, en caso de delación, la búsqueda se centraría en mis pertenencias. Sin embargo, se llegó el mediodía y nadie se levantó. Marc tampoco. El día transcurrió lentamente, en medio de una gran tensión, sin que hubiera, por fortuna, represalias ni movimientos sospechosos entre los guardias. Suspiré aliviada, y Lucho también.

Orlando llegó al caer la tarde y se sentó en la mesita redonda, entre Lucho y yo, como siempre:

—Tenemos que conseguir audífonos —dijo—. Si no, corremos el riesgo de que nos pillen.

—La recepción del radio es horrible —le respondí—. Creo que tenemos que hacerle una antena, para que todo este esfuerzo no sea en vano. En este momento, unos audífonos no sirven para nada.

—Bueno, ¿pero vas a sacar el radio o qué?

—Ni se te ocurra. Este no es el momento.

—Al contrario: este es el momento. Lucho y yo vamos a hablar normalmente para que las voces tapen el ruido. Tú te pegas el radio a la oreja, a un volumen bien bajito, y lo probamos a ver qué hay que hacerle.

En los días que siguieron nos dedicamos a mejorar la calidad de la recepción, haciendo lo indispensable para no despertar sospechas. Era evidente que mis compañeros no iban a cumplir sus amenazas. El resto del grupo consideraba que ese chantaje había sido vergonzoso. Yo lamentaba que, una vez más, nuestras disputas hubieran levantado muros permanentes entre nosotros.

A pesar de todo, una nueva rutina fue tomando forma. Oíamos las noticias todas las tardes y comentábamos la información que recibíamos. Orlando había instalado un polo a tierra, clavando una pila vieja en el barro, rodeada por un cable tan grueso como la malla de la reja, unido a un alambre más delgado que iba metido en la toma de los audífonos. El efecto fue sorprendente. El volumen y la claridad eran casi perfectos. En la mañana había que cambiar la conexión y conectar el radio a un alambre de aluminio, tan fino que era prácticamente invisible, enroscado en las ramas de uno de los árboles del patio; esa era la antena aérea. Al amanecer, a partir de las cuatro de la mañana, la recepción era excelente. Poco a poco se iba volviendo defectuosa, hasta que a las ocho de la mañana se hacía inaudible.

Solo había dos momentos para oír el radio cómodamente: al atardecer y al amanecer. Orlando me esperaba a primera hora, impaciente, de pie en la barraca. Finalmente habíamos establecido un procedimiento: yo oía los mensajes hasta que pasaba Mamá y luego le entregaba el radio a él.

Durante varios años, Mamá había llamado solo los fines de semana, en el programa de Herbin Hoyos, que transmitía mensajes para los secuestrados, toda la noche, desde el sábado por la noche hasta el domingo por la mañana. Acababa de descubrir *La Carrilera*, de Nelson Moreno, un cálido presentador del Valle del Cauca, que tenía un programa diario, entre semana, de las cinco a las seis de la mañana. Mamá se había convertido en una de las participantes más fieles y se esforzaba por llamar temprano y pasar en la primera tanda.

Nuestro arreglo satisfizo a todo el mundo, pues cuando yo le daba el radio a Orlando los mensajes de los otros compañeros todavía no habían pasado.

Aquellos que esperaban cotidianamente sus mensajes, se organizaron para rotarse el radio y cada uno, por turnos, oía una parte del programa. El resultado fue que todos nos relajamos, pues quedaba claro que estábamos unidos por el mismo secreto.

Orlando vino a verme una mañana. Quería saber si podía darles el radio a nuestros otros tres compañeros. Ellos querían oír las noticias.

—Sí, préstales el radio. Pero ojo que no se lo vayan a entregar a Arnoldo —respondí resentida.

No había terminado de hablar cuando ya lamentaba lo dicho. La herida todavía no me había cicatrizado. Aún me sentía dolida con ellos. Lo que era aún menos honorable era la sensación de poder perdonar más fácilmente a mis carceleros —pues, en cierta forma, de ellos no esperaba nada— que a mis compañeros de cautiverio, mis propios camaradas de infortunio, pues de ellos siempre había esperado más.

La división en el campamento reapareció con una nueva intensidad pero ya no era conmigo. Y ya no estaba aislada, ni tenía ganas de estarlo. Continuamos nuestras clases de francés, seguimos jugando ajedrez y arreglando el mundo por las tardes. Oía religiosamente los boletines de noticias que se encadenaban unos tras otros cuando se apagaba el campamento; mis compañeros tomaban el relevo y me reemplazaban durante buena parte de la noche. Cuando una noticia o un comentario nos llamaba la atención, informábamos a los otros y el tema de conversación se desviaba de inmediato, para incluir ese último elemento recién aparecido.

40
LOS HIJOS DE GLORIA

Julio 13 de 2004. Una tarde, mientras hacía las actividades simultáneas de oír la radio y seguir a medias la conversación entre Lucho y Orlando, mi corazón dio un vuelco: en alguna emisora estaban hablando de Jaime Felipe y Juan Sebastián, los hijos de Gloria. Me alejé y me acurruqué en un rincón de mi cambuche, poniendo las manos en forma de concha sobre las orejas. Quería estar segura de haber oído bien. Los hijos de Gloria habían sido secuestrados al tiempo que su madre. La guerrilla había asaltado su apartamento y había hecho salir a todo el mundo en piyama. El menor, que no se despertó, se salvó de esa pesca, lo mismo que el padre de los muchachos, que estaba de viaje. La guerrilla pedía un monto grotesco por la liberación. El padre, creyendo actuar de la mejor manera, había contribuido a hacer elegir –en su ausencia– a su esposa como representante a la Cámara por su departamento. En esa época, la impresión general era que los llamados prisioneros «políticos» tenían mayores posibilidades de salir libres que los secuestrados «económicos», y, sobre todo, más pronto, pues la guerrilla adelantaba conversaciones de paz con el gobierno colombiano, y las FARC habían obtenido que se les cediera la «zona de distensión». Se hizo evidente que ese cálculo era nefasto cuando se rompió el proceso de paz. Gloria fue separada de sus hijos. Le hicieron creer que los vería al día siguiente, pero la verdad es que no los había vuelto a ver nunca más. Durante todos esos meses de cohabitación, yo había consolado en mis brazos mil veces a Gloria, pues la idea de que sus hijos estuvieran en manos de las FARC, lejos de ella, la hacía sufrir lo indecible. Habíamos adoptado la costumbre de rezar juntas todos los días. Fue ella quien me explicó cómo rezar correctamente el rosario, con los misterios y las devociones de cada día.

Era una mujer formidable, de gran corazón y de carácter fuerte que no permitía que le pasaran por encima y que sabía poner a la gente en su lugar. Yo la había visto afrontar a algunos de nuestros compañeros que la insultaban. No daba marcha atrás, incluso si a veces la veía llorar de rabia después, escondida en su catre.

La presentadora repitió la noticia. De hecho, era la noticia principal en todas las emisoras: los hijos de Gloria acababan de ser liberados. Su padre ya estaba con ellos. Los habían soltado en San Vicente del Caguán, el mismo lugar hacia donde iba yo cuando me secuestraron.

Mi corazón empezó a latir a toda velocidad. La periodista anunció que los muchachos harían sus primeras declaraciones a la prensa en los próximos minutos. Me fui corriendo a las barracas a buscar a Gloria. Lucho y Orlando me miraron como si yo estuviera loca. Para explicarles mi agitación, lo único que atiné a decir fue: «¡Gloria, Gloria!», al tiempo que sacudía las manos. Ellos entraron en pánico:

–¿Qué le pasa a Gloria? ¡Habla, por Dios!

No podía decir nada más. Salí corriendo torpemente, tratando de ponerme las chancletas, a punto de tropezar a cada paso.

Gloria estaba sentada en medio de la oscuridad y no la vi. Llegué jadeando, con el radio escondido debajo de la camiseta. Ella se me acercó, aterrada:

—¿Qué te pasa?

Me le agarré al cuello y le susurré al oído:

—¡Los niños! ¡Los niños!, liberaron a tus niños.

Estuvo a punto de gritar, pero le puse las manos en la boca

para impedirle hacer ruido. Lloré con ella, tratando, también como ella, de disimular mis emociones desbocadas. Le pegué a Gloria la oreja al radio y la llevé al rincón más apartado del alojamiento. Ahí, acurrucadas en la oscuridad, oímos a sus hijos. Estábamos aferradas la una a la otra, insensibles al dolor de las uñas que nos clavábamos en la piel hasta hacerla sangrar. Yo seguía llorando pero ella ya no, transformada por la felicidad de oír las voces y las palabras dulces que sus hijos habían preparado especialmente para ella. Yo le acariciaba el pelo, repitiéndole: «Ya se acabó, ya se acabó».

Seguimos la voz de sus hijos en todas las frecuencias, hasta que ya no hubo nada más. Gloria me agarró del brazo y me dijo al oído:

—No puedo poner cara de alegría. ¡Se supone que no sé nada! Dios mío, si mañana vienen a darme la información, ¡no sé cómo voy a hacer para disimular la dicha!

La abracé antes de volver a mi cambuche, poniendo atención de no despertar la curiosidad de los guardias.

—Espera, se te queda el radio.

—No. Vas a querer oírlo toda la noche. Seguramente van a retransmitir las entrevistas de tus hijos y mañana por la mañana podrás oír sus mensajes en *La Carrilera*. Quédate con él.

Como cosa curiosa, la dicha de unos parecía ser el motivo de aflicción de otros. El sufrimiento de un compañero parecía calmar el de otro que gozaba con la idea de ser más favorecido por el destino. De igual manera, la felicidad de Gloria fastidiaba a algunos.

Al día siguiente, Guillermo el enfermero vino a anunciarle la noticia. Gloria hizo lo mejor que pudo para fingir su sorpresa. Pero, sobre todo, se sintió aliviada de poder hablar en voz alta sobre el hecho y de poder expresar su alegría sin restricciones.

41

LAS PEQUEÑECES DEL INFIERNO

Después de la liberación de sus hijos, Gloria se convirtió en el blanco de pequeños ataques mezquinos. Algunos se burlaban de ella, la imitaban groseramente cuando les daba la espalda, le tenían inquina porque fumaba mucho. Los cigarrillos llegaban cada cierto tiempo y cada uno de los prisioneros podía disponer libremente de un paquete. Nosotros, los no fumadores, les dábamos nuestras provisiones a los fumadores. Por lo menos así fue en un comienzo. Poco a poco la actitud cambió y noté que, a veces, los que no fumaban guardaban los cigarrillos como medio de trueque para obtener cosas a través de los guerrilleros, o para intercambiar favores con los compañeros. La idea me repugnaba. En cuanto se repartían las cajetillas, yo les daba la mía a Lucho y a Gloria. Ellos eran los que más fumaban.

A uno de nuestros compañeros se le ocurrió un día la idea de decirle al guardia que no les dieran cigarrillos a los no fumadores. Sentían que había favoritismo por el hecho de que algunos se beneficiaban con una ración doble gracias a su relación con otros. Gloria y Lucho eran los afectados. El recepcionista adoptó la sugerencia de inmediato: ¡los paquetes que quedaban eran para él! En la siguiente repartición exigió que solo se acercaran los fumadores. Yo reclamé mi paquete y él me lo negó. Me tocó fumar delante de él para obtenerlo. Me amenazó con tomar represalias si mi intención era engañarlo. Nos pusimos de acuerdo con Gloria y Lucho para que, de vez en cuando, yo me fumara un cigarrillo en el patio, a los ojos de todos, para evitar las polémicas. El resultado fue absurdo. Al cabo de algunas semanas, yo había empezado a fumar al ritmo de ellos. ¡En lugar de ser una fuente de cigarrillos para ellos, me convertí en una competencia molesta!

Los enlatados que recibía Lucho para paliar su diabetes también produjeron envidias. Un bocado de atún era un lujo. Lucho había decidido compartir cada lata que abría con algún compañero, rotando los turnos, de tal manera que todo el mundo comiera un poco de vez en cuando. Lucho privilegiaba a Jorge, porque estaba enfermo. A mí no me olvidaba nunca. A algunos eso les producía escozor. Los observábamos salir con rabia de la barraca cuando Lucho abría su cortaúñas para abrir sus enlatados. La actitud de ellos contrastaba con la de Marc.

Durante los últimos meses de nuestra permanencia en la cárcel de Sombra, tal vez previendo la partida —pues el Plan Patriota ya había sido lanzado— empezaron a matar pollos. El caldero nos llegaba con el animal partido en pedazos, desmenuzado en el arroz o flotando en un dudoso caldo de grasa, con la cabeza y las patas por fuera de la olla. El espectáculo era repulsivo, sobre todo porque casi siempre el cuello estaba mal desplumado y el ave tenía los ojos abiertos, como sorprendida por el asalto repentino de la muerte. Fuera como fuera, para nosotros eso equivalía a un festín y hacíamos fila para recibir nuestra ración. Curiosamente, a Marc siempre le tocaba la cabeza y el cuello del pollo. Al principio, nadie se había percatado. Sin embargo, como el hecho siguió ocurriendo con la misma obstinación, a la tercera vez decidimos hacer nuestras apuestas. No importaba que Marc se pusiera al final o al principio de la fila, que fuera Arnoldo u otro quien sirviera: a Marc siempre le tocaba la cabeza del animal, con su cresta morada temblorosa y sus ojos abiertos. Él miraba el plato con sorpresa y suspiraba, diciendo: «otra vez a mí»; luego iba a sentarse. Yo admiraba su resignación y me parecía noble su desprendimiento. Sabía que los demás, incluida yo misma, habríamos buscado la manera de obtener una compensación.

Su conducta me ayudó a suavizar mi resentimiento hacia él. Aún seguía resentida por su actitud con el allanamiento de los radios. Después de eso, me propuse mantener mis distancias con él. Pero tampoco quería empecinarme en incubar sentimientos que me afectaran la existencia.

Cuando a través de un mensaje de Mamá supe que la madre de Marc estaba en Bogotá y que trataría de mandarle mensajes a su hijo durante la semana; entonces decidí hacer a un lado mis resentimientos: consideré que esta información era sagrada y que era necesario que Marc hiciera lo posible por oír la voz de su madre. Pensé también en esas situaciones en la vida que se nos devuelven, a esos guiños del destino: sin mi radio, él no se habría enterado de que su madre había venido hasta Colombia a luchar por él.

Le anuncié la noticia. No hizo ningún comentario, pero cogió el radio después de la ronda de mensajes de los demás. En efecto, se había mencionado la presencia de Jo Rosano. Ella esperaba hablar con las autoridades y, en particular, con el embajador de los Estados Unidos en Colombia. La señora Rosano consideraba que su hijo había sido abandonado por su gobierno y que, según ella, este hacía lo posible por condenarlo al olvido. Marc se sintió incómodo con esas declaraciones. Él pensaba que las autoridades estadounidenses estaban trabajando discretamente para obtener su liberación. No obstante, los indicios que nos llegaban eran desfavorables. El gobierno de los Estados Unidos había reafirmado su negativa a entrar en contacto con los terroristas: su respuesta al secuestro de los nacionales de ese país había sido el aumento de la ayuda militar a Colombia. En un principio, yo esperaba que su presencia iría a acelerar la liberación de todos los rehenes, como había sugerido Joaquín Gómez. Reaccioné tal como reaccionaron mis compañeros al saber que yo había sido capturada. Sin embargo, con el paso del tiempo, debíamos rendirnos ante la evidencia: la captura de los estadounidenses había complicado aún más la situación de los rehenes. Todos sentíamos que ellos serían los últimos en recuperar la libertad, y cada uno quería pensar que su destino no estaba ligado al de ellos. Esta idea había hecho carrera en las mentes: cada tanto, uno de mis compañeros estadounidenses comentaba: «Por lo menos tú tienes a Francia, que lucha por ti. Pero en mi país todo el mundo ignora lo que nos pasó».

La visita a Colombia de Jo Rosano les dio valor. Todos opinábamos que ella era la única que había puesto a mover las cosas en el lado estadounidense. Mamá y Jo se conocieron y se habían simpatizado inmediatamente. Se comprendían mutuamente sin saber cómo, pues Jo no hablaba español y el inglés de Mamá era el recuerdo de una estadía en Washington al comienzo de su matrimonio. Pero las dos eran de origen italiano. Eso lo explicaba todo.

Marc venía entre semana, al amanecer, y nos sentábamos juntos a esperar los mensajes de *La Carrilera*, con la esperanza de oír a Jo, pero fue en vano. Solo nos llegaban pedazos de información a través de Mamá. Habían almorzado juntas. Se habían vuelto a encontrar para planificar acciones en común. Jo volvió frustrada de su conversación con el embajador de los Estados Unidos. Había sido duro y grosero, según decía. Mamá me contaba en su mensaje que no la sorprendía: «Cuando yo fui a verlo para pedirle apoyo para el acuerdo humanitario, me respondió que no era una prioridad para su gobierno; que ellos consideraban a los rehenes como enfermos terminales y que no había nada más que hacer salvo esperar». Mamá estaba indignada. Marc estaba a mi lado. Habíamos pegado las orejas al radio y oíamos juntos lo que decía Mamá. Marc no entendía todo, porque mi madre hablaba muy rápido y el español de él todavía era rudimentario. En cierta forma era un alivio, porque yo no quería que él oyera todo lo que yo había oído.

—Mamá dice que tu madre fue a cenar en casa de ella y que van a desarrollar acciones conjuntas. Tu madre vio al embajador de Estados Unidos.

—¿Y qué pasó?

—Pues, nada. Seguramente va a llamar el sábado, en *Las voces del secuestro*. Es muy largo. Si tenemos suerte, las pasan al micrófono temprano y no tendremos que esperar toda la noche.

Por lo general, yo terminaba cediendo al sopor entre las diez y las doce de la noche. Me daba miedo no despertarme a tiempo. Sin reloj, había adoptado la costumbre de guiarme oyendo los programas anteriores. Reconocía el que pasaban justo antes del nuestro. Era una hora dedicada a los tangos. En ese momento me decía que debía estar alerta y me pellizcaba para no dormirme.

Esa noche, me desperté tras un sueño intranquilo, como todos los sábados. Prendí el radio y busqué los tangos en la oscuridad. Marc todavía no había llegado. Me sentía bien despierta, pero estaba equivocada: recaía en un sueño fulminante sin darme cuenta.

Marc llegó un poco después. Oyó el susurro del radio y pensó que yo estaba oyendo el programa, acostada en mi caleta, y que le pasaría el radio si su madre llamaba. Esperó así, sentado en la oscuridad, durante horas.

Me desperté sobresaltada. Acababan de dar la hora en la radio: eran las dos de la mañana. ¡Me había perdido la mitad del programa! Me levanté como un resorte y grité al ver a Marc en la oscuridad, esperando con paciencia. Yo estaba desorientada.

—¿Por qué no me despertaste?

—¡Yo pensé que estabas oyendo el programa!

—Seguramente nos perdimos todas las llamadas.

Estaba muy enojada conmigo misma. Nos instalamos con las cabezas pegadas a lado y lado del radio. Cada mensaje duraba dos minutos. Yo oía atentamente, con la esperanza de obtener una pista que me revelara si Mamá ya había llamado. El programa era lento y algunos participantes protestaban porque algunas familias monopolizaban el tiempo al aire. Herbin Hoyos, el director del programa, se excusó de mil formas y les pidió a quienes estaban esperando que prepararan unos mensajes muy cortos para acelerar el programa. Luego leyó una lista de personas que faltaban por pasar: ¡Mamá y Jo estaban en espera!

Marc estaba medio dormido. La espera había sido muy larga y los ojos se le cerraban a su pesar. Le apreté el brazo:

—¡Ya, las van a pasar en unos minutos!

En efecto, la voz de Mamá me llegó con muchas interferencias, pero todavía comprensible. Estaba emocionada. Me anunció que próximamente viajaría a Holanda a recibir un premio a mi nombre. El mensaje fue interrumpido y otra persona tomó la palabra. Hubo otra espera larga hasta que le tocó el turno a Jo. Marc estaba prácticamente dormido en la silla. Lo desperté en el momento en que su madre pasó al micrófono. Con el cuerpo tensado por la emoción, se aferró al radio. Le tomé la otra mano y se la acaricié. Era un gesto de Mamá. Lo repetí instintivamente, para hacerle comprender a Marc que yo estaba con él, para compartir ese instante que sabía sería muy intenso. Este gesto, que también tenía con mis hijos, me ayudaba a concentrarme en las palabras de Jo, a grabármelas. En la intensidad de la escucha, Marc y yo estábamos unidos. Nuestras disputas ya no tenían ninguna importancia. Sabía exactamente lo que estaba viviendo Marc en ese momento. Recordaba el efecto que había tenido en mí el primer mensaje de Mamá. Esa voz suave que me envolvía, su timbre, su calidez, todo el placer terrestre que me producía reencontrar su entonación, la sensación de seguridad y bienestar que me había invadido. Cuando Mamá había terminado de hablar, yo seguía metida en esa burbuja mágica que su voz había construido a mi alrededor, y me daba cuenta de que no lograba recordar lo que acababa de decir.

Mientras hablaba la madre de Marc, yo reconocía esa misma expresión, ese dolor de la ausencia que se transformaba en beatitud, esa necesidad de absorber cada palabra como un alimento esencial, una capitulación final antes de sumergirse sin recato en aquella plenitud efímera. Cuando la voz desapareció, Marc se aferró a mi mirada con ojos de niño. En ese segundo comprendí que él había hecho el mismo viaje que yo. Luego, como si se despertara de repente, me preguntó:

—Espera, ¿qué fue lo que dijo mi mamá?

Retomé, uno por uno, cada momento del mensaje, la forma que ella había escogido para dirigirse a su hijo en la distancia, los títulos de amor con que lo había cubierto, su llamado a la fuerza y a la valentía ante la adversidad, su certeza de que él era resistente y vital, y su fe absoluta en Dios, que le pedía aceptar su voluntad como una prueba de crecimiento espiritual. En palabras de Jo, era Dios quien lo haría volver al hogar. Marc no me oía a mí sino que oía la voz de su madre en él, en su cabeza, como una grabación a la que hubiera tenido acceso a través mío. Durante algunos instantes, volvió a hacer el mismo viaje de nuevo. Cuando terminé, Marc estaba iluminado y su memoria, otra vez ausente.

—Perdóname, sé que puedo parecer tonto, pero, ¿puedes repetirme el mensaje otra vez?

Yo estaba dispuesta a repetirlo cien veces si me lo hubiera pedido. Esta era una experiencia fundadora: las palabras de una madre son mágicas y nos penetran íntimamente, incluso a nuestro pesar. ¡Ah, si lo hubiera comprendido antes! Habría sido menos exigente, más paciente, más tranquilizadora en mi relación con mis propios hijos... Pero me aliviaba la idea de que las palabras dichas a mis hijos debían de haberlos tocado de una manera igualmente intensa. Durante la semana, Marc me pidió que le repitiera el mensaje de Jo, y cada vez lo hice con la misma felicidad. Noté que, después de eso, la mirada de Marc se hizo más suave: no solo la que ponía sobre el mundo, sino también la mirada que ponía sobre mí.

42
EL DICCIONARIO

Guillermo, el enfermero, llegó una mañana con el diccionario enciclopédico Larousse que tanto había esperado. Me llamó, me puso el libro en las manos y me dijo:

—Aquí le manda Sombra.

Giró sobre sus talones y se fue.

Quedé boquiabierta. Lo había pedido de manera incesante. Mi mejor argumento siempre había sido que el Mono Jojoy me lo había prometido. Nunca creí que lo fueran a mandar. Me imaginaba que estábamos escondidos en los confines de la tierra, y que era impensable hacerlo llegar. No pude contener mi alegría y mi alboroto cuando, por fin, lo tuve en mis manos. La llegada del diccionario transformó mi vida: no sólo desterraba el aburrimiento, sino que me permitía utilizar de manera productiva ese tiempo que tenía de sobra y que no sabía cómo aprovechar.

Había conservado uno de los cuadernos del campamento de Andrés, y quería retomar mis averiguaciones, recuperar información perdida y aprender. Si podía «aprender», no perdería el tiempo. Eso era lo que más me angustiaba en mi situación de rehén. La pérdida del tiempo era para mí el más cruel de los castigos. La voz de Papá me acosaba: «Nuestro capital de vida se cuenta en segundos. Una vez que esos segundos se han ido, nunca más los vuelves a recuperar».

Cierto día, durante mi campaña presidencial, Papá se había sentado junto a mí para ayudarme a elaborar un plan de trabajo y a trazar los lineamientos generales de las transformaciones que yo soñaba llevar a cabo. Sacó un bloc de notas, garabateó algo y afirmó: «Sólo vas a tener ciento veintiséis millones ciento cuarenta y cuatro mil segundos en tu mandato. ¡Piensa bien, porque no tendrás ni uno más!».

Su reflexión me obsesionaba. Cuando me privaron de mi libertad, me arrebataron sobre todo el derecho a disponer de mi tiempo. Era un crimen irreparable. Nunca jamás podría recuperar esos millones de segundos para siempre perdidos. El diccionario era para mí el mejor paliativo. Era como una especie de universidad en lata. Yo me paseaba por él siguiendo mi capricho y encontraba respuestas a todas las preguntas que había tenido en lista de espera en mi vida. Ese libro era vital para mí, pues me permitía fijarme una meta a corto plazo y me liberaba de esa culpabilidad subyacente a mi estado, de encontrarme dilapidando los mejores años de mi vida.

Sin embargo, mi felicidad despertó envidias. No acababa yo de recibir el diccionario cuando uno de mis compañeros de cárcel vino a decirme que, como la guerrilla me había dado el libro, no me pertenecía a mí sino que debía ser puesto a disposición de todos. El principio me parecía acertado. Cuando nos reunimos a esperar la llegada de las ollas, invité al resto de mis compañeros a usar el diccionario.

—Va a estar disponible por la mañana. Yo lo uso por la tarde. Lo único que deben hacer es cogerlo y volver a ponerlo en su lugar.

Lucho me advirtió:

—No se te haga raro si se las arreglan para quitártelo.

Sin embargo, en el transcurso de los días siguientes la tensión disminuyó. El diccionario le servía a los unos y a los otros. A Orlando se le ocurrió la idea de hacerle al diccionario un forro impermeable. Gloria me había regalado la tela de un equipo viejo que iba a desechar. En ese momento, Guillermo apareció.

—Deme el diccionario. Lo necesito.

El tono en que me habló me dejó perpleja.

—Sí, claro. ¿Cuánto tiempo lo necesita?

—Una semana.

—Mire, en este momento trabajo con él. Lléveselo el fin de semana, si quiere.

Me miró desde lo alto pero al fin terminó cediendo. Volvió a traer el libro al lunes siguiente, y me dijo:

—No lo dañe. El próximo viernes vengo por él.

La semana siguiente volvió con una táctica distinta.

—Los militares necesitan el diccionario.

—Sí, no hay problema. Tómelo y pídales que me lo manden con el recepcionista, por favor.

Pero esta vez no devolvió el diccionario.

Había un nuevo comandante en el campamento. Era un hombre maduro, de más de cuarenta años, canoso, de mirada dura. Se llamaba Alfredo. Todo el mundo creía que a Sombra lo iban a despedir pero finalmente los dos comandantes terminaron cohabitando de una manera que parecía funcionar, a pesar de los roces evidentes entre ambos.

El comandante Alfredo quería conocer a los prisioneros. Sombra y él se sentaron juntos, durante toda una tarde, a recibirnos en lo que Sombra llamaba su «oficina». Yo abordé el tema sin demora:

—Me gustaría saber si puedo disponer del diccionario como yo quisiera. Guillermo me ha dado a entender que no. De hecho, él lo tiene ahora: no me lo ha devuelto.

Sombra parecía molesto. Alfredo lo miró con intensidad, como un ave rapaz que sobrevuela a su presa.

—El diccionario es suyo —declaró Sombra, para cortar por lo sano. Supuse que no quería darle motivos a Alfredo de pasarle un informe al Mono Jojoy.

Eso me bastaba. Al día siguiente, Guillermo llevó el diccionario. Me lo entregó con una sonrisa:

—El que ríe de últimas, ríe mejor.

Su amenaza no logró opacar mi satisfacción. Volví a dedicar varias horas a la lectura apasionante del diccionario, con ganas de conocer, de entender, de encontrar, como en un juego de pistas.

43

MI AMIGO LUCHO

Agosto de 2004. Lucho y yo nos habíamos vuelto inseparables. Entre más lo conocía, más lo quería. Era una persona sensible, dotada de una gran sagacidad y de un sentido del humor a toda prueba. Su inteligencia y su espíritu eran para mí tan vitales como el oxígeno. Por si fuera poco, era el ser más generoso del mundo, una perla singular en la cárcel de Sombra. Yo había depositado en él toda mi confianza, y con él no dejábamos de pensar en la manera de escaparnos.

Orlando nos habló al respecto una tarde. Nos propuso que huyéramos juntos. Lucho y yo sabíamos que eso era imposible. Estábamos convencidos de que él no se atrevería jamás y tampoco estábamos seguros de atrevernos, nosotros mismos. Además, Orlando era un hombre alto y corpulento. Nos costaba trabajo imaginarlo pasando desapercibido por debajo de la malla de acero y los alambres de púas.

No obstante, de tanto discutirlo empezamos a considerar hipótesis y a hacer planes. Llegamos a la conclusión de que necesitaríamos meses, o incluso años, para salir de esta selva y que deberíamos aprender a vivir en ella sin más recurso que nuestro ingenio.

Nos dimos, entonces, a la tarea de elaborar equipos como el de Lucho. Sombra había instalado en el campamento una talabartería, dedicada a la fabricación y reparación de morrales y equipos para la tropa. Cuando planteamos nuestra solicitud, cayó en terreno fértil: por una parte, había suficiente material y, por otra, en caso de evacuación, tendríamos cómo transportar nuestras cosas.

La idea era hacer dos para cada uno. Uno de tamaño normal, para transportar nuestras pertenencias, y uno más pequeño, que Orlando llamaba «minicrucero», para nuestra fuga. Orlando, que tenía nociones de marroquinería, nos guiaba en la técnica de base. Poco después, toda la cárcel se había puesto a hacer lo mismo. No sólo porque sentíamos que tendríamos que irnos en algún momento —todos los días pasaban aviones sobrevolando el campamento— sino también porque la posibilidad de confeccionarse buenos morrales atraía a todo el mundo.

Por la tarde, Orlando venía a sentarse a mi caleta con pedazos de cable de acero que había sacado de un rincón de la malla y una gran lima que yo había conseguido en un momento de distracción de uno de los recepcionistas. Quería fabricar anzuelos.

—¡Con esto no nos morimos de hambre! —decía orgulloso, sosteniendo en lo alto un gancho torcido.

—Con esto sólo podrás cazar ballenas —se burlaba amablemente Lucho.

Yo había obtenido con Sombra una reserva de azúcar para hacer frente a las crisis diabéticas de Lucho. Ese azúcar podía sernos útil en nuestra fuga. El asunto del azúcar me preocupaba: yo tenía muy poca y cada vez debía usarla con mayor frecuencia, pues Lucho estaba siempre al borde de una reacción pancreática.

Había aprendido a reconocer los síntomas antes de que el propio Lucho los sintiera. Eso ocurría siempre por la tarde. Los rasgos del rostro se le hundían de repente y la piel se le ponía gris. Por lo general, él me respondía en tono amable diciéndome que mejor se iba a recostar un poco, que ya se le iba a pasar. Pero cuando reaccionaba brutalmente, gritando que no lo molestara y que no iba a tomar azúcar, yo sabía que en los próximos segundos empezaría a convulsionar. Entonces comenzaba una verdadera batalla. Yo me valía de toda clase de artimañas para lograr que ingiriera su dosis de azúcar. Inevitablemente, de un momento a otro, pasaba de la agresividad a la apatía. Quedaba como a la deriva y yo podía ponerle el azúcar en la boca. Permanecía sentado, atontado, durante largos minutos; luego volvía a ser Lucho otra vez y me pedía excusas por no haberme hecho caso.

Esta dependencia mutua era nuestra fuerza, pero también nuestra vulnerabilidad. De hecho, sufríamos por partida doble; primero por nuestras propias penas y luego, con la misma intensidad, por las aflicciones del otro.

Fue una mañana. Aunque la verdad es que ya no estoy segura: podía haber sido al amanecer, pues la tristeza nos cayó encima como un eclipse y en la mente guardé el recuerdo de un largo día de sombras.

Estábamos sentados juntos, hombro con hombro, oyendo el radiecito. Debería haber sido un día como cualquier otro, pero no lo fue. Esperábamos el mensaje de mi madre, y creíamos que no había mensajes para él, pues su esposa lo llamaba todos los miércoles por otra emisora y ese día no era miércoles. Cuando Lucho oyó la voz de su hermana, se le iluminó el rostro. Adoraba a su hermana Estela. Se acomodó mejor en la silla, contento de oírla, mientras que su hermana hablaba con una voz dulce y con una infinita ternura: «Lucho, tienes que ser fuerte: nuestra mamacita murió». La asfixia que yo había sentido al enterarme de la muerte de mi padre leyendo un periódico viejo, volvió a mí con violencia. Lucho experimentaba la misma suspensión abrumadora del tiempo, la respiración cortada. Su sufrimiento reactivó el mío y me recogí en forma de ovillo. No podía ayudarlo. Él trataba de llorar, como para recuperar la respiración, para deshacerse de su tristeza, dejarla escaparse del cuerpo, evacuarla. Pero lloraba un llanto seco, lo que era todavía más atroz. No había absolutamente nada que decir.

Este eclipse duró varios días, hasta que se abrió la puerta de la cárcel y se oyó la voz de Arnoldo:

—Cojan apenas lo indispensable: hamaca, toldillo, cepillo de dientes. Nos vamos. Tienen dos minutos.

Nos ordenaron ponernos en fila, uno detrás de otro, y salimos. Yo había sacado mi diccionario y no estaba nerviosa. Me despertaba de esa larga tristeza, de ese silencio sin pensamientos. Tenía ganas de salir, de hablar.

—Esto nos va a sentar bien.

—Sí, nos va a sentar bien.

—Ella ya estaba muerta.

—Sí, ya se había ido. No se daba cuenta de que yo no estaba ahí. Ya me lo esperaba.

—Uno se lo espera, pero uno nunca está listo.

Caminamos lentamente hasta la cerca exterior de la cárcel. Delante de nosotros, los rehenes militares caminaban encadenados, en hileras de a dos. Al vernos, nos saludaban con amplias sonrisas en sus rostros cadavéricos.

—¿Tú crees que también nosotros estamos así?

—Yo creo que nosotros estamos peor.

Salimos del campamento y comenzamos a caminar al otro lado de las zanjas. Anduvimos veinte minutos por el caminito que habíamos usado la noche de los helicópteros, con Shirley.

Nos acomodamos en medio de la vegetación, encima de los plásticos negros, lejos de los militares, que no podíamos ver, pero que alcanzábamos a oír a través de los árboles.

—Orlando, ¿trajiste el radio?

—Sí, tranquila.

Gloria fue a instalarse su hamaca. La espera se alargaba. Cuando quiso estirarse, cayó al suelo como una piedra. Esta vez, el hecho no le produjo risa pero a nosotros sí. Necesitábamos ser ligeros y tontos. Fui a abrazarla.

—Déjame, estoy de mal genio.

—Pero, Gloria…

—Déjame. No me gusta que te burles de mí. Estoy segura que fue Tom el que soltó los nudos para que me cayera.

—Claro que no. No seas tonta. El pobre Tom no hizo nada.

Nos ordenaron instalar las carpas. En cada una dormirían tres personas. Orlando, Lucho y yo montamos la nuestra.

—Te advierto que ronco horriblemente —dijo Orlando.

En ese momento, un rugido nos puso en guardia y detuvimos toda la actividad.

—Son helicópteros —dijo uno.

—Hay por lo menos tres —dijo el otro.

—Están volando a ras de tierra; vienen para acá.

La selva empezó a temblar. Todos mirábamos para arriba. Yo sentía el bramido de los motores en mi pecho.

—¡Están muy cerca!

El cielo se oscureció. Los pájaros metálicos pasaban, inmensos, sobre nuestras cabezas.

Orlando, Lucho y yo pensamos la misma cosa al tiempo. Acabábamos de ponernos nuestros minicruceros a las espaldas. Le agarré la mano a Lucho. Con él, podía hacerle frente a todo.

44

EL NIÑO

Los guardias cargaron sus fusiles y se acercaron. Estábamos rodeados. Recé para que se produjera un milagro, un acontecimiento imprevisto. Un bombardeo que generara pánico y nos permitiera salir corriendo. Un desembarco de las tropas del ejército, aunque eso significara nuestra muerte. Yo lo sabía. En tal caso, la orden era matarnos. Había un guerrillero asignado para esa misión, antes de cualquier maniobra o desplazamiento. Él tenía la orden de protegerme o de salvarme en caso de que hubiera intercambio de disparos, y de ejecutarme cuando se presentara el riesgo de que yo cayera en manos de «los chulos».

Algunos años después, durante una de las largas marchas que eran nuestro calvario como rehenes de las FARC, una joven guerrillera me explicó cruelmente mi situación.

Se llamaba «Peluche» y, a decir verdad, el sobrenombre le iba muy bien, pues era chiquita y bonita. Me caía bien. Tenía un gran corazón. A mí me costaba trabajo caminar y seguir el ritmo de los demás. A ella le habían asignado el trabajo de vigilarme, para gran alivio mío. Sin embargo, ese día habíamos parado un momento para tomar agua. Al oír ruido entre la vegetación, montó el revólver y me apuntó. Su mirada se había transformado y casi no la reconocía. Se había vuelto fea y fría:

—¿Qué le pasa, Peluche?

—Haga lo que le ordeno o le disparo. Pase delante de mí. Corra derecho sin parar, hasta que yo le avise.

Empecé a trotar frente a ella, cargando a las espaldas un morral demasiado pesado para mí.

—¡Apúrele! —dijo irritada.

Me empujó brutalmente detrás de unas piedras y nos quedamos escondidas así unos segundos. Un cajuche, o marrano del monte, iba corriendo a toda velocidad, con la cabeza agachada, y pasó a algunos metros de nosotras. El resto de la manada seguía detrás, unos veinte animales bastante más grandes que el primero. Peluche se incorporó, apuntó y mató uno de los cajuches. El animal se desplomó frente a nosotras. Un chorro de sangre negra le salía por detrás del cráneo.

—¡Menos mal eran marranos! Pero había podido ser el ejército, y en ese caso yo habría tenido que ejecutarla. Esas son las órdenes.

Ella me explicó que si «los chulos» nos veían, no harían ninguna diferencia entre ella y yo, y que me matarían. Y que si yo no corría rápido, ella me dispararía igual.

—Entonces, no tiene opción. ¡O, mejor dicho, la mejor opción es andar conmigo!

Yo me mantenía detrás de Lucho. Los helicópteros pasaban muy cerca del suelo, se alejaban y volvían de nuevo. Pasaron una vez más sobre nuestras cabezas sin vernos. Luego se alejaron y desaparecieron en la distancia.

El día llegaba a su fin. Todavía nos quedaban algunos minutos de luz. Tuvimos apenas el tiempo para montar la carpa, extender los plásticos, instalar los toldillos y acostarnos a pasar la noche.

Orlando me alcanzó el radio.

—Oye las noticias de esta noche. Ten cuidado, que los guerrilleros están cerca. Lucho y yo vamos a hablar fuerte para cubrir el ruido.

Al día siguiente, al despuntar el alba, le pasé el radio, después de los mensajes de Mamá y de Ángela, la esposa de Lucho. Me levanté para cepillarme los dientes y desentumecerme las piernas, esperando la colación de la mañana. Orlando fue el último en salir del cambuche, mucho después que nosotros. Estaba blanco como una vela. Parecía un cadáver ambulante. Lucho me agarró del brazo:

—¡Dios mío! ¡Algo le pasó!

Orlando nos vio sin vernos y se fue a buscar agua al río como un autómata. Volvió con los ojos rojos e hinchados y el rostro desprovisto de expresión.

—Orlando, ¿qué te pasa?

Al cabo de un largo silencio, abrió la boca.

—Mi mamá murió —dijo con un suspiro y evitando nuestra mirada.

—¡Mierda! ¡Mierda! —vociferó Lucho, golpeando la tierra con el pie—. ¡Odio esta puta selva! ¡Odio a las FARC! ¿Hasta cuándo se va a encarnizar Dios contra nosotros? —gritaba, mirando al cielo.

A comienzos de diciembre, la madre de Jorge nos había dejado; luego fue la de Lucho, y ahora era la de Orlando. La muerte nos perseguía. Sin madre, mis compañeros se sentían a la deriva, como si hubieran perdido el archivo de sus vidas, proyectados en un espacio vacío donde ser olvidados por los demás se convertía en la peor de las prisiones. Me hacía estremecer la idea de que yo pudiera ser la próxima víctima de esta maldición.

Como si el destino quisiera burlarse de nosotros, la vida, como la muerte, también estaba presente en este campamento provisional. O por lo menos eso era lo que yo pensaba. Durante la noche, en medio del silencio de los árboles, yo había oído el llanto de un recién nacido y concluí que Clara había dado a luz. Me levanté y les hice el comentario a mis compañeros, pero nadie había oído nada. Lucho se burlaba de mí:

—Lo que oíste no fue un bebé sino un gato. Los militares tienen varios. Yo los vi llevándolos cuando nos adelantaron.

Los helicópteros no volvieron. Regresamos a la cárcel de Sombra y allí volvimos a encontrar todas nuestras cosas. En los días que duró nuestra salida, el lugar había sido infestado por las hormigas y las termitas.

Además, como para confirmar las palabras de Lucho, habían aparecido los gatos. Un gran gato macho con pelaje de fiera y ojos amarillos de fuego —que atraía todas las miradas y, sin duda, un híbrido de gato y tigrillo— era el rey de la pandilla, con unas gatas igual de extraordinarias a él pero mucho más belicosas. Nuestro grupo lo adoptó de inmediato y cada uno contribuía a su bienestar. Era un animal magnífico: tenía el pecho blanco, lo mismo que las patas, y eso lo hacía parecer siempre elegante como si llevara guantes.

—Yo me lo llevo conmigo —afirmó uno de nuestros compañeros—. ¿Te imaginas cuánto podría pedir por las crías? ¡Me darían una fortuna!

Pero Tigre, pues ese era su nombre, era un ser libre. No tenía amo y nos trataba a todos con indiferencia. A veces desaparecía días enteros. Una de las gatas de su harén, tan salvaje como él, decidió irse a vivir con nosotros. Desde el primer instante, quedó prendada de Lucho. Se le subió a las rodillas y empezó a ronronear; cualquiera que se acercara corría el riesgo de ganarse un arañazo. Lucho, intimidado, decidió esperar a que la gata se fuera cuando quisiera para poder levantarse de la silla. Los días que siguieron, ocurrió lo mismo. Era la gata quien había domesticado a Lucho, y no al revés. Era una gata mal querida, sin nombre, que tenía un ojo malo. Por las noches llegaba maullando a buscar a Lucho: él abría sus latas de conservas no para alimentarse ni para compartir con nosotros, sino para alimentar a su gata, a quien le puso el nombre de Saba.

Cuando Saba maullaba, producía, en efecto, un sonido similar al llanto de un bebé. Durante un tiempo creí que me había equivocado y que el llanto de recién nacido que había creído oír en la selva era, en realidad, Saba. Sin embargo, una noche que la gata estaba durmiendo a mi lado, oí de nuevo los gimoteos. Ya no tuve más dudas. A la mañana siguiente, cuando Arnoldo llegó con las ollas, lo asalté a preguntas. Me respondió que Clara todavía no había dado a luz y que ya no estaba en el campamento.

Comprendí que estaba mintiendo y mi imaginación se desbocó. Esa noche tuve una pesadilla espantosa: veía a mi compañera muerta y al bebé perdido.

Por la mañana, les conté el sueño a mis compañeros, asegurándoles que Clara debía de estar en peligro. Interrogamos a todos los guardias, cada uno por su lado, pero la consigna era no decirnos nada.

Sombra y Alfredo vinieron por la tarde. Nos hablaban desde el otro lado de la reja, como si estuviéramos apestados. La conversación se avinagró, pues Alfredo acusó a nuestros compañeros estadounidenses de ser mercenarios y agentes de la CIA y el ambiente se caldeó al extremo.

Antes de irse, Alfredo anunció:

—Y su amiga ya parió. Es un niño. Se llama Emmanuel. En algunos días vuelve para acá.

Yo me sentí aliviada, contrariamente a mis compañeros.

—¡Va a ser terrible tener un bebé aquí en la cárcel, chillando toda la noche! —me dijo el mismo compañero que me había sermoneado en el momento de la llegada de los compañeros estadounidenses.

—Te respondo con tus propias palabras: hay que darle la bienvenida a todo el mundo.

Algunos días después, Guillermo nos relató cómo había sido el parto de Clara. Él se había preparado para la intervención mirando por computador la descripción del procedimiento. Según dijo, le había salvado la vida al niño, pues estaba casi muerto cuando él había intervenido, y lo había reanimado. Luego explicó que cosió a Clara y que ya estaba caminando.

Clara, llegó, efectivamente caminando una mañana, con el bebé en brazos, envuelto en una cobija. Todos la recibimos con emoción, enternecidos con este pequeño ser nacido en nuestra selva, en nuestra cárcel, en nuestro infortunio. Dormía con los ojos cerrados a medias, ignorando todo sobre el mundo horrible en el cual había nacido.

Clara puso al bebé en mi caleta y nos sentamos juntas a mirarlo. Ella me contó en detalle cómo había sido su vida desde que nos fuimos del gallinero, y agregó:

—Pasé días enteros muy enferma después del parto. Los guerrilleros se encargaron del bebé. Nunca lo amamanté y sólo podía verlo una vez al día. Estaba tan mal que no podía encargarme de él. Nunca he podido bañarlo.

—Bueno, no importa. Lo hacemos juntas. Vas a ver: es un momento maravilloso.

Tomé al bebé entre mis manos, para quitarle los pañales, y vi que tenía el brazo izquierdo vendado.

—¿Qué le pasó?

—Cuando lo sacaron, le jalaron fuerte el brazo y se lo partieron.

—¡Dios mío! Debe dolerle horrible.

—Casi no llora. No debe sentir.

Yo estaba profundamente conmovida.

El clima era agradable y hacía sol. Llenamos con agua un platón que Lucho había rescatado de la basura cuando estábamos en el lodazal de los cerdos. Mientras desvestía al bebé, recordaba el momento en que Mamá me había iniciado con Melanie. Copié uno por uno sus movimientos, poniéndome al bebé en el antebrazo, sosteniéndole la cabeza con la mano y metiendo su cuerpecito lentamente en el agua, al mismo tiempo que le hablaba, lo miraba a los ojos, le tarareaba una canción alegre, para que ese primer contacto con el agua fuera para él una referencia de placer, como le había visto hacer. Con la otra mano recogí un poco de agua:

—¿Ves? Así, le echas agua en la cabeza, teniendo cuidado de que no le caiga en los ojos, para que no se asuste. Y le hablas, le acaricias el cuerpo, porque es un momento especial, y cada vez debe ser un momento de armonía entre tú y él.

Las palabras de Mamá volvían a mí. Acurrucada frente al platón, con el bebé de Clara en los brazos, comprendí todo su significado. Yo vivía con Clara el momento que su madre seguramente habría querido vivir con ella. Clara estaba fascinada, como yo debía estarlo al observar los movimientos experimentados de Mamá. De hecho, no estaba enseñándole nada. Mi papel consistía, más bien, en liberarla de sus miedos y de sus aprehensiones, para que ella descubriera en sí misma su modo particular de comunicarse con su hijo.

45
LA HUELGA

Había pedido que instalaran otro cambuche al lado del mío, pegado a la malla, para Clara y su niño. Quería estar cerca de ella, sobre todo en la noche, para ayudarla a cuidar al bebé sin incomodar a los demás. Había intentado presentar mi petición en el momento indicado, con las palabras adecuadas, en un tono que no suscitara sospechas. Pero la respuesta había sido negativa y Clara regresó, con su hijo, a su lugar en el fondo del galpón.

Esto me afligió mucho más cuanto muy pronto, Clara rechazó mi ayuda y evitó que tuviera cualquier contacto con el niño. Mis compañeros también se le acercaron, pero ella desdeñó su colaboración. Observábamos impotentes los errores de nuestra madre primeriza que rechazaba cualquier consejo. Para colmo, el niño lloraba todo el día y el recepcionista venía por él para encomendarlo a cualquier guerrillera fuera de la cárcel:

—Usted no sabe cuidarlo —le echaba en cara, fastidiado.

Escuchaba a mis compañeros darle cartilla:

—¡El tetero estaba hirviendo, hay que probarlo antes de dárselo!

—¡Le vas a irritar más las nalgas si lo sigues limpiando con papel higiénico! ¡Para él es como papel de lija!

—Hay que bañarlo todos los días pero sin moverle el brazo, o no va a sanar.

Cuando el bebé regresaba de donde la guerrillera parecía tranquilo, efectivamente. Demasiado tranquilo. Yo lo miraba de lejos. Hablaba de ello con Gloria y Consuelo. Ellas también tenían la impresión de que algo no andaba bien. El niño no seguía los objetos con la vista. Reaccionaba a los sonidos pero no a la luz.

Observábamos con dolor. No valía la pena comentarle a la madre. Teníamos dudas; pensábamos que el niño estaba enfermo, pero expresarlo no habría servido de nada. Si no habían dejado salir a Clara para que diera a luz en un hospital, con seguridad no iban a hacer nada por brindar al niño un simple cuidado médico. Todos éramos demasiado conscientes de que nos dejarían pudrir en cautiverio sin tendernos la mano, y eso incluía al recién nacido.

Recordaba al enfermero que permaneció impasible mientras Lucho convulsionaba en el suelo, y también su actitud durante los sucesivos ataques cardiacos de que Jorge había sido víctima. Lucho lo había reanimado con masajes al pecho que sabía dar por tener una hermana médica. Les rogamos que nos suministraran aspirinas para adelgazarle la sangre y disminuir su riesgo de infarto, sin ningún éxito. Acabaron sacándolo de la cárcel acusándonos de estresarlo y de contribuir con nuestra preocupación a su recaída. Pasó una semana en la talabartería, totalmente solo, tendido en el suelo.

Supusimos que recibiría atención médica pero, al regresar, nos contó que había tenido otros infartos en serie sin que el guardia hiciera nada en absoluto a fin de socorrerlo. Para cada uno de nosotros, estar con vida parecía cada vez más cuestión de milagro. Hundidos en aquel mundo regido por el cinismo, donde la vida, de la que nos habían desposeído, nada valía, presenciábamos una inversión de valores a la que yo no lograba resignarme.

De noche, tendida en mi cambuche, veía con tristeza el intercambio que algunos de mis compañeros, pegados a la malla de acero que nos encerraba, habían establecido. Por allí pasaba todo lo que pudiera ser objeto de transacción, con tal de conseguir un medicamento o un poco de comida. Sorprendí toqueteos atrevidos; ciertos guardias, aprovechando nuestra angustia y necesidad, llevaban sus exigencias siempre un poco más lejos con el fin de acrecentar nuestra humillación.

Me estremecía el comportamiento de los secuestrados que habían hecho de su entendimiento con el enemigo un estilo de vida. Lo justificaban como táctica para ganarse la confianza de los guerrilleros con el fin de mejorar sus oportunidades de supervivencia. Cualquiera que haya sido la verdadera razón, habían decidido ser amigos de nuestros verdugos. Así las cosas, se esforzaban por dar pruebas de servilismo cada vez que se les presentaba la oportunidad.

Cuando nos llegaba un envío de ropa —lo cual era infrecuente: una vez al año o de pronto dos con un poco de suerte—, generalmente algún compañero recibía el que debía de ser el artículo más codiciado del montón. Enseguida declaraba que no lo quería y, en lugar de ofrecérselo a alguien de los nuestros, siempre necesitados, lo regalaba al guerrillero al que quería agradar. Su gesto era apreciado y, a cambio, recibía todo tipo de favores: comida más abundante y mejor en el plato, medicamentos, etcétera.

Esta actitud se propagaba como una plaga, y el resultado era que quedábamos condicionados a ver en los guerrilleros figuras de autoridad y a disculparlos de todas las crueldades y abusos que perpetraban contra nuestros compañeros. Las relaciones se habían invertido: los prisioneros veían a los demás rehenes como rivales, por quienes alimentaban animadversión y hostilidad.

Comenzábamos a comportarnos como siervos ante grandes señores a los que tratábamos de agradar para conseguir un favor, o ante quienes temblábamos porque solo veíamos la superioridad del cargo y no la realidad humana de la persona. Asumimos la obsequiosidad de los cortesanos.

El sufrimiento del niño de Clara tuvo el efecto de un catalizador de rebelión en nuestra pequeña comunidad. El bebé pasaba de la histeria que le producía el insoportable dolor de su brazo roto a la apatía bajo el efecto de los fuertes sedantes que la guerrilla le aplicaba sin reservas. Tom, quien anteriormente se había negado a llevar a cabo una huelga de hambre para protestar contra el trato que la guerrilla nos infligía, en esta ocasión aceptó exigir con nosotros que la criatura recibiera cuidados pediátricos. Todos nos declaramos en huelga. Lucho se hizo un gorro de cartón y una pancarta sobre la que escribió *¡Abajo las* FARC*!*. Lo seguíamos en fila, arengando consignas de protesta mientras dábamos vueltas al patio. Orlando tuvo la buena idea de poner a fermentar un pedazo de panela que tenía guardado desde hacía tiempo para hacer chicha.

—No sentiremos hambre y nos dará ánimos.

El efecto no se hizo esperar: diarrea general y borrachera colectiva. Nuestras consignas degeneraron: pasamos de exigir un tratamiento para el niño de Clara a protestar contra la falta de comida:

—¡Abajo las FARC, tenemos hambre, queremos jamoneta!

El espectáculo era tan grotesco y estábamos tan prendidos que terminamos derrumbándonos, y nos partíamos de la risa cada vez que alguno salía corriendo hacia la letrina para vaciarse.

La guardia nos miraba desde fuera, consternada. Podíamos oír los comentarios de nuestros vecinos: los presos militares querían imitarnos y declararse en huelga.

La puerta de la cárcel se abrió. Todos esperábamos represalias. Arnoldo entró seguido de dos guardias que arrastraban un costal de fique negro de polvo.

Algunos se le acercaban ya para disculparse, para no caer en desgracia.

—Me da mucha vergüenza, Arnoldo; por favor comprenda —se excusaban.

El guerrillero los detuvo con un gesto de la mano:

—El comandante Sombra les manda decir que los prisioneros tienen derecho a protestar y que las FARC les garantizan ese derecho. Les pide que lo hagan en voz baja, porque sus gritos podrían alertar a los chulos, no vaya a ser que anden por ahí. Aquí hay latas de atún para que se las repartan. El comandante Sombra manda que el niño sea evacuado de la cárcel, ya que él no está preso. Vivirá en libertad entre nosotros y vendrá a ver a su madre de vez en cuando. Vamos a cuidarlo y a alimentarlo bien. Ya verán.

Dejó el costal sobre la mesa, fue por el niño y por todas sus cosas, y se marchó después de cerrar la puerta con doble llave, dejándonos de una pieza.

El niño crecía y engordaba perceptiblemente. Clara lo recibía, jugaba con él un ratico y lo devolvía a los brazos del recepcionista apenas se ponía a llorar. Una noche fue Guillermo, el enfermero, quien lo trajo. Le preguntamos cómo pensaba curarle el bracito. Aseguró que el niño estaba curado, aunque sabíamos que no era cierto. Clara detuvo la discusión. Agradeció a Guillermo por todo lo que había hecho por el niño y declaró:

—Ojalá usted hubiera sido el papá.

Yo a menudo pensaba en el niño. De cierta forma, al haber aceptado ser su madrina y particularmente en aquella selva, me sentía ligada a él. Cuando Arnoldo venía, me tomaba unos minutos para interrogarlo. Quería saber cómo trataban la irritación de las nalgas del bebé, los granitos de calor que le cubrían el cuerpo y, ante todo, que me informaba sobre la dieta a que lo sometían.

—Va a ser todo un varón —me respondió Arnoldo alguna vez—. Le damos su buen tinto por la mañana y queda encantado.

Me dio un escalofrío. Sabía que era una costumbre bastante extendida en Colombia: como las familias más pobres no pueden comprar leche en polvo, llenan los teteros de sus bebés con café.

Me acordaba de la niñita que encontré en una caja de cartón, dentro de una caneca. Regresaba del Congreso. Miraba distraídamente a través del parabrisas de mi auto cuando vi salir una manito de un montón de basura. Salté del vehículo y encontré ese angelito, envuelta en un mameluco sucio que apestaba a orina. Se había quedado dormida con un tetero en la boca, lleno de café negro.

El hermanito mayor jugaba a su lado. Me dijo que la bebé se llamaba Ingrid. Me habría bastado mucho menos para ver en el episodio una señal del destino. Llamé enseguida a Mamá para preguntarle si quedaba cupo en sus albergues infantiles para dos chiquitos que dormían en la calle...

Por supuesto que un biberón de café negro para un niño de pecho era el resultado de la miseria extrema, pero también de la ignorancia. Le expliqué a Arnoldo que el café era una sustancia fuerte, inapropiada para un bebé, y había que conseguirle sobre todo leche. Me miró con cara de ofendido y me soltó:

—¡Esas son maricadas de la burguesía! A todos nos criaron así y nos va de maravilla.

Arnoldo le estaba metiendo política al asunto: desde mi posición sabía que era inútil insistirle. En los temas menudos, así como en los importantes, dependía del genio de los guardias. Ya me lo había advertido Ferney: había que encontrar el momento adecuado, el tono adecuado y las palabras adecuadas.

Había fracasado lamentablemente.

46
LOS CUMPLEAÑOS

Ya se acercaba septiembre. Comenzaba de nuevo un ciclo agobiante. En la radio, la música tropical anunciaba ya la proximidad de las fiestas navideñas. No podía resignarme al horror de pasar un tercer cumpleaños de mis hijos en su ausencia.

Quería conmemorar los diecinueve años de mi hija, y temía cometer de nuevo una torpeza. Deseaba, como en las ocasiones anteriores, hacer una torta para Melanie. Estaba atenta al humor de Arnoldo, esperando así tener más suerte en que mi mensaje llegara a Sombra. Pero Arnoldo estaba cada día más despótico y humillante, negándose incluso a detenerse un segundo para cambiar tres palabras. Sin embargo, yo sentía de manera irracional que si lograba celebrar de nuevo el cumpleaños de mi hija, ello sería un buen augurio. Era la idea que anidaba. Estaba al acecho.

Mi frustración tuvo un respiro. Sombra ordenó que nos revisaran los dientes. Shirley, quien había hecho un curso de enfermería, fue nombrada dentista. Aproveché para pedirle ayuda.

—No te prometo nada, pero trataré de vender la idea de que vengas a cocinar una tarde con nosotras. ¿Cuándo es el cumpleaños de tu hija?

Pero los días pasaban y no me dejaban ir a la rancha.

Ese 6 de septiembre de 2004 me desperté con la imagen de mi hija ante mis ojos, a quien había besado en sueños. Me alegré de no haberle comentado a nadie mi idea, para evitarme las burlas que eran de esperar. «Aprender a no desear nada», me repetía a mí misma, para sobrellevar mi decepción.

No obstante, después del almuerzo, el chirrido de las bisagras me hizo estar sobre aviso.

Detrás de Arnoldo venía la Boyaca muy seria. Traía una torta enorme en sus brazos. Arnoldo ladró mi nombre:

—Es para usted. Se lo envía el comandante Sombra.

La torta estaba decorada con la leyenda de rigor: «Feliz Cumpleaños Melanie, de parte de las FARC-EP». Salté de alegría y me volví para compartir mi emoción con mis compañeros. Keith se había dado vuelta, furioso. Recordé entonces una conversación que habíamos tenido hacía meses: nuestras hijas habían nacido con dos días de diferencia. Todo el mundo trajo los platos y yo lo llamé a él con insistencia.

Todavía teníamos chicha que nos había quedado de nuestra huelga, tan fuerte que daba miedo. Era la ocasión soñada para darnos gusto.

Antes de cortar la torta, levanté mi vaso diciendo: «Hoy festejamos dos acontecimientos importantes: el nacimiento de Lauren y el nacimiento de Melanie. Que Dios les dé el valor de ser felices en nuestra ausencia».

En cuanto terminó nuestra pequeña celebración, Keith me abrazó. Se quedó mirándome con los ojos aguados y, con la voz llena de emoción, me dijo:

—Nunca olvidaré lo que acabas de hacer.

En la radio, las noticias sobre el despliegue de tropas en la Amazonia en el marco del Plan Patriota acaparaban los titulares. Los generales perseguían al Mono Jojoy, lo seguían de cerca, estaba enfermo y tenía problemas para mantener el ritmo. Entrevistaron a Mamá. Le pedía al presidente Uribe suspender los operativos y acceder a negociar con la guerrilla. Tenía miedo de que nos hiciéramos masacrar.

También escuché a mi ex esposo en Radio Francia Internacional. Ello me alegró mucho. Fabrice siempre había sido el mejor de los padres. Sabía que su tenacidad ayudaba a nuestros hijos a resistir. No obstante, aquel día lo sentí muy triste. Reclamaba su derecho a defendernos, a sabiendas de que su gestión podía percibirse como una injerencia en los asuntos colombianos. Quería dirigirse a mí. Quería darme esperanzas, pero cuando quiso hablar estalló en llanto. Se me partió el corazón. Entonces comprendí que nuestra situación era peor de lo que había imaginado.

Cada uno de los secuestrados se puso a clasificar y a escoger entre sus objetos personales. Con el Plan Patriota, si los militares se acercaban nos harían caminar por la selva para que no nos alcanzaran.

Yo nunca había hecho verdaderas marchas. Orlando, en cambio, había tenido que caminar por semanas enteras. Contaba que los habían obligado a avanzar encadenados por el cuello de dos en dos. Cuando alguno se desplomaba debido al peso y al cansancio, arrastraba al otro en su caída. Los equipos que tenían al comienzo eran demasiado pesados, e iban arrojando sus tesoros por el camino para deshacerse del lastre. La fuente de mayor angustia era el paso sobre los troncos que hacían las veces de puentes, pues si uno de los dos daba un paso en falso ambos corrían el riesgo de morir estrangulados o ahogados.

Con Lucho decidimos, pues, prepararnos lo mejor posible, y sobre todo estar en buena condición física para huir en el caso de que nos viéramos atrapados en el fuego cruzado entre militares y guerrilleros. Convinimos unas señales para huir juntos al menor aviso, con la esperanza de encontrarnos con el ejército si se nos presentaba la oportunidad.

Pasaba mis mañanas entrenando, subiendo y bajando de mi taburete, mientras llevaba a la espalda mi equipo con los enseres personales que pensaba llevar conmigo. No se trataba de escoger lo más necesario, pues todo cuanto tenía lo era. En cambio, hice la lista de lo que tenía un gran valor afectivo, las cosas que me ayudaban a resistir. Había varias a las que me aferraba como a mi propia vida.

La primera era un sobre con una serie de cartas que Sombra me había traído gracias a la mediación de la Iglesia. En mi paquete había una carta de Mamá, que releía todos los días.

Mamá la había escrito a las carreras tras recibir una llamada telefónica de monseñor Castro, quien le anunciaba la posibilidad de un contacto con las FARC. En ella me contaba: «Estaba enojada con la Santísima Virgen porque no me escuchaba, de modo que le dije: si no me traes noticias de mi hija antes del sábado, se acabó; no rezaré más».

Se le notificó que las pruebas habían llegado el sábado antes de mediodía. Al escuchar el video que le hicieron llegar, se sobresaltó porque precisamente yo le pedía rezar conmigo el rosario todos los sábados al mediodía en punto. En estas coincidencias veía una señal, una respuesta, una presencia protectora y activa. Por mi parte, aquel rosario del sábado a mediodía se había convertido en el punto culminante de mi semana. Consuelo y Gloria nunca dejaban de avisarme cuando llegaba la hora.

La lectura de la carta de Mamá había ocupado un lugar en esa rutina, casi mística, con la que intentaba ahuyentar los demonios que habían invadido mi entorno. Al leerla entraba al universo de lo bueno, del descanso, de la paz. Podía entonces escuchar su voz, que resonaba en mi cabeza a medida que recorría las palabras trazadas por su hermosa caligrafía. Podía seguir las pausas de su pensamiento, la entonación de su voz, sus suspiros, sus sonrisas, y se me aparecía allí, delante de mí, y yo podía verla en todo el esplendor de su generosa personalidad, siempre bella, siempre feliz. En aquel trozo de papel Mamá había logrado atrapar el tiempo. La tenía para mí, solamente para mí, cada vez que la releía.

Esa carta me importaba más que cualquier otra cosa. La había envuelto en plástico, recuperado del último envío de dotación, luego de una lucha encarnizada y ridícula con uno de mis compañeros, quien también lo quería. La había sellado con las marcas autoadhesivas de desodorantes, para conservarla a salvo en caso de caer a un río. Hice lo mismo con las fotos de mis hijos que Mamá había puesto junto con su carta, y con el dibujo de mi sobrino de cuatro años, Stanislas. Había imaginado mi rescate por el ejército colombiano, en un helicóptero que me llevaba mientras yo seguía dormida y que, evidentemente, piloteaba él. También había un poema de Anastasia, la hija mayor de mi hermana Astrid, con su ortografía creativa de niña, en el que pedía a su abuela que no llorara, que se secara las lágrimas, ya que su hija habría de regresar algún día, «por artes de locura, por artes de magia, por obra de Dios, en un día o en tres años, ¡no es lo que importa!».

Sentada sobre mi cama, las piernas cruzadas, desplegaba mis tesoros frente a mí. Contemplaba largamente cada foto de mis hijos. Observaba sus rostros, la expresión de sus ojos, su corte de pelo, sus rasgos a veces tan semejantes a los de su padre, a veces tan parecidos a los míos. Analizaba el instante que había quedado fijado, y siempre me resultaba difícil apartar la mirada. Me dolía, sentía un desgarramiento. Semejante lujo no pesaba nada. Lo había doblado de manera tal que tenía la forma del bolsillo de mi chaqueta: «Si alguna vez he de salir corriendo sin mi morral, mis cartas estarán a salvo. Y si me matan, al menos sabrán quién soy».

Tenía también el bluyin de Melanie, demasiado pesado, pero que no quería dejar. Cuando lo llevaba puesto volvía a ser yo misma. A través de él recuperaba el amor de mi hija. No podía desprenderme de él. Para colmo, estaba también mi chaqueta. Era liviana, sin duda, pero estorbaba muchísimo. Por último quedaba el diccionario, que pesaba una tonelada.

Lucho había decidido cargar mi chaqueta para que yo tuviera espacio para el diccionario. Orlando aceptó llevarme el bluyin. Marc se haría cargo de la Biblia.

Estaba lista. Sin embargo, las semanas transcurrieron sin novedad. Los rumores parecían ser exactamente eso: rumores. Poco a poco volvimos a instalarnos en nuestro hastío que, ahora, con la perspectiva angustiosa de una marcha, nos parecía una forma de felicidad.

Llegó el cumpleaños de mi hijo. Aquel viernes 1 de octubre de 2004, cuando se abrió la puerta de nuestra cárcel, me asomé con presteza, convencida de que Arnoldo venía a buscarme para llevarme a la rancha. Pero se trataba de algo totalmente distinto.

Nos pidió preparar un equipaje lo más liviano posible, y nos informó que tendríamos que caminar hasta el día de Navidad… Podíamos llevar provisiones: no habría mucha comida.

—Además, Sombra les envía estas botellas de vodka. Aprovéchenlas, son las últimas que verán. Tómenselas antes de arrancar: les darán su empujoncito para empezar la marcha. Les advierto, la vaina se puede poner berraca. Habrá que caminar rápido y mucho. Para consolarlos les tengo una buena noticia: el almuerzo es marrano. Se van a dar un banquete antes de irnos.

Oí a los cerdos chillar a lo lejos. ¡Pobres bichos! Esta gente prefería hartarnos para no dejárselos a los militares.

47
LA GRAN PARTIDA

El 1 de octubre de 2004 creía estar lista, pero en el momento de partir reconsideré todas mis decisiones. No fui la única. Pudo más el desorden. En el último instante, todos añadíamos nuevos objetos a nuestros cargamentos. Se generalizó la idea de llevarnos las colchonetas. Lucho me convenció de llevarme la mía debajo del brazo, bien amarrada con cabuya, y acepté, sin caer en la cuenta de la carga que me echaba encima.

Rehíce por completo mi equipaje y, ya con el morral cerrado, Lucho lo levantó para evaluar su peso:

—Te vas a reventar.

Demasiado tarde. Arnoldo ya estaba allí con una olla repleta de comida:

—Les quedan treinta minutos para comer, lavar sus platos y tener sus equipos cerrados, listos para salir.

No comimos; tragamos. Obsesionados con la idea de llenarnos el estómago, nos resultaba imposible apreciar el sabor de lo que engullíamos. De igual forma, nos zampamos las botellas de vodka, para añadirle calorías suplementarias al organismo, sin siquiera tomarnos el tiempo de saborear, aunque fuera por un instante, el licor que bajaba derecho quemándonos la garganta.

Al instante tuve la sensación de recibir un golpe en las costillas. Mientras enjuagaba mi plato sentí los escalofríos recorrerme la columna vertebral. «Me voy a enfermar», alcancé a pensar.

Lucho se había puesto el sombrero y llevaba su equipo a la espalda. Los demás ya estaban afuera, en formación. Oí decir a Orlando:

—¡Seguro que estos H.P. nos encadenan!

Lucho me miró angustiado:

—¿Estás bien? Ya nos vamos. Ven te ayudo a ponerte el morral.

Cuando el peso del morral al fin cayó sobre mis hombros, creí que Lucho acababa de colgarme un elefante al cuello.

Me incliné instintivamente hacia adelante, en una posición difícil de mantener al caminar:

—Te lo dije: tu equipo está muy pesado.

En efecto, tenía razón. Pero era demasiado tarde: los demás salían ya.

—No te preocupes, me entrené bien. Aguantaré.

Arnoldo dio la orden de arrancar. Entre cada uno de nosotros ubicaron guardias armados hasta los dientes, con sus equipos a la espalda que duplicaban el tamaño de los muchachos del Bloque Sur. Salí de última, no sin echar un vistazo hacia atrás. La cárcel estaba cubierta de objetos sin vida, de restos diversos. Aquello parecía un tugurio: ropa sucia colgada sobre cordeles olvidados entre los árboles, trozos de cartón, bidones vacíos tirados entre el barro.

«Esto es lo que los militares encontrarán cuando lleguen hasta aquí. Un campo de concentración tropical», pensé. El guardia que me escoltaba debió adivinarme el pensamiento, porque comentó:

—Un equipo se queda a recoger. Vamos a enterrarlo todo, por si acaso a ustedes se les ocurrió tallar sus nombres en las tablas.

Hubiera debido ocurrírseme, por supuesto; debimos haber dejado indicios para encaminar las investigaciones del ejército. El guardia cayó en la cuenta de que en lugar de haberme descubierto, me había pasado información clave. Se mordió los labios y, con voz ronca, ladró mientras se ajustaba el sombrero:

—¡A moverse que vamos rezagados!

Di un respingo y obedecí, haciendo un esfuerzo sobrehumano para dar unos cuantos pasos. No entendía lo que me pasaba. Estaba, sin embargo, bien entrenada, y físicamente en buena condición. Mi orgullo me obligó a seguir como si nada. Pasé frente al grupo que aún no había salido. «Seguro son el equipo de limpieza», pensé. Una de las muchachas estaba recostada contra una especie de barandilla que probablemente hacía poco habían instalado. Jugaba con uno de los gatitos de Saba, fruto de sus amores con Tigre.

—¿Qué van a hacer con los gatos? —le pregunté al pasar.

—Me llevo las crías —me respondió, levantándose el sombrero para mostrarme dónde llevaba oculto el segundo gatito.

—¿Y los papás?

—Se las arreglarán solitos por aquí. Son cazadores.

Miré con tristeza a los gatitos: no sobrevivirían.

A mi derecha veía el charco de los marranos y el sitio de nuestras primeras caletas acuñado a la pendiente. Enfrente estaba el río, que había crecido con las aguas lluvias y cuya corriente se había acelerado muchísimo. También habían construido un puente que no existía antes. Allí estaba Sombra recostado, viéndome llegar:

—Usted va muy cargada. Vamos a acampar a unos metros de aquí. Habrá que desocupar su morral. ¡Ni se le ocurra llevar esa colchoneta!

Llevaba la colchoneta bajo el brazo, mecánicamente. Me sentí ridícula. Sudaba copiosamente, presa de una fiebre pegajosa.

Atravesé el puente tambaleándome. El guardia me ordenó detenerme, me quitó el morral y lo puso encima del suyo, detrás de su nuca, como si acabara de levantar una pluma:

—Venga. Aceleremos, que nos va a coger la noche.

Al cabo de un cuarto de hora casi al trote vi a mis compañeros. Estaban sentados en sus equipos, en fila india. Algunos metros hacia la derecha, los militares habían montado ya su campamento. Las carpas, las hamacas y los toldillos llenaban el lugar.

Mi guardia dejó caer mi equipo a tierra y se marchó sin pedir su resto. Lucho me esperaba:

—¿Qué te pasó?

—Estoy enferma, Lucho. Creo que es una crisis hepática. Tuve los mismos síntomas hace unos años cuando me dio hepatitis aguda.

—¡No puede ser! ¡No me vas a hacer esto ahora!

—Creo que fueron la carne de cerdo y el vodka. Era justo lo que menos debía comer.

La noticia de mi estado de salud se regó. Guillermo estaba preocupado. Definitivamente no era el momento de enfermarse. Me dio una caja de silimarina y ahí mismo me tomé las pastillas.

—Mañana vengo a inspeccionar su equipo —me dijo en tono amenazante—. Nadie se lo va a cargar.

Estuve a punto de desmayarme. Antes de salir había escondido entre el morral el machete que había mantenido oculto bajo las tablas del galpón.

48
LA CRISIS HEPÁTICA

Guillermo nos había reunido para anunciarnos que, durante la marcha, él estaría a cargo de nuestro grupo. Se valió de su recién adquirido poder para hacernos la vida imposible. Comenzó por apiñarnos unos encima de otros, distribuyendo el espacio con tacañería. En aquella selva inmensa había encontrado el modo de mortificarnos. Luego hizo cuanto pudo para alejarme de Lucho. Nuestra reacción fue inmediata y, ante nuestras protestas, aceptó rectificar su orden. Un argumento de Lucho lo convenció: «Si se llega a enfermar, yo me encargo de ella». Efectivamente, fue él quien montó mi carpa, mi hamaca y mi toldillo. Cuando nos llamaron para el baño tuve que luchar para levantarme y cambiarme. Ya era de noche. El guardia alumbró el camino con una sola linterna para todo el mundo. Yo iba de última y avanzaba a tientas. Debíamos bañarnos los diez en un chorro de agua que caía en una cañada angosta y profunda. La pendiente bajaba en picada. Había que dejarse deslizar agarrándose de las zarzas para frenar la caída. Cuando aterricé cerca del arroyo ya estaba cubierta de barro. Todos mis compañeros se habían ubicado corriente arriba. El agua, que bajaba clara, me llegaba llena de barro. Tenía la sensación de que me ensuciaba más, en lugar de lavarme. Para acabar de completar, era la hora de los zancudos.

Guillermo nos afanó a dar por terminado el baño y yo no había siquiera comenzado. Lo que debía haber sido un momento para relajarnos se convirtió en un calvario. El regreso fue aun peor. Llegué a mi caleta más sucia de lo que había salido, con rasquiña desesperante y temblando de fiebre. Era una noche negra; todos estábamos ocupados desempacando nuestra ropa de repuesto, colgando la que nos habíamos quitado, empapada de sudor y pesada del barro, y retorciendo las camisetas y pantalonetas que usábamos para ir al baño. Aproveché la confusión para esconder el machete debajo de mi toalla y fui a ver a Lucho:

—Guillermo dijo que me va a esculcar el morral mañana temprano.

—Sí, ya sé. ¿Cómo te sientes?

—Mal. Óyeme, antes de salir eché el machete entre mis cosas.

—¡Qué locura! ¡Tenemos que deshacernos de él ya mismo, no puedes llevarlo en tu equipo!

—Tampoco tengo cómo botarlo, hay guardias en todas partes. Además, podría servirnos.

—No. Me niego a llevarlo.

—¡Por favor! A ti no te van a requisar, luego me lo devuelves.

—¡No, no y no!

—¿Y entonces qué hacemos?

—No sé, bótalo por ahí.

—Bien, veré cómo me las arreglo.

—¡Ah, qué carajos! Pásamelo, yo me encargo. Vete a dormir. Mañana tienes que estar lista.

Cuando abrí los ojos vi la cara de Guillermo pegada a mi toldillo. Ya era de día. Me sobresalté, pues sabía que debíamos levantar el campamento al amanecer.

—¿Ya nos vamos?

—No, la salida quedó para mañana. Voy a ponerle un suero.

Efectivamente, traía en la mano un kit de agujas, tubos y gasas. Me hizo sostener la bolsa de suero por encima de mi cabeza, mientras me chuzaba el otro brazo en la oquedad del codo buscando una vena. Al ver las manos de Guillermo, sus uñas largas y negras, apreté los dientes asqueada. Hizo varios intentos antes de encontrar una vena que lo satisficiera, me dejó el antebrazo cubierto de morados desde la muñeca.

—Traiga su equipo. Hay que aligerarlo al máximo.

Extendió un plástico negro en el suelo, vació encima el contenido del morral y paró en seco al ver el diccionario. Los ojos le brillaron con crueldad. Se volteó hacia mí y sentenció en tono autoritario:

—¡El diccionario se queda!

—¡No! ¡Prefiero dejar todo lo demás, salvo el diccionario!

Mi réplica fue inmediata, y el tono inapelable con que me salió me sorprendió a mí misma. Guillermo se puso entonces a hurgar a conciencia entre el montón de cosas esparcidas por el suelo. Nos quitó a mí y a mis compañeros todos los libros, menos mi Biblia, el libro de García Márquez que Tom se negó a dejar y el diccionario. Orlando me devolvió el bluyin de Mela:

—Qué pena contigo, pero voy muy cargado. Ya te cabe en el morral.

Esperaba que Marc hiciera otro tanto, pero al volver a arreglar su equipo guardó mi Biblia con sus cosas. Lucho, por su parte, estaba muy nervioso:

—Si llegan a esculcarme, me matan. Cargar esto es demasiado arriesgado.

No obstante, el machete se quedó dentro de su morral.

El mío todavía pesaba demasiado, o tal vez yo estaba muy débil. Cuando me lo fui a poner para emprender la marcha, las piernas se me aflojaron por la carga y caí de rodillas, sin fuerzas.

Guillermo hizo su aparición triunfal. Se cuadró en medio del grupo y gritó:

—Síganme en silencio uno por uno, cada cual con su guardia detrás. Están de buenas: irán sin cadenas. Al primero que la cague, lo pelo. Ingrid: irá de última sin equipo. Déjelo que lo vamos a llevar.

Aunque el hecho de que me cargaran el morral me aliviaba, sentía que algo no andaba bien. Con mi rosario prendido a la muñeca, ocupé el lugar que me había asignado y comencé a seguir al que iba delante de mí mientras rezaba mecánicamente.

La hora de marcha a través de la selva había sido agobiante. Los pies se me enredaban en todas las raíces, en todos los bejucos. Cada dos pasos tropezaba y debía esforzarme hasta lo increíble para abrirme paso entre la vegetación. Me había rezagado del grupo y, como ya no tenía a nadie delante de mí, se me dificultaba seguir el rastro; tenía que adivinarlo por la fila de arbustos cortados aquí y allá, a lado y lado de una ruta imaginaria.

Exasperado, mi guardia había decidido pasarme, violando las órdenes recibidas. Yo no tenía la menor intención de fugarme. Tenía el cerebro bloqueado. Solamente poner un pie delante del otro e ir tras él me costaba bastante. Procuraba mantenerme cerca para evitarme el esfuerzo de tener que alcanzarlo. Bastaba con que el guardia me tomara un par de pasos de ventaja para que la vegetación me lo hiciera invisible. Si me le acercaba demasiado, las ramas que apartaba a su paso se me devolvían como látigos que me daban en plena cara:

—¡Aprenda a guardar las distancias! —me gritó.

Estaba como embrutecida. Mi cuerpo estaba descompensado y me costaba pensar. Acababa de perder la poca confianza que me quedaba. Me sentía a merced de mis captores.

Al cabo de media hora encontré a mis demás compañeros sentados en círculo en un pequeño claro de la selva. A poca distancia se oía el ruido de una motosierra, pero el follaje en derredor nuestro era tan denso que no nos permitía ver absolutamente nada.

La pausa fue breve y yo estaba molida. Gloria vino a verme. Me abrazó y me dio un beso:

—Estás hecha mierda —me dijo. Luego, en un susurro, añadió—: Los demás están muertos de rabia. Dicen que es puro teatro
tuyo. Les duele que te estén cargando el equipo. No se te haga raro
si te la montan.

No le respondí nada.

La orden de reemprender la marcha no sorprendió a nadie.
Todos nos pusimos en pie y nos ubicamos dócilmente en las posiciones que nos habían asignado. Avanzamos despacio hasta que
en una curva apareció el río, corriendo por un cañón profundo a
toda velocidad, turbulento. Habían cortado un árbol inmenso que,
tendido entre las dos orillas, se había convertido en un majestuoso
puente. Vi cómo lo atravesaban los guerrilleros y de solo mirarlos
sentí vértigo. Lucho estaba justo delante de mí. Se volteó, me apretó la mano y musitó:

—¡No voy a poder hacerlo jamás!

Miré cómo cruzaba una de las guerrilleras, con los brazos
extendidos a cada lado como una equilibrista de circo y el descomunal equipo a la espalda.

—Sí podemos. Juntos, con maña, pasito a paso, lo lograremos.

Todo el mundo pasó. Los guerrilleros cargaron hasta la otra
orilla los equipos de los que tenían mayores dificultades para cruzar. Brian regresó a nuestro lado cuando nos correspondió el turno. Me tomó de la mano y me recomendó no mirar hacia abajo.
Pasé entre una niebla de ansias, sintiendo el hígado cada vez más
hinchado, como cegada.

Miré hacia atrás y vi a Lucho, temblando de pies a cabeza y
paralizado en la mitad del tronco. Llevaba puesto el morral, pues
se había negado a entregarlo por miedo a que se lo requisaran. En
determinado momento puso mal un pie sobre una hendidura del
tronco y perdió el equilibrio. Jalado por el peso de su equipo, se
fue hacia atrás como en cámara lenta. Con el corazón en la boca,
murmuré:

—Se va a desnucar.

Nuestras miradas se cruzaron en ese mismo instante. Se lanzó hacia adelante en un esfuerzo desesperado por recobrar el equilibrio. Brian saltó sobre el árbol como un felino y corrió a tomarlo del brazo para que pudiera terminar de pasar.

Mis músculos parecían haberse contraído y retorcido como bajo el efecto de un calambre. Advertí una masa que sobresalía bajo mi caja torácica. Si se trataba de mi hígado, prácticamente había duplicado su volumen. Me sentía morir. El menor movimiento me producía dolores inenarrables. Escuché la voz de Mamá. ¿Acaso fue un mensaje que me envió por radio y que recordaba como una grabación, o lo inventé yo misma en una especie de divagación? «No hagas nada que te ponga en peligro. Te queremos con vida».

Me esforcé por caminar otros diez minutos. El grueso de la compañía nos estaba esperando para reanudar la marcha. Llegué plegada en dos, con una mano apoyada en el pecho para contener la bola bajo las costillas.

Uno de mis compañeros se quedó mirándome:

—No nos crea tan huevones. ¡Qué enferma ni qué nada, ni siquiera estás amarilla!

Oí a Lucho, detrás de mí, replicarle:

—Amarilla, no; está verde. ¡Déjala en paz!

Sombra se había situado al frente del grupo. Yo hasta ahora lo veía. Había visto todo. Se acercó, cojeando. Nunca antes me había dado cuenta de su limitación.

—¿Ahora qué pasa? —me soltó, suspicaz.

—Nada.

—Venga, póngale berraquera, tenemos que irnos ya.

—…

—¡Míreme! —me ordenó.

Desvié la mirada.

Sombra llamó con voz fuerte a un guerrillero que estaba en la delantera.

—¡Indio, venga para acá!

El tipo llegó al trote con su morral enorme, como si nada.

—Deje aquí el equipo.

Era un muchacho más bajito que yo, cuajado, con un torso amplísimo y brazos como piernas. Tenía el porte de un búfalo.

—Se la carga a la espalda. Haré que le lleven el equipo.

El Indio mostró en una gran sonrisa todos sus dientes blancos y hermosos, y me dijo:

—No va a ser lo más cómodo, pero hagámosle.

Y salí a lomos de este hombre que corría por la selva saltando como un cabrito a toda velocidad. Me agarraba de su cuello, sintiendo cómo el sudor de su cuerpo me empapaba la ropa, tratando de aguantar y de no resbalar, y repitiéndome a cada sacudida: «El hígado no me va a estallar, mañana todo irá mejor».

49

EL RAQUETEO DE GUILLERMO

El hígado no me estalló, pero al día siguiente no me fue mejor. Yo había llegado al emplazamiento del campamento antes que los demás, pero cuando llegó mi equipo ya era noche cerrada. Acababa de guindar mi hamaca cuando el diluvio se nos vino encima. Apenas si tuve tiempo de saltar dentro para no empaparme. En cuestión de minutos vi un torrente formarse y bajar a toda velocidad llevándose todo a su paso, incluidas la caleta de Gloria y la de Jorge. Tuvieron que pasar de pie parte de la noche, con sus cosas en los brazos, bajo una de las carpas cercanas, a la espera de que dejara de llover y bajara la inundación.

Al amanecer de la mañana siguiente me di cuenta de que Guillermo se había dado gusto esculcándome el equipo, lo que explicaba que me lo hubieran devuelto tan tarde la víspera. Había tomado el diccionario y el bluyin de Mela. Quedé abatida. El hombre había logrado meterle mano a lo que siempre había codiciado. Al hacerle el reclamo, ni siquiera intentó justificarse:

—Vaya y póngale la queja a Sombra —me respondió con altanería, luego de informarme que había tirado todo en el monte. Sabía que no era verdad. Los cinturones que había confeccionado para mis familiares estaban repartidos entre la tropa. Vi a Shirley usar el de Mamá. Me había embaucado. Me daba rabia no haber tomado precauciones. Pero también me daba cuenta de que en el estado en que me encontraba había perdido la partida de antemano.

A nadie se le ocurre cargar con un diccionario de dos mil páginas en plena selva. Solo a él y a mí, que lo apreciábamos más que a nada en el mundo. Esto me ayudó a contener el odio que alimentaba hacia Guillermo. De cierto modo, si utilizaba el diccionario con la misma pasión que yo, más valía que fuera él quien lo tuviera, ya que podía cargarlo y yo no.

Me desprendí con menos facilidad del bluyin de Mela. Experimentaba un cruel sentimiento de culpa, como si haber aceptado que me cargaran el morral hubiera equivalido a traicionar el amor de mi hija.

Sin embargo, poco a poco el tiempo hizo su trabajo. También esa herida acabó por cerrarse. Decidí que lo importante no era tener éxito en conservar el pantalón, sino comprender cuántas veces en mis años de aflicción, el gesto de mi hija me había acompañado y devuelto la sonrisa, pues me gustaba imaginármela buscando qué regalarme aquella última Navidad.

A la mañana siguiente no fue el Indio quien vino a buscarme. Sombra había delegado a Brian para transportarme. Todos lo consideraban el más berraco de la tropa. Yo lo apreciaba. Siempre había sido amable con todo el mundo. Imaginé que con él las cosas solo podían mejorar.

Me montó a caballo sobre su espalda y se alejó a la carrera, dejando atrás al resto del grupo. Desde los primeros minutos sentí algo raro. Su manera de andar era brusca y a cada paso sentía que mi hígado se resentía con los contragolpes. Me escurría. Para no caerme tenía que agarrarme de su cuello, a riesgo de sofocarlo. Al cabo de una hora el pobre Brian estaba reventado. Estaba tan sorprendido como yo, y no entendía cómo el Indio había podido correr la víspera durante horas sin cansarse, mientras que él estaba agotado cuando apenas acababa de arrancar.

Su orgullo iba a sufrir: su falta de resistencia sería blanco de sarcasmos. De modo que me cogió entre ojos, quejándose de mi

falta de colaboración y haciendo todo lo posible por humillarme
cada vez que nos cruzábamos con otro guerrillero por el camino.

—Espéreme aquí —dijo, abandonándome en medio de la selva.

Se fue corriendo para «remolcar» su morral, para traerlo hasta donde estábamos. Estaba sola en medio de la nada. Brian me
había tirado allí a sabiendas de que no me atrevería a moverme. El
transporte a lomo de hombre se había vuelto un calvario. Me cobraba sus esfuerzos sacudiéndome como a un bulto de papas. Sentí
desfallecer y me tendí en el suelo mientras esperaba que regresara.
Mientras yacía acostada, unas abejas negras, atraídas por el sudor,
tomaron por asalto mi ropa y me cubrieron por completo. Creí
morir de miedo y, vencida por la fatiga y el espanto, perdí el conocimiento. En mi inconsciencia o en mi sueño oía el zumbido de los
millares de insectos, que transformé en la imagen de un camión
que avanzaba a toda velocidad para aplastarme. Desperté sobresaltada y mis ojos se abrieron sobre el nubarrón de abejas. Me incor-
poré gritando, lo que las excitó aun más. Estaban en todas partes,
enredadas en mi pelo, dentro de mi ropa interior, agarradas a mis
medias y al fondo de mis botas, tratando de metérseme en las fosas
nasales y en los ojos. Enloquecida tratando de ahuyentarlas daba
golpes al vacío, sacudía los pies y las manos con todas mis fuerzas,
sin lograr que se dieran a la fuga. Maté un gran número de ellas y
aturdí a bastantes. El suelo quedó cubierto de bichos. Sin embargo,
no me habían picado. Agotada, terminé resignándome a coexistir
con ellas, y de nuevo me desplomé, rendida de fiebre y de calor.

En lo sucesivo, la compañía de las abejas negras se volvería habitual. Mi olor las atraía desde kilómetros a la redonda, y cada vez
que Brian me dejaba en alguna parte siempre terminaban encon-
trándome. Transformaban el horrible olor que me impregnaba en
perfume. Al llevarse la sal, dejaban la miel en mis ropas. Era como
hacer una pausa en una estación de limpieza. También abrigaba

la esperanza de que su presencia masiva disuadiera a otros bichos menos cordiales, y así su compañía me permitiría cabecear algún sueñito mientras venían por mí.

50
UN APOYO INESPERADO

Me había echado en el suelo, como un vagabundo debajo de un puente, durante una de estas etapas. Olía espantosamente; estaba sucia, al igual que mis ropas de muchos días, siempre húmedas con el sudor de la víspera y cubiertas de barro. Tenía sed. La fiebre me deshidrataba tanto como el calor y el esfuerzo por mantenerme sobre la espalda de mi transportador. Sentí que mi mente jugaba conmigo. Cuando vi la columna de hombres encadenados en serie que se me aproximaban, no me cupo duda de estar soñando. Tendida en el suelo, había percibido primero la vibración de sus pasos. Pensé que se trataba de una manada de animales salvajes y tuve el tiempo justo de enderezarme sobre los codos para verlos aparecer detrás de mí. Se acercaban apartando la vegetación que nos separaba. Temí que no me vieran y pudieran pisarme. Al pensar en ello me dio vergüenza que me descubrieran en semejante estado, con el pelo revuelto y exhalando aquel olor, repulsivo incluso para mí. Deseché la idea en cuanto los vi más de cerca, con la tez cenicienta de quienes llevan la muerte a cuestas, el caminar rítmico de presidiarios, encorvados bajo el peso de sus calamidades. Tuve ganas de echarme a llorar.

Cuando, casi tropezando conmigo, uno a uno, me fueron reconociendo, sus rostros se iluminaron.

—¿Doctora Ingrid? ¿Es usted? ¡Ánimo, de esta salimos!

Me tendieron la mano, me acariciaron el pelo, me enviaron besos al vuelo y me hicieron señas de victoria y de ánimo. Aquellos hombres, infinitamente más desdichados que yo, con muchos años más de cautiverio encima, encadenados por el cuello, enfermos, hambrientos, olvidados por el mundo; aquellos policías y soldados colombianos aún eran capaces de pensar en el prójimo.

El recuerdo de aquel instante quedó grabado en mi memoria. Habían transformado ese infierno verde y pegachento, en un vergel de humanidad.

Nos cruzamos con el Indio por el camino y me sonrió. Con humildad, casi con timidez, se ofreció a llevarme un tramo. Brian dudó: no quería confesar su derrota. Pero su oferta resultaba tanto más tentadora pues habíamos llegado a una zona con un relieve extravagante, que ellos llamaban «los cansaperros». Era una sucesión de subidas y bajadas abruptas de una treintena de metros de desnivel, como si una mano gigante hubiera remangado el tejido de la tierra y producido pliegues en serie pegados entre sí. Había imaginado que la selva amazónica era una extensión plana. Así, por lo menos, aparecía en mis libros de geografía. Nada más alejado de la realidad. El relieve de aquel mundo era como aquel mundo mismo: imprevisible. Al fondo de cada bajada, en la acequia apretada entre los dos pliegues del terreno, corría un curso de agua. Lo cruzábamos de una zancada para escalar a continuación la otra vertiente. Una vez en la cima, los muchachos rodaban pendiente abajo para ir a beber en el siguiente caño. Pero el cambio climático había hecho de las suyas: la mitad de las corrientes estaban secas y no había modo de refrescarse.

Brian había sufrido mucho llevándome a la espalda. Traté de caminar para aliviarlo así fuera poco, pero resbalé y rodé de nalgas cuesta abajo. El paso de la tropa que nos precedía había convertido el sendero en un tobogán de fango. Aterricé con violencia en la acequia llena de agua. Estaba cubierta de barro. Frente a nosotros

se elevaba una empinada cuesta que tendríamos que trepar afe-
rrándonos a la pared con las manos y los pies. Brian se quitó la
camiseta y la sumergió en el agua mientras se lavaba la cara. Antes
de ponérsela de nuevo, miró de reojo al Indio y le dijo:

—Cójala, yo le llevo el equipo.

El Indio hizo un movimiento de hombros y dejó caer su enorme morral.

—Tengo todo el parque.

—No interesa, camarada. ¡Páselo!

Brian prefería llevar un morral lleno de municiones que a
mí. Se puso las cinchas, las ajustó, y comenzó a trepar sin mirar
atrás, llevando el equipo del Indio sin problemas. Cinco minutos
después llegó a la cima, miró brevemente en nuestra dirección y,
visiblemente radiante, desapareció en la manigua.

—Nos fuimos —me dijo el Indio.

Salté sobre su espalda, tratando de hacerme lo más liviana posible. Trepó la pared tan rápidamente como lo había hecho Brian y
salió a toda velocidad, bajando la pendiente en un instante. Subía,
saltaba al siguiente repecho y volvía a bajar, de modo que yo tenía
la impresión de rebotar por los aires mientras sus pies apenas si
rozaban el suelo.

Brian nos esperaba recostado a un árbol, fumando un cigarrillo, muy ufano. Estábamos a punto de llegar a nuestra meta.

—Somos los primeros —dijo, tendiéndole un cigarrillo a su
amigo.

Ni siquiera me miró. El Indio tomó el cigarrillo, lo encendió,
le dio una buena calada y me lo pasó sin una palabra.

No tenía el menor deseo de fumar, pero el gesto del Indio me
conmovió. Brian había recuperado su don de mando, de modo que
se volvió hacia mí y rugió:

—Cucha, tírese allá, detrás de los que están cortando varas.
No se mueva hasta que le den la orden.

Sus palabras tuvieron el efecto de una bofetada. Mis ojos estaban aguados cuando se cruzaron con la mirada del Indio, quien esbozó una sonrisa y volteó rápidamente la cara, concentrado en volver a ajustar las cinchas de su equipo. Me sentía como una imbécil por reaccionar así, seguro era por el cansancio. Estaba acostumbrada a tratos semejantes: eran lo normal. Si hubiera estado sola con Brian me habría tragado su desprecio sin sentimentalismos. Pero delante del Indio recuperaba mi condición de persona: su compasión me autorizaba a quejarme. Y ello solo me hacía más débil, más frágil.

Nos habíamos adelantado a la caravana de los militares. El traqueteo de sus cadenas me hizo voltear a mirar. Les vociferaron órdenes en un tono que apestaba de arrogancia. Se quedaron a la espera, de buen humor, como a veinte metros de donde estaba yo, hablando animadamente en grupitos, todavía encadenados unos a otros.

Uno de ellos se percató de mi presencia. Hubo conciliábulos. Dos de ellos se acercaron y se pusieron en cuclillas para hablarme desde detrás de un arbusto que hacía de pantalla.

—¿Todo bien? —susurró uno de ellos.

—Sí, todo bien.

—Me llamo Forero. Y este es Luis, Luis Beltrán.

Luis se quitó la gorra cortésmente.

—Doctora, le tenemos un regalito. Le preparamos un ponche. Pero tiene que acercarse hasta acá. Tranquila que el guardia está sano.

La última vez que había oído hablar de ponche yo debía de tener unos cinco años. Fue en la cocina de la casa de mi abuela. Cuando ella anunció que prepararía uno, todos mis primos saltaron de alegría. Yo no sabía lo que era. La cocina daba a un patio interior. Allí, mi prima mayor se había sentado en el suelo, con una vasija llena de yemas de huevo que batía con energía. Mamá Nina había vertido varias cosas dentro, con cara de entendida, mientras mi prima seguía batiendo. La idea me hizo agua la boca. Obviamente, este «ponche» debía de ser algo totalmente diferente; en aquella selva no había huevos.

Para mi sorpresa, me tendieron un plato lleno de yemas recién batidas.

—¿De dónde sacaron huevos? —les pregunté extasiada.

—Son difíciles de cargar pero nos las arreglamos. Ya casi no nos quedan, nos hemos comido todo por el camino. Teníamos cuatro gallinas en la cárcel y resultaron generosas, pusieron un montón de huevos. Las cargamos todo un día, pero tuvimos que pasarlas a la olla la primera noche. No habrían aguantado los cansaperros.

Los escuchaba estupefacta. ¿Cómo? ¿Gallinas en la cárcel? ¿Y huevos?

La idea de que las yemas pudieran hacerme daño me vino a la mente por una fracción de segundo. Al punto rechacé el pensamiento: «Si no me producen náuseas es porque no van a sentarme mal». Cerré los ojos y me lo tragué todo. Tenía de nuevo cinco años, estaba sentada al lado de mi prima y mi abuela estaba allí. Volví a abrirlos, satisfecha. Forero me observaba con una gran sonrisa. Dio un codazo al soldado Luis Beltrán, quien sacó de debajo de su camiseta una bolsa de leche en polvo.

—¡Guárdela rápido! —me dijo—. Si se la pillan, se la quitan. Mézclele azúcar, eso le sienta para la hepatitis.

Tomé las manos de Forero y de Luis y les di sendos besos mientras se las apretaba entre las mías. Luego volví a acurrucarme en mi lugar, feliz de poder contarle a Lucho lo que acababa de ocurrir.

Guillermo abría la marcha, mis compañeros lo seguían. Al verlo, la sonrisa que conservaba en la cara se me borró.

—Tiene prohibido hablar con los militares. Al que encuentre mariqueando lo hago encadenar —amenazó.

Tuve que esperar a que montaran el campamento para poder cambiar unas palabras con Lucho. Nos preparamos apresuradamente para el baño. Los militares habían concluido ya sus faenas. Hicieron llamar a Sombra, quien llegó sin hacerse esperar.

Un muchacho habló en nombre de todos.

—Es el teniente Bermeo —me explicó Gloria.

Todos seguimos la escena, con los ojos fijos en Sombra. Los militares habían hecho un montón con todas las provisiones que contenían sus morrales.

—Ya no vamos a cargar nada —declaró Bermeo.

Oíamos retazos de conversaciones. Pero la actitud de Sombra no dejaba lugar a dudas: quería calmar la rebelión.

—Deberíamos hacer lo mismo —dijo Lucho—. Estamos mal alimentados, nos tratan como a perros, y además hay que cargarles la comida.

Keith intervino:

—Yo quiero comer. Yo llevo lo que me pidan llevar.

Miró de frente al guardia, quien seguía nuestra conversación con evidente interés. Luego fue a recostarse contra el árbol que sostenía su carpa y se cruzó de brazos.

—Debemos hacer como los militares, por solidaridad —dijo Tom, y comenzó a sacar las bolsas de arroz que llevaba en su morral. Los demás lo imitaron. Hicimos silencio para poder oír lo que pasaba del lado de los militares.

Bermeo seguía hablando; decía:

—No tienen derecho a llevarla así. La van a matar. Si fuera uno de ustedes, lo estarían llevando en hamaca…

No podía creer lo que estaba oyendo. ¡Aquellos hombres habían asumido mi defensa! Me di la vuelta, con un nudo en la garganta, buscando la mirada de Lucho.

51
LA HAMACA

Nos quedamos sin saber cuál había sido el resultado del boicot de los militares. Una culebra invadió nuestro espacio y, a los gritos de Gloria, todo el mundo se fue a perseguirla. Se había metido detrás de los equipos apilados en el suelo, y podía volver a aparecer de noche, enchipada dentro de algún morral. Estas batidas me disgustaban. Exceptuando las arañas pollas, por las que no sentía ninguna lástima, siempre tomaba partido por los animales que eran blanco de nuestras persecuciones. Deseaba que se escaparan, así como yo misma hubiera querido hacerlo. Frente a las serpientes, en cambio, mi manera de reaccionar me sorprendía a mí misma. Era incapaz de experimentar los sentimientos de aversión que veía en los demás, esa necesidad de aniquilarlas, de darles muerte. Pues sí, he de admitir que me parecían hermosas. Alguna vez, en el campamento de Andrés, vi un collar rojo, blanco y negro tirado en el suelo contra uno de los postes del bohío. Iba a recogerlo cuando Yiseth me gritó:

—¡No la vaya a tocar! Es una veinticuatro horas.

—¿Cómo así, qué es una veinticuatro horas?

—La mata en veinticuatro horas.

Las FARC mantenían sueros antiofídicos, pero estos no siempre eran eficaces. También preparaban un antídoto artesanal, para lo cual ponían a secar la vesícula biliar del roedor que llaman «lapa». Según ellos, este producto era mucho más confiable que los sueros de laboratorio. Tal vez debido a que me sentía a salvo por la disponibilidad de antiofídicos, o de pronto porque creía gozar de algún tipo de protección sobrenatural, me les acercaba sin temor. Incluso el monstruo que los guardias mataron en el campamento de Andrés, al que agarraron mientras fisgaba el baño de una guerrillera, me pareció fascinante. Luego de matarlo, los muchachos extendieron su enorme cuero para secarlo al sol, bien estirado entre estacas. Hizo las delicias de millares de moscas verdes que se arremolinaron a su alrededor, atraídas por el hedor inmundo que desprendía. El cuero permaneció allí, a la intemperie, por semanas. Se pudrió y acabaron arrojándolo en el hoyo de la basura. Pensé en todas las carteras de lujo que se habían perdido en el proceso. La idea me había rondado pero luego me había parecido absolutamente obsceno haber siquiera pensado en ello.

El animal que Gloria había visto era una cazadora, larga y delgada, de un llamativo color verde manzana. Asustada, llegó hasta donde me encontraba. Sin mucho pensarlo, me di a la tarea de rescatarla para llevarla fuera del alcance de mis compañeros. Sabía que no era venenosa. Sorprendida por el contacto de mi mano, me enfrentó en posición de ataque, con la boca muy abierta y bufando para mantenerme a distancia. No pretendía asustarla. Dejé de moverme para que recobrara la confianza, con éxito. Se dio vuelta para encarar a mis compañeros, aglomerados alrededor, como si se hubiera dado cuenta de que yo no representaba una amenaza. Desde su rincón, el guardia se reía de la escena. La deposité en las primeras ramas de un árbol descomunal y la vimos desaparecer, trepando de rama en rama hasta llegar a la copa.

Regresé a mi caleta para prepararme una mezcla de leche en polvo azucarada y agua, suficiente para rendir dos cucharadas: una para Lucho y otra para mí. La marcha había sido muy dura para él. Traía la piel pegada a los huesos y yo temía que pudiera darle un coma diabético.

A la mañana siguiente, dos muchachos nuevos llegaron con una vara larga. Comprendí que la intervención del joven teniente había arrojado resultados. Iba a entregarles mi hamaca para que la instalaran, pero Lucho me detuvo:

—Toma la mía que es más resistente. Además, la tuya va a quedar negra de polvo y ya no servirá para dormir.

—¿Y tú?

—Yo voy a dormir a ras de tierra. Es lo que me conviene, porque me ha empezado un dolor de espalda.

Era una mentira piadosa.

Los guardias montaron su hamaca en la vara y bajaron hasta el suelo el tinglado para que yo pudiera subirme. En dos movimientos se echaron la vara al hombro y salieron a la carrera como alma que lleva el diablo.

El entusiasmo inicial de mis portadores fue puesto a prueba al atravesar una serie de pantanos profundos donde el agua les llegaba a la mitad de los muslos. Milagrosamente pasé sin mojarme, lo que irritó a todo el mundo, empezando por mis portadores quienes, enojados por mi comodidad, olvidaron que estaba enferma. Se sentían humillados de llevarme como a un sultán. Mis compañeros, calados hasta los huesos, con los pies ampollados, destrozados por las jornadas de marcha cada vez más prolongadas, también estaban resentidos. Esto volvía a envenenar nuestras relaciones. Oí a uno de ellos discutir con los guardianes, a quienes les aseguraba que se trataba de una estrategia mía para demorar a todo el grupo; afirmaba que yo le había confesado todo a Orlando, quien a su vez se lo habría contado a él.

Los chismes de mis compañeros obraron como un veneno instilado con precisión. Cada día me asignaban a un nuevo par de portadores, e invariablemente llegaban más ensañados contra mí que los precedentes. Finalmente, el turno correspondió a Rogelio y al joven guerrillero del que todos nos burlábamos por parecerse al Zorro, debido a su sombrero plano amarrado con una cabuya y a sus pantalones demasiado ceñidos.

—Hoy va a estar bueno el baile —dijeron entre guiños.

Comprendí que no me querían para nada bueno y, esperando lo peor, me persigné antes de salir.

La selva había vuelto a tupirse y la vegetación era diferente. En lugar de los helechos y los arbustos a los pies de ceibas gigantes, ahora atravesábamos unos parajes sombríos y húmedos poblados de palmas y plataneras cuyos troncos se aglomeraban tanto que resultaba difícil abrirse paso entre ellos. La vara demasiado larga no permitía girar en los ángulos que imponía el terreno. Los portadores se veían entonces obligados a dar reversa para ubicarse mejor en un recodo y tomar la curva. Cada paso era una negociación entre el hombre de adelante y el de atrás, y uno y otro luchaban por imponer su parecer. Molestos, sudaban y se fatigaban. Los troncos de los plátanos hervían de hormigas de todo tipo, grandes y diminutas, rojas, rubias o negras. La intrusión del ser humano en su territorio las enloquecía. Como no teníamos más remedio que rozar los troncos al pasar, nos saltaban encima para atacarnos, se nos prendían para picarnos u orinarnos. Sin duda lo peor era la orina. Segregaban un ácido fortísimo que quemaba la piel y producía vejigas supuratorias. Embutida en mi hamaca como en una cápsula, moverme era imposible. Tenía que permanecer con los brazos pegados al cuerpo, sufriendo estoicamente el asedio de esos bichos que invadían las zonas más íntimas de mi cuerpo. No podía quejarme: los muchachos sufrían más que yo con sus torsos descubiertos y la vara lacerándoles los hombros.

Después de las plataneras vinieron los zarzales. Cruzamos una selva densa de palmas frondosas que se protegían contra el mundo circundante cubriendo sus troncos con alambradas de espinas. Nuevamente, estaban tan próximas entre sí que difícilmente podíamos evitar los choques contra las puntas aceradas que las cubrían. Rogelio estaba exhausto. Se desquitaba meciendo la hamaca más de lo necesario, de tal modo que a cada vaivén yo salía proyectada contra las espinas, que se enterraban profundamente primero en toda la capa de tejidos que me envolvía y luego en mi carne. Salí de aquel bosque de palmas cubierta de pinchos como un puercoespín.

Y eso no fue todo. Llegamos a otros embalses, aun más profundos que los anteriores, y en medio de los cuales medraba una vegetación hirsuta de espinas. Mis portadores caminaban de mala gana, mojados desde hacía horas, avanzando a tientas sin saber lo que encontrarían sus pies al fondo de aquella agua negruzca. A menudo perdían el equilibrio conmigo ahora ensopada y, por ende, mucho más pesada. Cada vez que tropezaban, su reflejo era buscar apoyo en el árbol más cercano. Al final de la jornada tenían las manos en carne viva.

No pudimos ir rápido ese día, ni los días siguientes, ni las semanas que sobrevinieron. Todos terminamos perdiendo la cuenta del tiempo que llevábamos vagando en aquella selva infinita sin importar lo que pasara y al costo que fuera. Prácticamente no quedaba qué comer. Por las mañanas Guillermo llegaba con una olla de arroz, cada día menos llena. La ración debía bastarnos hasta la noche, hora en que —una vez levantado el nuevo campamento— los rancheros inventaban sopas de agua hervida con lo que hubiéramos encontrado por el camino. La marcha se interrumpía hacia las cinco de la tarde. Cada cual llegaba con la obsesión de construir su refugio para la noche y vendarse las heridas. Solo teníamos una hora para montar las carpas, guindar las hamacas, darnos un baño, lavar la ropa que nos volveríamos a poner empapada al día siguiente y, de nuevo, derrumbarnos bajo el toldillo antes que cayera la noche. Al amanecer, cuando todavía hacía noche y frío, nos vestíamos con los uniformes pesados de agua. Era un verdadero calvario para mí. Pero si debía escoger entre ropa sucia y mojada o ropa limpia y mojada, prefería lavar mi uniforme a diario. Aún si el esfuerzo de hacerlo me agotaba aún más.

No quedaba tiempo que dedicarles a los demás, era cada quien a lo suyo. Menos Lucho, quien veía la forma de ayudarme hasta en los mínimos detalles para evitarme más problemas. Mi estado había seguido deteriorándose Le rogué a Guillermo que me diera silimarina y respondió:

—No hay droga para usted.

52

VENTA DE ESPERANZA

Siempre nos despertaban antes del amanecer. Una mañana, la orden de emprender la marcha se hizo esperar. Hicimos todo tipo de cábalas sobre lo que nos esperaba. Algunos decían que nuestro grupo iba a ser dividido. Nos hicieron caminar hasta un claro: los árboles estaban menos juntos y un tapete de hojas secas cubría el suelo. El día era gris; el lugar, siniestro. Nos ordenaron sentarnos en círculo. Los guardias nos rodearon, mientras nos apuntaban los fusiles.

—Van a matarnos —me dijo Lucho.

—Sí —le respondí—. Nos van a asesinar.

El corazón me latía a toda velocidad. Respiraba con dificultad, como todos los demás, a pesar de que estábamos inmóviles, sentados sobre nuestros equipos, de espaldas a los guardias. Cambié de postura:

—¡No se mueva! —me gritó un guardia.

—Si nos han de matar, quiero ver la muerte de frente.

El guardia se alzó de hombros y encendió un cigarrillo. La espera se dilató. No teníamos idea de lo que ocurría. Era casi mediodía. Imaginé nuestros cuerpos ensangrentados sobre el lecho de hojas. ¡Qué triste morir así! Se dice que, antes de morir, la vida nos pasa ante los ojos. Nada pasaba por los míos. Tenía ganas de ir al baño. «Guardia, tengo ganas de chontear». Ahora hablaba como ellos, olía tan mal como ellos y me había vuelto tan insensible como ellos.

Me dieron permiso de retirarme. A mi regreso, Sombra estaba allí. Preguntó quiénes de nosotros sabíamos nadar. Alcé la mano, también Lucho; Orlando no. ¿Estaba cañando? Tal vez Orlando sabía algo. ¿Y si fuera preferible decir que no sabíamos nadar?

Nos hicieron pasar al frente y reemprendimos la marcha. Veinte minutos después llegamos a la orilla de un río inmenso. Nos hicieron desvestir; quedamos en ropa interior y botas. Habían tendido una cuerda de una orilla a la otra. Enfrente de mí, una joven guerrillera se preparaba para meterse al agua con su equipo bien envuelto en plástico negro. Miré a mi alrededor. Justo después, el río daba una curva y triplicaba su anchura. Allí donde estábamos tendría unos doscientos metros.

La guerrillera asió la cuerda y comenzó a avanzar adelantando alternativamente las manos. Pronto me correspondería el turno. Entrar al agua me pareció vivificante. Estaba suficientemente fresca como para reanimarme el cuerpo. A los diez metros la corriente se volvía poderosa. Era preciso tener cuidado para que no se lo llevara a uno. Dejé flotar mi cuerpo sin oponer resistencia y avancé desplazando mis manos por la cuerda únicamente. Mi técnica resultó buena. Ya en la otra orilla, tuve que esperar mi ropa y mi morral mientras me asediaba una nube de zancudos. Tenían una curiara para que el gordo Sombra y el bebé cruzaran, pero estuvo a punto de hundirse debido al peso de todos los equipos. Pasé el resto de la tarde secando mis cosas, procurando mantener a salvo para la noche las pocas prendas más o menos secas que me quedaban. Agradecí al cielo que Sombra hubiera decidido montar allí mismo el campamento y nos ahorrara las horas suplementarias de marcha.

Cada quien aprovechó para organizar de nuevo su morral y deshacerse de cuanto fuera posible para aligerar la carga. Marc vino a verme para devolverme mi Biblia pues iba muy cargado. Clara también vino. Quería estar en mi caleta con su bebé. Le habían concedido una hora. Rápidamente desplegué en el suelo un plástico y mi toalla para que pudiera acostarlo. Una guerrillera de senos enormes trajo al niño colgando sobre su barriga dentro del canguro que yo le había confeccionado. El bebé llegó sonriente. Se veía bien despierto, seguía el movimiento de nuestros dedos con los ojos y escuchaba con atención las canciones que le cantábamos. En general tenía buen aspecto, excepto por su brazo que aún no había sanado. Clara jugó con él. Al cabo de un momento, el niño se puso a llorar. La guerrillera de senos grandes apareció enseguida y se lo llevó sin decir palabra. Fue la última vez que vi al hijo de Clara en la selva.

La noche cayó de golpe. Ni siquiera tuve tiempo de recoger la hamaca que Lucho me había prestado para transportarme y que yo normalmente enrollaba sobre el morral para pasar la noche. Me quedé dormida escuchando un ruidito de llovizna. «Mis cosas van a amanecer empapadas», pensé. «De malas, estoy demasiado cansada para moverme».

Hacia la medianoche, el campamento despertó con los gritos de Clara. El guardia encendió la linterna. Su caleta estaba invadida por las hormigas. Las arrieras se habían comido todo. Tenía la hamaca hecha jirones, lo mismo que su ropa de caminar que había dejado colgada de una cuerda. Un mar de hormigas cubría su toldillo. El guardia hizo cuanto pudo por espantarlas, pero muchas se habían colado ya al interior. Clara quería bajarse de la hamaca para quitárselas de encima, pero el suelo también hervía de insectos y no tenía las botas. Demasiado tarde caí en cuenta de que el ruido de llovizna era precisamente el sonido producido por las arrieras al desplazarse. Habían invadido el campamento y a mí ya me habían visitado.

La luz del día nos permitió constatar que todos habíamos sido perjudicados. La hamaca que Lucho me había prestado estaba hecha una coladera. Las correas de mi equipo habían desaparecido. De la chaqueta de Orlando solo quedaba el cuello y todas las carpas estaban agujereadas. Fue necesario remendar a toda prisa. Reparé mi equipo y zurcí la hamaca lo mejor que pude. Había que irse.

Una partida de guerrilleros había llegado de un campamento vecino con provisiones. También habían traído la curiara de Sombra y el bebé. Fue entonces cuando supimos que ambos habían cruzado el río en canoa. Vimos caras nuevas. A todos se nos antojó que el final de la marcha estaba cercano. De hecho, a pesar de haber comido mejor íbamos despacio. Los guerrilleros se quejaban. A todos nos costaba seguir. Ese día hicimos alto a las dos horas. Sombra estaba muerto de la ira. Se me acercó vociferando: «Dígales a estos gringos que no me crean tan huevón. Entiendo todo lo que dicen. ¡Si insisten en armar mierdero los encadeno a los tres!». Lo miré pasmada. Media hora más tarde vi llegar a Orlando y a Keith encadenados por el cuello. Jorge venía detrás con Lucho. Los otros venían a la zaga. Guillermo se les adelantó en cuanto me vio.

«¡Vaya a sentarse por allá!», rugió, para impedirme hablar con ellos. Keith estaba muy nervioso y agarraba con ambas manos la cadena que le colgaba del cuello. Orlando vino a sentarse a mi lado, empujado por los demás que se habían sentado en el espacio asignado por Guillermo. Orlando fingía jugar con sus pies:

—Este pendejo se puso a darle patadas al morral. Guillermo creyó que no quería seguir cargando sus vainas… Le dijo a Sombra que queríamos ponernos de ruana la marcha… Y ahora yo pago el pato.

Mientras me hablaba, Keith se había puesto de pie y hablaba con Sombra de espaldas a nosotros. Sombra se atacó de la risa y le soltó la cadena, que tiró sobre Orlando:

—A usted se la voy a dejar puesta unos cuantos días, para que aprenda a no dárselas de vivo conmigo.

Keith se alejó, frotándose el cuello, sin atreverse a mirar a Orlando. Guillermo volvió con una olla grande llena de agua. La repartió entre todos, nos dejó beber y luego gritó: «En orden de marcha, ¡mar!».

Como autómatas, mis compañeros se pusieron en pie de un salto, se terciaron los morrales y volvieron a tomar la trocha, adentrándose en la selva en fila india. Tendría que esperar sola a los portadores. Sombra lo pensó. Luego, decidiéndose a dejarme, dijo:

—No se preocupe por el diccionario: allá donde va, le quedará fácil conseguir otro.

—Sombra, quítele las cadenas a Orlando.

—No se afane por eso. Más bien piense en lo que le digo. Los franceses están en negociaciones. Estará libre antes de lo que nadie se imagina.

—No sé de qué me está hablando. Lo que sí sé es que Orlando lleva una cadena al cuello y usted se la tiene que quitar.

—Ánimo, ya no falta mucho —me replicó, disimulando mal su disgusto. Se alejó rápidamente y desapareció. Llegaron mis portadores. Uno de ellos era nuevo, pues el que me había llevado antes se había luxado el hombro. El Indio, siempre sonriente y amable, era su reemplazo. En cuanto tuvimos un momento a solas me dijo: «Va a haber una liberación. Creemos que se trata de usted».

Me quedé mirándolo, incrédula:

—¿Cómo así, de qué me habla?

—Pues sí. Unos irán para La Macarena, y otros saldrán con el frente primero. Pero usted va adonde los comandantes.

—¿Cuáles comandantes? ¿Qué historia es esta?

—Si quiere saber más, deme su cadena de oro.

Solté la risa:

—¿Mi cadena de oro?

—Sí, como garantía.

—¿Garantía de qué?

—De que no me va a embalar. Si se llegan a enterar de que le conté, me montan consejo de guerra y me fusilan.

—No tengo cadena de oro.

—Sí, la tiene en el equipo.

Sobresalté.

—Está rota.

—Démela y le cuento todo.

Su compañero de equipo llegó. Me metí de nuevo en la hamaca. La cadena había pertenecido a mi abuela. Se me había roto y después la perdí. La encontré milagrosamente y la guardé muy bien entre las páginas de mi Biblia. Eso significaba que la esculcada había sido muy minuciosa.

Ya en el sitio donde acamparíamos esa noche, mientras armábamos las carpas le comenté el incidente a Lucho.

—Esculcan todo… No podemos seguir llevando ese machete.

—¿Qué hacemos? —me respondió, asustado.

—Espera, tengo una idea.

El campamento de los militares había quedado, nuevamente, al lado del nuestro. Busqué a mis amigos. Seguían encadenados de a dos y tenían que ponerse de acuerdo para desplazarse. Se pusieron contentos de verme y me ofrecieron leche y azúcar.

—Traigo una misión delicada. Necesito su ayuda.

Se acurrucaron a mi lado para escucharme con atención.

—Tengo un machete escondido porque voy a intentar fugarme. Muy probablemente, mañana va a haber una requisa. No quiero dejarlo tirado en el monte. ¿Será que ustedes me lo pueden esconder entre sus cosas por unos días, mientras pasa la requisa?

Los hombres se miraron en silencio, súbitamente pálidos.

—Es peligroso —dijo uno.

—Muy peligroso —dijo el otro.

Un guardia gritó. Había que regresar. Los miré angustiada, solo nos quedaban unos cuantos segundos.

—Qué le vamos a hacer, no podemos dejarla con semejante lío. Cuente con nosotros —resolvió uno de ellos.

—Tome esta toalla. Envuelva con ella el machete después del baño. Cuando esté oscuro nos la regresa. Puede decir que le presté mi toalla y que me la va a devolver —recomendó el otro.

Se me aguaron los ojos. Aunque apenas los conocía, confiaba totalmente en ellos.

Volví y le conté todo a Lucho.

—Yo me encargo de llevárselo. Quisiera agradecerles personalmente —me dijo, profundamente conmovido. Sabíamos demasiado bien el riesgo que corrían.

Al amanecer del día siguiente hubo requisa. Nuestros amigos reanudaron la marcha. Nos hicieron adiós con la mano antes de alejarse. Podíamos estar tranquilos. Cuando llegó mi turno, Guillermo abrió mi Biblia. Tomó la cadena, jugó con ella un momento. Luego, la volvió a poner entre las páginas de la Biblia y cerró con cuidado la cremallera del estuche de cuero que la cubría. «¡No se va a atrever!», pensé.

Me asignaron de nuevo al Indio. Se le notaban las ganas de hablarme y buscaba el momento adecuado. En cuanto a mí, su historia me intrigaba cada vez más. Estaba ávida de buenas noticias. Quería tener un sueño al que agarrarme, así no fuera verdad. Me decía a mí misma que, de todas formas, si Guillermo le había echado el ojo a la cadena de mi abuela, pronto encontraría el modo de sonsacármela. De modo que cuando el Indio se me acercó, yo estaba dispuesta a comprarle sus mentiras.

El Indio se sentó cerca de mí con el pretexto de que no debía estar sola, ya que nos aproximábamos a una zona patrullada por el ejército. Su compañero no se hizo de rogar y se largó a «remolcar» su equipo.

—Le voy a contar todo, el resto lo dejo a su conciencia —anunció, a modo de introducción.

Me explicó que iba a ser remitida a otro comandante, cuya misión consistiría en llevarme con Marulanda, y que sería liberada.

—El Mono Jojoy quiere hacer una gran ceremonia con todos los embajadores y la prensa. Va a entregarla a usted directamente a los facilitadores europeos. Su amiga va a ser transferida al frente primero del Bloque Oriental. Emmanuel irá a vivir con una familia de milicianos que cuidará de él hasta que crezca.

Explicó que cuando el niño fuera grande, sería guerrillero. Lo enviarían a un hospital para operarlo del brazo. Luego añadió:

—Los tres gringos irán a La Macarena. Los demás serán divididos en grupos y saldrán para la Amazonia.

Listo, ya sabe todo. Espero que cumpla su palabra.

—No le he prometido nada.

—Ya oyó todo, ya le conté todo. Ahora queda sola con su conciencia.

Sabía que el Indio me mentía. No ignoraba que, entre ellos, mentir se consideraba una de las virtudes del guerrero. Ello formaba parte de su entrenamiento, era un arma de guerra que les alentaban a perfeccionar. Y la sabían manejar: habían adquirido la sabiduría de la oscuridad que se utiliza para hacer el mal.

Pero el Indio me había puesto a soñar. Al pronunciar la palabra Libertad, había abierto la caja que yo mantenía cerrada con doble llave. Ya no podía contener el caudal de divagaciones que me asaltaba. Veía a mis hijos, mi alcoba, mi perro, mi bandeja del desayuno, la ropa planchada, el olor de perfume, a Mamá. Me veía abrir la nevera, cerrar la puerta del baño, encender la lámpara de mi mesa de noche, usar tacones. ¿Cómo volver a echar todo aquello en el olvido? Me moría de ganas de volver a ser yo misma.

Probablemente me mentía. Sin embargo la duda, para mí, era fuente de esperanza. Sin ella solo me quedaba la seguridad de mi eternidad en cautiverio. De modo que sí, la duda era una remisión, un instante de reposo. Le estaba agradecida.

Decidí entregarle la cadena, no como pago por la información sino por haber tenido para mí una sonrisa, una palabra, una mirada.

Quería darle una apariencia loable a mi inconsistencia. Adoré a mi abuela. Era un ángel extraviado en esta tierra. Nunca la oí hablar mal de nadie. De hecho, debido a ello todos le contábamos nuestras peleas familiares. Se reía mientras nos escuchaba y siempre terminaba diciendo: «No le pongas bolas a eso, olvídalo». Tenía el don de curarnos el ego adolorido, y siempre daba la impresión de ponerse del lado de uno. Pero nos facilitaba el perdón porque nos ponía en perspectiva y le restaba importancia a nuestro resentimiento. Fuimos muy cómplices las dos, conocía todos mis secretos. Siempre fue importante en mi vida y su amor me resultó edificante. Su forma de amar no era exigente, y esa fue tal vez la mayor lección de vida que nos dejó. Con ella no había regateos: lo daba todo sin esperar nada a cambio. En su amor no había manipulación ni sentimientos de culpabilidad: lo perdonaba todo. Éramos una cantidad de nietos, cada uno convencido de ser su favorito. Mamá había guardado para mí su cadena de oro. Mi abuela la había llevado hasta su muerte, y yo desde entonces hasta que se me rompió.

Al dársela a un hombre que había tenido compasión de mí, tenía la impresión de honrar la bondad de mi abuela. Sabía que, allá arriba, ella estaba de acuerdo. También me repetía que mi cadena ya había sido descubierta y que, por lo tanto, era muy probable que desapareciera antes del final de la marcha. Pero tampoco era boba: sabía que el Indio me había vendido esperanza enlatada. Por algunos días iba a flotar entre nubes de beatitud. La espera de la dicha era más deleitosa que la dicha misma.

Luego de un día especialmente difícil, con una serie de cansaperros altísimos y muy empinados, llegó el Indio como si nada a perder el tiempo en nuestra sección. Venía por su recompensa. La saqué de su escondite y se la puse a hurtadillas en su manaza encallecida. Cerró el puño y desapareció como un ladrón.

Me evitó en los días que siguieron. Sin embargo, una noche volví a encontrármelo: había venido a ayudarle a Gloria a construir su caleta. Le hice una seña. Bajó los ojos, incapaz de sostenerme la mirada.

No llegué a confesarle nada de esto a Lucho.

Lo que más pesar me dio no fue que la liberación anunciada no hubiera sido más que una pura y simple quimera, sino que el Indio no volviera a ayudarme ni a sonreírme y se hubiera vuelto igual a todos los demás.

53
EL GRUPO DE LOS DIEZ

Una tarde, Milton[13] me ordenó caminar y envió a los portadores a la retaguardia de la tropa. Iba arrastrándome por aquella selva como zombi, con Milton al lado mío. Intentaba de ser estricto y elevaba el tono para hacerme acelerar el paso. Pero no era que me faltara voluntad, sino que mi cuerpo se empeñaba en rebelarse. Cuando la noche empezó a caer, todavía estábamos a varias horas del campamento.

Nos alcanzó un grupo de muchachas. Habían salido muy tarde del campamento anterior. Su misión consistía en no dejar ninguna huella de nuestro paso. Tenían que borrar el rastro de todo tipo que los secuestrados dejábamos con la esperanza de que el ejército colombiano lo detectara. Llegaron contentas. Habían gastado cinco horas al trote con sus equipos a la espalda para cubrir una distancia que a nosotros nos había tomado nueve horas de marcha.

Me había sentado en el suelo y tenía la cabeza metida entre las rodillas tratando de retomar fuerzas. Sin esperar la orden, decidieron cargarme.

La muchacha que había tomado la iniciativa se acurrucó detrás de mí, metió la cabeza entre mis piernas y, de un tirón, me levantó a horcajadas sobre sus hombros.

---

[13]. El guerrillero que había acompañado a Sombra en la guitarra durante la serenata. En la jerarquía, el tercer comandante después de Alfredo y Sombra.

—Esta no pesa nada.

Echó a correr como una flecha. Cada veinte minutos se relevaban en la labor. Dos horas después llegamos al pie de una quebrada que serpenteaba, silenciosa, entre los árboles. Un vaho parecía ascender desde la superficie del agua, que aún reflejaba los últimos rayos de luz. Podía escucharse el ruido de los machetes. El campamento debía de estar muy cerca.

Sombra estaba sentado un poco más lejos sobre la trocha, rodeado de media docena de jóvenes que lo adulaban. La muchacha que me llevaba se acercó al trote y me depositó a sus pies. No hizo ningún comentario, pero lo miró severamente. El grupo estaba impactado, y yo no entendía exactamente por qué. Sombra me dio la respuesta: «¡Se ve pésimo!», dijo.

Guillermo estaba en el grupo. Comprendió de inmediato que debía hacerse cargo de la situación.

Trató de pasarme el brazo, pero me solté.

Todos regresaban de bañarse. Lucho me dio la bienvenida, preocupado: «Tienes que cuidarte. Sin medicamentos te puedes morir y será culpa de ellos», dijo, en tono fuerte y claro para estar seguro de que Guillermo lo oyera.

Orlando se acercó también. Aún llevaba la cadena al cuello. Me ciñó con su brazo. «Son unos hijueputas. No les des el gusto de morirte. Ven, te voy a ayudar».

Ya estaba debajo del toldillo cuando Guillermo volvió a aparecer. Traía un montón de cajas en las manos. Encendió su linterna apuntándome el haz de luz en plena cara.

—¡Qué le pasa! —protesté.

—Le traigo silimarina. Tómese dos de estas después de cada comida.

—¿Cuál comida? —le respondí, pensando que me tomaba del pelo.

—Tómeselas cada vez que haya comido alguna cosa. Esto debe alcanzarle para aguantar otro mes.

Volvió a marcharse. Me oí decir: «¡Dios mío, haz que en un mes esté en mi casa!».

A la mañana siguiente hubo un trajín tremendo del lado de los guerrilleros. Eran las seis de la mañana y no había ningún indicio de partida. Había llegado demasiado tarde la víspera para notar que los militares habían acampado justo detrás de nosotros. Mis compañeros aprovechaban para hablar con ellos animadamente, y los guardias se hacían los de la vista gorda. Lucho regresó muy pálido de su conversación con nuestros dos nuevos amigos:

—Van a separarnos —informó Lucho—. Creo que los dos nos vamos con otro grupo.

Era exactamente lo que el Indio me había contado. El corazón me dio un salto.

—¿Cómo lo sabes?

—Los militares están bien informados. Algunos tienen sus parceros en las filas de Sombra… ¡Mira!

Me volteé y vi a un tipo grande, joven, de piel cobriza, bigotito bien cuidado y uniforme impecable que se nos acercaba.

Antes de que llegara hasta donde estábamos, Gloria lo abordó, bombardeándolo con preguntas. El hombre sonreía, francamente encantado de la importancia que se le daba.

—¡Vengan todos! —gritó en un tono mitad amable y mitad autoritario.

Lucho se acercó, desconfiado, conmigo detrás.

—¿Usted es la Betancourt? ¡Se ve muy mal! Ha estado muy enferma, según me han dicho.

Dudé, sin saber qué responder. Gloria terció:

—Es nuestro nuevo comandante. ¡Va a darle radios nuevos a todo el mundo!

El grupo se apretó a su alrededor. Todos querían saber más y, sobre todo, dar una buena impresión.

El hombre retomó la palabra. Parecía una persona consciente del peso de cuanto decía: «A todo el mundo no. Seré el comandante de una parte de este grupo. La doctora Ingrid y el doctor Pérez irán a otra parte».

Sentí una contracción a la altura del hígado. Por orgullo decidí callar las mil y un preguntas que me atravesaban el alma. Afortunadamente Gloria las hizo todas por mí en el lapso de medio minuto. Estaba claro, Lucho y yo íbamos a estar separados de los demás —¿quién podía saberlo?— quizá para siempre.

Jorge atravesó toda nuestra sección para estrecharme en sus brazos. Me apretó con tanta fuerza que me dejó sin aliento. Tenía los ojos llenos de lágrimas y, con voz entrecortada, tratando de ocultar el rostro sobre mi hombro, me dijo:

—*Madame* querida, cuídate mucho. Nos vas a hacer mucha falta.

Gloria llegó por detrás y lo regañó.

—¡Aquí no! ¡No delante de ellos!

Jorge se contuvo y fue a abrazar a Lucho. También yo hacía lo posible por tragarme las lágrimas. Gloria me tomó la cara entre sus manos y me miró directo a los ojos.

—Todo va a salir bien. Rezaré todo el tiempo por ti. Tranquila.

Clara se acercó.

—¡Quería quedarme contigo!

Enseguida, como para atenuar la carga dramática de sus palabras, se puso a reír y concluyó:

—¡Seguro que de aquí a unos meses nos vuelven a juntar!

Guillermo había regresado a buscarnos.

Atravesamos nuestra sección y, luego, parte del campamento de la guerrilla. Bordeamos la quebrada unos dos minutos y llegamos a un lugar lleno de aserrín, donde evidentemente habían instalado un aserradero provisional. Me senté sobre un tronco apenas Guillermo nos dio la orden de esperar. Ya habían ubicado allí un guerrillero para la guardia.

Cavilaba. ¿Qué quería decir todo aquello?

No tuve tiempo de responderme. Un grupo de ocho militares encadenados por parejas avanzaba hacia nosotros. Les dieron la orden de esperar. Me levanté para darles la bienvenida y, uno por uno, los abracé. Sonreían, eran amables, y nos miraban con curiosidad.

—¡Supongo que ahora vamos a formar parte del mismo grupo! —dijo Lucho a modo de presentación.

La discusión comenzó de inmediato. Cada quien tenía su tesis, su opinión, su forma de ver. Hablaban con prudencia, escuchándose entre ellos cortésmente, y escogían con cuidado las palabras que empleaban para no dar la impresión de contradecirse.

—¿Cuánto tiempo llevan secuestrados?

—Yo llevo más tiempo en las FARC que la mayoría de estos pelados —respondió un joven agradable, y, volviéndose hacia el guardia, le soltó:

—Venga, paisano, ¿cuánto hace que está en las FARC?

—Tres años y medio —respondió el adolescente, orgulloso.

—¿Sí ve? —remató—. Se lo dije. Van a ser cinco años que me pudro aquí.

Al decir esto, los ojos se le pusieron rojos y brillantes. Se tragó la emoción, echó a reír y comenzó a cantar: «La vida es una tómbola, tómbola». Era una tonada que sonaba con frecuencia en la radio. Luego, recobrando la seriedad, añadió: «Me llamo Armando Castellanos, para servirle; soy intendente de la Policía Nacional».

Nuestro nuevo grupo estaba conformado por ocho hombres más. John Pinchao, también de la policía, estaba encadenado a un oficial del ejército, el teniente Bermeo, el que había pedido que me transportaran en hamaca. Castellanos, por su parte, estaba encadenado al subteniente Malagón. El cabo Arteaga a Flórez, también cabo del ejército. Finalmente el enfermero, cabo William Pérez, estaba encadenado al sargento José Ricardo Marulanda, a todas luces el mayor de todos.

Su presencia me devolvió cierta tranquilidad. La separación de mis antiguos compañeros me parecía ahora un mal menor. Decidí dedicar tiempo a establecer relaciones sin intermediarios con todos, y evitar cualquier situación que pudiera generar tensiones entre nosotros. Estaban abiertos y mostraban curiosidad por conocernos. También ellos habían vivido experiencias difíciles, y aprendido las lecciones. Su actitud hacia Lucho y hacia mí era radicalmente diferente de la de nuestros antiguos compañeros.

Lucho tenía sus reservas.

—No los conocemos, hay que esperar.

—Me sentiría mejor si también pudiéramos cambiar de comandante —le susurré a Lucho.

Fue el propio Sombra quien vino a buscarnos. Se nos plantó delante con las piernas separadas y las manos en las caderas. No me había dado cuenta de que el guardia se había acercado y estaba justo detrás de Lucho y de mí. Había oído mi comentario porque nos dijo, como en secreto:

—¡De malas, van a tener Sombra para rato!

Y soltó la risa.

Al día siguiente nos despertamos bajo un aguacero torrencial. Tuvimos que empacar nuestras cosas en plena tormenta y empezar a caminar ya empapados. Debíamos escalar una pendiente empinada.

Yo iba despacio y, sobre todo, me sentía muy débil. Después de la primera media hora, mis guardias decidieron que preferían cargarme, y no tener que esperar. Volví a verme empacada por horas en una hamaca; esta se inflaba con el agua que retenía y los guerrilleros debían vaciarla echándome por tierra cada vez que las circunstancias lo permitían. La mayor parte del tiempo me izaban, arrastrándome el de adelante y empujándome el de atrás. En varias oportunidades soltaron la vara y me rodé peligrosamente mientras ganaba velocidad, hasta estrellarme contra un árbol que detuvo la caída. Me cerré la hamaca sobre los ojos para no ver nada. Estaba empapada y molida a golpes. Repetía oraciones cuyo sentido se me escapaba, pero que me evitaban pensar en cualquier cosa y ceder al pánico. El que escuchaba mi corazón sabía que estaba pidiendo auxilio.

En el descenso mis portadores saltaban como cabras y aterrizaban sobre raíces que los mantenían en equilibrio, con mi peso sobre sus espaldas. Mi hamaca se mecía demasiado y me golpeaba contra todos los árboles, que ellos ya ni trataban de esquivar.

Al día siguiente mis compañeros abandonaron el campamento antes del amanecer. Quedé sola, a la espera de las instrucciones que me correspondieran. Los portadores habían salido antes a dejar sus equipos; volverían a buscarme a media mañana. Sombra había asignado una muchacha a mi guardia. Se llamaba Rosita.

Me había fijado en ella durante la marcha. Era alta, con un porte elegante y un rostro de refinada belleza. Tenía ojos negros radiantes y una sonrisa perfecta.

Para matar el tiempo me puse a organizar los escasos objetos personales que me quedaban bajo una llovizna fina y pertinaz. Rosita me observaba en silencio. No tenía ganas de hablar con ella. Al fin se acercó y, poniéndose en cuclillas, comenzó a ayudarme.

—¿Está bien, Ingrid?

—No, para nada.

—Yo tampoco.

Alcé la mirada: una viva emoción la perturbaba.

Quería que le preguntara por qué. Yo no estaba segura de querer hacerlo. Terminé de amarrar mi equipo en silencio. Se levantó, e improvisó un refugio encima de un tronco de árbol que se pudría en el suelo. Puso los morrales debajo y me invitó a sentarme con ella a escampar.

«¿Quiere contarme?», me resigné a preguntar. Me miró con los ojos anegados en llanto, sonrió y me dijo: «Sí, creo que si no hablo con usted voy a morirme». Le tomé la mano y susurré: «Hágale, la escucho».

Hablaba despacio, tratando de no mirarme, hundida en sus recuerdos. Era hija de una paisa[14] y de un llanero. Sus padres trabajaban duro pero no les alcanzaba para atender las necesidades de todos sus hijos. Al igual que sus hermanos mayores, Rosita dejó su casa en cuanto alcanzó la edad para trabajar. Se había enlistado en las FARC para no tener que terminar en un prostíbulo.

Desde su incorporación, un jefe de poca monta, Obdulio, comenzó a pretenderla. Se resistió, porque no estaba enamorada de él. Yo conocía a Obdulio. Era un hombre en sus treintas, con cadenas de plata que le colgaban del cuello y las muñecas, ya calvo y medio desdentado. Solo lo había visto una vez pero lo recordaba, pues había pensado que debía de ser una persona cruel.

Obdulio había sido enviado a apoyar las unidades de Sombra. Pertenecía a otro frente y recibía órdenes de otro comandante. Incluyó a Rosita en el grupo que conformó para servir de apoyo a Sombra, esperando acabar con su resistencia.

Finalmente, tuvo que aceptar acostarse con él. En las FARC, rechazar los requiebros de un superior era muy mal visto. Era preciso demostrar camaradería y espíritu revolucionario. Satisfacer los deseos sexuales de los compañeros de armas formaba parte de lo que se esperaba de las guerrilleras. En la práctica había dos días de la semana en que los guerrilleros podían pedir permiso para compartir la caleta con alguien más: los miércoles y los domingos, los jóvenes presentaban sus solicitudes al comandante. Las muchachas

---

[14]. Los paisas viven en la región de Antioquia y son de ascendencia española.

podían negarse una o dos veces pero no tres, a riesgo de hacerse llamar al orden por falta de solidaridad revolucionaria. El único medio de escapar era declararse oficialmente en pareja con alguien más y conseguir la autorización para vivir juntos bajo el mismo techo. Pero si el superior le había echado el ojo a alguna muchacha, era poco probable que otro guerrillero quisiera interponerse.

Rosita había, pues, cedido. Se había convertido en una ranguera, es decir una chica «asociada» con alguien de alto rango. Mediante este atajo, accedía a los «lujos» versión FARC: mejor comida, perfume, joyitas, aparaticos electrónicos y ropa más bonita. Todo ello le importaba un rábano a Rosita. Sufría con Obdulio. Era violento, celoso y mezquino.

Al llegar adonde Sombra, Rosita conoció a un joven llamado Javier. Era bien plantado y valiente. Se enamoraron locamente. Javier pidió permiso para compartir su caleta con Rosita. Sombra accedió a la petición de la joven pareja y desató la ira de Obdulio. Como no era el superior de Javier, Obdulio solo podía emprenderla contra Rosita. La abrumó de tareas. Los trabajos más cansones, más duros o más desagradables le eran sistemáticamente encomendados. Entretanto, Rosita se enamoraba cada vez más de Javier quien, apenas terminaba de hacer su trabajo, corría a ayudar a su compañera a terminar sus faenas.

Había visto a Javier salir pitando para llegar de primero al campamento. Tiró su equipo y salió intempestivamente a traer el de Rosita. Se lo terció, tomó a Rosita de la mano y juntos se fueron riendo hacia el campamento.

Al día siguiente fue la división de los secuestrados. Javier se fue por su lado con su unidad y Obdulio recobró a Rosita. Quería obligarla a volver con él.

—Así es en las FARC. Pertenezco a un frente distinto del suyo, no volveré a verlo nunca más —dijo Rosita, llorando.

—Vete con él, sálganse juntos de las FARC.

—No tenemos derecho a desmovilizarnos de las FARC. Eso es desertar. Si lo hiciéramos, matarían a nuestras familias.

No sentimos llegar a los portadores. Cuando los vimos, los teníamos enfrente. Nos miraban con malevolencia.

—¡Lárguese de aquí! —le bramó uno a Rosita.

—¡Qué hubo, súbase a la hamaca, no hay tiempo que perder! —me dijo el otro, lleno de odio.

Me volví hacia Rosita. Ya estaba de pie con el fusil Galil al hombro.

—¡Eche pa'l campamento! ¡Y no mame gallo por ahí si no quiere que le meta un pepazo en la cabeza!

Luego, volviéndose hacia mí:

—¡Y usted también: mucho ojo! Estoy de pésimo genio y sería un placer meterle una bala entre los ojos.

El resto de aquella jornada lo pasé llorando la suerte de Rosita. Tenía la misma edad de mi hija. Hubiera querido darle algún consuelo, ternura, esperanza. En cambio la había dejado con el miedo a las represalias. Sin embargo, aún pienso a menudo en ella. Una de sus frases se me quedó clavada como un puñal en el corazón. «¿Sabe? Lo que más me aterra es saber que me va a olvidar».

No tuve la presencia de ánimo para decirle en ese momento que eso era imposible, porque ella era sencillamente inolvidable.

54
LA MARCHA INTERMINABLE

Octubre 28 de 2004. Habíamos sido los últimos en salir y llegábamos de primeros al siguiente campamento, antes que Lucho y el resto de mis nuevos compañeros. Se decía que se habían perdido pero, al escuchar las conversaciones, o al menos lo que alcanzaba a oír de sus murmullos, supe que habían estado a pocos metros de un escuadrón del ejército.

Caía una lluvia fina, terca e incesante. Hacía frío, lo suficiente para mortificarme pero no tanto como para hacerme reaccionar. Aquí el tiempo se estiraba hasta el infinito, y ante mí no había nada. De pronto sentí un alboroto encima de mi cabeza: un grupo de unos cincuenta micos atravesó el espacio. Era una colonia numerosa. Los grandes machos iban adelante y las madres, con sus bebés prendidos, atrás. Habían notado mi presencia y me observaban desde arriba con curiosidad. Algunos machos tendían a ponerse agresivos: pegaban gritos, se dejaban caer casi encima de mí y, colgados por la cola, me hacían muecas. Aquellos escasos momentos en que podía entrar en contacto con los animales eran los que me devolvían las ansias de vivir. Consideraba un privilegio permanecer entre ellos, poder observarlos de igual a igual, sin que su comportamiento se viera afectado por la barbarie de los hombres. En cuanto la guerrilla sacara sus fusiles, el encantamiento desaparecería. Se repetiría la historia de la pequeña Cristina. Entretanto ellos me orinaban y arrojaban ramas rotas en la inocencia de su ignorancia.

Los guardias los detectaron. A través de los arbustos observé su excitación, oí la orden de cargar las carabinas. Ya no veía nada; sólo oía las voces y los gritos de los micos. Y súbitamente, escuché la primera detonación, la segunda y otra más; el ruido seco de ramas que se quiebran y el impacto sordo sobre el tapiz de hojas. Tres impactos conté. ¿Habían matado a las madres para capturar a las crías? Me asqueaba esta perversa satisfacción de destruir. Sabía que siempre tenían excusas para darse buena conciencia. Teníamos hambre, no habíamos comido nada desde hacía semanas. Todo ello era cierto, pero no era razón suficiente. La caza se me había vuelto difícil de soportar. ¿Había sido siempre así? No estaba segura. El episodio de la guacamaya que Andrés abatió por puro placer me había conmovido profundamente, lo mismo que la muerte de la mamá de Cristina. Había caído de su árbol, la bala le había atravesado la barriga. Se ponía el dedo en la herida y miraba la sangre que manaba. «Lloraba, estoy seguro de que lloraba», me había dicho William muerto de risa. «Me mostraba la sangre con los dedos, como pidiéndome que hiciera algo, volvía a ponerse los dedos en la herida y volvía a mostrarme. Siguió haciendo lo mismo varias veces y después se murió. Esas bestias son como los humanos», concluyó. ¿Cómo matar a un ser que nos mira a los ojos, con quien hemos establecido un contacto? Por supuesto, es algo que no tiene la menor importancia cuando ya se ha matado a otro ser humano. ¿Sería yo capaz de matar? ¡Claro que sí podría! Tenía todos los argumentos para considerarme con ese derecho. Estaba llena de odio contra quienes me humillaban y disfrutaban tanto con mi dolor. A cada palabra, a cada orden, a cada afrenta los apuñalaba con mi silencio. ¡Claro que sí! ¡Yo también podría matar! Y seguramente disfrutaría de verlos a ellos llevarse los dedos a las heridas, mirarse la sangre, tomar conciencia de su muerte, esperando que yo haga algo, y no mover un dedo, y verlos reventar. Aquella tarde, bajo la maldita lluvia, acurrucada sobre mi infortunio, entendí que sin duda podía ser como ellos.

Mis compañeros llegaron extenuados. Habían tenido que dar un rodeo larguísimo que los obligó a atravesar una ciénaga infestada de zancudos y un alto de pendientes abruptas para reunirse con nosotros. Les habían dicho que estaban perdidos, pero oían el cruce de disparos a poca distancia. Habían hecho contacto con el ejército. La guerrilla los había sacado del avispero.

Allí donde estábamos, los árboles se abrían en círculo encima de nuestras cabezas, descubriendo la bóveda celeste con las constelaciones que me resultaban familiares. Nos instalamos en el claro, sobre nuestros plásticos, esperando que nos trajeran la comida. Rápidamente la conversación recayó en nuestra preocupación común. Algunos susurraban para evitar ser escuchados por los guardias. Habían recibido información según la cual nos iban a entregar a otro frente.

Lucho y yo comenzamos a buscar un lugar donde armar nuestras carpas.

—No se afane, doctor —le dijo uno de los militares—. Entre Flórez y yo les montamos eso en dos minutos.

Se trataba de Miguel Arteaga, el joven cabo de sonrisa afable.

—Tenemos nuestra propia técnica: Flórez corta las varas y yo las entierro —explicó.

Efectivamente, habían desarrollado una destreza extraordinaria en la labor. Al observarlos daba la impresión de ser algo fácil. No podía sino admirar su habilidad y apreciar su generosidad. De hecho, me ayudaron a armar mi carpa durante los cuatro años que permanecimos juntos.

El guardia llegó arrastrando dos grandes ollas.

—¡Las ollas! —bramó—. Hoy los vamos a consentir, hay mico con arroz.

—No hable micrda —le replicó Arteaga—. Invéntese algo mejor, ¡qué mico ni qué carajos!

Me asomé a la olla. Era mico, ni más ni menos. Lo habían pelado y despresado pero los miembros seguían siendo identificables: brazo, antebrazo, muslos, etcétera. Los músculos estaban calcinados sobre los huesos de lo mucho que habían cocido la carne, probablemente sobre carbón de madera.

Fui incapaz de comer. Tenía la impresión de asistir a una experiencia de canibalismo.

Cuando anuncié que no comería se alzó un clamor general de protesta.

—¡Qué jartera con tu lado Greenpeace! —me soltó Lucho—. En lugar de preocuparte por las especies en vías de extinción, deberías hacerlo por nosotros, que estamos a punto de extinguirnos.

—No creo que sea mico —dijo otro—, está demasiado flaco. Yo pienso que debe ser uno de nosotros —e hizo como si contara.

La carne era una de esas cosas poco comunes con las que más soñábamos. A nadie le interesaba saber de dónde venía y mucho menos preocuparse por cuestiones existenciales acerca de la conveniencia o inconveniencia de consumirla.

Mi situación era diferente. Estaba asustada con mis pulsaciones homicidas. Si era capaz de actuar como mis captores, corría el riesgo de volverme como ellos. Lo más grave no era morirme. Lo peor era convertirme en lo que más aborrecía. Quería mi libertad, conservar mi vida, pero decidí que nunca me convertiría en asesina. No mataría, ni siquiera para fugarme. Tampoco comería carne de mico. No sabía bien por qué unía las dos cosas en mi mente, pero tenía sentido para mí.

Desde aquel primero de octubre en que salimos de la cárcel de Sombra, era nuestro primer día de descanso. Los hombres pasaron la jornada cosiendo y reparando sus equipos. Yo la pasé durmiendo. Vino Guillermo. No me dio ningún gusto verlo, aunque me traía nuevas cajas de medicamentos. Hice el inventario de mis posesiones. Me había robado todo; sólo me quedaba la Biblia.

Me había desprendido con mayor facilidad de mis amados objetos que del rencor que le tenía. Me hubiera gustado no volver a verlo, que se quedara con el otro grupo. Se percató del fastidio que su presencia me causaba, y sintió herido su amor propio. Cosa curiosa, su reacción no fue el desprecio y la insolencia que normalmente me reservaba. Por el contrario, estuvo amable y encantador y se sentó al pie de mi hamaca a contarme su vida. Había trabajado muchos años para la mafia como jefe de finanzas de un narco que operaba en alguna parte de los Llanos colombianos. Me describió el lujo en que había vivido, las mujeres y el dinero que pasaron por sus manos.

Lo escuché en silencio. A continuación me explicó que tras perder una importante suma de dinero, su jefe le había puesto precio a su cabeza. Entró a las FARC para escapar de él. Se había hecho enfermero por necesidad. Para cumplir las exigencias académicas de las FARC, tomó un curso de formación en enfermería y aprendió solo todo lo demás, leyendo y consultando en internet.

No me conmovió nada de lo que me dijo. Para mí era un bárbaro. Sabía que me habría puesto el cañón sobre la sien y apretaría el gatillo sin vacilar.

No pude aguantarme el placer de acribillarlo con la lista detallada de todo cuanto me había quitado. Lo vi encogerse en segundos, sorprendido de que yo hubiera hecho tan pronto mi inventario.

—Quédese con todo —le dije—, porque evidentemente usted no sabe hacerse obedecer.

Se largó disgustado y, por primera vez en mucho tiempo, me importó un rábano. En la cárcel de Sombra, la presión del grupo había sido tan fuerte que había caído en una prudencia rayando con la obsequiosidad. Si no me gustaba vérsela a los demás, mucho menos a mí misma. A menudo tuve miedo de Guillermo, de su capacidad de adivinar mis necesidades, deseos y debilidades y de utilizar su poder para hacerme daño. Cuando tenía que enfrentarlo me temblaba la voz y me odiaba a mí misma por no ser capaz de dominarme. Llegué a pasar días enteros ensayando la frase con que le pediría un medicamento o un poco de algodón. Este ejercicio me ponía en una actitud que suscitaba reacciones de impaciencia, abuso y dominación en Guillermo.

¡Qué vueltas daba la vida! Recordé a María, una secretaria que había trabajado conmigo durante años. Yo la intimidaba y su voz se quebraba cuando quería hablarme. Sentía que me había vuelto como María, amedrentada por el poder, paralizada por la consciencia de tener que darle gusto al otro para conseguir lo que en determinado momento me parecía esencial. ¿Cuántas veces fui Guillermo? ¿También respondí con impaciencia, exasperada por el susto del otro, creyendo de verdad ser superior porque la otra persona dependía de mí?

Se me endurecía el corazón escuchando a Guillermo, porque condenaba en él lo que me desagradaba de mí. Me di cuenta de la importancia de practicar la humildad dondequiera que la rueda de la fortuna lo haya puesto a uno. Tuve que estar abajo para comprenderlo.

Al día siguiente Sombra parecía querer hablar, disponer del tiempo. Se acomodó sobre un tronco y me invitó a sentarme con él.

—Yo era niño cuando su mamá fue reina de belleza. La recuerdo muy bien, era un monumento. Era otra época. Antes las reinas sí eran reinas...

—Sí, Mamá era muy linda. Sigue siendo —le respondí, más por cortesía que porque quisiera hablar.

—Su mamá es del Tolima, como yo.

—¿Ah, sí?

—Sí, por eso tiene una personalidad tan fuerte. Todas las mañanas la escucho en la radio. Tiene toda la razón en lo que le dice, el gobierno no mueve un dedo por liberarla. De hecho, lo mejor para Uribe es que usted no salga.

—...

—¿Todavía trabaja con los huérfanos?

—Sí, claro, ésa es su vida...

—Yo también fui huérfano. A mis papás los mataron en la Violencia. Me tocó volverme una caspa. A los ocho años ya había matado. A mí me recogió Marulanda y desde entonces he estado con él. Hasta el día de hoy.

—...

—Siempre he sido el hombre de confianza de Marulanda. Por muchos años fui yo quien cuidó la guaca de las FARC. Eso está en una cueva en el Tolima. Solamente tiene una entrada, pero yo soy el único que la conoce. No hay forma de verla desde afuera, porque da a un precipicio. Hay que llegar por entre las peñas. En esa cueva las FARC tienen montañas de oro, es una cosa impresionante.

Me pregunté si estaba en sus cabales, o si la historia que me contaba era una fabulación montada en mi honor. Estaba muy excitado y los ojos le brillaban más que de costumbre.

—Eso es cerca de un castillo. Un lugar muy conocido, seguro que su mamá fue alguna vez. Esas tierras pertenecían a un señor riquísimo. Se dice que lo mataron. Todo eso está abandonado hoy en día. Ya nadie va por allá...

Realmente creía en su historia. Tal vez la había inventado hacía tiempo y a fuerza de repetirla ya no sabía si era cierta o falsa. También me daba la impresión de estar tejida con recuerdos de su infancia. La habría escuchado de niño y acabó por apropiársela. Estaba fascinada de verlo perdido en su mundo mítico. Desde muy joven aprendí que, en Colombia, lo real desborda las fronteras de lo posible. Los límites con lo imaginario son difusos y todo coexiste con la mayor naturalidad.

El relato de Sombra, sus montañas de oro, sus pasadizos secretos, la maldición que caería sobre quien quisiera sustraer parte del tesoro, todo me remitía al imaginario colectivo en el que crecí. En consecuencia, le hice preguntas descabelladas que me respondía, encantado de verme interesada, y tanto el uno como el otro olvidamos por unos momentos que él era mi carcelero y yo su víctima.

Hubiera querido odiarlo. Sabía muy bien que era capaz de lo peor, que podía ser cruel y cínico y que el círculo de los secuestrados lo odiaba.

Pero también había vislumbrado a través de las grietas de su personalidad una sensibilidad que me conmovía. Por ejemplo, entre el montón de chismes que llegaban a la cárcel me enteré de que la Boyaca estaba embarazada. Cuando me trajo las cartas de Mamá de regreso de su breve viaje, lo felicité imaginando que estaría feliz de ser papá. Recibió mis palabras como una puñalada y me disculpé, asustada por el dolor que le había causado: «Es que…», titubeó. «Los comandantes no juzgaron oportuno que la Boyaca estuviera embarazada. Con el ejército en todas partes… Tuvo que abortar».

«Es terrible», le respondí. Asintió en silencio.

El bebé de Clara nació unos meses después. A menudo vi a Sombra jugar con el niño y pasearlo en sus brazos por todo el campamento, feliz de consentir a un bebé.

Había acumulado innumerables quejas en su contra, pero cuando lo tenía enfrente me costaba trabajo guardarle rencor. Tuve que confesarme a mí misma que aquel ser tosco y tiránico en el fondo me resultaba simpático. Adivinaba que él vivía un conflicto semejante respecto de mí. Yo debía ser la encarnación de todo cuanto había odiado y combatido en su vida. Los guardias lo habían envenenado con todos los chismes posibles e imaginarios y debía desconfiar de mí tanto como yo de él. Sin embargo, sentía que cada vez que volvíamos a hablar nuestra brújula nos indicaba un norte diferente.

En ésas estábamos cuando lo llamó un guardia. Alzó la nariz. Dos hombres que yo nunca había visto lo esperaban. Se entretuvo con ellos un buen rato y al cabo regresó cojeando hasta donde estábamos: «Su tiempo conmigo ha terminado. Les presento a sus nuevos comandantes; en adelante les obedecerán a ellos. Ya conocen las consignas. No tuve problemas con ustedes, y espero que ellos tampoco los tengan».

En mi voz debía haber alegría cuando le tendí la mano a Sombra y le dije:

—Supongo que no nos volveremos a ver.

Se dio vuelta como una serpiente a la que le hubieran puesto el pie encima y zumbó:

—Se equivoca: en tres años volveré a ser su comandante.

El veneno actuó al instante. Nunca se me había ocurrido la posibilidad de permanecer cinco años en poder de las FARC. Cuando Armando contó que llevaba un lustro en cautiverio, lo miré como si fuera un damnificado de Chernóbil, con una sensación mezcla de horror, conmiseración y alivio de pensar que tenía mejor suerte que él. Las palabras de Sombra fueron un poderoso detonador de angustia. A lo largo de la marcha me había hecho entrever la posibilidad de una liberación. Hablarme de los franceses y de las negociaciones que habían emprendido con las FARC sólo era una estratagema para que aguantara, para que mi estado no empeorara y caminara. En un segundo repasé la película de aquella marcha sin fin: las ciénagas cubiertas por nubes de zancudos, las montañas rusas de los cansaperros, los precipicios, los ríos infestados de pirañas que tuvimos que cruzar, las jornadas enteras cocinándonos al sol o bajo tormentas torrenciales, el hambre y la enfermedad. Sombra me había embaucado hábilmente y el triunfo era suyo.

Dos hombres fueron encargados de tomar el relevo para asegurar mi transporte. Sombra y el nuevo comandante supervisaban la operación. Permanecí de pie frente a ellos:

—No, no quiero que me lleven en hamaca. A partir de ahora caminaré.

A Sombra casi se le salieron los ojos de las órbitas. Lo había previsto todo, menos aquello. Me miró con resentimiento, tanto más cuanto su prestigio quedaba por tierra. Finalmente decidió callar. Su tropa se había apostado en el camino para vernos salir. Me sentía orgullosa de marcharme caminando y dejarlos atrás, y con ellos la cárcel, las humillaciones, el odio y todo lo que había envenenado nuestra existencia a lo largo de aquel año. Era mi revancha: ellos se quedaban. Me faltaban fuerzas para cargar el morral, e incluso el hecho de poner un pie delante del otro me daba vértigos. Pero sentía como si tuviera alas, puesto que me iba.

55

LAS CADENAS

Principios de noviembre de 2004. Desde los primeros minutos de contacto con Jeiner, el joven comandante que había relevado a Sombra, me sentí en otro mundo. Desde el principio caminó a mi lado, dándome la mano para ayudarme a cruzar el menor arroyo y haciendo que todo el grupo se detuviera para que yo pudiera recuperar el aliento. Antes del fin de la segunda jornada, Jeiner destacó un contingente de pelados para traer provisiones. Nos esperaron en el camino con cuajada fresca y arepas. Mastiqué religiosamente cada pedazo para extraerle todo el jugo y toda la sustancia. Hacía mucho tiempo que solo comíamos pequeñas raciones de arroz. Tuve la sensación de descubrir de nuevo el sabor de la comida. El deleite a su contacto fue como un fuego de artificio. El efecto se prolongó por horas; tenía las papilas gustativas en llamas y los intestinos, enloquecidos, me chirriaban de modo demasiado evidente como un engranaje que hubiera empezado a funcionar sin haber sido engrasado.

Hacía buen tiempo y la selva se había ataviado magníficamente. Atravesábamos un nuevo mundo. La luz perforaba el follaje y se dispersaba en haces de colores, como si penetrásemos un arco iris. Un rosario de cascadas de agua cristalina discurría brincando sobre los peñascos pulidos y relucientes. Las caídas de agua liberaban, al pasar, pececillos que alzaban el vuelo para caer coleando a nuestros pies. El agua serpenteaba abriéndose camino entre los árboles sobre lechos de musgo verde esmeralda en los que nos hundíamos hasta las rodillas. Avanzábamos sin prisas, casi de paseo. Acampamos algunos días junto a una piscina natural de aguas azul turquesa, con el fondo tapizado de fina arena dorada. Se había formado bajo el salto de un torrente que luego huía zigzagueando para perderse misteriosamente en el bosque. Hubiera querido quedarme allí por siempre.

El equipo comandado por Jeiner estaba compuesto por niños, los más pequeños de los cuales apenas si tendrían diez años. Cargaban sus fusiles como si estuvieran jugando a la guerra. A la mayor de las niñas, Katerina, una negra que aún no había salido de la adolescencia, le fue asignada la preparación de mis comidas siguiendo recomendaciones muy precisas que, según Jeiner, debían acelerar mi recuperación. Se me prohibió la sal, y todo debía ser hervido con unas hierbas horrendas cuya propiedad más evidente era arruinar el sabor de los alimentos. Una noche Katerina fue castigada porque no me comí las pastas que me había preparado. Me sentí muy mal por ello. Luego comprendí que el subcomandante, un muchacho a quien llamaban el Burro, le estaba pasando la cuenta por haber rechazado sus requiebros. Sus amigas fueron especialmente duras con ella, pidiendo que fuera reemplazada de inmediato por alguien más. A veces el mundo de los niños podía ser más cruel que el de los adultos. La vi llorar en su rincón. Procuré sonreírle y dirigirle la palabra cada vez que la cruzaba en mi camino durante la marcha.

Fue así como llegamos cerca de una casa enterrada en medio de la selva virgen, donde enormes árboles frutales entrelazaban sus ramas con las de una manigua cuidadosamente mantenida a raya por la mano humana. A uno de los lados de la casa se elevaba una descomunal antena parabólica, semejante a un gigantesco hongo azul que hubiera crecido allí gracias a alguna extraña radiación ionizante.

Fue entonces cuando conocí a Arturo, uno de los comandantes del frente primero del Bloque Oriental y superior de Jeiner. Se trataba de un negro colosal de mirada inteligente y andar seguro. En cuanto me vio, se me abalanzó encima y me sofocó entre sus brazos mientras me decía: «¡Nos ha tenido muy preocupados! ¿La han tratado bien mis muchachos?».

Impartía órdenes precisas y hacía él mismo la mitad del trabajo. Su tropa de niños se le arremolinaba alrededor y él los estrechaba entre sus brazos como si fueran sus hijos. «Si estos niños buscaban papá, con seguridad lo encontraron», pensaba yo, imaginando lo que había podido producirse en sus vidas para que terminaran como carne de cañón en las filas de las FARC.

«No se engañe», me hizo observar el teniente Bermeo. «Estos niños tienen más posibilidades de sobrevivir en la guerra que los adultos. Son más intrépidos, más hábiles, y a veces más crueles. Solo han conocido las FARC. Para ellos no existen fronteras entre los juegos y la realidad. Después viene el problema, cuando se dan cuenta de que perdieron su libertad y quieren fugarse. Pero entonces es demasiado tarde».

Mis nuevos compañeros observaban a la guerrilla sin dejarse embaucar. Cuando comenté lo mal que me sentía con la historia de Katerina, Bermeo me puso sobre aviso:

—No exteriorice sus sentimientos. Cuanto más la conozcan, más la manipularán. Ya lograron presionarla para que caminara. Eso era lo que querían, que usted se sintiera culpable por ir en hamaca, cuando el problema es de ellos. ¡No solo toman rehenes sino que encima hay que agradecerles!

Algunos días después me acerqué a Arturo. Parecía encantado de conversar conmigo. Nos sentamos uno al lado del otro sobre un árbol muerto y hablamos de nuestras vidas «en la civil». Me narró su infancia, por allá en las costas del Pacífico, en los esteros del Río Timbiquí. Allá la selva es tan densa como esta. Yo conocía bien esa región.

Arturo terminó hablando de sus orígenes africanos. Siglos atrás, hombres como él habían sido traídos como esclavos para trabajar en las minas y en las plantaciones de caña de azúcar del país.

—Mis ancestros se fugaron. Prefirieron el monte a la cadena alrededor del cuello. Yo soy igual, prefiero la selva a la esclavitud de la miseria.

Respondí sin pensar, como un corcho que salta a presión:

—Usted jamás ha tenido cadena alrededor del cuello, pero sigue hablando de las que sus ancestros llevaron. ¿Cómo puede soportar ver a estos soldados padecer la misma suerte por su culpa?

Se quedó mudo, inmóvil, encajando el golpe. Mis compañeros estaban frente a nosotros, a suficiente distancia para no oírnos. Se arrastraban con aquellas cadenas que les estorbaban para moverse, obligados a hacer toda suerte de maniobras para evitar estrangularse cada vez que alguno se alejaba demasiado del otro. De repente, Arturo parecía descubrirlos, a pesar de que hacía varios días que estábamos junto a él.

Aproveché mi ventaja:

—No entiendo cómo una organización revolucionaria puede terminar comportándose peor que aquellos a quienes combate.

Arturo se levantó frotándose las rodillas. Los músculos perfectamente dibujados le daban aspecto de felino. Me tendió la mano para concluir nuestra discusión y se alejó.

Después de la comida, Jeiner llegó con un atado de llaves que Sombra le había entregado. Uno a uno abrió cada candado hasta que todas las cadenas fueron retiradas. Tan pesadas eran que dos hombres tuvieron que ayudarle a cargarlas. Se las llevaron a Arturo.

56
LA LUNA DE MIEL

Sin las cadenas, todos nos sentimos más livianos. El ambiente en el campamento era bueno. Arturo marchaba adelante y los niños se comportaban como niños. Jugaban, peleaban entre sí, se perseguían, rodaban por el musgo abrazados. Parecíamos una tribu de nómadas.

Hablaba bastante con Lucho. En las horas de quietud, cuando la marcha se detenía, discutíamos reformas y proyectos que soñábamos para Colombia.

Yo estaba obsesionada con la idea de construir un tren de alta velocidad, una de esas máquinas de aspecto supersónico que cortaría el aire como un bólido al abrirse paso entre las montañas de mi país, suspendido en el vacío mediante un viaducto que desafiaría la ley de la gravedad. Quería que partiera de la costa norte de Colombia, se metiera en los páramos y en los valles para comunicar a tantos pueblos inaccesibles y olvidados que morían de soledad, serpenteara hacia el occidente buscando la salida y terminara abriéndose camino por el Valle del Cauca hasta llegar al Pacífico colombiano, grandioso y abandonado. Quería que fuera el medio de transporte de todos, ricos y pobres, para que el país fuera accesible a cada colombiano, convencida de que solo a través de un espíritu de unión y reparto era posible ser grandes. Lucho me decía que estaba loca. Yo le respondía que era libre de soñar:

—Imagina solo por un instante que pudieras, en un arranque, tomar el tren y estar dos horas más tarde bailando salsa en las playas de Juanchaco. Y con toda la seguridad del caso.

—¿En un país plagado de guerrilla? ¡Imposible!

—¿Por qué imposible? La conquista del oeste en Estados Unidos se logró con bandoleros en todas partes, eso no los detuvo. Es algo tan importante, que podríamos darnos el lujo de tener hombres armados cada quinientos metros. Querías trabajo para desmovilizar a la guerrilla, por qué no esto.

—¡Colombia está súper endeudada, no hay siquiera con qué financiar el metro! ¡Y ahora quieres un tren de alta velocidad! ¡Es una locura, pero es genial! —dijo Lucho.

—Sería una obra inmensa que daría trabajo a los profesionales, ingenieros y demás, pero también a esta juventud que no tiene más remedio que ponerse a disposición del crimen organizado.

—¿Y la corrupción en todo eso? —preguntó Lucho.

—Hace falta que los ciudadanos se organicen para vigilar el desarrollo del proyecto en todos los niveles, y que la ley los proteja.

Era la hora del baño. Fuimos a una ciénaga nacida del desbordamiento del río. Habían instalado dos varas paralelas a ras del agua, entre las ramas medio inundadas de los árboles a lo largo de unos cincuenta metros. Había que caminar por ellas haciendo equilibrio para llegar al lugar que nos habían asignado para bañarnos y lavar nuestra ropa. Estábamos todos repartidos a lado y lado de aquellas varas, guerrilleros y secuestrados, despercudiéndonos.

Era la hora preferida de mis camaradas porque las chicas se bañaban en ropa interior y desfilaban por la pasarela para ir a vestirse en tierra firme. La compañera de Jeiner, Claudia, era la más admirada por todos. Era rubia, de ojos verdes, con una piel de nácar que parecía luminiscente. Era, por cierto, de una coquetería espontánea que se afirmaba cuando se sabía mirada. El día en que vino el comandante del frente, nadie se apresuraba a regresar al campamento. Al comprender el porqué de aquella falta de entusiasmo, Arturo le ordenó a Claudia salir e ir a vestirse a otra parte.

El nombre de guerra del comandante del primer frente era, de nuevo, César[15]. Estaba de pie, de impecable uniforme kaki, boina inclinada a lo Chávez y una gran sonrisa de un blanco químico que suscitó nuestra envidia. Cuando nos preguntó, magnánimo, por lo que nos hacía falta, le respondimos en coro que queríamos un dentista. Prometió encargarse del tema, tanto más cuanto que el gordo sargento Marulanda había insistido en mostrarle los estragos de cinco años de secuestro abriéndole la boca en las narices. Indicó el hueco enorme dejado por una prótesis dentaria perdida durante una marcha, y César consideró suficiente la ilustración.

César también nos dio permiso de hacer una lista para aprovisionarnos. Recité de memoria la que años atrás le había hecho al Mono Jojoy, agregando un aparato de radio para todos, puesto que nos hacía muchísima falta. Desde nuestra unificación habíamos dependido totalmente de mi destartalado radiecito, que transmitía caprichosamente cuando le daba la gana y sin la menor fiabilidad.

La emoción de los militares ante la idea de hacer un pedido contrastaba con el abatimiento de Lucho.

—No nos van a liberar —me dijo, con el corazón destrozado, y admitiendo que mi esperanza lo había contagiado.

—Los soldados me contaron que, cuando los rasos fueron liberados[16], las FARC los vistieron con ropa nueva de los pies a la cabeza —respondí con terquedad.

—Necesito salir, Ingrid. No puedo seguir aquí, me voy a morir.

—No, aquí no te vas a morir.

—Escucha. Prométeme algo.

---

[15]. Conocí tres comandantes de nombre César: el Mocho César, presente en mi captura; el joven César, primer comandante que tuvimos, y este.
[16]. Las FARC liberaron a un grupo en junio de 2001.

—Sí.

—Si no nos liberan de aquí a fin de año, nos fugamos.

—…

—¿Sí o no?

—Es muy jodido…

—Sí o no; respóndeme.

—… Sí.

César hizo armar una carpa, y bajo la carpa mandó construir una mesa con troncos de árboles jóvenes. Luego sacó de su morral una computadora portátil metalizada y ultraliviana. Era el primer vaio que veía en mi vida. Sentí la misma admiración que un niño ante la apertura del bolso de Mary Poppins. La escena me parecía incongruente y fascinante. Teníamos una pequeña maravilla tecnológica frente a nosotros, un aparato de vanguardia, lo último en innovación, puesto sobre una mesa digna del Neolítico. Como para servir de eco a mis pensamientos, nos trajeron troncos para que nos sentáramos. César había tenido la amabilidad de traer una película; la sesión de cine iba a comenzar. Quería que todos estuviéramos sentados frente a la pantallita, y eso fue lo que hicimos sin recelo. Se puso a manipular los controles de la computadora con cierto nerviosismo.

Bermeo verbalizó mis pensamientos más rápidamente que yo misma. Dándome un codazo, me susurró:

—¡Pilas, trata de filmarnos!

La alerta se regó como la pólvora. Al instante todos nos dispersamos y solo aceptamos regresar una vez que la película hubiera empezado. Como buen perdedor, César se reía; pero la desconfianza se había instalado. Nada de lo que nos preguntó después obtuvo respuestas espontáneas. Lo que retuve de aquel diálogo de sordos era fruto de la información periférica que había podido captar al vuelo. César era el comandante del frente primero. Era un hombre rico, sus negocios iban de maravilla. La producción de cocaína llenaba sus arcas a reventar. «Hay que financiar la revolución», había dicho entre risas. Su compañera se ocupaba de las finanzas; era ella quien ordenaba los gastos y autorizaba, entre otras cosas, la compra de aparatos, como la computadora portátil de la que César estaba tan orgulloso. También comprendí que César, quien mencionaba el nombre de Adriana cada vez que tenía la oportunidad, debía de estar muy enamorado.

No fui la única en pensarlo. Pinchao me susurró, con aire travieso: «¡Espero que Adriana esté de buen genio cuando reciba nuestra lista!». Dos días después —un tiempo récord—, recibimos nuestro pedido. Llegó todo, excepto mi diccionario.

Aquella noche, Arturo nos presentó a otro comandante.

—Jeiner fue llamado a otra misión. En adelante, Mauricio se encargará de ustedes.

Mauricio era un tipo esbelto, con mirada de águila, bigote fino cuidadosamente delineado sobre los labios delgados y un poncho de algodón liviano, como el que Marulanda llevaba en cabestrillo, y que Mauricio utilizaba para ocultar el brazo que le faltaba.

A diferencia de Jeiner, había llegado como un gato a darse una vuelta por las caletas con aire suspicaz. Los soldados bajaron de las hamacas para hablar con él y nos llamaron para que nos les uniéramos:

—¿Cómo te pareció? —me preguntó Lucho después de haberse ido Mauricio.

—Prefiero a Jeiner —le respondí.

—Sí, con ellos lo bueno nunca dura.

Por la mañana recibimos la visita de un grupo de jóvenes guerrilleras. Igual que Mauricio, mariposearon alrededor de las caletas, riendo entre ellas y mirando a los rehenes con el rabillo del ojo. Al cabo se asomaron a mi carpa. La más linda, una chica voluptuosa de senos prominentes y camiseta escotada, largas trenzas negras que le llegaban más abajo de la cintura, ojos almendrados sombreados por unas pestañas gruesas e interminables, me preguntó con voz de niña:

—¿Usted es Ingrid?

Me reí y, para que se sintieran bien, llamé a mis compañeros para presentárselos.

Zamaidy era la compañera de Mauricio. Ella lo llamaba Pata Grande, y aprovechaba visiblemente el ascenso de su «socio» para reinar sobre una corte de chiquillas que la seguía. El top fosforescente que destacaba sus curvas era la envidia de sus amigas. Era evidente que querían vestir como ella, aunque sin conseguir el mismo resultado, lo que contribuía a aumentar la influencia de Zamaidy sobre el resto del grupo. Si Zamaidy caminaba, ellas caminaban; si se sentaba, ellas hacían otro tanto; y si Zamaidy hablaba, ellas callaban.

La aparición de Zamaidy paralizó nuestro campamento. Los soldados se empujaban para poder hablarle. Ella no se hacía de rogar para repetir su nombre, explicando que no era corriente y que se escribía con zeta inicial. Ello le permitía, de paso, dejar en claro que sabía leer y escribir, lo que tampoco era usual.

Cuando el enfermero que acababa de sernos asignado llegó a presentarse, solo Lucho y yo estábamos disponibles para recibirlo. Camilo era un joven inteligente y rápido, con un rostro simpático que le ayudaba a agradar. De entrada nos gustó, sobre todo luego de confesarnos que no le gustaba el combate y que su vocación siempre había sido aliviar el dolor del prójimo.

A medianoche, después de haber caminado unos minutos en la oscuridad y en silencio absolutos, apareció el río en toda su majestad. Una niebla fina flotaba sobre la superficie y medio ocultaba una gigantesca embarcación que esperaba amarrada a la orilla. Íbamos a emprender un viaje interminable a lo profundo de la selva. La luna se escondió y los vapores se hicieron más densos. Camilo soltó las amarras y todos los fierros del bongo se estremecieron

con un lamento de submarino viejo que anunciaba las profundidades abisales de las aguas que íbamos a surcar.

Cada cual fue a ubicarse en un rincón para pasar el final de
la noche, mientras el bongo se hundía en las entrañas de una selva
cada vez más densa, con su tripulación de niños armados jugando
sobre la cubierta y su carga de presos exhaustos encogidos en su
añoranza. Mauricio se situó en la proa: con un enorme proyector
entre las rodillas, apuntaba al túnel de agua y vegetación que se
abría adelante. Con su único brazo daba instrucciones al capitán,
que se encontraba de pie en la popa, y no pude dejar de pensar que
estábamos a merced de un nuevo tipo de piratas.

Al cabo de una hora, Camilo volteó un balde metálico que
estaba tirado en la cubierta, se lo encajó entre las piernas y lo transformó en timbal. Su ritmo endiablado nos despertó el alma y prendió la fiesta. Las canciones revolucionarias se mezclaron con las
populares. Era simplemente imposible mantenerse al margen de la
embriaguez colectiva. Las chicas improvisaban cumbias contoneán-
dose y girando sobre sí mismas, como presas del vértigo de vivir.
Las voces se desgañitaban y las palmas de las manos llevaban la cadencia con entusiasmo. Camilo ahuyentó el frío y el tedio, también
el miedo. Miré el cielo sin estrellas, el río sinfín y aquel cargamento
de hombres y mujeres sin futuro, y canté con todas mis fuerzas,
buscando en la apariencia de la alegría un dejo de felicidad.

Una vez que atracamos de noche, cerca de un campamento
abandonado y fantasmagórico, una voz gangosa nos llamó desde
lo alto de los árboles:

—¡Hola, pendejo; el que come solo, muere solo, ja ja!

Luego, desde más cerca:

—¡Te veo, pero tú no, ja ja!

Era un loro hambriento que no había olvidado lo aprendido.
Aceptó que le diéramos de comer pero guardó su distancia. Apre-

ciaba su libertad. Al observarlo, me dije que él sí lo había entendido todo. En el momento de zarpar, desapareció. Nada lo hizo bajar de la copa de su árbol.

Más abajo en el río, Pata Grande dispuso la construcción de un campamento permanente. El lugar estaba a orillas del río, entre unas casas campesinas que habíamos visto desde el bongo. Nuevamente, se trataba de un campamento abandonado. Llegamos en plena noche, bajo una tormenta brutal. Los jóvenes armaron nuestras carpas en un abrir y cerrar de ojos, usando parte de las antiguas instalaciones que se mantenían en pie.

Cuando escampó me fijé en un niño menudo, rubio, con el pelo cortado a cepillo y cara de ángel, que parecía incómodo con el fusil en las manos.

—¿Cómo te llamas? —le pregunté cortésmente.

—Mono Liso —murmuró.

—¿Mono Liso? ¿Es tu apodo?

—Estoy de centinela, no puedo hablar.

Katerina pasaba por ahí. Se burló de él y, dirigiéndose a mí, soltó:

—No le pare bolas al Mono Liso, es una caspa.

Ya no tenía ganas de estrechar vínculos con mis secuestradores. Hacía días que le daba vueltas al asunto. La partida de Jeiner había dañado el ambiente amistoso que predominó durante algunos días. La actitud de la tropa calcaba el comportamiento del superior. Estaba convencida de que, con el tiempo, el deslizamiento hacia el despotismo era inevitable.

Unos meses antes de mi secuestro, encendí el televisor y di con un documental apasionante. En los años setenta, la Universidad de Stanford determinó simular una situación carcelaria para estudiar el comportamiento de personas comunes y corrientes. El sorprendente resultado del experimento reveló que jóvenes equilibrados, normales, que se disfrazaban de guardianes y tenían el poder de cerrar y abrir puertas, podían convertirse en monstruos. Otros jóvenes, tan equilibrados y normales como los anteriores, puestos en el rol de presos, se dejaban maltratar. Un guardia metió a un preso en un armario donde solo cabía de pie. Lo dejó allí durante horas, hasta que se desmayó. Era un juego. Sin embargo, frente a la presión del grupo, solamente una persona supo salir de su papel y pedir que detuvieran el experimento.

Sabía que las FARC jugaban con candela. Estábamos en un mundo cerrado, sin cámaras, sin testigos, a merced de nuestros carceleros. A lo largo de las últimas semanas había observado el comportamiento de aquellos niños obligados a portarse como adultos y con un fusil en las manos. Ya podía ver todos los síntomas de una relación que habría de deteriorarse y pudrirse. Creía que era algo contra lo que se podía luchar, conservando al mismo tiempo la identidad. Pero también sabía que la presión del grupo podía convertir a aquellos niños en guardianes del infierno.

Estaba perdida en mis elucubraciones cuando vi un hombrecito de gafas bien trepadas sobre la nariz y el pelo muy corto. Caminaba como Napoleón, con los brazos cruzados a la espalda. Su presencia me indispuso. Había un aura lúgubre en torno a él: «Otro nuevo», me dije. Se me acercó por detrás para decirme, con vocecita sibilante:

—Buenos días, soy Enrique, su nuevo comandante.

57

A LAS PUERTAS DEL INFIERNO

Muy pronto, para todos fue evidente que la llegada de Enrique cambiaría muchas cosas. Lo habían enviado para que estuviera por encima de Patagrande, quien se había visiblemente resentido. La guerra fría entre ambos se hizo manifiesta. Se evitaban, y la comunicación entre ellos se limitaba a lo estrictamente necesario. Mauricio pasaba mucho tiempo con los rehenes militares. Mis compañeros lo apreciaban. Habíamos recibido un radiecito de múltiples bandas con nuestro pedido, y luego César nos regaló una «panela» grande. Finalmente llegó una tercera «panela» con buenos altoparlantes, que Mauricio nos prestaba para poner vallenatos a todo volumen el día entero. Sabía que ello complacía a los soldados, y aprovechaba la situación para contagiarles la antipatía que sentía por Enrique.

Por su parte, Enrique hacía cuanto podía por hacerse odiar. La primera orden que dio fue prohibir a las muchachas hablar con los prisioneros. Cualquiera que se nos acercara era sancionada. La segunda fue obligar a los guardias a reportar a los comandantes la menor conversación con nosotros. Toda solicitud que tuviéramos debía pasar por él. En pocas semanas los niños adquirieron caras de adultos. Se ensombrecieron. Ya no los veía rodar abrazados por el musgo, ni volvieron a oírse carcajadas. Zamaidy perdió su corte de muchachitas. Lili, la «socia» de Enrique, se las arrebató.

El mismo día de su llegada al campamento, Enrique la metió en su cama. Sin duda era bien agradable. Su piel levemente cobriza hacía destacar la dentadura perfecta con que sonreía. Era una morena de cabellera lisa y sedosa que agitaba al viento con gracia. Coqueta y pícara, le brillaban los ojos cuando hablaba con los soldados, para que todo el mundo entendiera que se sentía dispensada de obedecer la orden de Enrique, a quien llamaba «Gafas» con evidente familiaridad. Había asumido, enseguida y con alegría, su papel de «ranguera».

La rivalidad de los comandantes repercutió en las muchachas. Zamaidy se mantenía al margen, tratando ella también de no acercarse demasiado a su competidora, quien, de un día para otro, se había convertido en una pequeña tirana a quien complacía repartir órdenes a diestra y siniestra. De paso, el trato que recibíamos comenzó a deteriorarse. Los guardias, que antes nos trataban con respeto, comenzaron a permitirse familiaridades que recibí con frialdad. Los soldados no lo tomaban a mal; les gustaba ser tratados con la rudeza del compadreo. En cuanto a mí, temía que la pérdida de ciertas formas de cortesía abriera el camino a maltratos como los que habían predominado en la cárcel de Sombra. Mis temores resultaron fundados. Muy pronto el tono pasó de la chanza al irrespeto. Los más jóvenes sentían que ganaban prestigio ante sus pares si se atrevían a darnos órdenes sin parar. Eran muy conscientes de que había una pugna mortal entre Gafas y Patagrande, y de su lucha declarada por ampliar cada uno su tajada de poder. La cercanía de Patagrande a los soldados permitió a Enrique imponer decisiones precisas que apuntaban directamente a su contendor. Los chicos eran lo suficientemente agudos para darse cuenta de que cualquier severidad hacia los prisioneros sería apoyada por Enrique.

Patagrande, por su parte, quería hacer el papel de mediador. Creía que al mantener a los rehenes bajo control podía convencer a César de la inutilidad de la presencia de Enrique. Hizo presión para que nos invitaran a las «horas culturales». Estas hacían las delicias de los jóvenes y nuestra presencia los estimulaba. Nos sentaban en troncos recién pelados. Había adivinanzas, recitaciones, canciones, imitaciones, y a todos nos llegaba el turno de participar. Yo no quería ir.

Me vi con mis primos preparando un espectáculo para nuestros padres en la vieja casa de la abuela. Subíamos corriendo la vetusta escalera de madera que llevaba a la mansarda, lo que producía un ruido de mil demonios. Oía a mi abuela, en la planta baja, quejarse de que le íbamos a tumbar la casa. En la mansarda había un baúl donde Mamá guardaba sus vestidos de baile y las coronas que había recibido en tiempos de su reinado, que todos usábamos para disfrazarnos. Recitábamos, cantábamos y bailábamos como en esta misma selva. Invariablemente algún primo gritaba: «¡Un ratón, un ratón!», y era la desbandada en sentido contrario por las escaleras para ir a echarnos en brazos de mi abuela antes que nos regañara. Esta magdalena proustiana vino a recordarme lo que había perdido. No podían pintarme como hora cultural ese tiempo que me robaban lejos de los míos. Mis compañeros consideraron que mi actitud era desdeñosa y que yo era una aguafiestas. El único que entendió fue Lucho. «Nadie nos obliga a ir», me dijo, dándome palmaditas en la mano. Luego, con cierto humor, añadió: «Sí, podemos quedarnos para aburrirnos. Podemos incluso hacer un concurso a ver cuál de los dos se aburre más».

Mis reservas fueron informadas a la guerrilla. Patagrande vino a advertirnos: «O participa todo el mundo, o no va nadie».

Un día llegó un cargamento excepcional de ensalada de frutas, traída de una aldea vecina. Había, pues, una carretera que comunicaba al campamento, y la idea de que la civilización no nos fuera totalmente inaccesible me proporcionó cierto alivio. La ensalada de frutas fue repartida exclusivamente entre los miembros de la tropa, pero como yo estaba convaleciente, Gafas autorizó que me guardaran un vasito. En mi vida había comido algo tan rico. La frutas estaban frescas y en su punto de maduración. Había mango, melocotón, ciruela, sandía, banano y níspero. Su carne era firme y jugosa, tan tierna que se derretía en la boca, y estaba aderezada con una crema dulce y empalagosa que se prendía al paladar. Perdí el habla con el primer bocado, y en el segundo me concentré en recorrerme la boca con la lengua para extraer todos los sabores. Iba a empezar mi tercera cucharada cuando me detuve en seco, con la boca abierta. «No, el resto es para Lucho».

Uno de mis compañeros me vio pasarle el vasito. Se levantó de un salto de la hamaca, como impulsado por resortes, y llamó a Mauricio. Se quejó del trato privilegiado que me daban. Todos éramos prisioneros, yo no tenía por qué comer más que los demás. Ya al día siguiente sentí que me daban otro apretón de clavijas. Desde Jeiner nos habíamos acostumbrado a ir a los chontos sin tener que pedir permiso. Iba en camino cuando el guardia me interpeló con brusquedad:

—¿A dónde va?

—¿A dónde cree?

—Tiene que pedirme permiso, ¿entendido?

No le respondí, temiendo que las cosas pudieran ponerse feas. Que fue lo que ocurrió, pero por otras razones. Una flotilla de helicópteros pasó rasante sobre el campamento, dio media vuelta a pocos kilómetros y volvió a volar por encima de nosotros, cubriéndonos con su sombra por algunos instantes.

Al punto, Mauricio dio la orden de levantar el campamento y escondernos con nuestros equipos en la maniguá. Esperamos, acurrucados entre la vegetación, desde el atardecer hasta la medianoche. Me devoraron garrapatas microscópicas que invadieron hasta el último poro de mi piel. Luchaba contra la comezón que me torturaba, incapaz de pensar.

Ángel, un joven guerrillero, estaba decidido a conversar conmigo. Era bien plantado, buena persona —pensé—, más bien corto de ideas. Escuchaba la radio sentado sobre los talones, con aire impaciente:

—¿Oyó la noticia? —me preguntó, abriendo mucho los ojos para que le diera mi atención.

Yo seguía rascándome desesperadamente, sin entender qué era aquello que se encarnizaba conmigo.

—Son las garrapatas. Deje de rascarse; así las alimenta más ligero. Hay que quitarlas con una aguja.

—¡Garrapatas! ¡Qué horror! ¡Las tengo en todas partes!

—Son diminutas —encendió su linterna y dirigió el haz luminoso hacia su brazo—. Mire: este punto que se está moviendo es una garrapata.

Se clavó la uña en la piel hasta sacarse sangre y declaró: «¡Se me voló!».

Una voz en la delantera gritó: «¡Apaguen las luces, carajo! ¿Quieren que nos bombardeen? ¡Pasen la consigna...!». La voz se repitió como un eco; cada guerrillero la reproducía tal cual, uno tras otro, a todo lo largo de la columna, hasta que llegó adonde Ángel, quien la recitó en el mismo tono de reproche a su vecino, como si no tuviera nada que ver con él. De todas formas había apagado la linterna y se reía como un niño cogido en falta.

Insistió en un susurro:

—¡Y entonces! ¿Oyó la noticia?

—¿Cuál noticia?

—Van a extraditar a Simón Trinidad.

Simón Trinidad había asistido a la reunión de Pozos Colorados, cerca de San Vicente del Caguán, entre los candidatos a la Presidencia y la comandancia de las FARC. Lo recordaba bien; no había abierto la boca, limitándose a tomar apuntes y a pasarle papelitos a Raúl Reyes, quien fungía de jefe del grupo. Durante las negociaciones de paz declaró que el Derecho Internacional Humanitario era un concepto «burgués». Su discurso resultaba tanto

más sorprendente cuanto que él mismo provenía de una familia
burguesa de la costa, lo que le había permitido estudiar en el colegio suizo de Bogotá y recibir clases de economía en Harvard. Antes
del final de la conferencia me levanté a tomar aire. La sesión parecía interminable y hacía mucho calor. Simón Trinidad se levantó
detrás de mí y me siguió. Tuvo la galantería de abrirme la puerta y
sostenerla mientras yo pasaba. Le di las gracias e intercambiamos
un par de palabras. Me pareció que el tipo tenía algo de duro y de
seco. Luego me olvidé de él.

Hasta el día en que fue capturado en un centro comercial de
Quito, en Ecuador. Estaba indocumentado. Las FARC reaccionaron
de inmediato en un tono amenazante. La captura de Trinidad significaba, según ellas, el fracaso de las negociaciones con Europa
para mi liberación. Alegaban que estaba en Quito para reunirse
con representantes del gobierno francés.

Por mi parte, estaba convencida de que negociaciones secretas
estaban teniendo lugar. Pero cada vez que la radio anunciaba la
llegada de emisarios europeos, el gobierno sacaba del congelador el
Acuerdo Humanitario y las FARC se desinteresaban del contacto con
el extranjero. Aquel entusiasmo terminaba siempre en decepción,
debido a aquella incapacidad de las FARC de iniciar conversaciones.

La captura de Trinidad era, según Lucho, el palo en la rueda
que impediría nuestra liberación. En lo que a mí respectaba, veía
en ella un nuevo ingrediente que abría la posibilidad de futuras
negociaciones. Las FARC anunciaron prontamente que habría que
incluir a Simón Trinidad en la lista de los prisioneros contra quienes pretendían intercambiarnos. Por lo tanto, la revelación de su
posible extradición materializaba nuestro mayor temor:

—Si Trinidad es enviado a Estados Unidos, los americanos
jamás saldrán de aquí. ¡Y tú tampoco! —me había dicho meses
atrás en la cárcel de Sombra, mientras analizábamos los diferentes
escenarios.

Estábamos sentados en fila india en la oscuridad. Otros dos guerrilleros se deslizaron entre Lucho y yo. Gafas había ordenado a los guardias intercalarse entre los secuestrados. Cuando Ángel me contó la noticia de la extradición de Trinidad, me volteé instintivamente para hablar con Lucho:

—¿Oíste?

—No, ¿qué pasa?

—Van a extraditar a Simón Trinidad.

—¡Ah, qué mierda! —exclamó espontáneamente en la mayor angustia.

El guerrillero que estaba entre los dos intervino:

—El camarada Trinidad es uno de nuestros mejores comandantes. Guárdese sus insultos para usted mismo. Aquí no toleramos la grosería.

—Usted no entiende. Nadie está insultando a Simón Trinidad —dije yo.

—Él dijo que era una mierda —replicó Ángel.

58
EL DESCENSO A LOS INFIERNOS

El enorme bongo llegó hacia la medianoche. Nos hicieron abordarlo en silencio. Los guerrilleros ataron sus hamacas a las barras metálicas que sostenían el techo del bongo y se durmieron. Poco después de las cuatro de la madrugada, el bongo se estremeció y el golpe del atraque despertó a la tropa. La voz de Enrique anunció el desembarco. Una casa inmensa que miraba al río parecía esperarnos. Rogué a Dios que nos hicieran pasar el resto de la noche en ella y tener tiempo suficiente para armar la antena. Quería escuchar la voz de Mamá. Solamente ella podía devolverme la serenidad. Mi radiecito funcionaba mal. Había que instalarle una antena, lo que solo podía hacerse en un campamento permanente. Los demás radios estaban guardados e inaccesibles. Llevando los equipos a la espalda, nos hicieron seguir en fila india un sendero que bordeaba la casa y después se alejaba atravesando unos potreros inmensos, perfectamente cercados con postes pintados de impecable blanco. Ya eran las cuatro cuarenta y cinco. ¿Dónde estábamos? ¿A dónde íbamos?

El cielo se había teñido de ocre, anunciando el amanecer. La idea de que en algunos minutos Mamá iba a hablarme me paralizó. Me pareció que ya no sabía caminar; iba a los tropezones por un terreno plano que no presentaba ninguna dificultad, a no ser el barro que se adhería a las botas y las sombras alargadas que distorsionaban el aspecto del relieve. Ángel caminaba a mi lado y se burló de mí: «¡Parece un pato!».

Aquello bastó para que me resbalara y terminara tendida cuan larga era en el barro. Me ayudó a levantarme mientras se reía con una risa artificial y excesiva, mirando a su alrededor como si temiera que alguien nos hubiera visto.

Hice ademán de alisarme la ropa embarrada, me limpié las manos en el pantalón y saqué mi radio. Faltaban tres minutos para las cinco.

—¡No, no; cómo se le ocurre! Tenemos que avanzar, vamos de coleros.

—Mamá va a hablarme en tres minutos.

Me ensañé con mi radio, sacudiéndolo en todas las direcciones. Agarró su fusil, me lo apuntó y, con la voz transformada, aulló con maldad:

—¡Camine o la quiebro!

Caminamos todo el día bajo un sol abrasador. Permanecí encerrada en un silencio inapelable mientras atravesábamos haciendas suntuosas y llenas de ganado que se prolongaban, una tras otra, hasta perderse de vista, enmarcadas por la selva virgen.

—Todo esto pertenece a las FARC —comentó Ángel con arrogancia, antes de internarse en la maleza.

Se detuvo bajo un árbol descomunal a recoger unos frutos extraños, grises y aterciopelados, que cubrían el suelo. Me ofreció uno:

—El chicle de la selva —anunció, mientras pelaba el fruto con los dientes para chupar su carne algodonosa—. Se llama «Juansoco» —añadió. El sabor era agrio y dulce al mismo tiempo y, en la boca, la carne se volvía resinosa y grata de masticar. Fue para ambos una oportuna fuente de energía.

Nos hundimos en una verdadera muralla vegetal hecha de bejucos del diámetro de un hombre que se enrollaban entre sí formando una malla impenetrable. Horas antes que nosotros, los exploradores habían abierto un paso a machete. Nos tomó horas encontrar su rastro para salir del laberinto, lo que solo fue posible gracias a la concentración de Ángel, quien reconocía los lugares por donde ya habíamos pasado para devolverse, a pesar de que la maraña no permitía establecer puntos de referencia.

Desembocamos, asombrados, en una auténtica autopista, lo bastante ancha como para permitir la circulación de tres camiones grandes, y la seguimos sin detenernos hasta el atardecer, cruzando magníficos puentes hechos con árboles milenarios hendidos a motosierra.

—Obra de las FARC —precisó Ángel.

Siete horas más tarde, vi a los demás sentados a lo lejos. Tomaban Coca-Cola y comían pan. Lucho se había quitado las botas, y sus medias, que había puesto a secar sobre el morral, estaban cubiertas de moscas verdes. Tenía morados los dedos de los pies y la piel de las plantas le colgaba en pedazos. No hice ningún comentario. Temblaba ante la posibilidad de una amputación, consecuencia demasiado frecuente de la diabetes.

Apareció un jeep blanco que nos llevó durante horas por kilómetros de barro y polvo. Atravesamos un pueblo fantasma, con lindas casas vacías dispuestas en círculo alrededor de una pequeña plaza de toros, con sus graderías en madera y su arena para las corridas. Las luces del carro alumbraron un letrero a la entrada del pueblo. Podía leerse: «Bienvenidos a La Libertad». Sabía que este municipio estaba ubicado en el departamento del Guaviare.

Los milicianos que conducían el jeep pasaron por La Libertad con la misma desfachatez que había mostrado el Mocho César al entrar a la Unión-Penilla. Lucho iba sentado a mi lado. Me sonrió tristemente antes de susurrar: «La Libertad... ¡Qué ironía!».

A lo que le respondí: «¡Qué va, es un buen augurio!».

El automóvil se detuvo en un embarcadero a orillas de un río inmenso. La guerrilla ya había montado carpas por todas partes. Hacía frío y amenazaba tormenta. Gafas no nos permitió guindar las hamacas. Esperamos hasta el amanecer bajo una lluvia menuda, demasiado cansados para siquiera espantar los zancudos, viendo a la guerrilla dormir a cubierto. Un bongo atracó con las primeras luces del día. Tuvimos que amontonarnos en la popa, en un espacio sumamente estrecho, todos apretujados y asfixiados por los vapores del petróleo que nos llegaban directamente del motor. La tropa, en cambio, tenía toda la cubierta. Pero por lo menos, pudimos dormir.

La travesía duró casi dos semanas. Nos internamos cada vez más en las profundidades de la selva. Navegábamos de noche. Cuando amanecía, el motorista —que no era el capitán— buscaba un lugar donde atracar, siguiendo las precisas indicaciones de Gafas. Entonces teníamos permiso de guindar nuestras hamacas, darnos un baño y lavar nuestra ropa. Escuchaba religiosamente a Mamá. No hizo ningún comentario sobre Simón Trinidad; se preparaba para ir a pasar las Navidades con mis hijos.

Una noche el bongo se detuvo y nos hicieron desembarcar. Sobre la orilla opuesta, las luces de un poblado grande semejaban una aparición mágica. El río estaba tachonado de estrellas. Todo nos resultaba inaccesible.

Caminamos por la orilla saltando sobre las rocas, más allá de los rápidos que acabábamos de descubrir y que nos explicaban las razones de la maniobra. Otro bongo nos esperaba más abajo de las cachiveras. Nos llevó sin demora lejos del pueblo, de sus luces y de su gente.

Más allá, nuevas cachiveras taponaban el río. Estas eran impresionantes. Se prolongaban por centenares de metros, en un tumulto de aguas enardecidas. La misma operación tuvo lugar.

Unos niños jugaban sobre la otra orilla. Allí, frente a los rápidos, había una casita campesina y, más allá una canoa. Un perro corría ladrando alrededor de los niños. No nos habían visto; nos ocultábamos detrás de los árboles.

Se escuchó un ruido de motor: una embarcación.

La vimos aparecer por nuestra derecha, remontando la corriente a gran velocidad. Era una lancha con motor fuera de borda, manejada por un tipo uniformado. Otras dos personas venían recostadas a popa, una vestida de civil y la otra en uniforme caqui. Arremetieron de frente, como si la idea de remontar las cachiveras les pareciera lo más natural. El bote saltó sobre la primera línea de rocas, rebotó sobre la segunda y estalló al golpear la tercera. Sus ocupantes volaron por los aires, propulsados como proyectiles, y desaparecieron en la espuma de la tumultuosa corriente.

Gafas estaba sentado frente a mí. Ni siquiera pestañeó. Lucho y yo nos precipitamos hacia la orilla al mismo tiempo. Ya los niños habían saltado a su canoa y remaban con todas sus fuerzas tratando de acercarse a los restos que escupía el río. Erguido en la proa ladraba el perro, tremendamente excitado por los gritos de los niños.

Una cabeza salió a la superficie. El perro saltó al agua y luchó con desesperación contra la corriente. La cabeza volvió a desaparecer en los remolinos del río. Los niños gritaban a voz en cuello llamando al perro, que, desorientado, giró sobre sí mismo; luego, llevado por la corriente, nadó valerosamente hasta regresar a la canoa. Gafas no se movió. Mauricio sondeaba la ribera con una pértiga que acababa de cortar a machete con su extraordinaria destreza de manco y escrutaba el río con obstinación. La tropa observaba en silencio. Al fin, Gafas abrió la boca:

—¡Eso les pasa por huevones! —y añadió—: ¡A recuperar el motor!

Lucho se cogió la cabeza con las manos. Mis compañeros miraban hacia el río, horrorizados. A nuestro alrededor, la vida retomó su curso sin transición. Se montó una rancha improvisada y cada cual se ocupó de sacar su olla y buscar su cuchara.

Ya de noche, nos embarcamos en una canoa semejante a la de los niños, sobre la que habían instalado el motor recuperado. Nos dejamos llevar por la corriente por varias horas, hasta que amaneció. Ya no se veían casas, ni luces, ni perros.

Esa mañana, mientras seguíamos navegando con el sol ya alto en el cielo, Gafas dio la orden de parar y se echó repentinamente hacia adelante como un loco.

—¡Mi fusil! —le gritó a Lili.

Era un tapir.

—Apunte a las orejas —dijo alguien.

Era un soberbio animal. Más grueso que un toro, atravesaba el río nadando vigorosamente. Su piel achocolatada brillaba al sol. Sacaba la trompa fuera del agua, descubriendo los labios de un rosado fucsia con una coquetería absolutamente femenina. Se aproximó a nuestra embarcación, inconsciente del peligro que corría, mirándonos pacíficamente bajo los arcos de sus pestañas, casi sonriendo en su ingenua curiosidad.

—¡Por favor no lo mate! —supliqué—. Son animales en peligro de extinción. Tenemos muchísima suerte de poder verlo con nuestros propios ojos.

—¡Qué va, aquí abundan! —gritó Lili.

—Es su bistec —dijo Enrique, encogiéndose de hombros. Luego, dirigiéndose a mis compañeros—: Pues si no tienen hambre…

Todos teníamos hambre. Ninguno abrió la boca, sin embargo, lo que Enrique interpretó como señal de desaprobación.

—Muy bien —dijo, guardando el arma—. ¡Sabemos proteger la naturaleza!

Sonrió de oreja a oreja, aunque su mirada era asesina.

59

EL DIABLO

Habíamos llegado a una ribera que caía a plomo sobre el río. Era la temporada seca y el nivel del agua había descendido muchísimo. Estábamos en unas bocas. Un afluente salía perpendicularmente en el río. Solo se veía la cañada del río tributario, profunda y estrecha, con un hilo de agua serpenteando al fondo. Se había vuelto una constante: adondequiera que llegábamos, el caudal del agua se había reducido dramáticamente. Pregunté a los indígenas de la tropa si siempre había sido así. «Es el cambio climático», respondió uno de ellos.

Gafas anunció que aquel sería nuestro campamento permanente. Me estremecí. Vivir como nómada era incómodo, pero por lo menos podía abrigar la ilusión de estar avanzando hacia la libertad.

Levantaron nuestros cambuches tierra adentro, a quinientos metros de la orilla del río y al pie de un caño donde construyeron una pequeña represa para facilitarnos el aseo y el lavado de la ropa. Lucho y yo pedimos hojas de palma para usarlas como colchones en nuestras caletas y Tito, un hombrecito que bizqueaba de un ojo, se tomó el tiempo de enseñarnos a tejerlas.

Mientras trabajaba, escuchábamos la «panela» que permanecía colgada de una puntilla en la caleta de Armando. Oímos al presidente Uribe hacer una propuesta a las FARC que hizo aplazar todas las tareas de instalación. Decía estar dispuesto a suspender la extradición a Estados Unidos de Simón Trinidad si las FARC liberaban a los sesenta y tres rehenes en su poder antes del 30 de diciembre. Un estado febril se apoderó del campamento, sin distinción entre carceleros y secuestrados. La propuesta era audaz y los guerrilleros la encontraban atractiva. Todos sentían que la extradición de Trinidad sería un golpe doloroso para su organización.

Patagrande vino a discutir con los rehenes militares. Alegaba que la comandancia de las FARC tenía una actitud positiva frente a la propuesta de Uribe. Algunos meses atrás, las FARC habían declarado que «había llegado la hora de negociar», pero exigieron una zona de despeje militar para iniciar las conversaciones. Uribe fue inflexible. Durante las negociaciones de paz con el gobierno anterior, las FARC habían controlado un territorio enorme, so pretexto de garantizar su seguridad. Lo transformaron en un santuario para sus operaciones criminales.

Sin embargo, la jugada de Uribe podía contribuir a desempantanar las cosas. Hasta entonces había pensado que la guerrilla había hecho esfuerzos para negociar nuestra liberación y que el gobierno de Uribe tenía como misión hacer fracasar cualquier intento en ese sentido. Incluso la captura de Simón Trinidad me pareció inspirada en la voluntad de frustrar una eventual negociación. No obstante, el ofrecimiento de no extraditar a Trinidad cambió mi punto de vista. Ahora me preguntaba si no serían más bien las FARC quienes nunca habían tenido la intención de liberarnos. De cierta manera nos habíamos convertido en su tarjeta de presentación. Estaban obligadas a mantenernos en su poder, pues les éramos más útiles como trofeo que como moneda de cambio.

La tensión aumentó en el campamento. La rivalidad entre Mauricio y Gafas estaba en su punto culminante. Pedí azúcar para Lucho y se armó un lío tremendo. Mauricio vino a verme con un paquete grande que me entregó frente a todo el mundo: «Le traigo mi propia reserva de azúcar porque Gafas se niega a facilitársela. Va a tener que hablar con César».

La relación con los guardias también se había vuelto tensa. El que quisiera gozar de prestigio sabía que castigándonos se haría aplaudir.

Construyeron garitas en las cuatro esquinas de nuestro perímetro. Una mañana Mono Liso, el niño con carita de ángel, estaba de guardia; empuñaba el revólver y tomaba muy en serio su función de vigilante. Un compañero salió a los chontos y olvidó avisarle. En cierto modo no era siquiera necesario, ya que los chontos eran visibles desde el puesto de guardia.

—¿A dónde va? —aulló Mono Liso desde su percha. Mi compañero se volteó, pensó que la pregunta iba dirigida a otra persona y prosiguió su camino. Mono Liso sacó su revólver, apuntó y le disparó tres veces a las piernas.

Un silencio sepulcral se abatió sobre el campamento. Mono Liso tenía buena puntería. Las balas habían rasguñado las botas, sin herirlo.

—La próxima vez se la pongo en el muslo para que aprenda a respetar las consignas.

Todos estábamos pálidos. «Habrá que pensar en irnos», me susurró Lucho.

Algunos guerrilleros ofrecían suministrarnos lo que nos hacía falta a cambio de algún trabajo de costura, de remendar un radio o de cigarrillos. Cada vez que nos faltaba algo, o sea a diario, teníamos que ofrecerles alguna cosa a cambio. Los guardias, que al principio se habían mostrado dispuestos a ayudarnos, se dieron cuenta de que detentaban un poder absoluto sobre nosotros y se volvieron más y más groseros y autoritarios.

Lucho y yo sufrimos más que los demás. Dieron la orden de mantenernos aparte y humillarnos. Cualquier solicitud nos era negada de forma sistemática.

—Eso es por no trabajarles —me advirtió Lucho.

Aparecieron algunos casos de leishmaniasis, primero en la guerrilla y luego entre nosotros. Nunca había visto con mis propios ojos los efectos de la enfermedad. Aunque entre rehenes hablábamos a menudo del tema, tampoco había entendido cabalmente su gravedad. Se le llamaba también «lepra de la selva», debido a que producía la degeneración de la piel, en primer lugar, luego de los demás tejidos que iba alcanzando, como si se pudrieran. Comenzaba como un granito de acné y generalmente no se le prestaba atención. Pero la enfermedad seguía avanzando de manera implacable. Pude ver los estragos en la pierna y el antebrazo de Armando. Era un hueco enorme de piel reblandecida, como si le hubieran derramado ácido, donde se podía introducir todo un dedo sin que el afectado sintiera dolor. Cuando Lucho me mostró el granito que le había salido en la sien me encogí de hombros; no podía imaginar que se trataba del famoso pito.

Cuando Patagrande vino a informarnos que habría una celebración por Navidad, Lucho y yo sentimos que nos tendían una trampa. Hablamos al respecto con Bermeo y los demás. Nuestros compañeros también estaban prevenidos, temíamos que la guerrilla montara eventos para filmarnos a escondidas y hacerle creer al mundo que la pasábamos bien. Pero la idea de una fiesta era demasiado atractiva como para rechazarla.

La guerrilla había construido un espacio rectangular delimitado por troncos de árbol. El suelo estaba perfectamente nivelado y enarenado. Habían puesto una caja de cerveza en un rincón y todas las chicas de la tropa estaban sentadas en fila esperándonos. No se veía a un solo hombre alrededor de lo que parecía ser la pista de baile.

En cuanto llegamos nos hicieron sentar frente a las muchachas y la cerveza empezó a circular. Apenas si había probado la mía cuando ya me sentí mareada. A pesar de mi turbación, no perdí la cabeza y me mantuve alerta.

A veces uno hace todo lo contrario de lo que ha previsto. Eso fue lo que me ocurrió a mí aquella noche. El sonido era potente. La música estremecía los árboles a nuestro alrededor. Las muchachas se levantaron al tiempo y sacaron a bailar a los soldados. Ellos no podían negarse. Cuando Ángel atravesó todo el campamento, entró a la pista y me tendió el brazo, me sentí como una tonta. Busqué a Lucho con los ojos. Estaba sentado con una cerveza en la mano y me observaba. Se encogió de hombros y asintió con la cabeza. Pensaba que negarme sería desairar a todo el mundo. Todos los ojos estaban clavados en mí. Sentí la brutal presión y dudé unos segundos. Finalmente me levanté y acepté bailar. Habría dado un par de vueltas a la pista cuando lo vi. Enrique tenía una cámara de video digital ultraliviana dirigida hacia mí. Estaba escondido detrás de un árbol. La lucecita roja que se enciende para indicar que la cámara está en funcionamiento lo había traicionado. Mi corazón dio un vuelco y me paré en seco. Solté a Ángel y lo dejé solo en medio de la pista para ir a sentarme de nuevo, de espaldas a Enrique. Me daba rabia haber caído en la trampa. Ángel se fue, muerto de la risa, feliz de haber cumplido tan bien su misión.

En la selva, la educación que recibí era un hándicap. A menudo tenía que tragarme las ganas de decir o hacer mi parecer, por miedo a herir la susceptibilidad de estos o de aquellos. Me repetía una y otra vez que debía prescindir de mis buenos modales, pues nadie cedía el paso, nadie ofrecía un asiento, nadie tendía una mano. Cuando el vejamen se disipaba, me reponía. No; debía, por el contrario, ser cada vez más cortés.

La estratagema de Gafas me hizo cuestionar todas mis buenas intenciones. Yo no podía seguir razonando como si pudiera trasponer los rituales y códigos del mundo externo a mi presente vida. Estaba secuestrada. No podía pretender que aquellas mujeres y hombres se comportaran de otro modo. Ellos vivían en un mundo donde el mal era el bien. Matar, mentir, traicionar, formaba parte de lo que se esperaba de ellos. Me acerqué a Lucho, quien estaba fuera de sí:

—Tenemos que hablar con Enrique. No tiene derecho a filmarnos sin nuestro consentimiento.

La música se detuvo a mitad de la canción. Las muchachas desaparecieron y los guardias amartillaron sus fusiles. Fuimos empujados con brutalidad a nuestro alojamiento. Nuestra Navidad acababa de terminar.

Enrique vino a hablar con nosotros al día siguiente. Lucho había insistido en que tenía que hacerlo. La discusión se avinagró rápidamente. Al principio Enrique negó que se hubiera tratado de una puesta en escena, pero terminó diciendo que la guerrilla hacía lo que le daba la gana, lo que a todas luces constituía una confesión. Cuando Lucho le manifestó la indignación que semejante actitud le producía, Enrique lo acusó a su vez de ser grosero y de haber insultado al comandante Trinidad.

Se separaron en pésimos términos. Concluimos que podíamos esperar lo peor de Enrique. En efecto, lo peor llegó. Los guardias recibieron la consigna de infligirnos tratos crueles. Una mañana Lucho se levantó muy preocupado:

—No podemos quedarnos aquí. Tenemos que fugarnos. Si de aquí al 30 de diciembre las FARC no han aceptado la propuesta de Uribe... comenzaremos a prepararnos para salir.

El 30 de diciembre las FARC estuvieron calladas. En la tarde del 31, Simón Trinidad fue embarcado en un avión rumbo a Estados Unidos bajo cargos de narcotráfico. Largos años de cautiverio nos esperaban. Era preciso ocupar cada día y no pensar en el futuro.

Debido a la angustia, los casos de leishmaniasis se exacerbaron. El granito en la sien de Lucho no desaparecía. Decidimos consultar la opinión de William, pues, en su condición de enfermero del ejército, era el único cuyo criterio resultaba fiable. Su diagnóstico no dejaba lugar a dudas:

—Hay que comenzar el tratamiento inmediatamente, antes que la enfermedad llegue al ojo o al cerebro.

La venganza de Enrique consistió en prohibir que Lucho recibiera cuidados. Sabíamos que la guerrilla contaba con provisiones considerables de Glucantime. Compraban las ampolletas en Brasil o Venezuela, ya que en Colombia, debido a la guerra contra las FARC, el medicamento era objeto de embargo. El ejército estaba al tanto de que la guerrilla era su principal consumidora, debido a que opera en las regiones donde la enfermedad es endémica.

Gira, la persona encargada de atender a los enfermos, era una mujer seria y prudente que, a diferencia de Guillermo, no había transformado la distribución de medicamentos en un mercado negro. Estuvo examinando a Lucho y pronosticó:

—El tratamiento será largo. Hay que contar por lo menos con treinta ampolletas de Glucantime, a razón de una inyección diaria. Mañana comenzamos.

Pero Gira no vino al otro día, ni los días siguientes. Adujo que el Glucantime se había agotado, aunque la veíamos administrarlo diariamente a los demás prisioneros. Yo vigilaba la progresión de la úlcera con inquietud, y oraba. Una noche Tito, el guardia que nos enseñó a tejer colchones de palma, estaba de guardia y se nos acercó:

—El cucho[17] no quiere autorizarle el tratamiento. Tenemos Glucantime por cajas y estamos esperando que lleguen más. Díganle a Gira que ustedes saben que en la farmacia hay ampolletas, y le tocará comentarlo en el aula.

Seguimos el consejo de Tito. Gira se mostró incómoda ante nuestra insistencia:

—¡Esto es un crimen de lesa humanidad! —le reclamé, ofuscada.

—La noción de crimen de lesa humanidad es una noción burguesa —replicó Gira, volviéndome la espalda.

---

[17]. Cucho: comandante (en este caso Enrique, alias Gafas)

60

AHORA O NUNCA

Enero de 2005. Comencé a preparar en serio nuestra fuga. Mi plan de huida era simple. Había que salir del campamento en dirección a los chontos y llegar al río. A Lucho le molestaba la idea de nadar durante horas, así que empecé a confeccionar unos flotadores usando los timbos que habíamos conseguido. De hecho, tuve que recuperar los tarros de aceite viejos que mis compañeros desecharon cuando les dieron unos nuevos.

También logré hacerme a un machete. Tigre, un indígena que nos tenía entre ojos porque no habíamos querido darle el reloj de Lucho a cambio de unas yerbas que supuestamente curaban la leishmaniasis, lo había dejado tirado mientras construía la caleta de Armando. Enrique amenazó con aplicar castigos severos si el machete no aparecía. Lo escondí en los chontos. Requisaron el campamento al derecho y al revés y viví el suplicio de sentir que todas las sospechas recaían sobre mí.

Hubo, a finales de enero, el sorprendente anuncio de un «paseo». Enrique quería que fuéramos a bañarnos a las cachiveras, aguas arriba. El nivel del río había aumentado y las cachiveras eran ahora el sitio ideal para nadar. Los soldados estaban entusiasmadísimos con la idea. Yo por mi parte olí una estratagema para alejarnos de las caletas, con el fin de hacer un registro minucioso. La orden fue perentoria: todo el mundo debía ir. Los días que antecedieron fueron una tortura para Lucho y para mí. Esperábamos a cada instante que nos descubrieran. Creí que iba a ser el fin del mundo.

Mis compañeros salieron felices como niños; Lucho y yo desconfiábamos. La excursión valió la pena, sin embargo. Observé los accidentes del terreno, la vegetación, las distancias recorridas en determinado lapso, e integré todo a mi plan.

Nos dieron permiso de pescar, proveyéndonos de los implementos necesarios: anzuelos y un pedazo de hilo de nailon. Observé el modo en que Tigre encontraba carnadas y cómo lanzaba el sedal. Me puse a la tarea de aprender y logré cierto éxito. «Suerte de principiante», bromeó Tigre. Lo más importante, sin embargo, fue que pudimos guardarnos unos anzuelos y algunos metros de hilo con la excusa de que se nos había roto el sedal.

Explorando entre las piedras, Tigre encontró huevos de tortuga. Delante de mí se sorbió dos huevos crudos, ignorando mis exclamaciones de asco. Lo imité. Tenían un fuerte olor a pescado y un sabor diferente, que no habría sido tan malo, a no ser por la textura arenosa de la yema, difícil de tragar.

En el camino de vuelta decidí devolver el machete. La vegetación en inmediaciones del río no era muy densa; no tendríamos que batirnos contra muros de bejucos ni atravesar bosques de guadua como los que ya había visto. De hecho, no podía seguir viviendo en una paranoia que me agotaba. Para huir, para que nuestra fuga fuera exitosa, nos haría falta mucha sangre fría. La salida me había servido para ver nuestra situación en perspectiva: sobrevivir era posible.

Con mayor razón era clave no correr el riesgo de que nos agarraran por cuenta del machete de Tigre. Aproveché las obras que los guerrilleros adelantaban detrás de nuestros chontos. Tenían la misión de cortar toda la palma posible para construir una maloca. Allí dejé el machete. Ángel lo encontró y se lo llevó a Enrique, con una expresión de desconfianza que daba a entender que no se dejaba engañar. Para mi gran alivio, el caso quedó cerrado.

Cuando Gafas vino a verme para pedirme que le tradujera las instrucciones en inglés de un GPS que acababa de recibir, me pareció ver una señal del destino. Era un aparatico amarillo y negro con recepción satelital, brújula electrónica y altímetro barométrico.

—Sí, por supuesto; entiendo el texto —le respondí—. Pero tengo que cuidar a Lucho: está muy preocupado con su leishmaniasis que avanza sin que haya Glucantime para él.

Al día siguiente vino Gira con una sonrisa de oreja a oreja. Acababa de recibir un cargamento de medicamentos.

—¡Qué raro! —ironizó Pinchao—. No oí ningún motor.

No hicimos ningún comentario. Gira sí desinfectó con alcohol la zona donde iba a aplicar la inyección de Glucantime, procedimiento que otros enfermeros consideraban superfluo. El pinchazo era especialmente doloroso, dado que el medicamento tenía la consistencia del aceite y su aplicación hacía sentir una fuerte quemadura.

La enfermedad había avanzado mucho y Gira se sentía responsable. Optó por un tratamiento de choque. Decidió inyectar parte del contenido de la ampolleta directamente debajo de la piel del forúnculo. El efecto fue instantáneo: Lucho perdió el conocimiento y, más grave aun, la memoria.

Cuando Enrique volvió a la carga para pedir la traducción de su manual de instrucciones, cedí con la esperanza de que aceptara darle a Lucho una alimentación adecuada. Sabía que los guerrilleros salían todos los días de pesca. Habían hecho potrillos, especies de canoas talladas en troncos de balso, una madera de corteza semejante al abedul, con la particularidad de flotar como el corcho, que resultaba ideal para navegar en el río y llegar hasta las zonas de aguas profundas donde abunda la pesca. Habían pescado por toneladas pero Enrique no permitía que a nosotros nos dieran.

Lucho volvió en sí, habiendo perdido no solamente sus recuerdos de infancia sino, lo que era mucho más grave en esta ocasión, el recuerdo de nuestros planes. William dijo que había sido un error inyectarlo en la sien. Por mi parte, quería creer que si le trataban la diabetes sería posible su plena recuperación, ya que lo más importante era rescatarlo a él.

Enrique envió pescado y me puse a trabajar con su GPS Garmin. Tuve el aparato en mis manos toda una mañana y tomé nota de la información que contenía. En particular, había un lugar que había sido registrado bajo el nombre de Maloca, con las siguientes coordenadas: N 1 59 32 24 W 70 12 53 39. Me sorprendió que hubieran puesto en mis manos semejante información pero, por supuesto, debían de pensar que no la entendía en absoluto, lo cual era cierto, excepto porque conservaba en mi memoria las bases de las clases de cartografía del colegio.

Orgullosa de mi hallazgo, fui a hablar con Bermeo. Convinimos en que había que encontrar el medio de echar mano a un mapa que indicara paralelos y meridianos. Esta información secreta era esencial para todos nosotros. Él creía haber visto en la pequeña agenda de Pinchao un mapita de Colombia con la indicación de las latitudes y longitudes. Entonces recordé que yo misma tenía un juego de mapas del mundo que guardaba en la agenda que llevaba conmigo el día de mi secuestro.

La había conservado para ver la serie de reuniones programadas para los días, las semanas y los meses siguientes, y que había incumplido. La misma agenda se me había convertido en elemento esencial para paliar el tedio. Comencé a aprenderme de memoria las capitales de todos los países del mundo, su extensión y número de habitantes. A veces jugaba con Lucho para matar el tiempo: «¿Cuál es la capital de Suazilandia?». «¡Fácil: Banana!», me respondía Lucho burlándose de nuestras tontas técnicas de memorización.

De modo que tenía un mapa de América del Sur, con una Colombia chiquita sobre la que evidentemente aparecían la línea ecuatorial y algunos paralelos y meridianos, referenciados de manera parcial. El mapa de Pinchao era aun más pequeño pero estaba mucho mejor cuadriculado. Tenía, además, al margen, una escala diminuta que reprodujimos en una cajetilla de cigarrillos para mejorar nuestras aproximaciones. Bastaba dividir la distancia entre dos líneas paralelas para saber dónde quedaba el paralelo que buscábamos. Un poco más arriba del Ecuador logramos ubicar la coordenada N1° 59 norte. Los meridianos aparecían de derecha a izquierda a partir del 65 que atravesaba a Venezuela y Brasil, el 70 de lleno en Colombia y el 75 al occidente de Bogotá. W70° 12 nos ubicaba algunos milímetros a la izquierda del meridiano 70. De modo que estábamos aparentemente en el Guaviare, al norte de Mitú, la capital del Vaupés, el departamento limítrofe del Guaviare al sur, y cerca del Guainía, con el que limitaba al oriente.

Pasé horas absorta en el mapita de Pinchao. Si nuestros cálculos eran correctos, debíamos de estar en un pequeño cuerno del departamento del Guaviare que sigue el curso del río Inírida, perteneciente a la cuenca del Orinoco. De estar en alguno de sus afluentes, la corriente debía llevarnos hasta Venezuela. Fantaseé. Con mi reglita improvisada medí la distancia entre aquel puntito imaginario que llamábamos la Maloca y Puerto Inírida, la capital del Guainía, adonde necesariamente teníamos que llegar. Eran poco más de trescientos kilómetros en línea recta, pero el río seguía un curso sinuoso que podía fácilmente triplicar la distancia que efectivamente deberíamos recorrer. Pensándolo bien, Puerto Inírida no era la meta de nuestro periplo. Nos bastaba encontrar en el camino a un ser humano que no perteneciera a la guerrilla y aceptara guiarnos para salir de aquel laberinto.

Me sentí dueña del mundo. Sabía dónde estábamos y aquello cambiaba todo. Era consciente de que deberíamos prepararnos para aguantar mucho tiempo en la selva. Las distancias eran enormes. Habían escogido muy bien su escondite. No había nada confirmado a menos de cien kilómetros a la redonda, a través de la más espesa de las selvas. La ciudad más cercana era Mitú, al sur, a exactamente cien kilómetros, pero el contacto era imposible por vía fluvial. Emprender la marcha a través del monte sin brújula parecía una locura aun más grande que la que yo proyectaba. ¿Acaso era posible lanzarse a semejante expedición con un hombre enfermo? La respuesta era que sin él no lo intentaría. Habría que aprender a sobrevivir con lo que encontráramos y correr el riesgo. Eso era mejor que esperar a que nuestros secuestradores nos mataran.

El compañero de Gira vino un día a cavar chontos. Era un indígena inmenso de mirada profunda. Esperaba intercambiar algunas palabras con él. Me dijo sin rodeos: «Las FARC no la quieren. Usted representa todo lo que combatimos. De aquí no va a salir ni en veinte años. Tenemos toda la organización necesaria para retenerla por el tiempo que nos dé la gana».

Recordé entonces a Orlando al referirse a uno de nuestros compañeros de cautiverio: «Mira, se porta como una cucaracha. Lo sacan a escobazos y se arrastra para entrar de nuevo». Me vi a mí misma, tratando de ganarme la amistad del indígena, como una cucaracha. «Nada más estimulante para tomar la decisión de fugarme», pensé.

El pescado le sentó a Lucho de maravilla. Dos semanas más tarde sus recuerdos habían vuelto a ocupar el lugar que les correspondía en su cerebro. En los días de su ausencia había tenido la impresión de hablar con un extraño. Cuando regresó a la normalidad y pude contarle cuánto había sufrido por su estado, se divirtió asustándome, fingiendo nuevas lagunas mentales que me producían pánico. Se atacaba entonces de la risa y me abrazaba, avergonzado pero feliz de ver cuánto me importaba él.

Todo estaba listo. Incluso habíamos decidido irnos suspendiendo el tratamiento de Glucantime, que se hacía interminable, ya que Lucho no se curaba del todo. Todavía podíamos mejorar nuestras provisiones, pero pensábamos vivir de la naturaleza para ir lo más livianos posible. De tal modo, nos pusimos a esperar el momento propicio: una terrible tormenta a las seis y media. La esperábamos cada tarde. Cosa curiosa: en aquella selva tropical donde todos los días llovía, el año 2005 fue de una insólita sequía. Muy larga fue nuestra espera.

61
LA FUGA

Decidimos retomar nuestras clases de francés para mantenernos ocupados. Solamente el joven John Pinchao, secuestrado al poco tiempo de haber ingresado a la Policía, decidió unírsenos. Parecía convencido de su mala suerte y, según él, la cadena de acontecimientos que lo había llevado a la maloca probaba que toda su vida estaba condenada al fracaso. Esta convicción le causaba un sentimiento de injusticia que lo amargaba, llevándolo a enojarse con el mundo entero. Me caía muy bien. Era inteligente y generoso, y me daba mucho gusto hablar con él a pesar de que casi siempre terminaba yéndome brava mientras le decía: «¿Te das cuenta? ¡Contigo no se puede hablar!».

Había nacido en Bogotá, en el barrio más humilde de la ciudad. Su padre era albañil y su madre trabajaba donde podía. Tuvo una infancia miserable, que pasó encerrado con sus hermanas en una pieza de inquilinato. Como no podía atenderlos, la mamá los dejaba encerrados todo el día. A los cinco años de edad, su hermana mayor preparaba el almuerzo de los hermanitos en una hornilla que la madre dejaba a ras de suelo. Recordaba el hambre y el frío.

Adoraba a su papá y reverenciaba a su mamá. Como fruto del intenso trabajo y de un valor sin límites, los padres lograron construir una casita con sus propias manos y darles una educación decente. Pinchao era bachiller y, como carecía de recursos para continuar sus estudios, había ingresado a la Policía.

Desde el comienzo de las clases observé que Pinchao aprendía muy rápidamente. Hacía toda clase de preguntas y tenía una enorme sed de conocimientos que yo procuraba calmar lo mejor posible. Se ponía radiante cuando, después de haberme exprimido como a un limón durante todo el día, me declaraba vencida y le confesaba que ignoraba una respuesta.

Me tomó confianza y pidió que lo introdujera a lo que él llamaba «mi universo». Quería que le contara cómo eran los países donde había estado y en los que había vivido. Yo lo llevaba a pasear conmigo por mis recuerdos, por las distintas estaciones, de las que ignoraba todo. Le explicaba que prefería el otoño con su esplendor barroco, aunque fuera tan corto; que la primavera en los jardines de Luxemburgo era un cuento de hadas, y le describía la nieve y las delicias de los deportes de deslizamiento, que él creía que yo inventaba solo por darle gusto.

Después de las clases de francés nos sumergíamos en otra materia de estudio. Pinchao quería aprenderlo todo sobre las reglas de etiqueta. Cuando formuló su petición, pensé inmediatamente que yo no era la persona indicada para semejante tarea.

—¡Definitivamente, mi querido Pinchao, eres muy de malas! Si mi hermana estuviera aquí te daría el mejor de los entrenamientos. Yo casi no sé nada de etiqueta. Pero te puedo enseñar lo que aprendí de mi mamá.

Estaba muy emocionado con el proyecto:

—Creo que me moriría de miedo si algún día tuviera que sentarme a una mesa con montones de tenedores y copas frente a mí. Nunca me he atrevido a preguntar.

Aprovechamos la llegada de un cargamento de tablas para construir una mesa, con la excusa de necesitarla para nuestras clases de francés.

Pedí a Tito que con su machete me tallara unos palitos para simular los tenedores y cuchillos, y jugamos a las comiditas. A Lucho, quien tomaba muy en serio nuestras clases de mundología, le encantaba corregirme cada dos por tres.

—Los tenedores a la izquierda, el cuchillo a la derecha.

—Sí, pero a la derecha también puedes poner la cuchara sopera o la pinza para caracoles.

—Un momento… ¿Qué es una pinza para caracoles?

—No le pares bolas, te quiere descrestar.

—¿Pero cómo hago para adivinar cuál debo utilizar? —insistía Pinchao, angustiado.

—¡No tienes que adivinar! Los cubiertos están dispuestos en el orden de utilización.

—Y si dudas, miras a tu vecino —intervenía de nuevo Lucho.

—Excelente consejo. Por cierto, siempre hay que esperar a que el anfitrión tome la iniciativa. Nunca hagas absolutamente nada antes que él.

—Porque te podría pasar lo que le pasó a cierto presidente africano, de hecho no sé si era africano, huésped de la reina de Inglaterra. Habían puesto lavadedos en la mesa y el tipo creyó que era una copita para beber. Se lo tomó. La reina, para no hacerlo quedar mal, también tuvo que tomarse el lavadedos.

—¿Qué es un lavadedos?

Pasábamos las tardes enteras hablando de la forma de poner la mesa, de servir el vino, de servirse, de comer, y nos perdíamos en el mundo de los buenos modales y los placeres refinados.

Resolví que el día en que regresara pondría atención a los detalles, siempre tendría flores y perfume en casa, y que no me privaría nunca más de helados ni de pastelería. Comprendí que la vida me había dado acceso a demasiadas alegrías, que abandoné por indiferencia. Quise escribirlo en alguna parte para no olvidarlo, pues temía que aquella insoportable levedad del ser lograra hacerme olvidar lo que había vivido, pensado y sentido en cautiverio, una vez estuviera libre. Lo escribí, pero al igual que todo lo demás que escribí en la selva, lo quemé para evitar que cayera en poder de las FARC.

Sentada en mi caleta, pensaba en todo esto mientras preparaba la clase de francés para el siguiente día, cuando de repente hubo un chirrido largo, doloroso, aterrador, que iba creciendo y nos obligó a alzar la vista. Vi un estremecimiento de hojas del lado de los chontos, luego a Tigre, que salía despavorido y abandonaba su puesto de guardia, atravesando nuestro alojamiento como alma que lleva el diablo.

El mayor de los árboles de la selva había escogido aquel preciso instante para morir. Se derrumbó como un gigante. Nuestra sorpresa fue igual a la de los árboles jóvenes que arrastró en su caída, y que se quebraron con un ruido de trueno para abatirse definitivamente sobre nosotros, entre una nube de polvo que se elevó diez metros por encima del nivel del suelo. Unos loros asustados echaron a volar. El pelo quedó barrido hacia atrás por la onda del impacto, y mi rostro recibió una ola de partículas que también cubrió la totalidad de las carpas y el follaje circundante. El cielo se abrió de par en par, develando unas nubes amarillas que se deshilachaban hacia el infinito de un crepúsculo incendiario. Todo el mundo había corrido a guarecerse. A mí ni siquiera se me había ocurrido.

—Pude haber muerto —me dije, alelada, al notar que una rama del gigante se había estrellado a dos centímetros de mi pie. Pero hubiera sido demasiado hermoso.

Me emocionó la idea de que aquella abertura providencial nos permitiría mirar las estrellas.

—¡Olvídate! —me dijo Lucho—. Vas a ver cómo nos cambian de campamento.

Algunos días después, Mauricio dio la señal: había que empacar. El sitio adonde nos trasladaron quedaba alejado de la orilla del río. Tal como en el campamento de la Maloca, había un caño a la izquierda de nuestro alojamiento. Este era mucho más amplio y se ramificaba antes de llegar al río. El brazo más importante abastecía al campamento de la guerrilla. Mauricio nos esperaba ya en el nuevo emplazamiento.

Muy pronto, cada cual retomó sus actividades habituales. Nosotros nos dedicamos a tender nuestras antenas de alambre de aluminio en los árboles para conectarnos con el mundo. No volví a perder ningún mensaje de Mamá. Luego de la extradición de Trinidad, se impuso la tarea de entrar en contacto con todas las personalidades que pudieran tener la posibilidad de hablarle al oído al presidente Uribe. Ahora su intención era convencer a la esposa del Presidente. Mamá contaba todo esto en público, al aire, como si ella y yo estuviéramos hablando frente a frente.

—Ya no sé qué inventarme —me decía—. Me siento terriblemente sola. Tu drama aburre a la gente, tengo la impresión de que todas las puertas se cierran. Mis amigas ya no me quieren recibir. Me acusan de deprimirlas con mi llanto. Y es cierto, mi amor; solo hablo de ti porque es lo único en el mundo que me interesa. Todo lo demás me parece superficial y banal, como si pudiera perder el tiempo andando por ahí sabiendo que estás sufriendo.

Yo lloraba en silencio mientras le repetía en un susurro:

—Sé fuerte, mi mamita; te voy a dar una sorpresa. Un día de estos voy a llegar a alguna parte, a un pueblo a la orilla de un río. Buscaré una iglesia, porque habrá guerrilla siguiéndome por todas partes y tendré miedo. Pero veré el campanario desde lejos y encontraré al cura. Él tendrá un teléfono y marcaré tu número. Es el único que no he olvidado: «Dos doce, veintitrés, cero tres». Oiré el timbre llamar una, dos, tres veces. Siempre estás ocupada con alguna cosa. Al fin contestarás. Escucharé el tono de tu voz y lo dejaré resonar por algunos instantes en el vacío, para tener tiempo de dar gracias a Dios. Diré «Mamá» y responderás «¿Astrica?», porque nuestras voces se parecen y no podría ser sino ella. Entonces te diré: «No, mamita, soy yo, Ingrid».

¡Dios mío! Cuántas veces imaginé aquella escena.

Mamá preparaba un llamado, con el apoyo de todas las ONG del mundo, para pedirle al presidente Uribe que nombrara un negociador para el «acuerdo humanitario». Contaba con el respaldo del ex presidente López, quien, desde la altura de sus noventa años, seguía influyendo en el destino de Colombia.

En mis años de trabajo político me mantuve distante del presidente López. Él encarnaba para mí la vieja clase política. Unos días antes de mi secuestro recibí una invitación para ir a verlo. Llegué a su casa temprano un sábado en la mañana, acompañada del único de mis escoltas en quien realmente confiaba. Al timbrar a su puerta me sobresalté, pues se abrió instantáneamente y allí estaba él, en persona. Había salido a recibirme.

Era un hombre muy alto, bien parecido a pesar de su edad, con unos ojos azules como el agua que cambiaban de tono según su humor. Vestía con elegancia, llevaba un buzo de cuello de tortuga en cachemira, *blazer* azul oscuro y pantalones grises de *flannel* impecablemente planchados. Me hizo seguirlo hasta su biblioteca, donde se acomodó en un gran sillón de espaldas a la ventana. No recuerdo haber abierto la boca en las dos horas que duró nuestra entrevista. Había quedado completamente seducida. Al dejarlo, tuve que reconocer que había derrumbado todos mis prejuicios.

López se desplazó a Neiva, una ciudad tan sofocante como el mismísimo infierno, para participar en la manifestación organizada en nuestro favor. Portó las fotos de los rehenes a lo largo del trayecto, acompañado de su esposa, quien también se sometió al mismo suplicio. Allí estaba Mamá, con todas las familias de los demás rehenes. La intolerancia estaba en su punto álgido. Pedir nuestra liberación era considerado por muchos en Colombia como un apoyo a las exigencias de la guerrilla y un acto de traición a la patria.

El presidente López murió mientras yo estaba aún atada a un árbol. Antes de morir logró convencer a muchos de que la lucha por la liberación de los rehenes era una causa «políticamente correcta». Su voz fue la primera que escuché, junto a la de mi madre, narrando el éxito de la manifestación, cuando desembarcábamos del bongo.

El nuevo campamento había sido concebido de modo extraño. Estábamos aislados de los galpones que los guerrilleros construían para ellos y ya solo teníamos dos guardias a cada extremo de nuestro alojamiento. Bosquejé un plan que me pareció perfecto. De hecho, el tratamiento de Lucho acababa de terminar. Le habían puesto en total ciento sesenta y tres inyecciones de Glucantime en seis meses, cinco veces más que lo normal. Los efectos secundarios lo habían hecho sufrir bastante, particularmente los dolores de muelas y de huesos. Pero la lesión en la sien se reabsorbió. Solo quedaba un leve hundimiento de la piel, que atestiguaría de por vida la prolongada lucha que había tenido que librar contra la leishmaniasis.

Seguíamos a la espera de aquella tormenta providencial, a las seis y cuarto de la tarde, que nos permitiera escapar. Todas las noches nos dormíamos con la decepción de no haber podido irnos, pero íntimamente contentos de estar secos una noche más.

Una mañana, Mono Liso y otros cinco guerrilleros llegaron temprano con unas enormes vigas cuadradas que habían afilado en las bases para enterrarlas. Las levantaron alrededor de nuestro alojamiento con cinco metros de intervalo. Simultáneamente, nos desplazaron a todos para que quedáramos al interior de lo que aparentemente sería el cercado. Me sentí desfallecer. Sin embargo, no tuvieron tiempo de terminar el mismo día. La malla y el alambre de púas serían instalados al día siguiente.

—Es nuestra última oportunidad, Lucho. Si queremos irnos, tendrá que ser esta noche.

17 de julio de 2005. En un día más sería el cumpleaños de mi hermana. Preparé los minicruceros y puse todo en un rincón de mi caleta, debajo del toldillo. Mono Liso pasó justo en ese instante y nuestras miradas se cruzaron. A pesar del velo negro del toldillo, se quedó mirándome y entendí inmediatamente que había adivinado todo. Mientras hacía cola con mi olla en la mano para recibir mi última comida caliente, me decía que estaba delirando, que era imposible que hubiera leído mi pensamiento y que todo saldría bien. Confirmé que Lucho también estuviera listo y le pedí que esperara a que yo fuera a buscarlo. Estaba confiada. Grandes nubes negras se agolpaban en el cielo, el olor a tormenta podía sentirse ya. Efectivamente, gruesos goterones comenzaron a caer. Me persigné dentro de mi caleta y le pedí a la Virgen María que me protegiera, pues ya estaba temblando. Tuve la impresión de que ella me había ignorado cuando vi acercarse a Mono Liso. No era la hora del cambio de guardia. Se me encogió el corazón. El niño venía por la pasarela elevada sobre pilotes que la guerrilla acababa de concluir para comunicar su campamento con el nuestro. La pasarela daba la vuelta a nuestro campamento y pasaba exactamente a tres metros de mi carpa. Llovía ya abundantemente. Eran las seis en punto de la tarde. Mono Liso se detuvo frente a mí y se sentó en la pasarela, con las piernas colgando y de espaldas a mí, indiferente a la tormenta.

Era culpa mía por estar tan nerviosa, los había puesto en alerta. Mañana nos encerrarían en una cárcel de alambre de púas y yo no saldría de aquella selva en veinte años. Temblaba, con las manos húmedas, vencida por las náuseas. Me puse a llorar.

Pasaban las horas y Mono Liso seguía sentado, montando guardia frente a mí sin moverse. Hubo dos relevos, pero permaneció en su puesto. Hacia las once y media, «El Abuelo», otro guerrillero de más edad, lo reemplazó. Seguía lloviendo. Mono Liso se fue, empapado hasta la médula de los huesos. El nuevo fue a sentarse bajo una carpa provisional, en el lugar donde ponían las ollas para servir. Quedaba en diagonal de donde estaba yo y podía controlar todos los ángulos de mi caleta. Me miraba sin verme, perdido en sus divagaciones.

Había invocado a María porque imaginaba que Dios sería muy difícil de alcanzar. Recé un largo rato, con la fuerza de la desesperación. «Mi María, te lo ruego, tú también eres madre y conoces el vacío que me quema por dentro. Tengo que ir a ver a mis niños. Hoy todavía es posible, mañana ya no. Sé que me escuchas. Quisiera pedirte algo más espiritual, que me ayudaras a ser mejor, más paciente, más humilde. Todo eso también te lo pido. Pero, por favor, ven a buscarme ahora».

Mamá me contaba que un sábado, enloquecida de dolor, se había rebelado contra María. Le anunciaron ese mismo día que la guerrilla le había remitido mi segunda prueba de supervivencia.

Ya no creía en coincidencias. Desde mi secuestro, en ese espacio de vida fuera del tiempo, tuve la posibilidad de revisar los acontecimientos de mi vida con la distancia y la serenidad propias de quienes cuentan con días de sobra. Había llegado a la conclusión de que la coincidencia no era más que la confesión del desconocimiento del futuro. Había que ser paciente, esperar, para que la razón de ser de las cosas se hiciera visible. Con el tiempo, los acontecimientos ocupaban su lugar según cierta lógica y salían del caos. Entonces la coincidencia dejaba de ser tal.

Hablé con ella de la misma manera en que lo habría hecho una loca, por horas y horas, usando el más bajo chantaje afectivo, con tal de vencer su indiferencia, ignorándola, poniéndome furiosa y arrojándome de nuevo a sus pies. La María a quien me dirigía no era un lugar común. Tampoco un ser sobrenatural. Era una mujer que había vivido miles de años antes que yo pero que, por una gracia excepcional, podía ayudarme. Frustrada y extenuada por mi alegato, me derrumbé en un sopor sin sueños. Mi mente divagaba, convencida de que seguía despierta. Creía seguir sentada al acecho.

Entonces sentí que alguien me tocaba el hombro. Luego, ante la falta de respuesta, me sacudieron. En ese momento entendí que me había quedado profundamente dormida, porque el retorno a la superficie fue pesado y doloroso, y de un salto volví en mí, desfasada del tiempo, sentada, con los ojos muy abiertos y el corazón a punto de salírseme. «Gracias», dije por cortesía. Nada sobrenatural, solo aquella sensación de una presencia.

No tuve tiempo de hacerme más preguntas. El Abuelo se había levantado y miraba fijamente en mi dirección. Aguanté la respiración porque acababa de darme cuenta de que el tipo estaba agotado y había decidido irse. Permanecí inmóvil, contando con el hecho de que la penumbra no le permitiría percatarse de que estaba sentada. Se quedó quieto algunos segundos, como una fiera. Se alejó dando la vuelta a la pasarela, y luego desanduvo sus pasos. «¡Te lo ruego, María!». Inspeccionó de nuevo la oscuridad circundante, resopló tranquilo y cortó por el monte para regresar a su alojamiento.

Quedé inundada de gratitud. Sin esperar, salí a cuatro patas de mi toldillo repitiendo en voz baja: «Gracias, gracias». Los otros dos guardias estaban ubicados detrás de la línea de carpas y hamacas donde dormían mis compañeros. Habrían visto mis pies si hubieran mirado por debajo, pero estaban envueltos en sus plásticos negros, tiritando de frío y de tedio. Eran la una y cincuenta de la madrugada. Teníamos apenas dos horas y media para alejarnos del campamento, suficiente para perdernos en la selva y despistarlos. Pero faltaban tan solo diez minutos para el próximo cambio de guardia.

Me dirigí a tientas hacia las carpas de los militares. Tomé el primer par de botas que encontré y, aventurándome un poco más cerca de donde estaban los guardias, tomé el segundo par. Sabía que habían dado la orden de vigilarnos de cerca a Lucho y a mí. Lo primero que haría el relevo sería verificar que nuestras botas estuvieran puestas frente a nuestras caletas. Verían las botas de los militares y se irían tranquilos.

Enseguida fui a acurrucarme al lado de la caleta de Lucho para despertarlo.

—Lucho, Lucho, ya es hora.

—¿Ah, qué, qué pasa?

Dormía profundamente.

—¡Nos vamos, Lucho; apúrate!

—¿Qué? ¡Cómo se te ocurre que nos vayamos ahora!

—¡Ya no hay guardias! Es nuestra única oportunidad.

—¡Carajo! ¿Quieres que nos maten o qué?

—Escucha, hace seis meses que me hablas de esta fuga…

—…

—Todo está listo. Hasta las botas de los militares, no van a darse cuenta.

Lucho acababa de ser proyectado violentamente frente a su destino y frente a mí. Transformó su espanto en rabia:

—¿Quieres que nos vayamos? ¡Bien! Nos van a acribillar. ¡De todas maneras es mejor que pudrirnos aquí!

Hizo un movimiento brusco y la pila de ollas, platos, vasos y cucharas que había puesto en equilibrio contra una estaca se vino abajo en un estruendo mayúsculo.

—Quédate quieto —le dije, para contener su arrebato suicida.

Nos quedamos acurrucados detrás del colchón, ocultos por el toldillo. Un haz luminoso pasó sobre nuestras cabezas y luego se alejó. Los guardias se rieron. Seguramente creyeron que alguna rata estaba de visita.

—¡Está bien, ya voy! ¡Estoy listo, ya voy! —me dijo Lucho mientras tomaba sus dos tarros de aceite, su morralito, su gorra y los guantes que le había hecho para la ocasión. Se alejó dando grandes zancadas.

Iba a hacer lo mismo, cuando me di cuenta de que había perdido un guante. Presa del pánico, regresé a tientas hasta donde los militares. «¡Qué estupidez, me tengo que ir ya!», pensé. Lucho

franqueaba ya la pasarela y caminaba furioso en línea recta, piso-
teando todas las matas a su paso. Las hojas crujían horriblemente
y hacían ruido al rozar su pantalón de poliéster. Me di vuelta; era
imposible que los guardias no hubieran oído la bulla que estábamos
haciendo. Sin embargo, detrás de mí reinaba una quietud total.
Miré el reloj. En tres minutos llegaría el relevo. Seguramente ya
se habían puesto en camino. Debía saltar la pasarela y correr para
atravesar el terreno rozado que teníamos enfrente, para alcanzar a
escondernos entre la maleza.

Lucho ya lo había logrado. Temí que hubiera olvidado nuestras consignas. Había que doblar en ángulo recto a la izquierda
para caer al caño y nadar hasta la otra orilla. De seguir derecho
iría a aterrizar en brazos de Gafas. Me persigné y eché a correr con
la certeza de que los guardias me verían. Llegué sin aliento hasta
el otro lado de los arbustos, justo a tiempo para cogerle la mano a
Lucho y jalarlo hasta el suelo. Acurrucados el uno junto al otro,
nos pusimos a observar lo que pasaba a través de las ramas. El relevo acababa de llegar; dirigieron los haces de sus linternas primero
hacia nuestras botas y toldillos, y luego hacia nosotros, barriendo
el terreno vacío en todas las direcciones.

—¡Nos vieron!

—No, no nos han visto.

—Vámonos, no esperemos a que vengan a buscarnos.

Había empacado mis timbas de aceite en su funda, que me
colgaba del cuello y llevaba amarrada a la cintura. Me estorbaban
para avanzar. Era preciso atravesar una maraña de ramas gruesas y
arbustos, amontonados allí tras el despeje de nuestro campamento.
Estaba hecha un lío con mis cosas. Lucho me tomó de la mano,
con sus timbas en la otra, y arremetió de frente hacia el caño. Los
tarros plásticos parecían explotar al golpear los árboles muertos, la
madera crujía espantosamente bajo nuestro peso.

Llegamos hasta el borde del barranco. Antes de deslizarnos por él, miré hacia atrás. Nadie. Los haces luminosos seguían paseando por el lado de las carpas. Di un paso más y tropecé con Lucho para aterrizar abajo, sobre la playa de arena fina adonde íbamos todos los días a asearnos. Ya casi no llovía. El aguacero no cubriría más el ruido que hacíamos. Sin pensarlo dos veces nos lanzamos al agua como bestias aterrorizadas. Traté de mantener mis movimientos bajo control, pero pronto fui arrastrada por la corriente.

—¡Hay que atravesar; rápido, rápido!

Lucho pareció irse a la deriva hacia el otro brazo del afluente, el que daba al alojamiento de Enrique. Nadé con un brazo, agarrándolo con el otro por las tirantas del morral. Ya no controlábamos la dirección de nuestros movimientos. Estábamos paralizados por el miedo y tratábamos, cuando mucho, de no ahogarnos.

La corriente nos ayudó. Fuimos aspirados hacia la izquierda, al otro brazo del afluente, hacia una curva donde aumentaba la velocidad de la corriente. Perdí de vista las carpas de la guerrilla y por un instante tuve la sensación de que todo saldría bien. Nos alejamos, hundiéndonos en las tibias aguas amazónicas. El caño se cerraba sobre sí mismo: se hacía más y más estrecho, tupido, oscuro y apagado como un túnel.

—Hay que salir del caño, hay que salir del agua —le repetía sin cesar a Lucho.

Salimos trabajosamente sobre un grueso lecho de hojas y nos abrimos paso entre las zarzas y los helechos.

«Perfecto, ni una huella», pensé.

Supe instintivamente en qué dirección caminar.

—Por aquí —le dije a Lucho, que dudaba.

Nos hundimos en una vegetación cada vez más tupida y elevada. Descubrimos, más allá de un muro de arbustos jóvenes de afiladas espinas, un claro de musgo. Me lancé hacia él esperando que la resistencia de la vegetación disminuyera, para avanzar más rápidamente, pero caí en una fosa enorme que el musgo cubría como una malla sobre una trampa. La fosa era profunda, el musgo me llegaba al cuello y no podía ver qué había debajo. Imaginé la cantidad de monstruos que debían de vivir allí, esperando que una presa les cayera en las fauces como yo acababa de hacerlo. Presa del pánico, traté de salir pero mis movimientos eran torpes e ineficaces. Lucho se dejó caer en la misma fosa y me tranquilizó.

—Cálmate, no es nada. Sigue caminando, ya saldremos.

Un poco más lejos, las ramas de un árbol nos sirvieron para izarnos y salir. Tenía ganas de correr. Sentía que teníamos a los guardias en los talones y esperaba verlos salir de la maleza para caernos encima en cualquier momento.

De golpe la vegetación cambió. Dejamos los arbustos de zarzas y espinas para entrar en el manglar. Vi brillar el espejo de agua a través de las raíces de los mangles. Una playa de arena gris preludiaba el curso del río. Una última fila de árboles atrapados en la creciente del río y, más lejos, la inmensa superficie plateada que parecía esperarnos.

—¡Llegamos! —le dije a Lucho, sin saber si sentirme aliviada o todo lo contrario. Me aterraba visualizar la prueba que nos esperaba.

Estaba como hipnotizada. Esa agua que corría rápidamente ante nosotros era la libertad.

Nuevamente miré hacia atrás. Ningún movimiento, ningún ruido, a no ser el de mi corazón, que golpeaba estrepitosamente en mi pecho.

Nos aventuramos con prudencia en el agua hasta que nos llegó a la altura del pecho. Sacamos nuestras cuerdas. Hice concienzudamente los gestos que sabía de memoria por haberlos ensayado a diario en los largos meses de nuestra espera. Cada nudo tenía su razón de ser. Era preciso que estuviéramos muy bien amarrados el uno al otro. A Lucho le costaba trabajo conservar el equilibrio en la superficie del agua.

—No te preocupes, ya cuando estemos nadando podrás estabilizarte.

Estábamos listos. Nos tomamos de la mano para avanzar hasta que perdimos apoyo. Flotamos, pedaleando suavemente hasta la última fila de árboles. Ante nosotros el río se abría, grandioso bajo la bóveda del cielo. La luna, inmensa, alumbraba como un sol de plata. Fui consciente de que una potente corriente iba a chuparnos. No era posible dar marcha atrás.

—¡Cuidado, esto se va a mover! —le dije a Lucho.

En un segundo, una vez que atravesamos la barrera vegetal fuimos aspirados rápidamente hasta el medio del río. La ribera pasaba a toda velocidad ante nuestros ojos. Vi alejarse el embarcadero de la guerrilla y me invadió una sensación de plenitud tan amplia como el horizonte que acabábamos de volver a ver.

El río empezó a doblar y el embarcadero desapareció definitivamente. No dejábamos nada atrás, estábamos solos; la naturaleza había conspirado en nuestro favor al poner su fuerza al servicio de nuestra huida. Me sentí protegida.

—¡Somos libres! —grité con toda la fuerza de mis pulmones.

—¡Somos libres! —gritó Lucho riendo, con los ojos agarrados a las estrellas.

62
LA LIBERTAD

Lo habíamos logrado. Lucho no forcejeaba ya; se dejaba llevar tranquilo y confiado, igual que yo. El miedo a ahogarnos quedó relegado. La corriente era muy fuerte pero no había remolinos, fluía rápidamente hacia adelante. Un centenar de metros nos separaban de la orilla a cada lado.

—¿Cómo vamos a llegar hasta la orilla? —me preguntó Lucho.

—La corriente es fuerte, nos va a tomar tiempo. Vamos a comenzar a nadar despacio para llegar a la orilla de enfrente. Si nos buscan, primero van a hacerlo de su lado. No pensarán que hayamos podido atravesar esto.

Comenzamos a bracear a ritmo lento pero sostenido, para no cansarnos. Había que mantener caliente el cuerpo y deslizarnos poco a poco hacia la derecha para liberarnos del efecto de succión que nos jalaba hacia el centro del río. Lucho iba detrás de mí. La cuerda entre ambos seguía tensa, lo que me tranquilizaba, pues podía avanzar sin mirarlo, sintiendo que allí estaba.

Contaba con que nuestro mayor obstáculo en el agua sería la hipotermia. Siempre me había causado dificultades. Recordaba a Mamá sacándome de la piscina cuando era niña, envuelta en una cobija y frotándome vigorosamente el cuerpo, mientras yo tiritaba sin control, enojada por la interrupción de mis juegos infantiles. «Tienes los labios morados», me decía, como excusándose.

Me fascinaba el agua, excepto cuando me empezaban a casta-
ñetear los dientes. Hacía todo lo posible por ignorarlo, pero entendía que había perdido la partida y que tendría que salir. Al bucear,
incluso en aguas tropicales, me sentía en la obligación de usar traje
grueso, pues me encantaba permanecer mucho tiempo en el fondo
del mar. De modo que estaba prevenida al respecto. No pensaba
en las anacondas, pues consideraba que en el agua se mantendrían
cerca de las orillas, al acecho de sus presas. Imaginaba que los güíos
debían de tener reservas de alimentos más accesibles que nosotros.

Me preocupaban más las pirañas. Las había visto en acción,
sin poder establecer diferencias claras entre el mito y la realidad.
En varias ocasiones había tenido que bañarme en un caño mientras tenía mi período. Rodeada de hombres, mi única preocupación había sido que no se notara.

En mi cautiverio siempre me atormentó la actitud desdeñosa
con la que la guerrilla trataba los imperativos femeninos. El sumi-
nistro y la distribución de cigarrillos estaban más asegurados que
el aprovisionamiento de toallas higiénicas. Al guardia designado
para entregármelas siempre le daba gusto gritarme frente a mis
compañeros, que observaban divertidos: «¡Mire a ver si las desper-
dicia, le tienen que durar cuatro meses!». Evidentemente, nunca
duraban lo suficiente. Y si había marcha aun menos, pues mis compañeros me las pedían para usarlas a modo de plantillas, cuando los
atormentaban las ampollas. Al preparar nuestra fuga, la posibilidad
de tener que nadar en dicha situación me llevó a fabricarme una
protección íntima, pero estaba segura de que no funcionaría.

Allí, en la corriente fuliginosa, braceaba enérgicamente, tanto para avanzar como para apartar a cualquier criatura atraída por
nuestra presencia.

Empujados por el impulso de nuestra euforia, nadamos tres
horas. La luminosidad de aquel espacio conquistado por la luna se
transformó con la proximidad del alba. El cielo se envolvió nue-

vamente en su manto de terciopelo negro, la oscuridad cayó sobre nosotros, y, con ella, el frío que antecede al amanecer.

Los dientes me castañeteaban desde hacía un momento sin que fuera consciente de ello. Cuando quise hablar con Lucho, me di cuenta de que difícilmente podía articular:

—Tienes los labios morados —me dijo, preocupado.

Era preciso salir del río.

Nos acercamos a la orilla, o más bien a la fronda que bordeaba el río. El nivel de las aguas había subido tanto que los árboles de la orilla estaban totalmente cubiertos y solo sus copas eran aún visibles. En consecuencia, la ribera había retrocedido hacia las tierras más elevadas del interior, pero para alcanzarla habría que penetrar en la vegetación.

Dudé. Me asustaba meterme en aquella naturaleza secreta. ¿Qué había debajo del silencioso follaje que solo la fuerza de la corriente hacía temblar? ¿Era allí donde nos esperaba la anaconda, enrollada en la rama más alta de aquel árbol medio sumergido? ¿Cuánto tiempo tendríamos que nadar hacia el interior antes de tocar tierra?

Me resigné a no escoger el lugar más propicio, pues no lo había.

—Salgamos por aquí, Lucho —le dije, mientras pasaba la cabeza por debajo de las primeras ramas que salían a la superficie.

Bajo el follaje reinaba la oscuridad pero podían distinguirse los contornos. El ojo se acomodaba. Avancé lentamente, dejando que Lucho me alcanzara para tomarlo del brazo.

—¿Vas bien?

—Sí, voy bien.

Los sonidos llegaban tamizados. El rugido del río había sido reemplazado por el sonido amortiguado de las aguas quietas. Un ave voló a ras de la superficie y nos pasó rozando. Instintivamente, mis movimientos se hicieron menos amplios, en previsión de un encuentro desagradable. Sin embargo, nada de lo que veía era diferente de lo que había visto mil veces. Nadábamos entre las ramas de los árboles, tal como se internaba el bongo abriéndose camino hasta la ribera. Un chapoteo cercano nos anunció la orilla.

—Allí —me susurró Lucho al oído.

Miré en la dirección que me indicaba: a mi izquierda vi una cama de hojas y, más allá, las raíces de una majestuosa ceiba. Mis pies sintieron el suelo. Salí del agua, pesada de emociones, escalofriada, feliz de estar parada en tierra firme. Estaba agotada, necesitaba un lugar donde derrumbarme. Lucho salió, subió conmigo la suave pendiente y me jaló hacia las raíces del árbol.

—Tenemos que escondernos, pueden aparecer en cualquier momento.

Abrió el plástico negro que guardaba entre sus cosas y me quitó el morral.

—Pásame tu ropa, hay que escurrirla.

Lo hice. Al instante sufrí el ataque de los jejenes, diminutos mosquitos especialmente voraces que se desplazan en nubes compactas. Me vi obligada a ejecutar una danza *sioux* para mantenerlos a raya.

Eran casi las seis de la mañana. La selva era tan densa en aquel lugar que la luz del día demoraba en atravesarla. Decidimos esperar, aceptando el suplicio de permanecer de pie, porque no veíamos lo que nos rodeaba. «¡Dios mío, hoy es el cumpleaños de mi hermana!», pensé, feliz de mi descubrimiento. En el mismo instante, el día se filtró a través de la manigua y se regó como pólvora.

Estábamos mal ubicados. Nuestro emplazamiento al pie de las raíces de la ceiba —el árbol de la vida— era el único lugar seco en medio del pantano que nos circundaba. A algunos metros, una bola de tierra seca suspendida de la rama de un árbol joven me remitió a los difíciles momentos en que Clara y yo fuimos perseguidas por un enjambre de avispones.

—Tenemos que alejarnos enseguida tierra adentro —afirmó Lucho—. Además, cuando llueva todo estará lleno de aguas estancadas.

Allá arriba alguien debió de escucharlo, pues en aquel mismo instante se puso a llover. Nos alejamos con cuidado del avispero, internándonos en la selva. Arreció la lluvia. Seguimos de pie con nuestra carga a cuestas y los plásticos haciendo las veces de paraguas, demasiado cansados para pensar mejor. Cuando finalmente la lluvia nos concedió una tregua, tiré mi plástico en el suelo y me derrumbé sobre él. Desperté sobresaltada. Había hombres gritando cerca. Lucho estaba ya en cuclillas, alerta.

—Están aquí —murmuró, con los ojos saliéndose de las órbitas.

Estábamos en un claro, expuestos a la vista, con muy pocos árboles que nos ocultaran. Era el único lugar seco en medio de los pantanos. Había que acurrucarse detrás de algo, si aún había tiempo. Busqué un escondite con los ojos. Lo mejor era echarse a tierra y taparse con hojas. Lucho y yo pensamos lo mismo simultáneamente. Me pareció que el ruido que hacíamos barriendo las hojas hacia nosotros era tan fuerte como sus gritos.

Las voces se acercaron. Podíamos escuchar perfectamente su conversación. Eran Ángel y Tigre con un tercero, Oswald. Se reían. Se me puso la carne de gallina. Era una cacería humana. Seguramente nos habían visto.

Lucho estaba inmóvil a mi lado, camuflado bajo su tapiz de hojas secas. Hubiera querido reír de no haber tenido tanto miedo. Y llorar también. No quería darles el gusto de volver a agarrarnos.

Los guerrilleros seguían riendo. ¿Dónde estaban? Del lado del río, a nuestra izquierda. Pero allá la vegetación era muy densa. Luego oímos el ruido de un motor, nuevamente voces, el eco metálico de hombres embarcándose, el ruido de los fusiles, de nuevo el motor ahora alejándose, y al fin el silencio de los árboles. Cerré los ojos.

La noche cayó muy pronto. Me sorprendía estar cómoda con mi ropa mojada que guardaba el calor de mi cuerpo. Me dolían los dedos pero había logrado mantener limpias las uñas, y las cutículas, que normalmente me atormentaban, estaban intactas. Me había recogido el pelo en una trenza muy apretada que no tenía la menor intención de tocar en mucho tiempo. Habíamos decidido que siempre comeríamos algo antes de retomar el río, y para esta jornada nos permitimos cada uno una galleta y un pedazo de panela. Reanudarían su cacería al amanecer, a la misma hora en que nosotros saldríamos del río para escondernos entre los árboles. Debíamos salir a las dos de la mañana para tener tres horas de navegación antes de la aurora. Queríamos tocar las orillas con las primeras luces del alba, pues nos asustaba meternos a ciegas en el matorral. Nos pusimos de acuerdo sobre todo aquello mientras permanecíamos acurrucados entre las raíces de nuestra vieja ceiba, esperando que escampara para podernos encoger sobre los plásticos y dormir un poco más.

No escampó. Nos quedamos dormidos el uno sobre el otro, pues no fuimos capaces de seguir luchando contra el sueño.

Me despertó un ruido fuerte. Luego, nada. Nuevamente algo se retorció en el pantano y golpeó el agua con violencia. No veía más que oscuridad. Lucho buscó la linterna y, haciendo una excepción a nuestra regla, la encendió por un segundo.

—¡Es un cachirre[18]! —grité horrorizada.

—No, es un güío —replicó Lucho—. Lleva su presa al agua para ahogarla.

Probablemente tenía razón. Recordaba al güío que había estrangulado al gallo del campamento de Andrés. Desde la casita de

---

[18]. Cachirre: Caimán grande de la Amazonia.

madera lo escuché hacer ¡paf! al caer al río, llevándose a su presa a las profundidades. Era el mismo sonido.

Guardamos silencio. En algunos minutos tendríamos que sumergirnos en esas mismas aguas negras. Ya eran las dos de la mañana.

Esperamos. Se había instalado una paz sepulcral.

—Bueno, hay que irnos —declaró Lucho mientras ataba las cuerdas a sus botas.

Entramos al río con aprensión. Al avanzar me estrellaba contra los árboles. De nuevo, la corriente nos aspiró con brusquedad, jalándonos de debajo de la bóveda de vegetación para proyectarnos a cielo abierto en medio del río. Era más rápida que la víspera, y nos deslizábamos girando sin control sobre nuestro eje.

—¡Nos vamos a ahogar! —gritó Lucho.

—No, no nos vamos a ahogar. Es normal, llovió toda la noche. Déjate llevar.

Íbamos tan rápido que tuve la impresión de ir cayendo. El río se había vuelto sinuoso y estrecho. Las riberas eran más altas y en ocasiones la línea de los árboles desaparecía para ceder el lugar a inesperados acantilados, como si la orilla hubiera sido mordida. La tierra, sanguínea y desnuda, se abría como una herida en medio de las encrespadas tinieblas de la vegetación.

Cuando sentí los primeros escalofríos y me apremió la necesidad de salir del río, la corriente se volvió menos agresiva y nos permitió nadar a la ribera opuesta, del lado en que el monte nos pareció menos denso. No habíamos alcanzado aún la orilla cuando se hizo de día. Alarmada, aceleré el ritmo. Nos volvíamos presa fácil para cualquier equipo que se hubiera lanzado en nuestra búsqueda.

Nos adentramos aliviados hasta el abrigo de la penumbra.

En lo alto el terreno estaba bien seco y las hojas muertas crujían a nuestro paso.

Castañeando, me dejé caer sobre el plástico y quedé profundamente dormida.

Abrí los ojos sin entender dónde estaba. No había guardias. No había carpas ni hamacas. Aves de colores carnavalescos se peleaban sobre una rama encima de mí. Cuando logré, a través de un dédalo de recuerdos dispersos, ubicarme nuevamente en la realidad, me sentí colmada por una dicha de tiempos inmemoriales. No quería moverme.

Lucho se había ido. Lo esperé tranquila. Estaba inspeccionando los alrededores.

—¿Crees que en este río haya transporte de civiles? —me preguntó al regresar.

—Seguro que sí. Recuerda el bote que se nos cruzó cuando acabábamos de salir del campamento de la Maloca.

—¿Y si tratáramos de interceptar alguna embarcación?

—¡Ni se te ocurra! Lo más probable es que demos con la guerrilla.

Conocía los peligros de nuestra fuga, pero a lo que más temía era nuestra propia debilidad. Tras el choque de adrenalina del momento de la fuga, seguía un relajamiento de la vigilancia cuando uno se sentía fuera de peligro. Era en esas horas de relajamiento cuando sobrevenían las ideas negras y podía perderse la perspectiva del sacrificio realizado. El hambre, el frío y la fatiga se hacían entonces más presentes que la misma libertad, pues al haberla recobrado se devaluaba en contraste con nuestras propias urgencias.

—Bueno, comamos, démonos gusto.

—¿Nos quedan provisiones para cuánto tiempo?

—Ya veremos. Pero tenemos los anzuelos. No te preocupes, cada día que pasa nos acerca un poco más a nuestras familias.

El sol acudió a la cita. Nuestra ropa se secó, lo que contribuyó a que recuperáramos los ánimos. Pasamos la tarde imaginando qué debíamos hacer si se acercaba la guerrilla.

Salimos más temprano, esperando recorrer un trayecto más largo. Abrigábamos la ilusión de encontrar señales de presencia humana en nuestro recorrido.

—Si encontráramos una canoa podríamos avanzar en seco toda la noche —dijo Lucho.

Habíamos escogido un lugar que nos pareció propicio, pues la orilla, visible a través del follaje, se extendía sobre una playa de unos treinta metros. Llegamos al amanecer y la elegimos porque uno de los árboles que más se adentraba en el agua tenía ramas que crecían horizontalmente, lo que nos permitiría, pensábamos, hacer turnos de guardia para vigilar el río.

El sol de la víspera nos había devuelto el aplomo, y el día se anunciaba igualmente cálido. Para recobrar energías decidimos pescar. Habría que aguantar mucho tiempo; semanas, incluso meses.

Mientras Lucho buscaba una vara adecuada para servir de caña, me dediqué a buscar carnada. Había visto, medio sumergido en el agua, un tronco podrido. Lo despanzurré de una patada, como había visto hacer a los guerrilleros. En su interior se retorcía una colonia de lombrices de color malva. Un poco más lejos, aves del paraíso brotaban en abundancia. Con una de sus hojas hice un cono, que rellené con los pobres bichos. Até el hilo de nailon y el anzuelo a la caña de Lucho y sujeté cuidadosamente la carnada, aún viva, antes de lanzarla al agua. Lucho me miraba entre asqueado y fascinado, como si el ritual que yo oficiaba me convirtiera en poseedora de algún poder oculto.

En cuanto la carnada se hundió en el agua saqué un hermoso caribe[19]. Busqué una horqueta que clavé cerca de mí y ensarté en ella a mi presa, confiando que después de semejante ganga la suerte me seguiría sonriendo. Aquella pesca fue milagrosa más allá de cualquier expectativa. Lucho se moría de risa. Llenamos tres sartas de pescados en tiempo récord. Todas nuestras preocupaciones se volatilizaron. Podríamos comer todos los días hasta nuestra salida.

---

[19]. Caribe: nombre que se le da a la piraña.

Sin ser conscientes de ello, habíamos comenzado a hablar muy alto. No escuchamos el motor hasta cuando nos pasó por el frente. Era una barca bastante cargada que navegaba a ras del agua llevando una decena de personas apeñuscadas una tras otra; mujeres, alguna con un bebé, hombres, adolescentes, todos civiles, vestidos de colores abigarrados. El corazón me dio un vuelco. Grité pidiendo socorro cuando ya la barca había pasado, comprendiendo que ya no podía vernos, y mucho menos oírnos. ¡Habían estado tan cerca de nosotros esos pocos segundos! Los vimos desfilar ante nuestros ojos, captando cada detalle de la aparición, paralizados primero por el miedo y la sorpresa, luego frustrados de ver cómo se nos escapaba nuestra mejor oportunidad de ponernos a salvo.

Lucho me miró con expresión de perro apaleado. Las lágrimas le hinchaban los párpados.

—Hubiéramos debido vigilar el río —me dijo con amargura.

—Sí, tendremos que ser más cuidadosos.

—Eran civiles —me soltó.

—Sí, eran civiles.

Ya no tenía ganas de pescar. Recuperé el hilo de nailon y el anzuelo para guardarlos.

—Hagamos una fogata y tratemos de cocinar los pescados —dije, para echarle tierra al asunto.

El cielo había cambiado. Las nubes se amontonaron sobre nosotros. Tarde o temprano llovería, había que apurarse.

Lucho recogió algunas ramas. Teníamos un encendedor.

—¿Sabes encender una fogata? —me preguntó Lucho.

—No, pero me imagino que no debe ser tan difícil. Hay que encontrar un bizcocho[20], el árbol que usan en la rancha.

Pasamos dos horas intentándolo. Recordaba haber oído decir a los guardias que había que pelar la madera todavía húmeda.

---

[20]. Madera que arde incluso cuando está mojada.

Teníamos tijeras, y a pesar de todos nuestros esfuerzos no pudimos descortezar ni siquiera una rama. Me sentí ridícula con mi encendedor y toda aquella madera alrededor, incapaz de encender aun cuando fuera una llamita. Aunque no hablamos de ello, estábamos en una carrera contra el tiempo. La enfermedad de Lucho no tardaría en manifestarse de una u otra forma. Estaba atenta a las primeras señales. Hasta entonces no había observado nada alarmante en él, a no ser la expresión de tristeza luego del paso de la barca, pues a veces, antes de sus crisis, caía en un estado de aflicción parecido. En tales casos, su congoja no tenía ninguna causa específica. Aparecía como síntoma de los desórdenes de su metabolismo, mientras que el abatimiento que acababa de ver sí tenía una razón evidente. Entonces me pregunté si nuestra decepción no sería suficiente para provocarle un ataque, y la idea me atormentó más que el hambre o el cansancio.

—Bien, escucha, no hay problema. Si no podemos encender fuego nos comeremos el pescado crudo.

—¡Ni de fundas! —exclamó Lucho—. Prefiero morirme de hambre.

Su reacción me produjo un ataque de risa. Salió corriendo como si pensara que yo iba a perseguirlo para obligarlo a tragarse los caribes crudos con todo y sus dientecitos puntiagudos y sus ojos fijos y brillantes.

Tomé las tijeras y, sobre una hoja de ave del paraíso, corté la carne de los caribes en pequeños filetes transparentes, que alineé encima meticulosamente. Tuve cuidado de botar los restos al agua, donde inmediatamente fueron recibidos por un hervidero de peces hambrientos.

Lucho regresó, desconfiado, pero entretenido por mi labor.

—¡Hummm! ¡Absolutamente delicioso! —dije, con la boca llena y sin mirarlo—. ¡Tú te lo pierdes, es el mejor *sushi* que he comido en mi vida!

Sobre la hoja ya no había peces muertos. Sólo láminas de carne fresca finamente cortadas. El espectáculo tranquilizó a Lucho, quien, instigado por el hambre, se comió una, luego dos y, finalmente, tres.

—Voy a vomitar —terminó diciendo.

Ya estaba tranquila. Sabía que la próxima vez comeríamos sin resabios.

Fue nuestra primera comida de verdad desde nuestra huida del campamento. El efecto psicológico fue instantáneo. Nos preparamos de inmediato para nuestra próxima etapa: recogimos todas nuestras cosas, hicimos el inventario de nuestros tesoros y del resto de provisiones. El día dejaba un saldo a favor: nos ahorramos dos galletas y nos sentíamos en buena condición física.

Lucho cortó unas palmas y las entrelazó al pie de un árbol, extendió los plásticos y puso encima los morrales y las timbas. Íbamos a tendernos cuando la tormenta se desató sin avisar. Apenas tuvimos tiempo de recoger todo y taparnos con los plásticos, constatando con resignación que un implacable viento lateral desbarataba todos nuestros esfuerzos por permanecer secos. Vencidos por la borrasca, nos sentamos sobre los restos del tronco podrido a esperar que escampara. A las tres de la mañana amainó la tormenta. Estábamos agotados.

—No podemos tomar el río en este estado, sería peligroso. Tratemos de dormir un poco, saldremos caminando mañana.

Las pocas horas de sueño fueron reparadoras. Lucho salió de primero con paso decidido.

Dimos con una trocha que bordeaba el río. Debían de haberla abierto hacía años. Los arbustos que habían cortado a ambos lados de la vía estaban ya secos. Imaginé que podía haber un campamento de la guerrilla en cercanías y me preocupé, pues no podía tener la certeza de que estuviera abandonado del todo. Caminábamos como autómatas y a cada paso sentía que estábamos arriesgándonos demasiado. Seguimos avanzando a pesar de todo, pues las ganas de llegar a cualquier parte nos impedían ser sensatos.

Por el camino reconocí un árbol que Tigre me había mostrado un día. Los indígenas decían que si uno pasaba por delante de él, había que devolverse y maldecirlo tres veces para evitar que fuera el árbol quien lo maldijera a uno. Lucho y yo evidentemente no respetamos el ritual, sintiendo que no se aplicaba a nosotros.

Hicimos un alto al final de la jornada en una minúscula playa de arena fina. Lancé mis anzuelos y conseguí suficiente pescado para una comida decente. Lucho comió el pescado crudo con dificultad, pero terminó admitiendo que no era tan malo.

La luna hizo su aparición. Su claridad fue suficiente para permitirnos reaccionar a tiempo al ser atacados por un hormiguero.

Aquella noche nos esperaba otra plaga: la manta blanca. Nos cubrió como nieve y se nos metió dentro de la ropa hasta la piel para infligirnos dolorosas picaduras que nos fue imposible evitar. La manta blanca llegaba como nube compacta de endebles mosquitos microscópicos de color perla y alas diáfanas. Resultaba difícil creer que aquellos frágiles bichitos que volaban con tanta torpeza pudieran hacer tanto daño. Traté de matarlos con la mano pero eran insensibles a mi reacción, pues su natural ligereza hacía que fuera imposible aplastarlos contra la piel. Tuvimos que batirnos en retirada y tomar el camino del río antes de tiempo. Nos sumergimos con alivio, arañándonos la cara con las uñas para tratar de librarnos de los últimos especímenes que nos perseguían.

De nuevo la corriente nos aspiró hacia la mitad del río, esta vez justo a tiempo. Detrás de Lucho, los ojos redondos de un caimán acababan de salir a la superficie. ¿Pensó tal vez que éramos una presa demasiado grande para él, o no quiso alejarse de la orilla? Lo vi ondular la cola y dar media vuelta. Lucho no se dio cuenta, venía descuadrado, tratando de acomodar sus timbas para recobrar el equilibrio, que perdía constantemente en la agitación de la corriente. No le dije nada, pero tomé la decisión de salir armada con un palo la próxima vez.

La corriente nos revolcó durante horas. No podíamos evitar dar vueltas alrededor del otro, y la cuerda que nos unía se enredaba caprichosamente, como para asfixiarnos. Después de una curva, el río se ensanchó en una inundación de tierras que nos asustó. Grandes árboles parecían haber sido sembrados en medio del río, y temí que una mala maniobra nos enviara directo a ellos.

Hice lo posible para desviarnos hacia una de las orillas, pero la corriente y el peso de Lucho parecían jalar en sentido contrario. Seguíamos ganando velocidad y, simultáneamente, perdíamos control.

—¿Sí oyes? —me preguntó Lucho casi gritando.

—No, ¿qué?

—¡Debe haber caídas en alguna parte, me parece oír ruido de cascadas!

Tenía razón. Un ruido nuevo se superponía al rugido del río, que nos tenía ya habituados. Si la aceleración que sentíamos se debía a la existencia de cachiveras, era preciso ganar la orilla lo más rápidamente posible. Lucho también lo había comprendido. Nos pusimos a nadar con fuerza en sentido contrario.

Un tronco de árbol, llevado también por la corriente, se nos acercó peligrosamente. Sus ramas calcinadas por el sol salían del agua como hierros puntiagudos. Giraba y cabeceaba rabiosamente, cada segundo más cerca de nosotros. Si nuestra cuerda llegaba a enredarse en el ramaje, los giros del tronco bastarían para aprisionarnos y ahogarnos. Había que hacer lo que fuera por alejarnos. Lo que hicimos con éxito, antes de estrellarnos contra un árbol plantado en medio del río. Lucho fue arrastrado de un lado del árbol y yo del otro, y quedamos colgados de la cuerda acaballada sobre el tronco.

—No te preocupes, no es nada. Déjame hacer, ya voy por ti.

Logré llegar al lado de Lucho remontando la cuerda que, de manera inexplicable, había dado vueltas y hecho nudos en torno de una rama sumergida del árbol. Ni hablar de soltarnos para recuperarla: la corriente era demasiado fuerte. Toco zambullirse para seguir en sentido inverso el recorrido de la cuerda y deshacer todos los nudos.

Hacía rato era de día cuando logramos liberarnos. Por suerte, no pasó ninguna embarcación de la guerrilla. Volvimos a cubierto para escondernos de nuevo. Solo entonces me di cuenta de que había dejado mi anzuelo en la playa de las hormigas y la manta blanca.

63
EL DILEMA

Fue un duro golpe. No teníamos muchos anzuelos. Me quedaba uno exactamente igual al que había perdido, otro un poco más grande y media docena de anzuelos rudimentarios de los que Orlando había elaborado en la cárcel de Sombra.

Dudé de contarle a Lucho. Solo me atreví a hacerlo cuando me sentí lo suficientemente serena para anunciar la noticia sin emoción. Inmediatamente añadí que nos quedaban anzuelos de reserva.

Habíamos llegado a una pequeña playa oculta por el manglar, con acceso a un terreno elevado al que no tardamos en trepar, previendo que, en una tormenta, la playita desapareciera por completo al subir las aguas.

La elevación se abría sobre un claro, tapizado de una maraña de árboles derribados como si hubieran querido abrir una ventana en la espesura de la selva. Se colaba un sol abrasador. Acceder a sus rayos, que caían perpendiculares como un láser, fue para nosotros un regalo. Decidí lavar nuestra ropa frotándola con arena para quitarle el olor a moho, y la extendí bajo el implacable sol de mediodía. La dicha de usar ropa seca y limpia me permitió olvidar la calamitosa pérdida del anzuelo. Como por guardar la disciplina, sacrificamos la jornada de pesca y nos contentamos con el polvo azucarado que habían distribuido en el campamento poco antes de nuestra partida.

Pasamos toda la tarde soñando despiertos, tendidos sobre los plásticos, mirando el cielo despejado. Oramos juntos con mi rosario. Por primera vez contemplamos el riesgo de un coma diabético:

—Si me pasa algo así, tendrás que seguir sola. Podrás arreglártelas y, con suerte, vendrás por mí.

Pensé antes de responder. Visualicé el momento en que tuviera mi libertad en una mano y la vida de Lucho en la otra:

—Escucha: juntos nos fugamos. Juntos saldremos, o ninguno de los dos lo hará.

Dicho de esa manera, se convirtió en un pacto. El eco de estas palabras quedó suspendido en el aire, bajo la bóveda celeste que parecía haberse ornamentado con polvo de diamantes para acompañar las constelaciones de nuestros pensamientos. La libertad, esa joya codiciada, por la que estábamos dispuestos a arriesgar la vida, perdería todo su esplendor prendida sobre una vida de remordimientos.

En efecto, sin libertad la conciencia de sí mismo se degradaba hasta el punto de no saber ya quiénes éramos. Pero allí, tendida admirando el grandioso despliegue de las constelaciones, sentí una lucidez que surge con la libertad tan duramente reconquistada.

La imagen que el cautiverio me devolvía de mí misma me recordaba todos mis fracasos. Las inseguridades no resueltas de mis años de adolescencia y las surgidas de mis incapacidades de adulta volvieron a la superficie como hidras de las que no me podía sustraer. Las combatí en un principio, por ociosidad más que por disciplina, obligada como estaba a vivir en un tiempo circular en el que la irritación de redescubrir intactas mis pequeñeces, me empujaba a volver a intentar una transformación inaccesible.

Aquella noche, bajo un cielo estrellado que me devolvía a los lejanos años de una felicidad perdida, a la época en que contaba estrellas fugaces creyendo que me anunciaban la pléyade de bendiciones que colmarían mi vida, comprendí que una de ellas acababa de llegarme en aquel instante para permitirme reanudar con lo mejor de mí misma.

Retomamos el río bajo una lluvia de estrellas. Había disminuido su compás y el lento caudal de sus aguas nos hizo confiar en que las cachiveras serían cortas o no existían. Grandes trozos de tierra se habían derrumbado en ambas orillas, dejando al descubierto las raíces de los árboles que no se habían desplomado, aferrados a la pared escarlata que esperaba tan solo la próxima creciente para desmoronarse también.

Avanzamos sin dificultades, dejándonos llevar en el agua turbia y tibia. A lo lejos, una pareja de perros de agua retozaba cerca de la orilla, con sus colas de sirena entrelazadas en los juegos del amor. Me volví hacia Lucho para mostrárselos. Se dejaba arrastrar por la corriente, la boca entreabierta y los ojos vidriosos. Era preciso salir de inmediato.

Lo jalé hacia mí con la cuerda, buscando afanosamente en mis bolsillos el frasco donde había reservado el azúcar para las emergencias. Tragó el puñado que le puse sobre la lengua, y luego otro que saboreó con diligencia.

Tocamos tierra entre las raíces de un árbol muerto. Tendríamos que escalar la pared de arcilla carmesí para alcanzar la ribera. Lucho se sentó sobre el tronco, con los pies en el agua, mientras yo encontraba un paso. Una vez los dos estuvimos arriba, me atareé con los preparativos de la pesca y dejé que Lucho descansara.

La vista en aquel lugar era magnífica. Era posible ver desde la distancia cualquier movimiento en el río. Había vuelto a bajar hasta el tronco a pescar cuando vi a Lucho, aún en lo alto del barranco, sentarse detrás de un arbusto a escudriñar la inmensidad del río. Tenía la cara larga de los días malos. Necesitaba comer, pero los peces no picaban. Caminé hacia el extremo del tronco con la esperanza de lanzar el anzuelo a mayor profundidad, donde debían pernoctar los caribes. En ese momento Lucho me llamó y oí un motor acercarse remontando el río. Calculé que tendría tiempo de volver a ocultarme. Pero cuando estaba lista para volver sobre mis pasos, el hilo de nailon se tendió. El anzuelo debió de enredarse con las ramas del tronco bajo el agua. No podíamos darnos el lujo de perder otro. Ni modo: me lancé al agua y me sumergí. Escuché el ruido del motor que se acercaba. Seguí en mi obsesión por recuperar el anzuelo, sólidamente enganchado a la maraña de ramas. Desesperada, jalé y recogí el nailon, cortado en un cuarto de su longitud. Faltaba el anzuelo. Subí a la superficie al borde del ahogo para ver pasar a un hombre, de pie al lado del motor, en una embarcación llena de cajas de cerveza. No me había visto.

Lucho ya no estaba. Subí, angustiada, y lo encontré sumido en el estado de apatía que precedía sus crisis de hipoglucemia. Saqué de mi morral toda nuestra provisión de azúcar y se la di, rogando que no perdiera la conciencia.

—¡Lucho, Lucho! ¿Me oyes?

—Aquí estoy, no te preocupes, voy a estar bien.

Por primera vez desde nuestra fuga, lo miré con los ojos de la memoria. Había adelgazado bastante. Los rasgos de su rostro parecían tallados a navajazos y el resplandor de sus ojos se había apagado. Lo tomé en mis brazos:

—Sí, vas a estar bien.

Había tomado mi decisión.

—Lucho, nos vamos a quedar aquí. Es un buen sitio porque podremos ver de lejos las lanchas que se acerquen.

Me miró con una inmensa tristeza. Había comprendido. El sol estaba en su cenit. Pusimos nuestros trapos a secar y oramos juntos mientras mirábamos el río majestuoso que serpenteaba a nuestros pies.

En todos esos días de huida habíamos contemplado a menudo la posibilidad de acudir a las embarcaciones que pasaban por el río. Concluimos que esa era, de lejos, la opción más arriesgada. La guerrilla dominaba la región y controlaba los ríos. Era probable que quienes nos recogieran fueran milicianos pagados por las FARC.

La opción de seguir río abajo ya no era factible. Lucho necesitaba nutrirse. Nuestras oportunidades de coronar dependían, más que nada, de nuestra capacidad de encontrar alimentos. Ya solo me quedaba un anzuelo y acabábamos de agotar nuestras reservas.

De modo que nos pusimos a esperar sentados al borde del barranco, con los pies colgando. No quería exteriorizar mis preocupaciones, pues sentía que Lucho lidiaba con las suyas.

—Creo que debemos pensar en devolvernos a recoger el anzuelo que olvidamos en la playa de las hormigas.

Lucho soltó un suspiro de asentimiento y escepticismo.

Un ruido de motor atrajo nuestra atención. Me levanté para ver mejor. Por nuestra izquierda, una embarcación llena de campesinos remontaba el río. Llevaban sombreros de paja y gorras blancas.

Lucho me miró, aterrorizado.

—¡Vamos a escondernos, no sé, no estoy segura de que sean campesinos!

—¡Son campesinos! —gritó Lucho.

—¡No estoy segura! —grité también.

—Yo sí estoy seguro. Y de todas formas no tengo opción. Me voy a morir aquí.

El mundo dejó de girar. Como si la vida quisiera cobrarme mis palabras me vi, bajo el polvo de estrellas. Había que tomar una decisión.

En algunos segundos la barca estaría frente a nosotros. Atravesaba el río del lado de la orilla opuesta. Solo tendríamos un instante para levantarnos y hacernos ver. Después de ese momento, la barca pasaría y desapareceríamos del campo visual de sus ocupantes.

Lucho se colgó de mí. Le tomé la mano. Nos levantamos juntos, gritando a todo pulmón y agitando los brazos en el aire con fuerza.

Al otro lado del río la embarcación se detuvo, maniobró con rapidez para apuntar la proa hacia nosotros, y volvió a arrancar en nuestra dirección.

—¡Nos vieron! —gritó Lucho, loco de alegría.

—Sí, nos vieron —repetí yo al descubrir, horrorizada, que las primeras caras bajo las gorras blancas eran las de Ángel, Tigre y Oswald.

64

EL FINAL DEL SUEÑO

Se acercaron a nosotros como una serpiente a su presa, hendiendo el agua, fija la mirada, saboreando el pavor que nos causaban. Todos tenían el rostro oscuro, violáceo, de un tono que nunca antes les había visto, y bolsas bajo sus ojos enrojecidos que acentuaban su aspecto maléfico. «¡Dios mío!», me persigné inmóvil. El cuerpo se me tensó. La visión de aquellos hombres me obligó a apretar los dientes. Era preciso asumir y encarar. Me volví hacia Lucho: «No te preocupes», murmuré. «Todo va a salir bien».

Hubiera podido sentir rabia conmigo misma. Hubiera podido acusar al cielo de no habernos protegido. Pero nada de eso encontraba lugar en mi mente. Toda mi atención estaba puesta en estos hombres y su odio. Tenía ante mis ojos la encarnación de la maldad. Mamá decía: «Las personas llevan puesta la cara de su alma». Había en aquella embarcación, bajo las máscaras de los rasgos que me resultaban familiares, ojos enloquecidos de soberbia y de ira, como poseídos por el demonio.

—Funcionó el truco de las gorras blancas —soltó Oswald, con perfidia. Se echó el Galil al hombro para que yo pudiera verlo.

—¡Se demoraron mucho en llegar! —dije yo, como para mostrar aplomo.

—¡Cierre la jeta! ¡Cojan sus vainas y móntense! —aulló Erminson, un guerrillero viejo que quería trepar en la jerarquía.

Agregó entre dientes: «¡Apúrele si no quiere que la suba de las mechas!», y se rio. Me miró de reojo acechando mi sorpresa. No esperaba algo así de él. Hasta entonces siempre había dado muestras de gran cortesía. ¿Cómo podía un corazón como el suyo caer en semejante vileza?

Lucho fue a recoger nuestras cosas. Hubiera preferido que las dejara. Con las timbas y morrales, sabrían que habíamos bajado el río a nado y no quería darles ningún tipo de información.

Cuando puse el pie en la canoa, encontrando difícilmente el equilibrio ante los ojos de nuestros secuestradores, recordé la advertencia de la vidente, años atrás. Me senté hacia la proa con unas ganas locas de lanzarme al agua y burlar al destino. A mi lado, Lucho estaba desesperado y se cogía la cabeza entre las manos. Me oí decir: «María, ayúdame a entender».

No reconocí el río por el que habíamos bajado. Detrás de mí los tipos intercambiaban chistes, y sus carcajadas me herían. Tuve la sensación de que el camino de regreso había sido excesivamente corto, hundida como iba en mis reflexiones sobre lo que nos esperaba.

—Nos van a matar —me dijo Lucho, sin alientos.

—Desafortunadamente no tendremos tanta suerte.

Se puso a llover. Nos metimos debajo de un plástico. Allí, a salvo de sus miradas, Lucho y yo nos pusimos de acuerdo. Había que callarlo todo.

En el embarcadero, con los brazos cruzados sosteniendo su AK-47, Enrique nos esperaba inmóvil. Nos vio desembarcar con sus ojitos fijos y los labios apretados. Dio media vuelta y se alejó. Sobre la pasarela de madera recibí entre los omóplatos el primer culatazo, que me mandó hacia adelante. Me negué a acelerar el paso. La cárcel surgió entre los árboles. El nuevo muro de alambre de púas se elevaba por encima de los tres metros. Mis compañeros parecían acostumbrados. «Como en un zoológico», pensé al ver a uno examinar el cráneo de otro para despulgarlo. Una puerta de gallinero se abrió ante mí, y un segundo culatazo me hizo aterrizar en medio de la cárcel.

Pinchao vino corriendo a abrazarme:

—¡Creía que ya estaban en Bogotá! He contado las horas desde que se fueron. ¡Estaba contentísimo de que se hubieran abierto del parche! —luego, en tono de reproche, añadió—: Algunos aquí están felices de que los hayan vuelto a agarrar.

No deseaba escucharlo. Había fracasado. Ya era lo suficientemente difícil así. El espejo que éramos los unos para los otros era demasiado inmediato y próximo para ser fácilmente soportable. Lo entendía y no les guardaba rencor. La frustración de estar preso era aun más agobiante cuando otros lograban la hazaña que todos habían soñado. Sentí una ternura inconfesada por estos muchachos que acumulaban años de cautiverio y que encontraban consuelo al vernos regresar, como si el hecho pudiera aliviar su suplicio.

Yo también sentí alegría de volverlos a ver. Todos querían contarnos lo que había pasado desde la noche de nuestra fuga, y sus palabras nos ayudaron a aceptar la derrota.

La puerta de la cárcel se abrió de golpe. Apareció una escuadra de hombres en uniforme. Se lanzaron sobre Lucho y le ataron una cadena gruesa alrededor del cuello, cerrada con un pesado candado que le colgaba sobre el pecho.

—¡Marulanda! —gritó uno de ellos.

El sargento se levantó, receloso. El otro extremo de la cadena de Lucho le fue atado al cuello. Lucho y él se miraron con resignación.

Los tipos se voltearon todos como un solo hombre hacia mí, caminando despacio como para rodearme.

Retrocedí, tratando de ganar tiempo para hacerlos entrar en razón. Pronto quedé acorralada contra la malla y las púas. Los hombres se abalanzaron sobre mí, torciéndome los brazos, mientras unas manos enceguecidas me jalaban el pelo hacia atrás y me enrollaban la cadena metálica alrededor del cuello. Luché salvajemente. Para nada, pues sabía de antemano que había perdido. Pero yo no estaba allí, en aquel lugar, en aquella hora. Estaba en otro tiempo, en otra parte, con otros hombres que me habían lastimado y que se les parecían, y luchaba contra ellos por nada y por todo. El tiempo había dejado de ser lineal; se había vuelto permeable, con un sistema de vasos comunicantes. El pasado regresaba para ser revivido como proyección de lo que podría volver a ocurrir.

La cadena se me hizo pesada y me quemaba llevarla. Me recordaba demasiado cuán vulnerable era. Y de nuevo, como después de mi fuga sola de hacía años cerca de los pantanos, tuve la revelación de una fuerza de otra índole: la de soportar, en una confrontación que solo podía ser moral y que tenía que ver con mi idea del honor. Era una fuerza invisible, arraigada en un valor fútil y estorboso, pero cambiaba todo, pues me preservaba. Estábamos cara a cara: ellos, hinchados de soberbia, y yo, envuelta en mi dignidad. Me amarraron a William, el enfermero militar. Me volví hacia él y le pedí excusas.

—Soy yo quien pide perdón… No me gusta verla así —me respondió.

Bermeo también se acercó. Estaba incómodo. Le mortificaba la escena que acababa de presenciar:

—No les oponga más resistencia. Es exactamente lo que quieren para tener la oportunidad de humillarla.

Cuando encontré algún sosiego, comprendí que tenía razón.

Gira, la enfermera, empujó la puerta de la cárcel. Venía a hacer la ronda de los enfermos para anunciar que ya no había más medicamentos.

—Son represalias —murmuró Pinchao casi imperceptiblemente detrás de mí—. Comenzaron a apretarnos.

Gira pasó cerca de mí, mirándome con cara de reproche.

—Eso, míreme bien —le dije—. Nunca olvide la imagen que tiene enfrente. Como mujer, debería darle vergüenza ser parte de esto.

Se puso pálida. Vi que temblaba de rabia. Pero siguió su ronda sin decir palabra y se fue.

Por supuesto, más me hubiera valido callarme. La humildad empieza por cuidar la lengua. Tenía mucho que aprender. Si Dios no quería que fuera libre, debía aceptar que no estaba lista para la libertad. Sentía un dolor cruel cuando observaba a mi Lucho. Nos habían prohibido acercarnos el uno del otro y, para colmo, había orden de castigarnos si nos hablábamos. Lo veía sentado, amarrado al gordo Marulanda, mirándose los pies y mirándome a mí alternativamente. Tenía que hacer un esfuerzo sobrehumano para contener mi llanto.

El presidente Uribe había hecho una propuesta que la guerrilla rechazó. Consistía en soltar a cincuenta guerrilleros detenidos en cárceles colombianas a cambio de la liberación de algunos rehenes. Las FARC, por su parte, pusieron como condición de cualquier negociación la previa evacuación de Florida y Pradera por parte de las Fuerzas Armadas, dos municipios enclavados en las faldas de los Andes, allí donde la cordillera se abre para dejar pasar al río Cauca. El Gobierno dio la impresión de acceder pero luego se retractó, acusando a las FARC de manipular a la opinión pública con ofertas que realmente solo buscaban ventajas tácticas militares. Los analistas políticos estaban de acuerdo en que la guerrilla buscaba abrirse un corredor para desbloquear sus tropas, cercadas por el avance del Ejército colombiano.

Yo estaba harta de escuchar los comentarios sobre la propuesta del Gobierno, que acaparaban los titulares de los programas de opinión. El país estaba dividido en dos. Todo aquel que apoyara la creación de una zona de seguridad para dialogar con el Gobierno caía inmediatamente bajo la sospecha de querer colaborar con la guerrilla. No se le reconocía a nadie el derecho de buscar ayudarnos. Pensaba con amargura que tanto para el Gobierno como para los militares, la cuestión era lograr la aprobación de la opinión pública. Nuestras vidas no eran más que corchos cabeceando en los océanos desatados del odio.

Me moría por volver a escuchar de nuevo los mensajes de Mamá. Quería que me contara su vida de todos los días, lo que comía, cómo se vestía, con quién pasaba las horas. No quería oír los lamentos de siempre, ni las mismas letanías desprovistas de sentido, de tanto escuchárselas a nuestros seres queridos, una y otra vez.

Me senté incómodamente sobre unas tablas que habían quedado. Habían dado la orden de recoger todo. Tenían miedo de que, tras los esfuerzos desplegados en nuestra búsqueda, la información sobre nuestra presencia llegara a oídos de los militares.

La guerrilla había confiscado gran parte de mis objetos personales. Había logrado, no obstante, conservar las cartas de Mamá, la foto de mis hijos y el recorte de periódico por el que me enteré de la muerte de Papá. Lloraba sin lágrimas.

—Piense en otra cosa —me dijo William sin mirarme.

—No puedo.

—¿Por qué se rasca?

—…

William se levantó para verme de cerca.

—¡Está cundida de garrapatas! Después del baño habrá que atenderla.

No hubo baño aquella noche, ni las que siguieron. Enrique nos embarcó en un bongo tres veces más pequeño que los que habíamos conocido antes. Nos amontonó a los diez en un espacio de dos por dos metros, al lado del motor y con una timba de gasolina en medio. Era imposible sentarse sin tener la cabeza y las piernas de los demás debajo y encima de uno. Hizo enganchar las cadenas de modo que quedáramos atados a la vez entre nosotros y al bote. Si el bote se hundía, nosotros nos hundíamos con él. Cubrió nuestro agujero con una lona gruesa que retenía nuestros alientos y los gases de escape del motor. El aire era irrespirable. Nos obligó a permanecer así noche y día, haciendo nuestras necesidades en el río, agarrados a la lona, frente a todo el mundo. Éramos como lombrices retorciéndose unas encima de otras dentro de una caja de fósforos. Gafas tenía experiencia. No necesitaba levantar el tono ni la voz, ni sacar el látigo. Era un verdugo con guantes.

Aquel aire enrarecido, condensado y contaminado que nos quemaba la garganta y nos hacía toser encima de los demás, ese calor que se concentraba debajo de la lona, el sol asesino, el sudor de nuestros cuerpos cociéndose a fuego lento, los olores que nos llevaban a la agonía, todo ello, claro, era el precio colectivo que pagábamos por nuestra fuga.

Ninguno de los compañeros nos hizo jamás el menor reproche.

65
CASTIGAR

Finales de julio de 2005. No dormía. ¿Cómo dormir con esa cadena alrededor del cuello, tensándose dolorosamente cada vez que William hacía el menor movimiento? Tenía las piernas de mis compañeros atravesadas, un pie contra mis costillas, otro enredado detrás de la nuca. Aplastada por el apretujamiento de los cuerpos que no encontraban espacio, me veía obligada a encogerme para evitar cualquier contacto inconveniente.

Levanté con prudencia una esquina de la lona. Ya era de día. Saqué la nariz para llenarme los pulmones de aire fresco. El pie del guardia me pisó los dedos para castigar mi atrevimiento. Luego, cerró cuidadosamente la lona. Estaba muerta de la sed y con muchísimas ganas de orinar. Pedí permiso para aliviar mi urgencia. Enrique gritó desde la proa: «Díganle a la cucha que orine en un tarro».

—No tiene espacio —respondió el guardia.

—¡Que lo encuentre! —replicó Gafas.

—Dice que no puede hacer delante de los hombres.

—¡Dígale que no tiene nada que ellos no hayan visto! —rio con sarcasmo.

Me ruboricé en la oscuridad. Sentí una mano que buscaba la mía. Era Lucho. Su gesto hizo que mi dique interno se derrumbara. Por primera vez desde nuestra captura, rompí en llanto. ¿Qué me faltaba soportar, Dios mío, para tener el derecho de regresar a casa? Enrique hizo quitar la lona por unos segundos: mis compañe-

ros tenían los rostros deformados, secos, cadavéricos. Mirábamos
a nuestro alrededor tensando los cuellos arrugados, angustiados,
sin saber qué pensar, entornando los ojos enceguecidos por el sol
del mediodía. Por un instante tuvimos la visión de cuán extensa
era nuestra desolación. Habíamos llegado a un cruce de cuatro ríos
inmensos. Era una avalancha de agua que cortaba en cruz la selva
infinita; nosotros, un puntito que hacía agua peligrosamente en los
violentos remolinos de la colisión de corrientes.

Una mañana, el bongo se detuvo pesadamente, como por un
capricho de Enrique. Los guardias desembarcaron. Nosotros no.
Lucho cambió de puesto para estar cerca de mí:

—Vas a ver que nos va a ir mejor —le dije.

—No te engañes, esto solo va a empeorar.

Finalmente, al cabo de tres días, nos hicieron bajar. «Si llueve», había dicho Armando, «nos vamos a empapar.» Llovió. Mis
compañeros estaban secos bajo sus carpas. Enrique me encadenó
a un árbol, apartada del grupo. Estuve horas debajo del aguacero.
Los guardias se negaron a entregarme los plásticos que mis compañeros me enviaron.

Empapada, con escalofríos, me encadenaron nuevamente a
William. Pidió permiso para ir a los chontos. Le quitaron la cadena.
Cuando volvió, pedí permiso para ir también. Pipiolo, un hombrecito barrigón de manos regordetas del grupo de Jeiner y Patagrande,
se quedó mirándome mientras, despacio, volvía a echarle la cadena
al cuello a William. Guardó un mutismo terco y luego se alejó.

William me miró, turbado. Llamó al guardia:

—¡Guardia! Ella necesita ir al baño, ¿no oyó?

—¡Y qué! No es asunto suyo. ¿Quiere meterse en problemas?
—replicó, acerbo.

Quería agradarle a Enrique. Eso significaba que el reinado de
Patagrande había llegado a su fin. Pipiolo cortó una ramita y la usó
como palillo de dientes, mientras me miraba sin recato.

—Pipiolo, tengo que ir a los chontos —repetí, monocorde.

—¿Quiere cagar? Hágalo aquí, frente a mí, acurrucada a mis pies. ¡Los chontos no son para usted! —gritó.

Oswald y Ángel pasaron llevando unos troncos de madera al hombro. Se atacaron de la risa y le dieron un golpe en la espalda para celebrarle la gracia. Pipiolo fingió recuperar el equilibrio apoyándose en su fusil, un Galil 5,56 mm, encantado de tener público.

Tendría que aguantarme hasta el cambio de guardia.

William se puso a hablar conmigo, como si nada. No quería que yo le hiciera caso a Pipiolo, y se lo agradecí. Pipiolo se acercó. Se me plantó delante:

—Cierre la jeta, ¿entendió? Ahora soy yo el que ríe. Mientras esté aquí, se calla.

Enrique dejó a Pipiolo de guardia todo el día. No hubo cambio hasta la noche.

La tropa trabajó a toda velocidad en una obra que podíamos ver a través de los árboles. En una jornada la cárcel quedó lista: mallas, alambres de púas, ocho caletas apretadas en una sola fila, y otras dos retiradas en las esquinas de ambos extremos. Al lado de una de ellas montaron una letrina cerrada por un muro de palmas. Del otro lado, un árbol. En el centro, un tanque de agua. Alrededor de todas las caletas, un barrizal.

Me asignaron la caleta entre la letrina y el árbol al que me encadenaron. Tenía suficiente amplitud de movimiento para ir de mi hamaca a la letrina, pero me estrangulaba para alcanzar el tanque de agua. Lucho estaba del otro lado del tanque, también encadenado. Nos quitaron las botas, obligándonos a andar descalzos.

Mi cercanía a la letrina fue un castigo refinado. Vivía entre los tufos permanentes de nuestros cuerpos enfermos. Las náuseas ya nunca se me quitaban, obligada como estaba a ser testigo importuno del desahogo de los cuerpos de todos mis compañeros.

Hice de mi mosquitero mi burbuja. Allí me refugiaba del ataque del jején, de la pajarilla, de la mosca marrana y del contacto con los hombres. Pasaba las veinticuatro horas encogida en mi capullo, cediéndole el paso a un silencio adictivo, un silencio sin fin.

Encendía por fin el radio, y recorría cuidadosamente todas las bandas de onda corta. Un día di con un pastor que emitía desde la costa oeste de Estados Unidos. Predicaba la Biblia como quien enseña filosofía. En varias oportunidades lo había pasado por alto, desdeñosa, pensando que se trataba de otro de esos charlatanes de Dios. Un día me arriesgué a escucharlo. Analizaba un pasaje de la Biblia que diseccionó apoyándose con erudición en las versiones griega y latina del texto. Cada palabra adquirió un sentido más profundo y preciso, y tuve la impresión de que estaba tallando un diamante frente a mí. Se trataba de los últimos párrafos de una carta de san Pablo a los corintios: «Bástate mi gracia; porque mi poder se perfecciona en la debilidad [...] porque cuando soy débil, entonces soy fuerte».[21] Debía leerse como un poema, sin prevenciones. Me pareció tan universal que quienquiera le buscara algún sentido al sufrimiento, podía apropiársela.

Entré en hibernación. Se acabaron para mí el día y la noche, el sol y la lluvia. Los ruidos, los olores, los bichos, el hambre y la sed: todo desapareció. Mi relación con Dios cambió. Ya no necesitaba intermediarios, ni tener rituales, para llegar hasta Él. Al leer su libro veía una mirada, una voz, un dedo que mostraba e incomodaba. Me tomé el tiempo de reflexionar en lo que me molestaba y vi en las miserias humanas el espejo que devolvía mi propio reflejo.

Ese Dios me cayó bien. Hablaba. Escogía sus palabras. Tenía sentido del humor. Tal como el Principito al seducir a su rosa, lo hacía con cuidado.

---

[21]. 2 Corintios 12, 7 a 10.

Una noche, mientras escuchaba la retransmisión nocturna de una de sus conferencias, oí que me llamaban. Era una noche negra, resultaba imposible ver absolutamente nada. Paré la oreja, la voz se acercó.

—¿Qué pasa? —grité asustada, temiendo que pudiera tratarse de la alerta para evacuarnos.

—¡Chito! Fresca —reconocí la voz de niño de Mono Liso.

—¿Qué quiere? —pregunté, desconfiada.

Había pasado la mano a través de la malla y trataba de tocarme, mientras me decía obscenidades que sonaban ridículas en su voz de niño de pantalones cortos.

—¡Guardia! —grité.

—¡Qué! —me respondió una voz ofuscada al extremo opuesto de la cárcel.

—¡Llame al relevante![22]

—¡Soy yo! ¡Qué quiere!

—¡Tengo un problema con Mono Liso!

—¡Eso lo veremos mañana! —cortó.

—¡Que aprenda a respetar! —gritó alguien al interior del cercado—. Oímos todo. ¡Es una basura, corrompido!

—¡Se callan! —replicó el guardia.

El relevante nos barrió con su linterna. El haz de luz alumbró a Mono Liso, quien se había alejado de un brinco de la malla y fingía limpiar su AK-47.

Al día siguiente, después del desayuno, Enrique envió a Mono Liso con la llave de mi candado. Llegó pavoneándose.

—¡Venga para acá! —me gritó, con la suficiencia de la autoridad recién adquirida.

Abrió el candado y me apretó aun más la cadena. Apenas podía tragar. Contento con su obra, volvió a salir caminando con arro-

---

22. El relevante es el superior encargado de los turnos de guardia.

gancia. Una vez fuera, dio órdenes inútiles a los que estaban prestando guardia. Quería que nos diéramos cuenta de que acababa de ser ascendido a relevante.

Regresé a mi hamaca y abrí mi Biblia. No me volví a levantar.

Al cabo de algunos días, Enrique decidió hacer una visita a la cárcel. Reunió a los militares presos y adoptó el papel de buena gente. Fingió tomar nota de las solicitudes de cada uno. Finalmente, cuando le pareció que todo había salido bien y que nadie protestaba, les preguntó si tenían peticiones «especiales». Pinchao levantó el dedo:

—Yo tengo una, comandante.

—A ver, mijo, soy todo oídos —le respondió Gafas, con voz meliflua.

—Quisiera pedirle... —Pinchao hizo una pausa para aclararse la garganta—, quisiera pedirle que les quite las cadenas a los compañeros. Ya van a ser seis meses que están amarrados y...

Gafas lo cortó.

—¡Seguirán encadenados hasta su liberación! —replicó con saña.

Recobrándose, se levantó sonriendo y dijo:

—¿Supongo que no hay nada más? ¡Bien! ¡Buenas noches, muchachos!

Al día siguiente, hacia las seis de la mañana, unos aviones pasaron sobre el campamento. Algunos minutos más tarde escuchamos una serie de explosiones a unos veinte kilómetros.

—¡Están bombardeando!

—¡Están bombardeando!

Mis compañeros no sabían qué más decir.

Lo primero que guardé en el equipo fue mi Biblia. Angustiada, clasifiqué mis cosas: solo me importaba conservar lo que tuviera que ver con mis hijos. Acababan de llegar a los veinte y diecisiete años. Me había perdido todos los años de su adolescencia. ¿Recordarían aún mi rostro? Me temblaban las manos. Todo lo demás era de botar: tarros reciclados, ropa remendada, mi ropa interior de hombre. Debido al permanente contacto con el barro, los bichos, las micosis plantares, mis pies me daban miedo. Mis piernas se habían vuelto enclenques, había perdido la mayor parte de mi masa muscular.

Cuando el guardia vino a anunciarme nuestra inminente partida, ya estaba lista para marchar.

66

LA RETIRADA

Noviembre de 2005. Mientras marchábamos en fila india, en silencio, encorvados, yo oraba con mi rosario en la mano. Nadie nos había dicho nada, pero suponía que debíamos de estar en la misma zona que nuestros antiguos compañeros: Orlando, Gloria, Jorge, Consuelo, Clara y su pequeño Emmanuel. Rogaba que ninguno de ellos hubiera estado en la trayectoria del bombardeo.

Atravesábamos una selva cambiante donde cada paso representaba un riesgo. Los que abrían la delantera caminaban con la cara deforme por las zarzas y el ataque de las avispas. «Son chinos», se burlaban los demás, por la hinchazón que les cambiaba los rasgos. Caminaba con una gorra, la cara cubierta con tela del toldillo, y guantes que había confeccionado con viejos uniformes de camuflado. «Como soy una astronauta», decía sintiéndome cual una extraterrestre aterrizando en un planeta hostil.

Yo iba ausente, perdida en mis plegarias, concentrada en el esfuerzo, y no vi la montaña acercarse. Cuando me di cuenta de que escalaban la pared, entendí lo que me esperaba. Miré hacia lo alto: el muro de vegetación se perdía entre las nubes. La subida era muy dura, y yo no era capaz de mantener el ritmo. Mis compañeros iban muy adelante, absortos en el desafío, excitados por la prueba física: quién iba más rápido, quién cargaba más, quién se quejaba menos. Los rehenes no éramos indiferentes a la emulación. Cada vez que había que atravesar una quebrada haciendo equilibrio sobre un tronco, pensaba: «No voy a poder». Pero en cuanto tenía el tronco enfrente y solamente faltaba yo, respiraba profundamente, tratando de no mirar al vacío, y me decía que caer no era una opción. Si Lucho había pasado primero, me pellizcaba: «Yo también puedo». Si venía detrás, pensaba: «Si yo paso, él también podrá».

Miré la pared que se alzaba frente a mí. Ángel se impacientó: «¡Apúrele!», me gritó, empujándome.

—Páseme su equipo —dijo una voz detrás de mí, en tono resignado.

Era Efrén, un negrote musculoso que nunca hablaba. Acababa de alcanzarnos al trote. Iba cerrando la marcha. Como éramos los últimos del grupo, no quería rezagarse por mi culpa.

Cogió mi equipo y se lo puso detrás de la nuca, sobre su propio morral.

—Vámonos —me dijo sonriendo.

Miré por última vez hacia arriba y comencé a escalar, agarrándome de donde podía. Tres horas más tarde, después de haber atravesado cascadas, murallas de roca y una explanada sorprendente de piedras superpuestas en pirámide como ruinas de algún antiguo templo inca, llegué a la cima.

Sentados, en fila paralela a la pendiente, mis compañeros comían arroz. Lucho estaba recostado contra un árbol, con las mejillas hundidas por el cansancio, incapaz de moverse para llevarse el alimento a la boca. Fui hacia él. Ángel se exasperó.

—¡Vuelva para acá! ¡Usted se sienta donde yo le diga!

Enrique dio la orden de reanudar la marcha. No habíamos tenido tiempo de descansar siquiera un instante. Efrén llegó detrás, exhausto, y protestó contra la decisión de Enrique. Se deshizo de mi equipo para devolvérmelo. Lo llamaron para que fuera adelante, de donde regresó con el rabo entre las piernas. A Enrique no le había gustado su reclamo: en castigo, tuvo que seguir llevándome el equipo. Ángel también había protestado. Estaba harto de cargar conmigo y perder la oportunidad de comer. Fue relevado de su misión por Katerina, la chica negra que se encargaba de mí cuando dejamos a Sombra. Hice cuanto pude para que no se me notara la alegría.

—No los dejemos cogernos ventaja —me dijo, entre autoritaria y cómplice.

Atravesamos una meseta elevada y desértica cuyo suelo de pizarra ardía al sol de mediodía. El horizonte despejado descubría la extensión de la selva. Una línea verde cortaba el azul del cielo en los 360 grados de nuestro campo visual. A la izquierda, un río enorme se estiraba perezoso en circunvoluciones de tinta china. «Ha de ser el río Negro», me dije.

Al final de la meseta entramos a un claustro de árboles secos y rugosos sin follaje ni sombra, arrumados para cortarle el paso a cualquier alma viviente. Me quitaron el sombrero con sus ramas zarposas, me retuvieron por las tirantas del morral y una de mis botas fue atravesada por una rama cortante tendida en zancadilla a ras del suelo. «Se me van a mojar las medias», maldije. Fue un descenso vertiginoso por una falda hecha de terrazas, que bajamos a saltos, arriesgándonos a errar un escalón y rodar hasta abajo en caída libre. Al final de la bajada, un rellano de agua de lluvia estancada en una acumulación de musgo y arbolitos me obligó a saltar de raíz en raíz para evitar mojarme las agujereadas botas. Al siguiente día el terreno estuvo plano y seco. Una gran carretera destapada surgida de ninguna parte vino a nuestro encuentro. «Hallamos la salida», me dijo Katerina. Habíamos caminado bien, sin dejar que los demás se nos adelantaran.

—Vamos a parar aquí —me dijo—. Estoy cansada.

Puse mi morral en el suelo.

—¿Qué le gusta comer? —me preguntó, mientras encendía un cigarrillo.

—Me gustan las pastas —respondí.

Katerina hizo una mueca.

—Normalmente me quedan bien. Pero aquí, sin nada, es difícil. ¿Le gustan las pizzas?

—Me encantan las pizzas.

—Cuando era chiquita, mi mamá me mandó a vivir con mi tía a Venezuela. Ella trabajaba donde una señora muy rica que me quería mucho. Me llevaba a comer pizzas con sus hijos.

—¿Tenían tu misma edad?

—No, eran mayores. El niño decía que cuando fuera grande se iba a casar conmigo. A mí me habría gustado casarme con él.

—¿Por qué no te quedaste?

—Mi mamá quería tenerme cerca. Vivía en Calamar con su nuevo marido. Yo no quería volver. Y cuando volví hubo un poco de problemas. No teníamos plata y yo no podía devolverme a Venezuela.

—¿Estabas contenta en Calamar?

—No, yo quería regresar adonde mi tía, a esa casa tan linda. Había piscina. Comíamos hamburguesa. Aquí no saben lo que es.

—¿En Calamar estudiabas?

—Al principio iba a la escuela. Me iba bien. Me gustaba mucho dibujar y tenía la letra bonita. Después, como faltaba la plata, tuve que ponerme a trabajar.

—¿Trabajar en qué?

Katerina dudó un segundo antes de responder:

—En un bar. —No hice ningún comentario. La gran mayoría de las chicas habían trabajado en un bar, y sabía lo que eso quería decir—. Por eso fue que me enrolé. Aquí, al menos, si una tiene compañero no está obligada a lavarle la ropa. Las mujeres y los hombres somos iguales.

Mientras la escuchaba, pensaba que no era tan cierto. Por el contrario, lo cierto era que a las muchachas les tocaba trabajar como hombres. Conservaba la imagen de Katerina en camiseta ajustada y pantalón camuflado, hacha en mano, enviando los brazos hacia atrás en una torsión espectacular de la cintura para asestar un golpe preciso a la base de un árbol que derribó sin problemas. La visión de esa Venus negra desplegando una destreza física que ponía de relieve cada músculo de su cuerpo había dejado sin aliento a mis compañeros. ¿Cómo una muchacha como ella podía permanecer en semejante lugar?

—Hubiera querido ser reina de belleza —me confesó—. O modelo —añadió, con aire soñador.

Sus palabras me desgarraron. Llevaba su AK-47 como otras llevan un libro y un lápiz.

La marcha continuó, cada vez más ardua. «En Año Nuevo tampoco habremos llegado», había dicho el compañero de Gira. No quise creerle, pensé que lo había dicho para que aceleráramos el ritmo. No pensaba que pudiera caminar más rápido. Ese esfuerzo ciego, sin saber qué sería de nuestro destino, me minaba.

Un día, luego de una marcha agotadora por unos cansaperros que se hilvanaban como si los hubieran ensartado uno tras otro una mano invisible, estalló el aguacero. Solo hubo una consigna: avanzar, y Ángel se complació en prohibirme que me cubriera. Avanzaba, pues, chorreando agua.

Me encontré a Lucho, apoyado contra un árbol a mitad de una cuesta, con la mirada perdida: «No puedo más, no puedo más», me dijo, mientras miraba al cielo que se nos venía encima.

Me acerqué para abrazarlo y cogerle la mano.

—¡Sigan! —gritó Ángel—. ¡No nos van a meter los dedos en la boca con sus cuentos! Ya nos conocemos su jueguito para retrasar la marcha.

No lo escuché. Estaba hasta la coronilla con sus insultos, sus crisis y sus amenazas. Me detuve, boté lejos el morral y saqué el azúcar que siempre mantenía conmigo.

—Ten, Lucho; toma esto. Vamos a seguir juntos, despacito.

Ángel cargó su M-16 y me clavó el cañón en las costillas.

—¡Fresco, hermano! —le dijo una voz que reconocí—. Ya llegamos, la tropa está descansando a cincuenta metros de aquí.

Efrén agarró el morral de Lucho y le dijo:

—Vamos, señor. Un esfuercito más.

Sacó el plástico negro de un lado de su equipo y se lo pasó. Lucho se tapó con él, colgado de mi brazo, mientras repetía: «No puedo más, Ingrid; no puedo más». Yo también iba llorando, pero Lucho no lo sabía, porque las oleadas de lluvia mantenían mi cara escurriendo agua. «¡Dios mío, ya basta!», grité, en el silencio mudo de mi indignación.

Cuando llegué a la cima estaba a punto de desmayarme. Se me había olvidado llenar la botellita plástica que me servía de cantimplora. Ángel bebía de la suya y el agua le escurría por el cuello.

—Tengo sed —le dije, con la boca pastosa.

—No hay agua para usted, vieja malparida —chilló.

Me miró con ojos fríos de reptil. Se llevó la cantimplora a la boca y bebió largamente sin dejar de mirarme. Luego la volteó, cayeron dos gotas. La tapó de nuevo. Enrique hacía su ronda. Caminaba a lo largo de la columna, poniendo mala cara. Pasó frente a mí. Permanecí callada.

—Preparen agua —gritó, cuando llegó el último.

Un ruido de ollas animó el silencio de la montaña. Dos tipos que traían trabajosamente un caldero lleno de agua se detuvieron a pocos pasos. Le echaron dos bolsas de azúcar y fresco con sabor a fresa. Revolvieron la mezcla con una rama recién cortada.

—¿Quién quiere agua? ¡Acérquense! —pregonó uno de ellos, en tono de vendedor ambulante.

Todo el mundo se lanzó encima.

—¡Usted no! —gritó Ángel, con su humor de perros.

Me acurruqué, con la cabeza entre las rodillas.

—Tengo menos sed que hace un momento. Pronto ya no tendré nada de sed.

Botaron el agua que sobró del caldero. La marcha se reanudó. Efrén llegó corriendo.

—Lucho le manda esto.

Me lanzó una botella llena de agua roja que aterrizó a mis pies.

67
LOS HUEVOS

El 17 de diciembre de 2005, la marcha se suspendió a las diez de la mañana. Acabábamos de saltar dos hermosas quebradas cuyos lechos estaban tapizados de piedritas brillantes. Corrió la voz de que haríamos campamento en lo alto de una colina que se elevaba a algunos metros.

«Paramos antes de Navidad», pensé, aliviada.

El campamento se montó en cuestión de horas. Tuve derecho a mi árbol en un extremo del campamento, y Lucho al suyo del lado opuesto. No esperaron para encadenarnos. Me dieron permiso de construir unas barras paralelas para hacer gimnasia: «Quieren que esté en buena forma para caminar mejor», pensé. Abrían el candado que me ataba al árbol, pero me dejaban toda la cadena. Me la enrollaba al cuello para treparme a las barras. Hacía piruetas frente los guardias, que me miraban divertidos. «Me caeré, la cadena se enredará en la barra y moriré estrangulada», me entretenía pensando.

Tenía una hora para hacer mis ejercicios y darme un baño. «Hay que desarrollar esos brazos», me dijo un tipo joven que había reemplazado a Gira como enfermero. Se me dificultaba mucho hacer flexiones de pecho y había tratado, sin ningún éxito, de levantar el peso de mi cuerpo haciendo barras. «Me entrenaré todos los días hasta que pueda», me prometí a mí misma.

Mis compañeros me miraban desolados. Arteaga fue el primero en romper el silencio que nos habían impuesto. Habló sin mirarme. Mientras seguía trabajando en la cachucha que estaba cosiendo, me dio consejos sobre los ejercicios que debía hacer y el número de repeticiones de cada uno, frente a las narices de los guardias. No hubo comentarios, tampoco reprimendas. Uno a uno, mis compañeros volvieron a hablarme cada vez más abiertamente, excepto Lucho.

Una tarde, mientras regresaba de tomar mi baño, vi que Lucho se sentía mal. Tenía cara de perro y la mirada de los días malos. Le hacía falta azúcar. Me afané a sacarlo de entre mis cosas, y me temblaban las manos por la conciencia de la urgencia. Entregué a Lucho mi reserva de azúcar y permanecí junto a él un momento para asegurarme de que se sintiera mejor. Detrás de mí, Ángel jaló la cadena que me colgaba del cuello.

—¿Usted quién se cree? —gritó—. ¿Acaso es estúpida, retrasada mental, o nos cree huevones? ¿No ha entendido que no tiene derecho a hablar con nadie? ¿No le funciona ese cerebro de burra que tiene? ¡Se lo voy a hacer funcionar con un pepazo entre los ojos, espere y verá!

Lo escuché sin pestañear, mientras hervía por dentro. Me arrastró como a un perro hasta mi árbol y me encadenó, disfrutando cada instante de su espectáculo.

Sabía que había hecho bien al contenerme y callarme. Pero la rabia que sentía contra Ángel me desviaba de mis propósitos acertados. Estaba casi arrepentida. Por la noche, reviví la escena e imaginé todas las respuestas posibles, cachetada incluida, y gocé suponiendo la derrota de un Ángel al que habría puesto en su sitio. Pero no. Sabía que había hecho mejor al callarme a pesar de la quemadura al rojo vivo que sus insultos me habían infligido.

Ángel hizo todo lo posible para que yo no pudiera perdonarlo. Me persiguió con su hiel y la compartió con aquellos que, como Pipiolo y Tigre, se deleitaban ensañándose conmigo. Esas pequeñas infamias hacían sus delicias. Sabían que esperaba con impaciencia la bebida de la mañana, pues a causa de mi hígado evitaba el tinto de la madrugada. Se negaban a servirme, a menos que fuera de última, y, cuando tendía mi taza, echaban poco o botaban el resto al suelo mientras me miraban.

Sabían también que me gustaba la hora del baño. Era la última en ir, pero a quien más afanaban para que saliera. Me prohibían acurrucarme en la quebrada para lavarme. Debía hacerlo de pie porque, según ellos, les ensuciaba el agua. Mis compañeros habían puesto una cortina plástica para que yo pudiera estar tranquila a la hora del baño. Terminaron por quitarla.

Una mañana, mientras me aseaba, noté un movimiento del lado del monte. Seguí lavándome mientras observaba lo que se movía detrás de un árbol. Descubrí a Mono Liso, con los pantalones por los tobillos masturbándose.

No llamé al guardia. No hice nada. Cogí mis cosas y regresé a la caleta. Cuando el guardia vino a amarrar la cadena al árbol, le pedí que llamara a Enrique. Enrique no vino. Pero el Enano, su nuevo segundo al mando, accedió a mi petición.

El Enano era un tipo curioso, primero porque medía dos metros de alto y también porque parecía un intelectual perdido en la manigua. Nunca pude determinar si me caía bien o no. Me parecía débil e hipócrita, pero bien podía ser disciplinado y prudente.

—¡Quiero decirle que si las FARC no son capaces de educar al mocoso este, lo hago yo!

—Avísenos la próxima vez que pase —contestó el Enano.

—¡No habrá próxima vez! Si llega a repetirse, le daré una muenda que no olvidará en su vida.

Al día siguiente no me soltaron la cadena para que fuera a ejercitarme en las barras contiguas a la caleta. Quedé restringida a hacer flexiones debajo de mi hamaca.

Habían transcurrido varios meses cuando vi la gallina. Acababa de saltar a la caleta de Lucho y se había instalado sobre el toldillo, recogido por él durante el día a un extremo de su cama. Debía de ser un nido agradable. Allí permaneció varias horas, inmóvil, indiferente al resto del mundo, cerrando un solo ojo, derechita como si se hiciera la dormida. Moteada de gris, estaba peinada con una hermosa cresta color rojo sangre, perfectamente consciente de la fuerte impresión que causaba. «Es una coqueta», pensé mientras la observaba. Se levantó indignada, cloqueando, cacareó enérgicamente al tiempo que sacudía su bola de plumas y se marchó sin decir nada.

Todos los días a la misma hora, la gallina de Lucho venía a verlo. Le dejaba un huevo a escondidas de la guerrilla. En el crepúsculo observábamos a los guardias.

—Estaba en el alojamiento esta tarde.

—Debió dejar su huevo por aquí, entre los árboles.

El huevo iba a dar a nuestras panzas. Me llegaba por caminos tortuosos para que lo cociera. Puse a punto una técnica para calentar la olla quemando el mango plástico de las afeitadoras desechables que llegaban al campamento. Los guardaba todos. Uno solo me bastaba para cocinar un huevo, que Lucho distribuía por turnos entre los compañeros.

Cuando llovía, cocinaba en serie: la lluvia ocultaba el humo, los olores y el ruido, y nos comíamos todos los que habíamos guardado en reserva.

Lucho acababa de descubrir un huevo más entre los pliegues del toldillo. Nos hizo, a Pinchao y a mí, grandes gestos para anunciárnoslo. Nos alegramos mucho porque era el Día de la Madre y así podríamos celebrarlo.

No podíamos imaginar que la fecha iba a estar marcada por algo totalmente distinto. No hicieron ruido: cuando los oímos, ya los teníamos encima.

68
MONSTER

Mayo de 2006. Al punto llegó el Enano, jadeando:

—Cojan sus equipos como estén. No lleven nada más, nos vamos ya.

Los helicópteros giraban sobre nuestras cabezas. Sus rotores agitaban el aire con un ruido de cataclismo. William, el enfermero, partió al instante. Siempre estaba listo. Todos los demás tratábamos de echar a última hora algún objeto precioso en nuestro equipaje.

Yo no trataba de apurarme. Papá solía decir: «Vísteme despacio que estoy de afán». ¿Y la muerte? No me preocupaba. Una bala rápida, certera, ¿por qué no? Pero no lo creía posible. Sabía que ese no era mi destino. Un guardia aulló ferozmente detrás de mí. Levanté la nariz. Todo el mundo se había ido. Yo estaba en mi submarino, con todas las escotillas cerradas. En mi mundo hacía lo que me daba la gana.

El guardia me empujó, cogió mi equipo aún abierto y salió a toda carrera. Sobre mí, uno de los helicópteros permanecía suspendido. Un hombre, sentado en la puerta de la cabina, con los pies colgando, escrutaba el suelo. Podía verle la cara. Llevaba gafas grandes de operador, y apuntaba su cañón en la misma dirección de su mirada. Quería que me viera. ¿Cómo podía no verme? ¡Estaba ahí, debajo de él! Tal vez se debiera a mi pantalón de tela camuflada.

Me confundiría con una guerrillera y me dispararía. Le haría entender que era rehén. Le mostraría mis cadenas. Sería, tal vez, demasiado tarde; dejarían mi cuerpo tendido en un charco de sangre, para que lo encontraran las patrullas militares.

—Vieja hijuemadre, ¿quiere que la maten?

Era Ángel. Estaba verde, encorvado detrás de un árbol con mi equipo en brazos. El soplido del helicóptero lo obligaba a entornar los ojos y bajar la cabeza de medio lado, como si le doliera.

Una ráfaga estremeció la selva. Me sobresalté. Salí volando derecho, arranqué al pasar el toldillo de Lucho, con su huevo aún dentro, y aterricé al lado del árbol para acurrucarme junto a Ángel.

La metralla no paraba, junto a nosotros, no sobre nosotros. En el campamento, voces histéricas perforaban el zumbido del acero. Los vi correr: dos chicas y un muchacho. Atravesaron nuestro campo visual, encorvados bajo los equipos, expuestos por una fracción de segundo y luego tragados por la vegetación. Ángel sonrió, victorioso.

El helicóptero siguió girando. Ángel no se quería mover. No muy lejos frente adonde estábamos, otros guerrilleros, protegidos por los árboles, esperaban como nosotros.

—¡Vamos! —dije, en un arranque por salir corriendo.

— No. Disparan a todo lo que se mueva. Yo le diré cuándo correr.

Tenía el huevo en la mano. Me lo eché al bolsillo de la chaqueta y traté de enrollar el toldillo para guardarlo en el equipo.

—No es el momento de hacer eso —jadeó Ángel.

—Usted se come las uñas, yo ordeno mis vainas. Cada quien con sus mañas —le respondí, ofuscada.

Me miró sorprendido y luego sonrió. Hacía tiempo que no le veía aquella expresión. Tomó el equipo y lo lanzó diestramente sobre su cabeza, para colocarlo sobre su propio equipo y contra la nuca. Me tomó la mano, mirándome a los ojos.

—A la cuenta de tres salimos corriendo y no para hasta que yo lo haga, ¿listo?

—Listo.

Otros helicópteros se acercaban. El nuestro tomó altura e inició un viraje. Veía achicarse las suelas de las botas del soldado. Ángel echó a correr con el diablo en los talones y yo detrás. Tres cuartos de hora más tarde estábamos nuevamente abriéndonos camino entre la manigua. Alcanzamos al resto del grupo. Le mostré el huevo a Lucho. «¡Tan boba!», me dijo, encantado. El huevo era lo más importante. La idea de que el Ejército pudiera venir a rescatarnos me parecía un sueño imposible.

La selva se había vestido de rosa y malva. Ocurría dos veces al año, cuando florecían las orquídeas. Vivían enredadas en el tronco de los árboles y todas se despertaban al mismo tiempo, en una fiesta de colores que solo duraba unos cuantos días. Las recogía mientras caminaba, para ponérmelas en el pelo, detrás de las orejas, entretejidas en mis trenzas, y mis compañeros me las regalaban, conmovidos de poder volver a tener un gesto de galantería.

El bongo nos esperaba en determinados lugares, y nos dejaba en otros. Caminábamos durante días y lo volvíamos a encontrar más lejos. Enrique siempre nos amontonaba en la popa, al lado de las timbas de gasolina, pero estábamos demasiado cansados de caminar para notarlo.

Detrás de un bosquecito, el agua gris azulada del río parecía inmóvil. Poco a poco, la luz cambió. Se destacaron los árboles, como dibujados con tinta negra sobre un fondo entre rosa y rojo. Un grito prehistórico cortó el espacio. Alcé los ojos. Dos guacamayas incendiaron el cielo en una estela de colores festivos y polvo de oro. «Las dibujaré para Mela y Loli». El cielo se apagó. Cuando llegó el bongo, solo quedaban las estrellas.

Era un antiguo campamento de las FARC. Nuestro alojamiento se levantó aparte, sobre una pendiente que daba a una quebrada angosta y profunda que doblaba en ángulo recto frente a nosotros, formando un pozo de agua azul sobre un fondo de arena fina.

Enrique tuvo la grandeza de autorizar que cada quien se ba-
ñara a la hora que le conviniera. Mi caleta había sido construida de
primera en una hilera que subía por la pendiente. Tenía una vista
envidiable sobre el pozo. Mi dicha era completa. El agua llegaba
helada y cristalina. Temprano en la mañana se cubría de vapores,
como de aguas termales. Había decidido bañarme justo después
del desayuno, porque nadie parecía querer disputarme ese horario,
y deseaba permanecer allí un buen rato. La corriente era fuerte y
un tronco atravesado en la curva era el apoyo ideal para practicar
mi natación estática.

El segundo día, el Tigre estuvo de guardia y no apartó de mí
su mirada malévola mientras duraron mis ejercicios. «Va a enve-
nenarme la vida», pensé. Al día siguiente, Oswald lo reemplazó a
la misma hora.

—¡Salga de ahí! —me gritó.

—Enrique dijo que podíamos disponer de tiempo para bañarnos.

—¡Salga!

Cuando el Enano vino a hacer su ronda, le pedí permiso de
nadar en el pozo.

—Le preguntaré al comandante —me respondió, muy farquiano.

En las FARC, la hoja de un árbol no se mueve sin que el comandante lo autorice. Semejante centralización del poder complicaba
cualquier gestión. Pero servía para meter palos en las ruedas de los
demás cuando convenía. Cada vez que un guardia quería negarnos
algo, respondía que iría a preguntarle al comandante. La respuesta
del Enano equivalía a una negación. Por lo tanto, me sorprendió
mucho que al día siguiente regresara diciendo:

—Puede quedarse en el agua y nadar, pero tenga cuidado con
las rayas.

Tigre y Oswald cambiaron de estrategia. Si estaban de guardia a la hora de mi baño, se mataban repitiendo: «¡Cuidado con las rayas!», solo para molestarme.

Adquirí la costumbre de extender trapos, recuperados de lo que mis compañeros desechaban como cortinas, alrededor de mi hamaca para poderme cambiar sin que me vieran.

Monster llegó una tarde y se presentó a los presos de modo afable. Me sorprendió su nombre y al principio pensé que era un chiste, pero me contuve a tiempo al recordar que ellos no hablan inglés y que «Monster» no debía de tener para él la misma resonancia que para mí. Me hizo preguntas, queriendo ser cordial, y cuando se fue, pensé: «Otro Enrique».

Esa misma noche Oswald, quien estaba de guardia, me interpeló con brusquedad mientras señalaba los trapos que me permitían alguna intimidad:

—Quíteme toda esta mierda de aquí.

El golpe era muy duro para mí. Realmente necesitaba sustraerme a las miradas de los demás.

Oswald, exasperado, arrancó él mismo mi instalación. Pedí hablar con Monster, confiando en que aún no estaría contaminado. Fue peor. Quiso ganarse a la tropa.

A partir de aquel día, Monster se dedicó a odiarme a conciencia. Su respuesta a cualquier solicitud de mi parte era, invariablemente, una negativa. Me razoné: «Eso forja la personalidad».

Había suplicado, antes de la llegada de Monster, que nos construyeran una enramada de palmas frente a los chontos. Los habían cavado justo al lado de las caletas y veía acurrucarse a todos mis compañeros. En cuanto a mí, encogida detrás de un árbol grande cuyas raíces me tapaban, hacía un hueco con el talón de mi bota y me aliviaba, rogando que a los guardias no les diera por obligarme a utilizar el hueco frente a todo el mundo. Un día, mientras regresaba, me enredé el pie en una raíz que solía saltar. Al caer me

clavé una estaca en la rodilla. Comprendí lo que me había pasado
incluso antes de sentirlo. Me levanté con cuidado. La punta estaba
bañada en sangre y tenía un hueco como una boca en toda la rodilla, que se abría y se cerraba en espasmos. «Esto es muy malo»,
diagnostiqué al punto.

Por supuesto, me negaron todos los medicamentos. De modo
que decidí no moverme de mi caleta hasta que la herida se cerrara,
rogando al cielo que no hubiera incursiones aéreas antes de la ci-
catrización de mi rodilla. Calculé que sería cuestión de un par de
días. Fueron dos semanas de completa inmovilización.

Preocupado, Lucho hizo averiguaciones para encontrar alcohol. Uno de nuestros compañeros mantenía permanentemente una
provisión, así como el final de un tubo de pomada antiinflamato-
ria, y terminaron cayendo milagrosamente en mis manos. Obtuvo
también permiso de Monster para traerme todos los días un bidón
de agua de la quebrada para mi aseo, lo que nos dio la posibilidad de
intercambiar algunas palabras durante el día, privilegio que me
pareció suficiente para alcanzar la cuota de felicidad a la que yo
podía aspirar.

Rápidamente le conté a Lucho la historia que me mantenía en
vilo. Tito había venido una noche, antes del incidente de la rodilla,
a empujarme la hamaca, con la idea de hablarme en el mayor secreto. Creyendo que se aprestaba a reeditar los avances de Mono Liso,
lo rechacé ofuscada. Se asustó y regresó a su puesto de guardia, no
sin decirme antes de desaparecer:

—¡Puedo sacarla de aquí, pero tiene que ser rápido!

No le presté atención. Sabía que la guerrilla tendía trampas e
imaginé que Enrique lo había enviado a sondear mis intenciones.
Pero no volví a ver a Tito desde el día en que salió como batidor con
una muchacha y otro guerrillero. Efrén, por su parte, también vino a
verme. Traía un cuaderno nuevecito y lápices de colores. Quería que
le hiciera un dibujo del sistema solar. «Quiero aprender», me dijo.

Esculqué en mi memoria para ubicar el lugar de Venus y de Neptuno, y llené el papel con un universo creado según mi capricho, lleno de bolas de fuego y cometas gigantes. Le encantó y me pidió más, de modo que cada día volvía a buscar su cuaderno y sus nuevos dibujos. Tenía sed de aprender, yo necesitaba ocuparme. Inventaba subterfugios para atraerlo hacia temas que yo dominaba bien, y él mordía el anzuelo, feliz de regresar al día siguiente. Fue así como supe, en un giro de una conversación desprevenida, que Tito se había fugado con dos de sus camaradas. Habían sido recapturados y fusilados. La cara de Tito, con su ojo desviado, vino a rondar mis pesadillas. Me arrepentí de no haberle creído. La cadena que llevaba las veinticuatro horas se me hizo aun más pesada. Solo me consolaba el hecho de que Lucho ya no la cargara durante el día.

Salí de mi baño y me sequé rápidamente: la olla de la mañana acababa de llegar. Comíamos poco y la única comida que aplacaba mi hambre era esta. Me afané, olvidando los buenos modales, preguntándome cómo hacer para quedarme con la arepa más grande. Marulanda estaba delante de mí. Me entusiasmé: él tomaría la pequeña; la mía, la grande, estaba debajo. El Tigre servía. Me vio llegar, miró las arepas y comprendió la razón de mi felicidad. Cogió el montón y le dio vuelta. Marulanda se quedó con la arepa grande y yo con la pequeña.

Sentí vergüenza de haberme entregado a un cálculo tan mezquino. Tantos años luchando contra mis instintos más primarios, sin ningún resultado. Hice el juramento de no volver a fijarme en el tamaño de los alimentos y tomar simplemente el que me correspondiera.

Sin embargo, al día siguiente, cuando abrieron mi candado para que fuera a buscar la primera pitanza del día, y a pesar de mi resolución de comportarme como una dama, mi demonio se agitó con el olor de las arepas y me vi, horrorizada, con los ojos clavados en el montón de cancharinas, lista a defender mi turno a dentelladas.

Tomé la decisión de ir de última a la olla. Era preciso emplear todos los medios disponibles. Infortunadamente, cuando la olla llegaba, otro «yo» se apoderaba de mí con la fuerza bestial de un maleficio. «Esto no es normal», pensaba luego, «debe ser una cuestión de ego». Ni modo: día tras día me rajaba en el examen.

69
EL CORAZÓN DE LUCHO

Una de esas mañanas, mientras hacía cola frente a la olla, vi venir a nuestros tres compañeros norteamericanos por el camino que iba a dar al campamento de la guerrilla. Contra lo que hubiera podido esperar, me encantó volver a verlos.

Marc, Tom y Keith estaban sonrientes. Me olvidé de las cancharinas, las ollas y los guardias, y me apresuré a su encuentro dándoles la bienvenida. Tom me abrazó afectuosamente y se puso a hablarme en inglés, sabiendo que me daría gusto reanudar nuestras clases.

Monster llegó detrás de ellos, con la satisfacción del vencedor. Cuando pasó, me hizo mala cara al oírme conversar con Tom.

Al día siguiente, anunció en tono satisfecho:

—Los prisioneros pueden hablar entre ellos. Menos con Ingrid.

Pero todo el mundo olvidó cuando, un día, una pobre raya se extravió en el pozo. La vi mientras tomaba mi baño: era una raya atigrada, como las que había visto a veces en los acuarios chinos.

Armando dio la alerta y el guardia le cortó la cola de un machetazo. A continuación fue exhibida, no tanto por el extraordinario jaspeado de su piel sino porque los guerrilleros se comían sus órganos genitales, supuestamente dotados de virtudes afrodisíacas. Los presos se reunieron a examinar al pobre espécimen, y el espectáculo impactó las mentes debido al parecido con los órganos genitales humanos.

Aquel día, Enrique aceptó compartir con los prisioneros las delicias del cine en DVD.

Algunos de nuestros compañeros que gozaban de la consideración de la guerrilla habían insinuado que la distracción podría tener efectos terapéuticos contra las depresiones que se registraban por rachas entre los rehenes. De hecho, era frecuente que los gritos nos despertaran en medio de la noche. Mi caleta era contigua a la de Pinchao, quien vociferaba en sueños cada vez más a menudo. Lo sacaba de sus pesadillas llamándolo por su nombre con voz de general, y salía a flote apenado y empapado en sudor.

—El diablo me estaba persiguiendo —me confesaba, siempre muy impresionado.

No quería aceptar que todos estábamos tan perturbados como él. A mí también me ocurría, y cada vez con mayor frecuencia. Pinchao me despertó la primera ocasión, un experto. «Me estrangulaban», le conté, espantada.

—Así es —me susurró para calmarme—. No se acostumbra uno, siempre es peor.

Hasta entonces, Enrique nunca había querido ceder a la debilidad de distraer a sus «retenidos», acudiendo al eufemismo que le gustaba emplear. Tal vez había cambiado de opinión para descrestar a los norteamericanos. Tal vez se sentía aludido por nuestra salud mental. La guerrilla adoraba las películas de Jackie Chan y de Jean-Claude Van Damme. Pero las que se sabían de memoria eran las de Vicente Fernández, su ídolo mexicano. Yo los observaba mientras veíamos las películas, intrigada de constatar que siempre se identificaban con «los buenos» de la historia, y que se les aguaban los ojos al ver las escenas rosas de amor.

Dejamos el campamento de las rayas una tarde, sin prisa ni ganas, y nos internamos de nuevo en la manigua. A veces en las

marchas yo iba por delante pues, como Enrique sabía que caminaba más despacio, me hacía salir más temprano. Pronto era alcanzada por compañeros, siempre listos a atropellarme con tal de pasarme. No entendía por qué unos hombres adultos se apresuraban
para pelearse ir a la cabeza de una fila de prisioneros.

Finales de octubre, de 2006. El nuevo campamento tenía la peculiaridad de contar con dos sitios para bañarnos: uno sobre el propio
río —lo que resultaba paradójico, pues procuraban mantenernos
fuera de las vías transitadas— y otro en la parte de atrás, en una
quebradita de aguas turbulentas.

Cuando bajábamos al río, nadaba a contracorriente y lograba remontar algunos metros. Algunos compañeros siguieron mi
ejemplo y el baño se convirtió en una especie de competición deportiva. Los guardias solo se metieron conmigo para prohibírmelo. Entonces nadé en círculos o sin desplazarme, convencida de
que igual le sentaba bien a mi cuerpo.

Cuando, por motivos que jamás nos eran revelados, llegaba
la orden de bañarnos en la parte de atrás, debíamos pasar al lado
de una cancha de voleibol que habían acondicionado con arena del
río y bordear el campamento guerrillero. Al pasar veía sobre sus
caletas papayas, naranjas y limones, que suscitaban mi envidia.

Le pedí a Enrique permiso de festejar los cumpleaños de mis
hijos. Por segundo año consecutivo, me lo negó. Trataba de imaginar la transformación de sus rostros. Melanie acababa de cumplir
veintiún años y Lorenzo dieciocho. Mamá decía que había cambiado de voz. Yo no la había oído nunca.

La monotonía de la vida, el tedio, el tiempo sin cesar recomenzado, idéntico a sí mismo, tenía un efecto sedante. Observaba
a las chicas ensayar para un baile de fin de año en la cancha de
voleibol. La más dotada era Katerina. Bailaba la cumbia como una

diosa. Las actividades bonachonas como esa me llenaban de melancolía. La necesidad de fugarnos seguía atormentándonos. Armando se emocionaba explicándome en detalle la fuga que tenía planeada, siempre para el día siguiente. Incluso afirmaba que ya lo había hecho una vez.

Por mi parte, la idea de una nueva fuga me escocía. Mi régimen se había suavizado sensiblemente. Podía hablar con Lucho una hora diaria durante el almuerzo y sin restricciones con los demás, aunque el empleo del inglés me estaba formalmente prohibido.

Cuando terminaba mi hora con Lucho, Pinchao venía a sentarse cerca de mí.

Las citas entre presos se habían vuelto habituales. Existía una especie de orgullo en hacer saber que no queríamos ser molestados. A fuerza de vivir juntos las veinticuatro horas del día, sin tener prácticamente nada qué hacer, nos acostumbramos a levantar muros imaginarios. Pinchao llegó a verme para nuestra conversación cotidiana.

—Cuando sea grande —me divertía diciéndole—, voy a hacer una ciudad sobre el Magdalena donde los desplazados tendrán casas lindas con las mejores escuelas para sus hijos, y en Ciudad Bolívar voy a hacer un algo parecido a Montmartre repleto de turistas, buenos restaurantes y un lugar de peregrinación para la Virgen de la Libertad.

—¿De verdad quieres ser presidenta de Colombia?

—Sí —le respondía, solo por molestarlo.

Un día me interrogó:

—¿No te da miedo?

—¿Por qué me preguntas?

—Anoche, como por ensayar, me dio por salir de la caleta sin pedirle permiso al guardia. Estaba tan oscuro que no podía verme la mano.

—¿Y entonces?

—Tuve mucho miedo. Soy un cobarde. No valgo un centavo. Nunca habría podido escaparme como tú.

Me oí a mí misma decirle, muy suavemente:

—Todas las veces que me volé de un campamento creí que me iba a morir de miedo. El miedo es normal. Para algunas personas el miedo es un freno; para otras, es un motor. Lo importante es no dejarnos dominar por él. Cuando tomas la decisión de fugarte, lo haces de manera fría, racional. La preparación es esencial, pues en la acción, bajo el efecto del miedo, no debes pensar: tienes que actuar. Y actúas por etapas. Tengo que avanzar tres pasos, uno, dos y tres. Ahora me agacho y paso por debajo de la rama grande. Luego volteo a la derecha. Ahora tengo que correr. Los movimientos que haces deben absorber toda tu concentración. El miedo lo sientes y lo aceptas, pero lo dejas de lado.

Unos días antes de Navidad tuvimos que partir de nuevo. Curiosamente, la marcha duró menos de media hora. Construyeron de afán un campamento provisional, sin caletas ni hamacas, todo el mundo sobre plásticos a ras del suelo. En la improvisación, los guardias relajaron su vigilancia y pude sentarme cerca de Lucho.

—Creo que Pinchao tiene ganas de fugarse —le conté.

—No llegará lejos, no sabe nadar.

—Entre los tres tendríamos más oportunidades de conseguirlo.

Lucho se quedó mirándome, con una luz nueva en la mirada. Luego, como evitando entusiasmarse, dijo con aire ceñudo:

—¡Habrá que pensarlo!

No me había dado cuenta de que a lo largo de toda nuestra conversación había estado incómodo, cambiando de postura, inquieto, como si no se sintiera bien dentro de su cuerpo.

—¡Ah! ¡Tengo una picada! —me dijo, entrecortadamente.

Tenía el brazo tieso y creí que se lo había lastimado.

—No, ahí no. Es en el centro del pecho. Me duele mucho, como una presión muy fuerte aquí, en todo el medio.

Pasó de blanco a gris. Yo ya había presenciado algo parecido. Primero en Papá y, de manera diferente pero igualmente aguda, en Jorge.

—Acuéstate y no te muevas. Voy a buscar a William.

—No, espera. No es nada. No hagas escándalo.

Me le solté y lo tranquilicé.

—Vuelvo en dos segundos.

William siempre desconfiaba. Más de una vez había tenido que acudir a socorrer a algún enfermo para encontrarse con un actor consumado que buscaba obtener más comida.

—Si por amistad sirvo de cómplice, el día en que de verdad necesitemos medicamentos nos los negarán —me había explicado cuando estuvimos encadenados juntos.

—Sabes que no vendría a buscarte si no fuera grave —le dije.

El diagnóstico de William fue inmediato:

—Está haciendo un infarto, necesitamos aspirina ya.

La acogida de Oswald fue glacial.

—¡Necesitamos aspirina, es urgente; a Lucho acaba de darle un infarto!

—No hay nadie, todos están trabajando en la obra.

—¿Y el enfermero?

—No hay nadie. ¡Por mí, que se muera el viejo!

Retrocedí de un salto, horrorizada. Tom había seguido la escena. Cuando me acerqué, Lucho abrió el puño, que mantenía cerrado, y me mostró su tesoro: Tom le acababa de regalar su provisión de aspirina, que guardaba desde los tiempos de la cárcel de Sombra.

Incluso, luego de que apareciera el enfermero no hubo aspirina para Lucho. Como justificándose, el viejo Erminson me contó:

—Hubo que preparar una parcela para sembrar coca. Enrique va a venderla porque ya no nos queda plata y el Plan Patriota nos cortó los suministros. Por eso es que no queda nada y todos andamos ocupados.

Efectivamente, desde nuestra llegada los guerrilleros se quejaban del exigente trabajo que les habían impuesto. Nos habíamos visto invadidos por el humo acre y azul de las quemas, y habíamos notado que los turnos de guardia se habían reducido a dos por día. Todos estaban muy ocupados.

Sin embargo, dos días antes de Navidad regresamos al campamento del río, justo a tiempo para montar nuestras antenas y prepararnos para escuchar el programa dedicado a nuestras familias. El sábado 23 de diciembre de 2006 fue una noche rara. Envuelta en mi hamaca y en mi soledad oí la fiel voz de Mamá, y las mágicas voces de mis hijos. Mela hablaba en un tono sabio y maternal que me rompió el corazón: «Escucho tu voz en mi corazón y repito todas tus palabras. Recuerdo todo lo que me dijiste, mamá. Necesito que vuelvas».

Lloré igualmente al oír la voz de Lorenzo. Era su voz, la voz de mi niño. Pero se había transformado, secundada por otra voz, la de mi padre, con esos tonos graves y cálidos como terciopelo. Al escucharla veía a mi hijo y veía a Papá. Pero más que a Papá, veía sus manos, sus grandes manos de dedos cuadrados, secas y lisas. Era una gran felicidad volver a todo aquello, pero dolía tanto.

También oí a Sébastien. Había grabado su mensaje en castellano, lo que lo acercaba aún más a mí. Me sentí bendita en el infierno. No podía oír nada más. Demasiadas emociones para mi corazón. «¿Le he dicho a Sébastien cuánto lo quiero? ¡Señor, no lo sabe! No sabe que el malva es mi color preferido por culpa de ese horrible pareo malva que me regaló y que no quise ponerme». Me reía de mis recuerdos y eso también me dolía. «Esperaré», me repetía a mí misma, decidida. «Saldré viva para ser mejor madre».

A pesar de la hora, los guardias ya estaban ebrios. Armando juró que llevaría a cabo su plan ese mismo día y quise creerle. La noche estuvo clara y los guardias aun más borrachos. Era la noche perfecta, pero Armando no se fugó. Pinchao se me acercó a la mañana siguiente:

—Armando no se fue, nunca va a ser capaz.

—¿Tú serías capaz?

—No sé nadar.

—Yo te enseño.

—¡Ay, Dios mío, ese es mi sueño! Quiero enseñarle a nadar a mi hijo. No quiero que se avergüence como yo.

—Mañana comenzamos.

Pinchao me devolvió el ascensor. Decidió ser mi entrenador físico y elaboró para mí un estricto plan de ejercicios que él mismo realizaba a mi lado. Lo más duro para mí era la barra. No podía elevar siquiera una pulgada el peso de mi cuerpo. Al comienzo Pinchao me sostenía las piernas. Sin embargo, algunas semanas después mi cuerpo pudo trepar y mis ojos lograron pasar por encima de la barra. Estaba dichosa. Logré hacer seis tracciones seguidas en la barra.

Una mañana, mientras hacíamos una serie de flexiones lejos de los oídos de los guardias, le pregunté sin rodeos si se atrevería a fugarse con nosotros:

—Cuenta conmigo. Contigo y con Lucho iría hasta el fin del mundo.

Inmediatamente pusimos manos a la obra. Había que juntar provisiones. «Cambiaremos nuestros cigarrillos por chocolate negro y fariña», les propuse.

Acababa de descubrir este alimento. Nos lo habían distribuido durante la marcha. Consistía en harina de yuca, granulosa y seca. Triplicaba su volumen al mezclarle agua y nos cortaba el hambre. Venía del Brasil, lo que me llevaba a creer que estábamos en el remoto sudeste de la Amazonia.

Pinchao se proveyó fácilmente de hilo de nailon y anzuelos: a menudo ayudaba a los pescadores del campamento, quienes lo estimaban. Yo me encargué de elaborar los minicruceros, conseguir los flotadores y recuperar todos los cigarrillos del grupo, tarea en la que mi éxito fue mayor, por cuanto Lucho había dejado de fumar después del infarto. Hacía trueque con Máximo, un negro viejo de la costa pacífica, hombre de buen corazón que apreciaba a Lucho porque su familia había votado por él desde siempre.

Cuando corrió la voz de que se aproximaban los soldados, supimos que pronto habría que trasladar el campamento. Nos reunimos de afán para saber cómo repartirnos nuestras provisiones de alimentos: cuatro kilos de chocolate y fariña, ni más ni menos. Cargarlos sería un suplicio.

Lucho no podía comprometerse a llevar peso adicional. Mi capacidad de carga era prácticamente nula.

—Ni modo, habrá que botar el resto. Nos reaprovisionaremos en el próximo campamento —declaré sin remordimientos.

—No, ni de fundas. Si es del caso yo cargo todo —zanjó Pinchao.

Enrique ordenó arrancar. Duramos días, atravesamos un laberinto de bejucos, enredados de tal modo que el boquete que el batidor abría a machete se volvía a cerrar sobre sí mismo y era imposible encontrar la salida. Había que mantener una cadena humana para contener la abertura, lo que exigía concentración constante por parte de cada uno, sin tregua alguna posible. Luego tuvimos que bajar un acantilado de unos cincuenta metros y volverla a escalar veinte veces, pues bordeaba el río, y en determinados lugares era el único medio de pasar.

Pinchao caminaba como una hormiga, furioso de ir tan cargado, y yo rogaba al cielo que no me fuera a tirar las barras de chocolate a la cabeza. Llegó con los pies sangrando y las cinchas del equipo incrustadas en los hombros.

—¡Estoy mamao! —gritó, iracundo, y tiró lejos el morral. El guardia anunció que un bongo vendría a buscarnos cuando cayera la noche. Pinchao accedió a conservar nuestras preciadas provisiones.

Desembarcamos en un paraje siniestro. Cenagales de aguas parduscas coexistían con un río cargado de sedimentos. Los árboles se echaban al agua como perseguidos por la espuma, verde y fétida. El sol no pasaba casi a través del dosel tropical.

70
LA FUGA DE PINCHAO

Abril de 2007. Le había dicho a Lucho: «No me gusta este lugar, me da mala espina».

Caímos todos enfermos. Era al atardecer: estirada en mi hamaca, me sentí llevada por una fuerza centrífuga que me aspiraba toda y me hacía temblar desde los pies hasta el cuello, como si estuviera dentro de un cohete a punto de despegar. Tenía malaria. Todos habíamos sucumbido a ella y sabía que era una porquería. Ya había visto a compañeros atacados por las convulsiones, con la piel marchita sobre los huesos.

Pero lo que incubaba mi cuerpo y me aguardaba después de las convulsiones fue aun peor. Una fiebre sobrecargada me templó los ligamentos como si fueran cuerdas, en una estridencia del cuerpo solo comparable a la tortura de una fresa de dentista sobre un nervio vivo. En un estado de semi inconsciencia, luego de haber tenido que esperar a que el guardia diera la alarma, que alguien encontrara las llaves y que otro viniera a abrirme el candado, tuve que levantarme agonizante y correr a los chontos, fulminada por una diarrea torrencial.

Luego de aquello, me sorprendió seguir con vida. El enfermero dudaba de que lo que yo tenía fuera paludismo. No accedió a ponerme bajo tratamiento hasta el tercer día, después de tres crisis idénticas a la primera, y cuando ya me sentía muerta.

Llegó como un brujo, con cajas de diferentes medicamentos. Durante dos días debía tomar dos pastillas grandes que olían a cloro, luego unas pildoritas negras: tres el tercer día, dos el cuarto, de nuevo tres y finalmente una sola para completar el tratamiento.

Me pareció una locura, pero no tenía la más mínima intención de sustraerme a sus órdenes. Lo único que me interesaba era que me diera ibuprofeno. Me lo dio con parsimonia, contando cada comprimido, y fue la única cosa capaz de hacer desaparecer la barra de dolor encima de los ojos que me atravesaba los senos frontales y me impedía ver o pensar con claridad.

La convalecencia fue lenta. Mi primer gesto de resucitada fue lavar mi hamaca, mi ropa y la sábana con que me había cubierto. Monté una cuerda en el único lugar donde parecía que entraba el sol. Llegué del baño con mi fardo empapado, demasiado pesado para mí, dispuesta a deshacerme de él lo antes posible. Ángel me acechaba desde su puesto de guardia. En el instante en que colgué la ropa de la cuerda, se abalanzó sobre mí.

—Quite eso de ahí. No le está permitido colgar aquí su ropa.

—…

—¡Que la quite, carajo! No puede salirse del perímetro del alojamiento.

—Cuál perímetro, yo no veo ningún perímetro, todo el mundo puso cuerdas al lado de las caletas, ¿por qué yo no?

—Porque yo le digo.

Miré la cuerda, preguntándome cómo iba a hacer con toda esa ropa en los brazos. Una voz desabrida se dejó oír:

—¿Siempre armando problemas? ¡Encadénela!

Era Monster, que llegaba justo a tiempo.

Máximo estaba de guardia al otro lado del alojamiento y había visto todo. Vino al terminar su turno. En la manga traía escondida una tableta de chocolate que me debía.

—No me gusta que la traten así, me da mucho dolor. Yo también me siento preso aquí.

—¡Vámonos juntos! —le dije, recordando a Tito.

—No, es muy jodido, me haría matar.

—Aquí también lo van a matar. Piénselo, hay una buena recompensa. Nunca volverá a ver tanta plata en su vida. Yo le ayudo a salir del país, puede venir conmigo a Francia. Francia es bellísima.

—Es muy peligroso, muy peligroso.

Miraba alrededor nerviosamente.

—Piénselo, Máximo, y deme una respuesta pronto.

Por la noche, cuando encadenada ya estaba en mi hamaca, Máximo se acercó en la oscuridad:

—Soy yo, no diga nada —susurró—. Nos vamos juntos. Es un trato, démonos la mano.

—Hay dos personas más conmigo.

—¡Tres son mucha gente!

—Lo toma o lo deja.

—Entonces tomo dos, ¡tres no!

—Tres; somos tres.

—Necesitamos una canoa y un GPS, espere y pienso.

—Cuento con usted, Máximo.

—Tenga confianza en mí —susurró, apretándome la mano.

Con un baquiano, la partida estaba ganada. Tenía prisa de que amaneciera para compartir la noticia.

«Hay que tener mucho cuidado. Nos puede traicionar. Hay que pedirle garantías», me previno Lucho. Pinchao guardó silencio.

—Fugarnos entre tres es difícil. Pero entre cuatro es imposible —terminó por decir.

—Ya lo veremos. Por ahora, lo más importante es que aprendas a nadar.

A eso se dedicó. Durante la hora del baño, lo sostenía por la barriga para darle la sensación de flotar y le mostraba cómo aguantar la respiración debajo del agua. Luego Armando lo puso bajo su cuidado. Me llamó una mañana, rojo de la dicha:

—¡Mira!

Ese día Pinchao aprendió a nadar y Monster ordenó que me retiraran las cadenas en las horas de luz. Recobré los ánimos; fugarse era de nuevo posible.

La suerte nos siguió sonriendo. Pinchao aceptó hacer un dibujo en el cuaderno de uno de los guardias. Al hojearlo encontró, copiadas con letra de niño, unas instrucciones precisas para construir una brújula. Era fácil. Había que imantar una aguja y hacerla flotar en una superficie de agua. La aguja debía girar para alinearse con el eje Norte-Sur. Lo demás podía deducirse a partir de la posición del sol.

—Hay que ensayar.

Nos acomodamos en mi carpa con la disculpa de confeccionar una chaqueta, proyecto que acariciaba desde algún tiempo para poder fugarme con algo más liviano y acorde con el clima de la selva. Como la costura era una actividad general, nadie vería nada anormal en ello.

Llenamos de agua un tarrito de desodorante vacío, e imantamos nuestra aguja dejándola pegada a los parlantes de la «panela» de Pinchao. La aguja flotó sobre la superficie del líquido, giró y apuntó hacia el norte. Pinchao me abrazó.

—Es nuestra llave para salir de aquí —me dijo.

Al día siguiente regresó a sentarse, nuevamente con la excusa de jugar a ser sastres. Yo estaba empeñada en descoser dos pantalones idénticos, uno propiedad de Lucho y otro que me habían dado como dotación. Quería recuperar la tela y los hilos para hacerme la chaqueta. La operación de recuperación de los hilos se hacía mediante un procedimiento que Pinchao había desarrollado y que exigía una paciencia infinita. Mientras estábamos en nuestro oficio, Pinchao me dijo:

—Rompí mi cadena, no se nota. Puedo irme ya, tenemos todo lo necesario.

Faltaba inventar un sistema que nos permitiera a Lucho y a mí liberarnos de las cadenas durante la noche. Como la meta era que los eslabones de la cadena no estuvieran muy apretados en torno al cuello, había que amarrarlos con hilo de nailon para apretarlos entre sí. Al romper los amarres, la cadena se estiraría y dejaría pasar la cabeza. Había que contar con algo de suerte para que el guardia que cerraba el candado por la noche no viera nada.

—Voy a hacer el ensayo —me prometió Lucho.

Esa noche, cuando me levanté a orinar, el guardia que vigilaba desde el puesto contiguo a mi caleta me insultó:

—Voy a quitarle las ganas de levantarse de noche. ¡Voy a meterle una bala en la cuca!

Había enfrentado a menudo la vulgaridad de los guerrilleros. Había ensayado todas las tácticas para ponerlos en su sitio, pero cualquier reacción de mi parte solo lograba excitar más su impertinencia. Era estúpido, debí ignorarlos. Por el contrario, me ofendí.

—¿Quién estaba anoche de guardia al lado mío? —le pregunté al guerrillero que esa mañana hacía la ronda para abrir los candados.

—Yo.

Lo miré, sin poder dar crédito a lo que acababa de oír. Jairo era un tipo joven, siempre sonriente y cortés.

—¿Sabe quién fue el que me gritó vulgaridades anoche?

Infló el pecho, se descaderó como para desafiarme y, muy orgulloso, respondió:

—¡Sí, fui yo!

No hubo ninguna reflexión de parte mía. Lo agarré por el pescuezo y lo empujé mientras le escupía en la cara:

—¡Especie de tarado! ¿Se siente muy machito detrás de su fusil? ¡Yo voy a enseñarle a comportarse como hombre! Se lo advierto: ¡la próxima, lo mato!

El tipo temblaba de pies a cabeza. Mi rabia se esfumó tan rápidamente como había surgido. Ahora me costaba trabajo no reírme. Lo volví a empujar:

—¡Lárguese!

Lo cual hizo tomándose la pena de dejarme la cadena en torno al cuello a modo de revancha. No importaba. Yo estaba feliz. Muchas veces se los había advertido. Nunca se atrevían a dirigirse a los hombres con semejante grosería, por miedo a un puñetazo. Conmigo, en cambio, jugaban a ser bruscos, pues siempre resulta fácil envalentonarse con una mujer. Mi reacción había sido imprudente. Hubiera podido ganarme un ojo colombino. Había tenido suerte: Jairo era chiquito y lento de entendimiento.

Desde que lo perdí de vista, comencé a calcular todas las medidas de represalias que vendrían. Las esperé sin alterarme. Nada de lo que podían hacerme me afectaría. A fuerza de ensañarse, habían logrado volverme insensible.

Tomaba mi desayuno, recostada a mi árbol, cuando se acercó Pinchao. Traía una sonrisa de victoria que quería ser notada. Me extendió la mano desde lejos, muy ceremonioso, y me dijo:

—Chinita, estoy muy orgulloso de ti.

Se había enterado, y yo me moría de ganas de saber lo que venía a decirme.

—Esas cadenas que llevas, llévalas con orgullo porque son la más gloriosa de las condecoraciones. Ninguno de nosotros se ha atrevido a hacer lo que tú hiciste. Acabas de reivindicarnos.

Lo tomé de la mano, conmovida por sus palabras. Añadió en un susurro:

—Llegó un lote de botas. Hazles huecos a las tuyas para que te den nuevas. Con las viejas haremos botines para nuestra fuga; diremos que los necesitamos para hacer gimnasia. Voy a avisarle a Lucho.

Efectivamente, Monster pasó a verificar el estado de las botas de todos y preguntar las tallas.

—Para usted no hay —me dijo.

Cuando Máximo entró al alojamiento, pedí permiso de ir a los chontos. Vino con las llaves para abrir el candado.

—¿Entonces, Máximo?

—Nos vamos esta noche.

—Okey. Consígame unas botas.

—Yo se las traigo. Si le hacen preguntas, diga que son sus botas viejas.

No debían vernos mantener conversaciones largas. En las FARC todo el mundo soplaba todo. Su sistema de vigilancia se basaba en la delación.

Máximo tenía mucho miedo. Efrén contó que estábamos hablando y que nuestra actitud le pareció extraña. Máximo fue llamado ante Enrique. Sostuvo que hablábamos del Pacífico, región que conozco bien, y Enrique se comió el cuento. Pero Máximo se sentía sometido a una vigilancia estrecha y estaba cada vez menos decidido a irse.

Por la noche llegó a mi caleta, haciendo crujir horriblemente las ramas secas. Traía las botas, efectivamente. «Es una garantía», pensé, mientras lo escuchaba.

—La situación está muy jodida. Todas las canoas están con candado por la noche. El GPS que Enrique nos pasa de vez en cuando se dañó…

—El tipo no es serio —dijo Pinchao—. Hay que salir inmediatamente, antes que dé la alarma.

—No me puedo ir ahora mismo —respondió Lucho—. Siento débil el corazón y no creo que aguante una carrera por el monte con esos tipos persiguiéndonos. Si Máximo se va con nosotros es diferente; él sabe sobrevivir, saldremos adelante.

Cuando Pinchao vino a verme la siguiente noche, el 28 de abril de 2007, con su madeja de hilos impecablemente enrollados y la tela de los pantalones lista para el corte, una inexplicable tristeza me invadió:

—¡Muchas gracias, mi Pinchao; qué estupendo trabajo!

—No, gracias a ti, me diste algo que hacer, me ayudaste a matar el tiempo.

Me miró directamente a los ojos, como solía hacer cada vez que iba a confesarme algo.

—Si me fuera esta noche tomaría el camino hacia el bañadero, iría por la canoa que tienen amarrada en el embalse y buscaría el río, ¿cierto?

—Si tuvieras que irte esta noche, por ningún motivo irías por la canoa que tienen amarrada en el embalse porque tienen un guardia ahí, precisamente para cuidarla. Deberías salir de tu caleta y tomar el camino de los guardias.

—Me van a ver.

—Sí, a menos que lo hagas en el momento del cambio de guardia. El relevante va a pasar con el relevo, puesto por puesto, para ordenar dónde se tiene que quedar cada guardia. Pero el primero, el que ocupará él mismo y que está enfrente de tu caleta, ese puesto estará desocupado los dos minutos que se demore en hacer la ronda.

—¿Después?

—Después te meterás derechito en la manigua. No mucho porque, si no, irás a dar al campamento de ellos. Digamos unos quince metros, para que el ruido de tus pasos esté cubierto. Si llueve, volteas rápidamente a la izquierda para alejarte de nuestro alojamiento, y nuevamente a la izquierda rodeándonos para llegar al río, más allá de sus canoas y del embalse.

—...

—Luego te pones los flotadores y te dejas llevar por la corriente tan lejos como puedas antes de encalambrarte. Acuérdate de nadar, de hacer movimientos; eso te ayudará.

—¿Y si me dan calambres?

—Tienes tus flotadores: te relajas y esperas a que pasen. Y te acercas a la orilla para salir.

—Salgo y camino derecho hacia adelante.

—Sí, y te fijas muy bien dónde pones los pies. Trata de salir en un sitio cubierto de hojas o sobre el manglar. Tu obsesión es no dejar ninguna huella.

—Está bien.

—Escurres tu ropa, montas tu brújula y caminas en sentido norte-norte.

—…

—Paras cada cuarenta y cinco minutos y te vuelves a ubicar. Y aprovechas para llamar allá arriba, para que Él te eche una mano.

—No creo en Dios.

—No importa, Él no es susceptible. De todos modos puedes llamarlo. Si no te responde, llamas a la Virgen María; siempre está disponible —sonrió—. Pinchillo, no me gusta este sitio. Me pone la piel de gallina. Hasta tengo la sensación de que está maldito.

No me respondió. Ya estaba tenso por la acción, como la cuerda de un arco.

En los tres años que acabábamos de compartir, no había habido entre nosotros ninguna demostración de afecto. Era algo que no se hacía. Tal vez porque, al ser la única mujer entre tantos hombres, se habían levantado murallas muy altas entre mis compañeros y yo.

Sin embargo ahí, frente a aquel muchacho que había aprendido a conocer y a querer, al comprender que nos estábamos diciendo adiós, consciente de que para él no habría una segunda oportunidad, pues como miembro de las Fuerzas Armadas lo fusilarían si lo llegaban a capturar, me dolió el alma. Necesitaba que yo le diera el último empujoncito antes de emprender su hazaña. Extendí los brazos para abrazarlo, a sabiendas de que mi gesto llamaría la atención. Vi que Marulanda nos observaba y me contuve: «Que Dios te acompañe a cada paso». Pinchao se fue aun más conmovido, más tenso y atormentado.

De pronto hubo alharaca, aullaron unos guardias y la tensión en el alojamiento volvió de nuevo al paroxismo. «Ese no se va», pensé, mientras la linterna de Monster me deslumbraba, acostada ya en mi cápsula nocturna.

La tormenta estalló poco antes de las ocho de la noche. «Si quiere irse, este es el momento ideal», pensé. «Pero está muy asustado, no se irá». Caí en un sueño profundo, aliviada de no tener que enfrentar la ira de los dioses con semejante temporal.

Era tarde cuando vinieron a retirar las cadenas a mis compañeros. Cuando salí de mi carpa con mi cepillo de dientes y mi botella de agua, todos miraban al relevante, que se iba maldiciendo.

—¿Qué pasa? —le pregunté a Marc, cuya carpa habían montado frente a la mía.

—Pinchao no está más —me susurró sin mirarme.

—¡Ah, Dios mío! ¡Genial!

—Sí, pero ahora nosotros pagaremos las consecuencias.

—Si es por la libertad de cualquiera de nosotros, me da igual.

71
LA MUERTE DE PINCHAO

Abril 29 de 2007. Los comentarios no demoraron. Todo el mundo especulaba sobre la manera en que Pinchao se había fugado y nadie daba un peso por su triunfo. «El clima está bueno, está avanzando», pensaba yo, tranquila.

Corrió la voz de que la guerrilla lo había encontrado. Uno de los guardias dejó filtrar la información a uno de los nuestros en quien confiaba. «Hasta no ver, no creer», pensé. Pero dieron la orden de empacar, porque nos íbamos. Me desataron del árbol, enrollé los metros de cadena en torno a mi cuello y guardé mis cosas sin afanarme, mientras rogaba en el silencio de mi pensamiento: «Haz que se les escape».

Nos hicieron esperar de pie toda la mañana con las carpas empacadas frente a nuestros postes. Luego nos ordenaron prepararnos para el baño y fue necesario desempacar todo de nuevo. Nos pusimos en fila india entre los guardias que nos empujaban como si fuéramos ganado por el senderito que bajaba a los cenagales.

Nos cruzamos con cinco hombres de torsos desnudos que atravesaron nuestro alojamiento con palas al hombro. Máximo era uno de ellos. Caminaba con energía poniendo mucho cuidado en no desviar los ojos del suelo para no cruzarse con los míos.

Ya en el agua, con el jabón en la mano, Lucho susurró:

—¿Viste?

—¿Los tipos y las palas?

—Sí, van a cavar una fosa.

—¿Una fosa?

—Sí, para echar el cuerpo de Pinchao.

—¡Deja de hablar pendejadas!

—Lo fusilaron, los guardias les contaron a los nuestros. Dicen que es culpa nuestra.

—¿Cómo así, *nuestra*?

—Sí, dicen que nosotros lo animamos a irse.

—¡Lucho!

—¡Y dicen que si murió es por nuestra culpa!

—¿Qué les respondiste?

—Nada… ¿Y qué tal que esté muerto y que sea culpa nuestra?

—Bueno, mi Lucho; ¡ya párala! Pinchao se fue porque le dio la gana. Tomó una decisión adulta, tal como hicimos tú y yo. ¡Este no es el momento, no tienes nada que reprocharte, yo estoy muy orgullosa de lo que hizo!

—¿Y si lo matan?

—Es imposible que lo hayan encontrado.

—¡Pero sí lo encontraron! ¡Por algo es que levantamos el campamento, carajo!

El regreso del baño fue fúnebre. Nos cruzamos con los mismos guardias que regresaban, bañados en sudor, con las palas sucias. «Hicieron huecos para enterrar la basura», pensé, cada vez menos segura.

Una vez estuvimos de nuevo vestidos, tuvimos que ir más cerca de la orilla, a un campo deportivo que habían acondicionado para ellos. Los guardias no reaccionaron cuando me senté al lado de Lucho para hablar. Las horas pasaron en una espera insoportable.

Hubo un movimiento de tropa detrás de lo que había sido nuestro alojamiento. Podía escuchar las voces, que nos llegaban distorsionadas por el eco de la vegetación. Veía las sombras moverse más allá de las hileras de árboles.

—Trajeron a Pinchao —me dijo Armando—. Van a hacerle pasar un mal rato. Después, todos nos iremos. El bongo ya está listo.

Me di vuelta. Efectivamente, en el lugar donde habíamos tomado el baño algunas horas antes se erguía un bongo grande, como un monstruo de chatarra. Sentí un escalofrío.

—¿Por qué no lo traen hasta aquí? —me preguntó Armando, harto de esperar.

Miré los retazos de cielo a través del domo vegetal que nos cubría. El azul se había tornado violeta y sentía, cada vez menos tranquila, deslizarse hasta nosotros el frescor del crepúsculo. Lucho solo respondía con gruñidos cuando alguien lo interpelaba.

De pronto, la agitación detrás de nuestro alojamiento se reanudó. Sombras, voces. La estridencia de un disparo atravesó las capas del entramado vegetal. Una nube de pájaros negros salió volando de entre los árboles, pasando como flechas sobre nuestras cabezas y buscando el cielo. «Aves de mal agüero», pensé, estremeciéndome. Otro disparo, luego un tercero, otro y otro más.

—Conté siete —le susurré a Lucho.

—Acaban de ejecutarlo —dijo, vaciado, con los labios secos y trémulos.

Le tomé la mano y se la apreté cuanto pude.

—¡No, Lucho, no! ¡No es cierto!

Todo el mundo pensó igual. Enrique no apareció. Monster tampoco. Un guerrillero que habíamos visto algunas veces y que cuyo nombre ignorábamos se acercó. Yo lo llamaba «El Tuerto», pues le bailaba un ojo. Con voz fuerte para intimidarnos, las manos sobre las caderas y las botas hacia adelante, se burló: «¿Y entonces? Se les quitaron las ganas de fugarse, ¿no?». Sintió el peso de nuestras miradas fijas en él. Conteníamos el aliento.

—Vengo a avisarles que ese hijueputa está muerto. Trató de atravesar a nado los embalses. Se lo comió un güío. Lo vimos ya cuando el animal lo tenía agarrado; berreaba pidiendo ayuda como una hembrita. Di la orden de dejarlo salir solo del mierdero. El animal lo arrastró hasta el fondo del pozo. Vean lo que pasa por ponerse a dárselas de héroes. Quedan advertidos.

Su versión no tenía pies ni cabeza. «¡Lo mataron, ellos lo mataron!», pensé espantada.

—Mientras no vea el cuerpo de Pinchao, no les creeré —dije, rompiendo nuestro silencio.

—¿No oyes lo que dice el comandante? Se lo comió un güío. ¿A dónde quieres que vayamos a buscar el cuerpo? —gritó Armando, fuera de sí.

Me ofendió que se entrometiera. Quería ver lo que el comandante iba a responderme.

«El cuerpo está en la fosa que acaban de abrir, con siete balas en la cabeza», pensé, aterrada.

—Equipos a la espalda, me siguen callados —nos conminó el hombre, cortando de tajo la discusión—. Ingrid, usted se embarca de última.

Lo oía como si su voz llegara desde otro mundo. Por encima del río, el cielo se había cubierto de sangre.

Miré a mis compañeros subir al bongo. Algunos bromeaban. En el espacio destinado a la guerrilla las muchachas se arreglaban el pelo, haciéndose lindas trenzas unas a otras. El comandante sin nombre coqueteaba en medio de ellas como un sultán en su harén. «¿Cómo pueden seguir viviendo en semejante indiferencia?»

No quería ver aquella espectacular puesta de sol, ni las lindas muchachas, ni el bongo que hendía las aguas tranquilas como mantequilla. Pronto, la bóveda estrellada cubrió nuestro universo y mi silencio. Me escondí detrás de Lucho y mis lágrimas manaron como si mi corazón se hubiera quebrado. Mantenía las manos sobre las mejillas para enjugarme las lágrimas antes que pudieran darse cuenta de que lloraba. «Mi Pinchao, espero que no puedas oírme y que aún no estés allá arriba».

Hacía días que navegábamos en ese bongo. Ya no quería pensar. Pegada a mi dolor así como al de Lucho, trataba de no oír nada.

—Se lo merecía —decían a nuestro alrededor.

—Con sus dientes salidos y su sonrisa de conejo, ¿qué se creía, mejor que nosotros?

Mis compañeros hablaban fuerte para que la guerrilla entendiera que no tenían nada que ver.

¡Los odiaba por eso!

—¡Se murió porque quiso, quién lo mandó a aconsejarse tan mal! —decía otro, apretujado junto a Lucho.

Lucho estaba atormentado y mi llanto no lo ayudaba.

El bongo se hundió en la selva, quebrando la naturaleza como un rompehielos. Se abría paso por las entrañas del infierno con su quilla reforzada, por canales hasta entonces vírgenes. Nos protegíamos bajo la lona mientras a nuestro alrededor el mundo se derrumbaba ante el avance terco y lento del monstruo de acero. «Estará pudriéndose entre la tierra. Lo habrán botado ahí como a un pedazo de carne», me torturaba.

El Día de la Madre nos sorprendió, aquel año, descomponiéndonos en las tripas del bongo. Pegada a mi radio escuché a las cuatro de la mañana el mensaje de la mamá de Pinchao, así como las claras y sabias voces de sus hermanas. «¿Quién les contará? ¿Cómo se enterarán?». Sufría terriblemente de saberlo muerto y enterarme de los mensajes destinados a él.

Al fin hicimos un alto en la boca de un canal, sobre una playita de arena fina. Desembarcamos para desentumecernos la adolorida inmovilidad de las últimas semanas, frente a una casita de madera rodeada por un huerto. Nos mandaron a la parte de atrás, bajo un tejado en lámina de zinc sostenido por una veintena de vigas en torno a un cuadrado de tierra pisada. Cada quien se apresuró a apropiarse de una viga donde guindar su hamaca. Llegó una olla hirviente de chocolate en agua. Todos hicimos la cola, perdidos en nuestros respectivos pensamientos. Me levanté, magullada y adolorida, para abrir los ojos a la nueva realidad.

—¡Compañeros! —arranqué, con una voz que hubiera querido más fuerte—. Pinchao ha muerto. Quisiera pedirles que guardemos un minuto de silencio en su memoria.

Lucho asintió. El guardia que servía me apuñaló con la mirada. Me concentré en mi reloj. El compañero que trabajaba para la guerrilla se acercó al guardia rozándome y se puso a hablar alto y fuerte. Otros hicieron lo mismo cuando vieron que Enrique se acercaba. Cada cual encontró la forma de romper el silencio, unos con más premeditación que otros. Solamente Lucho y Marc fueron a sentarse aparte, negándose a abrir la boca. El minuto se me hizo eterno. Cuando verifiqué en mi reloj que había llegado a su fin, me oí pensar: «Mi pobre Pinchillo, siquiera no estás aquí para ver».

Retomamos nuestra carrera hacia ninguna parte, huyendo de un enemigo invisible que nos respiraba en la nuca. La marcha se reanudó, intercalada con los desplazamientos en bongo. Los guardias me persiguieron a conciencia con su rencor. «Ella fue la que lo ayudó a huir», mascullaban a mi espalda para justificar sus bajezas. De noche se acomodaban cerca de nosotros y hablaban fuerte para que los oyéramos: «Todavía tengo la imagen de Pinchao con los huecos en la cabeza y toda esa sangre. Seguro que su fantasma nos persigue», decía uno. «Donde está ya no jode», se burlaba otro.

Acabábamos de montar campamento sobre un terreno infestado de majiñas[23], y mientras atrincherada en mi hamaca sufría por las quemaduras que me habían ocasionado, incapaz de extender el brazo para recoger mi radio y escuchar las noticias, oí el rugido de Lucho:

---

[23]. Majiñas: hormigas microscópicas cuya defensa consiste en orinar ácido.

—¡Ingrid, escucha Caracol!

Pegué un brinco.

—¿Qué? ¿Qué pasa? —farfullé, tratando de salir de mi letargo.

—¡Pinchao coronó! ¡Pinchao está libre, Pinchao está vivo!

—¡Cállense la jeta, manada de hijueputas! —aulló un guardia—. Al primero que vuelva a abrir la boca lo quiebro.

Demasiado tarde. Yo también gritaba sin poderme contener.

—¡Bravo, Pinchao, eres mi héroe! ¡Yihaaa!

Los radios se encendieron todos al tiempo. La voz de la periodista anunciando la noticia salía de todos los rincones. «Luego de diecisiete días de caminata, el intendente de la Policía John Fran Pinchao encontró la libertad y a su familia. Aquí están sus primeras declaraciones».

Entonces oí la voz de Pinchao, llena de luz en medio de esa noche sin estrellas:

«Quiero enviarle un mensaje a Ingrid. Yo sé que ella me escucha en este momento. Quiero que sepa que le debo el regalo más bello de todos. Gracias a ella recobré la fe. Ingridcita, tu Virgen se me apareció cuando la llamé. Puso un pelotón de la Policía en mi camino».

72

MI AMIGO MARC

Mayo de 2007. Desde que sus mentiras quedaron al desnudo, los comandantes solo se pusieron más agresivos. La rabia que les producía la epopeya de Pinchao aumentó su odio contra mí. Su aborrecimiento se duplicaba con cada una de las pequeñas cosas que a sus ojos me hacían diferente. Me apodaron «la garza» por ser demasiado flaca y demasiado pálida. Se burlaban de mí infligiéndome todos los pequeños vejámenes que se les pasaban por la cabeza. Me prohibían sentarme donde me provocaba y me obligaban a hacerlo donde estuviera sucio o mojado. Les parecía melindrosa y ridícula por querer mantener la cara y las uñas limpias.

Siempre tuve la imagen de ser una mujer segura de mí, equilibrada. Después de años de cautiverio, esa imagen se había vuelto borrosa y ya no sabía si correspondía a la realidad. A lo largo de la mayor parte de mi vida aprendí a vivir entre dos mundos. Crecí en Francia, descubriéndome por contraste. Traté de entender mi país para explicárselo a mis amigos de escuela. De regreso a Colombia, ya adolescente, me sentí como un árbol con las ramas en Colombia y las raíces en Francia. Pronto comprendí que mi destino consistía en vivir buscando el equilibrio entre mis dos mundos.

Cuando estaba en Francia soñaba con pandeyucas, ajiaco y arequipe. Me hacían falta la familia, las vacaciones con los primos y la música. Al regresar a Colombia me faltaba Francia toda: el orden, el ritmo de las estaciones, los perfumes, la belleza, el ruido tranquilizador de los cafés.

En las garras de las FARC, al perder mi libertad perdí también mi identidad. Mis carceleros no me consideraban colombiana: no conocía su música, no comía lo mismo que ellos, no hablaba como ellos. Por lo tanto, era francesa. Esa noción bastaba para justificar su acrimonia. Les permitía maquillar todo el resentimiento que habían acumulado en su existencia:

—Usted debía ser de las que visten ropa de marca —inquirió Ángel, pérfidamente.

O bien odiarme por mi futuro:

—¡Váyase a vivir a otro país, usted no es de aquí! —me soltó Lili, la compañera de Enrique, con amargura, hablando del día improbable en que recobraría mi libertad.

El mismo resentimiento estaba presente en mis compañeros de infortunio. En 2006, habíamos seguido con pasión la Copa Mundial de fútbol. La final entre Francia e Italia dividió en dos el campamento. La guerrilla desde un principio tomó partido por Italia, porque Francia era yo. Mis compañeros hicieron igual. Los que se resentían de que yo contara con el apoyo de Francia expresaron su aversión de forma agresiva en cada gol. Los que se sentían agradecidos con Francia festejaron gritando y cantando cada gol hasta la final. Estábamos en el campamento de las rayas; yo estaba amarrada por el cuello a mi árbol y casi me estrangulé cuando expulsaron a Zidane. Comprendí entonces que mientras más me odiaban por ser francesa, más francesa me volvía.

Francia me había abierto los brazos con la generosidad de una madre. Para Colombia, en cambio, era un estorbo. Toda suerte de leyendas se tejieron en torno de mí para justificar la necesidad de olvidarme. «Fue culpa de ella, se lo buscó», decía una voz en la radio. «Es la amante de un comandante de las FARC.» «Tuvo un hijo con la guerrilla». «No quiere volver, vive con ellos».

Toda esa maledicencia era orquestada para que Francia dejara de preocuparse por nosotros. Me daba mucho pesar porque sentía que al sembrar dudas, aquellos que luchaban abnegadamente por nuestra libertad comenzarían a desesperanzarse. En cuanto a mí, me sentía tan francesa como colombiana. Pero sin el amor de Colombia ya no sabía quién era, ni por qué había luchado, ni por qué estaba secuestrada.

Atracamos a las tres de la mañana en medio de ninguna parte, rompiendo el manglar para tocar tierra. La temporada lluviosa estaba en su apogeo. Esperábamos la orden de desembarcar para armar las carpas antes del aguacero que se desataba cada día al amanecer.

Cuando ya toda la tropa había descendido, Monster vino a informarnos que dormiríamos dentro del bongo. Habían quitado la lona para cubrir la rancha. Los oí tomar la decisión.

—¿Con qué nos vamos a tapar? —pregunté, consciente de que era imposible levantar las carpas dentro del bongo.

—No lloverá esta noche —silbó Monster, dando media vuelta.

Lucho y yo nos pusimos a preparar nuestras cosas, pensando que podríamos guindar nuestras hamacas una al lado de la otra. Monster, como si nos hubiera leído el pensamiento, volvió sobre sus pasos. Señalándonos con el dedo, dijo:

—¡Ustedes dos! Saben que tienen prohibido hablarse. Lucho: guinde su hamaca en la popa. Ingrid, sígame. Guinde la suya en la proa, entre la de Marc y la de Tom.

Y se marchó con nuevas burlas que de nuevo revelaban el odio que me tenía.

Desde que me prohibieron hablar con los compañeros norteamericanos, sentí que ellos hacían lo posible por esquivarme para evitarse problemas. Me sentía como una apestada.

Monster sabía por dónde iba el agua al molino. Me ubicó donde sería menos bienvenida. Habían guindado las hamacas en fila, de estribor a babor, valiéndose a uno y otro lado de los ganchos donde se fijaba la lona. Marc y yo no habíamos guindado aún. Sólo quedaban tres ganchos, de modo que habría que amarrar ambas hamacas de un lado al mismo gancho. Temía por adelantado esa primera negociación. Sabía que cualquier concesión era difícil entre rehenes. Debió notarse mi indecisión; no quería guindar la mía y poner al compañero ante un hecho cumplido.

Marc se me adelantó:

—Podemos colgar las dos hamacas del mismo gancho —propuso amablemente.

Estaba sorprendida. La cortesía se había convertido en un producto escaso.

Estiré mi hamaca cuanto pude para que el peso de mi cuerpo no me hiciera rozar el puente del bongo una vez me acostara. «Si llueve, se encharcará. Por cierto, lloverá con toda seguridad», pensé, mientras sacaba mi plástico más grande para colgarlo encima de la hamaca a modo de toldo. Era lo suficientemente ancho a los lados, pero demasiado corto para cubrirme de la cabeza hasta los pies. Me iba a empapar. Me acomodé, pues, en la hamaca, con el plástico tapándome bien la cabeza y los pies por fuera, y me hundí suspirando en un sueño pegajoso y profundo.

Un tremendo aguacero tropical nos cayó encima, como si los dioses se hubieran enfurecido contra nosotros. Esperaba con temor que el agua me mojara las medias, luego las piernas, y quedara totalmente empapada dentro de mi hamaca. Sin embargo, luego de los primeros minutos no sentí nada. Moví los dedos de los pies, no fuera que se me hubieran entumecido las piernas, pero solo sentí el calor que exhalaba mi cuerpo bajo el plástico. «El plástico debe de haber resbalado hacia los pies. El agua va a llegarme por la nuca», deduje, tanteando con mano prudente para verificar dónde estaba el borde del plástico. Pero todo estaba en su lugar. «Me encogí», tuve que admitir, y me dormí aliviada.

Ya era de día y el aguacero seguía rugiendo. Me atreví a levantar un faldón de mi techo negro para evaluar la situación y vi a Tom, todavía dormido, nadando en una verdadera piscina. No tenía plástico y su hamaca estaba llena de agua. El aguacero cedió lugar a una lluvia fina y el bongo se agitó. Cada cual quería salir de su improvisado abrigo para desentumecerse las piernas. Entonces descubrí lo que había pasado: a Marc se le había ocurrido compartir su plástico conmigo. Me había tapado los pies.

Allí estaba yo con mi hamaca recogida a toda prisa, de pie bajo el plástico, esperando que terminara de llover. Tenía un nudo en la garganta. No era algo común entre rehenes. Hacía mucho tiempo que nadie había tenido un gesto hacia mí. «No lo hizo a propósito. No se dio cuenta de que me tapaba los pies», pensé, desencantada. Cuando al fin Marc salió de su hamaca, me le acerqué.

—Sí, de otro modo se habría empapado usted —me respondió, casi disculpándose.

No le conocía esa sonrisa suave. Me sentí bien.

Cuando llegó el desayuno y hubo que hacer cola para recibir la bebida, me deslicé entre los presos para cambiar dos palabras con Lucho y tranquilizarlo. Él también había logrado dormir bien y había recuperado su rostro sereno. La reaparición de Pinchao lo alivió enormemente. Los compañeros se apresuraban a hablarle, tratando de hacerle olvidar los comentarios desagradables con que lo habían herido tanto. Lucho no les guardaba el menor rencor.

Regresé a mi rincón en la proa y me puse a organizar el morral. La faena era agobiante pero indispensable, ya que el aguacero había mojado todo. Saqué uno a uno los rollos de mis ropas, sequé los plásticos y volví a enrollarlos, cerrándolos con bandas de caucho en cada extremo para mantener hermético el envoltorio. Era el método FARC para evitar los inconvenientes de una vida con tasas de humedad del ochenta por ciento. Marc decidió hacer otro tanto.

Una vez terminé mi labor, limpié concienzudamente la tabla donde yacían mis cosas y saqué mi cepillo de dientes y mi olla para la siguiente comida. Finalmente, saqué un trapo para limpiar mis botas y que brillaran de nuevo.

Marc sonreía viéndome hacer. Luego, como si quisiera compartir un secreto conmigo, susurró:

—Actúa usted como una mujer.

El comentario me tomó por sorpresa pero, muy curiosamente, me halagó. Actuar como una mujer no era ningún piropo entre las FARC. De hecho, llevaba cinco años vestida de hombre y, sin embargo, todo en mí se conjugaba al femenino. Era mi esencia, mi naturaleza, mi identidad. Le volví la espalda, tomé mi cepillo y mi olla y me alejé, para esconder mi turbación con la excusa de lavarme los dientes. Cuando regresé, se me acercó, preocupado:

—Si dije algo que…

—No, al contrario; me gustó que me lo dijera.

Los guardias me dejaron hablar sin quitarme el ojo de encima, como si hubieran recibido la orden de no intervenir.

Hacía dos años que tenía prohibido dirigirme a mis compañeros. Lo hacía en secreto de vez en cuando, acosada por la soledad. Con Pinchao habíamos logrado burlar la vigilancia de los guerrilleros, ya que nuestras caletas a menudo quedaban contiguas, y podía parecer que cada cual se ocupaba de sus propios asuntos mientras hablábamos en voz baja. La partida de Pinchao me había hundido en un doble aislamiento, debido a la reacción del grupo frente a su fuga y a la imposibilidad de hablar con Lucho.

Cuando Marc y yo comenzamos a tener verdaderas conversaciones en la proa del bongo, llevados por la ociosidad y el tedio en esa espera sin propósito, me di cuenta de cuán cruel era la pena que la guerrilla me había impuesto y cuánto me pesaba mi silencio forzoso.

Curiosamente, retomamos conversaciones que habían quedado inconclusas en la cárcel de Sombra, como si el intervalo de tiempo transcurrido no hubiera existido.

«El tiempo pasado en cautiverio es circular», pensaba.

No obstante, para Marc y para mí era claro que el tiempo sí había pasado. Retomamos los mismos argumentos que nos habían enfrentado, años atrás, sobre temas tan polémicos como el aborto o la legalización de la droga, y logramos encontrar puentes y puntos en común allí donde en el pasado solo había irritación e intolerancia. Terminábamos nuestras horas de deliberación sorprendidos de no retirarnos llenos de despecho o amargura, tal y como antaño sucedía.

Al comprender que el bongo no se movería tan pronto, nos pusimos de acuerdo para realizar juntos una actividad. Marc la llamaba «el proyecto». Se trataba de conseguir permiso para cubrir el bongo en previsión de los aguaceros nocturnos. Oí cuando formuló su solicitud en un español que mejoraba día tras día, y asistí con sorpresa a la aceptación de su idea.

Enrique envió a Oswald a supervisar «el proyecto». Cortó varas y horquetas que ubicaron a intervalos regulares para que el enorme plástico de la rancha y el economato, que de momento estaba en desuso, pudiera cubrir la totalidad del bongo. Mi contribución fue mínima pero celebramos la realización del proyecto como si fuera nuestra obra común.

Cuando el bongo volvió a hacerse al río y llegamos a nuestro destino, sentí una profunda tristeza. El nuevo campamento fue acondicionado adrede sobre un terreno demasiado angosto. Eran dos hileras de carpas enfrentadas, todas apretujadas, separadas por la mitad por un sendero. Un lado iba a dar a una pequeña ensenada a la orilla del río, donde quedaría el bañadero, y el otro, al lugar donde montarían los chontos.

Enrique en persona distribuyó el espacio y me concedió dos metros cuadrados de terreno para instalar mi carpa en el mismo lugar donde se hallaba la salida del hormiguero de una colonia inmensa de congas, gigantes y venenosas. Eran bastante visibles marchando en fila india sobre sus patas negras, largas como zancos. Las más pequeñas medían sus buenos tres centímetros de largo, y pude imaginar sin dificultad el dolor que su dardo venenoso podía ocasionarme. Ya me habían picado una vez y mi brazo había cuadruplicado su tamaño en cuarenta y ocho horas de dolor. Supliqué que me dieran permiso de armar mi carpa en otra parte, pero Gafas fue inflexible.

Clavaron los postes a lado y lado de la abertura del hormiguero, quedando mi hamaca suspendida exactamente encima. Busqué a Máximo para que me ayudara, pero desde la evasión de Pinchao se había transformado. Estaba muy asustado y ahora era absolutamente incapaz de contemplar cualquier tentativa de fuga. Me rehuía para evitarse cualquier problema. Sin embargo, al ser testigo del incesante ballet de las congas debajo de mi hamaca, accedió a interceder para que me enviaran una olla de agua hirviendo para matarlas. También me cortó un palito, cuando estuvo de guardia, para que las clavara una por una mientras tanto:

—Tenga cuidado: si la atacan entre varias pueden ser mortales.

No me di tregua matando todas las congas que se me acercaban, en una lucha que sabía perdida de antemano. Miraba con envidia a mis compañeros. Terminaron de instalarse y cada quien se relajaba, retomando su tren de vida: Arteaga y William cosían, Armando tejía, Marulanda se aburría en su hamaca, Lucho oía radio y Marc se atareaba; su último proyecto a la fecha consistía en reparar su morral.

«Me hubiera gustado charlar con él», pensé, rodeada de un cementerio de congas cuyo fétido olor se me quedaba pegado a la nariz. Cual Gulliver frente a los habitantes de Lilliput, no podía distraerme un minuto mientras llegaba la olla de agua hirviendo que Enrique había prometido.

Marc pasó frente a mi caleta para ir a los chontos y me miró, extrañado. «Tengo millones de congas en la caleta», le expliqué. Rio, pensando que exageraba. De regreso, viéndome aún absorta en mi lucha contra las congas, se detuvo:

—¿Qué hace?

Salí de mi carpa y vi sus ojos dilatarse de espanto:

—¡No se mueva! —me dijo, articulando muy bien cada palabra y mirando fijamente algo en mi hombro.

Se acercó despacio, adelantando un dedo. Aterrada, seguí su mirada y volteé la cabeza lo suficiente para ver una conga enorme, de coraza reluciente, patas peludas y las tenazas hacia el frente a pocos milímetros de mi mejilla. Me impulsé para huir pero me contuve a tiempo, comprendiendo que lo más juicioso era esperar cuando menos a que Marc pudiera dar su pastorejo para quitarme de encima al monstruo. Lo cual hizo sin prisas, a pesar de mi temblor nervioso y de mis gemidos. El contacto con el animal sonó hueco, y el bicho salió propulsado como un proyectil para estrellarse finalmente contra la corteza de un árbol gigante con un ruido de nuez.

Seguí la operación con el rabillo del ojo, arriesgándome a un tortícolis, y salté de alegría. Marc reía hasta las lágrimas, doblado en dos.

—¡Si hubiera visto su cara! ¡Me habría gustado tomarle una foto! ¡Parecía una niñita!

Luego me abrazó y dijo con orgullo:

—¡Afortunadamente llegué yo!

Cuando finalmente Enrique envió la olla con el agua hirviendo, habíamos matado tantas que el agua sacó más cadáveres flotantes que sobrevivientes. Para Marc y para mí, nuestra amistad quedó sellada con nuestra victoria sobre las congas.

73
EL ULTIMÁTUM

Salí de mi hamaca una noche, oscura como boca de lobo, para aliviar mi cuerpo, feliz de poder poner mis pies afuera sin la obsesión de que me picara algún bicho infernal, cuando un soplo atravesó el aire despeinándome. Quedé paralizada en la oscuridad, sintiendo que una masa había atravesado mi carpa viniendo a caer pesadamente a dos milímetros de mi nariz. El guardia se negó a alumbrarme con su linterna y preferí regresar al abrigo del toldillo que aventurarme cerca de esa cosa que había sacudido mi caleta.

Al amanecer, cuando me levanté me di cuenta de que mi carpa estaba hecha jirones. De la palma vecina había caído una pepa del tamaño de una cabeza humana, envuelta en una hoja gruesa terminada en una acerada punta. Se había desprendido del tronco y había hecho una caída libre de veinte metros para venir a sembrarse profundamente en el suelo, al lado mío. En su trayectoria abrió mi techo de lado a lado. «Si hubiera dado un paso más...», pensé, sin que la idea pudiera consolarme de ver dañada mi carpa. «Me tomará horas repararla», me resigné.

Tuve que pedirle a uno que me prestara una aguja, a otro hilo, y cuando al fin estuve lista se puso a llover. Marc se acercó. Se ofreció a ayudarme. Accedí, sorprendida. Entre presos cualquier petición de ayuda era acogida con mal humor y desdén. Cada cual quería mostrar que no necesitaba de nadie. Por el contrario, yo necesitaba ayuda todo el tiempo, y Lucho, quien siempre me ayudaba, tenía prohibido acercárseme. Si no la pedía era para evitar conflictos. Ya estaba debiendo el hilo y la aguja. Era más que suficiente.

La ayuda de Marc resultó muy oportuna. Sus consejos aceleraron la ejecución de la obra. Pasamos juntos casi dos horas, absortos en nuestra labor, riéndonos de todo y de nada. Cuando se marchó lo vi alejarse con pesar. Lucho siempre me recordaba que no debíamos apegarnos a nada. Al día siguiente, Marc volvió. Quería que le regalara tela impermeable y que lo ayudara a pegar algunos parches en los huecos que las arrieras habían abierto en su carpa.

Asprilla, un negro grande y fornido, acababa de asumir la subcomandancia del campamento. Compartía con Monster la responsabilidad de nuestro grupo, que asumirían por turnos. Tuvo la buena idea de quitarme las cadenas durante el día y trajo un gran tarro de pegante para que Marc pudiera reparar su carpa. Regresó por la tarde y nos encontró, como niños, con los dedos llenos de pegante. Noté la mirada que nos echó. «Estoy muy contenta y se me nota», pensé preocupada.

Marc seguía riendo mientras aplicaba el pegante en los parches cuadrados de las telas que habíamos cortado con cuidado. «Es ridículo», pensé, para ahuyentar mi aprensión; «me estoy volviendo paranoica».

Al siguiente día vi a Marc acomodado en el suelo con todas las piezas de su radio frente a él. Dudé en acercarme, y luego, considerando que no había nada de malo en ello, decidí ofrecerle mi concurso. La conexión de su antena con los circuitos electrónicos de su radio se había estropeado. Me había fijado en las reparaciones hechas por mis compañeros en casos similares. Me apunté de voluntaria para arreglarle el radio.

Rápidamente logré restablecer la conexión, bajo la mirada de admiración de Marc. Me ruboricé de satisfacción. Era absolutamente la primera vez que lograba arreglar sola alguna cosa. Marc vino a buscarme al día siguiente para que le ayudara a cortar sus plásticos. Quería poder enrollarlos dentro de su bota, para la siguiente marcha.

Estábamos sentados en silencio para lograr la hazaña de cortarlo en ángulo recto. Hacía calor y transpirábamos al menor movimiento. Marc lanzó su mano hacia mi oreja y atrapó algo en el vacío. Su gesto lo sorprendió tanto como a mí. Se excusó, confundido, mientras me explicaba con cierta timidez que había querido espantar un zancudo que se cebaba conmigo desde hacía un momento. Su bochorno me pareció encantador y la idea me turbó también. Me levanté rápidamente para regresar a mi caleta. Definitivamente habría que encontrar una excusa para volver a pasar un rato con él. Me sorprendió esa amistad que crecía entre nosotros. Desde hacía años nuestras vidas se cruzaban sin que se nos hubiera ocurrido tomarnos el tiempo de hablar. Tuve la impresión de que habíamos hecho todo lo posible por esquivarnos. Sin embargo, ahora debía rendirme ante la evidencia de que me levantaba por la mañana sonriendo, y que esperaba la ocasión de hablarle con impaciencia de niña. «Tal vez me estoy poniendo intensa», pensé. De modo que me contuve y cuidé, por algunos días, de no acercarme.

Vino a la semana siguiente y se ofreció para instalar la antena de mi radio. Primero traté de hacerlo yo misma, pues Oswald y Ángel, considerados los campeones del lanzamiento de antenas, me habían negado su ayuda.

Mi lanzamiento alcanzaba máximo los cinco metros de altura, lo que hacía reír a todo el mundo. Marc hizo girar la pila con una honda. La pila salió hacia las nubes al tercer intento y mi antena llegó más alto que la de cualquiera.

—Fue un golpe de suerte —me confesó.

Mi radio rejuveneció. Escuchaba a Mamá a la perfección. Cuando hablaba tenía la impresión de estar a su lado. Nuevamente se refirió a un viaje para captar apoyo.

—No me gusta salir de Colombia. Me da miedo que te liberen y yo no esté aquí para recibirte.

Solo por eso la adoraba.

Por la mañana, aprovechando la cola para el desayuno, nos reímos con Lucho.

—¿Oíste a tu mamá? No quiere viajar, como de costumbre.

—Y, como de costumbre, viajará —le respondí, encantada.

Era una de nuestras bromas favoritas. Más adelante recibía los mensajes de Mamá desde el otro extremo del mundo, pues se las arreglaba para cumplir nuestra cita radiofónica dondequiera que se hallara. Sus viajes nos sentaban bien a ambas. Yo pensaba que ver a otras personas le ayudaría a tener paciencia, así como escuchar su voz fortalecida por la acción me ayudaba a mí. Realmente aprecié la ayuda de Marc.

Marc vino una mañana a pedirme prestada mi Biblia. Cuando se la tendí, me preguntó:

—¿Por qué no ha vuelto a hablar conmigo?

La pregunta me tomó por sorpresa. Respondí tratando de precisar mis ideas:

—En primer lugar porque me da miedo imponerle demasiado mi presencia. En segundo lugar, porque temo cogerle gusto y que la guerrilla lo vuelva un medio para presionarme.

Sonrió con mucha dulzura.

—No hay que pensar en nada de eso. Si tiene un momento, me gustaría mucho que habláramos esta tarde.

Se marchó y pensé divirtiéndome: «¡Tengo una cita!» El tedio era un veneno que las FARC nos inoculaban para reblandecernos la voluntad, y yo le temía más que a nada. Sonreí. Había pasado de una vida repleta de fechas, horas y urgencias a otra en la que no tenía nada que hacer. No obstante, en esa selva alejada del mundo, la idea de tener un compromiso me agradó.

—¿Una cita esta tarde? ¡Qué buena idea!

Tuteaba a Marc de forma natural.

«No sé tutear», me dijo en su español chapurreado.

Parecía fascinado por ese giro, inexistente en su lengua materna. Había captado bien los matices y la familiaridad subsiguientes.

—Quiero tutearte —me dijo.

—Ya lo estás haciendo —le respondí riendo.

Abrimos la Biblia. Quería que le leyera uno de mis pasajes favoritos. Finalmente me decidí por un pasaje donde Jesús le pregunta a Pedro de forma insistente si lo quiere. Yo conocía la versión griega del texto. Se trataba, nuevamente, de una cuestión de matices. Jesús emplea el término *ágape* cuando se dirige a Pedro, indicando una cualidad de amor superior, sin contrapartida, que se basta a sí misma por la acción de amar. Pedro responde usando la palabra *philia*, que designa un amor que espera retribución, buscando reciprocidad. La tercera vez que Jesús plantea la pregunta, Pedro parece haber comprendido y responde empleando la voz *ágape*, que lo compromete a un amor incondicional.

Pedro era el hombre que había negado en tres ocasiones a Jesús. El Jesús que formulaba estas preguntas era el Jesús resucitado. Pedro, hombre débil y cobarde, se había convertido, por la fuerza de este amor incondicional, en el hombre fuerte y valeroso que moriría crucificado por el legado de Jesús.

Hacía cinco años que vivía en cautiverio, y, a pesar de las condiciones extremas que había soportado, experimentaba una inmensa dificultad en cambiar de temperamento.

Estábamos perdidos en nuestra discusión, sentados lado a lado sobre su viejo plástico negro. Yo era incapaz de darme cuenta cuál era el idioma que utilizábamos, probablemente ambos. Aunque absorta en nuestra cuestión, en cierto momento recobré la distancia, intrigada por el silencio del campamento. Me di cuenta, con algo de incomodidad, de que mis compañeros seguían con interés nuestra conversación.

—Todo el mundo escucha —le dije en inglés, bajando la voz.

—Estamos demasiado felices, eso les llama la atención —me respondió sin mirarme. Me preocupé.

—Mira en lo que nos hemos convertido en este campamento, los problemas que tenemos para permanecer unidos frente a una guerrilla que nos intimida y amenaza... Los apóstoles tuvieron miedo y solo Juan estuvo al pie de la cruz. Pero después de la resurrección, ya no se comportaron de la misma forma. Van a ir hasta las cuatro esquinas del mundo y se van a hacer matar por contar lo que han visto. Los van a decapitar, crucificar, despellejar, lapidar, defendiendo su historia. Cada uno supo superarse, vencer su miedo a la muerte. Cada uno escogió quién quería ser.

Abríamos poco a poco nuestro corazón para hablar de cosas que no nos atrevíamos a confesarnos ni siquiera a nosotros mismos. Hacía años que él no recibía noticias de nadie, excepto de su madre. En sus mensajes no había mucha información sobre su familia o sobre la vida de sus seres queridos. «Tengo la impresión de mirar mi mundo a través del hueco de una cerradura», me dijo, para expresar su frustración. «Ni siquiera sé si mi esposa me espera todavía.»

Solo podía comprenderlo. Hacía mucho tiempo que la voz de mi marido había desaparecido del aire. Cuando ocasionalmente volvía a aparecer, los comentarios de mis compañeros eran ácidos. Por el contrario, nadie se atrevió a comentar nada cuando una periodista de *La luciérnaga*, uno de los programas que escuchábamos en las tardes, hizo una reflexión añadiendo: «Me refiero al esposo de Ingrid, o más precisamente al ex esposo, pues hace rato que se le ve en compañía de otra persona». Hubiera querido dar vuelta a la página, pero las palabras que oí lograron arañarme el corazón.

Una mañana, mientras esperaba en mi hamaca a que me soltaran las cadenas, di un brinco al sentir que alguien me agarraba los pies. Era Marc, de camino a los chontos. «Hi, Princess!», susurró, inclinándose sobre mi toldillo. «Este será un día bonito», pensé.

Nos instalamos, como habíamos hecho los días anteriores, lado a lado sobre el plástico de Marc. Pipiolo estaba de guardia y su mirada se posó sobre mí como la de un águila sobre su presa. Temblé, pues supe que tramaba alguna fechoría. Acabábamos de comenzar a charlar cuando la voz de Monster nos alcanzó como un cañonazo:

—¡Ingrid!

Di un brinco y salí al sendero central, tratando de verlo entre las carpas que me estorbaban la vista. Al cabo apareció, las manos en las caderas, las piernas separadas y la mirada maluca.

—¡Ingrid! —gritó de nuevo, a pesar de tenerme frente a él.

—¿Sí?

—¡Le he dicho que tiene prohibido hablar con los gringos. Si vuelvo a encontrarla hablando con ellos, ¡la encadeno al árbol!

Imposible llorar, hablar, mirar a nadie. Me enclaustré, reduje al mínimo mi contacto con el exterior. Escuché la voz de Marc viniendo desde ese otro mundo. Pero a él ya no lo vi.

74
LAS CARTAS

«Será como siempre, querrá evitarse problemas», pensé, dándome vuelta para sentarme sobre la raíz de un árbol enorme que atravesaba mi caleta. Era preciso ocuparme: coser, lavar, ordenar, llenar el espacio de movimientos para que pareciera que seguía viva. «No creí que me dolería tanto», constaté, después de entrever la sonrisa carnicera de Pipiolo. Mi mirada cruzó la de Lucho. Me sonrió e hizo señas para que me calmara. Estaba conmigo. Le sonreí de vuelta. Por supuesto, no era la primera vez que se encarnizaban conmigo. Me había habituado a estar encadenada o suelta dependiendo de las variaciones de su humor. Esperaba aquel golpe desde hacía tiempo, desde que hablé con Marc. En cierta forma experimenté una especie de alivio. Mi situación no podía empeorar.

—¿Podemos hablar en español, como hacíamos con los demás prisioneros? —preguntó Marc a Monster, que permanecía de pie con aire altanero frente a su carpa.

—No, es una orden formal; usted no puede hablar con ella.

De camino al baño, me puse en acción. Debía ponerme el short y el top en poliéster enrollados en mi toalla de baño al tiempo que me desvestía. Siempre era la última y los guardias me acosaban. No había notado que Marc se demoraba más que yo. Tomamos el camino hacia el bañadero en fila india. Se acercó detrás de mí y susurró en inglés:

—Me gustaba mucho hablar contigo. Tenemos que seguir comunicándonos.

—¿Cómo?

Traté de pensar rápido, rápido. Después ya no podríamos hablar.

—Escríbeme una carta —susurré.

—¡A ver, muévanlo! —aulló un guardia detrás de nosotros.

En el río, mientras me enjabonaba el pelo con el trozo de jabón azul que hacía las veces de champú, Marc se ubicó de modo que los guardias no pudieran vernos. Comprendí que me escribiría el día siguiente. Tuve que morderme la lengua hasta sacarme sangre para ocultar mi alegría. Lucho me miró extrañado. Le pasé mi jabón para despistar a los guardias:

—Estoy mejor —logré decirle.

Ya no pensaba en nada fuera de la carta. Estaba segura de que retomaría nuestra conversación en el punto exacto donde Monster la había interrumpido. Y, sobre todo, me preguntaba cómo haría para entregármela. Desde mi caleta podía verlo en la suya. En cuanto volvió a vestirse comenzó a escribir.

La noche cayó pronto. «Será una carta corta», anticipé. La noche, en cambio, se me hizo muy larga. Reviví mil veces la misma escena: Monster, con las manos en las caderas, amenazando. Volví a asustarme.

Marc me puso la carta en la mano en el momento que menos esperaba. Yo volvía de los chontos al amanecer, justo después de que el guardia me soltara. Marc era el tercero en la fila para ir al chonto; el sendero era angosto. Tomó mi mano y puso dentro el papel. Seguí caminando, pero mi mano permaneció atrás. Pensé que todo el mundo había visto, y que me iba a desmayar.

Al regresar a mi caleta me sorprendió que todo siguiera normal. Los guardias no habían visto nada, tampoco los compañeros.

Esperé hasta después del desayuno para leerla. Apenas página y media con una letra de niño aplicado. Estaba escrita en inglés, con todo el protocolo y las fórmulas de cortesía de rigor. Eso me divirtió. Tuve la impresión de leer la carta de un extraño. Me decía cuánto lo afligía la prohibición que nos habían impuesto, y pasaba a hacerme preguntas cordiales sobre mi vida.

«Voy a escribirle una carta bien linda», pensé. «Una que quiera releer muchas veces».

Miré de cuánto papel disponía: no duraría mucho. Escribí mi carta de un solo chorro, sin ponerme guantes, haciendo volar en mil pedazos, el «querido Marc» de rigor. Le escribí tal como le hablaba. «Hi Princess», me respondió en su segunda carta, volviendo a ser él mismo.

Desarrollamos un código secreto hecho de señas de la mano que me describía en sus cartas, y que ilustraba frente a mí cuando se daba cuenta de que había terminado de leer su mensaje. Le envié algunas de mi propia cosecha y pronto tuvimos un segundo medio de comunicación eficaz para alertarnos mutuamente cuando un guardia nos vigilaba o cuando íbamos a depositar un nuevo mensaje a nuestro «buzón».

Convinimos en dejar nuestros papelitos al pie del tocón de un árbol cortado recientemente en el área de los chontos. Era un buen lugar porque podíamos ir solos sin despertar sospechas. Cosí unas bolsitas de tela negra para envolver nuestras esquelas, con el fin de protegerlas de la lluvia y evitar que el blanco del papel llamara la atención.

Los guardias debieron de ver algo porque una mañana, cuando regresaba de recoger la carta del día, me siguieron y peinaron a fondo la zona. Entonces decidimos alternar el buzón con otros sistemas más accesibles pero igualmente riesgosos. A veces Marc se me ponía al lado en la aglomeración del almuerzo y me deslizaba la bolsita en la mano, a veces era yo quien le hacía la seña de ir al bañadero, donde acababa de llenar mi botella de agua, a recoger mi correspondencia.

Estaba muy preocupada. Noté que alrededor de nosotros surgieron reacciones complicadas. La felicidad que sentíamos por estar juntos produjo envidia. Hubo incluso quien pidió que me separaran del grupo. Máximo fue a advertirme: uno de los compañeros había hecho la petición. Tuve pesadillas con eso. No quise comentárselo a Marc porque no quería atraer la mala suerte. Pero cada vez sufría más, temiendo que el delgado hilo que me mantenía agarrada a la vida se rompiera.

Escribirnos se convirtió en la única actividad importante de la jornada. Guardaba cada carta que me enviaba y la releía esperando la siguiente. Poco a poco una extraña intimidad se estableció entre los dos. Era más fácil confesarse por escrito. La mirada del otro me incomodaba al desnudar mis sentimientos, y a menudo lo que tenía la intención de compartir se atascaba en un silencio imposible de vencer. Por el contrario, al escribir descubrí una distancia que me liberaba. Podía no enviarle lo que había escrito, pensaba, y esta posibilidad me infundía audacia. Pero una vez que los secretos de mi mente veían el día, me parecía que eran corrientes y que no había nada malo en compartirlos. Marc me sorprendía porque jugaba el juego con mayor maestría que yo y me fascinaba su franqueza. En sus palabras había una gran elegancia y el ser que me revelaba nunca me defraudaba. Siempre me parecía que su última carta era la mejor de todas, hasta que leía la siguiente. Cuanto más apreciaba su amistad, más me preocupaba. «Van a separarnos», pensaba, imaginando la alegría de Enrique al enterarse de cuán importante se había vuelto Marc para mí.

Hubo una requisa, planeada por Enrique con argucias. Nos hicieron creer que dejábamos el campamento y nos íbamos de marcha. Las cartas de Marc eran mi mayor tesoro y las había puesto en el bolsillo de mi chaqueta antes de cerrar el equipo. Nos hicieron caminar un centenar de metros hasta el lugar que usaban como aserradero. Allí nos hicieron desocupar los morrales. Marc estaba justo al lado mío, pálido. ¿Había logrado esconder mis cartas?

Me miró con insistencia, luego se dio vuelta, anunció que tenía que orinar y se retiró detrás de un árbol grande. Regresó con la mirada clavada en sus zapatos, salvo por un breve instante en que me gratificó con una sonrisa confiada, tan rápida como un parpadeo, que solamente vi yo.

Dejé pasar unos minutos y lo imité. Ya detrás del árbol, escondí las cartas dentro de mi ropa interior y regresé a guardar mis cosas en el equipo tras la requisa. Noté que el viejo tarro de talco dentro del cual había enrollado minuciosamente mis documentos más preciados para resguardarlos de la humedad había desaparecido. Contenía las cartas de mi madre, las fotos de mis hijos, los dibujos de mis sobrinos y las ideas y proyectos en los que habíamos trabajado tres años con Lucho.

—Tendrá que reclamárselo a Enrique —dijo Pipiolo, saboreando cada palabra.

Era un golpe bajo. La carta de Mamá era mi salvavidas. La releía cada vez que me deprimía. Rara vez miraba las fotos de mis hijos porque me producían un dolor físico insoportable. Pero el hecho de saber que tenía al alcance de la mano mis tesoros me hacía sentir segura. En cuanto al programa, no quería perderlo: representaba cientos de horas de discusión y trabajo. Sin embargo, el hecho de que no hubieran encontrado las cartas de Marc me llenaba de un innegable bienestar. Tampoco encontraron mi diario: había tomado la precaución de quemarlo hacía mucho tiempo.

Cuando pensábamos que la requisa había concluido, llegaron otros cuatro guardias. Su misión consistía en realizar una requisa «personalizada». Hicieron desvestirse a los hombres mientras Zamaidy me pedía que la siguiera.

Se plantó frente a mí, disculpándose de antemano por tener que proceder. Halló mis bolsillos llenos de pedacitos de tela cortados en cuadros.

—¿Esto qué es? —preguntó intrigada.

—Hace tiempo que no tengo toallas higiénicas. Pedí que me dieran, pero parece que Enrique dio la orden de que no me provean más.

—¡Haré que le lleguen! —gruñó.

De paso suspendió la requisa y me envió con el resto del grupo. Respiré. No quería imaginar lo que hubiera tenido que inventar para explicar lo que probablemente habría encontrado.

Marc esperaba mi regreso, angustiado. Le devolví su sonrisa. Comprendió que había superado la requisa con éxito. Lucho, violando todas las prohibiciones, me preguntó si todo andaba bien. Lo puse al corriente de que Enrique me había confiscado el tarro de talco.

—¡Tienes que recuperarlo! —rugió.

Semejante misión me pareció imposible. Después del susto que nos causó la redada de Enrique, redoblamos las precauciones y nuestra correspondencia se hizo más intensa. Nos contábamos todo, nuestras vidas, nuestras relaciones, nuestros hijos. Y nuestros sentimientos de culpa, como si describiéndolos pudiéramos corregir nuestros errores.

Condenados a la distancia, nos volvimos inseparables. Cuando Marc se me acercó una mañana, mientras hacía la primera cola para acceder a los chontos, y me dijo que tenía que hablarme al precio que fuera, un pavor irracional se apoderó de mí: «¡Va a decirme que no sigamos escribiéndonos!». La espera fue mortal hasta que solo quedamos los dos en la fila.

Lo que me contó me dejó helada. Quería que le pidiéramos a Enrique que levantara la restricción de Monster. En el mismo momento, la mirada afilada de Pipiolo me hizo volver la cabeza.

Había visto a Marc hablándome, había visto el efecto de sus palabras en mí. Habíamos infringido la prohibición. Se daría el gusto de hacernos pagar.

Más tarde, me puse a escribirle a Marc una larga carta. Le expliqué mi temor de que Enrique quisiera separarnos y le conté los comentarios de Máximo: algunos compañeros conspiraban contra nosotros.

Me alistaba para el aseo matutino, cuando fui víctima de la agresión de uno de los hombres. Era un tipo que vivía prendido a sus obsesiones, con quien ya había tenido problemas y a quien Enrique había puesto al lado mío como mortificación adicional. Lucho, quien pasaba hacia los chontos llevando su bidón de orina de la noche anterior, lo vio y comprendió al instante. Las agresiones ya le habían sido notificadas a Enrique por los guardias, pero había respondido: «Todos los prisioneros están sometidos al mismo régimen; que se defienda sola». Lucho estaba al tanto. Tiró su bidón de orina y saltó sobre el hombre. El otro le dio un puñetazo en el estómago y Lucho perdió el control, moliéndolo a golpes en el suelo sin darle respiro. Los guardias se reían, encantados con el espectáculo. Yo estaba horrorizada. Aquello podía darles un pretexto para apartarme del grupo.

Pero nadie vino. Ni Enrique, ni Monster, ni Asprilla. Me tranquilicé al pensar que Enrique aplicaría su ley y que el asunto quedaría cerrado. Ese día la carta de Marc fue más tierna que de costumbre. No quería que yo sufriera por lo que había ocurrido.

Al amanecer, cuando escuché el mensaje de Mamá en la radio, temblaba. El comportamiento de mi agresor me había descompuesto. Por más que me dijera a mí misma que estaba perturbado y que su actitud era el resultado de diez años de cautiverio, su cercanía me hacía sentir mal. Detestaba la manera que tenía de espiarme, poniendo un espejo para observarme mientras me daba la espalda.

Mamá tenía la voz tierna y serena de sus días bellos. Me llamaba desde Londres, satisfecha con las gestiones emprendidas para ganar adeptos a la causa de nuestra liberación: «Resiste; pase lo que pase, resiste. Mira hacia el cielo y elévate por encima de la maldad que pueda rodearte. Muy pronto saldrás a una nueva vida». De modo que miré hacia el cielo. Era un hermoso día; esa mañana de sol solo podía traer buenas cosas.

Pero el destino había tomado otra decisión. La radio informó que once de los doce diputados de la Asamblea Departamental del Valle del Cauca, rehenes como nosotros de las FARC, habían sido masacrados. Acababa de escuchar el mensaje que la hermana de una de las víctimas le había enviado estando él ya muerto, y quien luchaba por él en Londres sin conocer la noticia. El hecho me indignó. Todos los días oía los mensajes que les dirigían, especialmente en esa madrugada ese 18 de junio de 2007. Sus familias probablemente acababan de enterarse de la noticia, tal como nosotros. La noticia me afectaba como si se tratara de miembros de mi propia familia. Busqué los ojos de Marc en su caleta y los encontré, extraviados en un dolor idéntico al mío.

Cuando Asprilla me ordenó empacar mis bártulos porque me iba, ya estaba liquidada. Marc pidió permiso de venir a ayudarme. Disimuladas entre los gestos mecánicos que habíamos hecho mil veces, las demostraciones de afecto nos resultaban difíciles. Nos habíamos acostumbrado a estar cerca por nuestras cartas, y no sabíamos cómo comportarnos en cercanía del otro.

—Mándame tu Biblia, te la devolveré con mis cartas —me dijo mientras desarmaba mi carpa.

Unos guardias limpiaban un espacio cerca del bañadero. Era allí donde me iban a ubicar.

—Por lo menos podremos seguir viéndonos. Prométeme que me escribirás todos los días.

—Sí, todos los días voy a escribirte —le prometí, doblada en dos por el dolor.

Me acababan de fulminar pero solo era medio consciente de ello.

Antes que los guardias vinieran a buscarme, me deslizó la bolsita negra en la mano. ¿A qué horas tuvo tiempo de escribirme? Él también tenía los ojos aguados.

La voz de Oswald se dejó oír:

—¡A ver, muévase!

Yo no podía.

75

LA SEPARACIÓN

Allá donde iba, podría verlos de lejos. Me aferraba a esa idea mientras daba gracias al cielo por no haberme impuesto una carga mayor. El silencio me cayó encima como una lápida: todo sonaba hueco. El dolor que me carcomía el vientre me obligaba a pensar en la necesidad de respirar: inhalar y luego espirar en un esfuerzo agobiante. «El diablo vive en esta selva».

Había organizado mis cosas sobre una vieja tabla que tuvieron a bien dejarme. No les debía nada, nada quería pedirles. Me emparedé. Nadie me vería sufrir. Unas muchachas fueron asignadas para ayudar a instalarme. No dije nada. Me acomodé en un tronco podrido para contemplar desde allí toda la extensión de mi infortunio.

Mi hamaca se convirtió en mi refugio. Quería permanecer allí dentro, con el radio pegado a la oreja, masticando mi soledad. Esa tarde de sábado en que el programa *Las voces del secuestro* transmitió la canción de Renaud, *Dans la jungle*, tuve la esperanza de que se tratara de alguna señal del destino. Renaud era el más querido de los compositores franceses contemporáneos. Oírlo pronunciar mi nombre diciendo que me esperaba me produjo una súbita sed de cielo azul. Fui a nadar al pozo sin que nadie se atreviera a interrumpirme. Vi a Lucho y a Marc desde lejos, entre los árboles.

Vino Asprilla, todo sonrisas. «No es sino por unas semanitas, después regresará al campamento», explicó, sin que le hubiera preguntado.

Marc deambuló por las carpas hasta que ubicó un ángulo desde donde yo podía verlo sin que se dieran cuenta. Me hizo entender por señas que iría a los chontos y que desde allí me lanzaría un papel.

Seguí sus instrucciones. Con un poco de suerte era posible que su misiva llegara hasta mí. Su papel aterrizó fuera del área que tenía asignada. Mi guardia me daba la espalda, dando muestras de una urbanidad poco común. Me metí entre la maleza a recoger el mensaje de Marc. Era una carta llena de palabras amontonadas que se apeñuscaban en un espacio demasiado reducido.

La leí recostada en mi hamaca, protegida por el toldillo. ¡Era a la vez tan triste y tan cómica! A él lo veía de pie, al acecho, pendiente de que yo terminara de leerla para descubrir en mi cara el efecto de sus palabras.

La rutina de enviarnos mensajes de esta manera se estableció de inmediato, hasta el momento en que la compañera de Oswald, quien estaba de guardia, nos descubrió e informó al instante del asunto a Asprilla. Tuvimos que cambiar de sistema. Marc le pidió a Asprilla que nos dejara compartir la Biblia, y este aceptó. Fue nuestro nuevo buzón. Pasaba por la mañana a recoger la Biblia y me la devolvía en la tarde. Escribíamos con lápiz en los márgenes de los evangelios e indicábamos al otro dónde anotar la respuesta. Si a Asprilla se le hubiera ocurrido recorrer las páginas no habría encontrado nada, salvo unas palabras en los márgenes, a veces en español, a veces en francés y algunas más en inglés, fruto de cinco años de reflexiones juiciosamente anotadas.

Ese contacto cotidiano hizo que Asprilla quisiera abrirse un poco con Marc. Le contó que Enrique iba a separarnos en dos grupos y que formaríamos parte del mismo que Lucho. Esa noticia me llenó de esperanzas.

Pedí hablar con Lucho y con Marc. Asprilla me había aconsejado esperar con paciencia; no quería que Enrique se negara y decidiera prolongar mi aislamiento. Llegó un cargamento de cadenas. Las nuevas eran mucho más gruesas y pesadas que las de Pinchao. Fui la primera en estrenar el enorme candado al cuello y el otro, también descomunal, con que aseguraron mi cadena al árbol. Fui testigo de la angustia de mis compañeros norteamericanos cuando comprendieron que por primera vez también a ellos los encadenarían. Me enfermó ver esa enorme cadena en torno al cuello de Marc.

La carta de ese día era agitada. Me explicaba cómo hacer saltar la cerradura del candado oxidándola con sal, o cómo abrir el pestillo interno usando una pinza o un cortaúñas. Me explicó que debíamos permanecer cerca el uno del otro para poder huir en caso de operativo militar. Allí estábamos, desnudos frente al miedo a la muerte, pero ya no queríamos afrontarla sin el otro.

Cuando llegó el amanecer y hubo que alistarnos para dejar el campamento, empaqué de prisa mis objetos personales, impaciente por estar de nuevo cerca de Marc y de Lucho. Era un día esplendoroso, atípico de la temporada lluviosa. Estuve lista antes que los demás. Pero no había ningún afán. Sentada sobre mi tronco podrido, atada por el cuello, vi desfilar las horas lentamente, mientras que los sonidos provenientes del campamento de la guerrilla anunciaban su total desmantelamiento, lento y organizado. Un ruido de chatarra hueca golpeando sordo contra la orilla nos informó de la llegada del bongo. «No será una marcha», concluí, aliviada.

Promediaba la tarde cuando Lili, la compañera de Enrique, hizo su aparición. Me desconcertó su amabilidad. A la espera de la reunificación con mi grupo, bajé la guardia.

Se puso a hablar de una cosa y de otra, haciendo comentarios agradables sobre Lucho. Luego habló de los demás prisioneros y me preguntó por Marc. Algo en el tono de su voz encendió mis alarmas, pero no lograba identificar el peligro. Pensé antes de responderle que, en efecto, nos habíamos vuelto amigos. No esperó ni un segundo y se marchó sin siquiera despedirse. Cerré los ojos con la horrible sensación de haber caído en una trampa.

Entonces vi al viejo Erminson. Se acercó a mí con la frialdad de un verdugo y ensayó las llaves de un pesado manojo que sostenía con afectación en la otra mano, hasta encontrar la que abría mi candado. Sacó la llave del llavero y la esgrimió en señal de victoria, gritando a Asprilla y a Enrique que todo estaba listo.

Los guardias nos ordenaron echarnos los morrales a la espalda. Luego separaron a mis compañeros en dos grupos. El de Lucho y Marc fue llamado antes a embarcar, sin mí. «¡No, no puede ser verdad! ¡Señor, haz que no sea verdad!», rogué con todas mis fuerzas. Lucho se detuvo a abrazarme, lo que desató la furia de los guardias. Marc venía de último. Me tomó la mano y la apretó con fuerza. Lo vi alejarse con su equipo repleto de objetos inútiles y pensé que nuestra vida no valía nada.

Cuando el segundo grupo se puso en marcha, recibí la orden de seguirlo. Máximo estaba junto al bongo y me tomó del brazo para ayudarme a subir. Los busqué con los ojos. Estaban sentados al fondo de la cala; sus cabezas a duras penas sobrepasaban el nivel de la rampa por la que yo me desplazaba. Enrique había hecho construir un muro de separación amontonando nuestros equipos, y me correspondió sentarme del otro lado, con el segundo grupo. Esperaba oír en cualquier momento la voz de Monster o de Asprilla indicándome que me sentara con los míos. Solamente oí la de Enrique, fría y cruel, dirigirse a mí como a un perro: «¡Chite! ¡Hágase al fondo, al otro lado; apúrese!».

Zamaidy estaba de guardia, el fusil en el brazo, mirándome bajar al hueco donde mis demás compañeros se disputaban ya los mejores lugares. Guardó un silencio obstinado en medio de los gritos y el alboroto de la tropa que embarcaba. La noche cayó al instante y el bongo se sacudió como un monstruo despertándose. El motor escupió al aire un humo azuloso y nauseabundo y el ronroneo de la máquina se impuso. Estábamos de nuevo en la pista lisa de las aguas del gran río. Una luna inmensa se elevaba en el cielo como el ojo de un cíclope.

Ya no tenía la menor duda. El destino se ensañaba conmigo, llevándose como una avalancha todo cuanto me era querido. No me quedaba mucho tiempo, íbamos a ser definitivamente separados. Marc se acercó al muro de morrales que nos dividía. También yo me acerqué y pasé una mano por encima con la esperanza de encontrar la suya. Zamaidy me miró: «Tienen algunas horas», me dijo, haciéndonos pantalla con el cuerpo. Sería la primera y última vez que nos tomábamos de la mano. Los demás dormían ya y el ruido del motor cubrió nuestras palabras.

«Cuéntame cómo es la casa de tus sueños», le pedí. «Mi casa es una vieja casa, de esas que hay en Nueva Inglaterra. Tiene dos grandes chimeneas en cada extremo y una escalera de madera que rechina cuando uno la sube. Está rodeada de árboles y de jardines. En mi jardín hay dos vacas. Una se llama "Ciclo", y la otra "Tímica"». Sonreí. Jugaba con las sílabas de la primera palabra en español que yo había aportado a su vocabulario.

—Pero esa casa no será mi hogar mientras no la comparta con la persona que amo.

—Nunca había visto una noche tan hermosa y tan triste —dije.

—Pueden separarnos pero no nos pueden impedir pensar el uno en el otro —me respondió—. Un día seremos libres y tendremos otra noche como esta bajo esta misma fantástica luna. Será una noche hermosa y ya no será triste.

El bongo atracó pesadamente. El aire se había puesto pesado de golpe. Les dieron orden de desembarcar. Lucho se acercó: «No te preocupes, yo voy a cuidarlo y él me cuidará a mí —dijo, mirando a Marc—. ¡Pero prométeme que vas a aguantar!».

Nos abrazamos. Yo estaba desgarrada. Marc me tomó el rostro entre sus manos: «Hasta pronto», me dijo, posando un beso sobre mi mejilla.

76
ACARICIAR LA MUERTE

Agosto 31 de 2007. Quedé sin fuerzas, petrificada en la nada, ausente del estrépito que me rodeaba. Los guerrilleros subían y bajaban equipos y bultos con provisiones. Esperé, de pie, a que el bongo se alejara. Necesitaba que la distancia adquiriera forma ante mis ojos. Pero la actividad cedió lugar a una calma más desesperante aun y comprendí, demasiado tarde, que nuestro grupo pasaría la noche en la cala. Con seguridad llovería. Miré los rostros cerrados de mis compañeros. Cada cual disponía sus cosas para marcar su territorio. El hombre que me había agredido se agitó en su rincón. «Enrique escogió bien», pensé. Del otro lado, en diagonal, quedaba una franja de espacio libre. William me miraba. Intentó sonreír y me hizo una seña. Me acurruqué en el espacio vacío que me mostró, encogiéndome.

«Tengo que dormir. Tengo que dormir», me repetí, hora tras hora, hasta el amanecer. «No podría sobrevivir a otra noche como ésta».

—¡Doctora! —llamó alguien cerca de mí.

¿Doctora? ¿Quién me llamaba así? Nadie desde hacía años, pues Enrique lo había prohibido. Yo era «Ingrid», la vieja, la cucha, la garza. Pero no Doctora.

—¡Doctora, pst!

Me di vuelta. Era Máximo.

—¡Doctora, vaya y dígale; está aquí, vaya a buscarlo! Él puede ponerla en el otro grupo.

Efectivamente, Enrique se había plantado en la proa. Atravesé la rampa a pesar mío. Ya me había visto. Todo su cuerpo se tensó, como una araña que siente a su presa forcejear en su tela. «Señor, voy a arrodillarme frente a este monstruo», pensé horrorizada. Él sabía. Fingió hablar con una guerrillera, duro y cortante, humillando a la muchacha. Me hizo esperar adrede, negándose a mirarme por varios minutos, tan largos que el bongo entero se quedó quieto, como si todos retuvieran el aliento para no perderse una sola palabra de lo que iba a ser dicho.

—¿Enrique?

No quiso darse vuelta.

—¿Enrique?

—¿Qué quiere?

—Tengo una petición que hacerle.

—No hay nada que pueda hacer por usted.

—Sí puede. Le pido que me cambie de grupo.

—Imposible.

—Para usted todo es posible. Usted manda aquí, usted es quien decide.

—No puedo.

—Aquí usted es un dios. Tiene todo el poder.

Enrique se infló y su mirada planeó sobre el mundo de los humanos. Desde allá arriba, satisfecho con su genialidad, dejó caer las palabras:

—El Secretariado es quien decide. Recibí una lista precisa, su nombre está en el grupo del comandante Chiqui.

Se refería a un hombrecito regordete de piel porcina y barba erizada.

—Le pido humildemente que tenga un poco de compasión hacia nosotros.

Respiraba a sus anchas, convencido de ser el dueño del mundo.

—Se lo suplico, Enrique —repetía yo—. Es mi familia, la que se formó en esta selva, en este cautiverio, en este infierno. Recuerde las vueltas que da la vida. Trátenos como quisiera que lo trataran si alguna vez llega a estar preso.

—Nunca voy a estar preso —replicó con dureza—. Me mataría antes que dejarme coger. Y nunca me rebajaría a pedirle nada al enemigo.

—Yo sí lo hago. Mi dignidad no depende de ello. No me avergüenza suplicarle, aunque me cueste mucho. Pero fíjese, la fuerza del amor siempre es superior.

Enrique me miró con maldad, entornando los ojos, escudriñando en mí los abismos de su propia perfidia. De pronto fue consciente de que lo escuchaban y, como quien tira unos guantes sobre un mueble cualquiera, declaró con desprecio:

—Llevaré su solicitud ante los comandantes. Es todo lo que puedo hacer por usted.

Me dio la espalda y acarició la cabeza de la guerrillera que cubría la guardia. Saltó a tierra con el ruido seco de una guillotina cortando una nuca.

El bongo arrancó y el ruido del motor sacudió el cascarón vacío de mi cuerpo. Los caños se hicieron más y más angostos. Oswald y Pipiolo, armados de una motosierra, acometían los árboles inmensos que, creciendo horizontalmente, nos bloqueaban el camino. Todo estaba al revés.

Dos horas después el Chiqui, de pie sobre la proa, hizo señas para atracar.

Consolación, una indígena de larga trenza negra, acababa de rozarme el hombro con la mano. Me estremecí al abrir los ojos. La seguí, sintiendo el peso del morral sobre el espinazo. Frente a mí se empinaba una cuesta que comencé a escalar como las mulas, con los ojos clavados en el suelo. Me estrellé contra un compañero parado adelante de mí, antes de entender que allí mismo tenía que descargar.

Me desplomé contra un árbol joven, detrás de los demás, y me hundí en un limbo. Alguien me sacudió. Acababa de llegar la comida. La idea de comer me repugnó. Sentí que sería difícil moverme.

Empezaron a levantar el nuevo campamento. No había un árbol al que me pudieran encadenar. Tuvieron que clavar un poste grueso. «Ahora es el poste el que está encadenado a mí», pensé. Pipiolo, feliz, llegó con el manojo de llaves. Me habló con la cara pegada a la mía, escupiendo. Su olor era repugnante, hice una mueca. Pipiolo se vengó. Abrió mi candado y lo corrió varios eslabones, apretándome más la cadena en torno al cuello. Me costaba tragar.

«Quiere que le ruegue», pensé, esquivando su mirada. Se marchó. «No pedir nada, no desear nada». Los días no eran más que una sucesión de comidas. Me empeñaba en levantarme y estirar la olla, sobre todo para evitar los comentarios. Pero verla llena de arroz y pastas blanditas, aguadas, me producía unas náuseas crónicas que me daban por oleadas, siempre con el olor a comida pero también con el ruido del cambio de guardias o el del candado demasiado apretado al volverse a cerrar luego de una visita a los chontos.

Alguien me regaló un cuaderno escolar sin estrenar, con una ilustración pirateada de Blancanieves. Seguía escribiéndole a Marc pero ya no me divertía. Era incluso un tormento pues nunca había respuesta. Releía sus cartas, del paquete que jamás salía de mi bolsillo, para oír su voz. Esos eran los únicos momentos que aguardaba con alivio y trataba de postergarlos al máximo, hasta antes del atardecer, pues después sólo había un vacío infinito de horas negras.

«Hiberno», pensé, explicándome a mí misma mi inapetencia.

Los pantalones comenzaron a nadarme. Antes tenía que coserlos en la cintura. Ahora usaba los cinturones que había tejido para mis hijos. «Si no, se van a pudrir», me dije.

Una mañana me alarmó la cara de horror de un compañero que hacía la cola para presentar la olla. Me di la vuelta, esperando ver un monstruo detrás de mí. Pero era a mí a quien miraba fijamente.

Solamente tenía un pedazo de espejo roto, que ya ni utilizaba. Sólo podía verme a pedazos: un ojo, la nariz, un cuarto de mejilla, el cuello. Estaba verde, con unas ojeras moradas como anteojos y la piel marchita.

Con un palito hice un hueco al pie del poste para enterrar en él los mechones de pelo que todos los días recogía. Mi peinilla quedaba infaliblemente llena de greñas polvorientas que ocultaba para que el viento no las echara sobre mis vecinos. «Se quejarán. Dirán que soy sucia». No lo era. Con toda mi fuerza de voluntad me ponía los shorts húmedos y apestosos que llamábamos «vestido de baño» y que permanecían en estado de descomposición porque nunca llegaban a secarse del todo. Una baba transparente los recubría siempre. Además había que bajar la cuesta, y sobre todo volver a subirla, para ir al bañadero, cargar el timbo para traer agua y la ropa que incansablemente lavaba.

«Me volví gato», comprobé con estupor, recordando la acertada frase de mi abuela al contarme que nadie le había advertido sobre las transformaciones de la pubertad y que, asustada por los cambios de su cuerpo, había llegado a la conclusión de que la habían embrujado y se estaba convirtiendo en felino.

Mi propia mutación era menos espectacular. Había dado en odiar el contacto con el agua. Me metía en ella en el último momento, crispada, y salía temblorosa, morada, con el pelo adolorido como si una mano invisible se complaciera en jalármelo. Con las botas llenas de agua, las piernas y los brazos erizados, volvía a subir entre jadeos, esperando caer tiesa al siguiente paso.

Pasé meses refugiada en mi hamaca. El campamento de Chiqui estuvo terminado en la primera semana de agosto de 2007.

«Melanie va a cumplir veintidós». Esa frase encerraba todo el horror del mundo. Fui a los chontos y vomité sangre.

Bebía poco y no comía nada. Me aliviaba continuamente de un agua verde y babosa que me desgarraba el cuerpo, vomitaba sangre más por cansancio que por violencia y la piel se me cubrió de pústulas que me arrancaba al rascarlas.

Me levantaba todas las mañanas para lavarme los dientes. No hacía nada más en el resto del día. Regresaba a la hamaca y me ponía el radio contra la oreja pero escuchaba sin oír, perdida en un laberinto de pensamientos ilógicos hecho de retazos de recuerdos, imágenes y reflexiones con los que llenaba mi tediosa eternidad. Nada me sacaba de mi introspección, salvo la voz de Mamá y la música del artista colombiano Juanes cantando *Sueños*, porque todavía creía que los compartía.

Pipiolo vino una tarde, los ojos fijos en mí y meliflua la voz. Me abrió el candado del cuello y aflojó la cadena algunos eslabones. Quería que le diera las gracias: «Así estará mejor, recobrará el apetito».

Pobre tonto, hacía tiempo que su cadena no me estorbaba.

Cada vez me costaba más hacer los gestos simples de la vida. Un día me faltó voluntad para bañarme y me quedé postrada en la hamaca. «Voy a morir, como el capitán Guevara[24]. Todo el mundo se muere para Año Nuevo, será el ciclo perfecto», pensé, sin conmoverme.

Máximo venía de vez en cuando a visitarme. «Nada», me decía, sabiendo que yo seguía esperando una respuesta de los comandantes. Esa palabra me provocaba siempre el mismo retortijón. «Voy a escribirle una carta a Marulanda», decidí. La perspectiva

---

[24]. El capitán Julián Guevara cayó enfermo en diciembre de 2006. Las FARC se negaron a atenderlo, murió poco tiempo después. Estaba en un campamento no lejano del nuestro, también al mando de Enrique.

de emprender una acción para regresar con mis compañeros me devolvió por algunos días un ímpetu cercano al delirio. «Si usted entrega una carta dirigida al Secretariado, Gafas tendrá que hacerla llegar so pena de castigo», me explicó Máximo. «Désela a Asprilla, o al Chiqui, para que haya testigos. Tendrán que entregársela a Enrique y terminará llegando hasta Marulanda».

Asprilla estaba a cargo del otro grupo y un día vino a saludarnos. No ocultó su sorpresa al verme. «Sus amigos se portan divinamente», me aseguró. «Comen bien, hacen ejercicio todos los días». Casi los odié por ello. Le tendí la carta que guardaba en mi bolsillo y se la entregué. Abrió la hoja doblada en cuatro, le dio un vistazo y la volvió a doblar. Entonces tuve la impresión de que no sabía descifrarla. «Puedo leérsela», propuse, para despejar cualquier suspición. Se encogió de hombros cuando me dijo: «Si pide que la cambien de grupo, olvídese. Enrique no va a permitirlo». No escuché más. Me pareció que mi vida terminaba ahí. Una nueva erupción de pústulas hizo su aparición, volvieron los vómitos y sentí que perdía el contacto con la realidad.

No quería salir de mi hamaca. Me obligaron a irme a bañar. Al regresar descubrí que habían esculcado todas mis cosas. Habían cogido mi cuaderno con los mensajes que seguía escribiendo en inglés para un Marc que no era ya más que un nombre, un eco, una idea, tal vez una entelequia incluso. ¿Existía realmente? Temí que esas dudas lograran contaminar en mi universo secreto. Me hundí aun más profundamente en mi postración.

Todas las mañanas encendía el radio en un gesto mecánico que, amaneciendo apenas, agotaba mis energías. Mi radio no dejaba de ponerme conejo, dejando de funcionar justo cuando Mamá comenzaba su mensaje. Me preparaba desde las cuatro de la mañana para verificar todos los contactos y la antena antes del mensaje de las cinco y, cuando milagrosamente el radio funcionaba, me quedaba inmóvil, aguantando la respiración, hipnotizada por las entonaciones tiernas y acariciadoras de la voz de Mamá. Al extinguirse su voz, no sabía qué me había dicho.

Una tarde William vino a verme. Había pedido permiso y le soltaron la cadena por unos minutos. Era un tratamiento privilegiado que la guerrilla sólo le concedía a él, pues fungía de médico en el campamento.

—¿Cómo va todo? —dijo, en tono anodino.

Iba a responderle con una fórmula de cortesía, cuando me sentí sumergida por una avalancha de llanto. Traté de pronunciar alguna palabra entre dos espasmos para explicarle que todo iba bien, pero hacerlo me tomó más de un cuarto de hora.

Cuando al fin logré dominarme, William se atrevió a preguntarme si había comprendido el mensaje de Mamá. El río de lágrimas se hizo entonces inagotable y sólo logré negar con un movimiento de la cabeza, con lo que se marchó, impotente.

Al amanecer del día siguiente, dos guerrilleros vinieron a buscar todas mis cosas para sacarme de allí. Chiqui había ordenado que me hicieran una caleta aislada, lejos de los demás prisioneros. Como gran deferencia hacia mí, me indicaron que sería vigilada únicamente por muchachas. Consolación, la india de la trenza negra, estaba de guardia. «La vamos a cuidar», me explicó, como si me diera una buena noticia.

Trajeron una caja de cartón llena de equipos de perfusión intravenosa. Peluche, quien acababa de ser nombrada enfermera, se acercó temblando con la orden de recibir su iniciación practicando en mi brazo. Una vez, dos veces, tres veces en el pliegue del codo, la aguja atravesó la vena, negándose a entrar correctamente. «Ensayemos con el otro brazo». Una, dos, tres, a la cuarta vez decidió buscar la vena en la muñeca. Monster pasó a verificar los daños y quedó encantado. «Eso es para que aprenda», se burló y dio media vuelta.

«Llamen a Willy», terminé suplicando. Consolación salió corriendo tras pedirme que tuviera paciencia. Debió ser bastante

convincente pues regresó, media hora después, seguida de William
y Monster. William examinó mis brazos con un fruncimiento de
las cejas que hizo sentir incómodo a todo el grupo. «Me niego a
chuzarla de nuevo. Tiene flebitis. Hay que esperar hasta mañana».
Luego, volviéndose hacia mí, me dijo suavemente: «Ánimo, yo voy
a atenderla».

Perdí el conocimiento. Cuando volví a abrir los ojos ya estaba
oscuro. Consolación se había ido. En su lugar, Katerina, con su
fusil AK-47 en bandolera, me miraba con curiosidad.

—¡Tiene mucha suerte! —dijo con admiración—. William
dijo que no volverá a atender a nadie si no la tratan decentemente.

Al amanecer, la India había vuelto. Se puso manos a la obra,
cortando y pelando madera. La idea de preguntarle qué hacía ni se
me pasó por la mente. «Voy a fabricar una mesa y un banco. Podrá
sentarse a escribir».

La detestaba. No me habían devuelto mi cuaderno y ahora
salía ella a molestarme con esa atención que yo ya no deseaba.
Consolación debió ver el velo oscuro que me nublaba la mirada,
pues añadió: «No se preocupe, se va a aliviar; vamos a prepararle
su buena sopa de pescado». Su gentileza era un peso para mí, solo
quería que me dejaran en paz. La mesa estaba terminada cuando
llegó la olla, con una gran piraña flotando en su interior. La muchacha puso la olla frente a mí con respeto, como si se tratara de un
rito sagrado. Oía en el alojamiento vecino los gritos del guardia llamando a los prisioneros a que fueran por la sopa. Suspiré, absorta
en la contemplación del animal. «Nunca pude convencer a Lucho
de comerse los ojos», pensé.

Recordé una cena de diplomáticos cuando el papá de mis hijos estaba de misión en Quito. La esposa del funcionario anfitrión
había preparado un soberbio pescado que presidía la mesa. Había
nacido en Vientián. Nunca la olvidé, con su pelo negro impecablemente estirado en un moño brillante y su sarong de seda abiga-

rrada. Nos explicó con gracia que el manjar más preciado en Laos eran los ojos de pescado. Acompañó su discurso con un refinado gesto para extirpar el ojo viscoso del animal y llevárselo a la boca. «Debería intentarlo», me dije, ya en cautiverio, un día de mucha hambre. «¡Parece caviar!», pensé. Lucho me miraba en acción y reía, totalmente asqueado. Sólo Tom se atrevió a imitarme. Se relamió igual que yo.

La voz de Willy me sacó de mi letargo mientras manipulaba ya mi brazo en busca de la vena.

—¿Oyó el mensaje de su hija y el de su mamá esta mañana?

—Sí, creo que los oí.

—¿Qué dijeron? —preguntó, como si me tomara la lección.

—Creo que hablaron de un viaje…

—Nada que ver. Le avisaron la muerte de Pom, su perrita. Melanie estaba muy triste.

Sí, ya recordaba. *La Carrilera* había comenzado con una canción muy bonita de Yuri Buenaventura dedicada a los rehenes. Había tenido la impresión de que cantaba mi historia y me conmoví profundamente. Luego oí a Mamá. Contó que Pom olisqueaba por todas partes buscando mi olor. Que metía el hocico entre mi ropa e iba de alcoba en alcoba inspeccionando cada recoveco. «Mi Pom se ha ido antes que yo para prepararme la llegada», pensé. También yo estaba lista para irme. Había cierto orden en todo ello, y eso me gustaba. A continuación me aparté del mundo, con mi brazo conectado al catéter cuyo goteo me llenaba de un frío mortal.

Recobré la conciencia en medio de fuertes convulsiones. Quería desconectar la perfusión, sintiendo instintivamente que me estaba matando. La guardia, alarmada, me lo prohibió y se puso a gritar pidiendo ayuda. Monster vino primero en carrera. Trató de inmovilizarme contra la hamaca; luego, sintiendo que mi cuerpo huía al galope, desapareció, muerto de miedo, por el mismo camino que había tomado para venir.

William regresó y me desconectó de inmediato. Los oí discutir agriamente. Cesaron las convulsiones. Me envolvió en una cobija y me quedé dormida soñando que era un guante viejo.

La perfusión había logrado estabilizarme. William venía a verme muy a menudo. Me hacía masajes en la espalda, me hablaba de los niños. «La están esperando, la necesitan». Y me daba cucharadas de caldo de pescado. «Una por su mamá, una por su hija, una por Lorenzo, una por Pom...». Hasta ahí llegaba, sabiendo que rechazaría el resto, y regresaba más tarde para volver a probar suerte. Le di las gracias. Se enojó. «No tiene por qué darme las gracias. Estos monstruos me dejan atenderla porque necesitan una prueba de supervivencia».

77

TERCERA PRUEBA
DE SUPERVIVENCIA

Octubre de 2007. La noticia me sacudió. En espiral depresiva, releí las cartas de Marc. El resto del tiempo me recitaba a mí misma los poemas que recordaba de memoria: «Je suis le Ténébreux, le Veuf, l'Inconsolé...»[25]. Masticaba las palabras como la mejor de las comidas. «Porque después de todo he comprendido / Que lo que el árbol tiene de florido /vive de lo que tiene sepultado»[26].

Veía a Papá de pie, con el dedo levantado, recitar los versos con que me preparaba para la vida. Era su voz lo que yo oía en mis palabras. Me fui aun más lejos en mis recuerdos. Lo vi cerca de mí, murmurándome al oído: «No hay silencio que no termine». Lo repetía después de él, barriendo mis temores con la incantación victoriosa de Pablo Neruda sobre la muerte.

Esa sumersión en el pasado me devolvió una robustez inesperada. Las perfusiones no me recuperaban. Eran las palabras. Volví a pasearme por mi jardín secreto, y el mundo que veía por el tragaluz de mi indiferencia me pareció menos loco.

Cuando vino Enrique una mañana a finales de octubre, yo ya estaba sentada en mi banco. Al verlo, las náuseas me apretaron la garganta como un gato.

---

[25]. «Soy el Tenebroso, el Viudo, el Inconsolable...» Primer verso de «El desdichado» (*Les Chimères*, 1854), poema de Gérard de Nerval (París, 1808-1855).
[26]. Terceto final del «Soneto» del poeta argentino Francisco Luis Bernárdez (Buenos Aires, 1900 – 1978).

—¡Tengo una buena noticia! —gritó desde lejos.

Hubiera querido ser ciega y sorda. Se acercó, haciéndose el chistoso, y se escondió detrás de un árbol para hacerme caritas. Consolación lo miraba divertida, cacareando con las payasadas de su jefe. «Dios mío, perdóname pero lo odio», dije, mirando la punta de mis botas impecablemente limpias.

Siguió haciendo payasadas, y a cada segundo se sentía más ridículo. Tuvo que rendirse a la evidencia de que no lograría nada y terminó plantado frente a mí, derrotado.

—Tengo una buena noticia —repitió, pues no quería desdecirse—. Podrá mandarle un mensaje a su familia —prosiguió, pendiente de mi reacción.

—No tengo ningún mensaje que mandar —respondí firme.

Había tenido tiempo de pensarlo bien. Lo único que me interesaba era escribirle una carta a mi mamá, solamente para ella, una especie de testamento. No quería formar parte del circo de las FARC.

Desde luego, hasta mis oídos habían llegado los esfuerzos del presidente Hugo Chávez por liberarnos. Había tratado de vender a las FARC la idea de que nuestra liberación podía traerles grandes ganancias en términos políticos. Uribe también lo oyó. Era el único que podía hablar con las FARC, sin duda porque Marulanda veía en él a un posible aliado desde que Chávez se había proclamado revolucionario él también. Chávez tenía además la ventaja de ser amigo del presidente Uribe.

Al principio Uribe apostó al fracaso de Chávez, y le soltó las riendas para que tuviera trato con las FARC. Pensé que Uribe estaba, como yo, convencido de que las FARC jamás cederían. Querían, a la vez, exhibirnos en vitrina y quedarse con la mercancía. Probablemente Uribe pretendía mostrarle al mundo que las FARC no querían la paz y por ende no estaban interesadas en dejarnos ir.

Pero Chávez iba de prisa. Ya se había reunido con los delegados de las FARC, había recibido una carta de Marulanda e incluso anunció que el Secretariado le remitiría pruebas de supervivencia que planeaba entregar al presidente Sarkozy en ocasión de su viaje a Francia, previsto para fines de noviembre. Yo no creía en la posibilidad de una salida afortunada para nosotros; sería una puesta en escena destinada a favorecer a las FARC.

No quería participar en esa maquinación siniestra. Mi familia sufría demasiado. Mis hijos habían crecido en medio de la angustia, y habían alcanzado la edad adulta encadenados como yo a la incertidumbre. Yo estaba en paz con Dios. Sentía que aceptar mi suerte daba una especie de tregua a mi sufrimiento. Odiaba a Enrique, pero de cierta manera sabía que podía dejar de odiarlo. Cuando Enrique se quedó mirándome y me dijo: «Usted sabe que obtendré esa prueba de supervivencia a como dé lugar», tuve la inmediata sensación de que estaba derrotado de antemano. Sentí pesar por él. Por supuesto, conseguiría la prueba, pero eso me era indiferente. Allí residía mi fuerza. No tenía ningún dominio sobre mí pues yo ya había aceptado la posibilidad de morir. A lo largo de toda mi vida me creí eterna. Mi eternidad terminaba allí, en ese pútrido hueco, y la presencia tan cercana de la muerte me llenaba de una quietud que saboreaba. Ya no necesitaba nada, no deseaba nada. Mi alma había quedado desnuda y ya no le temía a Enrique.

Encadenada del cuello a un árbol, desposeída de toda libertad, la de moverse, sentarse o pararse, hablar o callar, la de comer o beber, y aún la más elemental de todas, la de aliviarse del cuerpo... Entendí —pero me tomó muchos años hacerlo— que uno guarda la más valiosa de las libertades, la que nadie le puede arrebatar a uno: aquella de decidir quien uno quiere ser.

Ahí, en ese momento y como si fuera evidente, decidí que no sería más una víctima. Tenía la libertad de elegir entre odiar a Enrique o disolver ese odio en la fuerza de ser quien yo quería.

Podía a morir, claro está, pero yo ya estaba en otra parte. Era una sobreviviente.

Cuando Enrique se marchó, estaba satisfecho y yo también. Escribiría una carta para Mamá. Creé un vacío a mi alrededor. Sabía que sólo tendría ese día para escribir. Puse las hojas de papel que Consolación me había traído afanosamente delante de mí, sobre la tablita que iba a servirme de escritorio. Quería que mis palabras hicieran viajar a Mamá hasta donde yo me encontraba, que me sintiera y respirara. Quería decirle que la oía, pues ella lo ignoraba. Y quería que mis hijos me hablaran. Finalmente, quería que estuvieran preparados tal como lo estaba yo. Quería devolverles su libertad y darles alas para la vida.

Tenía poco tiempo para reconectarme con una comunicación que llevaba seis años cortada. Sólo podía permitirme lo esencial. Pero sabía que me hallarían en cada palabra, en todos nuestros códigos de amor, y que podrían sentir el olor de mi piel en los trazos de mi escritura y el sonido de mi voz en el ritmo de mis frases.

Fue un monólogo ininterrumpido de ocho horas. Los guardias no se atrevieron a molestarme, y el plato estuvo vacío a mi lado durante todo el día. Mi mano me arrastró sobre miles de palabras a velocidad de relámpago, siguiendo a mi pensamiento que había volado a millares de kilómetros.

Cuando Enrique volvió a aparecer para recoger la carta, no había terminado la extensa lista de mis mensajes de cariño. Tuvo que irse nuevamente, refunfuñando de impaciencia, pero me dio una hora adicional para que pudiera despedirme. Fue un desgarramiento. Acababa de pasar un día con mis seres queridos y no me quería separar de ellos.

Regresó en el momento en que yo firmaba y tomó la carta con una impaciente codicia que me chocó. Me sentía desnuda en esas cuartillas que se echaba al bolsillo. Lamenté no haber fabricado un sobre.

—¡Se ve regia! —me dijo.

Se burlaba de mí. No le paré más bolas; estaba cansada, quería meterme bajo el toldillo.

—Espere, no hemos terminado. Tengo que filmarla.

—No quiero que me filme —dije, sorprendida y hastiada. Habíamos convenido que escribiría una carta y punto.

—Los comandantes aceptan la carta pero también quieren las imágenes.

Sacó su cámara digital y la apuntó sobre mí. El botón rojo se encendió y luego volvió a apagarse.

—A ver, diga algo. Un saludito a su mamá.

El botón rojo se encendió definitivamente. Su prueba de supervivencia era otra violación. La carta nunca llegaría a manos de Mamá. Me quedé tiesa en mi banco: «Señor, sabes que esta prueba de vida existirá contra mi voluntad. Que se haga Tu voluntad», rogué en silencio, tragándome las lágrimas. No, no quería que mis hijos me vieran así.

Antes de marcharse, Enrique dejó mi cuaderno —el que me habían quitado en la última requisa— sobre la mesa. Ni siquiera tuve fuerzas de alegrarme.

Tres semanas más tarde, me sorprendí cuando la radio anunció que Chávez no le había entregado las pruebas de supervivencia a Sarkozy. ¿Acaso el Mono Jojoy estaba haciendo de las suyas? ¿Quería hacer fracasar una mediación en la que yo había empezado a creer a pesar de mí misma? Sarkozy convirtió el tema de los rehenes colombianos en un reto mundial. Desde su elección trabajó incansablemente para adelantar conversaciones con las FARC. Si Marulanda había anunciado pruebas de supervivencia, si éstas habían sido recogidas a tiempo, ¿por qué no le habían llegado a Chávez? ¿Había acaso una guerra soterrada al interior de las FARC, entre un ala guerrerista y otra más política?

Willy habló conmigo del tema largamente. Yo sabía que esa era su táctica para obligarme a reconectarme con los asuntos del mundo. Mostró una constancia a toda prueba, siguiendo mi recuperación hora tras hora. Logró que la guerrilla me enviara unas tabletas reconstituyentes y se trasladó cerca de mí para estar seguro de que me las tragara cuando llegaban las comidas.

Pero era sobre todo de mis hijos y de Mamá que hablábamos. Llegaba todos los días a preguntarme si efectivamente había escuchado los mensajes y le agradecí que me los repitiera porque me gustaba hablar de ellos.

—¿Y a ti por qué no te llegan mensajes?

—A mi mamá le queda difícil, trabaja a toda hora.

Se encerraba como una ostra y evitaba cualquier tema que tuviera que ver con él. Sin embargo, cierto día se sentó cerca de mí con la intención de hablar también de su mundo perdido.

Quise saber más acerca de su padre. No accedió. A modo de disculpa, me dijo al cabo:

—Es algo que me duele mucho. Pienso que todavía le tengo algo de resentimiento, pero cada vez es menos cierto. Me encantaría estrecharlo entre mis brazos y decirle que lo amo.

Al día siguiente, en el programa de radio, su madre le envió un mensaje. Pegué un brinco cuando la anunciaron, sabiendo la felicidad que le daría oírla, y presté atención.

Era la voz de una mujer muy triste, que llevaba sobre los hombros una carga demasiado pesada.

—Hijo, —le dijo— tu papá murió, reza por él.

Willy vino como todos los días. Permanecimos lado a lado en silencio por largo rato. No había nada que decir. No me atreví siquiera a mirarlo para que no se avergonzara de sus lágrimas. Al fin, muy pasito, rogué:

—Háblame de él.

Dejamos el campamento poco después. Yo no era capaz de cargar mi morral. Repartieron mis cosas entre los guerrilleros. Sabía que no recuperaría ni la mitad de ellas. Me importaba muy poco. Llevaba mi Biblia y mis cartas conmigo.

Fue entonces cuando la radio anunció que el ejército había incautado los videos que unos milicianos escondían en un barrio del sur de Bogotá. Se trataba de las pruebas de supervivencia que Chávez no había llegado a recibir. Su mediación acababa de ser suspendida luego de una virulenta confrontación con Uribe. Mamá lloraba en la radio. Sabía que había una carta que yo le había dirigido y cuyos extractos acababa de publicar la prensa pero que las autoridades se negaban a entregarle. Las imágenes grabadas por Enrique también habían sido incautadas.

Supe que Lucho y Marc habían tenido el mismo comportamiento que yo, negándose a hablar frente a la cámara de Enrique. Marc también le había escrito a Marulanda una carta que fue encontrada con la prueba de supervivencia. Había pedido que nos reunieran a los dos. Sin saberlo, habíamos dado la misma batalla. Sentí una gran paz. Estábamos juntos por el mismo gesto de protesta, unidos contra todas las fuerzas que habían querido aniquilar nuestra amistad.

Algo había ocurrido con el descubrimiento de esas pruebas de supervivencia que revelaban nuestro estado mental y físico. Por primera vez desde hacía años, los corazones habían cambiado. Los testimonios de compasión y solidaridad se multiplicaban por doquier.

El presidente Sarkozy envió un duro mensaje televisado a Manuel Marulanda: «Una mujer en peligro de muerte debe ser salvada (...) Usted tiene una gran responsabilidad, le pido que la asuma», declaró.

«Es el fin de la pesadilla», pensé. Me dormí feliz, como si la desdicha no pudiera tocarme más. Las palabras, las de los demás, me habían curado. Al día siguiente, por primera vez en seis meses, me dio hambre.

Era el 8 de diciembre, la fiesta de la Virgen. Sentí la imperiosa necesidad de escuchar la música de afuera. De nuevo tuve ganas de vivir. Por casualidad tuve el placer de escuchar un reestreno de las mejores canciones de Led Zeppelin y lloré agradecida. *Stairway to Heaven* era mi himno a la vida. Oírla me recordó que estaba hecha para ser feliz. En mi entorno, de adolescente, cuando alguien me quería complacer me regalaba uno de sus discos. Llegué a tenerlos todos y eran mi tesoro en la época en que la música se oía en vinilo.

Sabía que entre fans era mal visto adorar *Stairway to Heaven*. Se había popularizado demasiado. Los verdaderos conocedores no podían compartir los gustos de la masa. Pero nunca renegué mis primeros amores. Desde que tenía catorce años estaba convencida de que esa canción había sido escrita para mí. Cuando volví a escucharla en esa selva impenetrable, lloré al redescubrir la promesa que me habían hecho en ella desde hacía tantos años:

> *And a new day will dawn*
> *For those who stand long,*
> *And the forest will echo with laughter.*[27]

---

[27]. «Y amanecerá un nuevo día para quienes hace tanto esperan, y resonará la risa en los bosques».

78

LA LIBERACIÓN DE LUCHO

Nuestro nuevo campamento era provisional. Chiqui nos había avisado que marcharíamos nuevamente en Año Nuevo. Desde la mañana hubo trajín en el campamento, pero evidentemente no se trataba de una nueva partida: las carpas de los guerrilleros seguían armadas.

Hacia las once, las muchachas hicieron su aparición. Traían platos de cartón llenos de arroz con pollo, bellamente decorados con mayonesa y salsa de tomate. Jamás había visto algo semejante desde el comienzo de mi cautiverio. Luego, en pleno centro de una mesa que habían construido la víspera, pusieron sobre hojas de plátano un enorme pescado cocido. Miré totalmente desconcertada ese despliegue de vituallas.

Las guerrilleras me llamaron y se me acercaron con bolsas llenas de regalos. Mis compañeros daban gritos de alegría ante la inesperada Navidad. Me invadió una inmensa inquietud. Instintivamente barrí los alrededores con los ojos al ver que las guerrilleras venían a abrazarme, sabiendo que algo así no podía ser gratuito. Entonces lo vi, camuflado entre la maleza. De nuevo lo delató el botoncito rojo. Enrique estaba de pie, filmándonos a escondidas, armado con su camarita digital. Di media vuelta y fui a refugiarme debajo del toldillo, negándome a abrir el paquete que las chicas, resignadas, terminaron poniendo en un rincón de mi caleta.

Furiosa, encendí mi radio para sustraerme a la vergonzosa puesta en escena preparada por Enrique. Estaba convencida de que las nuevas tomas de Enrique sólo tenían el propósito de mejorar la imagen de las FARC, fuertemente deteriorada por el descubrimiento de nuestras pruebas de supervivencia. Las fotos, donde nos veíamos esqueléticos y harapientos, les habían dado mala prensa. Estaba pensando en eso cuando la voz del periodista me hizo aterrizar de golpe en el presente: «Las FARC anuncian la liberación de tres rehenes». Consuelo, Clara y Emmanuel serían liberados. Salté de mi hamaca y corrí hacia mis compañeros. La noticia fue recibida con abrazos y sonrisas. Armando se acercó, presumiendo: «¡Nosotros seremos los próximos!». Me inundó una ola de bienestar. «Es el comienzo del fin», pensé, imaginando la alegría de Clara y de Consuelo. Entre prisioneros siempre manejamos una tesis: si alguno de nosotros salía, seguirían los demás.

Pinchao había abierto el camino. Su éxito repercutió en cada uno de nosotros como una señal. Nuestro turno debía estar cercano. Al día siguiente volvimos a bajar por el río. Montaron un campamento improvisado, con las carpas en racimos anunciando el comienzo de la marcha. Unos guerrilleros que no había visto desde hacía mucho tiempo atravesaron nuestro alojamiento llevando leña gruesa al hombro.

—Mira —me dijo William—, son los guardias del otro grupo. Deben estar aquí no más.

Llegó la Navidad con la esperanza de cruzarnos con ellos. El día había estado caliente. Regresábamos del baño, trepando el empinado barranco de la orilla agarrados a las raíces de los árboles, cuando un diluvio sacudió la selva y nos tomó por asalto antes que hubiéramos llegado a las caletas. El viento furioso arrancó todo y la lluvia, azotando al sesgo, empapó nuestras pertenencias. Casi olvidé mi cumpleaños. Pasé la noche imaginando lo que mis hijos estarían haciendo. Escuché su mensaje, enviado en compañía de su papá, deseándome un feliz cumpleaños.

Me sentí en paz al saber que estaban todos juntos. Sabía que habían leído mi carta y sentí que algo fundamental se había llevado a término. Habían oído mi voz interior. En sus palabras había alegría y esperanza. Las heridas comenzaban a sanar.

También sentí que las alas de Sébastien, de Melanie y de Lorenzo crecían en la certeza de mi amor. Mamá y Astrid eran, ambas, fuertes como rocas y me daban valor a través de la tenacidad de su fe. Astrid me repetía: «Como decía Papá, "Armas a discreción, paso de vencedores"», y con eso ella sabía que hacía maravillas en mí. Me divertí pensando que si Fabrice hubiera estado allí conmigo, me habría cargado el morral y tomado de la mano sin soltarme. Al día siguiente de la Navidad de 2007 reemprendimos la marcha. No llevaba prácticamente nada en el morral pero me sorprendió la debilidad de mis piernas. Mis músculos se habían derretido y temblaba a cada paso.

Willy estuvo muy pendiente de mí desde el principio. Me ayudó a doblar la carpa, a cerrar el equipo. Me abotonó la chaqueta hasta el cuello, me encasquetó el sombrero hasta las orejas, me calzó los guantes y me puso una botella de agua en la mano.

—Bebe todo lo que puedas —me ordenó en su tono de médico.

Salió con el grupo, detrás de mí, pero llegó de primero al emplazamiento del nuevo campamento.

Cuando arribé, me tenía todo listo. Había recobrado las cosas que unos y otros llevaban por mí, me había armado la carpa y guindado la hamaca. Llegué, muy cansada, al filo de la noche.

Dormí con un solo ojo, inquieta con la idea de la marcha del día siguiente, y organicé mis chécheres antes del llamado de los guardias para estar desocupada cuando Mamá saliera al aire. Mi hermana acudió a la cita. Me gustaban los mensajes de Astrid. Su criterio, como el de Papá, siempre era perspicaz. «Hace años que no tiene Navidad, ni Año Nuevo, ni cumpleaños», pensé, con un nudo en el pecho. Ella y Mamá le habían pedido al presidente Uribe que aceptara que Chávez volviera a mediar con las FARC.

Armando también había escuchado su mensaje, así como el de su mamá que lo llamaba todos los días.

—Están optimistas. ¡Espere y verá, nosotros somos los próximos!

Lo abracé con nostalgia. Ya no estaba tan segura.

El 31 de diciembre se suspendió la marcha. El Año Nuevo era la única fiesta que se permitían las FARC. Llegamos a un lugar maravilloso, con un torrente de agua cristalina que serpenteaba apaciblemente entre árboles inmensos. Estábamos a una jornada del otro grupo. Mis compañeros encontraron unas cosas de Lucho, de Marc y de Bermeo en los espacios que íbamos a reutilizar para montar nuestras carpas y hamacas. William estaba contento: Monster le había dado un sitio bueno para armar la caleta al borde de la quebrada. Vine a verlo, indecisa. Sabía que no le gustaba mucho participar en los ritos que nos conectaban con el mundo exterior.

—William, quisiera pedirte un favor.

Alzó la vista, divertido.

—No tengo tiempo —respondió, tomándome el pelo.

—Bien, resulta que es el cumpleaños de Mamá. Quisiera festejarlo de algún modo. Pensé cantarle su «Cumpleaños feliz», pero creo que las vibraciones le llegarán mejor si alguien canta conmigo. De hecho no tengo ganas de hacerlo sola.

—¡Ah! ¿Quieres que haga el oso para darte gusto? —soltó, en el mismo tono de broma—. ¡A ver, comienza!

Cantamos muy pasito y nos dio mucha risa, como si fuéramos dos niños haciendo una pilatuna. Luego sacó un paquete de galletas que había guardado del remedo de Navidad de Enrique y jugamos a las comiditas como si estuviéramos partiendo una torta.

—Es el último día del año —le dije—. Hagamos la lista de todo lo bonito que nos pasó este año para darle gracias al cielo.

Sonreí. En la selva ya no oraba por lo que esperaba del año siguiente, sino por lo que había recibido ya.

—No, no. Yo ya no hablo con Dios —dijo Willy—. Estoy tan bravo con Él como Él lo está conmigo. Entiéndeme, yo soy cristiano. Me crié en una gran disciplina y en una gran exigencia moral. No puedo hablar con Él sin estar en regla.

—Míralo como una cuestión de buenos modales. Cuando alguien hace algo por ti, le das las gracias.

Willy se encerró como ostra. Me le había metido demasiado al rancho. Di reversa.

—Está bien, simplemente hagamos la lista. Mira, tenemos la libertad de Pinchao, tenemos la liberación de Consuelo, Clara y Emmanuel.

—Y tenemos la liberación de los diputados del Valle del Cauca —me respondió con amargura.

Yo sabía que hablaba de las desgracias ajenas para no tener que hablar de las propias. Luego, como volviendo de muy lejos, dijo:

—¡Qué sitio tan lindo! Tenemos suerte de esperar el Año Nuevo aquí. Llamaremos a este lugar «Caño Bonito».

La marcha que reanudamos fue un calvario. Tuvimos que escalar la falda de una montaña altísima y dormir varias noches en una de las pendientes, agarrados a la tierra como piojos. Nos aseábamos en un chorro que escurría de las alturas, rebotando sobre enormes piedras pulidas por la corriente. El agua un hielo y el cielo siempre estaba gris. Me daba vértigo mirar hacia abajo. «Si me resbalo, me mato».

Luego atravesamos una meseta que reconocí: las rocas de granito, el suelo de pizarra, el bosquecito de árboles secos y espinosos y las pirámides de piedras negras. Mis compañeros acababan de atravesar por ahí, pisando el mismo suelo en los mismos sitios, y miraba mis pies buscando cualquier señal que me hubieran dejado.

Armando, que nos llevaba la delantera en la marcha, encontró por su parte una cosita de peluche rosa enrollada en la rama de un árbol. Era un extraño animal, con dos dedos ganchudos en vez de manos. El guardia explicó que se trataba de la «Gran Bestia», y creí que se burlaba de nosotros. Muchas veces había oído hablar de la Gran Bestia y había imaginado que se trataba de un monstruo, todo menos ese animalito tan lindo e inofensivo. La leyenda atribuía a la Gran Bestia extraordinarios poderes, entre los cuales uno que me obsesionó: el de escaparse de donde se encontrara sin dejar el menor rastro. Cuando armaron el campamento para esa noche, amarraron muy bien la Gran Bestia a un palo y la metieron en una caja. Me senté para no quitarle los ojos de encima hasta que nos dieron la orden de irnos a bañar. Volteé la cabeza por medio segundo cuando uno de mis compañeros dio la alarma. La Gran Bestia efectivamente había desaparecido. La decepción de la tropa contrastó con mi alegría. Me sentí reivindicada.

Al llegar al pie de la gran montaña, cerca de un río enorme, la caravana que formábamos se paró en seco. Uno de los guerrilleros había tropezado con un extraño objeto, sembrado en el suelo en medio de la trocha que seguíamos.

El tallo metálico era la parte visible de un sofisticado sistema enterrado a un metro de profundidad. Aparentemente tenía una pila conectada a un panel solar montado en alguna parte entre los árboles, una cámara y una antena. Todo estaba encerrado en una caja metálica que la guerrilla tomó al comienzo por una bomba.

Enrique hizo desenterrar el conjunto con gran precaución, y alinear concienzudamente el material sobre un plástico inmenso. Los elementos tenían grabadas inscripciones en inglés. Consideró de utilidad hacer venir a un traductor para descifrarlas.

¡Ojalá fuera Marc! Al ir al río a buscar agua me sería posible verlo. Pero Keith fue encargado de la misión. Pasó unas horas con Enrique revisando todos los aparatos. La información nos llegó casi simultáneamente. Se trataba de un material norteamericano utilizado por el ejército colombiano. Se suponía que la cámara enviaba imágenes vía satélite. El sistema estaba dotado de un sensor que encendía la cámara al detectar vibraciones en el suelo. Si un animal o una persona caminaban por la trocha, se activaba la toma de imágenes. Por consiguiente alguien, en Estados Unidos o en Colombia, nos había visto pasar por allí en tiempo real.

Mi alegría fue grande. No porque el ejército colombiano pudiera habernos localizado, sino por el hecho de tener a mis amigos a pocos metros y porque, tal vez, podríamos reunirnos de nuevo.

Por el contrario mis compañeros, los soldados colombianos, estaban furiosos. Los vi susurrar en conciliábulo, de espaldas a los guardias, visiblemente molestos.

—¿Qué pasa? —le pregunté a Armando.

—Esto es un acto de traición. Esa es información que no se le debe entregar al enemigo —me respondió, en tono militar, frunciendo el ceño.

Nos hicieron bajar al río hacia el final de la tarde. En la orilla opuesta, a unos doscientos metros, vimos a nuestros compañeros del otro grupo tomar su baño al mismo tiempo. Hice señas con los brazos. No respondieron. Tal vez no me hubieran visto. La orilla del lado de ellos estaba despejada, pero la nuestra no. También era posible que tuvieran un guardia difícil.

Llegamos a un antiguo campamento de las FARC al comienzo de la tarde, bajo una tormenta demencial, como náufragos. Enrique, regalado, hizo abrir unas cajas de cerveza que dormían el sueño de los justos en el campamento abandonado. Esperando que dieran la orden de armar las carpas, encendí mi radio. La recepción era pésima pero me pegué al aparato esperando los detalles de la liberación de Clara. Mis amigos hicieron lo mismo. La transmisión fue larga y, mucho después de que hubiéramos terminado de montar el campamento, aún pudimos escuchar las declaraciones de un Chávez satisfecho.

«Vendrán nuevas liberaciones», anunció.

«Y de nuevo no seré yo», suspiré, al escuchar un boletín de prensa en el que Sarkozy aplaudía las grandes movilizaciones en Francia y Suramérica y llamaba a la perseverancia.

¿A dónde íbamos? Probablemente a ninguna parte. Tenía la impresión de que habíamos dado vueltas en círculo por semanas. Caminábamos como almas en pena por esa selva indomable, siempre a punto de morirnos de hambre.

Al cabo de un mes llegamos a un campamento donde ya habíamos estado. No lo reconocí enseguida porque entramos por detrás. Cuando vi la cancha de volleyball comprendí que habíamos regresado al campamento donde pasamos Navidad un año antes, y donde Katerina había bailado cumbia.

Todo estaba podrido. Mi caleta estaba invadida de hormigas y termitas. Encontré un frasco que había desechado y un gancho de pelo que se me había perdido. Nos dieron la orden de armar las carpas en fila sobre la cancha de volleyball.

Armando me llamó a los alaridos.

—¡Mire, ahí están sus paisanos!

Efectivamente, detrás de una hilera de arbustos a unos cincuenta metros de nosotros, el grupo de Lucho y de Marc había instalado su campamento. Lucho estaba de pie y nos hacía señas. No vi a Marc.

Cuando nos dieron la orden de prepararnos para el baño estuve lista en un santiamén. Para ir al río teníamos que pasar muy cerca de sus carpas. Estaba muy emocionada con la perspectiva de poder saludarlos. Marc y Lucho nos esperaban apostados al lado del camino con los brazos cruzados y los labios apretados. Pasé frente a ellos con mi ropa de baño aun más remendada que antes. Mi alegría había cedido lugar a la confusión. Vi en sus ojos el horror de hallarme en tan lamentable estado, al que no había dado importancia en la medida en que tampoco tenía espejo. Pronto me sentí incómoda de que me miraran así, tanto más cuanto que ellos se veían en mejor condición, más fornidos, y curiosamente eso me dolió.

Volví del baño sin prisas. Ya no estaban allí. Vi a su guardia ocupado en el reparto de la comida de la tarde. Era sábado, regresé a mi caleta organizándome mentalmente para escuchar los mensajes a partir de la medianoche. Verifiqué que la alarma del reloj que César me había dado cuando nos encontramos por primera vez estuviera bien programada y me recosté.

Había escuchado ya los mensajes de mi familia cuando, a medianoche, la radio interrumpió su programación habitual para anunciar una noticia muy importante de último minuto:

«Las FARC anuncian la próxima liberación de tres secuestrados».

Pegué un brinco sin soltar mi radio, con el aliento entrecortado. Acababan de mencionar el nombre de Lucho.

Logré contener un grito que se me quedó atravesado en la garganta. Me puse de rodillas con mi cadena al cuello y di gracias al cielo entre dos hipos. La cabeza me daba vueltas por el choque de la emoción. «Dios mío, ¿oí bien?». El silencio a mi alrededor me desconcertó: «¿Qué tal que haya entendido mal?». Todos mis compañeros debían haber escuchado lo mismo. Sin embargo, no hubo ningún movimiento, ningún ruido, ninguna voz, ninguna emoción. Esperé que repitieran la noticia pataleando de impaciencia. Efectivamente: Lucho, Gloria y Orlando serían puestos en libertad.

Salté fuera de mi carpa con las primeras luces del alba. Aún atada a mi cadena, busqué con los ojos el lugar donde había visto a Lucho la víspera. Allí estaba, me esperaba.

—¡Lucho, eres libre! —grité al verlo.

Salté, arriesgándome a arrancarme el cuello, para verlo mejor.

—¡Lucho, eres libre! —grité llorando, indiferente a las amonestaciones de los guardias y a los murmullos de mis compañeros, irritados por una felicidad que no podían compartir.

Lucho hizo «no» con el dedo, su mano frente a la boca, llorando.

—¡Sí, sí! —respondí, terca, con grandes movimientos de cabeza.

¡Cómo! ¿Acaso no se había enterado? Volví a empezar con más fuerza:

—¿No oíste la radio anoche? —grité, acompañando mis palabras con gestos que ilustraban mi pregunta.

Hizo «sí» con la cabeza, riendo y llorando a la vez.

Los guardias estaban fuera de sí. Pipiolo me insultó y Oswald salió a toda velocidad hacia la choza de los comandantes. Asprilla llegó corriendo, dijo algo a Lucho mientras le daba palmadas en el hombro y vino luego hacia mí: «Cálmese, Ingrid. No se afane, le daremos permiso de despedirse de usted». Comprendí que separarían a Lucho del grupo en las próximas horas. «No me dejarán hablar con él».

Nos ordenaron pasar las carpas al emplazamiento de nuestro antiguo alojamiento. Desde allí no podía ver a Lucho. Sin embargo, en el afán por prohibirnos cualquier comunicación, pasaron por alto el hecho de que los chontos que el otro grupo utilizaba estaban a dos pasos de nosotros. Era incómodo para ellos pero nadie se había quejado. Marc fue el primero en entender y acercarse. Nos hablamos por señas y me prometió ir a buscar a Lucho.

Lucho llegó muy tenso. Nos hablamos sin franquear la distancia de diez metros que nos separaba, como si hubiera una muralla entre los dos. Tuve una corazonada y me volteé hacia el guardia, el mismo que había agarrado del cuello para castigar su grosería.

—Vaya pues —dijo—. Tiene cinco minutos.

Corrí hacia Lucho y nos abrazamos con fuerza.

—¡No puedo irme sin ti!

—Sí, te tienes que ir. Tienes que contarle al mundo lo que estamos viviendo.

—No podré.

—Sí podrás. Es necesario.

Y quitándome el cinturón que tenía puesto, añadí:

—Quiero que se lo entregues a Melanie.

Nos cogimos las manos en silencio. Era el único lujo que podíamos permitirnos. ¡Tenía tantas cosas que decirle! Sintiendo que el final se acercaba, quise sonsacarle una última promesa.

—Pídeme lo que quieras.

—Prométeme… que serás feliz, Lucho. No quiero que te tires la felicidad de tu liberación por tenerme lástima. Quiero que me jures que te vas a comer la vida a mordiscos.

—¡Te juro que no dejaré ni un segundo de mi nueva vida de trabajar por tu regreso, eso es lo que te juro!

La voz del guardia nos hizo aterrizar. De nuevo nos echamos en brazos del otro y sentí lágrimas chorrear por mi rostro, sin saber muy bien si eran las suyas o las mías. Lo vi alejarse con la espalda doblada y el caminar pesado. En su alojamiento comenzaban ya a desarmar las carpas. Los evacuaron ese mismo día.

No vimos más a los miembros del otro grupo. Imaginaba, sin embargo, que no debíamos estar muy alejados. El 27 de febrero, tres semanas después de nuestro adiós, Luis Eladio aterrizaba en el aeropuerto de Maiquetía, en suelo venezolano, en compañía de Gloria, Jorge y Orlando. Su liberación constituía un indiscutible éxito diplomático para el presidente Chávez.

Escuchábamos la transmisión encadenados, acurrucados bajo los toldillos, tratando de imaginar lo que no podíamos ver. Debían de ser las seis de la tarde; el cielo del crepúsculo hacía refrescar el aire pegajoso de Caracas. El canto de las chicharras lograba atravesar el ruido de las turbinas del avión, que imaginaba grande. ¿O era alrededor de mi caleta que cantaban las chicharras?

La voz de Lucho estaba llena de luz. Se había recuperado en las semanas que precedieron su liberación. Sus palabras eran claras, sus ideas acertadas. ¿Qué sentimientos podían habitarlo? Había regresado al mundo. Ahora, todo lo que yo vivía formaba parte de su pasado, como por arte de magia, en un chasquido de los dedos. Esa noche apagaría la luz con un interruptor, tendría sábanas limpias en una cama de verdad, agua caliente al dar vuelta a la llave. ¿Se dejaría tragar por ese mundo nuevo al recobrar los reflejos de toda una vida? ¿O haría una pausa al encender la luz y pensar, al acostarse y pensar, al escoger su comida y pensar? «Sí, con la comida volverá hasta aquí por unos instantes».

Armando gritó desde su cambuche:

—¡Nosotros somos los próximos!

Su voz me dolió. No, yo no. Yo no estaría en la lista de liberaciones de las FARC. Tenía esa certeza.

79
DISCORDIA

Marzo-abril de 2008. La marcha se prolongó sin meta alguna. Pasamos algunos días durmiendo sobre un lecho de granito a la orilla de un río perezoso, perseguidos por las moscas que despedazaban los restos en descomposición de los pescados atrapados entre las piedras al bajar las aguas. Luego nos llevaron a la orilla opuesta.

—Van a traer provisiones —explicó Chiqui, apuntando la barbilla hacia Monster y otros dos muchachos que salían con equipos vacíos.

Esperamos pacientemente. Nos dieron permiso para pescar con anzuelos que nos quitaban nuevamente al final del día. Eso mejoró nuestras raciones. Me comía las espinas y las aletas para recuperar calcio.

Una tarde Chiqui vino a advertirnos que había que empacar todo porque saldríamos en cuanto atracara el bongo. Hicimos una travesía muy corta, un salto de pulga, y pasamos el resto de la noche en una ribera lodosa. Por la mañana recibimos la orden de escondernos en el monte con prohibición de hablar, encender los radios y armar las carpas. A mediodía vimos pasar a los compañeros del otro grupo en fila india detrás de Enrique. Unos guardias que iban tras ellos apuntándoles con sus fusiles los llevaban encadenados en traílla como a perros.

No me acostumbraba a ver una cadena al cuello de un hombre. Nuestros compañeros pasaron rozándonos, arriesgándose casi a tropezar con nosotros. No quisieron dirigirnos la palabra y ni siquiera mirarnos. Marc pasó; me levanté a observarlo esperando que volteara la cabeza. No lo hizo.

Tuvimos que seguirlos. También callados, también amarrados en traílla. Monster acababa de hacerse dar de baja por una patrulla del ejército. El otro muchacho había logrado escapar y dar la alarma. Estábamos anillados por los militares.

La huida fue agotadora. Para despistarlos, Enrique dio la orden de «encortinarse», lo que significaba que no íbamos a marchar en fila unos detrás de otros sino codo a codo, en línea frontal, barriendo la selva.

Por consiguiente cada quien tenía que abrirse su propio paso en la manigua, cuidando de no romper ramas ni quebrar los helechos. Era una lucha cuerpo a cuerpo contra la naturaleza. Cada uno era llevado en traílla por su guardia. El mío estaba desesperado siguiéndome porque tenía tendencia a pasar ahí por donde mi vecino ya lo había hecho, porque me era más fácil y, por lo tanto me retrasaba y rompía la continuidad de la línea de frente.

Es cierto que demoraba el avance de todos, tal vez porque esperaba de manera inconsciente, que el ejército nos alcanzara. Al atravesar los muros de espinos, al saltar sobre los blancos cadáveres de los árboles achicharrados que por decenas nos cortaban el camino, al buscar un paso entre los bejucos y las raíces de una vegetación hostil, imaginaba la aparición de un comando surgiendo frente a mí con las caras pintadas de diferentes tonos de verde.

Nos habrían atacado, mi guardia herido habría soltado mi cadena y yo habría corrido a protegerme detrás de ellos. Soñaba con mi libertad. Por eso tropezaba, me iba en la dirección equivocada, me enredaba brazos y piernas en los bejucos y el guardia amenazaba con meterme una bala en la cabeza, porque lo hacía adrede y todo el mundo tenía miedo.

Todos los días rezaba por que se llevara a cabo un operativo militar, aunque fuera grande el riesgo de morir. No era solamente la idea de que las balas me perdonarían la vida sin importar qué pasara —si no me morí antes, no voy a morirme ahora—. Era algo más fuerte. En el fondo era ante todo la necesidad de justicia. El derecho a que me defendieran. La aspiración esencial a la reconquista de la propia dignidad. Pero no podía hacer mayor cosa al respecto.

Esa progresión en una lucha tenaz contra los elementos, con la cadena al cuello, era aun más penosa y humillante por cuanto me obligaba a usar mi voluntad e ingenio para huir de lo que yo más deseaba, recobrar mi libertad. A cada paso que daba me sentía traicionándome a mí misma.

Una vez más, franqueamos los linderos de la selva para deambular por los potreros de fincas inmensas, recién quemadas por los escuadrones antidroga. Algunas cabezas de ganado nos miraban pasar asustadas, mientras nos llenábamos los bolsillos con guayabas y mandarinas recogidas de árboles frondosos que el fuego había respetado. Luego desaparecimos nuevamente bajo el espeso dosel de la selva.

Una tarde del mes de abril, cuando nos acercábamos a un gran río de aguas apacibles y yo no esperaba de la vida más que un baño y un poco de reposo, Chiqui se me acercó y me hizo salir de la fila en la que nos hacían aguardar.

—Hemos recibido una comunicación del Secretariado. Nos ordenan cambiarla de grupo.

Me encogí de hombros, creyendo sólo a medias en lo que me decía.

—Prepare sus cosas, vamos a proceder al traslado inmediatamente.

Unos minutos más tarde estaba en el suelo, angustiada, empacando más mal que bien mis pocas pertenencias en mi equipo.

—No te preocupes —me dijo William, de pie detrás de mí—. Te ayudaré.

Seguimos a Chiqui para cruzar un caño pequeño, cuyo lecho estaba cubierto de piedritas rosadas, y trepamos una ribera en pendiente abrupta. Camuflado entre los árboles a cien metros de nosotros, el otro campamento, listo ya para la noche, hervía de actividad. Enrique estaba de pie con los brazos cruzados y la mirada asesina.

—¡Allá! —farfulló, señalando una dirección con la barbilla.

Seguí su indicación con los ojos y vi las carpas de los compañeros amontonadas unas sobre otras. Temblé de impaciencia ante la idea de volver a ver a Marc.

Su carpa era la primera del alojamiento. Ya me había visto y estaba erguido frente a su caleta. No se movió. Tenía una gruesa cadena alrededor del cuello. Me acerqué. La alegría de volverlo a ver no fue la misma que había imaginado. Era una alegría triste, una felicidad fatigada por demasiadas pruebas. «Está en buenas condiciones», volví a pensar al observarlo de más cerca, como para justificar mi resentimiento.

Nos abrazamos con reservas y nuestras manos se rozaron un instante para soltarse, intimidados de encontrar una cercanía que nunca habíamos tenido.

—Pensé mucho en ti.

—Yo también.

—Tuve miedo.

—Yo también.

—Ahora vamos a poder hablar.

—Sí, eso creo —le respondí, sin estar segura.

El guardia que estaba detrás de mí se impacientó.

—Quisiera recuperar mis cartas, me dijo.

—Bueno, si quieres… ¿Tú me devolverás las mías?

—No, ¿por qué?

—Porque yo también las quiero conservar, repliqué.

Su gesto me sorprendió. Yo tenía las cartas en el bolsillo. Sólo tenía que alargar la mano. Pero no lo hice. «Mañana veremos», pensé, sintiendo que habría que trabajar mucho para reconstruir los puentes.

Los compañeros continuaron sus actividades sin inmutarse. Cada cual estaba ocupado en su rincón, cuidando de no molestar al vecino y no herir susceptibilidades.

En los siguientes días retomé prudentemente mis conversaciones con Marc. Sentía una gran alegría de compartir nuevamente momentos con él, pero había disciplinado mis emociones y me obligaba a tasar con parsimonia la libertad de hablar con él.

—¿Sabes que Monster murió? —le pregunté un día, pensando que ya no estaba allí para perjudicarnos.

—Sí, me enteré.

—¿Y entonces?

—Nada. ¿Y tú?

—Me da como algo. Lo vi salir del campamento con su equipo vacío. Iba al encuentro de la muerte. Nadie sabe ni el sitio, ni la hora. Todos los que se han ensañado contra nosotros han terminado mal. ¿Sabes que capturaron a Sombra?

—Sí, lo oí en la radio. Rogelio murió también, en La Macarena.

—¿Rogelio? ¿Nuestro recepcionista en la cárcel de Sombra?

—Sí, lo mataron en una emboscada. Se había vuelto especialmente cruel con nosotros. ¿Y Shirley, la guerrillera bonita que hacía de enfermera y dentista donde Sombra, ¿qué fue de ella?

—La vi no hace mucho. Está en el grupo de los militares con Romero y Rodríguez. Forman parte de la caravana que nos lleva la delantera. Ahora está con Arnoldo, el que reemplazó a Rogelio en la cárcel de Sombra.

En eso se había convertido nuestro mundo. Nuestra sociedad, nuestras referencias, nuestros conocidos comunes eran esos hombres y mujeres que nos mantenían presos.

Tomamos la decisión con Marc de volver a hacer gimnasia juntos. Cambiábamos sin cesar de campamento, pero ya no se trataba de una marcha continua. Pasábamos dos semanas al lado de un caño, tres semanas a la orilla del río, una semana detrás de un sembrado de coca. Dondequiera que íbamos, nos las arreglábamos para montar unas barras paralelas y construir pesas para hacer levantamientos. Nuestra rutina de entrenamiento tenía una meta precisa: preparar nuestra evasión.

—Hay que huir en dirección al río. Luego, hay que ir adonde estén los helicópteros —me decía Marc con obstinación.

—Los helicópteros cambian de ubicación todo el tiempo. No es posible prever dónde estarán. Hay que hacer lo mismo que Pinchao. Hay que ir hacia el norte.

—¡Pero ir hacia el norte es una locura! ¡Nunca tendremos suficientes provisiones para llegar hasta Bogotá!

—Es más loco aun creer que podremos llegar a la base de los helicópteros. No se queda quieta; un día están aquí y al otro en otra parte.

—Bien —terminaba aceptando Marc—, iremos hasta el río del lado de los helicópteros y después cogeremos hacia el norte.

Pero nuestro proyecto de fuga encontraba cada vez más obstáculos.

La historia de las cartas que me reclamaba se volvió un motivo serio de tensiones entre los dos. Yo trataba de evitar el tema, pero él lo retomaba una y otra vez. Poco a poco me distancié, limitando los momentos en que estábamos juntos al entrenamiento físico. Me daba mucha pena, pero no veía cómo salir de esa confrontación absurda.

Una tarde, luego de una discusión más acalorada que de costumbre, uno de los guardias vino a verme.

—¿Cuál es su problema con Marc? —me preguntó.

Le respondí con evasivas. William me sermoneó.

—La autoridad aquí son ellos —me previno—. A toda hora puede haber una requisa.

Sabía que tenía razón. Las cartas podían caer en cualquier momento en las manos de la guerrilla. Decidí quemar las que tenía en mi poder, segura de que Marc no me devolvería las mías.

En una de las marchas cortas que nos habíamos acostumbrado a emprender, logré quemar una parte sin ser vista.

Por lo menos fue lo que creí, porque una guerrillera había seguido mis movimientos y advirtió de ello a Enrique. Me mandó llamar. William me cogió aparte:

—Di lo que es. Ya conocen el cuento de las cartas.

Enrique fue seco:

—No quiero problemas entre retenidos. Devuélvale a su compañero lo que le pertenece y yo veré que él le devuelva lo que es suyo —dijo de entrada.

A pesar de la humillación que la situación me producía, la actitud de Enrique me tranquilizó. No pareció interesarse particularmente por las cartas. Sentí que estaba encantado de fungir de árbitro entre Marc y yo. Ese era su desquite personal por tener que aceptar que yo regresara a su grupo.

Marc también fue convocado. Estábamos en un campamento diferente, en una plantación de coca en pleno brote, con frutales en medio y, en los márgenes y algunos rincones, altos papayos solitarios. Dos casas contiguas en madera y un horno de barro completaban el todo. Nos instalaron en los límites de la plantación, en un bosquecito. Enrique montó su carpa justo detrás de las casas de madera, en los jardines, antes de la línea de selva.

Marc se quedó un momento discutiendo con Enrique. Cuando volvió, me le acerqué. Tenía la cara de los días malos. Me obligó a esperar a que terminara de ordenar sus cosas en su equipo antes de hablarme. El episodio fue realmente estúpido. Habría bastado una palabra para que las defensas que entre los dos levantábamos se derrumbaran. Su mirada negra me bloqueó. Le tendí el rollo de cartas, que tomó sin mirar. Dudé si contarle que no se las había entregado todas y me quedé plantada allí, sin dar con la forma de abordar el tema. Alzó la mirada con hostilidad y, confundiendo la razón de mi espera, dijo:

—Lo lamento, pero también me quedo con las tuyas.

¿Por qué quería quedarse con ellas a cualquier precio? ¿Alimentaba el proyecto de valerse de ellas en un futuro? Toda clase de sospechas se apoderaron de mí.

Al día siguiente, después del desayuno, Enrique envió al Abuelo de estafeta con la orden de que tomáramos nuestros equipos y fuéramos a instalarnos a una de las casitas de madera.

—Les van a poner películas —nos anunció.

Nadie le creyó, porque la orden de llevar los morrales sólo podía responder a otra lógica. El grupo fue dividido en dos. Marc, Tom y Keith fueron a la segunda casita y nosotros quedamos en la que estaba al lado del horno.

El Abuelo le pidió a Marc que abriera su morral y le hizo sacar todas sus cosas. Inspeccionó cada objeto con cuidado y se interesó en su cuaderno, donde Marc llevaba su diario. Me llamó.

—¿Esto es suyo? —dijo, tendiéndome el cuaderno.

Me quedé parada en la primera casita, negándome a recorrer el espacio entre ellos y yo. Un guardia se acercó.

—¡Pero muévase, carajo! ¿No ve que el camarada la está llamando? —dijo, exasperado.

Las casitas estaban construidas sobre pilotes, a un metro del suelo. Salté al suelo y avancé.

—Eso no es mío —respondí.

Marc pareció turbado por un instante; luego, para recobrar el aplomo, dijo:

—¿Ya puedo guardar mis cosas?

Mis otros dos compañeros vociferaban y gesticulaban, indignados de haber sido obligados a esperar allí con sus equipos. El Abuelo, por su parte, estaba molesto con la respuesta de Marc. Cumplida su misión, ya iba a irse. Se devolvió:

—¡Usted! ¡Abra su equipo! —le gritó, rabioso, a Keith. Se hizo un silencio mortal. Oí al guardia, siempre ácido, exclamar:

—¡Para que aprenda a dárselas de Rambo!

Los demás guerrilleros, que estaban cerca del horno ocupados cocinando, se atacaron de la risa. Máximo estaba allí, entre ellos. Se me acercó mientras miraba la escena.

—¡Epa! —dijo, sacudiendo la mano como si le doliera—. ¡Qué lengua tan maluca la de ese man!

Ese torbellino de reacciones me dejó un mal sabor. «¡Qué desastre!», pensé al mirar a Marc empacando sus cosas. Las cartas ya no me importaban. «Su amistad era lo único que valía la pena conservar».

80

EL SAGRADO CORAZÓN

Junio de 2008. Me hundí en una gran melancolía. El hecho de no poder hablarle a Marc, ya no a causa de la guerrilla sino por culpa de nuestra propia terquedad, hacía que todo me asqueara.

Antes de llegar al campamento de las dos casitas, cuando todavía estábamos de marcha, Asprilla me trajo un grueso diccionario Larousse, el que le había pedido años atrás al Mono Jojoy. Sabía que estaba en el campamento desde hacía mucho tiempo. Consolación y Katerina me informaron de ello en la época en que estaba aislada y enferma en el grupo del Chiqui.

Era Monster quien lo cargaba. Me dejó hojearlo algunos días. A cambio quería que le explicara cómo se desarrolló la Segunda Guerra Mundial. Las muchachas estaban encantadas de aprovechar también la oportunidad, y miramos el diccionario mientras ellas me hacían trenzas.

«Monster murió, nadie quiere cargarlo», pensé. Supuse que Marc tendría ganas de utilizarlo, pero no mostró ningún interés por él. Keith lo pedía muy a menudo, y convinimos en que yo lo dejaría fuera de mi equipo, mientras hacía gimnasia, para que él pudiera usarlo cuando le provocara. Pero su curiosidad pronto se diluyó y solamente William pasaba horas consultándolo.

Una tarde, mientras esperaba que William lo desocupara y mataba el tiempo pasando revista a las emisoras de radio de onda corta, me llamó la atención la voz de un hombre que hablaba de las «promesas del Sagrado Corazón». Tal vez porque de niña iba a menudo a la basílica del Sagrado Corazón en París, o tal vez porque la palabra «promesas» suscitó mi interés, el hecho es que dejé de girar el botón de las frecuencias para escucharlo.

El hombre explicó que junio era el mes del Sagrado Corazón de Jesús e hizo la lista de las gracias que serían concedidas a quienes lo invocaran. Fui a buscar de prisa un lápiz y anoté sobre un pedazo de cajetilla de cigarrillos las promesas que yo había podido memorizar.

Había dos en particular que parecían expresar mis expectativas más profundas: «Derramaré abundantes bendiciones sobre todas sus empresas» y «Moveré los corazones más endurecidos». Mi empresa era ni más ni menos nuestra libertad, la de cada uno de mis compañeros y la mía. Se me había vuelto un reflejo instantáneo. Igualmente, la transformación de los corazones endurecidos era una promesa hecha a la medida. A menudo, conversando con Pinchao, habíamos empleado la misma expresión. Alrededor de nosotros había demasiados corazones duros: los corazones duros de nuestros carceleros, los corazones duros de quienes pensaban que debíamos ser sacrificados en aras de la razón de Estado, y los corazones duros de los indiferentes.

Sin más vueltas, me dirigí a Jesús: «No voy a pedirte que me liberes. Pero si tus promesas son ciertas, quiero pedirte una sola cosa: en este mes de junio que es el tuyo, hazme comprender cuánto tiempo de vida en cautiverio nos queda. Ya ves, si lo supiera podría aguantar. Porque vería el final. Si me lo haces saber, te prometo que oraré todos los viernes por el resto de mi vida. Será la prueba de mi devoción hacia ti porque sabré que nunca me abandonaste».

Pero el mes de junio fue pobre en esperanzas. Escuché, desde luego, el clamor de los partidos verdes y de los miembros del Parlamento Europeo, que seguían reclamando la liberación de todos los que permanecíamos en la selva. A comienzos del año hubo marchas multitudinarias no sólo en Francia y el resto de Europa sino también, y por primera vez, en Colombia. Los comités a favor de los rehenes se multiplicaron y sus militantes ahora se contaban por millares. Todos los presidentes de América Latina expresaron su apoyo a una negociación con las FARC, con ocasión de la investidura presidencial de Cristina Kirchner, y ello abrió las puertas para que nuestras familias pudieran pedir la ayuda de sus pares.

Pero en el mes de junio nuestra situación parecía más comprometida que nunca. La operación Fénix, dirigida por el ejército colombiano el 1 de marzo de 2008 en territorio ecuatoriano para abatir a Raúl Reyes, el segundo comandante en la jerarquía de las FARC, hizo estallar una crisis diplomática entre Colombia, Ecuador y Venezuela, cuya gravedad no era un misterio para nadie. Los contactos para la liberación de nuevos rehenes quedaron totalmente suspendidos.

Con la muerte de Manuel Marulanda, Comandante en Jefe de las FARC, el 26 de marzo, poco más de veinte días después de la de Raúl Reyes, su directo sucesor, la organización pareció quedar acéfala, dejando para las calendas griegas el acuerdo humanitario y las posibilidades de nuestra liberación.

«No habrá nada para ti», pensaba, para no ilusionarme. No obstante, el 28 de junio recibí una visita asombrosa. Enrique se acercó con paso quedo, buscando la forma de entrar a mi caleta, con la evidente intención de sentarse a hablar conmigo. Pensé que una nueva desgracia iba a abatirse sobre mí. No me gustaba ver a Enrique. Me paralicé, mis músculos se contrajeron.

—Hay una comisión de europeos que viene a verlos. Quieren dialogar con todos ustedes, asegurarse del estado de salud de los rehenes. Tendrá que alistarse. Debemos desplazarnos. Es posible que uno o varios de ustedes sean liberados.

Había aprendido a disimular mis emociones. El corazón me saltó en el pecho como un pez fuera de la pecera. No quería que

Enrique creyera que podía engañarme nuevamente. Habría disfrutado demasiado mi decepción. Fingí desinterés.

—He dado orden de que les compren ropa y morrales más pequeños. Lleve sólo lo esencial, nada de carpa ni de toldillo: la hamaca, una muda de repuesto y punto. Dejarán sus equipos aquí con lo demás.

Hizo una ronda por las caletas, hablando a cada uno en el mismo tono cansado y concienzudo, sin duda obedeciendo órdenes superiores. La iniciativa personal era un valor poco estimulado en el seno de las FARC.

Cuando Enrique salió del alojamiento, cada cual tenía su propia versión de lo que había dicho. Los conciliábulos iban viento en popa. En mi mente sólo había un pensamiento: acababa de obtener la respuesta que esperaba antes de finalizar el mes de junio.

Poco me importaba la exactitud de la información que Enrique había hecho circular. Si había una comisión internacional, existiría la posibilidad de hablar con personas de afuera y evaluar nuestras oportunidades de salir. La radio hablaba de ello desde hacía varios días.

A raíz de la operación Fénix, las FARC acusaron a los comisionados europeos de haber revelado las coordenadas de Raúl Reyes en Ecuador. Ahora el gobierno colombiano autorizaba a los delegados europeos a viajar al corazón de la Amazonia para entrevistarse con Alfonso Cano, el nuevo Comandante de las FARC. Se trataba de Noël Saez y de Jean-Pierre Gontard. Estos dos hombres habían dedicado su vida a la causa de nuestra liberación. Si habían logrado restablecer los puentes con las FARC, entonces podría existir la posibilidad de llegar a una negociación.

Al día siguiente, Lili llegó al alojamiento con los brazos cargados. Traía pantalones nuevos, camisas a cuadros para los hombres, y un jean con una camiseta muy escotada azul turquesa para mí. Marc rechazó la ropa nueva y se la devolvió a Lili. Tom se puso de inmediato su camisa de cuadros nueva. Era evidente que querían montar un espectáculo con nosotros. «Usaré mi ropa vieja», decidí, al pensar en el gesto que acababa de tener Marc.

81
LA ESTRATAGEMA

Una vez todo estuvo recogido, nos hicieron avanzar hasta las casitas de madera. Grande fue nuestra sorpresa cuando vimos a los rehenes de los demás grupos ya instalados en una de ellas. Nuestros compañeros, con Armando y Arteaga a la cabeza, hablaban con el cabo Jairo Durán, el teniente de la policía Javier Rodríguez, el cabo Buitrago a quien llamábamos Buitraguito, y el siempre muy cortés sargento Romero. Estábamos contentos de volver a verlos. Con ocasión de las marchas, nos había tocado esperar juntos al bongo durante horas y nos habíamos vuelto amigos. Pasábamos de uno a otro, queriendo saberlo todo en un minuto e intercambiando nuestras reacciones y sentimientos sobre lo que nos esperaba. Nadie sabía nada. Nadie se atrevía a preguntarle al compañero si creía que habría liberaciones, porque nadie se habría atrevido a admitirlo.

Me acerqué a Armando. Me gustaban su compañía y su optimismo irreductible. Me abrazó, encantado:

—¡La próxima eres tú!

Me reí con él; ni él ni yo lo creíamos.

—Mira, Arteaga consiguió novia —me dijo, cambiando de tema.

Me di vuelta para mirar, era la cosa más bonita. Miguel tenía un pequeño cusumbo amaestrado sobre el hombro y lo besaba en el hocico.

—¿Quién le dio el cusumbo?

—¡No es un cusumbo, es un coatí! —dijo Armando, dándo-selas de experto.

—Espera, ¿qué es un coatí?

—Es como un cusumbo.

Nos reímos. La idea de un cambio en la rutina nos daba alas.

—¿A dónde es que vamos?

—A ningún lado, seguimos en Camboya —soltó, irónico.

Era su cita favorita, para decir que cualquier cosa podía pasar y que estábamos en el peor de los aprietos, entre las garras de Pol Pot. Siempre me hacía reír. A primera vista tal vez pareciera incongruente, pero era muy aguda: eran la misma selva, el mismo extremismo y el mismo fanatismo maquillados por la retórica comunista y siempre la misma atroz sangre fría.

—¡Come más que una leishmaniasis! —dijo, disparando de nuevo y señalando a alguien detrás de él.

Me reía ya sin saber de quién hablaba. En un rincón, apartado de todo el mundo, inclinado sobre el plato, Enrique se atragantaba con las sobras del arroz de la mañana.

Todos nuestros equipos fueron arrumados en un cuarto de la casita cuya puerta cerraba un grueso candado. «No los volveremos a ver», pensé, contenta de haber cogido en el último momento los cinturones que había tejido para Mela y Lorenzo años atrás, las solas que habían sobrevivido a múltiples requisas. La llave del candado aterrizó al fin en el bolsillo de Enrique. Enrique limpiaba su flamante AR-15 Bushmaster, que había remplazado a su viejo AK-47. Lo hacía con esmero, indiferente al paso del tiempo. Lili vino a avisarle. El bongo nos esperaba.

La travesía fue sorprendentemente corta. Nos taparon las cabezas con una gruesa lona, pero logré ver la orilla de enfrente salpicada de pequeñas construcciones coquetas, pintadas en colores brillantes.

—¿Dónde estamos? —me pregunté, asombrada de ver tantos civiles.

Atracamos frente a una residencia imponente. Un bello jardín, sembrado con palmas abanico en medio de un césped impecable, servía de antesala a una casa sobre pilotes que se alargaba en tres alas de construcción perfectamente equilibradas. La parte central tenía todo el aspecto de ser el área social. Una mesa inmensa con multitud de sillas plásticas parecía perdida en una habitación enorme que no llegaba a llenarse a pesar de la presencia de una gran mesa de billar en el ángulo opuesto.

Nos desviaron inmediatamente hacia el ala izquierda de la construcción. Por lo general nos alojaban en los gallineros o los laboratorios, pero nunca en las habitaciones. Nos ordenaron dejar nuestros equipos en el suelo, detrás de la casa, y sacar nuestros enseres de baño. En dos movimientos estuvimos todos en el río.

—Ahora usted es un soldado de verdad —me dijo Rodríguez en broma.

Alguien sacó un frasco de champú medio lleno.

—¡Uuh! —hizo todo el mundo, en coro.

Era un tesoro que generalmente nadie compartía. Pero había alegría en el aire y el frasco circuló. El perfume que exhalaba me hizo desear otra vida. Me sumergí en el agua jugando a la sirena.

—¡Betancourt, afuera! —gritó Oswald, atravesado.

Recogí mi pedazo de jabón y salí antes que los demás. Sonreí pensando que algún día todo aquello terminaría y caminé hacia mi equipo para cambiarme rápido, antes que los mosquitos se ensañaran demasiado conmigo.

Uno de los guardias abrió la puerta lateral del ala izquierda de la residencia.

—Metan los equipos y saquen las cadenas —dijo, con aire de suficiencia.

Vi a los compañeros empujarse para entrar de primeros. Miré una última vez hacia el cielo. Era una noche clara. Ni una sola nube. Encima de mí, la primera estrella acababa de titilar.

Mis compañeros se atarearon alrededor de una pila de colchones desfondados que, evidentemente, no alcanzarían para todo el mundo. William logró apoderarse de uno para cada uno y me indicó el espacio que reservaba para mí.

El guardia hizo tintinear su manojo de llaves. Cada cual se acomodó en su rincón, y el guardia pasó a cerrar los candados y amarrar las cadenas a las vigas que sostenían los camarotes. Cuando se fue, saqué mi radio y, como todas las noches, me puse a escuchar los programas colombianos. Me sentí bien bajo ese techo, en ese catre, sobre ese colchón.

Me desperté a las tres de la mañana y tomé mi rosario. Estábamos a miércoles.

Ese día oré con mucha más alegría porque estaba convencida de que mi pacto con Jesús se había sellado. «Me cumplió su palabra», me repetí, confiada, ignorando totalmente lo que sería de mí.

La voz de Mamá me llegó con el amanecer. «Debo tomar el avión esta tarde», me decía, «pero no te quiero dejar».

Pensé en Lucho: «Mañana me llamará desde Roma», pensé. Melanie también pasó en la radio. Me llamaba desde Londres. Sonreí al pensar que si me liberaban, no habría nadie para recibirme al llegar. Gracias a mi carta a Mamá, se enteró de que podía oír mensajes a través de la radio. Por lo tanto llamaba desde todas partes, y terminaba siempre colgando porque su voz traicionaba demasiado su emoción. Ese día atinó a decirme que estaba con la mamá de Marc, y que Jo luchaba por él como una leona. Me habló en francés y nadie más que yo podía avisarle a Marc.

El guardia pasaba ya para abrir los candados. Para mi gran sorpresa, les quitó las cadenas a mis compañeros y las guardó. «No tc hagas ilusiones, a ti te la va a dejar puesta», me dije al ver que Oswald era el encargado de la tarea. Sin embargo me la quitó.

Me llamó la atención un ruido de vajilla. Un guerrillero se adelantó con un plato de vajilla en cada mano, lleno de sopa. Nos repartió a mis compañeros y a mí, yendo y viniendo cada dos minutos. Cada quién se inclinaba sobre su plato, callado, concentrado en pescar los cubitos de papa en el caldo.

Un alboroto de saludos me hizo voltear la cabeza. El comandante César hacía su entrada, dirigiéndose a cada uno de mis compañeros con cortesía, uno por uno, hasta llegar a mí.

Todo el mundo se desapareció dejándome sola con el jefe del Frente, no sólo por urbanidad sino con ganas de aprovechar una mañana de sol, sin cadenas y con un buen desayuno.

—Somos el ejército del pueblo —dijo César con tono de orador.

«Son idénticos a la vieja clase política colombiana», pensé. Hizo una declaración con todas las de la ley, explicándome por qué mantenían «retenidos» —eufemismo de «secuestrados»—, y que si se financiaban con dinero de la droga era para evitar tener que recurrir a los secuestros extorsivos.

Yo lo miraba impasible, sabiendo que todo lo que me decía tenía algún propósito. ¿Qué era lo que temía? ¿Quería que le sirviera de testigo? ¿Quería transmitir algún mensaje? ¿Cubrirse la espalda? ¿Con quién nos íbamos a encontrar? ¿Con los extranjeros? ¿Con la comandancia de las FARC? Suspiré. Años atrás me le habría plantado, habría tratado de desmontar sus argumentos. Me sentí como un perro viejo. Ya no ladraba, ni sentada ni de pie. Observaba.

Una hora más tarde, César seguía soltando su discurso. Miré hacia mi sopa fría, puesta sobre el colchón bullendo de pulgas sobre el que había dormido. Cuando me pareció que había acabado, me arriesgué a preguntarle lo que debíamos esperar de ese día.

—Unos helicópteros vendrán a recogerlos. Probablemente iremos a hablar con Alfonso Cano. Después, no sé —me confesó—. De pronto los trasladan a otro campamento.

Marc se mantenía de pie frente a su camarote. Estaba guardando su olla en el equipo. Solamente él quedaba en la habitación. Dudé, luego me acerqué:

—Marc, quería que supieras que en la radio, esta mañana, me enteré de que tu mamá está en Londres. Está con mi familia para un foro sobre la paz o los derechos humanos, creo. Dicen que lucha como una leona por ti.

Marc siguió cerrando su morral mientras le hablaba. Al fin levantó los ojos y vi en ellos tanta dulzura que sentí vergüenza del tono seco en el que me había dirigido a él. Me dio las gracias muy formalmente, y me alejé para no prolongar una intimidad que podía volverse incómoda.

Oí el ronroneo de los helicópteros que se acercaban. Todos mis compañeros alzaban ya la nariz hacia las nubes escrutando el cielo. De inmediato me puse a transpirar, con el vientre sometido a dolorosos calambres. Mi cuerpo reaccionó como si se tratara de un bombardeo. «Seré idiota… Sé que no se trata de eso pero no lo puedo evitar», murmuré. Tenía la boca seca y aún temblaba, cuando el viejo Erminson nos gritó que nos volviéramos a entrar con los morrales. Nos hizo caminar en fila india hasta el salón de la mesa de billar. Se trataba de una requisa, otra más.

Había un guardia por cada prisionero. La requisa fue rápida. Confiscaron todo cuanto fuera cortante, hasta los cortaúñas. Yo tenía el mío en el bolsillo, de modo que se salvó de la raqueta. Siempre en fila india nos llevaron hasta el bongo. Cada uno de nosotros tenía asignado un guardia que lo seguía de cerca. El mío era una muchacha que veía por primera vez. Estaba muy nerviosa y me gritaba, clavándome el cañón del fusil por detrás.

—¡Suave, suave! —le dije para calmarla.

Atravesamos el río en el bongo y atracamos enfrente, en un cultivo de coca que se abría detrás de una casita de madera. En el centro de la parcela, un prado delimitado por una cerca parecía ser el lugar escogido por la guerrilla para que aterrizaran los helicópteros. Había dos dando vueltas en el aire, a gran altura, desapareciendo entre las nubes y volviendo a aparecer enseguida. Uno de ellos comenzó a bajar. Era totalmente blanco, con una franja roja debajo de la hélice. El ruido del rotor se volvió ensordecedor y pareció acompasarse con mis palpitaciones. Entre más descendía, más se propagaban las vibraciones al interior de mi cuerpo. Se posó, se abrió la puerta. Enrique había dispuesto el grueso de su tropa en cortina alrededor de toda la cerca. Los guardias ponían mala cara y su nerviosismo era tan visible como el aire caliente que temblaba a ras del suelo. Nosotros, los prisioneros, nos agrupamos instintivamente, pegados contra el alambre de púas para estar lo más cerca posible del helicóptero y para que los guardias no nos oyeran. Me quedé un poco atrás, desconfiada.

Un grupo de hombres saltó del helicóptero. Había uno muy grande, con un gorro blanco en la cabeza, que caminaba doblado de lado como si temiera que el aire que desplazaban las hélices pudiera hacerle perder el equilibrio. Otro delgado, de barba rubia, corrió detrás de él, así como una pequeña mujer de delantal blanco con formularios en una mano y un bolígrafo en la otra. Un tipo grande con los ojos muy negros y mirada penetrante caminaba a su lado. Pensé que era árabe. Detrás, retirado y hacia la izquierda del grupo, un hombrecito oscuro empuñando una cámara, con chaleco blanco y camiseta del Che Guevara, parecía concentrado en filmarlo todo. Finalmente, un periodista joven de pañoleta roja, esgrimiendo un micrófono, quería a todas luces hablar con los comandantes.

—¿Son los europeos? —me acosaban mis compañeros, dándome codazos para que les respondiera.

Me esforcé para observar bien, incómoda con la reverberación de la luz. El calor era bestial.

—No, no son los europeos.

El hombre grande del gorro blanco se pegó al otro lado de la
cerca, bombardeándonos con preguntas estúpidas, con su acólita
decidida a tomar apuntes.

—¿Se encuentra en buen estado de salud?

—¿Tiene alguna enfermedad contagiosa?

—¿Le da vértigo volar en avión?

—¿Sufre de claustrofobia?

No se interesaba por nadie en particular y pasaba de uno a
otro sin aguardar las respuestas de nadie.

Me aproximé a examinar el documento de identificación
laminado que colgaba de su cuello: «Misión Humanitaria Internacional», leí sobre un logo de fondo azul pálido presidido por
una paloma de alas desplegadas como la del jabón Dove. «Es una
superchería», pensé, horrorizada. Esos hombres eran con seguridad extranjeros, tal vez venezolanos o cubanos. Su acento, en todo
caso, provenía del Caribe.

«No es una comisión internacional, no habrá ninguna liberación; vamos a ser trasladados Dios sabe a dónde. Seguiremos
presos dentro de diez años», concluí.

El hombre del gorro blanco dio la orden de descargar unas
cajas de gaseosas que entregó, generoso, a César.

—Para la tropa, compañero —logré adivinar el movimiento de sus labios, antes que se dieran el abrazo reglamentario. Los
guardias estaban apostados cada dos metros en anillos alrededor
de nosotros. Debían ser unos sesenta. Estaban muy orgullosos, en
posición de firmes, tragándose con los ojos todo lo que estaba pasando. Enrique estaba poco locuaz, retraído comparado con César, quien estaba encantado y muy satisfecho de sí mismo.

El hombre del gorro blanco regresó hacia nosotros. Con una voz que pretendía sonar autoritaria, declaró:

—¡Muchachos! Tenemos que apurarnos, no podemos quedarnos en tierra más tiempo. Tenemos un compromiso con las FARC y vamos a respetarlo. Todo el mundo debe subir al helicóptero con las manos amarradas. Pónganse en fila, los guardias tienen las esposas que trajimos. Les ruego que nos colaboren para garantizar el éxito de la misión.

De manera inesperada y por primera vez, hubo revuelta entre los prisioneros. Nadie quería subir a los helicópteros. Todos los rehenes protestaron. No podíamos aceptar de estos desconocidos lo que desde hacía años aceptábamos de la guerrilla.

Los guardias nos apuntaron con sus armas para refrescarnos la memoria. Algunos de mis compañeros se habían tirado al suelo y repartían patadas por doquier. Fueron esposados a las malas por los guardias y conminados a subir al aparato a punta de cañón. Otros querían manifestar sus protestas frente a la cámara: fueron rechazados, maniatados y obligados a subir a su vez. El guardia que ponía las esposas era un tipo joven de talante violento. Al esposarme, apretó con tanta fuerza que perdió el equilibrio. Me quedé callada, estaba anonadada con lo que podía suceder.

La enfermera quiso ayudarme a llevar el morral. Me negué de plano. Las imágenes que grababan sin descanso pretendían mostrar una guerrilla humana ante los ojos del mundo. No quería prestarme a su juego. No abrí la boca y subí al helicóptero como quien va al matadero. Al interior, en cada puesto, había una chompa blanca. «Vamos al páramo», pensé, mordiéndome los labios. «Adonde Alfonso Cano», concluí.

Me senté entre Armando y William, al lado de la puerta, porque fuimos los últimos en subir. Puse el morral entre mis piernas e hice esfuerzos por quitarme las esposas a escondidas para restablecer mi circulación. Fue fácil, el sistema se parecía al de los zunchos para maletas que usan en los aeropuertos.

—Vuelve a ponértelas, no tienes permiso —me advirtió Armando, escandalizado.

—Me importa un carajo —le respondí, destilando bilis.

La puerta volvió a cerrarse. Enrique ocupó su puesto. El helicóptero tomó altura. Por la ventanilla, detrás de mí, vi a los guerrilleros, todos en posición de firmes, mirando cómo nos íbamos. Rápidamente se hicieron muy pequeños, hasta que no fueron más que una alineación de puntos negros entre el verdor. «Podríamos neutralizarlos y tomar el control del aparato», pensé, mientras miraba hacia la cabina.

La enfermera se acercó de nuevo y me ofreció algo de tomar. No quise aceptar nada, pues me parecía el colmo que se prestara a un juego que prolongaría nuestro cautiverio. La rechacé fríamente, irritada por su mirada amable.

Y entonces lo vi. En un rápido vaivén, Enrique cayó de su puesto. El Árabe estaba encima de él. Mis compañeros le daban patadas. No entendí lo que pasaba. Ni siquiera me atrevía a creer lo que veían mis ojos. Se me bloqueó el pensamiento. Nada parecía coherente.

El hombre del gorro blanco se levantó mientras el Árabe permanecía sobre el cuerpo de Enrique. No vi nada salvo la lucha, ganada de antemano por esos gigantes, contra el hombre que tanto odiaba. Vi al coloso lanzar su gorro al aire y gritar con todas sus fuerzas:

—¡Somos el Ejército de Colombia! ¡Están libres!

El ruido del motor me llenaba la cabeza de vibraciones y me impedía entender. Las palabras tardaron en atravesar las capas de incredulidad que se habían formado a lo largo de tantos años como un caparazón en torno de mi cerebro. Sentí que penetraban en mí como las primeras lluvias, impregnando las capas de dolor y desesperanza solidificadas en mí, y llenándome poco a poco con un poder que me subía como la lava al interior de un volcán en erupción.

Un largo, larguísimo y doloroso grito surgió de lo más profundo de mí y me llenó la garganta como si vomitara fuego hasta el cielo, obligándome a abrirme entera como en un parto. Cuando terminé de desocupar mis pulmones, mis ojos se abrieron a otro mundo y comprendí que acababa de ser catapultada a la vida. Una serenidad densa e intensa se apoderó de mí, como un lago de aguas profundas cuya superficie reflejara la imagen de los picos nevados que lo rodean.

Tomé mi rosario, que llevaba de pulsera, y lo apreté contra mis labios en un impulso de inefable gratitud. William se agarró a mí y yo a él, asustados como estábamos por la inmensidad del tiempo de libertad que se abría ante nosotros, como si fuéramos a tomar vuelo, los pies pegados al borde de un precipicio.

Volteé la cabeza. Mi mirada se cruzó con la de Marc por primera vez desde el otro lado de la vida, en el mundo de los vivos, y en ese preciso instante reencontré la misma fraternidad del alma que nos habíamos descubierto cuando, encadenados, nos habíamos escrito. Marc me sonrió. «Lo que nos volvimos allá es lo que somos», pensé, llena de paz, con el descanso del alma de que hablan los escritos de los sabios.

A mis pies, acurrucado como un feto, atado de pies y de manos, yacía Enrique. No. No me gustó nuestra violencia ni las patadas que le dimos. Eso no éramos nosotros. Tomé la mano de William, quien lloraba a mi lado.

—Se acabó —le dije, mientras le acariciaba la cabeza—. Nos vamos a la casa.

82

EL FIN DEL SILENCIO

William me pasó los brazos sobre los hombros. Sólo entonces me di cuenta de que yo también lloraba. En realidad, no era yo sino mi cuerpo, que había explotado y se reequilibraba con el llanto, anegado por una multitud de sensaciones dispersas e inconexas que chocaban entre sí. Caminé descalza unos instantes más sobre las tablas de alguna madera preciosa que habían cortado con motosierra en algún campamento del horror, y que ahora se pudría para siempre en el pasado con los miles de árboles talados en esos seis años y medio de despilfarro. Pensé en mi cuerpo, que no había retomado sus funciones de mujer desde mi fallida muerte, y que parecía haber dejado de hibernar en el momento más inoportuno. Esa idea me hizo sonreír por primera vez en mi vida.

Arrastrados en una danza guerrera que proclamaba nuestra victoria a gritos, mis compañeros saltaban alrededor de los cuerpos tendidos de César y Enrique. Armando cantaba como loco al oído de Enrique: «La vida es una tómbola, tómbola, tómbola…».

«Se va a caer el helicóptero», dije, en un disparo interno de adrenalina, repentinamente angustiada por las sacudidas que nuestra euforia transmitía al aparato. Crispada, me volví a sentar. ¿Qué tal que la maldición siguiera persiguiéndonos? Imaginé el accidente a pesar de mí.

—¿Cuánto tiempo nos falta para aterrizar? —grité, esperando que pudieran oírme.

Alguien con un casco gris y una enorme sonrisa se dio vuelta en la cabina, mostrándome los cinco dedos de la mano. «¡Dios mío!», pensé. «¡Cinco minutos! ¡Toda una eternidad!».

El hombre grandote del sombrero blanco se me plantó enfrente y me levantó de mi asiento con un abrazo de oso que me dejó sin aire. Se presentó: «Mayor del Ejército Nacional», dijo, revelándome su nombre. «Tiene el porte de un gladiador de Tracia», pensé al instante.

Pegó la boca a mi oreja con las manos en portavoz: «Hace más de un mes que dejé a mi familia para comandar esta misión. No pude decirle nada a nadie, nos mantuvieron en el mayor de los secretos. Mi mujer me besó antes de salir y me dijo: "Lo que vas a hacer es demasiado importante. Vas a buscar a Ingrid. Mis oraciones te acompañan, vas a conseguirlo y vas a volver. Quiero que sepas que, pase lo que pase, sé que he compartido mi vida con un héroe". Quiero que sepas, Ingrid, que todos hemos estado contigo cada día, llevando a cuestas tu dolor como nuestra propia cruz, todos los colombianos».

Lloré prendida a sus palabras, agarrada a él como si entre sus brazos todas las condenas a la desdicha quedaran para siempre revocadas.

Fue entonces que di gracias a Dios, no por mi liberación, sino por *esta* liberación, pues estaba colmada por el amor desinteresado de esos hombres y mujeres a quienes no conocía y que con su sacrificio habían mostrado una elevación de alma que trascendía todo cuanto yo había vivido.

Me poseyó una inmensa serenidad. Todo estaba en orden. Miré de nuevo por la ventanilla detrás de mi asiento. En un jardín de verdor, el pueblito de San José del Guaviare crecía a mis pies. «He aquí el oasis, la tierra prometida», pensé. ¿Sería posible?

La puerta se abrió. Mis compañeros saltaron del helicóptero brincando por encima de los cuerpos de los dos hombres vencidos.

Tirado, en ropa interior, Enrique parecía inconsciente. Sentí una compasión profunda. No había nada con qué taparlo. Sentiría frío. La mujer que había actuado como enfermera en el operativo me tomó del brazo: «Se acabó», me dijo con dulzura. Me levanté y la abracé con fuerza. Me empujó suavemente hasta la puerta y salté con mi morral al asfalto.

Al final de la pista, el avión presidencial nos esperaba para llevarnos a Bogotá. Un individuo en uniforme me abrió los brazos. Era el general Mario Montoya, el responsable de la Operación Jaque. La exuberancia de su alegría era contagiosa. Mis compañeros bailaban en torno a él haciendo girar sus pañuelos en el aire.

Ya en el avión me puso al corriente de los detalles de la operación y de los preparativos para garantizar su éxito. Los helicópteros fueron pintados de blanco en plena selva, en un campamento secreto donde a lo largo de un mes el equipo se entrenó, ensayando con la más estricta disciplina el plan de la operación. Lograron interceptar las comunicaciones de César y Enrique con su jefe, el Mono Jojoy. Este creía que hablaba con sus subordinados, cuando en realidad lo hacía con el ejército colombiano. También César y Enrique pensaron que recibían órdenes de Jojoy, aunque quienes les dieron las instrucciones fueron los hombres de Montoya. Primero les ordenaron acercar los grupos, y luego reunirnos en uno solo. Al ver que las órdenes se ejecutaban, llevaron su audacia a exigir que nos metieran en el helicóptero de la falsa comisión internacional. Calcaron el procedimiento seguido en las liberaciones unilaterales de comienzos del año y todo funcionó, ya que la operación parecía inscribirse en la misma lógica de las acciones precedentes. La muerte de Marulanda y la de Raúl Reyes daban credibilidad a una entrevista con el nuevo jefe, Alfonso Cano, lo que por otra parte explicaba el entusiasmo de César y Enrique frente a la idea de viajar en el helicóptero. Como en un gigantesco rompecabezas, todas las piezas habían encajado con precisión en el lugar y en el momento adecuados.

Escuché al general. Me habló de mis hijos y me dio noticias de Mamá y de mi hermana.

—¿Mi familia ya ha sido enterada? —le pregunté.

—A la una de la tarde en punto hicimos el anuncio al mundo entero.

Luego, sin pensarlo, le pedí permiso de ir al baño. Se calló, mirándome con ternura. «Ya no tiene que pedir permiso», me susurró. Se levantó cortésmente, rogándome que le permitiera mostrarme el camino.

Me cambié de ropa y rehíce la trenza que recogía mi pelo, maravillada de tener un espejo de verdad frente a mí, una puerta que cerraba de verdad, y la idea de que nunca jamás tendría que pedir permiso a quien fuera para ir al baño, me hizo reír.

Pronto aterrizaríamos. Busqué entre mis compañeros y encontré a Marc en la parte delantera del aparato, sumido en su mutismo. Le hice una seña y fuimos a sentarnos en un rincón donde los puestos estaban desocupados. «Marc, quería decirte... Quiero que sepas que las cartas que no te devolví las había quemado». «No tiene ninguna importancia», me dijo, muy pasito, para hacerme callar. Nuestras manos se juntaron y cerró los ojos murmurando: «Somos libres». Cuando abrió de nuevo los ojos, me sorprendí a mí misma diciéndole: «Prométeme que cuando estés en tu vida, no me olvidarás». Me miró como si acabara de tomar señas para ubicarse en el cielo y me dijo, asintiendo con la cabeza: «Sabré dónde encontrarte».

El avión había hecho su arribo y el general Montoya recibió al ministro de Defensa, quien estaba aún a la entrada de la aeronave. Hacía muchos años que no veía a Juan Manuel Santos. Me abrazó afectuosamente y me dijo: «Colombia está de fiesta y Francia también. El presidente Sarkozy envía un avión. Sus hijos llegan mañana». Luego, sin darme tiempo a reaccionar, me tomó de la mano y me arrastró fuera del avión. Sobre el asfalto de la pista, un centenar de soldados nos gritaron vivas. Bajé la escalerilla en un sueño, dejándome abrazar por esos hombres y mujeres de uniforme como si necesitara de sus gestos, de sus voces y de sus olores para creerlo.

El ministro me pasó un teléfono celular: «Es su mamá», me dijo con orgullo. «Cuando uno lo cree, las palabras se vuelven realidad», pensé. ¡Había imaginado esa escena tantas veces! ¡Cuánto la había deseado y cuánto la había esperado!

—Aló, ¿Mamá?

—¿Astrid, eres tú?

—No, Mamá; soy yo, Ingrid.

La felicidad de Mamá fue tal como la había imaginado. Su voz estaba llena de luz y sus palabras eran una prolongación directa de las que le había escuchado al amanecer de ese mismo día en la radio. Nunca nos habíamos separado. Había vivido esos seis años y medio de cautiverio agarrada a la vida por el hilo de su voz.

Dejamos Tolemaida, una base militar a pocos minutos de la capital donde hicimos escala. En el trayecto a Bogotá, cerré los ojos en un ejercicio de meditación que me permitió repasar todo cuanto había vivido desde mi captura, como en una proyección a gran velocidad. Vi a toda mi familia como la había imaginado en todos esos años de separación. Tenía un miedo inexpresable, como si pudiera pasar que no los reconociera o que me rozaran sin verme. Papá, estaba casi más vivo que ellos para mí, o mejor dicho todos estaban tan lejos de mí como él. Tendría que resignarme a enterrarlo definitivamente, y ello me dolía aún más. Me haría falta la mano de mi hermana para elaborar mi duelo, lo sabía: ¡cómo darlo por muerto ahora que yo regresaba a la vida! Me esperaba una empresa titánica. Tendría que encontrarme de nuevo, entre mis seres queridos, sabiéndome otra, casi una extraña ya para ellos. Mi mayor reto sería el de no perder la conexión con mis hijos, retomar el contacto con ellos, restaurar la confianza, nuestra complicidad, y volver a comenzar de cero acudiendo a nuestro pasado para restablecer los códigos de nuestro amor. Mi hijo era un niño cuando me capturaron. ¿Qué recuerdos podría conservar de la madre de su infancia? ¿Había lugar para mí en su vida de hombre? Y Melanie, ¿quién era Melanie? ¿Quién era esa joven mujer decidida y reflexiva que me exigía resistir? ¿Se sentiría defraudada por la mujer en que me había convertido? ¿Podría ella, podría yo, restablecer la intimidad que nos unía tan profundamente antes de mi desaparición? Papá tenía razón: lo más importante en la vida es la familia.

Este mundo nuevo, que ya no me interpelaba, no tenía sentido para mí sino en ellos y por ellos. En los años de agonía que acababa de dejar atrás, habían sido sin desmayo mi sol, mi luna y mis estrellas. Todos los días pude huir de aquel infierno verde llevada por el recuerdo ardiente de sus besos de niños, y para que no me secuestraran la memoria de nuestra felicidad pasada la oculté en las estrellas, cerca de la constelación del Cisne que le regalé a mi niña en broma el día en que nació. Despojada de todo, había prendido mi energía a la felicidad de oír la voz de mi hijo convertida en voz de hombre y, al igual que Penélope, había hecho y deshecho mi labor a la espera de ese gran día.

Unas horas más y los vería a todos. Mamá, mis hijos, mi hermana. ¿Les dolería verme tan gastada por el cautiverio? Respiré con los ojos cerrados. Sabía que nos habíamos transfigurado. Lo había notado al mirar a Willy, a Armando, a Arteaga. Lucían diferentes, como resplandeciendo desde adentro. Yo debía de verme igual. Mantuve los ojos cerrados por largo rato. Cuando los abrí de nuevo, sabía perfectamente lo que haría y diría al descender del avión. En mí no había impaciencia, ni miedo; tampoco exaltación. Todo cuanto había pensado en los interminables ciclos de campamentos y de marchas, temporada tras temporada, estaba maduro en mi corazón para ser expuesto. La puerta se abrió.

Sobre la pista estaba Mamá, intimidada por tanta felicidad, llevando sobre su rostro, como si hubiera querido ocultármelas, las marcas de sus años de sufrimiento. Me gustó su nueva fragilidad porque me resultaba familiar. Bajé lentamente los escalones del avión para tener tiempo de admirarla y de amarla mejor. Nos abrazamos con la energía de la victoria. Una victoria que sólo ella y yo comprendíamos, porque era la victoria sobre la desesperanza, el olvido, la resignación; una victoria tan solo sobre nosotras mismas.

Mis compañeros bajaron también del avión. Armando me tomó de la mano y me arrastró. Caminamos agarrándonos de los hombros, felices como niños avanzando entre nubes. Entonces sentí en un sobresalto que todo era nuevo, todo era denso y liviano a la vez y, en la luz que irradiaba, todo había desaparecido, todo había sido barrido, vaciado, limpiado. Acababa de nacer. No había en mí nada más sino el amor.

Caí de rodillas frente al mundo y di gracias al cielo de antemano por todo cuanto debía venir.

NOTA AL LECTOR

Cuando me senté a escribir este libro no sabía si lo haría en español o en francés. De hecho, cuando el tema surgió en las discusiones previas con mi editor, pensé que habrían ciertos momentos en que me sentiría más cómoda expresándome en francés, aun cuando la mayoría de los relatos vendrían espontáneamente en español.

Pero desde la primera frase que escribí, el francés se me impuso. Pensé en un principio que esto se debía a que los años de colegio habían sido todos en francés y que probablemente tenía más instrumentos de expresión en ese idioma.

Hoy entiendo que la verdadera razón fue otra. Escribir este libro me obligó a sumergirme profunda e intensamente en mí misma y en mi pasado, trayendo desde ese fondo abismal, un caudal de emociones desbocadas.

El francés me dio la distancia necesaria y, por ende, el control, para poder comunicar lo que estaba sintiendo y lo que había vivido.

El título del libro vino naturalmente. Los versos de Pablo Neruda que me recitaba mi padre me habían acompañado, junto con su voz, constantemente durante el cautiverio. Cuando más cercana estuve de la muerte, fueron ellos, los que restablecieron el diálogo interior sin el cual hubiese perdido la conciencia de seguir viviendo.

No hay silencio que no termine es uno de los últimos versos del poema de Neruda titulado "Para todos".

AGRADECIMIENTO

A Susanna Lea
Quien sostuvo incansablemente mi pluma y mi espíritu.

The Life and Times
of Pancho Villa